桐鄉年鑑

錢君匋題

桐乡市地方志编纂委员会 编

方志出版社
Publishing House of Local Records

图书在版编目(CIP)数据

桐乡年鉴.2017/桐乡市地方志编纂委员会编.—
北京:方志出版社,2017.12
ISBN 978-7-5144-2812-4

Ⅰ.①桐… Ⅱ.①桐… Ⅲ.①桐乡市—2017—年鉴
Ⅳ.①Z525.54

中国版本图书馆CIP数据核字(2017)第309275号

桐乡年鉴(2017)

编　　者:桐乡市地方志编纂委员会
责任编辑:冯　松

出 版 人:冀祥德
出 版 者:方志出版社
地址　北京市朝阳区潘家园东里9号(国家方志馆4层)
邮编　100021
网址　http://www.fzph.org
发　　行:方志出版社图书经销中心
电话　(010)67110500
经　　销:各地新华书店
设计排版:杭州美迪图文设计有限公司
印　　刷:浙江海虹彩色印务有限公司

开　　本:889×1194　　1/16
印　　张:24.5
字　　数:689千字
版　　次:2017年12月第1版　2017年12月第1次印刷
印　　数:0001—1200册

ISBN 978-7-5144-2812-4　　定价:180.00元

桐乡市地方志编纂委员会

顾　　问：盛勇军

主　　任：王申峰

副 主 任：潘川弟　陈林根　徐剑东

委　　员：姚毅军　吴志强　王利浩　赵裕华　戴建国　包晓敏
张锦英　卢达民　姜伟国　施勤高　范忠伟　吕卫强
俞少杰　朱政华　沈富春　张富强　陈　东　盛月良
顾妙根　吴利民　徐汉会　沈月飞　魏昱初　吴云峰
胡菊新　庄永明　陆建华

《桐乡年鉴》编纂机构

主　　编：吴云峰　庄永明

执行主编：谭晓杰

顾　　问：韩荣根

编　　辑：娄引娣　程亚平　章生华　王建民　徐娟珍

英文翻译：钱星辉　保罗·范欧斯顿（加拿大）

编　　务：计异璐　吴剑萍　孙　宇　沈　贤

编辑说明

一、《桐乡年鉴》是中共桐乡市委员会、桐乡市人民政府主办，桐乡市地方志编纂委员会组织编纂的年度资料性文献。自1998年起，逐年编辑出版，旨在全面真实地记载上一年度桐乡市行政区域自然、政治、经济、文化、社会等多方面的基本面貌，为各级领导决策和管理提供最新的信息和情报。

二、《桐乡年鉴（2017）》，记载时限从2016年1月1日至12月31日，一般不作历史追溯。特载部分收录时间下限为2017年2月28日。

三、本书采用分类编辑法，一般分栏目、分目、条目三个层次，以条目作为记述的主要形式。《桐乡年鉴（2017）》设：特载、大事记、综述、世界互联网大会、农业、工业、贸易、开发区建设、旅游、市场、交通运输、邮政通信、城乡建设管理、环境保护、财政税务、金融、经济管理与服务、党政、民主党派和人民团体、武装、法治、教育、科学技术、文化体育传媒、卫生、社会生活、人力资源和社会保障、街道镇发展概况、人物、国民经济统计资料、文件选编等31个栏目。各栏目中内容相同或相关的条目编制横向参见系统。全书共689千字。

四、本书在坚持年鉴内容的稳定性和连续性的基础上，注意突出年度特色和地方特色，注重实用性和可读性，并配有随文照片。

五、本书采用的文稿，由桐乡市各有关部门、单位落实专人撰写或提供，并经供稿单位领导审核。各种数据均以《桐乡统计年鉴（2017）》为准。统计年鉴未载的数据，由各有关部门负责提供。

六、本书配有双重检索系统，书前刊有中文详细目录和英文要目，书后配有索引，索引采用主题分析法，按主题词首字汉语拼音字母顺序排列。

七、本书的编辑、出版，得到全市各级领导、各部门、各单位和广大撰稿员的大力支持，在此谨表示衷心感谢！本书在编印、出版中如有疏漏、差错之处，祈请广大读者批评指正！

2016年12月26—30日，中国共产党桐乡市第十四次代表大会举行

（徐建荣摄）

2017年2月14—18日，桐乡市第十六届人民代表大会第一次会议举行

（徐王立摄）

2017年2月13—17日，中国人民政治协商会议第九届桐乡市委员会第一次会议举行

（徐王立摄）

2016年4月15日，中央宣传部副部长、国务院新闻办主任蒋建国（前右）到桐乡调研
（市委办提供）

2016年5月25日，中央宣传部副部长景俊海（前右）到桐乡调研
（徐建荣摄）

2016年4月12日，中央统战部副部长、全国工商联党组书记全哲洙（前左二）到桐乡调研
（市委办提供）

2016年4月16–18日，全国人大常委会原副委员长、民盟中央主席蒋树声（右一）到桐乡调研

（市委办提供）

2016年11月18日，最高人民法院院长周强（前右二）到乌镇人民法庭调研

（市委办提供）

2016年5月5日，最高人民检察院检察长曹建明（右二）到桐乡调研

（市委办提供）

2016年5月28—29日，国家旅游局局长李金早（右二）到桐乡调研

（市委办提供）

2016年11月23日，农业部副部长于康震（前左三）到桐乡调研畜牧业转型升级和绿色发展工作

（市委办提供）

2016年5月11日，国家档案局副局长王绍忠（左三）到桐乡调研档案工作

（市委办提供）

2016年1月7日，浙江省委副书记、省长李强（右二）到桐乡调研互联网创新发展工作

（市委办提供）

2016年10月8—9日，浙江省委副书记、代省长车俊（前左二）到桐乡检查第三届世界互联网大会筹备工作

（市委办提供）

2016年4月20日，浙江省人大常委会副主任程渭山（左二）到桐乡调研现代畜牧业发展

（市委办提供）

2016年3月29日，浙江省政协副主席孙文友（右二）到桐乡调研丝绸产业传承发展

（市委办提供）

2016年5月17日，广西壮族自治区党委书记、人大常委会主任彭清华（前右），自治区党委副书记、主席陈武（后左二）到桐乡调研，浙江省政协主席乔传秀（后右二）陪同

（市委办提供）

2016年5月9日，甘肃省委副书记欧阳坚（右一）到桐乡调研

（市委办提供）

2016年4月6日，桐乡市与美国印第安纳州埃尔卡特市共同签署友好交流关系合作备忘录，双方正式缔结为国际友好城市

（市委办提供）

2016年6月19日，捷克总理胡斯拉夫•索博特卡（前左一）到桐乡考察

（市委办提供）

2016年11月16日，法国前总理多米尼克•德维尔潘（左二）到乌镇参观考察

（市互承委提供）

2016年9月26日，浙江大数据交易中心在乌镇上线

（市委办提供）

2016年9月24—30日，桐乡市举行“聚焦桐乡•相约乌镇”2016国际经贸洽谈会

（市委办提供）

2016年5月10日，2016年桐乡市科技活动周开幕式暨“普及移动互联网应用乐享智慧城市生活”广场活动启幕

（市委办提供）

2016年10月13-17日，第五届中国创新创业大赛互联网及移动互联网行业总决赛在桐乡市举行

（市委办提供）

2016年1月12日，巨匠建设集团股份有限公司在香港联合交易所主板挂牌上市

（市委办提供）

2016年4月28日，浙江嘉澳环保科技股份有限公司在上海证券交易所挂牌上市

（开发区提供）

巨石集团自动化仓储中心

（今日桐乡报社提供）

2016年12月16日，桐乡市政府与上海市红房子妇产科医院签署医疗战略合作协议

（徐建荣摄）

2016年3月27日，乌托邦•异托邦——乌镇国际当代艺术邀请展在乌镇开幕

（张雄伟摄）

2016年10月16日，“梧桐树下　凤凰湖草地音乐会”在凤凰湖上演

（市委办提供）

2016年12月20日，吴蓬艺术院（桐乡书画院）开馆

（徐建荣摄）

2016年1月9日，江南乌村开业仪式举行

（张雄伟摄）

江南乌村麦田泳池（张雄伟摄）

2016年5月9日，桐乡市“两学一做”专题党课暨学习教育部署会召开

（市委办提供）

2016年6月28日，桐乡市庆祝中国共产党成立95周年暨先进表彰大会召开

（市委办提供）

2016年6月28日，在桐乡市庆祝中国共产党成立95周年暨先进表彰大会上市四套班子领导共同启用“桐乡红云”手机APP平台

（市委组织部提供）

2016年12月29日，桐乡市举行保障服务重大国际峰会总结表彰大会暨2016年度机关优秀团队颁奖典礼

（市委办提供）

2016年3月19日，桐乡市举行“平安桐乡我领跑”团队活动暨政法系统“系列十佳”表彰仪式

（徐建荣摄）

2016年9月25—26日，中央宣传部副部长、国家网信办主任徐麟（前左三）到桐乡市调研第三届世界互联大会筹备工作

（市互承委提供）

2016年8月10日，浙江省委书记、省人大常委会主任夏宝龙（右二）到乌镇检查世界互联网大会场馆及配套设施建设情况

（市委办提供）

2016年2月19日，浙江省委常委、宣传部部长葛慧君（左四）调研乌镇互联网国际会展中心建设

（市委办提供）

2016年11月16日，第三届世界互联网大会•乌镇峰会在乌镇开幕　（市委办提供）

2016年11月15日，互联网之光博览会在乌镇互联网国际会展中心开幕，浙江省委副书记、代省长车俊（左三），国家网信办副主任任贤良（左四），工信部副部长陈肇雄（左二），浙江省委常委、宣传部部长葛慧君（左五），浙江省副省长冯飞（左一），科技日报社社长李平（左六）出席开幕式

（市互承委提供）

2016年11月15日，浙江省委副书记、代省长车俊（前右二）视察互联网之光博览会

（市互承委提供）

2016年11月16日，桐乡市市长盛勇军在乌镇创客之夜上致辞

（市互承委提供）

2016年11月17日，“聚焦桐乡·相约乌镇”桐乡发布专场活动在互联网之光博览会6号馆举行

（市互承委提供）

2016年11月16日，第三届世界互联网大会世界互联网领先科技成果发布活动在乌镇举行

（市互承委提供）

2016年11月17日，数字经济论坛——中外政企对话在乌镇举行

（徐建荣摄）

2016年11月16日晚，举行“乌镇之夜•桥”欢迎晚宴

（市互承委提供）

大会志愿者　（市互承委提供）

乌瞰乌镇西栅　（市互承委提供）

新世纪公园（今日桐乡报社提供）

文化广场（金一中摄）

风凰湖（金一中摄）

特　载

把握新方位　开创新局面　确保高水平
全面建成小康社会走在前列
——在中国共产党桐乡市第十四次
代表大会上的报告(摘要)
中共桐乡市委书记　盛勇军 ……… (1)
政府工作报告
——在桐乡市第十六届人民代表大会
第一次会议上(摘要)
桐乡市代市长　王申峰 …………… (8)

大　事　记

2016 年桐乡市大事记 ……………………… (18)

综　述

自然地理 ………………………………… (24)
地理位置 ………………………………… (24)
自然环境 ………………………………… (24)
气候特征 ………………………………… (24)
常年气候概况 …………………………… (24)
2016 年气候特征 ………………………… (25)
2016 年主要天气气候事件 ……………… (25)
历史沿革 ………………………………… (25)
概况 ……………………………………… (25)
行政区划 ………………………………… (26)
概况 ……………………………………… (26)
国民经济与社会事业 …………………… (28)
概况 ……………………………………… (28)
着力提升供给水平 ……………………… (28)
深入推进改革创新 ……………………… (28)
稳步扩大内外需求 ……………………… (28)
持续改善生态环境 ……………………… (29)
全面增强民生保障 ……………………… (29)
精神文明建设 …………………………… (29)
概况 ……………………………………… (29)
美丽乡村 ………………………………… (30)
概况 ……………………………………… (30)
五水共治 ………………………………… (30)
概况 ……………………………………… (30)
开展“清三河”复查评估万人行动 ……… (31)
开展治水美村星级评定活动 …………… (31)

世界互联网大会

概述 ……………………………………… (32)
国家主席习近平在开幕式上发表
视频讲话 ……………………………… (32)
国家部委共同参与办会 ………………… (32)
首次举办世界互联网领先科技成果
发布活动 ……………………………… (36)
互联网之光博览会 ……………………… (36)
首次举办“乌镇咖荟” …………………… (37)
发布《乌镇报告》 ………………………… (37)
设施建设 ………………………………… (37)
概况 ……………………………………… (37)
乌镇互联网国际会展中心启用 ………… (38)
生态环境综合整治 ……………………… (38)
推进信息化基础建设 …………………… (39)

服务保障 …………………………………… (39)
概况 …………………………………………… (39)
提升会务接待水平 …………………………… (40)
推进安全保卫工作 …………………………… (40)
“小梧桐”志愿者形象首次发布 ………… (41)
开展“万人大巡防”活动 ………………… (41)
创新与发展 ………………………………… (42)
概况 …………………………………………… (42)
专门组建招商团队 …………………………… (42)
举行“聚焦桐乡·相约乌镇”桐乡发布专场活动 ……………………………… (43)
浙江大数据交易中心在乌镇上线 ……… (43)
乌镇大数据高新技术产业园区 ………… (43)

农　　业

概述 …………………………………………… (44)
种植业 ………………………………………… (45)
概况 …………………………………………… (45)
榨菜种植效益创新高 ……………………… (46)
国家级病虫害区域站建设项目通过竣工验收 ……………………………… (46)
小麦赤霉病特大发生 ……………………… (46)
蚕桑业 ………………………………………… (46)
概况 …………………………………………… (46)
蚕桑产业转型升级 ………………………… (46)
蚕业技术合作走出国门 …………………… (47)
林业 …………………………………………… (47)
概况 …………………………………………… (47)
水产业 ………………………………………… (47)
概况 …………………………………………… (47)
开展水产养殖面源污染治理 …………… (48)
畜牧业 ………………………………………… (48)
概况 …………………………………………… (48)
畜牧业加速转型升级 ……………………… (48)
水利建设 ……………………………………… (48)
概况 …………………………………………… (48)
推进扩大杭嘉湖南排工程(桐乡段)、杭平申线航道改造工程(桐乡段)建设 ……………………………………………… (49)
加大河道综合整治力度 …………………… (49)
农田水利建设稳步推进 …………………… (49)
汛情灾情 ……………………………………… (50)
农业机械化 …………………………………… (50)
概况 …………………………………………… (50)
加快粮食烘干中心建设 …………………… (51)
农业科技 ……………………………………… (51)
概况 …………………………………………… (51)
推动生态循环农业发展 …………………… (51)
全国信息进村入户试点县建设按期完成 ……………………………………… (51)
探索发展智慧农业 ………………………… (52)
农业综合开发 ………………………………… (52)
概况 …………………………………………… (52)
2015 年度土地治理高标准农田建设项目完工 ………………………………… (52)

工　　业

概述 …………………………………………… (53)
诚信担保公司获“浙江省第五届十佳融资担保机构”称号 ………………… (54)
4 家企业被认定为浙江省首批制造业网络营销示范企业 …………………… (54)
浙江大数据交易中心在乌镇上线 ……… (54)
4 家企业入选浙江省个性化定制示范试点企业 ………………………………… (54)
濮院镇入选首批中国特色小镇 ………… (55)
纺织服装 ……………………………………… (56)
概况 …………………………………………… (56)
桐乡纺织产业集群通过复评 …………… (57)
桐乡企业组团参展上海春季联展 ……… (57)
钱皇股份新三板挂牌上市 ……………… (57)
化纤 …………………………………………… (58)
概况 …………………………………………… (58)
桐昆集团获“十二五”产品开发突出贡献奖 ………………………………… (59)
桐昆集团通过“浙江制造”品牌认证 …… (59)
桐昆集团一项目入选国家绿色制造系统集成项目 ………………………… (59)
恒通公司获“十二五”最具技术创新突破奖 ………………………………… (59)

恒瑞一期加弹丝项目投产 …………………(59)
新凤鸣集团一项目入选国家重点研发计划 …………………………………(60)
新凤鸣集团获国家级企业管理创新二等奖 ………………………………(60)
新凤鸣集团院士专家工作站被评为全国示范院士专家工作站 …………(60)
新凤鸣集团通过两化融合项目验收 ……(60)
建材 …………………………………………(60)
概况 …………………………………………(60)
巨石集团一项目获浙江省首批专利战略推进项目立项 ……………………(61)
巨石集团通过国家两化融合管理体系贯标认证 ……………………………(61)
预拌砂浆发展创新项目入选省级发展应用试点 ……………………………(61)
皮革 …………………………………………(61)
概况 …………………………………………(61)
皮毛企业主导修订的国家标准通过审定 ……………………………………(62)
崇福镇发布皮毛企业信用评价榜单 ……(62)
新濠畔华东鞋业总部落户石门镇 ………(63)
中国质造·桐乡鞋业产业带商盟联合会成立 …………………………………(63)
桐乡女鞋开拓跨境电商营销市场 ………(63)
依奴珈品牌与北美裘皮拍卖行(NAFA)战略合作 ……………………(63)
第二届“桐乡·石门杯”鞋靴创作设计大奖赛 ………………………………(63)
机械制造 ……………………………………(63)
概况 …………………………………………(63)
新吉奥新能源 GV—1A EV 首台下线 ……(64)
京马电机通过“浙江制造”品牌认证 ……(64)
合众新能源概念车首次展示 ……………(64)
化工医药 ……………………………………(64)
概况 …………………………………………(64)
浙江天女集团科技创新结硕果 …………(65)
电子信息 ……………………………………(65)
概况 …………………………………………(65)
两化深度融合国家示范区建设成效显著 ……………………………………(65)
桐乡企业参展互联网之光博览会 ………(65)
橡胶塑料 ……………………………………(66)
概况 …………………………………………(66)
双箭橡胶公司通过“浙江制造”双认证 ……………………………………(66)
双箭橡胶公司加强技术创新 ……………(66)
企业选介 ……………………………………(66)
桐昆集团股份有限公司 …………………(66)
巨石集团有限公司 ………………………(67)
新凤鸣集团股份有限公司 ………………(67)
浙江新澳纺织股份有限公司 ……………(68)
浙江双箭股份有限公司 …………………(68)
浙江新都水泥有限公司 …………………(68)
浙江易锋机械有限公司 …………………(68)
生迪光电科技有限公司 …………………(69)
浙江同辉纺织股份有限公司 ……………(69)
浙江华友钴业股份有限公司 ……………(69)

贸　易

国内贸易 ……………………………………(70)
概述 …………………………………………(70)
商贸 …………………………………………(71)
概况 …………………………………………(71)
供销 …………………………………………(71)
概况 …………………………………………(71)
高桥新区供销广场开业 …………………(71)
供销系统两个服务项目竣工 ……………(71)
粮食 …………………………………………(72)
概况 …………………………………………(72)
烟草 …………………………………………(72)
概况 …………………………………………(72)
电子商务 ……………………………………(73)
概况 …………………………………………(73)
大中型商场 …………………………………(73)
浙江东兴商厦股份有限公司 ……………(73)
沃尔玛桐乡店 ……………………………(74)
乐购桐乡店 ………………………………(74)
住宿、餐饮业 ………………………………(74)
振石大酒店 ………………………………(74)
浙江省电信实业集团公司桐乡钱塘新世纪分公司 ……………………………(74)

银园大酒店 …………………………… (74)
东方大酒店 …………………………… (75)
光明大酒店 …………………………… (75)
对外贸易 …………………………… (75)
概述 …………………………… (75)
对外商品贸易 …………………………… (76)
概况 …………………………… (76)
对欧美主要市场出口好于新兴市场 …………………………… (76)
企业风险防范意识和防范能力进一步提高 …………………………… (76)
出口信用保险为外贸企业撑起“保护伞” …………………………… (77)
举办2016“中国·桐乡跨国采购洽谈会” …………………………… (77)
对外经济技术合作 …………………………… (77)
概况 …………………………… (77)
搭建浙江省首个境外投资保险平台 …… (78)
海关 …………………………… (78)
概况 …………………………… (78)
出入境检验检疫 …………………………… (79)
概况 …………………………… (79)
试行原产地证信用签证 …………………………… (79)
开展“进口直通”试点 …………………………… (79)
启动国家级出口杭白菊质量安全示范区创建工作 …………………………… (79)
招商引资 …………………………… (80)
概述 …………………………… (80)
利用外资 …………………………… (80)
概况 …………………………… (80)
利用内资 …………………………… (80)
概况 …………………………… (80)

开发区建设

经济开发区 …………………………… (81)
概况 …………………………… (81)
招商选资出成效 …………………………… (81)
乌镇大数据高新技术产业园区 ………… (82)
开发区被认定为省离岸服务外包特色园区 …………………………… (82)
浙江嘉澳环保科技股份有限公司公开发行A股 …………………………… (82)
濮院针织产业园区 …………………………… (83)
概况 …………………………… (83)
2016中国·濮院国际毛针织服装博览会 …………………………… (83)
引进韩国时尚创意设计中心 …………… (84)
濮院毛衫创新园创建工业旅游项目 …… (84)
濮院世界毛衫博览中心开工建设 ……… (84)
振东新区 …………………………… (85)
概况 …………………………… (85)

旅　　游

概述 …………………………… (86)
规划建设 …………………………… (87)
概况 …………………………… (87)
启动乌镇—石门省级旅游度假区建设 …………………………… (87)
首批野炊休闲基地评选活动 …………… (87)
桐乡市入选第二批国家全域旅游示范区创建名单 …………………………… (88)
石门湾四季果园创建成为省级果蔬采摘旅游基地 …………………………… (88)
合悦百翠山居农庄试营业 …………… (88)
两景区被评为AAA级景区 …………… (88)
两公司成为省级工业旅游示范基地 …… (89)
华圣石斛园成为省级中医药文化养生旅游示范基地 …………………………… (89)
行业管理 …………………………… (89)
概况 …………………………… (89)
旅游安全生产管理员培训 …………… (89)
乡村旅游人才培训 …………………………… (90)
西式面点师技能比赛 …………………………… (90)
旅游行业反恐培训班 …………………………… (90)
乌镇梵璞酒店被评为银树叶级绿色旅游饭店 …………………………… (90)
市场开发 …………………………… (90)
概况 …………………………… (90)
推出四季特色旅游线路 …………………………… (90)
高铁联盟旅游营销推广会 …………………………… (90)

举办诗画浙江旅游嘉年华活动 …………（90）
《桐乡全域旅游地图》中英文版上线 ……（91）
启动首届旅游商品创意大赛 ……………（91）
濮院毛衫产业创新发布会暨浙江旅游之星联盟 2016 年会 ………………（91）
马鸣村获评浙江省美丽乡村 ……………（91）
乌镇国际旅游区 ……………………………（91）
概况 ……………………………………（91）
乌镇进入全国服务业区域品牌十强 ……………………………………………（92）
乌镇国际当代艺术邀请展 ………………（92）
江南乌村建成开放 ………………………（92）
中法（乌镇·黎塞留）教育文化交流活动 ……………………………………（93）
乌镇旅游公司与百度合作 ………………（93）
纪念茅盾诞辰 120 周年 …………………（93）
木心美术馆获世界建筑节大奖提名 ……………………………………………（93）
乌镇国际汽车露营地项目开工 …………（94）
乌镇举行乌镇峰会总结表彰大会暨乌镇榜样颁奖典礼 ……………………（94）
第二届“梦·乌镇”诗歌大赛启幕 ………（94）
第四届乌镇戏剧节 ………………………（94）
濮院旅游经济区 ……………………………（94）
概况 ……………………………………（94）
二期房屋征收工作启动 …………………（95）
蚬子滩古民居复建工程启动 ……………（95）
北游客服务中心建设工程 ………………（95）

市　　场

概述 ………………………………………（96）
濮院羊毛衫市场 ……………………………（97）
概况 ……………………………………（97）
濮院毛衫时尚小镇时尚中心项目开工建设 ………………………………（97）
濮院毛衫时尚小镇建设项目接受省级特色小镇考核 ……………………（98）
濮院羊毛衫市场与韩国时尚产业对接 ……………………………………（98）
濮院毛衫时尚小镇高端研讨会 …………（98）
濮院毛衫时尚小镇时尚购物节 …………（99）
“濮院毛衫”参加中国国际针织（秋冬）博览会 ……………………………（99）
崇福皮毛市场 ………………………………（99）
概况 ……………………………………（99）
“中国皮草名城·崇福”通过复评 ………（100）
第七届“崇福杯”裘（革）皮服装设计大奖赛 ……………………………（100）
其他专业市场 ………………………………（100）
南方家园装潢五金材料市场 ……………（100）
桐乡汽车商贸城 …………………………（101）
副食品批发市场 …………………………（101）
凤鸣装饰材料市场 ………………………（101）
洲泉足佳鞋业市场 ………………………（102）
农贸市场 ……………………………………（102）
概况 ……………………………………（102）
认定“放心农贸市场”4 家 ………………（102）

交通运输

概述 ………………………………………（103）
公路 ………………………………………（103）
概况 ……………………………………（103）
公路养护 ………………………………（104）
公路路政 ………………………………（105）
出租车行业管理 ………………………（105）
加强驾驶员培训监管 …………………（105）
高速铁路 ……………………………………（105）
概况 ……………………………………（105）
公交车站台实施封闭式管理 ……………（106）
多元化乘车服务 ………………………（106）
水路 ………………………………………（106）
概况 ……………………………………（106）
船舶检验 ………………………………（106）
物流仓储 ……………………………………（107）
概况 ……………………………………（107）

邮政　通信

概述 ………………………………………（108）

邮政 …………………………………… (108)
概况 …………………………………… (108)
持证快递网点统一挂牌行动 ………… (109)
寄递业安全应急演练 ……………… (109)
寄递渠道安全通畅 ………………… (109)
网运和投递网络改造 ……………… (109)
凤鸣小学被授予"浙江省青少年集邮活动示范基地"称号 ……………… (109)
邮政骑塘营业厅迁址 ……………… (110)
中国电信 ………………………………… (110)
概况 …………………………………… (110)
云平台建设启动 …………………… (110)
中国移动 ………………………………… (111)
概况 …………………………………… (111)
推进 LTE 网络、驻地网、承载网建设 …… (111)
落实"宽带中国"战略 ……………… (112)
承建"智慧国防"项目 ……………… (112)
中国联通 ………………………………… (112)
概况 …………………………………… (112)
综合网格和沃店承包 ……………… (113)
智慧城市建设 ……………………… (113)
承担社会责任 ……………………… (113)

城乡建设管理

概述 …………………………………… (114)
调整个人住房公积金存款利率 ……… (115)
调整企业(单位)住房公积金缴存基数 …………………………………… (115)
市建设局政务窗口双获省级荣誉 …… (115)
城乡规划与管理 ……………………… (115)
概况 …………………………………… (115)
政务地理信息资源采集共享 ………… (116)
编制庆北—梧桐区块控制性详细规划及城市设计 …………………………… (116)
实施城市防洪防涝综合规划 ………… (117)
开展城市地下管线普查工作 ………… (117)
城市管理与执法 ……………………… (117)
概况 …………………………………… (117)
市容环境综合整治 ………………… (117)
整治改造户外广告 ………………… (118)
实施保洁质量提升工程 …………… (118)
推进垃圾分类工作 ………………… (118)
加强停车管理 ……………………… (118)
推进智慧民生服务 ………………… (118)
城镇建设 ………………………………… (118)
概况 …………………………………… (118)
启动扩大杭嘉湖南排工程房屋征收工作 …………………………………… (119)
杨家门旧城改建(二期)项目房屋征收工作 ……………………………… (119)
建筑业 …………………………………… (120)
概况 …………………………………… (120)
落实建筑业安全生产责任制 ……… (120)
强化建筑企业引导服务 …………… (121)
巨匠建设集团股份有限公司在香港上市 …………………………………… (121)
市招标代理和工程造价行业协会成立 …………………………………… (122)
市工程监理行业甲级资质实现零的突破 …………………………………… (122)
嘉兴市首个 BIM 技术项目建成 …… (122)
房地产业 ………………………………… (123)
概况 …………………………………… (123)
开展房地产中介市场专项整治 …… (123)
推进城镇危旧房治理改造 ………… (123)
开展住房保障审计整改工作 ……… (124)
完成不动产登记整合工作 ………… (124)
桐乡市白蚁防治技术获国家发明专利 …………………………………… (124)
市政公用事业 …………………………… (124)
概况 …………………………………… (124)
开展瓶装燃气安全生产整治专项行动 …………………………………… (125)
桐乡市生活垃圾焚烧厂评定为 AA 级 ……………………………………… (125)
"三改一拆"行动 ………………………… (126)
概况 …………………………………… (126)
"三改一拆"专项行动强势推进 …… (126)
电力配送 ………………………………… (126)
概况 …………………………………… (126)
智慧路灯云服务平台启动 ………… (126)
110 千伏濮院变增容 ……………… (126)

110 千伏灵安变投产 …………………… (127)
建设电动汽车"加油站" ………………… (127)
园林绿化 ………………………………… (128)
概况 ………………………………………… (128)
举办"环艺杯"秋季花境园艺技能
比赛 ………………………………………… (128)
桐乡市风景园林学会公众号开通 ……… (128)

环境保护

概述 ……………………………………… (129)
环境管理 ………………………………… (129)
概况 ………………………………………… (129)
推进"五气共治"工作 …………………… (130)
推进"五废共治"工作 …………………… (131)
实施主要污染物总量减排工作 ………… (131)
引进市场化治理机制 …………………… (131)
环境监测 ………………………………… (132)
概况 ………………………………………… (132)
乌镇空气质量数据入省环境空气
质量 AQI 发布平台 …………………… (132)
水环境质量 ……………………………… (132)
交界断面水质考核实现"三连优" ……… (132)
市区空气环境质量 ……………………… (133)
市区声环境质量 ………………………… (133)
生态建设 ………………………………… (133)
概况 ………………………………………… (133)
推进农村生活污水治理 ………………… (133)
推进畜禽养殖污染治理 ………………… (133)
推进生态循环农业建设 ………………… (133)

财政　税务

概述 ……………………………………… (134)
财政 ……………………………………… (134)
概况 ………………………………………… (134)
支持供给侧结构性改革 ………………… (134)
助推互联网经济发展 …………………… (135)
强化财政监管 …………………………… (135)
完善国资管理 …………………………… (135)
国家税务 ………………………………… (135)
概况 ………………………………………… (135)
"营改增"全面扩围 ……………………… (135)
桐乡市入评"全国百佳国税地税合作
县级示范区" …………………………… (136)
地方税务 ………………………………… (136)
概况 ………………………………………… (136)
"金税三期"优化上线 …………………… (136)

金　　融

概述 ……………………………………… (137)
银行业 …………………………………… (139)
概况 ………………………………………… (139)
银行业开展金融服务实体经济转型
升级专项行动 …………………………… (139)
人行纵深推进普惠金融工作 …………… (140)
外汇局多措并举推动涉外经济持续
健康发展 ………………………………… (140)
银监办引导银行业加强企业分类帮扶
…………………………………………… (140)
银监办引导银行业实施差别化信贷政策
…………………………………………… (141)
银监办组织银行开展"两防范一保护"
专题宣传月活动 ………………………… (141)
农发行加大信贷支农力度 ……………… (141)
农发行做好粮食收储工作 ……………… (141)
工行积极推进电子票据应用 …………… (141)
农行助推桐乡实体经济发展 …………… (141)
农行助力"互联网智慧小镇"建设 ……… (142)
中行合作投放银团贷款 ………………… (142)
建行国际业务再上新台阶 ……………… (142)
嘉兴银行推出"横机贷" ………………… (142)
邮储银行发放桐乡市首笔小额创业
贷款 ……………………………………… (143)
杭州银行金融支持小型外贸企业 ……… (143)
杭州银行推出"税金贷" ………………… (143)
浙商银行开办股票质押式回购业务 …… (143)
民泰村镇银行创新服务实体经济 ……… (143)
农商银行推出特色信贷产品——
"精英贷" ………………………………… (144)

农商银行创新推出“福农卡” …………… (144)
泰隆银行嘉兴桐乡支行开业 …………… (144)
保险业 …………………………………… (144)
概况 ……………………………………… (144)
人保财险快速赔付小麦赤霉病
受损农户 ………………………………… (145)
证券业 …………………………………… (145)
概况 ……………………………………… (145)
其他金融业 ……………………………… (145)
概况 ……………………………………… (145)

经济管理与服务

综合管理 ………………………………… (146)
概况 ……………………………………… (146)
加大项目推进力度 ……………………… (146)
加快发展现代服务业 …………………… (146)
推动经济领域重点改革 ………………… (146)
加强低碳循环发展 ……………………… (147)
区域合作成效显著 ……………………… (147)
深化惠民服务工作 ……………………… (147)
物价管理 ………………………………… (147)
概况 ……………………………………… (147)
加快完成资源环境价格改革 …………… (148)
督促商家规范价格行为 ………………… (148)
规范核定有关收费标准 ………………… (148)
加强价格管理基础工作 ………………… (149)
市场监督管理 …………………………… (149)
概况 ……………………………………… (149)
深化工商登记制度改革 ………………… (149)
助推小微企业提质增效 ………………… (150)
深化商标品牌建设 ……………………… (150)
开展食品安全专项行动 ………………… (150)
实施食品安全提升工程 ………………… (150)
加强食品安全监管 ……………………… (150)
强化药品、保健食品和化妆品安全
监管 ……………………………………… (151)
规范市场经济秩序 ……………………… (151)
国土资源管理 …………………………… (151)
概况 ……………………………………… (151)
开展永久性基本农田划定工作 ………… (151)
深化耕地保护责任机制建设 …………… (151)
推进“611”耕地保护工程 ……………… (151)
实施土地资源利用规划 ………………… (152)
提高土地节约集约水平 ………………… (152)
落实土地例行督察意见 ………………… (152)
开展村级土地民主管理创建活动 ……… (152)
加强土地矿产卫片执法监督检查 ……… (153)
开展各类专项行动 ……………………… (153)
桐乡市获“国土资源节约集约模范
县(市)”称号 …………………………… (153)
开展国土资源管理制度改革 …………… (153)
推进不动产统一登记改革 ……………… (153)
做好各项民生服务工作 ………………… (154)
质量技术监督 …………………………… (154)
概况 ……………………………………… (154)
推进企业标准自我声明公开工作 ……… (155)
“桐乡蚕丝被”地理标志证明商标
投入使用 ………………………………… (155)
首家“浙江制造”双认证企业 …………… (155)
特种设备安全检查 ……………………… (155)
召开4项毛皮国家标准审定会 ………… (155)
两企业入围中国品牌价值榜 …………… (155)
桐乡国家质检中心大楼启用 …………… (155)
强化行业标准创新 ……………………… (155)
安全生产监督管理 ……………………… (156)
概况 ……………………………………… (156)
加强重大隐患整治工作 ………………… (156)
加强安全生产执法检查 ………………… (156)
深化重点行业安全生产综合整治 ……… (156)
开展安全生产宣传教育 ………………… (156)
推进职业安全健康监管工作 …………… (157)
审批办证服务 …………………………… (157)
概况 ……………………………………… (157)
深化省政务服务平台建设 ……………… (157)
简化审批办理流程 ……………………… (158)
优化审批服务方式 ……………………… (158)
完善审批中介机构监管 ………………… (158)
优化公共资源市场配置 ………………… (159)
审计 ……………………………………… (159)
概况 ……………………………………… (159)
财政预算执行审计 ……………………… (159)
领导干部经济责任审计 ………………… (159)

政府投资项目审计 …………………………（159）
政策贯彻执行审计 …………………………（160）
开展审计整改落实年活动 …………………（160）
统计 ……………………………………………（160）
概况 …………………………………………（160）
加强基层基础建设 …………………………（160）
强化统计法制建设 …………………………（160）
启动第三次农业普查工作 …………………（161）
加强依法统计调查 …………………………（161）
推进基层基础工作 …………………………（161）
提升统计调查数据质量 ……………………（161）

党　政

中共桐乡市委员会 …………………………（162）
重要会议与决策 ……………………………（162）
桐乡市委综合工作会议 ……………………（162）
全市工商强市大会 …………………………（162）
桐乡市“两学一做”专题党课暨学习教育部署会 ……………………………（162）
庆祝中国共产党成立95周年暨先进表彰大会 ………………………………（162）
市委十三届九次全体会议暨市十五届政府第十次全体会议 …………………（163）
桐乡市委十三届十次全体会议 ……………（163）
办公室工作 …………………………………（163）
概况 …………………………………………（163）
纪检监察工作 ………………………………（164）
概况 …………………………………………（164）
开展“千百十”谈心式纪律教育 …………（165）
建立监督执纪“四种形态”报表制度 ……（165）
组织工作 ……………………………………（166）
概况 …………………………………………（166）
开展“两学一做”学习教育 ………………（167）
完成市镇两级党委换届任务 ………………（167）
建立“三合一”干部日常监督管理机制 ………………………………………（167）
实施“整乡推进、整县提升”基层党建三年行动计划 …………………………（167）
开展纪念建党95周年系列活动 …………（167）
推出“桐乡红云”APP ……………………（168）
成立“金凤凰”人才服务联盟 ……………（168）
完善“六个一”人才引育体系 ……………（168）
宣传工作 ……………………………………（169）
概况 …………………………………………（169）
“文化礼堂e路行”巡演活动 ……………（170）
推出“桐乡理论微课堂”微信公众号 ……（170）
“十三五·话担当”微型党课比赛 ………（171）
统战工作 ……………………………………（171）
概况 …………………………………………（171）
完成各民主党派换届工作 …………………（172）
信访工作 ……………………………………（172）
概况 …………………………………………（172）
信访机构改革 ………………………………（172）
做好重大活动期间信访维稳工作 …………（172）
推进信访积案化解稳控工作 ………………（173）
多渠道打造“互联网+信访”新模式 ……（173）
多措并举推动法治信访建设 ………………（173）
建立网上信访“提速增效”快速办理机制 ………………………………………（174）
“12345”市长电话 …………………………（174）
政研工作 ……………………………………（174）
概况 …………………………………………（174）
开展查找“短板”促发展专项工作 ………（175）
围绕“三大平台”“三件大事”开展主题调研 ……………………………………（175）
推进全面深化改革工作 ……………………（175）
老干部工作 …………………………………（175）
概况 …………………………………………（175）
市老年大学新校启用 ………………………（177）
开展助力G20、世界互联网大会系列活动 ……………………………………（177）
党校工作 ……………………………………（177）
概况 …………………………………………（177）
提升科研咨政水平 …………………………（178）
发挥党校政策宣讲主阵地作用 ……………（178）
市直机关党建工作 …………………………（178）
概况 …………………………………………（178）
发挥党员主体作用 …………………………（179）
深化党风教育 ………………………………（179）
机构编制工作 ………………………………（180）
概况 …………………………………………（180）
推进行政体制和事业单位改革 ……………（180）

深化完善权力清单和责任清单 ………… (180)
提升机构编制科学管理水平 ………… (180)
桐乡市人民代表大会 ………………… (181)
概述 ………………………………… (181)
重要会议 …………………………… (181)
市十五届人民代表大会第五次会议 …… (181)
市十五届人大常委会第二十七次至三十五次会议 ………………………… (181)
重要活动 …………………………… (183)
组织视察工作提升监督实效 ………… (183)
开展执法检查服务发展大局 ………… (184)
完成市、镇两级人大代表换届选举 …… (184)
做好议案和建议交办督办工作 ………… (184)
桐乡市人民政府 …………………… (185)
重要会议和决策 …………………… (185)
政府全体会议 ………………………… (185)
政府常务会议 ………………………… (185)
办公室工作 ………………………… (186)
概况 …………………………………… (186)
外事侨务工作 ……………………… (188)
概况 …………………………………… (188)
美国埃尔卡特市友好代表团到桐乡访问 ………………………………… (188)
韩国开放福祉财团驻濮院办事处开业 ………………………………… (189)
杨家门社区创建为“全国社区侨务工作示范单位” ……………………… (189)
台务工作 …………………………… (189)
概况 …………………………………… (189)
桐乡市第七次台胞台属代表大会 ……… (190)
举办2016中秋台商招待酒会 ………… (190)
全力推进桐台经贸交流与合作 ………… (190)
档案工作 …………………………… (190)
概况 …………………………………… (190)
探索档案文化建设新模式 …………… (191)
《国朝石门黉案》电子版出刊 ………… (192)
史志工作 …………………………… (192)
概况 …………………………………… (192)
《桐乡年鉴(2016)》出版 …………… (192)
张琴秋生平事迹展 …………………… (192)
政协桐乡市委员会 ………………… (193)
概述 ………………………………… (193)
重要会议 …………………………… (193)
市八届政协第五次会议 ……………… (193)
市八届政协第二十一次至二十六次常委会议 …………………………… (194)
重要活动 …………………………… (194)
开展桐乡市特色小镇培育创建调研 …… (194)
助推食品安全保障 …………………… (194)
开展“五水共治”长效机制建设专项集体民主监督活动 ……………… (195)
加大提案督办力度 …………………… (195)
助推人文名城建设 …………………… (195)

民主党派和人民团体

民主党派 …………………………… (196)
概况 …………………………………… (196)
民主监督 ……………………………… (196)
调研献策 ……………………………… (197)
民主党派组织换届选举 ……………… (197)
桐乡市工商业联合会 ……………… (197)
概况 …………………………………… (197)
全国工商联调研组到桐乡调研 ………… (199)
市工商联(总商会)第十一次会员代表大会 ……………………………… (199)
桐乡市总工会 ……………………… (199)
概况 …………………………………… (199)
开设“互联网+工会”服务项目 ………… (200)
开展劳动竞赛弘扬劳模精神 ………… (200)
加强企业职工文化建设 ……………… (200)
中国共产主义青年团桐乡市委员会 ……… (200)
概况 …………………………………… (200)
“百村千人”青年电商培育工程2.0 …… (202)
桐乡市青年联合会五届一次会议 ……… (203)
加强共青团、少先队一体化建设 ……… (203)
桐乡市妇女联合会 ………………… (203)
概况 …………………………………… (203)
开展“重心下移、力量下沉、服务下沉”专项工作 ……………………………… (205)
建立“两新”组织婚调工作室 ………… (205)
桐乡市科学技术协会 ……………… (205)
概况 …………………………………… (205)

新凤鸣集团院士专家工作站被评为全国示范院士专家工作站 …… (206)
实施招才引智工作 …… (206)
普及移动互联网知识行动 …… (207)
建立信息化科普 e 站 …… (207)
2016 年全国科普日活动 …… (207)
桐乡市文学艺术界联合会 …… (207)
概况 …… (207)
濮院镇成立“聚桂文会” …… (209)
纪念茅盾诞辰 120 周年系列活动 …… (209)
青桐印社举办成立 30 周年系列活动 …… (209)
《桐乡历史文化丛书》第三辑出版 …… (209)
中青年作家小说作品改稿会 …… (210)
“子恺杯”第十一届中国漫画大展 …… (210)
第四届“菊乡文学新苗”系列培育活动 …… (210)
康泾诗集《50°》研讨会 …… (210)
《桐乡文艺》获“兰花金奖” …… (210)
桐乡市残疾人联合会 …… (210)
概况 …… (210)
第二十六次“全国助残日”系列活动 …… (212)
落实残疾人“两项补贴” …… (212)
出台推进残疾人全面小康进程的政策 …… (212)
红十字会 …… (213)
概况 …… (213)
救护培训“六进服务”工作 …… (213)
“红十字”救援救助行动 …… (214)
推进生命关爱工作 …… (214)

武　装

概述 …… (215)
国防教育与军民共建 …… (216)
概况 …… (216)
开展少年军校活动 …… (216)
全省后备力量基层工作现场会 …… (216)
兵役工作 …… (216)
概况 …… (216)
加强征兵宣传力度 …… (216)
征兵秩序规范有序 …… (217)
民兵、预备役 …… (217)
概况 …… (217)
组织千名民兵政治教育 …… (217)
参加百名民兵连长比武竞赛 …… (217)
组织民兵应急大队训练 …… (217)
组织民兵水上训练 …… (218)
人民防空 …… (218)
概况 …… (218)
地下工程综合建设 …… (218)
加强信息化建设 …… (218)
完善应急避灾疏散体系 …… (219)
开展防空防灾演练 …… (219)
人防教育多样化举行 …… (219)
武装警察部队 …… (219)
概况 …… (219)
开展火灾隐患集中区域整治 …… (220)
深化消防安全专项治理工作 …… (220)

法　治

概述 …… (221)
社会管理综合治理 …… (222)
概况 …… (222)
政府法治建设 …… (223)
概况 …… (223)
《桐乡市法治政府建设规划(2016—2020 年)》出台 …… (223)
公安 …… (224)
概况 …… (224)
市公安局被评为“保障服务重大国际峰会”先进集体 …… (224)
加强重点车辆管理 …… (225)
检察 …… (225)
概况 …… (225)
首次组织对故意伤害案件进行相对不起诉听证 …… (225)
审判 …… (225)
概况 …… (225)
推进司法体制改革 …… (226)
开展涉执行暂存款集中清理活动 …… (226)

推进"智慧法庭"建设 …………………… (226)
审结35名被告人电信诈骗案 ………… (227)
司法行政 ……………………………… (227)
概况 ……………………………………… (227)
实施司法所"提档升级"工程 ………… (228)

教　　育

概述 ……………………………………… (229)
基础教育 ……………………………… (230)
概况 ……………………………………… (230)
推进体育特色项目建设 ……………… (230)
"真人德育"实践推出德育品牌 ……… (231)
推进普通高中课程改革 ……………… (231)
职业教育 ……………………………… (233)
概况 ……………………………………… (233)
成人教育 ……………………………… (233)
概况 ……………………………………… (233)
高等教育 ……………………………… (233)
概况 ……………………………………… (233)
校地合作 ……………………………… (233)
校园文化 ……………………………… (234)
教师队伍 ……………………………… (235)
概况 ……………………………………… (235)
实施教师乡镇工作补贴 ……………… (236)
教师职称评价制度改革 ……………… (236)
教育行政 ……………………………… (236)
概况 ……………………………………… (236)
实施学前教育民生实事提升工程 …… (237)
桐乡市互联网学校开播 ……………… (237)
学校各项安全工作稳步推进 ………… (237)
教育科研 ……………………………… (238)
概况 ……………………………………… (238)
创新数字化课程环境和教学方式 …… (238)

科学技术

概述 ……………………………………… (240)
高新技术 ……………………………… (240)
概况 ……………………………………… (240)
新凤鸣集团项目入选国家重点研发计划专项 ……………………………… (240)
乌镇大数据高新技术产业园区获批创建 …………………………………… (240)
新增10家省级高新技术企业研发中心 …………………………………… (240)
农业和社会科技 ……………………… (241)
概况 ……………………………………… (241)
生态养殖技术研究项目通过专家科技成果鉴定 ………………………… (241)
杭白菊废弃物利用获省级公益技术项目立项 …………………………… (241)
华腾牧业公司一项目获省级研发项目立项 ……………………………… (241)
龙翔街道科技示范村通过省级验收 …… (241)
农业"星创天地"项目获科技部立项 …… (242)
科技合作 ……………………………… (242)
概况 ……………………………………… (242)
开展企业需求排摸 …………………… (242)
艺术学院首次与军工企业合作 ……… (242)
桐昆集团开展跨区域合作 …………… (243)
巨石集团获国家科技进步奖二等奖 ……………………………………… (243)
科技大市场被评为省科技大市场建设示范单位 ………………………… (243)
知识产权 ……………………………… (243)
概况 ……………………………………… (243)
屠甸果农水蜜桃种植技术获国家专利 ……………………………………… (244)
致远环保公司获国家专利授权 ……… (244)
海德新能源通过国家知识产权管理体系认证 ……………………………… (244)
科技创业 ……………………………… (244)
概况 ……………………………………… (244)
首条量子商用干线建设应用 ………… (244)
多元合作模式获行业"双奖" ………… (245)
"创客公社"被评为国家级众创空间 ……………………………………… (245)
第五届中国创新创业大赛互联网及移动互联网行业总决赛 ……………… (245)
装备制造业重点领域首台(套)产品认定 ………………………………… (245)

文化 体育 传媒

概述 …………………………………………… (246)
公共文化 ……………………………………… (246)
概况 ……………………………………………… (246)
“绽放 2016 年”桐乡市迎春联欢晚会 ……………………………………………… (247)
春节文化下乡系列活动 ……………………… (247)
首届公共图书全民阅读节 ………………… (247)
公共文化服务体系示范区“两级联创”验收 ……………………………………… (247)
第二届“伯鸿书香奖”颁奖 ………………… (247)
“中国好声音”桐乡赛区城市海选暨“桐乡好声音”评选活动 ………………… (248)
吴蓬捐赠图书仪式 ………………………… (248)
中国女摄影家协会培训基地授牌仪式 ……………………………………… (248)
第二届江浙沪现代小戏邀请赛 ………… (248)
文物 博物 ……………………………………… (248)
概况 ……………………………………………… (248)
市非遗馆入选浙江省文化旅游示范基地 ……………………………………… (248)
市传统工艺美术行业协会成立 ………… (249)
乌镇丰桥完成维修保护 ………………… (249)
市非遗工作获多个奖项 ………………… (249)
钱君匋书画(高仿)精品进母校 ………… (249)
加强桐乡花鼓戏保护传承工作 ………… (249)
竹编“竹芸工房”入围“国匠荣耀”传承奖 ……………………………………… (249)
石门吴清源祖居地碑亭落成 …………… (249)
张琴秋生平事迹展 ………………………… (249)
安南货币文化国际学术研讨会在桐乡召开 …………………………………… (250)
纪念徐肖冰诞辰 100 周年 ……………… (250)
吴蓬艺术院(桐乡书画院)开馆 ………… (250)
文化市场管理 ………………………………… (250)
概况 ……………………………………………… (250)
文化企业参展中国(义乌)文化产品交易会 ……………………………………… (251)
全市“扫黄打非”专项活动 ……………… (251)
群众体育 ……………………………………… (251)
概况 ……………………………………………… (251)
首届翔云“太极杯”武林大会 …………… (251)
第二届浙江太极拳公开赛暨全国船拳(南拳)邀请赛 ……………………… (251)
第八个全民健身日活动 ………………… (252)
竞技体育 ……………………………………… (252)
概况 ……………………………………………… (252)
市少体校获举重佳绩 ……………………… (252)
第五十二届中小学田径运动会 ………… (252)
振东小学武术队在全国南拳公开赛中获佳绩 ……………………………………… (252)
广播电视 ……………………………………… (252)
概况 ……………………………………………… (252)
开设本土特色栏目 ………………………… (253)
深化媒体融合 ……………………………… (253)
报业 …………………………………………… (253)
概况 ……………………………………………… (253)
聚焦政府中心工作 ………………………… (253)
创新版面、栏目 …………………………… (253)
深化报网融合 ……………………………… (254)
重大报道提前谋划 ………………………… (254)
经济报道注重深度 ………………………… (254)
加强民生报道 ……………………………… (255)
线上线下融合发展 ………………………… (255)
网络媒体 ……………………………………… (255)
概况 ……………………………………………… (255)
桐乡两项目入选首批嘉兴市网上文化家园项目 ……………………………… (255)
依托网络平台传播正能量 ……………… (255)

卫 生

概述 …………………………………………… (256)
卫生行政 ……………………………………… (256)
概况 ……………………………………………… (256)
人才队伍建设 ……………………………… (257)
卫生监督与疾病控制 ……………………… (257)
概况 ……………………………………………… (257)
重点传染病监测 …………………………… (258)
重性精神疾病防治管理 ………………… (258)

民宿示范街(店)创建 …… (258)
国家基本公共卫生服务项目考核 …… (258)
推行责任医生签约服务 …… (259)
医疗服务 …… (259)
概况 …… (259)
市域内“医联体”全覆盖 …… (259)
中医药特色服务 …… (259)
智慧医疗建设 …… (259)
基层医疗机构慢性病常用药品与市级医院全接轨 …… (259)
妇幼保健 …… (260)
概况 …… (260)
妇幼保健工作规范开展 …… (260)
完成三级妇幼健康和计划生育服务资源整合 …… (260)
开展妇女“两癌”筛查 …… (260)
科研与交流 …… (260)
概况 …… (260)
“双下沉、两提升”工作 …… (260)
重点学科(专科)建设 …… (261)
计划生育 …… (261)
概况 …… (261)
优生、优育、优教促进工作 …… (261)
流动人口计生服务管理 …… (261)
社会抚养费征收 …… (262)
“青春健康”主题教育 …… (262)
桐乡市获“全国计划生育优质服务先进单位”称号 …… (262)
爱国卫生 …… (262)
概况 …… (262)
开展病媒生物监测和防治工作 …… (262)
第二十八个“爱国卫生月”系列活动 …… (263)
健康城市建设 …… (263)
概况 …… (263)
健康科普进农村(社区)活动 …… (263)
“世界无烟日”系列活动 …… (263)

社会生活

新居民事务 …… (264)
概况 …… (264)
发放 IC 卡式居住证 …… (264)
增加新居民微信公众号信息 …… (265)
实施“心灵护航”项目 …… (265)
第五届“桐乡市十佳新居民”评选活动 …… (265)
人民生活 …… (265)
概况 …… (265)
城镇居民消费支出保持平稳 …… (265)
城镇居民生活质量改善 …… (266)
农村居民消费增长较快 …… (266)
农村居民家庭设施完备 …… (266)
全市物价涨幅温和 …… (266)
民政和社会福利 …… (267)
概况 …… (267)
建立新型社会救助服务模式 …… (269)
加强社会救助工作 …… (269)
社会组织党建工作实现全覆盖 …… (269)
加强社会工作人才队伍建设 …… (270)
引导社会力量参与优抚工作 …… (270)
开展“殡葬服务提升年”活动 …… (270)
老龄工作 …… (271)
概况 …… (271)
建立养老服务质量评估机制 …… (272)
提高养老机构安全保障系数 …… (272)
启动公办养老机构价格改革 …… (272)
慈善工作 …… (273)
概况 …… (273)
推进慈善创新 …… (274)
实施扶贫项目 …… (274)
传播慈善文化 …… (274)
消费者权益保护 …… (275)
概况 …… (275)
开通乌镇景区消费维权绿色通道 …… (275)
乌镇景区成为省首批放心消费示范区 …… (275)
消费维权联络站点全覆盖 …… (276)
加强消费维权站点制度化管理 …… (276)
开展《消费者权益保护法》系列宣传活动 …… (276)
宗教 …… (276)
概况 …… (276)
市佛教协会第四次代表会议召开 …… (277)

《太虚画传》首发式 …………………………（277）
第二批民间信仰活动场所登记编号 ……（277）
香海禅寺法师升座庆典仪式 ……………（277）
民族 ……………………………………（277）
概况 …………………………………………（277）
结对兰溪畲族乡民族村 …………………（277）

人力资源和社会保障

概述 ……………………………………（278）
人才工作 ………………………………（278）
概况 …………………………………………（278）
2016 海智专家团桐乡对接交流会召开 ……………………………………（279）
日本专家协会到桐乡考察创业创新环境 ……………………………………（280）
“桐乡—清华校友”创业人才项目对接会在北京举行 ……………………（280）
举办“竹刻制作技艺”非遗传承技能人才培训班 ……………………………（280）
7 人获“嘉兴市工艺美术大师”称号 ……（280）
人事管理 ………………………………（280）
概况 …………………………………………（280）
新录用公务员初任培训 …………………（281）
就业创业 ………………………………（281）
概况 …………………………………………（281）
“桐乡就业”微信公众号上线 ……………（283）
年度首单创业担保贷款开出 ……………（283）
劳动关系 ………………………………（283）
概况 …………………………………………（283）
清理整顿人力资源市场秩序专项行动 ……………………………………（284）
举办第五届“12333 全国统一咨询日”活动 ……………………………………（284）
设立首个劳动人事争议仲裁派出庭 ……（284）
劳动关系和谐程度首次位居嘉兴市第一 ……………………………………（284）
社会保障 ………………………………（285）
概况 …………………………………………（285）
城乡居民基本养老保险缴费标准 ………（286）
城乡居民基本医疗保险启用市民卡 ……（286）
下沉登记征缴部分业务 …………………（286）
临时性下浮职工基本医疗保险费缴费比例 ……………………………………（286）
职工医保历年个人账户实现“家庭共济” ……………………………………（286）
职工基本养老保险个人缴费工资申报出现三大变动 …………………………（286）
下调单位缴纳部分失业保险费率 ………（286）

街道、镇发展概况

梧桐街道 ………………………………（287）
概况 …………………………………………（287）
“星光熠熠耀梧桐”身边的典型评选活动 ……………………………………（290）
梧桐街道获“全国创新型社区建设示范街道”称号 …………………………（290）
民防应急指挥中心建成启用 ……………（290）
庆丰社区被评为全国科普示范社区 ……………………………………（291）
杨家门社区被评为全国计划生育协会工作先进单位 …………………………（291）
九曲社区成为全国首个“漫画社区” ……………………………………（291）
安乐村成为全市首个股份分红村 ………（292）
凤鸣街道 ………………………………（292）
概况 …………………………………………（292）
2016 福严庙会暨第三届福严寺景区素食文化旅游节 …………………………（293）
水生态修复工作现场会在凤鸣街道召开 ……………………………………（294）
凤鸣街道“互联网＋”创业创新中心项目开工建设 …………………………（294）
龙翔街道 ………………………………（294）
概况 …………………………………………（294）
完成禽舍拆除工作 ………………………（296）
桐乡市第一届荷花文化节开幕 …………（296）
创建皂林平安片区 ………………………（296）
杨园村成功创建浙江省森林村庄 ………（297）
崇福镇 …………………………………（297）
概况 …………………………………………（297）

崇福镇获 2015 年度全省小城市考核优秀单位 …………………… (298)
崇福镇创建省级森林城镇通过验收 …………………… (298)
崇福镇通过国家卫生镇省级复审 ……… (299)
森利园景区被评为国家 AAA 级旅游景区 …………………… (299)
乌镇镇 …………………… (299)
概况 …………………… (299)
乌镇镇党委获"全国先进基层党组织"称号 …………………… (301)
乌镇镇入选浙江省特色小镇名单 ……… (301)
首届国际互联网医疗大会 …………… (301)
开展"乌镇榜样"评选活动 …………… (302)
乌镇镇通过国家卫生镇验收 ………… (302)
成功创建省级森林城镇 ……………… (303)
2016 年中法(乌镇·黎塞留)教育文化交流活动 …………………… (303)
濮院镇 …………………… (303)
概况 …………………… (303)
濮院镇入选首批中国特色小镇 ……… (304)
聚晟创业园落户濮院 ………………… (305)
2016"濮院杯"PH VALUE 针织设计师大赛 …………………… (305)
石门镇 …………………… (305)
概况 …………………… (305)
石门湾粮食专业合作社联合社成立 …… (308)
石门镇通过国家卫生镇首轮复审 ……… (308)
第二届"桐乡·石门杯"鞋靴创作设计大奖赛 …………………… (308)
桐乡首个中学诗教基地在石门成立 …… (308)
石门林丰果业入选全省第二轮造血型扶贫基地项目 …………………… (308)
洲泉镇 …………………… (308)
概况 …………………… (308)
"钱皇蚕丝被"挂牌上市新三板 ………… (311)
"桐香"牌猪肉成为 G20 峰会指定用肉 …………………… (311)
新凤鸣集团被评为全国示范院士专家工作站 …………………… (311)
屠甸镇 …………………… (311)
概况 …………………… (311)
环境综合大整治行动 ………………… (313)
招商引资百日大会战 ………………… (314)
大麻镇 …………………… (314)
概况 …………………… (314)
家纺科技创业园二期建设完成 ……… (316)
大麻镇获 2015 年度纺织行业创新示范集群地区称号 ………………… (316)
"大麻好声音"歌手大赛 ……………… (317)
亿元工业区项目举行集中开工仪式 …… (317)
高桥镇 …………………… (317)
概况 …………………… (317)
"巨匠建设"股票上市 ………………… (319)
锦绣天地成立商场消费维权联络站 …… (319)
大家乐生态庄园启动建设 …………… (319)
河山镇 …………………… (319)
概况 …………………… (319)
河山镇入选浙江省首批低碳试点建设名单 …………………… (321)
西圣埭港综合整治工程竣工 ………… (321)
八泉村蚕桑风俗体验馆建成 ………… (321)
开展"网格夜巡" ……………………… (321)
东浜头村渔光互补电站并网发电 ……… (321)

人　　物

桐乡市组织机构与领导人名录 …………… (322)
新任县处级领导简介 …………………… (327)
王申峰 …………………… (327)
蒋惠玲 …………………… (327)
潘川弟 …………………… (327)
陶咏椿 …………………… (327)
姜　玮 …………………… (327)
张建林 …………………… (327)
朱伟强 …………………… (328)
徐　刚 …………………… (328)
沈小平 …………………… (328)
先进人物 …………………… (328)
沈建良 …………………… (328)
唐国强 …………………… (328)
新闻人物 …………………… (329)
孟国芬 …………………… (329)

逝世人物 ………………………………………… (329)
陆　琪 ………………………………………… (329)
张万宏 ………………………………………… (329)
王积明 ………………………………………… (329)
黄家贵 ………………………………………… (329)
徐　林 ………………………………………… (329)
周启才 ………………………………………… (330)
金嘉善 ………………………………………… (330)
董宝利 ………………………………………… (330)
徐安志 ………………………………………… (330)
韩占清 ………………………………………… (330)
徐金永 ………………………………………… (330)
周关兴 ………………………………………… (330)
刘　辛 ………………………………………… (330)
张雨声 ………………………………………… (330)

国民经济统计资料

总户数总人口 ………………………………… (331)
城乡个体户基本情况 ……………………… (332)
主要年份规模以上工业企业主要
经济指标 ………………………………… (333)
固定资产投资完成情况 …………………… (334)
主要年份社会消费品零售总额 …………… (335)
外向型经济主要指标一览 ………………… (336)
主要年份财政一般预算收入 ……………… (337)
主要年份财政一般预算支出 ……………… (338)

文件选编

重要文件选载 ………………………………… (339)
中共桐乡市委印发《关于进一步
推进市委科学民主依法决策的
实施办法》的通知 …………………… (339)
中共桐乡市委关于补齐短板加快
建设“诗画水乡典范、旅游人文
名城、网络智慧强市”的实施意见 …… (341)
桐乡市人民政府关于支持大众创业
促进就业的实施意见 ………………… (347)
桐乡市人民政府关于印发降低企业
成本推进实体经济稳增促调的
若干意见的通知 ……………………… (352)
桐乡市人民政府办公室关于印发
《桐乡市全面开展县域经济体制
综合改革实施方案》的通知 ………… (356)
重要文件存目 ………………………………… (360)

索　引

汉语拼音索引 ………………………………… (362)

封面照片:乌镇互联网国际会展中心　(张雄伟摄)

Contents

Special Reports

Heading in the New Direction, Opening A New Chapter, Making sure Tongxiang is in the Forefront in Building of A Moderately Prosperous Society in All Respects.
—Issued at the Fourteenth Tongxiang Congress of the CPC (outline)
—by Sheng Yongjun, Secretary of Tongxiang Municipal Party Committee .... (1)
Municipal Government Work Report
—Issued at the Fifth Session of the Fifteenth People's Congress of Tongxiang (outline)
—by Wang Shenfeng, Acting Mayor of Tongxiang City .... (8)

Chronicle of Major Events

Major Events in Tongxiang in 2016 .... (18)

Survey of Tongxiang

Geography .... (24)
Climate .... (24)
Historical Background .... (25)
Administrative Divisions .... (26)
National Economy and Social Undertakings .... (28)
Construction of Spiritual Civilization .... (29)
Beautiful Countryside .... (30)
Five Water Governance .... (30)

World Internet Conference

General Description .... (32)
Construction of Facilities .... (37)
Service for the Conference .... (39)
Innovation and Development .... (42)

Agriculture

General Description .... (44)
Crop Farming .... (45)
Silkworm and Mulberry Industry .... (46)
Forestry .... (47)
Water Products Industry .... (47)
Animal Husbandry .... (48)
Water Conservation .... (48)
Agricultural Mechanization .... (50)
Agricultural Science and Technology .... (51)
Comprehensive Agricultural Development .... (52)

Industry

General Description .... (53)
Textiles and Garments Industry .... (56)
Chemical Fiber Industry .... (58)
Building Materials Industry .... (60)
Leather and Fur Industry .... (61)
Machinery Industry .... (63)
Chemical and Medicine Industry .... (64)
Electronic Information Industry .... (65)

Rubber and Plastic Industry ················ (66)
Introduction of Selected Companies ········ (66)

Trade

Domestic Trade ···························· (70)
General Description ··························· (70)
Commerce ······································ (71)
Supply and Marketing Cooperatives ········ (71)
Food Supply Administration ················ (72)
Tobacco Administration ······················ (72)
Electronic Commerce ························· (73)
Department Stores and Supermarkets ······ (73)
Hotels and Restaurants ······················ (74)
External Trade ······························ (75)
General Description ··························· (75)
Foreign Trade ·································· (76)
Foreign Economic and Technical Cooperation ······························· (77)
Customs ·· (78)
Entry/Exit Inspection and Quarantine ······ (79)
Investment Promotion ······················ (80)
General Description ··························· (80)
Utilization of Foreign Capital ·············· (80)
Utilization of Domestic Capital ············· (80)

Economic Development Zones

Tongxiang Economic Development Zone ··· (81)
Puyuan Knitting Industrial Park ··········· (83)
Zhendong New Zone ························· (85)

Tourism

General Description ··························· (86)
Planning and Construction ·················· (87)
Tourism Management ························ (89)
Market Development ························· (90)
Wuzhen International Tourist Zone ········ (91)
Puyuan Tourist and Economic Zone ········ (94)

Markets

General Description ··························· (96)
Puyuan Sweater Market ······················ (97)
Chongfu Fur Market ························· (99)
Other Markets ································ (100)
Farmers' Markets ···························· (102)

Transportation

General Description ························· (103)
Highways ····································· (103)
High-speed Railroad ························ (105)
Waterways ···································· (106)
Logistics and Warehousing ················ (107)

Postal Service and Telecommunications

General Description ························· (108)
Postal Service ································ (108)
China Telecom ······························· (110)
China Mobile ································· (111)
China Unicom ································ (112)

Urban and Rural Construction Administration

General Description ························· (114)
Construction Planning and Administration ·· (115)
Urban Management and Law Enforcement ·· (117)
Urban Construction ························· (118)
Construction Industry ······················ (120)
Real Estate Industry ························ (123)
Public Utilities ······························ (124)
Renovation of Old Houses and Demolition of Illegal Buildings ······················ (126)
Power Distribution ························· (126)

Gardening and Landscaping ……………… (128)

Environmental Protection

General Description ……………………… (129)
Environmental Management …………… (129)
Environment Monitoring ………………… (132)
Ecological Construction ………………… (133)

Public Finance and Taxation

General Description ……………………… (134)
Public Finance …………………………… (134)
State Tax Collection ……………………… (135)
Local Tax Collection ……………………… (136)

Finance

General Description ……………………… (137)
Banking …………………………………… (139)
Insurance ………………………………… (144)
Securities ………………………………… (145)
Other Finance …………………………… (145)

Economic Management and Services

Integrated Administration ……………… (146)
Price Administration ……………………… (147)
Market Supervision and Management …… (149)
Administration for Land Resources …… (151)
Quality and Technical Supervision ……… (154)
Administration for Work Safety ………… (156)
Administrative Approval Service Center …………………………………………… (157)
Audit ……………………………………… (159)
Statistics ………………………………… (160)

Party Committee and Municipal Government

Tongxiang Committee of the CPC …………………………………………… (162)
Important Meetings and Policies ………… (162)
General Office of the Party Committee …………………………………………… (163)
Commission for Discipline Inspection and Bureau of Supervision …………… (164)
Organization Department ……………… (166)
Publicity Department …………………… (169)
Department of United Front Work ……… (171)
Corresponding Bureau …………………… (172)
Policy Research Office ………………… (174)
Retired Cadre Bureau …………………… (175)
Party School ……………………………… (177)
Party Committee for the Party and Government Departments of Tongxiang City ……………………… (178)
Institutional Organization Commission …………………………………………… (180)
Tongxiang People's Congress ……… (181)
General Description ……………………… (181)
Important Meetings ……………………… (181)
Important Activities ……………………… (183)
Municipal Government of Tongxiang …………………………………………… (185)
Important Meetings and Policies ………… (185)
General Office of the Municipal Government …………………………………… (185)
Foreign Affairs and Overseas Chinese Affairs ………………………………… (188)
Taiwan Affairs Office …………………… (189)
Archives Bureau ………………………… (190)
Party History and Annals Office ……… (192)
Tongxiang Committee of the CPPCC …………………………………………… (193)
General Description ……………………… (193)
Important Meetings ……………………… (193)
Important Activities ……………………… (194)

Other Political Parties and Social Organizations

Other Political Parties …………………… (196)
Industry and Commerce Federation of Tongxiang …………………………… (197)
General Trade Union of Tongxiang …… (199)
Tongxiang Committee of the Chinese Communist Youth League …………… (200)
Women's Federation of Tongxiang ……… (203)
Science and Technology Association of Tongxiang …………………………… (205)
Tongxiang Federation of Literary and Art Circles …………………………… (207)
Tongxiang Disabled Persons' Federation ………………………………………… (210)
Red Cross Society ………………………… (213)

Military

General Description ……………………… (215)
National Defense Education, Activities of the PLA in the Construction of Socialist Spiritual Civilization with the Civilians ………………………………………… (216)
Military Services ………………………… (216)
Militia, Reserve Service ………………… (217)
People's Air Defense …………………… (218)
Armed Police Force …………………… (219)

Politics and Laws

General Description ……………………… (221)
Comprehensive Control of Social Management …………………………… (222)
Legal Affairs Office …………………… (223)
Bureau of Public Security ……………… (224)
Procuratorate ……………………………… (225)
Court of Law ……………………………… (225)
Bureau of Justice ………………………… (227)

Education

General Description ……………………… (229)
Basic Education …………………………… (230)
Vocational Education …………………… (231)
Adult Education ………………………… (233)
Higher Education ………………………… (233)
Teachers …………………………………… (235)
Educational Administration …………… (236)
Education Research ……………………… (238)

Science and Technology

General Description ……………………… (240)
High and New Technology ……………… (240)
Agricultural and Social Technology …… (241)
Cooperation on Science and Technology ………………………………………… (242)
Intellectual Property Rights …………… (243)
Technology Entrepreneurship …………… (244)

Culture Sports Media

General Description ……………………… (246)
Social Culture …………………………… (246)
Cultural Relics …………………………… (248)
Culture Market Administration ………… (250)
Public Sports ……………………………… (251)
Competitive Sports ……………………… (252)
Radio and Television …………………… (252)
Newspapers ……………………………… (253)
Network Media …………………………… (255)

Public Health

General Description ……………………… (256)
Public Health Administration …………… (256)
Public Health Supervision and Disease Control ………………………………… (257)
Medical Services ………………………… (259)
Health Care for Women and Children ………………………………………… (260)

Scientific Research and Academic Exchanges …… (260)
Family Planning …… (261)
Patriotic Public Health Work …… (262)
Construction of Healthy City …… (263)

Social Life

New Residents Affairs …… (264)
Standard of Living …… (265)
Civil Administration and Social Relief …… (267)
Work with the Elderly …… (271)
Charity Work …… (273)
Protection of Consumers' Rights and Interests …… (275)
Religions …… (276)
Ethnic Groups …… (277)

Human Resources, Social Security

General Description …… (278)
Talent Introduction …… (278)
Personnel Work …… (280)
Labor and Employment …… (281)
Labor Relation …… (283)
Social Security …… (285)

Districts' and Towns' Development

Wutong District …… (287)
Fengming District …… (293)
Longxiang District …… (294)
Chongfu Town …… (297)
Wuzhen Town …… (299)
Puyuan Town …… (303)
Shimen Town …… (305)
Zhouquan Town …… (308)
Tudian Town …… (311)
Dama Town …… (314)
Gaoqiao Town …… (317)
Heshan Town …… (319)

Who's Who

Organizations and Their Leaders …… (322)
Brief Introduction of the New County-level Officials …… (327)
Advanced Figures …… (328)
News Figures …… (329)
Obituaries …… (329)

Statistics for National Economy

Selected Documents

Selected Important Documents …… (339)
Contents of Important Documents …… (340)

Index

Chinese Phonetic Alphabet Index …… (362)

把握新方位　开创新局面
确保高水平全面建成小康社会走在前列

——在中国共产党桐乡市第十四次代表大会上的报告(摘要)

中共桐乡市委书记　盛勇军

(2016年12月26日)

一、过去五年的工作回顾

(一)五年来,狠抓工商强市,综合实力不断提升。预计2016年,全市实现地区生产总值688亿元,年均增长8%;财政总收入100.5亿元、一般公共预算收入57.9亿元,分别是五年前的1.5倍和1.6倍;社会消费品零售总额329亿元,是五年前的1.8倍;固定资产投资480.7亿元,实现翻番。深化"工业强市"建设,累计新增亿元企业128家、新三板挂牌企业9家、上市企业8家,桐昆、新凤鸣、振石入围2016中国民营企业500强和中国制造业企业500强,成为全省首批工业强市,获评"两化"深度融合国家示范区。强化科技引领作用,新增高新技术企业88家,发明专利授权量是五年前的4.5倍,战略性新兴产业、高新技术产业增加值占比分别达到37%和45%,被认定为首批浙江省创新型试点城市。扎实推进服务业提档升级,网上网下两个市场齐头并进,总部经济、电子商务等产业加快发展,服务业对发展的贡献度不断提高,成为全省首批服务业强市。世界互联网大会的溢出效应持续释放,"一业一网"加快发展,乌镇互联网医院、浙江大数据交易中心等130多个项目落户桐乡,省级互联网创新发展试验区、大数据高新技术产业园成功获批;旅游综合改革试点有序推进,旅游业实现较快发展,游客接待量和旅游收入分别是五年前的1.8倍和2.3倍。积极发展效益农业、观光农业,累计完成土地流转8.8万亩,建成庄园16家、现代农业园区16个、粮食生产功能区9.9万亩。三次产业比重由5.5∶54.7∶39.8调整为4.2∶47.8∶48。

(二)五年来,建设宜居水乡,城乡面貌明显改善。始终把生态文明建设作为第一民生工程来抓。扎实开展"五水共治",强势推进"三改一拆",持续抓好"森林桐乡"建设,累计完成河道整治632千米、"三改一拆"2374万平方米、绿化造林4.8万亩,水质从五类、劣五类为主,变成三类、四类为主,林木覆盖率从20%提高到25%。持续开展"4+X"重污染高耗能行业整治,加大节能减排工作力度,万元GDP能耗下降19.5个百分点,空气质量优良率超过80%,顺利通过国家可持续发展实验区验收。深入实施城市建设三年行动计划，注重新区建设和老城区有机更新同步推进，基本完成市区"城中村"改造任务，凤凰湖成为桐乡新亮点。统筹抓好小城市、特色小镇和新市镇建设，崇福跻身全省一流小城市行列，濮院入选首批中国特色小镇名单，濮院旧镇改建核心区全面启动。加大城乡基础设施投入，扩大杭嘉湖南排、临杭大道建设稳步推进，乌镇大道即将全线贯通，多条高等级公路建成通车，城乡交通、供水、供气、通信等体系更加完善。深化城乡环境综合整治，大力实施美化、洁化、亮化工程，城乡面貌日新月异，高分通过国家卫生城市复查，获评省级"美丽乡村"先进县。

（三）五年来，推进人文名城，城市内涵日益彰显。扎实推进"四型"社会、"四好"家庭、"五有"市民建设，深入开展"最美"系列群众性精神文明评创活动，出台嘉兴首个道德模范关爱机制，积极弘扬社会主义核心价值观，城市文明程度显著提高，成功创建省级示范文明城市。不断健全覆盖城乡的公共文化设施网络和服务体系，市文化中心、木心美术馆等建成开放，村（社区）综合文化服务中心实现全覆盖，荣获省农村文化礼堂建设先进市，顺利通过国家公共文化服务体系示范区创建验收。广泛开展太极拳、排舞、广播体操等群众性文体活动，成功创建中国排舞之乡、武术之乡、文学之乡。大力发展文化创意、文化旅游等特色文化业态，中央新影桐乡园项目有序推进。乌镇戏剧节、丰子恺全球散文大赛、全国茅盾文学新人奖等一批有影响力的文化活动顺利开展，城市软实力进一步提高。

（四）五年来，筑牢安康家园，社会大局和谐稳定。扎实开展"平安护航重大国际峰会大会战"，积极打造"乌镇管家""万人大巡防"等群防群治品牌，圆满完成三届世界互联网大会和G20杭州峰会维稳安保任务。加强和创新社会治理，探索开展法治、德治、自治"三治合一"基层社会治理实践，"三治"经验在全省得到推广。高度重视基层基础，率先建立镇（街道）政法委，组建市镇村三级维稳队伍，派驻平安综治工作督导员，扎实开展"网格化管理、组团式服务"，"平安桐乡"实现十一连冠。持续加大民生领域投入力度，新增财力80%以上用于民生支出。教育现代化步伐不断加快，市技师学院筹建基本完成，高考屡创佳绩，成为全省首批教育现代化基本达标市。医药卫生体制改革扎实推进，"双下沉、两提升"工作迈出坚实步伐。建成居家养老服务中心211家，引进民营养老机构4家，实现居家养老服务中心城乡社区全覆盖。社会就业更加充分，全民保障体系更加健全，人民生活水平进一步提高，城镇居民和农村居民人均可支配收入分别达到4.79万元和2.94万元，收入差距比缩小到1.63。

（五）五年来，打造党建高地，自身建设全面加强。坚持"抓党建就是抓关键"。扎实开展党的群众路线教育实践活动、"三严三实"专题教育、"两学一做"学习教育，建立勤政周记、桐乡大讲堂、每月夜学等制度，更加注重学以致用、学以兴业，干部的认知水平和行动能力进一步提高。大力弘扬创业、担当、团队三种精神，强化狠抓落实"八大能力"建设，开展干部日志月评、年轻干部成长工程、干部监督预警等工作，着力打造勤政、廉政、能政"三合一"干部队伍。全面实施村（社区）干部"青蓝工程"、党员"净化工程"和村级集体经济壮大工程，扎实推进"双先指数"考评、党建"红云平台"等特色党建工作，基层执政基础不断巩固，乌镇镇党委荣获全国先进基层党组织荣誉称号。不断完善人才政策和人才服务体系，人才集聚效应逐步显现。连续三年开展"百千万"实践活动，实行干部"住夜"制度，坚决贯彻中央"八项规定"精神，严肃整治"四风"问题，党风政风持续好转。严格落实党风廉政建设"两个责任"，不敢腐、不能腐、不想腐的长效机制不断健全，一批群众关心、社会关注的违纪违法案件得到查处，政治生态更加清朗。切实抓好统一战线、党管武装、老干部、群团等工作，心齐气顺劲足的干事氛围更加浓厚。

二、今后五年的发展目标

今后五年全市工作的指导思想是：全面贯彻党的十八大和十八届三中、四中、五中、六中全会精神，以邓小平理论、"三个代表"重要思想、科学发展观为指导，深入学习贯彻习近平总书记系列重要讲话精神，以"四个全面"战略布局为统领，以"五大发展理念"为引领，牢牢把握经济建设这个中心不动摇，坚持稳中求进工作主基调，大力发展以先进制造业为核心的实体经济、以乌镇为核心的"一业一网"，全力实施实业兴市、创新驱动、开放融合、生态宜居、民生为本五大战略，扎实开展招商引资、项目推进、作风建设三大工程，努力把桐乡打造成为先进制造基地、诗画水乡典范、旅游人文名城、网络智慧强市，确保高水平全面建成小康社会走在前列。

今后五年全市发展的主要目标是：

经济实力更强。地区生产总值年均增长7%左右，总量冲刺1000亿元；一般公共预算收入年均增长6%左右；规上工业总产值突破2000亿元；五年累计完成固定资产投资突破3000亿元，其中工业生产性投入占50%以上。

产业层次更高。先进制造业和现代服务业成为主导，工业经济中战略性新兴产业、高新技术产业增加值占比分别提高到45%和50%，“一业一网”对发展的贡献度不断提高；集聚集约成效显著，亩均产出提高30%以上。

城乡环境更美。单位GDP能耗累计下降19%以上，主要污染物排放总量削减完成上级任务，骨干河道三类水以上比重超过60%，空气质量优良率85%以上；城市化率提高到60%以上，城乡环境明显改善，城乡发展更加协调。

治理体系更优。社会主义核心价值观更加深入人心，市民整体文明素养、科学文化素质明显提高，城市精气神充分彰显；社会治理体系和治理能力现代化建设取得重大进展，系统治理、综合治理、依法治理、源头治理水平不断提升，社会更加和谐有序。

人民生活更好。城镇居民人均可支配收入、农村居民人均可支配收入年均分别增长7%和7.5%；社会事业全面发展、社会保障更加有力，人民群众的物质生活更加富裕、精神世界更加富有，幸福感、满意度进一步提高。

要实现今后五年的发展目标，必须做到以下“五个突出”：

一是突出经济建设。经济发展是一切发展的前提和基础，只有经济发展，城市才有人气、民生才有保障、稳定才有基础。必须切实加强和改善党对经济工作的领导，大力推进三次产业协调发展，做强税源经济，实现经济总量、发展质量的全面提升。

二是突出创新驱动。创新是发展的不竭动力。面对发展中的各种新情况、新问题，必须努力摆脱思维定式，统筹推进理念创新、方法创新、科技创新、体制机制创新，善于在无路中找路、在危机中转机、在困境中突围，不断激发全社会创新活力。

三是突出民生改善。人民群众对美好生活的向往，就是我们的奋斗目标。要始终把增进群众福祉作为工作的出发点和落脚点，从群众最关心、最迫切的问题入手，努力为群众办实事、做好事，真正实现发展为了人民、发展依靠人民、发展成果由人民共享。

四是突出党建保障。党建强，发展才能更强。必须把全面从严治党放到突出重要位置来抓，扎实推进思想政治建设、干部队伍建设、基层组织建设、党风廉政建设和制度建设各项工作，为高水平全面建成小康社会提供强有力的组织保证。

五是突出实干至上。一个行动胜过一打纲领。面对繁重的发展任务，必须坚决破除华而不实的漂浮作风，始终做到实干至上、行动至上，说了算、定了干、马上办，以雷厉风行的作风、抓铁有痕的韧劲、务实有效的举措，推动各项工作落实落细。

三、今后五年的主要任务

（一）狠抓实体经济，构筑更高层次的产业体系

把发展实体经济作为重中之重，突出先进制造业与现代服务业的驱动作用，统筹三次产业发展，推动产业向中高端迈进。

1.做强先进制造业。坚持提升优势产业和壮大新兴产业并重，去落后产能与添优质增量并举，推动桐乡制造业加速崛起。深入推进“四换三名”“两改两创”“两化融合”，依托技术革新、装备升级、产品换代、“互联网＋”等手段，改造提升优势主导产业，推动化纤、玻纤产业向智能化、差别化方向发展，推动毛衫、皮草、皮鞋、家纺等产业向时尚化、品牌化方向发展，提高产品附加值、增强核心竞争力。积极培育新材料、新能源、高端装备制造等战略性新兴产业，加快形成新的经济增长点。坚决淘汰一批落后产能，清理一批低端项目，整治一批低小散企业，更加注重绿色、低碳、循环发展，提高GDP绿色基因。大力弘扬“工匠精神”，引导企业聚焦主业，走“专精特新”发展之路，专注品质、做精产品。扎实推进“个转企”“小升规”“规上亿”以及股改上市工作，力争到2021年新增亿元企业150家、股改企业100家、新三板挂牌企业20家、上市企业8家，形成大中小微各类企业竞相

发展的良好格局。

2. 提升现代服务业。注重生产性服务业和生活性服务业协调发展，积极构建与制造业相融合、与城市化相配套的现代服务业体系。加快濮院毛衫市场、崇福皮草市场等专业市场改造升级步伐，有序推进濮院毛衫市场上市，完善功能配套，提升市场质态。大力发展现代金融，探索开展金融互联网小镇建设，构建多层次资本市场，提高金融对经济的贡献率。积极培育总部经济、电子商务、研发设计、现代物流等生产性服务业，实现制造业和服务业互动发展。提升发展现代商贸、住宿餐饮、教育医疗、健康养老等生活性服务业，不断满足群众多样化、个性化需求。加强对房地产市场的引导，维护房地产市场健康稳定。扎实推进服务业集聚区建设，推动服务业发展提速、贡献提升。

3. 做大特色产业。围绕“一业一网”，构建更加多元化的现代产业体系，实现产业互补。进一步巩固乌镇的龙头作用，加快濮院旧镇改建步伐，高标准抓好乌镇—石门省级旅游度假区规划建设，大力发展乡村旅游，注重旅游与其他产业相融合，加快全域旅游发展进程。力争到2021年游客接待量超2500万人次、旅游总收入超280亿元。围绕“一核一带多点”，大力发展大数据、量子通信、信息制造、互联网医疗等产业，加快发展智慧物流、智慧农业、智慧旅游等产业，力争到2021年互联网信息产业产值突破500亿元。放大桐乡作为世界互联网大会永久举办地的虹吸效应，继续办好中国创新创业大赛互联网及移动互联网行业总决赛，争取永久落户，积极吸引更多全国性、国际性会议展览落户桐乡，培育壮大会展经济。深化农业“两区”建设，有序发展以庄园、庭院、农场为主要内容的田园经济，做精做优特色农业，促进农业增效、农民增收。

（二）强化项目攻坚，形成更为强大的后劲支撑

牢固树立“项目为王”的理念，加快一批重大产业项目引进和落地，为经济持续稳定增长提供强劲支撑。

1. 狠抓招商引资。坚持招商引资“一号工程”不动摇，推动精力向招商集中、资源向招商倾斜、力量向招商整合。创新招商方式，综合运用驻点招商、委托招商、专题招商、以商引商等办法，高频率走出去、高质量引进来，确保重大项目引进实现突破。注重精准招商，主动对接国家重大战略，深入推进“浙商回归”工程，紧密跟踪行业领军企业战略布局和投资动向，更加注重建链、强链、补链、延链，大力招引一批投资强度大、科技含量高、创税能力强、带动作用大的龙头项目和成长型项目。强化招商队伍，注重招商人员的优化整合，加快培养一支懂经济、懂产业、懂政策、懂服务的专业招商队伍，提高招商实效。

2. 加快项目落地。围绕项目开工、竣工、达产等环节，完善项目跟踪推进机制，实行领导挂帅、专人负责、挂图作战，高效跟进规划选址、土地供应、基础配套等工作，着力解决项目推进中的困难和问题，促进项目快动工、快建设、快投产。强化要素保障，坚持以“亩产论英雄”，加大转而未供、供而未用土地处置力度，有序推进农村土地综合整治，盘活存量土地、清理低效用地，提高土地使用效率。进一步强化土地、资金、用能、排放等资源要素的统筹力度，促进资源要素向大平台、大项目集聚。完善项目建设督查、约束机制，防止圈而不建、建而不投、投而不产。

3. 提升平台能级。按照集聚、集群、集约的原则，突出抓好重点平台建设，强化平台对项目的承载能力。经济开发区要发挥主战场作用，进一步拓展发展空间，加快产业升级，促进产城融合，全力打造全球性复合新材料产业基地、国家级大数据产业基地和区域性特色装备制造基地，力争到2021年规模以上工业总产值实现翻番，尽早创成国家高新技术产业开发区。濮院针织产业园区要进一步发挥对相关产业的辐射带动作用，完善产业链，壮大企业规模，努力打造全球知名毛针织服装设计、创意、研发中心和总部基地。崇福要加快新兴产业引进培育，提升皮草和纺织两大特色优势产业集群，提高对全市经济的贡献度。洲泉要突出龙头企业和块状经济发展，推动产业提档升级，加快打造国家级化纤新材料基地。其他平台要注重存量提升、内部挖潜，建设充满活力的特色产业平台。

（三）坚持改革创新，释放更为持久的发展动能

主动适应新常态，把改革引领、创新发展、扩大开放摆在突出重要位置来抓，全力促进新动能成长、传统动能提升。

1. 以改革强动力。紧抓全

国中小城市综合改革试点契机,协调推进全面深化改革各项任务。扎实推进审批制度改革,深化"四张清单一张网"建设,真正做到简政放权、简批严管、简化流程,提高审批服务效率和质量。深化资源要素市场化配置改革,坚持正向引导与反向倒逼相结合,更加注重资源配置的精准度,提高资源配置效率。积极推进投融资改革,加大PPP模式推广力度,构建多元化融资渠道。深化国资国企改革,完善治理结构,理顺监管体制,提升运行质效。稳步推进农村综合改革,探索推进农村集体经营性建设用地入市、农村宅基地有偿退出机制,赋予农民更多财产性权利。稳妥推进体制改革,优化空间布局,理顺管理机制。

2.以创新添活力。坚持以创新突破发展瓶颈、释放发展活力、推动产业进步。强化创新主体培育。支持企业创建各级各类研发机构,提高重点领域、关键技术科研攻关能力。深化政产学研合作,加大与高等院校、科研院所的合作对接,引进国内外知名研发中心和科研机构,增强区域创新实力。强化创新平台建设。充分发挥互联网创新发展试验区、科创中心、320创意广场等平台的示范引领作用,积极打造一批专业化众创空间,推动创新资源集聚,加快创新成果孵化、转化、产业化。强化创新人才支撑。大力实施"金凤凰计划",加大高端人才和重点创新创业团队引进培育力度,积极培养与产业相匹配的高级技工人才,确保到2021年万人拥有人才量达到3200名以上,"国千""省千"人才超过30名。

3.以开放拓空间。依托自身资源和独特优势,全面扩大对外开放的领域和层次,提升桐乡在区域发展大格局中的位势。高标准办好世界互联网大会,进一步完善基础配套,建立健全更加社会化、长效化、规范化的办会工作机制,提升会务保障、安全保障、环境保障水平,确保每届大会圆满成功、精彩纷呈。充分利用世界互联网大会的国际影响力,拓宽桐乡与国际交流合作的渠道,提高城市国际化水平。坚持"引进来"与"走出去"并举,加大国际化人才和国际化资本引进力度,鼓励有条件的企业到境外建立研发机构、销售网络,开展跨国并购和投资合作,培育更多本土跨国公司。主动融入沪杭都市圈,积极争取纳入沪杭城际铁路规划,加大产业承接、人才对接、基础设施连接、公共服务衔接力度,实现与"沪杭同城"。继续做好援疆、援藏等工作,深化山海协作,实现合作共赢。

(四)突出品质提升,建设更具魅力的宜居城市

统筹抓好城乡规划、建设、管理工作,更加注重品质提升和特色发展,努力打造具有国际理念、江南韵味的诗画水乡典范。

1.高起点抓好城市规划。坚持区域协同、城乡一体,完成市域总规和各专项规划编制,着力构建"一市三城·一城五区"带动特色小镇、美丽乡村的大格局。大力推进梧桐城区、振东新区、经济开发区、濮院镇区和高桥新区组团发展,提升中心城区承载力、集聚力和影响力。进一步增强乌镇、崇福对周边区域的辐射带动作用,加快打造区域副中心。扎实推进"多规合一",不断优化城乡宏观布局,强化微观空间治理,促进生产生活生态空间协调融合。抓好重点片区、重点街区、重要节点城市设计,加强对建筑布局、景观造型、色彩色调等方面的引导和管控,力求整体风貌和谐统一、美观大气。

2.高品质建设中心城区。树立精品理念,注重精致建设、精细管理,提升中心城区功能和能级。提高城市品位。高标准推进凤凰湖区建设,加速产业、人口和功能集聚,打造具有国际水准的现代化品质新城区。同步推进振东商业圈、庆北文教区等重点区块开发建设,打造城市新亮点。稳步推进城市有机更新和"城中村"改造扫尾,更加注重拆后利用,提高城市形象。完善城市功能。加大地下空间开发力度,加快地下综合管廊建设,拓展城市发展空间。进一步提升网络基础设施,更加注重智慧警务、智慧交通、智慧城管、智慧政务等智慧成果运用,提高城市智慧化水平。塑造城市特色。有序推进永宁区块以及其他古街区、古建筑的保护性修复,延续城市文脉、留住城市记忆。积极弘扬茅盾、丰子恺、木心等名人文化,有机融入梧桐、凤凰、蚕桑等地方文化,凸显城市文化个性和文化张力。

3.一体化推进城乡发展。持续推进新型城镇化和新农村建设,实现城乡一体发展、统筹发展、协调发展。加快新型城镇化步伐。乌镇要围绕互联网特色小镇建设,注重旅游与互联网互促共进,大力推进镇区景区

化、景区全域化、产城一体化，打造更具实力、魅力、活力的世界级小镇。崇福要持之以恒推进小城市建设，做足做好产业、古城、运河等文章，真正实现由镇到城转变。濮院要抓住入选国家级特色小镇的机遇，努力打造旅游与市场互动、传统与时尚相融的世界知名时尚特色小镇。其他各镇(街道)要立足实际，因地制宜打造产业强镇、特色小镇。深化“美丽乡村”建设。加强地方特色保护和乡土风貌塑造，努力打造一批记得住乡愁、留得住脚步的特色村落，争创全省“美丽乡村”示范县。完善基础设施网络。大力实施“4319”工程，加快扩大杭嘉湖南排、钱江通道北接线、临杭大道等重大交通基础设施建设，进一步提升主干道、打通断头路、畅通微循环，有序推进轨道交通、通用航空发展，构建区域大交通格局。完善水、电、气等基础设施网络，更好地支撑城乡经济社会发展。

4. 全方位提升市域生态。始终坚持生态优先、绿色发展，建设天蓝地绿水清的良好人居环境。抓好“治”的文章。深化“五水共治”，持续推进截污、控源、清水体工作，加快启动西部水源地保护工程，开展低洼易涝区域整治，进一步提高治水成效。扎实开展小城镇环境综合整治，向“脏乱差”宣战，推动村容镇貌持续改善。同步抓好“五气共治”、固废治理、土壤治理等工作，不断优化城乡生态环境。抓好“拆”的文章。保持“三改一拆”力度不变，加大重点片区拆违力度，严控新增违建，确保成功创建省“无违建市”。抓好“绿”的文章。坚持扩面与提质相结合，深化“森林桐乡”建设，做到见缝插绿、见空补绿，逐步提高区域生态廊道、城市绿色空间面积和质量，形成四角田园和环城绿带有机相融的城市生态格局。

（五）注重以人为本，打造更加和谐的社会环境

始终坚持以人民为中心，努力办成一批群众更加满意的民生实事，不断提高群众的获得感、幸福感、安全感。

1. 繁荣社会事业。突出教育优先，优化教育资源布局，推进学前教育、义务教育、高中教育、职业教育等优质均衡发展，加快浙江传媒学院电影学院、市技师学院建设步伐，提升各个阶段教育质量，确保成功创建全省教育现代化达标市。深入推进医药卫生体制改革，深化“双下沉、两提升”工作，加快构建分级诊疗制度，建设“健康桐乡”。大力发展体育事业，有序推进公共体育设施建设，扎实开展群众性体育活动。坚持以居家为基础、社区为依托、机构为支撑，积极构建多元化、多层次的养老服务体系，让老年人老有所养、老有所乐。

2. 提升人文素质。围绕以文化人、以文惠民、以文兴业，全面提升城市人文内涵，打造“风雅桐乡”。深化精神文明创建，切实抓好行风、社风、乡风、家风建设，塑造城市文明品牌，全力创建浙江省文明市。高质量办好“子恺杯”全国漫画大展、“徐肖冰杯”全国摄影大展等重大文化活动，力争让“茅盾文学奖”重回桐乡，打造更具影响力的桐乡文化品牌。加快图书馆新馆、城市档案中心、“四馆合一”工程建设进程，巩固农村文化礼堂等基层公共文化阵地，广泛开展文化惠民活动，不断丰富群众精神文化生活。扎实推进文化创意产业园建设，推动文化与工业、旅游等有机融合，大力发展文化创意产业，力争到2021年文化产业增加值占GDP比重达到7%以上。

3. 健全保障体系。坚持扩大就业与鼓励创业相结合，完善就业创业服务体系，拓宽居民增收渠道，推动低收入群众持续增收、中等收入群体不断壮大。精准实施扶贫帮困，更加注重自身“造血”功能和长效机制建设，减少相对贫困、促进共同富裕。构建覆盖全体市民的社会保障体系，加快机关事业单位养老保险制度改革步伐，完善职工基本养老保险、城乡居民社会养老保险、城乡居民医疗保险等制度，推进各类社会保险扩面提标，提高社会保障水平。优化住房保障方式，积极推进货币化保障和安置。统筹抓好慈善、红十字、残疾人等工作。

4. 创新社会治理。全面深化法治、德治、自治“三治合一”基层社会治理实践，提升县域治理现代化水平。做深做细“网格化管理、组团式服务”工作，完善立体化治安防控体系和公共安全体系，高度重视新居民服务管理，依法化解各类矛盾纠纷，打造更高水平“平安桐乡”。始终把世界互联网大会维稳安保作为检验社会治理成效的试金石，用好“乌镇管家”“万人大巡防”等群防群治力量，筑牢平安防线。广泛开展“七五”普法，健全社会诚信体系，全力营造诚实守信、知法守法的良好社会氛围。

加强网络空间治理，提升新闻宣传和舆论引导水平，弘扬积极向上的正能量。大力培育社会组织，不断完善基层民主制度，增强社会治理合力。

四、全面加强党的建设

（一）打造桐乡铁军。坚持以领导干部为重点，着力抓好干部选用、教育、管理、关爱等工作，持续提升干部队伍凝聚力和战斗力。突出思想政治建设。巩固扩大“两学一做”学习教育成果，深入学习习近平总书记系列重要讲话精神和治国理政新理念新思想新战略，强化理想信念和党性教育，不断提高理论武装水平。落实意识形态工作主体责任，牢牢掌握意识形态工作领导权、主动权、管理权和话语权。树立鲜明用人导向。坚持五湖四海、任人唯贤，严把政治关、能力关、廉洁关，突出实干导向、基层导向、担当导向，大力重用敢担当、重实干、有作为的干部，坚决调整困难面前当逃兵、关键时刻撂担子、占着位子不干事的干部，切实抓好后备干部、党外干部、年轻干部和女干部培养选拔工作，充分发挥各年龄段干部作用，让崇尚实干、敢于担当成为桐乡干部的鲜明特质。坚持严管厚爱并举。严格落实《问责条例》，坚决整治华而不实、为官不为等行为，增强干部责任意识。完善干部关心关爱和容错免责机制，做到政治上爱护干部、工作上支持干部、生活上关心干部，为敢于担当的干部担当，为敢于负责的干部负责，不断激发广大干部干事创业的主动性和积极性。

（二）夯实基层基础。牢固树立大抓基层的鲜明导向，持之以恒抓基层、打基础，推动基层党建全面进步、全面过硬。注重整体提升。深化抓镇促村，扎实推进“整乡推进、整县提升”三年行动计划，做好村（社区）换届选举工作，加强“领头雁”队伍建设，实施村级集体经济壮大工程，加大人财物保障力度，提升基层政权建设水平。统筹推进各领域党的建设，突出抓好产业集聚区、城乡一体新社区、农业产业链和学校党建工作，做强互联网党建特色品牌。严格党员管理。发挥好支部主体作用，增强支部自转功能，推动“三会一课”等制度有效落实。深化“双先指数”考评，抓好农村网格党支部和党员先锋站建设，严格党内组织生活，规范党员日常教育管理。健全党员能进能出机制，优化党员队伍结构，增强党员“四个自我”能力，保持党的先进性和纯洁性。密切党群关系。坚持问政于民、问需于民、问计于民，推动重心下移、干部下沉、服务下倾，完善党员干部直接联系服务群众制度，加强党建带群建工作，推进党群服务中心建设，深化党员志愿服务，夯实党的执政基础，巩固党的执政地位。

（三）优化政治生态。坚持教育、制度、监督多管齐下，推动党风政风持续好转。压实“两个责任”。全市各级党委（党组）要认真落实全面从严治党主体责任，旗帜鲜明支持纪委（纪检组）履行监督责任，全面落实“一岗双责”“一案双查”制度，让压力传导到个人，把责任压实到一线，构建一级抓一级、层层抓落实的工作格局。坚持挺纪在前。严格执行《廉洁自律准则》和《纪律处分条例》等党内法规制度，加强对遵守党章、执行党纪情况的监督检查，真正使纪律成为带电的“高压线”。运用好监督执纪“四种形态”，加强纪律教育，强化党员干部的纪律意识、规矩意识、底线意识。认真贯彻落实中央“八项规定”和省市委相关规定精神，寸步不让反“四风”、统筹兼顾抓治本，提升作风建设制度化、常态化、规范化水平。严厉惩治腐败。坚持无禁区、全覆盖、零容忍，紧盯重点领域、重点行业、重点对象，做到有腐必反、有贪必肃、有违必查。抓好监察体制改革，完善巡察监督机制，加强对权力运行的制约和监督，增强源头反腐实效。

（四）凝聚发展合力。充分发挥市委总揽全局、协调各方的领导核心作用，严肃党内政治生活，注重班子自身建设，加强政治、思想和组织领导，提高把方向、管大局、作决策、保落实的能力和水平。支持政府依法行政、主动有为、善作善成；支持市人大及其常委会依法行使职权；支持人民政协发挥政治协商、民主监督、参政议政作用；支持法院、检察院依法独立行使职权。切实抓好民族、宗教、对台和侨务等工作；加强与民主党派、工商联、无党派人士的联系与合作；加强对工会、共青团、妇联、科协等人民团体的领导；坚持党管武装原则，推动军民融合发展；用心用力用情做好老干部工作，努力把方方面面的积极因素调动起来，把一切可以团结的力量团结起来，汇聚起同心同德干事业、群策群力谋发展的强大合力。

政府工作报告

——在桐乡市第十六届人民代表大会第一次会议上(摘要)

桐乡市代市长　王申峰

(2017年2月14日)

一、过去五年工作简要回顾

这五年,综合实力稳步增强。地区生产总值年均增长8%,2016年实现693.7亿元。年度财政总收入突破百亿元大关,达到100.5亿元,年均增长8.3%;一般公共预算收入实现58亿元,年均增长9.8%;完成固定资产投资480.6亿元,实现翻番。三次产业比重由5.5∶54.7∶39.8调整为4.1∶47.8∶48.1。

这五年,城市美誉充分彰显。世界互联网大会永久落户,使桐乡成为全球瞩目的焦点。成功承办三届世界互联网大会·乌镇峰会,凝聚了人心、赢得了点赞,获得了习近平总书记"耳目一新,刮目相看"的高度评价。桐乡知名度、美誉度和吸引力大幅提升,已转化为推动新一轮发展的内生动力。

这五年,城乡环境显著改善。市级骨干河道基本消除Ⅴ类、劣Ⅴ类水,实现以Ⅲ类、Ⅳ类水为主,环境空气质量优良天数比例达81.3%;拆除各类违章建筑855.1万平方米,市区城中村改造基本完成;新增绿化造林4.5万亩,建成绿道48千米,全市林木覆盖率达到25%;成功创建省级"森林城市"和"美丽乡村"先进市。

这五年,百姓福祉大幅提升。2016年城镇和农村居民人均可支配收入分别达到48020元和29623元,年均增长9.2%和9.7%;城乡居民本外币储蓄存款余额629.6亿元,是五年前的1.8倍。"平安桐乡"实现十一连冠,城镇登记失业率控制在4%以内,养老保险、医疗保险参保率分别提高到98.8%和99.9%,城乡居民基本医疗保险实际报销比例提高8.2个百分点,人均预期寿命由79.5岁提高到80.7岁。

(一)转型升级步伐加快

工业经济提质增效。扎实推进"两改两创"和"六大倍增"行动计划,完成技改投入658.5亿元,连续两年获省"机器换人"考核一等奖。加快企业股份制改造和成长梯队建设,完成"个转企"2486家、"小升规"646家,新增亿元企业128家、上市企业8家,上市企业总数居嘉兴首位。全面实施"退低进高"和企业绩效综合评价,腾退低效用地9018亩,企业亩均税收提高1.7万元,入选国家产融合作试点城市。建立"四个一"新兴产业培育机制,战略性新兴产业增加值占规上工业增加值比重提高3.1个百分点,2016年实现工业增加值291.6亿元,按可比价计算年均增长7.3%,"工业强市"考核全省排名前移19位。

现代服务业升级扩容。全面实施服务业倍增行动计划,完成服务业投资977.5亿元,新增服务业规上企业604家、省级现代服务业集聚示范区2个,成功入选省首批服务业强市试点名单。大力发展总部经济和楼宇经济,中国巨石总部迁址桐乡。成功获批乌镇—石门省级旅游度假区、国家全域旅游示范区创建单位和全国休闲农业与乡村旅游示范市;启动实施濮院旧镇改建项目,江南乌村建成开放;2016年全市接待游客1897.4万人次,实现旅游总收入203.3亿元,年均分别增长13.2%和18.6%。累计新增银行业金融机构7家、非银行业金融机构13家,金融服务体系更加全面。2016 年实现服务业增加值 333.6 亿元,按可比价计算年均增长 10.2%。

互联网经济形成亮点。神州量子通信、大数据交易中心、互联网医院等 146 个互联网相关项目相继引进,百亿规模浙商乌镇互联网产业基金落户我市,成功举办首届国际互联网医疗大会,工信部 5G 车联网试点示范项目启动实施,获批省级互联网创新发展试验区,成功创建省信息经济发展示范区和两化深度融合国家示范区。推动实体经济与电子商务融合发展,2016 年实现网络零售额 229.5 亿元,跻身省电子商务示范市。

农业现代化水平加快提升。以农业"两区"建设为重点,提升农业综合效益,建成粮食生产功能区 61 个、省级现代农业园区 16 个,累计流转土地 8.5 万亩,农业机械化率提高 6.4 个百分点。开展"一镇三村"新型农业现代化试点,实施生猪减量提质,获评省级生态循环农业示范市、省外向型农业先进市。开展全国首批河湖管护体制创新试点,新建泵站 516 座,整治圩区 5.9 万亩,荣获省水利"大禹杯"金杯奖。

(二)创新发展动力增强

科技创新激发新活力。开展"八倍增、两提高"科技服务专项行动,实施国家级科技项目 53 个,新增国家高新技术企业 60 家、省级企业研究院 10 家;联合大院名校共建创新载体 70 家、院士工作站 9 家;省级乌镇大数据高新技术产业园区成功获批,市科创园升级为国家级科技孵化器,国家毛针织品质量监督检验中心落户桐乡。大力实施品牌战略,新增行政认定驰名商标 7 件、省著名商标 20 件、省级名牌产品 27 件,入选首批省商标品牌示范市。成功承办两届中国创新创业大赛互联网和移动互联网行业总决赛。深入实施"金凤凰计划",引进和培育创新团队 12 个、"国千""省千"人才 15 名,成功创建省知识产权示范市和国家可持续发展实验区。

各项改革迈出新步伐。开展国家中小城市综合改革试点,推动县域经济体制综合改革,优化资源要素市场化配置。深化行政审批制度改革,建立投资项目绿色通道、模拟审批和容缺受理制度,推进"四张清单一张网"建设,实行建设项目全流程政务服务网运行,项目平均审批时间缩短 50%以上。稳步推进投融资改革,全市直接融资规模达 351.4 亿元,降低融资成本 10 亿元以上。深化商事制度改革,全面推行"五证合一"登记模式。开展全国旅游综合改革试点,扎实推进农村产权制度改革,顺利实施市场监管体制改革。

对外开放取得新进展。设立"双招双引"联络处,突出"一把手"招商、产业链招商、以商引商,合众新能源汽车、双环传动、普洛斯物流等一批重大项目相继落户。实现合同利用外资 22.9 亿美元、实际利用外资 14.8 亿美元,引进市外内资 488.8 亿元、浙商回归到位资金 215.4 亿元。大力培育外贸主体,积极开拓国际市场,实现进出口总值 208.2 亿美元,成功创建玻璃纤维国家级出口基地;新批境外投资企业 32 家,总投资 11.7 亿美元,稳居全省外经十强市行列。深化接沪融杭、山海协作和对口支援工作,乌镇戏剧节成为对外文化交流特色平台。

(三)城乡统筹深入推进

城乡建设格局不断优化。高起点谋划全市空间发展战略,扎实推进"多规合一",调整优化村庄布点,完成环境功能区划、地下空间开发等一批专项规划编制。深化土地节约集约利用,新增建设用地 1.6 万亩,盘活存量建设用地 8889 亩,农村土地综合整治 1.5 万亩,获评全国第三届国土资源节约集约模范市。崇福获省小城市培育考核优秀,濮院毛衫时尚小镇、乌镇互联网小镇列入省级特色小镇创建名单,濮院成功入选首批中国特色小镇。深化美丽乡村建设,成功创建省级美丽宜居示范村 11 个。

城市功能形象逐步改善。加快旧城区有机更新和新城区亮点打造,全面实施城中村和老旧小区改造,稳步推进杨家门旧城改建,完成庆丰中路、环城东路等道路改造提升。深入开展市容"洁序"行动,有序推进庆北区块开发,凤凰湖景观工程建成开放,市区建成区面积由 36 平方千米增加到 48.5 平方千米。加快推进乌镇大道、临杭大道、扩大杭嘉湖南排(杭平申线航道改造)工程等重大基础设施项目,完成农村公路改造和大中修 307 千米、危桥改建 290 座。建成公共自行车服务点 267 个,城乡公交全部实现公车公营,两千米范围通村率达 100%。全面实现城乡供水一体化,新增变电容量 104.4 万千伏安。

生态环境治理成效显著。深入开展“五水共治”，全面落实“三长管河”，全省首创跨地市交界区域水环境联防联治机制；加快推进截污纳管，新建污水管网584千米，新增城镇生活污水入网3.3万户、农村生活污水治理4.9万户，跨行政区域交接断面水质考核连续三年评价为优秀。强化大气污染防治，全面淘汰黄标车，拆除改造燃煤锅炉803台，PM2.5平均浓度下降至42微克/立方米。全面推进“三改一拆”，加快建设“森林桐乡”，健全“四位一体”长效保洁机制，顺利通过国家卫生城市和国家园林城市复查。

（四）民生事业协调发展

社会事业实现新提升。深化教育改革，优化资源配置，成功创建全国义务教育均衡发展市和浙江省首批教育现代化基本达标市，普高教育质量走在全省前列；加强与浙江传媒学院桐乡校区校地合作，华策电影学院启动建设，技师学院筹建工作基本完成。扎实推进医药卫生体制改革，“双下沉、两提升”迈出坚实步伐，基本公共卫生服务项目代表浙江省接受国家考核荣获一等奖；大力推进智慧医疗和中医药发展，“两孩政策”平稳实施，成功创建全国计划生育优质服务示范市。举办“子恺杯”中国漫画大展、“徐肖冰杯”全国摄影大展等系列文化活动，市文化中心、木心美术馆、吴蓬艺术院（桐乡书画院）建成启用，成功创建国家公共文化服务示范区和省体育强市。

社会保障再上新台阶。实施积极的就业和再就业政策，成功创建省级创业型城市，新增城镇就业人员7万人，帮助失业人员实现再就业3.4万人。加快社会保险提质扩面，大力发展社会养老服务，建成城乡社区居家养老服务照料中心211家，新增机构养老床位4276张。全面实施残疾人四项福利补贴制度，建成残疾人托养（庇护）中心。加大社会救助力度，发放最低生活保障金和医疗救助金1.3亿元。

社会治理开创新局面。高标准建设“平安桐乡”，全省首推“三治合一”基层社会治理实践，“乌镇管家”“万人大巡防”等群防群治品牌得到中央政法委高度肯定。深入实施食品安全提升工程，全面落实安全生产责任制，规上企业安全生产标准化创建实现全覆盖。建立政务咨询投诉举报统一平台，加大定期下访、网上信访、积案化解力度。健全多元化“大调解”工作机制，构建立体化治安防控体系，荣获全国“六五”普法先进市。国防动员、民兵预备役、人防和双拥等工作迈出新步伐，慈善工作跻身全国先进行列；民宗、统计、档案、史志、侨台、外事、新居民、红十字、邮政通信等工作取得新成绩。

二、今后五年奋斗目标和主要任务

今后五年全市工作的指导思想是：全面贯彻党的十八大和十八届三中、四中、五中、六中全会精神，以邓小平理论、“三个代表”重要思想、科学发展观为指导，深入学习贯彻习近平总书记系列重要讲话精神，以“四个全面”战略布局和“五大发展理念”为引领，牢牢把握经济建设这个中心不动摇，坚持稳中求进工作主基调，稳速度、树信心、促转型。全面落实市第十四次党代会精神，大力发展以先进制造业为核心的实体经济、以乌镇为核心的“一业一网”，全力实施实业兴市、创新驱动、开放融合、生态宜居、民生为本五大战略，努力把桐乡打造成为先进制造基地、诗画水乡典范、旅游人文名城、网络智慧强市，确保高水平全面建成小康社会走在前列。

今后五年经济社会发展的主要预期目标建议为：地区生产总值年均增长7%左右，总量冲刺1000亿元；规模以上工业总产值突破2000亿元；五年累计完成固定资产投资突破3000亿元，其中工业生产性投入占50%以上；一般公共预算收入年均增长6%左右；城镇和农村居民人均可支配收入年均分别增长7%和7.5%；主要污染物排放总量削减和能源双控完成上级下达任务。

我们将深入实施“五大战略”，全力做好以下五方面工作：

（一）坚持实业兴市，打好转型升级组合拳。大力发展装备制造、互联网（电子信息）、新材料及时尚产业，努力构建高端产业体系。坚持引进项目与服务现有企业并重、发挥大企业作用与培育小企业成长并举、淘汰落后产能与激发增长动能并进，推进供给侧结构性改革，培育税源经济增长点。大力实施“退散进集”“退低进高”，统筹产业、投资、金融、用地、用能等政策，加大对小微企业两创中心的扶持，为小微企业发展开辟新空间、营造好环境。以效益为导向深化资源要素配置市场化改革，健全区域性要素交易制度，完善亩产效益评价大数据平台，逐步实现工业、服务业企业绩效评价全覆盖。

（二）坚持创新驱动，培育区域经济增长极。高标准承办好世界互联网大会·乌镇峰会，深化乌镇互联网创新发展试验区建设，充分释放峰会红利。强化载体支撑，加快建设以乌镇大道为轴心的科创大走廊，构建多层次、宽领域、广覆盖的科技创新平台体系，激发互联网创新活力，提升自主创新能力，力争五年新增省级以上企业研发机构35家，引进培育“国千”“省千”和国家“万人计划”高层次人才30名。全力实施乌镇“3131”工程，发展以乌镇为核心的“一业一网”，促进互联网与先进制造、旅游产业、现代农业、金融服务、交通物流等互动发展，着力推进濮院旧镇改建等重大项目建设，有序发展全域旅游，积极创建国家级旅游度假区。

（三）坚持开放融合，拓展产业发展新空间。充分利用世界互联网大会永久举办地的国际影响力，拓展国际化视野，提高对外开放水平。引导支持骨干企业盯住技术、人才、品牌、市场，实施跨国兼并重组，推动价值链向中高端延伸，更深更广地融入全球供给体系。扎实推进接沪融杭工作，建立沪杭桐合作机制，主动融入沪杭都市圈，有效承接沪杭创新要素和产业溢出。强化招商引资（智）“一把手”工程，落实“五个一百”举措，五年完成合同利用外资30亿美元、实际利用外资20亿美元，引进市外内资600亿元。深化全国中小城市综合改革试点，稳步推进国资国企改革及农村综合改革；深化投融资改革，发展多元化资本市场，促进资源、资金、资本向生产力转化。

（四）坚持生态宜居，实施环境整治攻坚战。以世界眼光、现代理念引领城市规划、统筹城市建设；以资源禀赋、文化内涵塑造城市个性、彰显城市魅力，着力打造江南水乡典范。有序推进主城区旧城改建和新区建设，合理布局重点功能板块。全面实施小城镇环境综合整治，将综合整治与“退散进集”“退低进高”“退二进三”有机结合，在更高层次上统筹镇（街道）产业园建设。激活农村优势资源，促进小城镇环境美化、要素集聚、产业转型、品位提升。实施“4319”综合交通工程，推进高速公路、重要航道、轨道交通立体发展，完善市域道路交通网络。深化“五水共治”“五气共治”，持续改善水环境和空气质量。

（五）坚持民生为本，增强人民群众获得感。全力实施“十大民生工程”，努力为群众办实事、解难事。统筹城乡教育发展，扩充优质教育资源，创建省首批教育现代化达标市。推进健康桐乡建设，深化医药卫生体制改革，落实分级诊疗及责任医生签约制度，加快中医药发展，打造智慧医疗和健康产业高地。促进“医养结合”，完善养老、医疗保障服务体系和城乡一体新型社会救助体系。深入实施文化惠民工程，大力开展全民健身运动。充分保障就业，扩大社会保险覆盖范围，推进残疾人全面小康进程。以保障食品药品安全为重点，完善市场监管体系。深化“法治、德治、自治”建设，推进治理能力现代化，打造更高水平“平安桐乡”。

三、2017年政府主要工作

今年全市经济社会发展主要预期目标为：地区生产总值增长7%左右；一般公共预算收入增长5%左右；固定资产投资增长10.5%；城镇和农村居民人均可支配收入均增长7%。

我们要集中精力抓好以下七方面重点工作：

（一）聚焦“先进制造”，提高实体经济发展质效

推进制造业转型升级。实施制造业转型升级三年行动计划，大力弘扬“工匠精神”和“企业家精神”，构建先进制造业体系。加快企业技术改造，扎实推进两化融合、机器换人，促进生产智能化、技术高端化；实施高功能全差别化纤维等400项技术改造项目，全年完成技改投入203亿元。加快濮院毛衫创新园等项目建设，深化与国内外高端时尚设计团队多层次合作，推动毛衫、皮草、家纺、皮鞋等特色产业向时尚化发展。充实项目储备，加快宏冠生物、合众新能源汽车等55个新兴产业重点项目建设，不断提高新兴产业占全部工业比重。完善引导机制，加快特色产业两创中心建设，全年新建标准厂房30万平方米，淘汰落后产能170项，整治“低小散”企业600家，腾退低效用地1600亩。

打造功能更强承载平台。做强重点平台，做优特色平台。开发区进一步完善管理体制，启

动总部基地、科研基地等项目建设，推进国家级平台申报工作，做大做强装备制造、新材料等产业。乌镇全力打造世界级互联网和旅游小镇。崇福深化小城市建设，积极创建皮草时尚特色小镇。洲泉突出龙头企业和块状经济，加快打造国家级化纤新材料基地。濮院推进中国特色小镇建设，推动古镇旅游与时尚产业融合发展。梧桐发挥主城区优势大力发展生产性服务业。凤鸣进一步优化与开发区的配套与互动。龙翔主动对接乌镇“一业一网”产业布局。高桥加快建设先进制造业与现代服务业相结合的健康智慧小镇。屠甸着力壮大纺织服装产业品牌实力。大麻稳步推进家纺产业集群化发展。河山积极打造低碳特色的新材料产业基地。石门努力提升鞋业、现代农业与乡村旅游的竞争优势。各平台突出重点、彰显特色，形成竞合发展的生动局面。

优化企业发展服务环境。落实企业减负政策，完善联系服务企业制度，第一时间掌握企业需求、提供优质服务，增强企业投资动力和发展信心。完善工业企业绩效评价体系，激发企业加速转型的积极性，提高全要素生产率。建立企业培育动态名录库，梯次推进“个转企”“小升规”“规上亿”，新增规模以上企业100家、亿元企业20家；重视对优质企业的资源与政策倾斜，培育更多占据市场主导地位的行业龙头企业。加快企业股改上市步伐，新增上市企业1家、新三板挂牌企业4家、直接融资100亿元。推进国家产融合作试点，创新金融服务，降低企业融资成本，全力维护良好的金融生态环境。

（二）聚焦“动能提升”，厚植产业发展竞争优势

扩大对外开放。着眼软实力和硬实力的提升，进一步拓展对外开放领域。深度对接沪杭产业平台，全方位加强接沪融杭工作。强力推进招商引资，坚持一把手领衔招商，完善驻外招商工作机制；突出产业链招商，围绕高端装备制造、新材料等战略性新兴产业，实现精准招商，全年完成合同利用外资5亿美元、实际利用外资3.5亿美元，引进市外内资100亿元，浙商回归到位资金58亿元。注重引资与引智有机结合，大力引进培育创新创业团队和领军人才。支持现有企业积极开展与国内外优秀企业的战略合作，鼓励企业充分利用境内外要素实现多元化、国际化经营，完成出口总值212亿元。

狠抓有效投入。强化土地供应、环境容量、金融支持等要素保障，完善领导联挂、问题梳理、协调督办、过程监管、审批服务、督查考核六大机制，全力提升项目推进服务效率。加快巨石智能制造、佑丰新材料等一批项目前期工作，促进早立项、早开工；加快双环传动二期等一批重大项目建设，促进早竣工、早投产；加快电力设施、给排水管网等一批基础设施项目建设进度，进一步提升城市能级，增强发展后劲。全年完成固定资产投资530亿元，其中178个重大项目开工率达到90%以上、完成投资150.3亿元。

强化创新能力。突出科技孵化、产学研合作及企业研发中心建设三大重点，深入实施“八倍增、两提高”科技服务专项行动。鼓励企业加大研发投入，规上企业研发机构覆盖率提高3个百分点，全年新增省级以上企业研发机构6家、国家高新技术企业25家、授权发明专利150项。完善科技金融服务体系，引导社会资本投向科技创新。深化体制机制改革，完善公共政策绩效评价，提升政府产业扶持资金使用效益；实施新一轮财税体制改革，优化财政支出结构；稳步推进国资改革，盘活存量资产资源，做大做强市级投融资平台。

（三）聚焦“业态优化”，放大服务业发展张力

加快建设“一业一网”核心区。按照“一届更比一届精彩”的标准全力承办好第四届世界互联网大会·乌镇峰会，完善长效办会机制。深化乌镇互联网创新发展试验区和省级乌镇大数据高新技术产业园区创建工作，培育和提升旅游经济、互联网经济、会展经济、创客经济四大业态。加速互联网相关项目的引进和培育，发挥乌镇互联网产业园、中电海康“乌镇街”、平安创客小镇、腾讯众创空间等平台集聚孵化作用。丰富乌镇旅游内涵，推进国宾馆、互联网公寓、国际汽车露营地等项目建设，提升旅游接待能力，打造一流旅游度假目的地。

深入创建全域旅游示范区。深化国家全域旅游示范区创建工作，加快乌镇—石门省级旅游度假区建设。推进濮院旧镇改

建进程，完成游客服务中心建设，古镇观光区初具形象。注重旅游与其他产业融合发展，有序推进特色景观小品、景观河道和景观道路建设，积极打造贸工旅结合、特色街区与旅游元素充分融合的功能区块。进一步完善旅游公共服务体系，加快旅游大数据分析应用，打响“风雅桐乡”旅游品牌，全年实现旅游总收入220亿元。

积极培育现代服务业新优势。深化省服务业强市试点，新增服务业规上企业90家，服务业增加值可比增长8%以上。围绕块状特色产业，全面提升以研发设计、金融服务等生产性服务业为重点的楼宇经济，打造特色优势产业总部集聚地。大力发展文化创意产业，积极培育文化新业态。以绿色建筑为重点，推动建筑业转型升级、做大做强，促进房地产市场健康良性发展。加强商贸市场培育管理，有序推进濮院时尚中心等项目建设。大力发展电子商务，加强与科劳斯(浙江)海外仓等合作，促进商贸企业和专业市场线上线下融合发展，全年实现网络零售额250亿元。

(四)聚焦“生态宜居”，打造诗画水乡品质城市

提升城市功能品位。完成市域总体规划修编，建设城市规划馆，完善乌镇大道两侧、运河沿线等控制性详细规划。优化主城区开发建设体制机制，统筹地上地下空间开发利用，积极探索海绵城市建设；加快城中村扫尾和老旧小区改造，启动杨家门旧城改建三期工程，推进凤凰湖区域、振东商业圈和庆北区块等区域开发，建设彰显文化特色的重要功能节点；打通复兴北路等3条断头路，新增公交电子站牌19块，推进市区道路交通绿波带建设，扩大机关单位停车位向社会公众开放共享。加快实施临杭大道、民甸公路等项目建设，推进扩大杭嘉湖南排(杭平申线航道改造)和京杭运河“四改三”工程，启动申嘉湖高速乌镇应急分流中心建设。完善通信和信息化基础设施，建立地下管线共享交换信息平台，拓展大数据、物联网等智慧应用。

实施小城镇环境综合整治。整合资金资源、配强工作力量，扎实推进小城镇环境综合整治三年行动计划。实行“划片定位、责任到人、挂图作战”，实施六大专项行动，全面推进环境卫生、城镇秩序和镇容镇貌集中整治，确保整治项目总体形象进度达到30%以上。着力打好拆除违章建筑、倒逼“四无”企业(作坊)、淘汰落后产能等攻坚战，全年拆除各类违建130万平方米，通过环境整治打造一批特而强、小而美、聚而合的小城镇。

强化生态环境治理。巩固“五水共治”成效，全面剿灭劣V类水。积极推进供排水一体化改革，启动实施西部水源保护建设工程和城市污水厂整合工程；加强城镇污水管网建设，实现四大污水处理厂管网互联互通和污水有效调度，城镇污水收集处理率达到90%以上。强化大气污染防治，加快重点区域臭气废气排放治理，完成热电企业“超低排放”改造，全面拆除燃煤小锅炉，确保环境空气质量优良率达到80%以上，PM2.5浓度持续下降，基本消除重污染天气。探索环境污染第三方治理机制，全面实施“洁净桐乡”行动，加快推进垃圾分类处置，市区生活垃圾分类处置覆盖率达到60%以上。

(五)聚焦“惠农强村”，提升三农发展整体水平

深化农村改革。稳步实施农村土地承包经营权、农村宅基地使用权及房屋所有权确权登记颁证，加强农村集体“三资”监管，增加农民财产性收入。推进小型农田水利建设和管理体制改革，加快政策性农业保险扩面提升，深入实施低收入农户收入倍增计划，拓宽农民增收渠道。实施第五轮村级集体经济壮大工程，鼓励引导行政村跨区域抱团发展村级集体经济。制定村级组织财政综合补助实施办法，建立覆盖全市、保障有力、管理规范的村级组织财政补助机制。

发展现代农业。深化农业“一区一镇”建设，加快实施“一镇三村”新型农业现代化试点。积极培育新型经营主体，有序发展庭院经济、农场经济和休闲经济，新增农业龙头企业1家，新建粮食生产功能区1.7万亩，确保粮食安全。鼓励发展设施农业、生态循环农业，加大新农艺、新品种、新农机推广力度，建设农业科技孵化园，提高农业科技水平。深化畜牧业转型升级，推进生猪规模养殖场标准化改造，加快市屠宰中心建设。争创省级农产品质量安全放心县，保障农业生产和农产品质量安全。

建设美丽乡村。统筹推进农田水利基础设施建设、农村联网公路改造，加强农村垃圾处置

和生活污水处理设施建设及运维管理。巩固扩大省级森林城市创建成果，完成绿化造林3000亩、河道整治89千米、灌区改造2万亩。以农作物秸秆综合利用、化肥农药减量提效、畜禽废弃物综合利用为重点，打造整洁田园。推进农村土地综合整治，因地制宜实施农房改造集聚，加快美丽乡村精品村、示范镇和精品线路建设，打造一批特色村落，争创省级美丽乡村示范市。

（六）聚焦“共建共享”，提高人民群众幸福指数

均衡发展社会事业。启动省级文明市创建工作，进一步提升城市文明程度和市民文明素质。深化义务教育和普通高中课程改革，完善教师发展机制；推进振东小学改扩建、现代实验学校迁建等一批项目，拓展互联网学校等智慧应用，促进教育资源整体提升、布局优化，积极创建省教育现代化达标市。加强与沪杭三甲医院深度合作，大力发展智慧医疗，责任医生签约服务率达30%；推进市二院改扩建工程，新妇保院投入使用，不断提升医疗卫生服务水平。推进文化场馆服务延伸，深化“菊花奖”等群众文化品牌建设，举办丰子恺散文奖等全国性文化活动，努力争创“中国篆刻之乡”“中国戏剧之乡”。

健全社会保障体系。落实大众创业促进就业政策，新增就业岗位7700个，创业带动就业1万人，城镇登记失业率控制在4%以内。扩大养老保险覆盖范围，加快基本医疗保险和居民医疗保险政策融合，加强社保基金监督与管理。拓展市民卡功能应用，稳步推进金融市民卡发放工作，基本实现市级定点医疗机构市民卡“诊间结算”。优化住房保障方式，积极推进货币化安置。加强养老机构规范化建设，提升居家养老服务质量。推广“智慧养老”试点经验，加大低保、医疗救助力度。

创新社会综合治理。深化“平安桐乡”建设，丰富“三治合一”基层社会治理实践，扎实推进“四个平台”建设，提升治安防控和社会综合治理的体系化、智能化、现代化，让群众在安全上有更多获得感。加大社会组织培育发展和监督管理，拓展政府购买服务领域。严格落实首办责任制，强化初信初访办理。深入实施“七五”普法，全面推进公共法律服务体系建设。加强新居民服务管理，建立劳动保障违法案件部门联动、综合治理长效机制，强化安全生产、食品药品安全监管，杜绝各类重大安全事故发生。

全力办好惠民实事。按照“贴近民意，惠及百姓”的要求，认真组织、精心办好“建设‘五位一体’公共服务平台”等八件惠民实事，着力解决人民群众普遍关心的突出问题，进一步改善人民群众生产生活条件，让全市人民共享发展成果。

（七）聚焦“责任担当”，建设勤廉高效有为政府

坚持勤政能政，提振干事激情。以功成不必在我的理念扑下身子踏实干，多做有利长远的工作、多抓增强后劲的项目，接续奋斗、接力发展；以善做善成的能力创新方法科学干，敢打攻坚战、善啃硬骨头、勇做改革者，提高驾驭市场经济、优化社会治理的能力和水平；以只争朝夕的精神撸起袖子加油干，拉高标杆找差距、鼓足干劲抓落实，形成聚精会神抓建设、一心一意谋发展的强大合力。

坚持务实高效，推进简政放权。按照“马上就办、办就办好”的准则，深化“放管服”改革，精简审批服务环节、优化审批服务流程，健全中介服务跟踪监管机制，实行区域区块总体能评、环评替代制度，降低制度性交易成本；按照市场化导向原则优化资源配置，完善要素使用绩效评价，促进要素集聚集约、有序流动；按照效率优先原则健全政府考核机制，实行督查问责与有效激励相结合，完善压力传导、正向激励和容错免责机制，为敢担当的干部担当、对敢负责的干部负责，营造想干事、敢干事、能干成事的良好氛围，把政府各项工作落到实处、抓出实效。

坚持公正清廉，践行依法行政。善用法治思维、强化法治理念，把依法行政贯穿于政府工作的各个层面、各个环节，加快建设法治政府；自觉接受人大法律监督、工作监督和政协民主监督，主动接受社会监督和舆论监督，广泛听取民主党派意见建议，不断提高人大代表建议、政协委员提案办理质量；巩固“两学一做”学习教育成果，深入实施作风建设四大专项行动，用好执纪监督“四种形态”，构建“亲、清”新型政商关系，做到干部清正、政府清廉、政治清明。

·相关链接·

本届政府十大民生工程

表1

序　号	项目名称	目　标　任　务
1	污水处理能力提升工程	新建处理规模20万吨/日的城市污水厂1个，统筹整合现有4个污水处理厂，全面提升全市污水处理能力
2	垃圾处置综合提升工程	完善生活垃圾分类处置机制，全市生活垃圾分类覆盖面达到80%以上；餐厨垃圾收集综合处置量达到日均80吨以上；园林绿化垃圾收集综合处置量达到日均10吨以上，实现垃圾处置能力与全市发展水平均衡配套
3	市民饮用水安全保障工程	对西部饮用水源地进行封闭保护，配套建设取水泵站和源水管线，2021年底前源水水质主要指标达Ⅲ类水质标准。配合上级积极推进域外引水工作
4	城镇环境综合整治工程	深入实施“道乱占”“车乱开”“线乱拉”等六大专项行动，累计投资约30亿元
5	市民出行便捷畅通工程	综合施策缓解交通拥堵难题，打通“断头路”和改造“瓶颈路”不少于10条；更新公交车辆192辆、优化公交线路10条，新建港湾式停靠站49个；新增（改造）公共停车泊位不少于5000个；市区交通信号灯智能化覆盖率达到100%，最大限度提高道路通行效率
6	食品安全立体监管工程	特大型餐饮企业、大型餐饮服务单位和学校食堂“阳光厨房”建设率达到100%；实施新一轮农贸市场改造提升；加强“智慧市场监管系统”建设；建设年屠宰生猪50万头的现代化规模屠宰中心
7	养老服务幸福安康工程	加快养老机构建设力度，每百名老人拥有养老机构床位4张，护理型床位在养老机构床位中占比不低于50%，民办（民营）养老机构床位占总数70%以上；居家养老服务照料中心实现城乡全覆盖，全市建成镇级示范点15家以上。建成市老年人活动中心
8	公共文化服务提升工程	建成总建筑面积6.7万平方米的市图书馆新馆、城市档案中心及“四馆合一”（青少年宫、妇儿活动中心、科普馆、平安宣教馆）工程，启动市体育中心建设，更好满足市民精神文化需求
9	市民健康服务提升工程	加快卫生重点项目建设，实施市二院扩建改造等建设项目13个；深化医药卫生体制改革，市域内就诊率达到90%、责任医生重点人群签约服务率达到60%；新引入三甲医院1家，自助免费健康小屋检测点实现镇（街道）全覆盖
10	学前教育扩容提升工程	实施第三轮学前教育三年行动计划，新建改建幼教机构20家，新增标准学位6000个以上，二级以上幼儿园比例达到80%以上、普惠性幼儿园达到85%以上，满足城乡儿童学前教育需求

2016年政府惠民实事工程完成情况

表2

序　号	惠民实事工程	工　作　任　务	完　成　情　况
1	电商惠民工程	新建村淘服务站20个以上，为市民代购交易15万笔以上；打造惠及1000家以上企业的大型毛衫交易平台，全年培训电商人才不少于3000人次	新增20个村淘服务站点，代购15.2万笔；以毛衫产业为依托的“中国毛针织网”和“找货吗”入驻企业分别为1102家和1300家；完成电商人才培训3300人次
2	学前教育提升工程	优化全市幼儿园布局规划，制定出台住宅小区配建幼儿园实施意见，新建扩建幼儿园12所	完成全市幼儿园布局专项规划编制，制定出台《桐乡市小区配套幼儿园建设管理办法（试行）》等文件；建成幼儿园3所，开工9所

续表 2

序号	惠民实事工程	工作任务	完成情况
3	大气治理工程	完成挥发性有机污染物排放企业整治20家,淘汰燃煤小锅炉150台;专项整治市区餐饮场所油烟污染,全面禁止秸秆露天焚烧,建筑工地实现施工现场围挡、工地砂土覆盖等7个100%	完成挥发性有机污染物排放企业整治29家;淘汰燃煤小锅炉520台;完成274家餐饮场所油烟净化设施安装;全面禁止秸秆露天焚烧,秸秆综合利用率达96%;落实施工现场7个100%
4	食品安全提升工程	创建省级放心农贸市场2家,市区农贸市场质量追溯体系和快速检测体系建成率均达70%以上;建成"阳光厨房"30家;学校食堂大宗食品采购配送率达到100%	创建省级放心农贸市场4家;市区农贸市场双体系建设建成率达到75%;建成"阳光厨房"30家;学校食堂大宗食品采购配送率达到100%
5	水环境治理工程	完成城乡生活污水治理1.7万户、河道整治100千米、河道清淤220万方,新增污水管网80千米	完成城乡生活污水治理1.9万户、河道整治100千米、河道清淤242.4万方,新增污水管网135千米
6	老年人关爱工程	城镇和农村社区居家养老服务照料中心覆盖率分别达到100%和90%;每百位户籍老人拥有机构养老床位3张以上,其中护理型床位占比不少于45%;为全市60周岁以上户籍老年人购买意外伤害保险	建成居家养老服务照料中心211家,实现城乡全覆盖;拥有养老机构床位6051张,每百位户籍老人拥有养老机构床位3.6张,其中护理型床位占比45.5%;为全市160829位60周岁以上户籍老年人购买意外伤害保险,年总保费2894922元
7	市区老旧小区提升工程	对5个老旧小区进行改造,惠及住户5200户	完成幸福小区、桐济小区等10个老旧小区改造,涉及住户5492户,总投资6082万元
8	市区拥堵治理工程	打通"断头路"不少于3条,更新城市公交车66辆、公共自行车1000辆,新增公共自行车服务点30个、汽车停车位800个	打通"断头路"4条,完成居甸路、金浜路、秋实路、清秋路连通工程;更新气电混合城市公交车66辆;更新公共自行车1000辆,新增公共自行车服务点30个,新增汽车停车位1699个

名词解释:

1. 四大奋斗目标:改革走在前列,发展绩效突出,社会管理一流,人民群众满意。

2. 五大行动计划:工商强市行动计划、宜居水乡行动计划、人文名城行动计划、安康家园行动计划、党建高地行动计划。

3. 两化融合:工业化与信息化高层次深度融合。

4. 五水共治:治污水、防洪水、排涝水、保供水、抓节水。

5. 三改一拆:改造旧住宅区、旧厂区、城中村,拆除违法建筑。

6. 4+X重污染高耗能行业整治:"4"指印染、造纸、制革、化工四大行业整治,"X"指涉汞、榨菜、机制丝绵、小精炼等行业整治。

7. "四型"社会:学习型、健康型、创业型、友好型社会。

8. "四好"家庭:孝顺好、恩爱好、家教好、勤俭好家庭。

9. "五有"市民:有爱心、有正义、有礼节、有知识、有诚信市民。

10. 双下沉、两提升:人才下沉、资源下沉,服务能力提升、服务效率提升。

11. 狠抓落实"八大能力":心领神会、有的放矢、稳扎稳打、克难攻坚、改革创新、团结协作、善始善成、总结反思能力。

12. 两个责任:党委负主体责任,纪委负监督责任。

13. 四换三名:腾笼换鸟、机器换人、空间换地、电商换市,名企、名品、名家。

14. 两改两创:股份制改造、技术改造、管理创新、品牌创新。

15. 一核一带多点:"一核"指互联网产业发展乌镇支撑核;"一带"指互联网产业与传统产业融合发展带;"多点"指互联网产业外溢发展辐射群点。

16.农业“两区”：粮食生产功能区、现代农业园区。

17.四张清单一张网：行政权力清单、政府责任清单、投资负面清单、财政专项资金管理清单，政务服务网。

18.PPP模式：指在公共服务领域，政府采取竞争性方式选择具有投资、运营管理能力的社会资本，双方按照平等协商原则订立合同，由社会资本参与公共基础设施建设，提供优质公共服务。

19.一市三城：中心城市，崇福、乌镇。

20.一城五区：梧桐城区、振东新区、经济开发区、濮院镇区、高桥新区。

21.“4319”工程：建设“综合交通、智慧交通、绿色交通、平安交通”四个交通，打造“公路、海河联运、轨道交通”三张网，实现“一百亿”交通建设投资，实施“九个重大交通项目”。

22.五气共治：治理工业废气、城市扬尘、机动车尾气、餐厨油烟和秸秆焚烧。

23.四馆合一：青少年宫、妇儿活动中心、科技馆、平安宣教馆。

24.四个自我：自我净化、自我完善、自我革新、自我提高。

25.四种形态：经常开展批评和自我批评、约谈函询，让“红红脸、出出汗”成为常态；党纪轻处分、组织调整成为违纪处理的大多数；党纪重处分、重大职务调整的成为少数；严重违纪涉嫌违法立案审查的成为极少数。

26.六大倍增：通过三至五年的努力，工业经济规上企业、亿元企业、外资企业、高新技术企业、股份制企业、上市企业在2013年基础上翻一番。

27.“四个一”新兴产业培育机制：规划建设一批新兴产业集聚基地、推进实施一批重大示范项目、培育一批优势骨干企业、搭建一批产业服务平台。

28.一镇三村：石门镇，洲泉镇马鸣村、大麻镇海华村、崇福镇城郊村。

29.八倍增、两提高：到2017年，全社会研发经费投入占GDP比重、研发人员数、发明专利授权量、规上工业新产品产值、高新技术产业产值、技术市场交易额、高新技术企业数、科技型中小企业数在2012年基础上实现倍增，科技进步贡献率、全社会劳动生产率比2012年大幅提高。

30.残疾人四项福利补贴：困难残疾人生活补贴、重度残疾人护理补贴、康复补贴和社会保险补贴。

31.退散进集：推进“低小散”企业、个体户（作坊）向工业园区集聚。

32.乌镇“3131”工程：未来五年完成投资300亿元，在基础设施、产业发展、公益投资等领域建设100个重点项目，其中在3平方千米的互联网特色小镇完成投资100亿元。

33.五个一百：各主体党（工）委书记每年参与招商不少于100天，全市建立一支不少于100人的专业化招商“铁军”、每年举办各类招商引智活动不少于100场、每年开展招商引智服务承诺不少于100项、每年重点招商引智签约项目不少于100项。

34.六大专项行动：规划设计引领、卫生乡镇创建、“道乱占”治理、“车乱开”治理、“线乱拉”治理、“低小散”块状行业治理。

35.“四无”企业（作坊）：无证无照、无安全保障、无合法场所、无环保措施的生产经营单位。

36.农业“一区一镇”：农业产业集聚区和现代特色农业强镇。

37.四个平台：综治工作、综合执法、市场监管和便民服务平台。

38.作风建设四大专项行动：“比学赶超促发展”“能上能下强担当”“实战练兵强本领”“关心关爱增活力”专项行动。

北港河之夜　　徐建荣摄

2016年桐乡市大事记

1月

4日 桐乡市与中电海康集团有限公司签订"基于宽带移动互联网的智能汽车、智慧交通应用示范项目桐乡试验区合作框架协议书"。该项目是乌镇互联网创新发展试验区获省政府批示以来落户的首个国家级重点项目。

7日 浙江省委副书记、省长李强到桐乡调研互联网创新发展工作。

同日 2015年度桐乡市机关优秀团队颁奖典礼在科技会展中心举行，会上表彰机关优秀团队15个。

7—8日 中国共产党桐乡市第十三届代表大会第五次会议召开。

8日 桐乡市举行第二届世界互联网大会·乌镇峰会承办工作总结表彰大会。会上，表彰特别贡献单位4家、先进集体47家、先进个人279人。

同日 全市安全生产和消防安全工作会议召开。

9日 江南乌村开业仪式举行。乌村位于乌镇西栅景区北侧500米，是在古镇游基础上开拓的乡村旅游。

11日 "2015中国裘皮服装排头品牌"颁奖盛典暨"中国国际皮业时尚汇"在北京举行。浙江中辉皮草有限公司的"依奴珈"品牌、桐乡银杉皮草有限公司的"银杉"品牌获"2015中国领先裘皮衣王"称号，浙江雪球皮草有限公司的"雪雄"品牌、桐乡市鑫诺皮草有限公司的"罗珂维特"品牌获"2015中国裘皮衣王"称号。

12日 巨匠建设集团股份有限公司在香港联合交易所主板挂牌上市，股票简称"巨匠建设"，股票代码1459.HK。

18日 浙江乌镇偃王影业股份有限公司开业庆典暨电影《变身爱》开机仪式在乌镇举行。

20日 全市领导干部警示教育大会召开。

22日 桐乡市在杭州召开互联网产业专家咨询会，浙江省委政策研究室副主任徐大可、省经信委副主任吴君青、省经信委总工程师厉敏、中国电子科技集团中电海康董事长陈宗年等9名省内外知名专家、学者、企业家应邀出席。

28日 浙江省公布省级特色小镇第二批创建名单和培育名单。乌镇互联网小镇入围省级特色小镇第二批创建名单，崇福皮草时尚小镇入围省级特色小镇培育名单。

2月

3日 2015浙江旅游总评榜颁奖仪式暨"融合·创新——浙江旅游发展论坛"在杭州举行。颁奖仪式上，桐乡市获"2015浙江年度旅游发展十佳(市、区)"称号，乌镇景区获"2015浙江年度景区提升奖"称号。

16日 2016年桐乡市委综合工作会议召开。

同日 中国共产党桐乡市第十三届纪律检查委员会第六次全体会议召开。

19日 浙江省委常委、宣传部部长葛慧君到桐乡市调研第三届世界互联网大会筹备工作。4月11日，嘉兴市委书记鲁俊到桐乡市调研第三届世界互联网大会筹备工作。8月10日下午，省委书记、省人大常委会主任夏宝龙到乌镇，检查第三届世界互联网大会场馆及配套设施建设情况。9月25—26日，中央宣传部副部长、中央网信办主任、国家网信办主任徐麟到桐乡市专题调研第三届乌镇峰会筹备工作，并主持召开筹备工作座谈会。10月8—9日，浙江省委副书记、代省长车俊到桐乡市检查第三届世界互联网大会筹备工作。11月2日，省委书记、省人大常委会主任夏宝龙到桐乡市检查第三届世界互联网大会筹备工作。11月3日，省政协副主席陈加元到桐乡市调研第三届世界互联网大会筹备工作。11月8日，省委副书记、政法委书记袁家军到桐乡市检查第三届世界互联网大会安保工作。

24日 中国科协党组成员、书记处书记吴海鹰一行到桐乡市调研科普信息化工作。

29日 桐乡市政府与徽瑾创投产业基金合作签约仪式举行，标志着桐徽坤泰大健康泛文化产业投资基金（简称：桐徽健康文化产业基金）项目成立。

3月

2日 桐乡市镇党委换届试点工作动员大会在乌镇召开，正式启动乌镇镇党委换届工作。4月18日，乌镇镇完成嘉兴市首个镇（街道）党委换届选举试点工作。

4日 桐乡市举行“三八”国际劳动妇女节106周年纪念大会暨“让爱住我家”2016年寻找“最美家庭”活动启动仪式。会上，市妇联表彰2015年度桐乡市最美妇女工作团队12个，2015年度桐乡市最美家庭10户，2015年度桐乡市级“巾帼文明岗”7个。

7日 浙江省委政法委副书记李新强率省平安建设考核组检查考核桐乡市2015年平安建设工作。

同日 桐乡市召开扩大杭嘉湖南排（杭平申线航道改造）工程2016年度工作会议。

7—11日 中国人民政治协商会议第八届桐乡市委员会第五次会议举行。

8—12日 桐乡市第十五届人民代表大会第五次会议举行。

9日 河南省副省长张广智到桐乡市调研。

11日 江苏省委常委、南京市委书记黄莉新到桐乡市调研。

19日 桐乡市举行“平安桐乡我领跑”团队活动暨政法系统“系列十佳”表彰仪式。由政法干警、综治干部、平安志愿者组成的24支队伍参加活动。

22日 桐乡市商务局与中国出口信用保险公司浙江分公司签约，建立全省首个境外投资保险平台。

22—23日 贵州省委副书记、政法委书记谌贻琴到桐乡市调研。

27—6月26日 乌托邦·异托邦——乌镇国际当代艺术邀请展在乌镇举行。

29日 桐乡市召开工商强市大会，表彰2015年度为桐乡经济作出突出贡献的企业和个人。

同日 桐乡市举行2016海智专家团桐乡对接交流会。

同日 浙江省政协副主席孙文友率省政协“发展我省历史经典产业”课题调研组，到桐乡市专题调研丝绸产业传承发展。

31日 浙江省副省长孙景淼到桐乡市调研综合交通建设工作。

同日 全省建设平安浙江工作会议暨G20杭州峰会维稳安保工作动员大会召开，桐乡市连续11年获“平安县（市、区）”称号。

4月

1日 浙江日报报业集团与桐乡市政府签约，由浙报传媒牵头投资建设的浙江大数据交易中心落户乌镇。9月26日，浙江大数据交易中心上线仪式暨2016大数据流通与应用论坛在乌镇镇举行。

6日 桐乡市市长盛勇军与到访的美国印第安纳州埃尔卡特市市长特使达拉斯·博格尔签署两地友好合作备忘录，双方正式缔结为国际友好城市。

6—7日 全国人大常委会副委员长陈昌智率民建中央专题调研组到桐乡市调研。

8日 桐乡市举行扩大有效投资重大项目集中开工活动。

12日 全国政协常委、教科文卫体委员会副主任程津培率调研组，专题调研桐乡市“互联网+”与推动科技创新及科技型企业发展工作。

12—13日 中央统战部副部长、全国工商联党组书记全哲洙率调研组到桐乡市调研。

13日 桐乡市召开“平安金鼎攻坚年”活动动员会。

同日 桐乡市举行第二轮国家卫生城市复查迎检工作总结表彰大会。

14日 2016中国国际风电复合材料高峰论坛在桐乡市举行。

14—15日 中央宣传部副

部长、国务院新闻办主任蒋建国到桐乡市调研。

16—18日 全国人大常委会原副委员长、民盟中央主席蒋树声到桐乡市调研。

19日 浙江省2015年度职业健康检查机构信誉度等级表彰会上，桐乡市第三人民医院被认定为浙江省AAAA级职业健康检查机构，成为嘉兴市唯一一家获此认定的检查机构。

20日 浙江省人大常委会副主任程渭山到桐乡市调研现代畜牧业发展情况。

23日 第二届“伯鸿书香奖”颁奖典礼在北京举行。活动由中华书局、桐乡市政府发起，联合光明日报社、人民网共同主办。

24日 全市重点工作会议召开。

28日 浙江嘉澳环保科技股份有限公司在上海证券交易所挂牌上市，成为桐乡市第10家上市企业，股票简称“嘉澳环保”，股票代码603822。

29日 桐乡市举行道德馆开馆暨“迎峰会治陋习——做文明有礼的桐乡人”系列活动启动仪式。

5月

4日 桐乡市举行“十大杰出青年”颁奖典礼。

5日 最高人民检察院检察长曹建明到桐乡市调研。

7日 美国、日本、韩国、以色列等20个国家驻上海领事机构官员到桐乡市，开展“创新桐乡·美丽乌镇”考察交流活动。

9日 甘肃省委副书记欧阳坚，省委常委、宣传部部长梁言顺率团到桐乡市调研。

同日 全市“两学一做”专题党课暨学习教育部署会召开。

10日 桐乡市举行庆祝第二十六次“全国助残日”暨第二届扶残助残爱心家庭、优秀助残志愿者（服务团队）颁奖典礼，表彰扶残助残爱心家庭12户、优秀助残志愿者6人、优秀助残志愿者服务团队7支。

11日 世界卫生组织专家组到桐乡市调研脊灰疫苗接种工作情况。

同日 国家档案局副局长王绍忠带领调研组到桐乡市调研档案工作。

18日 全市工业废气治理工作会议召开。

25日 中央宣传部副部长景俊海率领调研组到桐乡市调研。

同日 在“浙江制造”品牌建设暨浙江省政府质量奖表彰大会上，巨石集团有限公司获“2015年浙江省政府质量奖提名奖”。

26日 浙江合众新能源有限公司厂区建设项目举行开工仪式，这是桐乡市引进的第一个智能互联新能源汽车整车项目。

26—27日 全省畜牧业转型升级暨农作物秸秆综合利用现场推进会在桐乡召开。

同日 浙江传媒学院结对桐乡市暨大学生走进基层、走进群众活动举行启动仪式，桐乡市与浙江传媒学院签署“双百双进”合作协议。

28—29日 国家旅游局局长李金早到桐乡市调研。

31日 全市“平安护航重大峰会大会战”工作动员会召开。6月3日，全市护航G20安全生产和消防安全工作会议召开。6月22日，“保护通信设施、护航G20”工作会议召开。8月5日，重大国际峰会安保工作部署会议召开。8月18日，全市护航重大国际峰会大会战再动员暨社会治安大清查大整治集中统一行动部署会议召开。

同日 浙江省委常委、秘书长陈金彪到桐乡市调研。

6月

13日 贵州省政协主席王富玉率团到桐乡市调研。

14日 桐乡市召开“招商引智百日大会战”活动动员会。

18日 “推进法治德治自治建设、创新基层社会治理”高峰论坛在乌镇举行。论坛由浙江大学、浙江省委党校、嘉兴市委政法委、桐乡市委市政府联合主办，浙江大学公共管理学院承办。

19日 捷克总理胡斯拉夫·索博特卡到桐乡考察。

23日 浙江省委常委、统战部部长王永康到桐乡市督查调研。

24日 桐乡市级机关第十届体育运动会暨团队运动会在桐乡技师学院（筹）北校区举行。

24—26日 首届国际互联网医疗大会暨中国互联网医疗健康产业联盟成立大会在乌镇召开。会议由桐乡市政府主办、乌镇互联网医院承办。

27日 上海市人大常委会

主任殷一璀、副主任钟燕群到桐乡市调研，浙江省人大常委会党组书记、副主任茅临生陪同。

27日 第三届国土资源节约集约模范县(市)表彰会在北京召开。会上，桐乡市被国土资源部授予“国土资源节约集约模范县(市)”称号。

28日 桐乡市召开庆祝中国共产党成立95周年暨先进表彰大会。

29日 浙江省副省长郑继伟到桐乡市调研。

30日 第四届长三角城镇发展论坛在乌镇举行。论坛主题是“绿色特色引领城镇未来”，由浙江长三角城镇发展数据研究院、复旦大学管理学院、浙江大学海绵城市规划设计研究所主办。桐乡市委书记卢跃东、市长盛勇军出席论坛。

7月

1日 庆祝中国共产党成立95周年大会在北京人民大会堂举行。会上，乌镇镇党委被中共中央授予“全国先进基层党组织”称号。

3—4日 纪念茅盾诞辰120周年系列活动在桐乡市举行。3日，举行首届“茅盾文学新人奖”颁奖典礼。“茅盾文学新人奖”由中华文学基金会、桐乡市政府主办。

6日 桐乡市政府与浙江阿特多多产权交易中心有限公司签约。

7日 桐乡市召开创建美丽乡村建设示范县暨农村土地承包经营权确权登记颁证工作动员会。

8日 桐乡市召开全市打击传销暨创建无传销市工作会议。

同日 桐乡市召开《大运河桐乡市段综合保护和旅游开发规划》专家评审会。

15日 桐乡市召开第三届世界互联网大会·乌镇峰会筹备工作会议。10月9日，第三届世界互联网大会·乌镇峰会桐乡市承办工作领导小组扩大会议暨动员大会召开，通报、部署会议筹备工作的有关情况。10月21日，桐乡市举行第三届世界互联网大会维稳安保工作动员会议，市公安局、市交通运输局、高桥镇的负责人在会上作表态发言。

同日 桐乡市被评为“2015年度浙江省创建法治县(市、区)工作先进单位”。

同日 桐乡市召开节约集约利用土地促进扩大有效投资专项行动推进会。

同日 浙江省水利厅副厅长杨炯率领“千人万项”专家组到桐乡市蹲点指导扩大杭嘉湖南排工程。

23日 桐乡市第一届荷花文化节暨荷博园开幕仪式在龙翔街道正福村狮子浜举行。

27日 嘉兴市“双推”工作组到桐乡市开展互看互学、互比互促活动。

同日 桐乡市召开征兵工作会议。

同日 桐乡市召开安全生产和消防安全工作会议。

同日 桐乡市首家企业慈善公益基金设立。浙江易锋机械有限公司向桐乡市慈善总会捐款建立“易锋机械慈善公益基金”，首期捐款150万元。

30日 桐乡市委召开深入贯彻“多党合作制度”暨民主党派换届工作会议。

同日 桐乡市举行石门吴氏“慎行堂”吴清源祖居地系列纪念活动暨“慎行杯”第二届浙江省围棋队际赛(桐乡站)。

8月

2日 国家卫计委项目监管中心副主任刘方率领国家考核组到桐乡市，考核验收2015年度国家基本公共卫生服务项目。

4日 桐乡市召开市委第十三届第九次全体(扩大)会议暨市第十五届政府第十次全体会议。

5—6日 桐乡市四套班子有关领导和部分镇(街道)、部门负责人赴东阳市横店考察城市风貌综合提升和影视文化产业发展工作。

9日 琴心剑胆 彪炳千秋——纪念红军长征胜利80周年暨张琴秋生平事迹展在市博物馆开幕。展览由桐乡市委、市政府主办，桐乡市委宣传部、市文化局、市委党史研究室、市档案局承办。

10日 浙江省委书记夏宝龙，省委常委、宣传部部长葛慧君，省委常委、秘书长陈金彪一行到桐乡市调研。

19日 扩大杭嘉湖南排“桐乡运西段工程Ⅱ、Ⅲ标段”正式开工。

25日 浙江省审计厅副厅长康跃西率书记市长经济责任审计组到桐乡市调研。

9 月

9 日　桐乡市举行庆祝第32个教师节暨先进教师表彰会。

13 日　“凤栖梧桐·幸福桐乡”双招双引推介会在乌镇举行，推介会由桐乡市委、市政府主办。

同日　桐乡市举行2016年“慈善一日捐”活动启动暨捐款仪式。

22 日　浙江省人大常委会副主任毛光烈到桐乡市调研对外投资企业情况。

23 日　2016年浙江·台湾合作周“创新桐乡·合作共赢”投资环境推进会举行。

24—30 日　“聚焦桐乡·相约乌镇”2016国际经贸洽谈会在桐乡市举行。

25—26 日　中央宣传部副部长、中央网信办主任、国家网信办主任徐麟到桐乡市调研。

26 日　浙江大数据交易中心在乌镇上线。

28 日　浙江省军区司令员冯文平、政委王新海，以及参加省军区后备力量基层工作现场会的各级领导到桐乡市考察观摩。

10 月

9 日　浙江省副省长冯飞到桐乡市调研工业经济和科技信息化工作。

13 日　中国特色小(城)镇建设经验交流会在杭州召开。会上，住建部公布了第一批中国特色小镇名单，桐乡市濮院镇名列其中，成为嘉兴市唯一入选小镇。

13—17 日　第五届中国创新创业大赛互联网及移动互联网行业总决赛在桐乡市举行。

13—23 日　第四届乌镇戏剧节在西栅景区举行。

19—20 日　中央宣传部办公厅巡视员、副主任尹洪亮到桐乡市调研。

20 日　桐乡市召开第七次归侨侨眷代表大会。

21 日　国家旅游局发文公布第二批国家全域旅游示范区创建名单，桐乡市名列其中。

24 日　德国北威州投资促进署CEO华珮和德国亚洲经济圈协会主席博多·库尔克到桐乡市考察。

26 日　第三届世界互联网大会·乌镇峰会合作伙伴签约仪式在乌镇举行，阿里巴巴集团、华晨宝马汽车有限公司、富士康科技集团等14家企业成为此届大会合作伙伴，这些企业为互联网大会提供交通、通信、科技等各方面的支持服务。

29 日　浙江新吉奥新能源汽车有限公司举行GV－1A EV下线仪式。

31 日　浙江省特色小镇发展论坛暨毛衫时尚小镇高端研讨会在桐乡市举行。

11 月

1 日　第三届世界互联网大会·乌镇峰会集中办公工作人员动员大会在乌镇召开，省委常委、宣传部部长葛慧君，嘉兴市委常委、宣传部部长陈越强，桐乡市委书记卢跃东、市长盛勇军等各级领导出席会议。

2 日　嘉兴市人大常委会主任刘冬生、副主任武亮靓一行到桐乡市调研市镇两级人大换届选举工作情况。

7 日　中国移动浙江公司与桐乡市政府签署加快“互联网创新发展试验区”信息化建设战略合作协议。

10 日　桐乡市政府与浙江省人民医院签订医疗战略合作关系，桐乡市第一人民医院成为桐乡市首家省级医院托管医疗单位。

13 日　中央政法委副书记王乐泉到桐乡市调研。

15—20 日　第三届世界互联网大会·乌镇峰会互联网之光博览会在乌镇互联网国际会展中心举行。

15 日　桐乡市政府与北京领英信息技术有限公司在乌镇举行战略合作框架协议签约仪式。

16—18 日　第三届世界互联网大会·乌镇峰会在桐乡市乌镇镇举行。大会开幕式上，中共中央总书记、国家主席习近平以视频方式发表重要讲话；中共中央政治局常委、中央书记处书记刘云山出席大会并致辞。

18 日　最高人民法院院长周强、副院长贺荣到乌镇人民法庭调研。

22 日　桐乡市召开全市领导干部会议，宣布省委、嘉兴市委对桐乡市主要领导调整的决定。

23 日　农业部副部长于康震到桐乡市调研畜牧业转型升

级和绿色发展工作，省农业厅厅长林健东陪同。

28—29 日 北京大学原校长周其凤、中国社会科学院研究员王国成到桐乡市调研。

28—30 日 桐乡市举行老干部读书会。

29 日 “不忘初心 再创辉煌”满天星业余交响乐团纪念建党 95 周年桐乡行公益演出在乌镇大剧院上演。

30 日 桐乡市图书馆举行迁建工程开工仪式。

12 月

2 日 人民日报社社长杨振武到桐乡市调研。

同日 乌镇镇党委、政府和乌镇国际旅游建设管理委员会举办乌镇峰会总结表彰大会暨乌镇榜样颁奖典礼，表彰十佳道德模范、十佳公仆等 14 个类别的“乌镇榜样”140 人，保障服务工作先进集体 11 家，保障服务工作先进个人 76 人。

2—3 日 中共中央办公厅督查室督察专员张新民率领督查调研组到桐乡市调研。

5 日 上海外国语大学研究生桐乡实习基地举行签约仪式。

同日 浙江省特色小镇文化建设现场会在杭州召开。会上，桐乡乌镇互联网小镇入选浙江省首批特色小镇文化建设示范点。

6—7 日 浙江省政协副主席黄旭明一行到桐乡市调研农村生活污水治理和政协委员工作开展情况。

8 日 中央防范办副主任、中央综治委委员彭波到桐乡市调研。

同日 嘉兴市保障服务重大国际峰会总结大会暨“夺鼎创杯”大会战动员会在乌镇举行，桐乡市 28 家单位和 130 位个人受到表彰。

9 日 上海市副市长赵雯带领考察团到桐乡市考察。

同日 安徽省副省长张曙光到桐乡市调研。

10 日 “乌镇：互联网＋装备制造”对接会在桐乡市举行。

12—13 日 浙江省第六督查组对桐乡市“五水共治”“三改一拆”“四边三化”工作开展第三轮督查。

13 日 桐乡市第七次台胞台属代表大会召开。

同日 桐乡市工商业联合会（总商会）第十一次会员代表大会召开。

16 日 浙江省政府副秘书长徐纪平到桐乡市调研。

同日 桐乡市政府与上海市红房子妇产科医院签订战略合作协议。

16—17 日 桐乡市党政代表团赴苏州太仓市、张家港市和常州武进区考察。

19 日 桐乡市委召开第十三届第十二次全体会议，决定中国共产党桐乡市第十四次代表大会于 2016 年 12 月 26—30 日在梧桐街道召开。

20 日 吴蓬艺术院（桐乡书画院）开馆。

21—23 日 由《非公有制企业党建》杂志、中国非公有制企业党建网、浙江党建网联合举办，桐乡市委组织部协办的“互联网背景下两新党建的道与术”党建交流研讨会暨“乌镇论坛”活动在乌镇镇举行。

23—24 日 桐乡市举行纪念徐肖冰诞辰 100 周年、2016 第四届“徐肖冰杯”中国纪实摄影展暨第二届“徐肖冰杯”中国大学生摄影双年展等活动。

25 日 桐乡市市、镇两级人大代表换届选举投票日。

26—30 日 中国共产党桐乡市第十四次代表大会召开。

28 日 浙江省经信委发文公布 2016 年浙江省个性化定制示范试点企业培育名单，桐乡市有 4 家企业入选。

29 日 桐乡市举行保障服务重大国际峰会总结表彰大会暨 2016 年度机关优秀团队颁奖典礼。表彰在保障重大国际峰会中作出突出贡献的先进集体 38 个、先进个人 364 人。同时，表彰 2016 年度机关优秀团队 10 个，2016 年度机关优秀团队提名奖 11 个。

30 日 浙江省工商局发文公布 2016 年度浙江省专业商标品牌基地名单，桐乡大麻家纺布艺榜上有名。

31 日 桐乡市城市档案中心建设项目举行开工仪式。

自然地理

【地理位置】 桐乡市位于浙江北部杭嘉湖平原，地理坐标为北纬30°28′—30°47′、东经120°17′—120°39′。东连嘉兴市秀洲区，南邻海宁市，西毗德清县、杭州市余杭区，西北接湖州市南浔区，北界江苏省苏州市吴江区。市区距上海市148千米，距杭州市65千米。沪昆高速公路(G60)、申嘉湖高速公路(S12)、练杭高速公路(S13)、320国道、沪杭铁路客运专线、京杭大运河等水陆交通要道贯穿全境。

【自然环境】 桐乡市境为长江三角洲平原的一部分，境内地势低平，无一山丘，大致东南高、西北低，略向太湖倾斜，平均海拔5.3米。东西宽约36千米，南北长约34千米，总面积727平方千米。

境内土壤为江、海、湖沼沉积物，分属水稻土和潮土两类，土地肥沃，适宜种植水稻和经济类作物。全市有耕地3.886万公顷，占全市土地总面积的45%。其中：水田3.13万公顷，旱地7560公顷，分别占耕地面积的80.55%、19.45%。

境内生物资源种类繁多。主要植物资源有720种，其中孢子植物74种、种子植物646种(裸子植物25种、被子植物621种)。主要动物资源有451种，其中：脊椎动物218种、节肢动物192种、软体动物32种、其他动物9种。

境内河流属长江流域太湖运河水系。市境河流南接海宁长安上塘河水系，北经澜溪塘与江苏省河道贯通，京杭大运河流经市境段长39.09千米。全市有骨干河道47条，大部分河道与运河垂直相交，呈网状分布。与运河桐乡段相连的河道主要有金牛塘、白马塘、康泾塘、长安塘、含山塘、灵安港、羔羊港、西圣埭港、长山河等。境内河道总长2264.6千米，水域面积51.86平方千米，占全市总面积的7.1%，河网密度为3.11千米/平方千米。属典型的江南水网平原。

(地方志办公室)

气候特征

【常年气候概况】 桐乡市地处东南沿海，属典型的亚热带季风气候。温暖湿润，四季分明，雨水丰沛，日照充足。具有春湿、夏热、秋燥、冬冷的气候特点。

年平均气温16.5℃。1月最冷，月平均气温4.0℃，极端最低气温－11.0℃，出现在1977年1月31日。7月最热，月平均气温28.5℃，极端最高气温41.1℃，出现在2013年8月9日。日平均气温稳定通过10℃的平均回暖初日在3月24日，平均结束日在12月5日，平均初冰日出现在11月28日。年平均无霜期243.6天、雷暴日32.1天、大雾日30.6天、降雪日9.5天。

年平均降水量1246.7毫米。1999年最多，降水量1755.6毫米；2003年最少，降水量744.4毫米。全年有两个主要雨季，第一个雨季在3—6月，其中3—4月为春雨期，降水量在370.6毫米—108.7毫米之间，占全年降水量的18.2%；5—6月是主汛期，称为梅雨期，降水量在715.3毫米—94.7毫米之间，占全年降水量的24.3%。第二个主要雨季是9月，称为秋雨期。年平均雨日140.7天，最多为2010年，达154天；最少为2013年，仅118天。

年平均日照1799.4小时。其中7月、8月最多，月平均日照分别为208.5小时和206.1小时。1月、2月最少，月平均日照分别为113.0小时和107.4小时。年平均蒸发量1308.8毫米。年平均相对湿度79%，幅度

桐乡气象志愿者队伍 市气象局提供

在76%—82%之间。

主要灾害性天气有暴雨、高温干旱、台风、霾、连阴雨、寒潮、雷电及大风等。

【2016年气候特征】 2016年，桐乡市年平均气温偏高，年降水量偏多，日照时数偏少。冬季气温偏高，也出现强寒潮天气；春季降水日多，降水强度强，并与梅雨期降水相连；夏季出现持续性高温热浪天气。

年平均气温为18.0℃，比常年平均偏高1.5℃。全年有12个月平均气温均较常年同期偏高，偏高最多的是12月，达2.8℃。夏季大于等于35℃高温日29天，7月20—30日、8月15—21日出现连续高温。其中年极端最高气温40.6℃，出现在7月24日，创7月历史新高。年极端最低气温−7.3℃，出现在1月25日。终霜出现在3月11日，初霜出现在11月27日，全年无霜期260天，比常年多16.4天。全年结冰日26天，大雾日40天，霾日74天，其中中度以上霾日2天。

年降水量1738.2毫米，比常年多491.5毫米。其中有7个月雨量比常年偏多。4月、9月降水量均创历史极大值。年雨日167天，比常年多26.3天。日降水量大于等于50毫米（暴雨）天数5天。全年出现降雪7次，2次形成积雪，分别在1月21—23日、1月31日—2月1日。年日照时数1642.6小时，较常年少156.8小时。全年雷暴日26天。年蒸发量915.1毫米。

梅汛期降水过程频繁，暴雨天1天。6月11日入梅，7月5日出梅，入出梅时间接近常年（常年入梅6月12日，出梅7月8日）。梅雨量248.6毫米（梧桐），接近常年（251.4毫米）。全年影响较大的为14号台风“莫兰蒂”（9月14—16日），过程降水量174.4毫米。

【2016年主要天气气候事件】 2016年，桐乡市主要较为重大的天气气候事件有1月雨雪低温冰冻天气，4—5月降水异常偏多，6月8日局地强对流冰雹。

1月20—25日，桐乡受强寒潮影响，出现雨雪低温冰冻天气。受冷暖空气影响，1月22日夜—23日晨出现明显积雪，桥面和部分路面结冰。23日降温，24日平均气温−5.1℃，25日最低气温−7.3℃。此次寒潮过程是继1977年、1991年之后影响最严重的一次。

4—5月，桐乡降水异常偏多，日照偏少，降水量均超常年平均的两倍。其中，4月降水量236.6毫米，列历史同期第一；5月降水量217毫米，列历史同期第二。降水过程频繁，强度强，并与梅汛期相连。4—6月总降水量778.1毫米，仅次于1999年，列历史第二。至7月中旬，外河水位维持在警戒水位以上，甚至超保证水位。

6月8日16时左右，受强对流云团影响，桐乡市北部乌镇等地出现冰雹。此次过程时间短，降雹密度大；主要降雹区域位于乌镇景区附近，冰雹平均直径1厘米—2厘米，最大直径3厘米。

（杨冬晨）

历史沿革

【概况】 桐乡历史悠久，分布于境内的罗家角、谭家湾、新地里、新桥、张家埭、吴家墙门等数十处古文化遗址证明，在新石器时代，原始社会氏族部落就在此繁衍生息。其中1979年发掘的石门罗家角遗址，属马家浜文化早期类型。

市境周时名御儿，属越国。春秋时为吴越接壤争战之地。越王勾践三年（吴王夫差二年，鲁哀公元年，前494），吴王夫差败越于夫椒（夫椒山，在太湖中），自御儿至今钱塘江以西皆属吴。

战国初年，吴越战事又起。越王勾践二十四年（吴王夫差二十三年，鲁哀公二十二年，前473）冬，越王勾践灭吴，市境复归越。越自勾践以下，传六世而为楚所败，楚国“尽取故吴地至浙江（钱塘江）”（《史记·越王勾践世家》），此地遂入楚境。

秦统一中国，郡县天下。秦王嬴政二十五年（前222），置会稽郡，下设由拳、乌程等县，今市境属由拳县。

西汉时，御儿又称语儿。汉高祖五年（前202），今市境属楚国。汉高祖六年（前201），今市境属荆国。汉高祖十二年（前195），改荆国为吴国，今市境属吴国。汉前元四年（前153）以后，恢复会稽郡，今市境属会稽郡。汉元封五年（前106），置十三刺史部，即十三州，会稽郡属扬州，今市境属扬州会稽郡。东汉永建四年（129），割钱塘江以东为会稽郡，钱塘江以西为吴郡，今市境隶属吴郡。

三国吴黄龙三年（231），由拳县“野稻自生，改为禾兴”（元《至元嘉禾志》）。赤乌五年（242），避太子和讳，改禾兴县为嘉兴县，属吴郡，今市境隶属嘉兴。此后历晋、宋、齐、梁不变。

南北朝陈永定（557—559）初立海宁郡，今市境部分地域隶属海宁。

隋朝时，并嘉兴县入吴县，今市境属吴县，隶属苏州。

唐武德七年（624）复置嘉兴县，隶属苏州，今市境属苏州嘉兴县。翌年，又废嘉兴入吴县，今市境隶属吴县。贞观八年（634），复置嘉兴县，属苏州，今市境其时仍名御儿，为嘉兴县西南境。乾符六年（879），升御儿乡为义和镇。

五代后梁开平初，吴越王钱镠废镇称义和市，属杭州，今市境随嘉兴隶杭州。后晋天福三年（938），吴越王钱元瓘析嘉兴县西南境崇德、南津、语儿、千乘、积善、石门、募化七乡置崇德县，设县治于义和市（今崇福镇），属杭州。元《至元嘉禾志》：“晋天福间始析崇德七乡置县于义和市，因乡以县名。”天福五年（940），钱元瓘于嘉兴县置秀州，为吴越国所辖十三州之一，崇德与嘉兴、海盐、华亭同为秀州属县。

北宋熙宁十年（1077），再割嘉兴县之梧桐、永新、清风、保宁、千金五乡入崇德县。政和七年（1117），赐秀州名为嘉禾郡，崇德县隶属嘉禾郡。南宋庆元元年（1195），升秀州为府，称嘉兴府。嘉定元年（1208），又升嘉兴府为嘉兴军节度，崇德县仍隶属嘉兴。

元至元十四年（1277），改嘉兴军节度为嘉兴路，置嘉兴路总管府，后属于江浙行省，下辖崇德等三县一府（华亭府）。元贞元年（1295），升崇德县为崇德州，隶属嘉兴路。

明洪武二年（1369），复改嘉兴路为嘉兴府、崇德州为崇德县。洪武十四年（1381），嘉兴改隶浙江布政司。从此，崇德随嘉兴隶属于浙江。宣德五年（1430），巡抚、大理寺卿胡概奏析崇德东境募化、千金、保宁、清风、永新、梧桐六乡置桐乡县，设县治于梧桐乡凤鸣市（今梧桐街道）。

清，崇德、桐乡两县同隶属嘉兴府。清康熙元年（1662），因崇德之名与清太宗皇太极年号同，故避讳称石门县，并改石门镇为玉溪镇。

1912年，废嘉兴府，石门、桐乡两县属钱塘道。1914年，石门复称崇德。1927年废道制，两县直属浙江省政府。1938年划属浙江省第二行政督察区。1939—1947年属浙江省第十行政督察区。1948年后属浙江省第一行政督察区。

1949年5月，桐乡、崇德先后解放。中华人民共和国成立后，崇德、桐乡两县同隶嘉兴专区。1958年11月，崇德、桐乡两县合并，称桐乡县。1970年，改嘉兴专区为嘉兴地区，桐乡县隶属嘉兴地区。1983年，撤销嘉兴地区，分设嘉兴市、湖州市，桐乡县隶属嘉兴市。1993年，桐乡撤县设市，隶属嘉兴市。

（地方志办公室）

行政区划

【概况】 2016年，桐乡市辖9个镇、3个街道、176个村、35个社区。

2016年桐乡市村民委员会和社区居委会

表3　　　　　　　　　　　　　　　　　　　　　　　　单位：个

镇、街道	村民委员会		社区居委会	
	数量	名　称	数量	名　称
乌镇镇	16	白马墩 分水墩 碓坊桥 浮澜桥 陈庄 虹桥 南庄桥 横港 彭家 陈家 双塔 颜家 民合 浙月 新翁 五星	3	东苑 南宫 银杏
濮院镇	14	新河 永越 永乐 新濮 新星 永联 新东 新联 新港 新妙智 红旗漾 油车桥 星旗 西浜	5	永乐 梅园 双龙 锦苑 新生
屠甸镇	8	联星 红星 荣星 万星 海星 和平 恒丰 汇丰	1	屠甸
石门镇	18	叶新 桂花 颜井桥 白马塘 石门 墅丰 民丰 民联 殷家漾 陆家庄 春丽桥 周墅塘 部墩 东池 安全 羔羊 二大埭 崇安	1	玉溪
河山镇	9	八泉 庙头 堰头 五泾 王家弄 河山 石栏桥 华台 东浜头	1	河山
洲泉镇	19	马鸣 众安 义马 湘溪 晚村 道村 后塘 夜明 坝桥 青石 合兴 金家浜 清河 东田 小园头 岑山 南庄 石山头 屈家浜	1	朝晖
大麻镇	11	海华 麻溪 西南 大庄 湘漾 百富 崇益 光明 吉字浜 永丰 黎明	1	大麻
崇福镇	26	城郊 上市 东安 民利 湾里 留良 新桥 华光 御驾桥 南阳 茅桥埭 钱家埭 李家浜 陈家埭 店街塘 芦母 景卫 中夫 李家坝 联丰 上莫 新益 利顺 星火 五丰 芝村	3	语溪 崇德 中山
高桥镇	15	落晚 楼下角 高桥 亭桥 永安 毛水浜 范桥 三村 骑力 湘庄 龙南 漕泾 迎丰 越丰 新丰	1	高桥
梧桐街道	17	城东 东方红 庆丰 三新 民安 城西 钱林 同心 逾桥 梧桐 安乐 百福 新玄 桃园 众善 革新 城南	16	庆丰 九曲 东兴 杨家门 学前 大发 文昌 凤鸣 永宁 环南 复兴 同庆 百乐 凤凰 振东 莲花
凤鸣街道	14	史桥 红旗 灵安 环南 路家园 西牛桥 建胜 合星 中群 联庄 新农村 长新 桑园桥 李家弄	1	灵安
龙翔街道	9	元丰 南王 董家 金牛 正福 杨园 翔厚 单桥 皂林	1	秀溪

注：1.革新、城南两村和凤凰、振东、莲花三社区由振东新区管理；
2.梧桐街道众善村和凤鸣街道长新村、桑园桥村、李家弄村由经济开发区托管

（沈　娟）

国民经济与社会事业

【概况】 2016年,桐乡市贯彻推进供给侧结构性改革,创新发展各项政策措施,保持经济运行在合理区间。全市实现地区生产总值717.95亿元,按可比价计算增长6.5%;三次产业结构比例调整为3.75∶50.09∶44.47。其中:第一产业增加值26.9亿元,比上年下降0.1%;第二产业增加值359.63亿元,增长5.6%;第三产业增加值331.42亿元,增长8%。实现规模以上工业企业总产值1365.9亿元。实现财政总收入100.5亿元,与上年持平;一般公共预算收入58亿元,增长5.2%;年末金融机构本外币存、贷款余额分别为1139.1亿元和866.1亿元,分别比上年增长18%和6.4%。新增城镇就业人员13090人,城镇登记失业率2.87%。城镇居民人均可支配收入48020元,农村居民人均可支配收入29623元,分别比上年增长7.4%和8.3%。全市居民消费价格总水平(CPI)上涨1.6%。

【着力提升供给水平】 2016年,桐乡市深化“工业强市”建设。加快推进“两改两创”(“两改”即企业开展技术改造、股份制改造,“两创”即品牌创新、管理创新)“四换三名”(“四换”即腾笼换鸟、机器换人、空间换地、电商换市,“三名”即大力培育名企、名品、名家),实施“机器换人”项目446个,完成投资117亿元;腾退低效工业用地项目54个,腾退土地126.87公顷,淘汰低效落后设备3026台(套);“退二进三”腾退土地45.15公顷;处置闲置土地37.62公顷,被评为全国第三届国土资源节约集约模范市;实施小微企业三年成长计划,完成“个转企”395家,培育中国驰名商标1个、“浙江制造”品牌3个、省级名牌产品7个、省级著名商标5个。加快发展现代服务业。服务业集聚区建设和楼宇经济培育稳步推进,成功列入全省首批服务业强县(市、区)试点。深化旅游综合改革试点,乌镇—石门省级旅游度假区建设有序推进,全年接待游客1897.4万人次,实现旅游收入203.3亿元,分别比上年增长7.5%和10.3%。粮食生产保持稳定,新增粮食功能区1200公顷;休闲观光农业、生态高效农业等加快发展,新建庄园12个、现代农业园区5个。

【深入推进改革创新】 2016年,桐乡市举办第三届世界互联网大会、第五届中国创新创业大赛互联网及移动互联网行业总决赛,省级互联网创新发展试验区、乌镇大数据高新技术产业园区获省政府批准,引进大数据交易中心等75个互联网项目。创新动力不断增强。全年研究与试验发展(R&D)经费支出19.3亿元,新认定高新技术企业30家,高新技术产业增加值占规模以上工业增加值比重达39.5%;新增省级企业研究院5家,发明专利授权量325件,比上年增长45.1%,数量居嘉兴市首位;引进各类人才6483人,高层次人才463人。金融创新加速推进。新增上市企业2家、新三板挂牌企业8家,信用联社改制为农商银行。改革红利逐步显现。国家中小城市综合改革试点、国家旅游综合改革试点、县域经济体制综合改革等深入推进,市场活力持续释放,新增各类市场主体18822户,其中企业3569户,增长33.4%。特色小镇建设扎实推进。濮院毛衫时尚小镇、乌镇互联网小镇分别完成投资24.7亿元和10.3亿元,产业集聚提升作用逐步显现,濮院镇入选首批中国特色小镇名单。

【稳步扩大内外需求】 2016年,桐乡市实现固定资产投资总额480.6亿元,比上年增长12.3%,其中工业生产性投入210亿元、服务业投资265.4亿元,分别比上年增长8.2%和15.5%;188个市重大项目实现投资200.6亿元,开工率100%。其中,36个政府投资重大建设项目完成投资18.9亿元,乌镇大道(市区—乌镇段)、桐乡市妇幼保健院、桐乡市疾病预防控制中心迁建工程等重大民生项目加快推进。全年合同利用外资6亿美元,实际利用外资3.4亿美元,引进市外内资113.1亿元,实现“浙商回归”到位资金63.9亿元。外贸出口逆势增长。纺织服装、机电、玻纤等产品出口增速较快,实现出口总值212亿元,增长11.6%。网络消费、跨境消费等新兴消费模式迅猛发展,全市社会消费品零售总额327.9亿元,增长10.9%,成功获评省级电子商务示范市。商品房销售面积165万平方米,实现销售额138.8亿元,分别比上年增长82%和97.6%。

【持续改善生态环境】 2016年，桐乡市实施“公铁”(主要公路和铁路)沿线环境整治专项行动。“三改一拆”(开展旧住宅区、旧厂区、城中村改造和拆除违法建筑)继续推进，完成“三改”面积835.9万平方米，拆除违法违章建筑191.7万平方米;改造老旧小区10个，整治危房22.2万平方米。扎实推进环境整治。以G20杭州峰会和第三届世界互联网大会·乌镇峰会环境质量保障要求为目标，开展环保百日攻坚专项行动，打好综合治理组合拳。深入推进“五水共治”。加强工业污水入网监管，新增污水管网135千米，改造城乡生活污水治理18790户，全市12个地表水常规监测断面全部达到Ⅳ类以上水质。深入实施“五气共治”。加快工业废气治理，淘汰改造小锅炉520台、淘汰黄标车188辆，新增造林面积209.67万平方米，PM2.5均值浓度比上年下降16%，环境空气质量优良率81.3%。推进低碳循环发展。积极发展清洁能源，加快新能源汽车推广及充电桩建设，新增新能源汽车188辆、充电桩100个，新增公共自行车站点30个，全市光伏并网发电装机容量70.13兆瓦，天然气消费量3.2亿立方米。

【全面增强民生保障】 2016年，桐乡市社会保障水平持续提升。新增职工养老保险27147人，净增基本医疗保险5358人。促进社会事业均衡发展。办学条件持续改善，高考一类上线839人，上线率21.12%，创历史新高，全面推进第二轮学前教育三年行动计划，公益性幼儿园覆盖率达78.4%。医疗服务体系建设扎实推进，深入实施“双下沉、两提升”(人才下沉、资源下沉，服务能力提升、服务效率提升)工作，与省人民医院、上海市红房子妇产科医院等上级医院建立合作关系，不断提升卫生医疗水平，全面二孩政策平稳实施，获全国计划生育优质服务示范市称号。实施老人关爱工程，由政府出资为全市60周岁以上户籍老人购买意外伤害保险，新建居家养老服务照料中心21家。扎实推进文体惠民，举办纪念茅盾诞辰120周年等名人文化活动，成功创建国家公共文化服务体系示范区，全民健身运动广泛开展。开展平安金鼎攻坚年活动，完成护航G20杭州峰会和第三届世界互联网大会·乌镇峰会维稳安保任务。安全生产、新居民等各项工作扎实推进。

(程跃峰)

精神文明建设

【概况】 2016年，桐乡市精神文明工作以培育和践行社会主义核心价值观为根本，紧紧围绕市委、市政府中心工作，突出公民思想道德建设、系列文明创建、农村精神文明建设和未成年人思想道德建设等工作重点，深化道德实践，不断提升全民文明素质和社会文明程度。开展“桐乡好人榜”好人评选活动，全年评选“桐乡好人”10人，发放奖励2万元。年内，1人入选“中国好人榜”，5人入选“浙江好人榜”。开展2015—2016年度系列文明创建活动，新增嘉兴市级文明行业1个、文明单位14家、文明街道1家、文明村9家、文明社区2家，桐乡市级文明单位17家、文明村5家、文明社区3家。市文明办联合机关党工委、机关事务局出台《关于开展美丽机关(单位)建设的实施方案》，开展好家风建设活动，引导广大家庭挖掘、整理、编写好家训，推动家训“挂厅堂、进礼堂、驻心堂”活动，编印《桐乡家训》7000册。全年创建各类志愿服务阵地235个，组建各类志愿者队伍60支，注册志愿者11.8万人，志愿服务时数超10万小时。开展寻找“桐乡市最美家庭”暨2016年度百户特色文明家庭评选活动，评选出特色文明家庭100户、最美家庭10户。石门镇沈汉梅家庭获第十届全国五好文明家庭称号，6户家庭被省文明委评为第十届浙江省文明家庭，19户家庭被评为嘉兴市百户文明家庭。

加强未成年人思想道德建设。开展“我的中国梦”主题教育实践活动，组织友善、孝敬、诚信、节俭等主题教育。在清明节、六一节、国庆节期间，组织“清明祭英烈”“向国旗敬礼”等各类教育实践活动。开展桐乡市“美德少年”评选活动，7人入选嘉兴市“美德少年”。积极推进文明校园创建活动，2所中小学校被评为嘉兴市文明校园创建示范学校。推进“乡村学校少年宫”与“流动少年宫”一体化建设，建立活动项目库。确定首批“桐乡市青少年校外教育活动基地”，编制“桐乡市青少年校外教育活动基地”地图和参观手册。

扎实推进校园周边环境综合整治、"扫黄打非"、电子音像出版物市场清查等行动,加强食品安全专项整治。

（张梅玫）

美丽乡村

【概况】 2016年,桐乡市继续深化美丽乡村建设,启动美丽乡村示范县创建。乌镇镇通过首批省级美丽乡村建设示范镇创建;濮院镇新联村、崇福镇店街塘村、乌镇镇陈家村、石门镇桂花村通过省级首批精品村创建。梧桐街道桃园村、洲泉镇东田村2个第二批历史文化保护和利用一般村通过省农办抽查验收。桃园村和东田村全年投入建设资金800多万元,分别由浙江农林大学和杭州天闻旅游咨询设计有限公司编制历史文化旅游村建设规划。桃园村以檇李庄园为主题,修复文化礼堂,修建牌楼、戏台、桥梁等,开展桐乡檇李花海和西施故事相结合的农耕文化体验旅游。东田村以"美丽东田"建设主题,打造集历史文化体验、制鞋产业体验、乡村度假购物为一体的特色产业历史文化旅游。继续开展省级培育示范中心村建设,崇福镇芝村村、洲泉镇石山头村、河山镇八泉村、乌镇镇横港村、石门镇部墩村通过第四批省级中心村建设验收,全市累计有30个村通过省级中心村创建。继续实施"十村示范百村整治"扩面提升工程,实行整村推进,整治"脏、乱、差",修建村级道路,完善农村基础设施建设,全年投入建设资金650万元,通过扩面提升村建设10个。推进农村生活污水治理工作,确定入污水管网处理结合微动力处理的高标准治理模式。至年底,完成农村生活污水治理建制村49个,新增受益农户9981户。

（沈丹婷）

3月31日,崇福镇店街塘村2016新春大联欢　　市农经局提供

五水共治

【概况】 2016年,桐乡市有序推进治污水、防洪水、排涝水、保供水、抓节水各项工作,水环境质量得到显著改善。1—12月,桐乡市在全省跨行政区域交接断面水质考核中被评价为优秀。全市32条市级骨干河道中(除两条整治外),有Ⅲ类水16条、Ⅳ类水13条、Ⅴ类水1条。完善"河长制",全市有"河长"2499人,其中市级河长33人、镇级河长296人、村级河长2170人,设立河长公示牌2635块;推进"生态有偿、生态补偿、生态赔偿"机制建设,出台桐乡市镇级区域"五水共治"生态补偿机制;加强督查考核,强化三级督查,发出督查通报10期;在桐乡电视台《今日曝光》栏目上曝光12期12个问题;开展护航G20杭州峰会环保百日攻坚专项检查和"雷剑"系列专项执法行动,对违法排污行为,依法从严从重从快查处;开展"治水美村"星级评定活动,梧桐街道桃园村等28个村被评为五星级治水美村;开展"小学生时代杯"童心共筑水乡梦主题系列活动,内容包含征文、摄影、墙体绘画等多种形式。推进"五水共治"项目建设,全年新建污水管网135千米,河道清淤242.38万立方米;城镇生活污水入网改造9343户,农村生活污水治理9981户;强化水资源管理"三条红线",桐乡市被列入全省首批节水型社会建设县(市、区)。开展"清三河"(清理垃圾河、黑河、臭河)反弹隐患排查拉网行动和复查评估万人行

大麻镇百富村季家漾自然村　沈建峰摄

动，通过浙江省“清三河”达标县（市、区）验收。

【开展“清三河”复查评估万人行动】 7—8月，市“五水共治”指挥部办公室牵头在全市开展“三河”体检全覆盖、明察暗访全方位、全民治水总动员的“清三河”复查评估万人行动。全市各级河长、人大代表、政协委员、党员志愿者等1万余人参与专项行动。全市采集570条河道，进行水质检测，全面分析全市水域水质状况；全面巡查畜禽养殖污水排放、城乡生活污水治理设施、河道周边环境等，依托市镇村三级微信平台，将巡查的问题采用“一张照片、一个位置、一条要求”的形式即时交办，对交办的问题实行“整改过程公开、照片前后对比、效果公众评价”的方式予以反馈，形成三级联动交办反馈机制。现场交办涉及河道保洁、城乡生活污水治理、农业面源污染治理、河道水系沟通等方面的各类问题470余个，整改率100%。12月，经过初审、现场复核和满意度调查，桐乡市符合省“清三河”达标县（市、区）验收条件。2016年12月28日—2017年1月4日，省治水办在浙江省、嘉兴市、桐乡市三级同步公示。

【开展治水美村星级评定活动】 5月30日，市“五水共治”指挥部办公室与市财政局联合印发《桐乡市治水美村星级评定考核办法（试行）》，开展治水美村星级评定活动。活动面向全市各村，主要考核河道水质、控源截污、四位一体保洁、机制建设四项。市“五水共治”指挥部办公室组织人员在第三、第四季度选取3个镇级以下河道监测点（1个固定，2个随机抽检）河道水质，水质考核指标为高锰酸盐指数、氨氮、总磷三项。各镇（街道）、经济开发区、振东新区根据考核办法每季对各村进行初次考核排名，考核结果每季末报市“五水共治”指挥部办公室。市“五水共治”办牵头，会同相关部门抽查审核初次考核结果，并结合日常掌握情况给予评分。2017年1月18日，市“五水共治”指挥部办公室公布治水美村星级评定名单，桃园村等28个村被评为五星级治水美村，民安村等45个村被评为四星级治水美村，钱林村等76个村被评为三星级治水美村，并对获得星级的村分别给予2万元、1.5万元、1万元奖励。

· 相关链接 ·

桐乡市五星级治水美村名单

梧桐街道：桃园村
凤鸣街道：新农村村、灵安村
龙翔街道：单桥村
濮院镇：新东村
高桥镇：亭桥村、永安村
屠甸镇：万星村
崇福镇：御驾桥村、芦母村、芝村村
洲泉镇：石山头村、后塘村、众安村、南庄村
大麻镇：百富村、黎明村
河山镇：石栏桥村、河山村
乌镇镇：彭家村、双塔村、白马墩村
石门镇：春丽桥村、陆家庄村、二大埭村、白马塘村
开发区：桑园桥村
振东新区：革新村

（沈卓群）

概　述

第三届世界互联网大会·乌镇峰会于11月16—18日在桐乡市乌镇镇举行。大会由国家互联网信息办公室、浙江省政府主办，浙江省互联网信息办公室、浙江省经济和信息化委员会、桐乡市政府、中国互联网络信息中心联合承办，联合国经济和社会事务部、国际电信联盟、世界知识产权组织、世界经济论坛协办。大会以“创新驱动·造福人类——携手共建网络空间命运共同体”为主题。16日上午，大会举行开幕式，中共中央总书记、国家主席习近平以视频方式发表重要讲话。中共中央政治局常委、中央书记处书记刘云山出席大会并发表致辞。科摩罗副总统阿卜达拉·赛义德·萨鲁马、柬埔寨副首相贺南洪、汤加副首相肖西·索瓦莱尼、法国前总理多米尼克·德维尔潘、澳大利亚前总理鲍勃·霍克等外国政要，国际电信联盟、世界经济论坛、世界知识产权组织等16名国际组织负责人出席大会。16日下午，大会举行全体会议并举行世界互联网领先科技成果发布活动。全体会议上，澳大利亚前总理鲍勃·霍克、法国前总理多米尼克·德维尔潘、世界知识产权组织副总干事王彬颖、德国互联网之父维纳·措恩、欧洲信息和通信系统标准化协会秘书长伊什特万·赛贝斯戴恩、百度董事长兼首席执行官李彦宏、联想集团董事长兼首席执行官杨元庆等嘉宾发表致辞。会后，举行世界互联网领先科技成果发布活动，特斯拉、阿里巴巴、IBM、百度、华为等公司的15项领先科技成果获准在大会上发布，这是世界互联网大会举办以来，首次向社会发布世界互联网领先科技成果。17日，大会举行分论坛，23个中央和国家有关部委、单位主办16场分论坛，涉及20个议题。18日上午，大会举行闭幕式。同日，世界互联网大会组委会秘书处高级别专家咨询委员会发布《乌镇报告》，成为此届大会标志性成果。大会期间，全球110个国家和地区、16个国际组织的1600余名嘉宾参会，165家中外媒体的678名记者参与报道。

【国家主席习近平在开幕式上发表视频讲话】 11月16日，中共中央总书记、国家主席习近平在大会开幕式上通过视频发表题为《集思广益 增进共识 加强合作 让互联网更好造福人类》的重要讲话。习近平主席在讲话中表示，要坚持以人类共同福祉为根本，坚持网络主权理念，深化网络空间国际交流合作，携手构建网络空间命运共同体，推动全球互联网治理朝着更加公正合理的方向迈进，推动网络空间实现平等尊重、创新发展、开放共享、安全有序的目标。习近平主席提出的“平等尊重、创新发展、开放共享、安全有序”网络空间目标，阐释中国对世界互联网发展的认识与实践经验，得到各国嘉宾认同。与会嘉宾一致认为，习近平主席的重要讲话，充分展现了对互联网时代发展大势的深刻洞察，提出把创新驱动作为实现造福人类的方法与途径，反映了国际社会特别是广大发展中国家的共同心声，为推进全球互联网治理贡献中国智慧。

【国家部委共同参与办会】 2016年，第三届世界互联网大会体现国家办会、开门办会理念，各分论坛由国家部委、行业协会或知名高校牵头主办，最高人民法院、外交部、科技部、工信部、公安部、交通运输部、商务部、文化部、卫生计生委、中国人民银行等23个国家部委直接参与分论坛承办工作，主办分论坛16场，涉及议题20个，全面涵盖互联网经济、互联网创新、互联网文化、互联网治理、互联网国际合作等五大领域。参加分论坛的中、外副国级以上领导3位，省部级领导52位，外国政要18位；浙江省代省长车俊、省委副书记袁家军、宣传部部长葛慧君等13位省领导出席分论坛；参加分论坛的嘉宾1000人，特邀观众2384人，发表演讲的中外嘉宾300余人。

第三届世界互联网大会·乌镇峰会分论坛一览

表4

序号	论坛名称	主办单位	联络单位	时间	议题	论坛内容
1	数字经济论坛	国家网信办、浙江省政府、中国电子科技集团	浙江省经信委、中国互联网协会、中电海康集团	17日上午	中外政企对话数字经济为经济发展注入新动力	围绕数字经济发展成绩、问题与形势，数字经济发展人才、技术、资金、产业园以及其他政策作用方面，探讨推动数字经济发展的有效途径，为全球经济发展注入新动力，促进各国加强交流合作，实现互利共赢
2	“互联网+”论坛	国家卫计委	浙江省卫计委、健康报社、封面传媒、乌镇互联网医院	17日上午	互联网+智慧医疗·助力全民健康	共同探讨大数据、云计算、物联网和信息通信技术等在健康医疗领域的创新应用，推进产学研用联合协同创新，探索全球卫生与健康治理新模式
3	“互联网+”论坛	中国物流与采购联合会	中国物流信息中心、中国物流与采购联合会物联网技术与应用专业委员会	17日上午	互联网+物流创新与实践	分享交流“互联网+物流”的政策、创新模式、科技成果和管理经验，深入探讨互联网时代下现代物流发展的新模式和增长点，推动产学研有效结合，加强国际国内企业和专家学者交流合作，实现互利共赢
4	移动互联网论坛	科技部		17日上午	人工智能开启互联网新未来	围绕加快“互联网+”人工智能产业发展，充分发挥人工智能技术创新引领作用，对智能终端、智能汽车、机器人等领域的推广应用进行讨论，预测展望人工智能带动云服务、大数据分析、移动互联网和物联网产业的升级迭代
5	网络反恐论坛	外交部、公安部	中国人民公安大学	17日上午	加强国际合作，共同打击网络恐怖主义	通过论坛研讨加强国际网络反恐交流，促进合作，倡议推进构建目标一致、有效协同的网络反恐国际治理机制
6	智慧法院暨网络法治论坛	最高人民法院	浙江省高级人民法院	17日上午	智慧法院暨网络法治	分享交流全球信息化时代背景下，信息技术对法院业务的影响变革，法院业务智能化发展趋势、法院在网络空间法治化中的作为，力争通过《第三届世界互联网大会智慧法院暨网络法治论坛共识》，为后续法院信息化和网络空间法治化领域的国际交流合作奠定基础

续表 4

序号	论坛名称	主办单位	联络单位	时间	议题	论坛内容
7	“一带一路”信息化论坛	工业和信息化部	中国信息通信研究院、工信部电子科学技术情报研究所	17 日上午	网络互通促进民心相通	聚焦数字经济发展、网络互联互通、信息通信技术交流、互联网应用服务等各方高度关注的领域，开展深入探讨，分享成功经验
8	中非互联网合作论坛	中国人民外交学会	中国信息通信研究院、中国互联网发展基金会	17 日上午	让互联网促进可持续发展	围绕“加快网络基础设施建设”“促进网络应用创新”“深化网络文化交流互鉴”等三议题，探讨信息通信基础设施建设、ICT 应用及网络文化建设等内容
9	互联网国际高端智库论坛	国务院发展研究中心	中国网络空间研究院、宁夏回族自治区互联网信息办公室	17 日上午	网络时代的全球智库对话——倾听智慧的声音	深入探讨互联网发展对人类社会带来的影响，思考智库在全球互联网发展以及网络空间新秩序建立中的作用，构建和平、安全、开放、合作的网络空间
10	数字经济论坛	国家网信办、浙江省政府、中国电子科技集团	浙江省经信委、中国互联网协会、中电海康集团	17 日下午	中外政企对话互联网引领特色小镇创新发展	汇聚全球智慧，为区域数字经济发展和未来城市建设，打造数字经济时代的特色小镇，搭建起重要的国际性交流平台
11	中欧数字经济对话	商务部		17 日下午		重点落实二十国集团领导人杭州峰会以及中欧领导人会晤和中欧经贸高层对话关于数字经济的共识和成果
12	“互联网＋”论坛	交通运输部	浙江省交通运输厅、交通运输部公路科学研究院	17 日下午	智慧交通，让出行更便捷	重点围绕互联网背景下的交通出行领域，就“互联网＋”出行相关政策、技术、标准、应用服务等进行探讨交流，并同期举办“综合交通出行大数据开放云平台”上线仪式
13	大数据论坛	中国科学院	中科院信息工程研究所	17 日下午	大数据技术和应用的发展与安全	分别从大数据技术发展展望、大数据安全风险防控、大数据产业发展与行业应用三个角度综合策划，邀请来自海内外产业界、学术界专家共同研讨
14	新媒体发展论坛	北京大学	北京大学新媒体研究院	17 日下午	建设更加可信的互联网	深入探讨网络平台、网络媒体以及网民在内的所有网络参与者共建可信网络的责任与义务、技术与规则，体制与机制，推动信源的可靠性与内容的真实性，传播过程的规范性与艺术性，提高网络参与者的信息素养和网络责任

续表 4

序号	论坛名称	主办单位	联络单位	时间	议题	论坛内容
15	互联网文化论坛	文化部	中国日报网、中国对外文化集团公司	17 日下午	文明互鉴于网络文化建设	以“促进网络开放合作，推动文化交流互鉴”为宗旨，以主旨演讲及专题讨论的形式展开深入探讨和交流，促进中国互联网创新发展和世界各国文化交流
16	海峡两岸暨香港、澳门互联网发展论坛	经济日报社、旺旺中时、凤凰卫视、澳门日报社	工商时报社（台湾）、中国经济网	17 日下午		邀请海峡两岸和香港、澳门的互联网领军人士，行业代表、知名专家学者、文化媒体人和优秀青年代表，围绕网络经济、网络技术、网络文化和青年创新创业等议题碰撞思想、凝聚共识，寻找两岸暨香港、澳门互联网发展的最大公约数
17	互联网全球治理论坛	清华大学		17 日下午	治理创新促进可持续发展	深入探讨互联网基础设施建设、基础资源发展与未来技术创新趋势，以公共政策发展的眼光，探讨如何进一步促进全球合作与治理创新，实现互联网可持续发展
18	互联网国际高端智库论坛	国务院发展研究中心	中国网络空间研究院、宁夏回族自治区网信办	17 日下午	中美智库对话——中国网络空间研究院对话布鲁金斯学会（闭门）	双方针对网络空间领域的热点问题展开对话讨论
19	互联网国际高端智库论坛	国务院发展研究中心	中国网络空间研究院、宁夏回族自治区网信办	17 日下午	中国与阿拉伯国家网络空间智库对话	交流中阿互联网技术、基础设施建设、信息化发展应用、数字经济、网络安全等相关问题，并研究建立中阿互联网领域智库交流的长效机制
20	“互联网＋”论坛	中国人民银行	中国互联网金融协会	18 日上午	互联网＋普惠金融——健康发展温暖世界	聚焦网络信息技术应用于普惠金融服务的典型案例，共同研讨如何通过机制建设及技术创新推动全球普惠金融可持续健康发展，提升金融服务覆盖率、可得性和满意度
21	互联网企业家论坛	中国电子信息行业联合会、中国互联网协会		18 日上午	责任成就远大，创新引领未来	旨在为全球互联网企业搭建交流对话平台，围绕新的形式和机遇下互联网企业如何进一步提升责任意识、加强社会服务、加强创新能力建设等话题进行研讨，通过实现碰撞与交融，为推动全球互联网创新、健康、可持续发展贡献智慧

续表 4

序号	论坛名称	主办单位	联络单位	时间	议题	论坛内容
22	互联网青年论坛	共青团中央、全国青联		18 日上午		汇聚世界各国青年代表，共同探讨和平、安全、开放、合作的网络空间和多边、民主、透明的全球互联网治理体系为青年发展提供的机遇，以及青年所担负的责任，广泛凝聚各方共识
23	网络安全闭门会议	国家网信办		18 日上午		

【首次举办世界互联网领先科技成果发布活动】 11 月 16 日，第三届世界互联网大会世界互联网领先科技成果发布活动在乌镇举行。特斯拉、阿里巴巴、IBM、百度、华为等公司的 15 项领先科技成果获准在大会上发布。分别是特斯拉自动辅助驾驶系统、IBM 人工智能系统 Watson、阿里巴巴商业生态体系的技术应用、卡巴斯基 KICS、中国科学院广域量子通信网络、微软的 HoloLens 全息眼镜、加州大学伯克利"鳍式晶体管"、百度大脑、中国科学院计算技术研究所"寒武纪 1A"深度神经元网络处理器、三星复合生物信号处理器、"神威·太湖之光"超级计算机及应用系统、SAP 与中国科学院沈阳自动化研究所联合研发的工业 4.0 智能制造生产线、微信智能生态平台、华为麒麟 960 手机芯片、高通 5G 通信技术等。这是世界互联网大会举办以来，首次向社会发布世界互联网领先科技成果。9 月，世界互联网大会·乌镇峰会组委会发布通知，面向全球范围内的互联网企业、高等院校、科研机构和个人，征集 2015 年 11 月至科技成果发布活动期间发布的互联网领域领先科技成果。同时，成立世界互联网领先科技成果推荐委员会，该委员会由 33 名国内外知名的互联网专家组成。其间，收到互联网创新成果申请 500 余项，分别来自亚洲、非洲、欧洲、北美洲、南美洲、大洋洲，经互联网领先科技成果推荐委员会投票，选出具有代表性的领先科技成果 15 项。

11 月 16 日，第三届世界互联网大会世界互联网领先科技成果发布上，发布 15 项领先科技成果　　市互承委提供

【互联网之光博览会】 11 月 15 日，第三届世界互联网大会·乌镇峰会互联网之光博览会在乌镇互联网国际会展中心开幕。浙江省委副书记、代省长车俊，国家互联网信息办公室副主任任贤良，工信部副部长陈肇雄，浙江省委常委、宣传部部长葛慧君，浙江省副省长冯飞，科技部党组成员、科技日报社社长李平共同启动互联网之光开幕水晶球。中共中央政治局常委、中央书记处书记刘云山视察博览会，全国政协副主席、科技部部长万

钢陪同。此届博览会以“国际、创新、未来、体验、融合”为理念，包括固定展位展示、新产品新技术发布、项目合作洽谈三大功能，设有发展理念区、综合展区、主题展区、“双创”(大众创业、万众创新)展区、新产品新技术发布区和项目合作洽谈区六大展区，涵盖信息技术、信息基础设施、网络安全、互联网金融等9个板块。核心展区展出SAP智能运输解决方案、埃洛克航空无人机、联想智能镜子、蚂蚁金服扫脸支付等互联网领军企业的首发产品及技术。全球500余家企业报名，精选美国微软、IBM、德国SAP、阿里巴巴、百度、腾讯、京东、奇虎360、合一集团等310家互联网企业参展；118家企业举办各类新产品新技术发布活动，500多个项目进行对接。浙江永泰隆电子股份有限公司等15家桐乡本土企业，及与桐乡市相关的浙江合众新能源汽车有限公司、浙江盈米科技有限公司和浙江大数据交易中心等企业参展。大会期间，最高人民法院院长周强带领玻利维亚最高法院院长帕斯托尔·马马尼、萨摩亚最高法院首席大法官帕图·萨波卢等中外法官40余人参观博览会，柬埔寨副首相贺南洪也实地参观。此届博览会首次在乌镇互联网国际会展中心——展览中心举办，该建筑群落有大小不同的展馆8个，可供不同类型和规模的产品展示，彼此之间通过空中连廊连接，其中主展馆面积3934平方米，室内净高14.1米。博览会至19日结束，首次向公众免费开放，参观体验约5万人次。

【首次举办“乌镇咖荟”】 2016年，第三届世界互联网大会·乌镇峰会组委会在乌镇西栅景区、江南乌村挑选景致上佳的地方，首次举办“乌镇咖荟”。活动由阿里巴巴、富士康科技集团、新京报社、今日头条、58同城、桐乡市政府等10家单位各承办1场，围绕寻找中国创客、网络安全O2O发展、共议“互联网+”生活服务、信息化发展新趋势、如何释放互联网大会成果推动经济发展、网联汽车与智能驾驶面临的发展和挑战、“互联网+”文化产业等10个主题。互联网行业企业家、创客和专家参与“咖荟”讨论，搭建起互联网大咖沟通交流的平台，地方政府与企业项目对接的平台。

【发布《乌镇报告》】 11月18日，世界互联网大会组委会高级别专家咨询委员会在闭幕式新闻发布会上发布《2016年世界互联网发展乌镇报告》。《乌镇报告》以中共中央总书记、国家主席习近平提出的“四项原则、五点主张”为遵循，在2015年第二届世界互联网大会《乌镇倡议》的框架基础上，全面总结一年来世界互联网发展与治理经验成就，深入分析互联网发展面临的形势，提出下一步全球互联网发展与治理重点，持续推动“乌镇进程”。《乌镇报告》认为，今后一段时间，发展中国家将继续在全球互联网发展中保持令人瞩目的势头，数字鸿沟问题仍然备受关注，数字红利逐渐惠及全人类；网络空间文化交流将更加频繁，网络文化日益繁荣，文化多样性获得更多的理解与尊重；各国将继续保持对网络安全问题的高度重视，多边参与、多方参与将成为互联网治理常态，越来越多的国际组织将在推动全球互联网发展与治理方面发挥积极作用。

设施建设

【概况】 2016年，桐乡市统筹推进环境整治、基础设施、网络优化等各项工作。清理全市各类

互联网之光博览会主入口　　市互承委提供

河道，提升水体质量。依托“森林桐乡”建设，做好植树造林工作。重点整治沪昆高速、申嘉湖高速、练杭高速、沪杭高铁、320国道、湖盐线、绕城公路、迎宾大道、桐乡大道、嘉湖线、洲甸公路、崇新线、姚太线、乌镇大道(市区到高桥段)等14条线路，分别由市级领导担任路长，推进各项整治工作。同时，继续立面改造全市主干道和通往乌镇的主要道路沿线建筑，全市环境面貌得到全方位提升。同时，开展省域、省际环境联动治理，发挥长三角区域大气污染防治协作机制作用，加大对高污染企业执法力度，禁止秸秆焚烧，确保大会期间空气质量整体良好。加快推进信息化基础建设，全市率先实现4G网络多制式全覆盖，公共场所免费WiFi全覆盖，无线局域网(WiFi)建设水平全省第一，全国领先。乌镇镇有26条万兆级光缆接入，乌镇互联网出口直连省级骨干网，出口总带宽260G，景区重点区域实现万兆进会场、千兆上桌面。乌镇西栅景区累计建设AP点4275个，免费WiFi全覆盖，实现无感知认证，自动漫游。启用新落成的乌镇互联网国际会展中心，由会议中心、展览中心和接待中心三个功能区块组成。新建桐乡至乌镇供水、供气专线，乌镇互联网国际会展中心供电保障提升为四回路供电。

【乌镇互联网国际会展中心启用】 9月，乌镇互联网国际会展中心竣工并交付使用，第三届世界互联网大会启用全新场馆。会展中心位于乌镇镇北路南侧，西栅景区北侧，东临运河，是世界互联网大会·乌镇峰会永久场馆。项目占地总面积13.53公顷，其中一期占地面积8公顷，建筑面积8.1万平方米，投资约10亿元。会展中心于2015年8月4日开工建设，由中国美术学院教授王澍负责方案设计，乌镇旅游股份有限公司负责建设，浙江工程建设监理公司监理；主体结构和室外工程由浙江省建筑设计研究院设计，浙江省建工集团承建。建筑风格注重传统与现代的完美结合，外立面以网状肌理寓意互联网，使用江南小青瓦260万片、钢索5.1万根，整体呈现江南古老建筑与现代网络相融共生的和美场景。项目由会议中心、展览中心和接待中心三个功能区块组成。会议中心是乌镇互联网国际会展中心的核心建筑，承担乌镇峰会开闭幕式、分论坛举办的主要场所。会议中心建筑面积2.8万平方米，其中主会议厅(乌镇厅)4500平方米，可容纳3000人，另由18个会议室、同声传译室、咖啡厅和设备机房组成。接待中心由接待大厅、功能用房、咖啡厅及围廊构成，建筑面积1.2万平方米，其中地下建筑4800平方米。展览中心有展馆8个，可供不同类型和规模的产品展示活动使用，建筑面积4.1万平方米(地下建筑1.8万平方米)，其中主展馆面积3943平方米。

乌镇互联网国际会展中心　　市互承委提供

【生态环境综合整治】 2016年，桐乡市继续推进生态环境大整治，确保全市环境有更大提升。以乌镇景区为核心，在青砖黛瓦石板巷、小桥流水摇橹船的基础上，推出集休闲度假、农事体验为一体的江南乌村。全面优化乌镇互联网国际会展中心周边道路、绿化、水体等，配套提升连接西栅景区和乌镇互联网国际会展中心的通道，确保周边风格和国际会展中心相匹配。以镇区为重点，围绕“一片一路”(国际会展中心周边片区和环河路沿线)，排摸环境整治项目80个，国际会展中心周边片区房屋立面提升、道路改造、绿化增补基本完成，环河路连接姚太线和国际会展中心，是乌镇的“第二黄金通道”，改造提升基本成型。以市域为联动，全面清理全市各类河道，桐乡市在全省跨行政区域河流交接断面水质考核中连续获优秀，乌镇出境断面水质保持在三类水标准。全市市级骨干河道32条，达到三类水的河道21条。统筹抓好浴室锅炉整治、黄标车淘汰、烟花爆竹禁燃禁放等工作，推进大气污染防治、工业烟粉尘治理、秸秆综合利用等工作。11月1日至大会结束出动环境整治巡查人员2.54万人次，整改问题215处。加强与企业沟通并落实重污染企业临时管理控制，大会期间全市68家企业、55个工地主动实行停(限)产。全方位绿化提升全市主干道10条，高速公路、高速铁路4条。全市主干道和通往乌镇的主要道路沿线建筑，继续按照粉墙黛瓦的风格进行立面改造，累计改造房屋立面1774处，新增绿化面积209.67公顷。

【推进信息化基础建设】 2016年，桐乡市承办工作领导小组信息化工作组建立综合协调、电信保障、移动保障、联通保障、华数保障、展览展示等六个工作小组。由电信公司承建乌镇互联网国际会展中心WiFi项目，WiFi建设采用高性能大容量无线AP放庄与分布相结合，既考虑容量又能做到广覆盖，建成后乌镇西栅景区免费开放AP点3660个，其中乌镇互联网国际会展中心新建AP点294个，确保各个会议室、展览场馆最大负荷移动终端实现快速网络连接，同时保证过道、通道等边缘场所WiFi信号全覆盖。电信、移动、联通三大通信运营商新建2G/3G/4G基站346个，其中乌镇区域内新增基站80个，实现乌镇景区、镇区、桐乡城区、高速高铁、交通主干线全覆盖。推进网络建设，完成乌镇互联网国际会展中心8个场馆光缆布放和设备安装。其中，主场馆布放72芯光缆、安装4台万兆交换机，7个副场馆布放48芯光缆、安装2台万兆交换机；新闻媒体中心安装2台万兆交换机、48个千兆电路建设，为媒体中心提供2个万兆的出口带宽；新增黄金水岸酒店、优格酒店、梵璞主题文化酒店等3家酒店万兆电路，江南乌村、乌镇景区、国际会展中心提供国际专线。为保障网络安全，所有主干接入均采用双路由双备份保护，国际会展中心采用管道三路由双备份保护。乌镇景区机房新增华为100G波分设备，开通6个万兆电路至骨干CR设备。乌镇镇有26条万兆级光缆接入，乌镇互联网出口直连省级骨干网，景区内重点区域实现万兆进会场、千兆上桌面。

服务保障

【概况】 2016年，中央办公厅、中央宣传部、中央网信办、最高人民法院、外交部、科技部、工信部、公安部、交通运输部等国家有关部委周密部署、密切协同，多批次派遣工作组赴乌镇实地对接，加大对浙江承办工作的指导和协调。浙江省委、省政府贯彻落实中央决策部署，统筹推进各项筹办工作。浙江省委书记夏宝龙多次专题研究，主持省委常委会专题听取筹备情况汇报，数次赴乌镇实地视察指导，出席大会并致辞。浙江省代省长车俊多次赴乌镇实地调研指导，协调解决筹备工作中的重点难点问题。省政协主席乔传秀出席大会并参加“互联网纪念林”植树活动。省委副书记袁家军统筹协调指挥大会安保工作，实地检查督促，出席大会并在“互联网引领特色小镇创新发展论坛”上致辞。省委常委、宣传部部长葛慧君担任第三届世界互联网大会浙江承办工作领导小组组长，全面协调大会筹备工作，提前半个月进驻乌镇办公。省委常委、省公安厅厅长徐加爱在一线组织指挥大会安保工作。省人大常委会党组书记、副主任茅临生出席大会并参加“互联网纪念林”植树活动。副省长冯飞担任第三届世界互联网大会浙江承办工作领导小组副组长，赴乌镇实地调研指导，统筹协调大会信息化保障和互联网之光博览会工作。嘉兴市委书记鲁俊，市长胡海峰等市级领导参与指导大会筹备工作。桐乡市调整完善桐乡市承办工作领导小组，由市委书记、市长任组长，市委常委、宣传部部长和分管副市长任执行组长，市级有关领导和乌镇旅游公司主要负责人任副组长，下设“一办十组”，由市级领导担任专项组组长，并抽调百余人赴乌镇现场集中办公，其中部分人员混编进入大会相关工作部。制定桐乡承办工作总体方案及11个专项工作方案和系列子方案，形成“1＋11＋N”（1 即大会桐乡筹备工作总体方案，11 即 11 个专项工作组方案，N 即专项组下设各小组工作子方案）的工作方案体系。组织人员多次现场测量踏勘乌镇互联网国际会展中心，按照上级要求划定分论坛场地和相关保障用房，落实专人对接中央和国家论坛主办部委，并协调桐乡市交通、卫计、教育等部门的论坛对口工作，制定电力供应、电梯运行、空调保障等 10 大类专项应急保障方案。梳理 2015 年筹备工作中存在的问题，查找出 10 大类近 60 条问题，8 月底前全部交办落实。协调衔接各级各部门进出乌镇景区和国际会展中心，计 677 批次，1.2 万余人次。

加大会前宣传力度，在北京、上海、杭州及桐乡市投放大会宣传广告，市外投放宣传广告 80 处，市内投放宣传广告 3500 处。组织“全国媒体浙江行”桐乡采访，建立桐乡“视觉素材储备库”，开展新闻发言人培训，推出《桐乡时光》《桐乡 QIAO》《吾民吾乡》等桐乡外宣作品，策划梳理新闻亮点 150 余条，编制《桐乡新闻素材推介手册》，成为媒体认识乌镇、认识桐乡的第一手资料。10 月中旬起，原创报道大会的媒体有 403 家，发表报道 2713 篇，中央媒体占报道量的 1/3。市内媒体刊播大会稿件 300 余篇、公益广告 200 余幅，利用融媒体推送相关消息 700 余条。大会期间，组建“桐宝宝新闻服务队”，为人民日报社、新华社、中央电视台等重点媒体提供服务，解决 90 多批次、260 多个记者的采访需求。

【提升会务接待水平】 2016 年，第三届世界互联网大会承办工作领导小组总结办会经验，制定优化工作方案，按照“一项目一方案、一活动一方案”要求，形成“1＋7＋22”浙江筹备工作方案体系。注重会务服务细节，细化完善接待方案，按照外国政要、大会嘉宾、媒体记者、服务保障人员等类别，分类筹划接待服务，梳理全市和乌镇 6800 多间房源，分类整合用作嘉宾接待、媒体记者和工作人员用房。通过省会务部牵头，商请外交部、国信办、交通运输部、中国民用航空局、中国铁路总公司等部门，并通过省会务部向上海市政府发函告知参会嘉宾礼遇要求，赴上海市外办、机场、高铁站具体协调落实，建立由桐乡市 40 多名科局级以上干部组成的迎宾团队，落实重要嘉宾礼遇事宜。对接中央及国家部委做好论坛会场踏勘，落实首长会见、安保、直播等有关需求。按照时间节点，规范工作流程，做好嘉宾住房、用车、餐饮、医疗等各项接待工作。开展实战演练，对照大会议程，开展全实景、全流程、全要素演练，逐个逐项排摸筹备工作准备情况，及时查找问题，研究落实改进措施。设计开发“乌镇峰会”嘉宾 APP，在接待中心、会场、新闻中心、机场、宾馆建立多语种服务平台，为中外嘉宾提供驻地行程、大会日程、会场引导、语言服务等功能。景区组建贴身服务礼宾官及宴会师、街面管家等专业团队，为参会嘉宾提供服务。筹备“乌镇之夜·桥”欢迎晚宴，做好大会纪念林植树活动和《国色天香》专场文艺表演有关事项。

【推进安全保卫工作】 2016 年，桐乡市承办工作领导小组成立安全保卫组，组长由市委副书记、政法委书记蒋惠玲，市委常委、公安局局长戴金明，市委常委、副市长戚鸿峰担任，小组成员由各镇（街道）和相关部门负责人担任，下设办公室，并落实

11 月 15 日，工作人员在布置会场　　市互承委提供

专门人员对口联系相关镇（街道）和部门，确保维稳安保工作统一、顺畅和高效。借鉴和延续G20杭州峰会维稳安保成功经验，结合乌镇峰会主场作战实际，10月20日下发《乌镇峰会社会面维稳安保工作方案》，部署反恐防暴、公共安全、群防群治、情报信息、应急联动、矛盾纠纷排查化解等方面工作。开展演练演习，11月11日晚，临时以模拟报警形式，拉动15个联动部门、13支反恐最小作战单元进行演练。创新构建“一屏一圈一网”立体式重大国际峰会安保体系，投入安保力量1.06万人，逐层设岗、逐圈过滤。优化岗卡设置，设置49个环嘉、环桐、环乌检查站，配备警力1762人。西栅警区安保圈，划分8个安保防区，各防区检查单位1.9万家、重点物1740件，发现并整改安全隐患1317处。国际会展中心等重要区域开展地毯式防爆安检，确保“零隐患”。开展明察暗访，组织反向压力测试4轮，发现并查纠各类问题260余个。严格背景审查和证件管理，背景审查人员9.1万人。深化反恐防爆、公共安全等护航乌镇峰会十大专项行动，加大实名登记、敏感物资管理力度，处罚旅馆488家次，检查快递包裹4万余件。加强不稳定问题处置，化解稳控矛盾纠纷2800余起，重大风险隐患43起。

【“小梧桐”志愿者形象首次发布】 2016年，第三届世界互联网大会志愿服务部发布大会志愿者统一代名词——“小梧桐”。11月12日，举行“小梧桐”志愿者出征仪式，“小梧桐”志愿者首次亮相。大会筹备期间，按照筹备期和运行期，志愿者服务工作建立两套工作架构，优化人员配备，提高工作效率。筹备阶段分为综合管理组、事务运行组（兼顾新闻宣传）、后勤保障组三个工作组，主要由省、市、县三级团委工作人员进行前期筹备。全体人员入驻乌镇后，建立现场指挥部，中央、省、市、县（市、区）四级联动，设立10个工作组，全体人员根据各部门工作需要，分组对接并开展工作。第三届世界互联网大会有7023人报名参加志愿服务，其中各高校6710人报名参加，桐乡本地报名313人。根据报名人数，确定17所高校为志愿者来源，并向相关高校反馈报名情况，由各学校和团市委在6月前开展政审和第一轮面试筛选。9月10—20日，志愿者工作部组织第二轮面试，筛选确定志愿者1072人，其中在校大学生志愿者943人，桐乡本地机关企事业单位志愿者129人。开展志愿者培训，通识培训互联网基本知识、志愿者理念、志愿精神、志愿者行为规范、外事礼仪和国情省情等方面，并进行实地演练，使志愿者充分熟悉乌镇景区的整体布局。

重要区域开展地毯式防爆安全检查　　市互承委提供

• 相关链接 •

小梧桐

“小梧桐”取自《庄子·秋水》里的“夫鹓鸰发于南海，而飞于北海，非梧桐不止”，寓意志愿者“栽下梧桐树，引得凤凰来”。同时，“梧桐”音似“互通”，与互联网大会主题“共享共治·互联互通”相契合；而乌镇隶属于桐乡市，桐乡也被称为“梧桐之乡”，取名“梧桐”代表着世界互联网大会永久落户桐乡乌镇。

【开展“万人大巡防”活动】 11月9日，桐乡市“红袖章”万人大巡防活动开始。参加“红袖章”万人大巡防活动的人员有警察、协勤、民兵预备役等专业队伍，

“万人大巡防”活动　　市互承委提供

党政机关、企事业单位的干部职工、村(社区)干部、“三小”组长,以及网格管理员、志愿者、环卫工人、物业管理人员等各类社会力量。11月1—20日,在全市范围开展巡逻防控活动。全市累计参加巡防16.4万人次,发现并整治隐患1685个,排查调解矛盾纠纷321起,协助抓获违法犯罪嫌疑人56人,协助破获案件41起。同时,开展专业巡逻值守。重点区域及其周边,组织特警、特勤、武警开展巡逻,督促学校、医院、重点企业、重要物资仓库等单位落实24小时值班守护。市区重点路段组织警察、民兵预备役100余人,开展24小时巡逻。

创新与发展

【概况】 2016年,桐乡市开展互联网创新发展试验区核心区块的建设,打造“网络智慧强市”。优化产业结构,转变发展方式,加大互联网产业招商,互联网产业平台建设成效初现。桐乡市累计引进神州量子科技、乌镇互联网医院、浙江大数据交易中心、大数据产业园、腾讯众创空间、中电海康“乌镇街”、平安众创空间等互联网相关项目140多个,涉及互联网金融、互联网服务、大数据产业、互联网众创空间等众多领域。同时,互联网与工业、农业、服务业的融合度不断加大。濮院毛衫、崇福皮草、大麻家纺等实体市场,依托电子商务,实现“电商换市”,根据阿里研究院数据,桐乡市列中国“电商百佳县”前十名。

推进传统企业互联网化转型。鼓励引导企业互联网化转型,编制全市信息化发展规划,出台实施意见,及时总结宣传成功案例,排摸重点项目,组织第三方和专家组赴企业现场指导,开展互联网专家桐乡行、互联网行业专家专题讲座、全市规模以上工业企业互联网知识普训轮训等活动,信息化指数不断提升。至年底,全市有“机联网”示范项目10个、“互联网与工业融合创新项目”示范项目5个。12月,省经信委公布浙江省两化(信息化和工业化)深度融合示范区域绩效评价结果,桐乡市获评优秀示范区域,列全省接受绩效评价示范区域的第一名。

智慧应用全面推进。桐乡市编制《桐乡市智慧城市发展规划》《乌镇“互联网小镇”建设实施方案》,确定智慧安防、智慧养老、智慧旅游、智慧医疗、智慧社区等11个智慧化重点推进领域。智慧安防方面,制定包括智慧小区建设、开放式小区视频封闭等7个子体系,总投资6734万元,被列为浙江省示范推广项目;智慧养老方面,乌镇“椿熙堂”智慧养老综合服务平台覆盖乌镇镇区3个社区,注册建档老人超5000人,被列为省级“科技惠民项目”;智慧旅游方面,总投资1695万元,重点建设乌镇智慧信息亭建设项目、振东新区凤凰湖数字监控及智能化系统工程项目等;智慧医疗方面,乌镇互联网医院通过微医平台与全国27个省1900多家重点医院建立信息系统的深度连接,汇聚22万名医生资源,日接诊量约5万人次;智慧社区方面,全年总投资1020万元,重点建设城区农贸市场食用农产品安全快速检测室并免费开放,乌镇三里塘小区等智慧社区建设被列为工信部示范项目;智慧交通方面,全年总投资4356万元,重点建设桐乡公交IC卡升级改造工程、交通流量观测项目等。

【专门组建招商团队】 2016年,第三届世界互联网大会期间,桐乡市成立招商工作组,由副市长潘敏芳任组长,商务局(招商局)

局长任执行组长，市政府办和商务局分管领导任副组长，市金融办、人才办、发改局、经信局、科技局、开发区、乌管委、4个驻点联络处等招商引资分管领导任组员。为了与参加第三届世界互联网大会的世界500强、互联网大咖、企业代表沟通交流，招商专项工作组设立综合统筹招商小组、华南西南片区招商小组、华东华中片区招商小组、华北东北片区招商小组和境外片区招商小组等5个工作小组。各小组人员从部门、开发区和镇(街道)招商人员中抽调近100人，明确各小组联络员和工作职责，并由综合统筹招商小组负责传达市领导指示，落实工作安排，制定各阶段招商计划，布置各区域招商小组开展招商。在大会召开前期及会议期间，市级领导分别拜访中国移动、中国联通、中国电信、阿里巴巴、腾讯、联想集团、中电海康、诺基亚、吉利汽车、领英中国、小米科技、华为集团、中电科技、奇虎360、招商局集团等企业嘉宾。桐乡市政府与全球最大职场社交平台LinkdeIn(领英)成功签订战略合作框架协议。

11月17日，市长盛勇军在“聚焦桐乡·相约乌镇”桐乡发布会上致辞　　市互承委提供

【举行“聚焦桐乡·相约乌镇”桐乡发布专场活动】 11月17日，第三届世界互联网大会·乌镇峰会之“聚焦桐乡·相约乌镇”桐乡发布专场活动在互联网之光博览会6号馆举行。市长盛勇军在发布会上致辞，并发出邀请，欢迎大家到桐乡观光旅游、投资兴业、共谋发展。发布会上，桐乡市发布《浙江省桐乡市投资环境研究报告》，入驻桐乡的5家互联网企业代表分别发布腾讯众创空间的“为了每一个创业梦想”，浙江大数据交易中心的“首批数据产品上线”，乌镇互联网产业园的“从中国乌镇互联网产业园的创新规划谈乌镇互联网的先行先试”，阿特多多的“创新之路”，果壳视界的“果壳视界与大数据农业”。会上，腾讯众创空间(乌镇)举行开园仪式并给入驻企业授牌。该空间坐落于乌镇镇子夜路，由腾讯开放平台、桐乡市政府共同建设的“互联网+”双创开放示范基地，为创业者提供全方位的资源及政策支持。博世、英特尔(台湾)等企业嘉宾80多人参会。

【浙江大数据交易中心在乌镇上线】 9月26日，浙江大数据交易中心上线仪式暨2016大数据流通与应用论坛在桐乡乌镇举行。浙江大数据交易中心是以促进数据资产转化，实践数据商业价值为理念，致力于打造具有公信力、开放、客观、独立的全国第三方数据交易平台，由浙江日报报业集团负责运行，是全省唯一一家经省政府批准的大数据交易中心，也是浙江大数据存储、清洗、分析、挖掘和交易的重要机构，对于浙江省大数据产业的发展具有重要作用。浙江省委常委、宣传部部长葛慧君，浙江日报报业集团党委书记、社长高海浩，浙江日报报业集团党委副书记、总编辑鲍洪俊，浙江省金融办副主任徐素荣出席上线仪式。浙江大数据交易中心成立后，开发交易系统、筹备展示中心等。“移动端用户标签体系”的数据交易，以API接口形式，交易金额80万元；“地产用户画像(数据合作服务)”的数据交易，以数据包形式，交易金额50万元。中心入驻会员123家，数据交易主要为API接口和数据包两种形式。

【乌镇大数据高新技术产业园区】 参见《开发区建设·经济开发区》中相关条目。

(陈立伟)

农 业

概 述

2016年，桐乡市进一步加快发展精品农业、高效农业和生态循环农业，促进农业经济转型升级，构建现代农业产业体系，确保农产品有效供给。全年实现农业生产总值42.56亿元，比上年下降3.9%；农村居民人均可支配收入2.96万元，比上年增长8.3%。

全市农作物种植面积5.58万公顷，比上年减少0.7%。其中，粮食2.47万公顷，增长2.8%；经济作物3.11万公顷，减少3.4%。全年饲养生猪13.84万头、湖羊47.16万头、兔38.11万只、家禽815.69万羽，分别比上年下降34.8%、4.7%、37.1%和43.2%。全市水产养殖面积1755.5公顷，水产品总产量1.69万吨，分别增长0.72%、3.4%。全年饲养蚕种15.99万张，总产蚕茧8173吨，实现蚕茧产值2.69亿元，分别下降11.5%、13.6%和13.8%。全市城镇、农村造林绿化153.9公顷，21个村级百亩片林和梧桐街道千亩片林通过项目验收，成功创建省级森林城镇、省级森林村庄各3个，嘉兴市级绿化示范村11个，全市林木覆盖率25%。

强化粮食生产功能区建设，保障粮食安全。新建粮食生产功能区24个、1187公顷，涉及9个镇(街道)，累计建成粮食生产功能区85个、9520公顷。2016年，建乌镇镇南庄桥村、濮院镇红旗漾村等5个省级水稻高产创建千亩示范片，面积540公顷；建市级百亩示范方16个，面积453.3公顷；落实高产示范户256户，面积426.7公顷。示范片、示范方、高产示范户集成推广水稻强化直播技术、测土配方减氮施肥技术、病虫草综合减残留防治技术、精确定量栽培技术和机械化栽植技术等。粮油生产机械化水平进一步提高，水稻机插面积4867公顷，机栽率36.6%，主要粮食作物机收率99%，全市粮食生产综合机械化水平81%。

深化农村集体产权制度改革。屠甸镇基本完成农村土地承包经营权确权登记颁证工作，合同签订率97.4%，其他各镇(街道)完成土地调查测绘量80%以上。开展农村土地承包经营权抵押贷款工作，2016年市农商银行、农行桐乡市支行等发放土地流转经营权抵押贷款6笔、160万元。健全市、镇、村三级服务网络和管理网络，引导农村土地承包经营权规范有序流转，推进土地整村整组流转，全市年内新流转土地586.7公顷，累计流转14420公顷，流转率48%。

围绕“一镇三村”(石门镇，崇福镇城郊村、洲泉镇马鸣村、大麻镇海华村)，全力打造新型农业现代化示范点。“一镇三村”公共性(公益性)建设项目累计投入4142万元，其中市财政补助3000万元。石门镇，崇练公路(崇福—练市)石门段绿化亮化工程完工，绿化总面积约1.03万平方米；农业综合服务中心和南北主入口标志性建筑设计完成，征用土地4公顷；引进蓝海科技生态园、满园生态农庄、新天泽农场等多个项目。崇福镇城郊村，农业创业园内紫薇大道、紫薇主题花园、环湖栈道等完工，一期建设联栋大棚2.13公顷、玻璃温室1000平方米，还建立农创之家和服务中心，聚集多个特色农业创业项目。洲泉镇马鸣村，完成马鸣老街的保护性开发和临水栈道建设；52个庭院经济试点完成农户庭院整治、绿化、美化，培育庄园建设点2个，依托珍贵苗木、精品葡萄、特色水产三大支柱产业拓展功能业态。大麻镇海华村，完成景观大道及步行道提升工程和环湖绿道九里港至清德桥港整治工程；知青公社、王阳明读书纪念馆实现保护性开发;培育庄园建设点2个;青少年教育实践基地项目年内开工。

围绕创建省级农产品质量安全放心县,推进农产品质量安全工作。完成桐乡市区域农业环境质量现状调查和主要农业区域土壤重金属监测,建立19个农田土壤污染常规检测点、10个农田土壤污染综合检测点。全面实行标准化生产,强化产品质量源头管控。围绕桐乡市粮油、杭白菊、蔬菜、蚕桑、水果、水产、畜牧、苗木八大农业重点产业,制定农业地方规程86项,制作主导产业标准化生产模式图13张,2016年桐乡市农业标准化生产程度达到64.32%。实施安全优质放心农业品牌建设,打造了桐乡杭白菊、董家茭白、华腾猪肉等众多名优品牌。至2016年末,全市有有效期内农业“三品一标”(无公害农产品、绿色食品、有机农产品,农业地理标志)认证产品111个,“三品”认证面积1.69万公顷,认证比例60.28%。以农作物病虫害专业化统防统治、绿色防控融合、一体化测土配方施肥为载体,推进实施农药化肥减量增效工程。全年病虫害统防统治7467公顷,病虫害绿色防控示范面积3867公顷,农药减量20.2吨。推进农产品质量安全监测和追溯体系建设。12个镇(街道)均建立农产品质量安全检测点,并向社会免费开放,检测数据实时上传。建立桐乡市级农产品质量安全追溯管理平台,730家生产主体纳入主体信息库管理,64家市级以上“三类主体”(示范性农民专业合作社、示范性家庭农场、农业龙头企业)实现农产品质量安全可追溯。

(沈长松　黄娜莎)

洲泉镇马鸣村马鸣老街　　市农经局提供

种植业

【概况】 2016年,桐乡市粮食播种面积2.47万公顷,比上年增长2.8%,总产16.45万吨,增长2%,其中晚稻播种面积1.39万公顷,总产11.77万吨,分别增长6.1%、4.2%。是年,晚稻生长中期持续高温,后期持续阴雨,光照不足,不利于灌浆结实,对晚稻产量有一定影响。加大粮食生产政策扶持力度,重点落实粮食适度规模经营补贴、粮食生产贷款贴息、政策性农业保险等。各镇(街道)进一步加强粮食生产功能区建设,2016年验收认定24个、面积1187公顷,累计建成粮食生产功能区85个、面积9520公顷。开展粮食绿色高产创建活动,建立省级水稻高产创建千亩示范片5个、面积540公顷;建立市级百亩方16个、面积453.3公顷。扩大推广粮食作物新品种、新技术。粮食部门继续开展优质晚稻订单生产,与全市313户大户、6295公顷晚稻签订优质晚粳订单,订单价每千克加价0.32元,实际优质加价订单收购稻谷2.08万吨,比上年减少10%。

2016年,全市经济作物种植面积3.11万公顷,比上年减少3.4%,其中蔬菜1.85万公顷,总产61.05万吨,分别减少

2.6%和7.2%。受气候和市场行情影响,不同品种产量与效益有增有减。榨菜公顷产值约4.26万元,为历年新高。茭白复种面积1900公顷,优质新品种“龙茭二号”面积超80%,种植效益较好,夏茭公顷产值13.92万元,秋茭公顷产值6.41万元。果用瓜种植面积1089公顷,因近年推广优质品种及设施栽培等,品质、产量“双提升”,产量3.91万吨,比上年增长7.9%。油菜由于种植效益持续偏低,种植面积继续下降,种植面积2009.93公顷,比上年减少12.5%。杭白菊种植面积3128.13公顷,总产9117吨,鲜花平均收购价格胎菊11.2元/千克,朵花5.6元/千克,杭白菊种植面积、总产量与种植效益基本与上年持平。

【榨菜种植效益创新高】 2016年,桐乡市榨菜种植面积3381.6公顷,比上年减少4.5%。榨菜定植期,连续阴雨,导致榨菜定植困难;春节前超强寒潮,榨菜冻害严重;开春后连续低温多雨,榨菜生长起发慢;榨菜生长后期及采收期,天气较好,温度适宜,有利于瘤茎均衡膨大,榨菜空心率低,质量好。是年,榨菜平均公顷产量46.4吨,收购价平均每千克约0.9元,比上年高20%,公顷产值4.26万元,创历年新高。

（沈学根）

【国家级病虫害区域站建设项目通过竣工验收】 桐乡国家级病虫害区域站建设项目属国家植保工程项目,2011年农业部立项,2012年起由桐乡市农业技术推广服务中心组织建设实施,2015年建成。投资294.21万元(中央资金230万元、地方配套投资64.21万元),配置各类仪器593台(套),新建应急防治药品与器械械库348.8平方米,改建病虫检验检测用房1080平方米,设立基层病虫害观测点8个,新建温室大棚、养虫室等。2016年初,省农业厅受农业部委托,成立由省农业厅计财处、省植物保护检疫局、浙江之江会计师事务所、浙江金诚工程咨询公司等单位的专业人员组成的验收组。1月11日,桐乡国家级病虫害区域站建设项目通过该验收组的竣工验收。

【小麦赤霉病特大发生】 参见《金融·保险业》中相关条目。

（陈　轶）

蚕　桑　业

【概况】 2016年,桐乡市蚕茧价格先抑后扬,春夏茧收购价格基本与上年持平,秋茧收购价格比上年上涨近30%。全年饲养原蚕蚁量8.36千克,生产蚕种13.41万张,分别比上年减少5.1%、9.5%。其中,春期饲养原蚕蚁量5.56千克,增长1.8%,生产蚕种8.86万张,减少5.2%;秋期饲养原蚕蚁量2.8千克,生产蚕种4.55万张,分别减少16.4%、16.8%。全年统发蚕种12.52万张,减少16.81%;总饲养蚕种15.99万张,减少11.5%;总产蚕茧8173吨,减少13.6%;蚕茧平均价格33.44元/千克,上升1.4%;实现蚕茧产值2.69亿元,下降13.8%。全市桑园面积6905.6公顷,减少3.6%。年内,嫁接桑苗单株价格0.7元,创近年新高。蚕业专业合作社合计全年收购蚕茧1449吨。全市50张以上规模共育小蚕1.04万张,减少13%。

【蚕桑产业转型升级】 2016年初,桐乡市蚕业管理站示范基地

沈莉高家庭农场蚕桑产业观光园　　市农经局提供

从中国蚕桑研究所和浙江蚕桑研究所引种24个桑树品种，调查品种性状后，作为桑树品种接穗。年内，东池村蚕业专业合作社的倪建根家庭农场投资10万元，改良加温设施，运用电器，自动控温、控湿，建成两间自动化小蚕饲养室。以高桥镇为中心，示范实施桑园套种榨菜模式，毛水浜村示范种植6.67公顷。沈莉高家庭农场转型升级为蚕桑旅游景点，新辟蚕桑产业观光园，新建桑蚕饲养室，添置桑叶加工设备，形成蚕业技术展示区、果桑区、桑园养鸡区、休闲垂钓区和农家餐厅等几大区块，提供野炊、果桑采摘、垂钓等，开发桑果酒、桑叶茶、桑叶面和桑叶饼干等蚕桑产品，并在桐乡旅游专业商场平台销售。

【蚕业技术合作走出国门】 2016年，市蚕业有限公司继续向乌兹别克斯坦和希腊出口一代杂交蚕种秋丰×白玉。除出口蚕种外，对外技术合作有新进展。4月，市蚕业有限公司派人到乌兹别克斯坦考察蚕桑产业发展情况，并与其因特丝绸公司初步达成合作意向。7月，乌兹别克斯坦因特丝绸公司派6名技术人员到市蚕业有限公司石门生产基地学习蚕桑技术。8月，市蚕业有限公司与乌方签订合作协议，乌方提供土地和资金，中方负责技术指导，成立蚕种场，注册资金80万美元，主要从事蚕种产销、蚕茧生产和桑园种植。10月，乌兹别克斯坦因特丝绸公司派人到桐乡考察石门生产基地和东池小蚕场。12月，市蚕业有限公司根据乌兹别克斯坦方生产需要，组织出口20万株桑苗及制作塑料折簇的机械设备等。

（吴纯清）

林　业

【概况】 2016年，桐乡市林业工作围绕省委、省政府“五年绿化平原水乡、十年建成森林浙江”的战略部署和2016年省、市林业工作会议的精神和要求，以森林桐乡建设为载体，结合“五水共治”（治污水、防洪水、排涝水、保供水、抓节水）、“四边三化”（公路边、铁路边、河边、山边，洁化、绿化、美化）、“三改一拆”（改造旧住宅区、旧厂区、城中村，拆除违法建筑）和第三届世界互联网大会·乌镇峰会环境整治等，进一步推进平原绿化建设。年内，桐乡市城镇、农村造林绿化面积153.9公顷，植树28.44万株，造林地段182个，平均成活率96.53%；新创建省级森林城镇、森林村庄各3个，嘉兴市级、桐乡市级绿化示范村合计18个，累计全市有省级森林城镇7个、省级森林村庄15个，嘉兴市级、桐乡市级绿化示范村118个；实施“三个一”绿化提升行动，21个村级百亩片林和梧桐街道千亩片林通过项目验收，累计建成百亩片林50个和千亩片林1个；围绕省政府“十三五”新植1亿株珍贵树五年行动计划，新植珍贵树14.2万株，建成珍贵树种示范林、珍贵树种示范点、珍贵树种示范单位各2个。花卉苗木产业发展处于调整转型期，量价齐跌局面有所好转，2016年全市育苗面积3209公顷，比上年增加25.4公顷，苗木价格趋于平稳，销量有所增加，呈现回暖趋势。

（金　凯）

水　产　业

【概况】 2016年，桐乡市水产品总产量16895吨，比上年增长3.4%。其中，捕捞产量3260吨，增长11.6%；养殖产量13635吨，

大麻一温室甲鱼养殖场新建的养殖尾水处理设施——氧化塘

市农经局提供

增长1.6%。渔业第一产业总产值44271万元，比上年增长1.6%。其中，捕捞产值1796万元，实现捕捞增加值1077万元；养殖产值42283万元，实现养殖增加值14587万元。养殖品种22个，养殖面积1755.5公顷。2月，桐乡市水产工作站被农业部全国水产技术推广总站评为全国基层水产技术推广示范站。

【开展水产养殖面源污染治理】 2016年，桐乡市继续结合“五水共治”行动，开展水产养殖面源污染治理，引导温室甲鱼养殖进行尾水处理和废气处理。全年完成龟鳖养殖塘生态化改造面积26.45公顷、温室治理面积2.98万平方米。经过两年治理，全市实现温室甲鱼养殖尾水治理全覆盖、尾水达标排放。

（胡晓波）

畜　牧　业

【概况】 2016年，桐乡市年末生猪存栏4.31万头，年内出栏9.53万头，分别比上年减少6.1%、42.8%；年末湖羊存栏20.49万头，年内出栏26.67万头，分别减少7.9%、2%；年末家禽存栏221.22万羽，年内出栏594.47万羽，分别减少22.39%、48.39%；年末兔存栏10.49万只，年内出栏27.62万只，分别减少27.2%、40.2%。肉类总产量2.1万吨，减少39.61%。畜牧业总产值11.65亿元，减少8.4%。年内，畜禽行情波动明显。湖羊市场行情依旧低迷，肉羊交易量缩减，种羊交易惨淡，趋于亏损；生猪价格高位运行，出栏生猪每头约盈利700元；鸡蛋价格震荡下行，蛋鸡每羽约年盈利10元；獭兔行情低迷，下半年价格虽有抬头，全年统算仍没有盈利。

【畜牧业加速转型升级】 2016年，桐乡市加速推进畜牧业转型升级。启动美丽生态牧场建设，出台《关于加快推进桐乡市美丽生态牧场创建的实施意见》，嘉兴嘉华牧业有限公司、桐乡市崇福农发养猪专业合作社、桐乡市同福双丰畜牧生态养殖专业合作社、桐乡市濮院韩家里养殖有限公司、桐乡市濮院李南养殖有限公司通过专家组验收，成为桐乡市首批美丽生态牧场，其中嘉兴嘉华牧业有限公司入选浙江省首批美丽生态牧场。淘汰“低小散乱”养殖主体，全年关停畜禽养殖场户733户，拆除猪舍1.1万平方米、禽舍43.23万平方米。开展养殖污染治理，建立市、镇、村三级网格化巡查制度，留存13家规模养猪场全面完成“一场一策”治理任务，存栏1500羽以上水禽养殖场基本完成整治，全市畜禽规模养殖场畜禽排泄物资源化利用率98%。健全无害化处理长效机制，1月1日起生猪保险与无害化处理联动，养殖环节的生猪都投保，各级财政给予85%保费补贴，生猪养殖户自负15%。养殖户一旦有猪病死，可获每头30元—600元不等的赔偿。全年病死猪收集处理率、生猪理赔率均为100%。实施智慧畜牧创新工程，全面实施动物及动物产品检疫电子出证工作，启动智慧畜牧业云平台建设。

（顾春梅　张晓露）

水利建设

【概况】 2016年，桐乡市水利工作以“五水共治”为重心，坚持“科学治水、依法治水、生态治水”理念，不断完善水利工程体系，加快重点水利工程建设，全方位展开治水工作。全年水利建设总投资4.29亿元，其中扩大杭嘉湖南排工程（桐乡段）、杭平申线航道改造工程（桐乡段）年内投资2.94亿元；河道综合整治投资9390万元，整治河道107千米，清理河道淤泥243万立方米；农田水利建设投资4086万元，农田水利工程长效运行管护范围扩至全市164个村、3.8万公顷耕地。年内，市水利局加强水资源管理，全年征收水资源费3011万元。参考前三年用量核定51家年取水量10万吨以上自备取水户的取水量，全市全年取水量5391万立方米。跟踪监测全市19个水功能区、22个地表水断面和1个地下水的水质，通过公开招标，委托第三方维护134家取水户的实时监控系统。3家自备工业取水户开展水平衡测试，3家省级节水型企业通过省级评审。加强水政监察，全年水政巡查102次，巡查河道1400余千米，立案调查水事违法案件2起、结案1起、即时处理5起，收缴罚款1万元。2016年开展“世界水日”和“中国水周”宣传活动，增强水忧患意识和水法制观念。市水利监察大队获“2016年省级水政执法考核优秀单位”称号。严格涉河建设项目审批，全市审批开发建设项目水土保持方案58件、涉河涉堤建设项目(含占用水域审批)69件、取水许可(水资源论证)14件。规范水利工程建设程序，开展8次水利工程质量和安全专项监督检查，发现问题及时责成整改。委托第三方检测机构抽查部分在建水利工程，检测样品78组，均符合要求。健全完善防汛、防旱、防台工作体系，建立市、镇两级防灾抢险队伍239支，有抢险人员5011名。全年通过移动服务网络、机关协同系统、农民信箱、微信公众号、防汛微信群等向社会公众发送各类防汛、防台、天气预警信息23.16万条次。在G20杭州峰会和第三届世界互联网大会·乌镇峰会期间，开展水环境保障巡查，达到"水岸无垃圾，水中无障碍物，水面无漂浮物，岸上有绿化，水体不黑臭"。2016年，桐乡市连续第三年被评为全省水利工作综合考核优秀市(县)。

【推进扩大杭嘉湖南排工程(桐乡段)、杭平申线航道改造工程(桐乡段)建设】 扩大杭嘉湖南排工程(桐乡段)、杭平申线航道改造工程(桐乡段)2015年开工，2016年完成投资2.94亿元。拆迁安置农村居民465户，拆迁企事业单位(个体工商户)39家，清理地面作物426.53公顷，完成农户易地安置点建设24.33公顷。扩大杭嘉湖南排工程(桐乡段)的运东部分与杭平申线航道改造工程(桐乡段)重合，2016年扩大杭嘉湖南排工程(桐乡段)全线开工。10月，10个接轨扩大杭嘉湖南排工程与杭平申线航道改造工程的配套项目经市发改局批复立项，开工建设，初步概算投资17.72亿元。年底，扩大杭嘉湖南排(杭平申线航道改造)工程桐乡段指挥部办公室被桐乡市委、市政府评为"2016年度桐乡市机关优秀团队"。

【加大河道综合整治力度】 2016年，桐乡市加大河道综合整治力度。全国河道治理重点县综合整治试点工程2013年开工，2016年投资5990万元，完成大麻、河山、高桥、乌镇、洲泉东、崇福西等6个项目区工程建设，整治河道101.2千米。桐乡市"十二五"(2011—2015年)全国重点地区中小河流治理涉及8条河道，总投入整治资金2.13亿元。2016年完成西圣埭港河道整治扫尾工作，年内投资1033万元，整治河道5.8千米，防洪保护区33.6平方千米，保护人口2.7万人，保护耕地1573公顷，新建堤防23.22千米，新筑护岸3.05千米。2015年完工的无量桥港河道综合整治工程被省水利厅评为优秀生态建设示范工程。逐步铺开河湖塘清淤(污)工作，3—4月，市水利局委托各农业经济服务中心调查测量，查明河道淤泥分布、淤积深度等，测算出淤泥总量。7月，市水利局、财政局、"五水共治"指挥部办公室联合出台《桐乡市河湖塘清淤(污)项目管理办法》，全年投入2367万元，清理河道淤泥243万立方米。

【农田水利建设稳步推进】 2016年，桐乡市加强农田水利建设，进一步提高农业综合生产能力。完成全国小型农田水利重点县工程的续建扫尾工作，年内投资816万元，龙翔等地的高标准农田水利建设工程和高桥等地的高效节水灌溉工程合计新改建灌溉泵站7座、排涝泵(闸)站8座、灌溉渠道衬砌3.85千米、渠系建筑物120座，农田受益面积2300公顷。中央财政农田水利资金项目县建设工程(2015—2017年)2016年投资3270万元

河道整治后的西圣埭港 市水利局提供

(续建2015年项目650万元、2016年项目2620万元),新改建灌区泵站6座、排涝泵(闸)站15座、排水闸3座,改造排涝渠道衬砌8.5千米,建设低压管道灌溉面积53.33公顷、微灌面积11.67公顷,新建生产桥2座,项目区农田受益面积1700公顷。

【汛情灾情】 2016年,桐乡市平均降雨1731.4毫米,降雨总量比常年偏多,但时空分布不均,其中汛期(4—10月)平均降雨量1388.3毫米。全市6月11日入梅,7月5日出梅,梅雨期25天,雨日20天,梅雨期平均降雨量288.5毫米,比历年平均值略偏多,其中:崇德水文站测得309.5毫米,桐乡站测得242.5毫米,乌镇站测得313.5毫米。高峰日降雨量:崇德站6月15日测得94.5毫米,桐乡站6月12日测得44毫米,乌镇站6月20日测得70毫米。6月末至7月底,桐乡市受上游来水和太湖高水位影响,境内河网处于高水位运行状态,最高水位出现在6月25日,崇德水文站测得2.25米,乌镇水文站2.19米,桐乡水文站2.2米。2016年,桐乡市实现年度防汛防台工作"不死人、少伤人、少损失"总体目标,受台风影响较小。

(阮如贤)

农业机械化

【概况】 2016年,桐乡市农业机械化作业水平稳步提高,农业机械装备结构进一步优化,农业主导产业、产业链各环节的农业设施装备应用水平进一步提升。全年农业机械化投入2558.47万元,年末全市农机总动力27.45万千瓦。全年农机经营总收入2.56亿元,经营利润1.12亿元。机耕作业面积2.29万公顷,农机运输作业量3931.79万吨/千米。是年,桐乡市粮食生产综合机械化水平81%,比上年提高0.5个百分点。粮食机械化收割面积1.46万公顷,机收率99%;机械化种植面积4867公顷,机栽率36.6%。全市完成水稻机械化栽植考核面积4866.67公顷,新建粮食烘干中心2个、水稻机栽"整村推进"示范村10个。下达各级农机财政补贴资金1139.7万元(中央补贴590.17万元、省补贴43.93万元、市级配套补贴资金505.6万元)。9月,2015年水稻生产全程机械化示范项目通过农业部组织的验收评审,获优秀。年内,市农机监理站检验运输型拖拉机694台,上道路拖拉机年检率91.5%;免费实地安检农业机械(含纯农田作业大中型拖拉机、联合收割机、插秧机等)588台,几大农田作业机械年检率92%;安全生产排查单位42家次,整改安全隐患19项;发送农机安全警示短信3.58万条,组织农机安全咨询会3场,1583人次参加农机安全教育培训。继续对高耗能农业机械报废实施补偿,补偿22.15万元(省财政资金8.8万元、市财政资金13.2万元、中央财政资金0.15万元),报废拖拉机100台(小型拖拉机35台、大中型拖拉机65台),报废更新拖拉机3台。市农业机械化技术学校培训初级农村实用人才422人(其中新型职业农民培训260人),农业专项技术培训486人,培训农田拖拉机驾驶员14人、联合收割机驾驶员39人。

(沈学成　朱新龙　沈子尧)

乌镇香禾粮油农机合作社粮食烘干服务中心　　市农经局提供

【加快粮食烘干中心建设】 2016年，桐乡市引导各粮食烘干中心改粮食烘干机热风炉供热方式为生物质颗粒燃烧炉供热方式，对加装生物质颗粒燃烧炉的地方财政给予购置价的50%补贴。年内，桐乡市新建粮食烘干中心2个，全市新增粮食烘干机24台，新增粮食批处理能力310吨。至年末，全市有粮食烘干机120台、粮食批处理能力1572吨。乌镇香禾粮油农机合作社粮食烘干服务中心全市规模最大，机库面积1308平方米，有15吨级粮食烘干机12台、生物质颗粒燃料炉4台，批处理能力180吨。

（朱新龙　沈子尧）

农业科技

【概况】 2016年，桐乡市按照加快提升农业现代化水平、打造“网络智慧强市”的目标和要求，提升“三农”信息服务功能，加快智慧农业建设，实施全国信息进村入户试点县建设、省国家级农村信息化示范省建设工程农业物联网项目和省级现代农业应急指挥系统项目等，全面实施“互联网＋”现代农业行动，促进信息化与农业现代化同步发展。年内，桐乡市被评为全省农民信箱工作年度考核优秀县市。农民信箱工作连续十年获省考核优秀。年内新增农民信箱注册用户604户，累计43222户，全年发送邮件514.18万件、短信717.75万条次，发布农业公共服务信息2130条、买卖信息473条。全年全市投入83.7万元，培训农村劳动力11495名，其中新型职业农民300名。改革、建设基层农技推广体系，遴选确定科技试验示范基地6个，培育科技示范户491户。从市、镇（街道）农技推广机构中选聘技术指导员78名。安排农技人员参加省业务知识更新培训。完善责任农技推广人员考核办法，重新聘任责任农技员，聘期由原来的两年调整为一年，聘任首席专家15名、农技指导员80名、责任农技员172名。出台《桐乡市定向培养基层农技人员毕业生分配管理办法（试行）》，安排4名定向培养毕业生到镇（街道）就业。全年申报农业丰收、科技进步等科技奖励8项，获浙江省农业厅丰收奖二等奖1项、浙江省农业厅技术进步奖二等奖1项，省林业厅科技兴林二等奖1项，嘉兴市农业丰收奖二等奖2项，嘉兴市科技进步奖二等奖1项，桐乡市科技进步奖一等奖、二等奖各1项。做好农业信息资源开发与信息服务，深化“电子商务进万村”工作，推进农村电子商务发展。年内，全市835家农业主体、950人利用网络平台开展农产品网络营销，实现农业电商交易总额4.79亿元，其中线上销售额3.81亿元。

（戚新月　夏建兴）

【推动生态循环农业发展】 2016年，桐乡市加快发展生态循环农业，推广肥料、农药“双减”增效集成技术，促进农业废弃物资源化利用、清洁化生产、死亡动物无害化处理和畜禽养殖排泄物资源化利用等，完善农药、肥料废弃包装物和农膜回收处置机制。是年，桐乡市畜禽排泄物资源化利用率97%以上，新建病死动物无害化处理中心1家、乡镇病死动物收集中转站11个，基本实现畜禽排泄物资源化利用和死亡动物无害化处理；秸秆综合利用率95%以上，探索形成五大循环利用模式（秸秆还田模式、秸秆能源化利用模式、秸秆—湖羊种养结合模式、秸秆—草绳传统加工模式和秸秆—食用菌—粮）等；推广测土配方施肥技术3.82万公顷，使用商品有机肥1.76万吨、配方肥5500吨，减少使用化肥372.2吨；实施统防统治0.75万公顷、绿色防控融合面积0.39万公顷，施用农药1283.8吨，农药减量技术应用面积1.8万公顷，减少使用农药20.2吨。11月，9个生态循环农业示范主体通过省级示范主体检查验收。至年底，全市累计有省级生态循环示范主体17个、示范点100余个。

（戚新月）

【全国信息进村入户试点县建设按期完成】 2015年12月，桐乡市被农业部列为全国第二批信息进村入户试点建设县之一。2016年6月，桐乡市成立市信息进村入户试点县工作领导小组，下设办公室，镇（街道）相应成立试点工作领导小组。形成试点工作联络体系和业务指导服务体系，明确试点县建设的工作思路、总体目标、建设内容、工作措施和各成员部门的职责分工等。7月，全面启动信息进村入户试点县建设；到年底，信息进村入户试点县建设按期完成。市级“12316”为农服务中心完成规范化改造，健全市、镇（街道）、村三级“12316”信息服务队伍，建立基层信息服务站点（益农信息社）198个，全年培训基层信息员736名次，提供语音信息服务25.55万次，发送短信服务680.42万条，提供便民服务39.34万次。依托益农服务平台，为农村居民代办、代收、代缴养老、医疗、保险、水电费等合计8625.64万元，实现农村电商服务金额6533.04万元。

【探索发展智慧农业】 2016年，桐乡市实施省国家级农村信息化示范省建设工程农业物联网项目和省级现代农业应急指挥系统项目等农业信息化重点工程，加快信息技术与农业技术的深度融合和有效对接。年内，总投资340万元的省国家级农村信息化示范省建设工程农业物联网项目建设按期完成，建立市智慧农业云平台和现代农业“大数据”中心，建成种植业物联网示范基地3个、养殖场物联网示范基地1个。浙江华腾牧业公司嘉华养猪场的“绿色生态智慧养猪”物联网示范应用模式入选全国“互联网＋”现代农业应用实践百佳案例。市联翔食用菌有限公司的周年化智慧蘑菇工厂开创了国内食用菌智能化生产的先例。以智慧农业云平台和大数据中心为核心，现代农业应急指挥中心和“12316”为农信息服务中心为纽带，以基地主体应用为落脚点，有平台、有体系、有内容和能有效应用及运营服务的具有桐乡特色的扁平化、全覆盖、立体型智慧农业应用体系初步形成。

（夏建兴）

农业综合开发

【概况】 2016年，桐乡市农业综合开发工作以项目建设为抓手，建设现代蚕业特色园、高标准农田，扶持龙头企业和农民专业合作社，执行项目法人制、资金和项目公示制、工程施工招投标制、工程质量监理制和工程结算审价制，强化项目资金使用监督、工程质量监督、建设进度监督、工程管护监督和廉政建设监督，进一步提高项目建设管理水平。2015年度土地治理高标准农田建设项目2015年9月启动；2016年11月，上市高标准农田建设项目和落晚高标准农田建设项目通过单项工程验收。2016年度土地治理高标准农田建设项目（吉字浜高标准农田建设项目、河山高标准农田建设项目、亭桥高标准农田建设项目和陈家埭高标准农田建设项目）2016年9月陆续启动，至年底完成总进度的30%。2014年度国家级扶持“一县一特”产业化发展项目（即市现代蚕业特色园项目），至2016年年底累计完成总进度的95%。2016年9月，市农业综合开发办公室完成2015年度产业化贷款贴息项目8个（流动资金贷款贴息项目7个、固定资产贷款贴息项目1个），合计贴息273万元。

【2015年度土地治理高标准农田建设项目完工】 11月，桐乡市2个2015年度土地治理高标准农田示范工程完工。上市高标准农田建设项目投资1712万元，涉及崇福镇上市、中夫、建胜3个村，开发规模593公顷；落晚高标准农田建设项目投资1830万元，涉及高桥镇落晚、漕泾、高桥3个村，开发规模633公顷。两项目区新改建排灌泵闸站31座、“U”形渠道43.73千米，新筑生态护岸8.64千米、水泥路37.7千米，新建砂石路20.96千米，修建砂石路8.97千米，新建大棚及喷滴灌6公顷、机耕桥5座，改建机耕桥1座，新栽和补植农田防护林18公顷，实施科技示范推广107公顷，开展技术培训6期。

（冯玄琰）

概　述

2016年，桐乡市有省级工业区2个，镇工业集中区11个。至年底，全市产业平台累计开发面积5103.33公顷，投入基础设施建设资金118.7亿元，建成创业中心和标准厂房225.8万平方米，入驻投产企业2550家。全市规模以上(年销售收入2000万元以上)工业企业1128家，其中年销售收入超亿元企业232家，桐昆集团、新凤鸣集团主营业务收入超百亿元。全年新增(改造)股份制企业24家，新增上市企业2家，募集资金152.6亿元；新增(含复审)著名商标71个，其中中国驰名商标1个、浙江省著名商标15个、嘉兴市著名商标55个；新增(含复审)名牌产品42个，其中浙江省名牌产品21个、嘉兴市名牌产品21个；新增管理创新企业21家，其中管理创新示范企业7家、管理创新达标企业14家；拥有国家级企业技术中心1家，省级企业技术中心17家。纺织、服装鞋帽、皮革皮毛、化学纤维、建材等五大传统优势产业有规模以上工业企业758家，实现工业增加值176亿元，比上年增长7%，实现主营业务收入903.9亿元，下降3.4%，实现利润76.2亿元，增长61.9%；新能源、新特材料、机械制造、电子信息等四大新兴产业有规模以上工业企业255家，实现工业增加值97.8亿元，增长7.8%；实现主营业务收入394.2亿元，增长1.3%；实现利润44亿元，增长25.7%。

桐乡市以“制造业强市”建设为引领，坚定不移打好转型升级“组合拳”，推进供给侧结构性改革，工业生产基本稳定。全市规模以上工业企业完成现价工业总产值1365.9亿元，比上年增长0.55%，其中新产品产值585.58亿元，增长1.4%；实现销售产值1339.52亿元，增长2.4%，产销率104.9%，其中出口交货值185.04亿元，增长4.5%。主要产品化纤产量下降13.4%、印染布下降2.2%、纱下降0.3%、轻革增长17%、皮鞋下降12.5%、服装增长1.7%、水泥下降5.2%、玻纤增长3.4%。化纤、纺织、建材、皮革皮毛分别实现产值360.1亿元、274.1亿元、109.8亿元、96.4亿元，分别下降12.9%、增长4.6%、下降3.2%、下降3.9%。规模以上工业企业实现主营业务收入1332.58亿元，增长2.1%；实现利税151.2亿元，增长21.4%，其中利润104亿元，增长37.8%。全市规模以上工业企业账面亏损企业85家，亏损额3.38亿元，增长4.9%。全年完成工业生产性投入210亿元，增长8.2%，其中技改投入183.2亿元，增长12%，占生产性投入的87.2%；设备投资138.5亿元，增长1.4%；战略性新兴产业投入95.7亿元，增长14%。新批工业投资项目489个，增长160.1%；总投资184亿元，增长215%，其中“零土地”技改项目(企业不涉及新增建设用地的技改项目，只要不属于负面清单上的项目，只需向相关部门实行承诺报备，实施完成后通过验收即可)434个，总投资99.2亿元，增长173.3%。全市101项2000万元以上重大工业项目，累计完成投资额77.2亿元，占全市工业生产性投入完成总额的36.8%。全市开工实施“机器换人”项目446个，累计完成投资117亿元。全市引进内资项目216个，实到内资113.1亿元，增长9.4%，实到内资注册资金61.9亿元，增长67.3%。

深入推进“三名”工程(知名企业、知名品牌、知名企业家培育工程)建设。浙江华友钴业股份有限公司入选浙江省第三批“三名”培育试点企业名单，振石控股集团有限公司入选嘉兴市第三批"三名"培育试点企业名单。桐乡市政府办出台《桐乡市加快时尚产业发展五年行动计划》，启动第二届"凤凰杯"工业设计大赛暨"衣柜桐乡"时尚设计大赛。加快企业技术创新工作，巨石集团申报2016年国家级智能制造综合标准化试验验证与新模式项目。桐乡市经信局制定《2016年桐乡"两化"深度融合国家示范市示范项目建设现场推进活动方案》，持续做好企业两化(信息化和工业化)融合管理体系贯标工作。编制《桐乡市产融合作试点城市实施方案(2016—2018)》，申报"国家产融合作试点城市"。11月1日，省经信委、省财政厅联合发文公布2017年浙江省软件和信息服务产业基地建设名单，桐乡市入选创业基地名单，获补助300万元。

加快"退低进高"，强化要素保障。全市2918家工业企业完成综合绩效评价，配套执行相应的差别化措施，倒逼企业转型提升。全年淘汰落后产能213个，涉及企业177家，淘汰设备3008台(套)；整治低小散企业213家，腾退低效用地126.87公顷，企业亩均税收提高1.34万元。加快推进燃煤小锅炉淘汰工作，累计淘汰520台。全年工业用电72.2亿千瓦小时，比上年增长5.3%。规模以上工业企业总能耗271.7万吨标准煤，下降1.2%，单位工业增加值能耗下降3.1%。工业企业用电报装数323家，166775千伏安。加大光伏项目推广力度，促进新能源应用，桐乡市推进光伏发电示范项目建设工作领导小组制定《桐乡市2016年推进光伏发电应用专项行动方案》，全年并网装机容量70.13兆瓦，新增备案项目48个，备案装机容量48.8兆瓦。降低企业成本，优化企业发展环境。全市减轻企业税费41.2亿元，其中落实出口退(免)税17.5亿元，固定资产抵扣增值税进项税额6.2亿元，高新技术企业、资源综合利用减免退税等3.5亿元，减免企业所得税、增值税征前9.5亿元，减免城镇土地使用税0.7亿元、地方水利建设基金等0.86亿元，落实省以上其他减负政策减免金额2.9亿元。减免企业收费项目3个，涉及金额0.09亿元。

【诚信担保公司获"浙江省第五届十佳融资担保机构"称号】 4月28日，在浙江省信用与担保协会二届四次会员大会上，桐乡市诚信担保有限责任公司获"浙江省第五届十佳融资担保机构"称号，是浙江省唯一一家连续五届获此称号的融资担保机构。公司董事长、总经理李玉英被评为"第二届浙江省担保行业领军人物"。2016年，诚信担保公司在中小企业经营困难、信用水平下降、行业业务风险上升的形势下，按照"稳中求进"的总基调，全力扭转外部环境造成的被动局面，风险有效控制，业务量稳中有升。全年为桐乡市326家中小微企业提供融资担保352笔，金额69213万元，比上年增长14.3%；在保中小微企业232家315笔，担保余额62385万元，增长22.3%；月均担保余额57621万元，比上年月平均担保余额5044万元，增长14.2%，实现月均担保超55000万元；提供诉讼保全业务61笔5843万元。全年实现总收入2013万元，实现利润978万元，上交所得税245万元，免交税收64.4万元，追回代偿款349万元。

【4家企业被认定为浙江省首批制造业网络营销示范企业】 7月20日，浙江省经信委公布首批浙江省制造业网络营销示范企业名单。桐乡市有4家企业入选，分别是浙江钱皇网络科技股份有限公司、桐乡市瑞梦丝绸寝饰有限公司、嘉兴三珍斋食品有限公司、兔皇羊绒有限公司等。近年来，桐乡市重视制造业网络营销工作，首届世界互联网大会在桐乡乌镇成功举办以来，互联网理念不断深入人心，桐乡市借助互联网发展的热潮，围绕"一业一网"发展战略，依托特色产业集群，把推动制造业网络营销发展作为工业经济转型提升的重要措施。

【浙江大数据交易中心在乌镇上线】 参见《世界互联网大会·创新与发展》中相关条目。

【4家企业入选浙江省个性化定制示范试点企业】 12月28日，浙江省经信委发文公布2016年浙江省个性化定制示范试点企业培育名单。桐乡市有4家企业入选，分别是桐昆集团股份有限公司、新凤鸣集团股份有限公司、浙江内曼格机械制造有限公司和浙江美衫联毛衫产业发展有限公司。个性化定制是指企业通过应用互联网营销网络平台和客户自助式设计平台，采用模块化产品设计形成个性化产品数据库，使用柔性化的生产组织、供应链模式和专有的个性化

定制车间，实现以用户为中心、消费者需求为导向的后向传导生产模式，最终实现以销定产、产销一体。近年来，桐乡市发挥互联网创新驱动作用，深入推进两化深度融合，鼓励和引导企业实施信息化深入应用，通过智能制造、信息化集成和协同应用等方式推动工业提质增效，加快推动制造业与互联网的融合发展。此次入选企业中，桐昆集团和新凤鸣集团被纳入其他适合开展个性化定制行业示范方向，内曼格机械被纳入装备行业个性化定制方向，美衫联毛衫则被纳入第三方个性化定制平台方向。

【濮院镇入选首批中国特色小镇】 参见《街道镇发展概况·濮院镇》中相关条目。

（吴国良）

2016年桐乡市工业区建设情况表

表5

工业区名称	规划面积（公顷）	已开发面积		进区企业总用地面积		进区投产企业		基础设施投入		
		历年累计（公顷）	其中：年内新增（公顷）	历年投产企业（公顷）	在建企业（公顷）	历年累计（个）	年内新增（个）	历年累计（万元）	2016年累计（万元）	比上年（±%）
梧桐街道工业区	1315	398.67	5.4	235.33	9.8	289	4	63737	1676	73.9
凤鸣街道工业区	329.73	150.73		93.53	6.67	78		8904		
龙翔街道工业区	333.33	156.13	2.8	128.87	7.27	130	6	33151	1600	−23.4
乌镇镇工业区	131.87	104.07		75.33	0	43	1	10520		
屠甸镇工业区	300.73	200.73		125.33	6.4	160		21570	177	−40.6
大麻镇工业区	337.07	89.6	4.73	65.4	7.33	135	13	8477	705	
石门镇工业区	400	215.8		177.13	13.07	179		47780		
河山镇工业区	150	88.13		42.47	9.87	43		15484		
临杭经济区	2150	349.07		268.4	33.33	94	7	92581	916	−85.2
其中：核心区	668	87.47		70.4	22.07	4		43059	800	−85.5
其中：洲泉区	561.93	261.6		198	11.27	90	7	49522	116	−83.2
高桥新区	1106	126.67		74.6	1.8	41		94201	9895	54.5
崇福经济区	74	407.53		346.87	24.87	358		126116	12310	28.0
小　计	7144.4	2287.13	12.93	1633.27	120.4	1550	31	522521	27279	−11.3
经济开发区	5904.8	2400		606.27	48.73	370	14	481400	38522	−19.9
濮院毛针织产业园	1700	416.2	7.67	231.33	25.4	630	2	183567	15015	−3.0
合　计	14749.2	5103.33	20.6	2470.87	194.53	2550	47	1187488	80816	−14.3

2016年桐乡市工业区产出情况表

表6

工业区名称	全部工业总产值		规模以上工业产值		利税总额		应缴税金	
	累计（万元）	比上年（±%）	累计（万元）	比上年（±%）	累计（万元）	比上年（±%）	累计（万元）	比上年（±%）
梧桐街道工业区	753528	8.7	664831	8.8	93505	13.1	34115	2.5

续表 6

工业区名称		全部工业总产值		规模以上工业产值		利税总额		应缴税金	
		累计（万元）	比上年（±%）	累计（万元）	比上年（±%）	累计（万元）	比上年（±%）	累计（万元）	比上年（±%）
凤鸣街道工业区		722834	－18.5	578127	－11.2	68035	－31.0	19628	－13.3
龙翔街道工业区		410745	4.9	260649	6.0	18054	4.5	9012	7.0
乌镇镇工业区		228967	18.1	213022	23.5	23045	19.7	11960	23.3
屠甸镇工业区		714625	11.2	559565	10.9	75344	9.7	36197	13.7
大麻镇工业区		318997	22.7	223061	－4.7	23250	21.4	10208	20.3
石门镇工业区		668800	－3.9	405800	－5.9	48440	－5.9	18040	－11.0
河山镇工业区		280414	－0.3	268545	1.7	31418	74.8	11941	26.1
临杭经济区		2547078	2.9	2538503	－6.9	197786	52.1	43317	5.0
其中：	核心区	825453	－5.6	825453	－7.3	52852	133.5	1956	－68.3
	洲泉区	1721625	7.6	1713050	－6.7	144934	35.0	41361	17.9
高桥新区		738124	22.9	723651	22.9	80150	12.8	23139	13.6
崇福经济区		1638673	－2.9	1481688	0.0	160363	－7.7	50455	－7.7
小　计		9022785	2.4	7917442	0.1	819390	9.3	268012	2.9
经济开发区		3591497	－5.1	2537378	3.4	461129	28.5	164890	－5.0
濮院毛针织产业园		1879480	1.5	456800	3.9	106620	4.9	36663	2.5
合　计		14493762	0.3	10911620	1.0	1387139	14.6	469565	0.0

纺织服装

【概况】 纺织服装业是桐乡市工业经济的传统产业和主导产业之一。2016 年，全市有规模以上纺织服装企业 525 家，实现工业总产值 357.4 亿元，占全市规模以上工业总产值的 26.4%；实现销售收入 349.08 亿元，增长 7.1%；实现利税 34.75 亿元，增长 0.5%，其中利润 20.03 亿元，增长 4.6%。全市纺织服装业新增（含复评）浙江省著名商标 3 个，浙江省名牌产品 3 个，嘉兴市著名商标 15 个，嘉兴市名牌产品 2 个。12 月 27 日，嘉兴市时尚产业协会发布嘉兴市时尚产业第一批重点培育品牌试点名单，桐乡市 5 家毛衫企业的品牌入选。

桐乡市纺织服装业经过多年发展，形成毛针织服装、家纺布艺、植绒、绢纺、蚕丝被等特色产业集群。毛针织服装以濮院镇羊毛衫市场为中心，与屠甸镇、梧桐街道、龙翔街道等地形成完整的生产、销售产业链。全市毛针织服装企业 8000 多家（含个体户），规模以上毛衫针织企业 195 家，占全市规模以上企业总数的 17.6%，实现产值 141.1 亿元，占全市规模以上企业产值的 10.4%。家纺布艺主要集中在大麻镇、洲泉镇，以大麻镇特色工业功能区为支撑，专业化市场为依托，销售覆盖全国各省，远销欧美、中东、东南亚、日本、韩国等国家和地区，成为大麻经济的支柱产业。2016 年，该镇有家纺布艺企业 3140 家（含个体户），规模以上家纺企业 57 家，实现产值 119.54 亿元，增长 4.98%；实现销售收入 115.4 亿元，增长 5.2%；实现利润 7 亿元，增长 2.9%。该镇家纺从业人员 1.33 万人，有剑杆机 8035 台、雪尼纱机 257 台、加弹机 305 台。全年生产各类装饰布 2.07 亿米，主要产品有沙发布、窗帘布、家居布艺等软家居用品；生产各类纱1.74万吨。8月24—27日，2016中国国际家用纺织品及辅料（秋冬）博览会在上海国家会展中心举行。桐乡市100家企业统一使用“桐乡家纺”标识参加博览会，并在展会上设“桐乡家纺馆”集中展示，主要展出沙发布、窗帘布、蚕丝被、家纺面料等。蚕丝制品是桐乡市特色产业，形成集养蚕、制绵、研发、生产、销售于一体的相对完整产业链，成为浙江省出口蚕丝被的重要产地。2016年全市从事蚕丝被生产、销售企业300多家，年产值30亿元，其中规模以上企业40多家，年产各类蚕丝被、丝毛被4000多万条，约占全国产量的10%；年产真丝毯40多万条，约占全国产量的50%；出口约占全国的70%。

【桐乡纺织产业集群通过复评】 12月10日，2016全国纺织产业集群复评工作总结会议在北京人民大会堂召开。按照中国纺织工业联合会关于加强纺织产业集群工作的部署与要求，复评工作每三年开展1次，此次主要复评试点满三年以上的197个产业集群试点地区。会上，桐乡市被授予“中国纺织产业基地市”称号，濮院镇通过“中国羊毛衫名镇”复评，洲泉镇通过“中国化纤名镇”“中国蚕丝被名镇”复评，大麻镇通过“中国家纺布艺名镇”复评，河山镇通过“中国绢纺织名镇”复评。同时，桐乡市经信局、濮院羊毛衫市场管委会、大麻镇经发中心获“纺织产业集群地区发展服务优秀奖”，大麻家纺协会获“纺织产业集群地区优秀协会”。桐乡市在纺织工业领域已形成化纤、毛衫、家纺、植绒、经编、绢纺和蚕丝被等多个区块特色产业。纺织服装是桐乡工业的第一大支柱产业，总量占全市经济的55%以上。至2016年，全市纺织业有各类纺织企业及经营户2万多家，其中规模以上纺织服装企业525家，实现工业总产值357.4亿元，实现销售收入349.08亿元。桐乡成为省内、国内主要的纺织品生产基地。

12月10日，在2016年全国纺织产业集群复评工作总结会议上，桐乡市被授予“中国纺织产业基地市”称号　　市经信局提供

【桐乡企业组团参展上海春季联展】 3月16—18日，2016中国国际服装服饰博览会CHIC（春季）和2016年中国国际家用纺织品及辅料（春夏）博览会在上海国家会展中心举行。桐乡市组织毛衫企业、原创设计机构和专业市场等50多家单位参展，展馆面积3500多平方米。参展企业与1.16万家企业客户洽谈，其中达成合作意向、签订合作协议2400多家，签订意向订单3000多万元。同时，2016中国·濮院国际毛针织服装博览会借助该展会首次登陆上海，展出羊毛衫、羊绒衫、双面呢大衣等。

【钱皇股份新三板挂牌上市】 3月23日，桐乡市钱皇网络科技股份有限公司在全国中小企业股份转让系统（新三板）挂牌上市，成为中国蚕丝被行业“第一股”。股票简称“钱皇股份”，股票代码836206。公司1992年开始生产蚕丝被，2009年6月注册成立，定位于用大数据模型为消费者提供高端蚕丝产品和个性化服务的“互联网+”公司。旗下拥有钱皇、江南古韵两大自有品牌，成功运营郝太太、洲泉两大合作品牌，并率先自主开发寝居综合服务平台APP“小皇叔”，以线上线下渠道销售，为不同消费群体提供周到、高品质的产品与服务。

（李卓铭）

化　　纤

【概况】 2016年，是化纤行业深度调整的第四年，整个行业于年中逐渐企稳向上，行业新增产能投放放缓，运行质量明显好转。桐乡市化纤行业以经济效益为中心，依靠改革和创新，重点推进项目建设、节能降耗、减员增效三大核心工作，企业生产成本有效下降，经济效益显著提升，多元化发展步伐加快，企业实力有所增强。全行业有规模以上企业77家，比上年增加1家；实现工业产值364.32亿元，比上年下降5.9%，占全市工业总产值的26.9%；实现工业增加值48.79亿元，增长20.8%，占全市工业增加值的18.9%；实现利税34.63亿元，增长138.2%，占全市利税总额的22.9%。

科技创新步伐加快。化纤企业继续加大技术创新、新产品开发、专利申报的力度，参与标准修订工作，多个项目及产品在全国获奖。桐昆集团全年申报专利58个，其中发明专利13个、实用新型专利44个；聚酯酯化废水中有机物回收技术获“纺织之光”科学技术进步一等奖，低缩率ITY的研制与产业化技术获“纺织之光”科学技术进步三等奖；被中国纺织工业联合会评为“十二五”产品开发突出贡献奖。新凤鸣集团获授权专利32个；聚酯、聚酰胺纤维柔性化高效制备技术项目入选国家重点研发计划，聚酯酯化废水中有机物回收技术获“纺织之光”科学技术进步一等奖，全消光涤纶长丝熔体直纺柔性关键技术及产品开发获“纺织之光”科学技术进步三等奖，《全国企业管理现代化创新成果》获国家级企业管理创新二等奖。两大集团主持或参与国家、行业标准，“浙江制造”标准制(修)订11个。

两化融合长足发展。桐昆、新凤鸣两大集团积极通过人力资源管理系统、财务核算系统、OA办公自动化系统、ERP管理信息系统、自动落筒和包装系统等自动化系统，对人员、财务、办公、销售、采购、生产等环节，实现各项管理的自动化、一体化、系统化、生产无人化以及办公无纸化，提高各工作流程间的流转效率和安全性，分析汇总各厂区的产品产量、销量、产品销售及产品盈利，降低人力成本和生产成本。桐昆集团的供应链融资销售平台、聚酯长丝流程管控与ERP管理平台集成应用、产业链信息资源协同平台建设及应用三大项目完成建设。新凤鸣集团的“客户订单快速响应能力”两化融合管理体系贯标认证，通过工信部认定；桐昆集团的“市场精准营销能力”贯标项目通过初评。

项目建设持续推进。桐昆集团恒腾二期年产40万吨差别化纤维项目，总投资17.7亿元，16条生产线1360个纺位全部投产，聚酯日产量1700多吨，生产的POY品质优良。桐昆集团恒瑞一期加弹项目投产，恒邦二期CP1年产30万吨项目顺利推进。新凤鸣集团中盈项目年产40万吨智能化、超仿真差别化纤维项目投产，中石二期年产45万吨功能性、共聚共混改性纤维项目进入建设阶段。至年底，桐昆集团聚酯聚合产能约350万吨，涤纶长丝产能约410万吨，连续15年在国内市场实现产量及销量第一，涤纶长丝国内市场占有率接近13%，全球占比超9%；全年生产涤纶丝总产量349.7万吨，比上年增长15.6%；销售产品354.05万吨，增长18.7%；库存5.82万吨，下降42.7%。新凤鸣集团全年生

桐昆集团自动化包装系统流水线机器人　　市经信局提供

产涤纶长丝总产量256.35万吨，增长21.2%；销售产品257.3万吨，增长23.5%；库存4.09万吨，下降18.8%。浙江方圆聚合纤有限公司作为嘉兴唯一的锦纶生产企业，投资8000余万元，上马年产2万吨DTY深加工技改项目，至年底完成投资6000余万元；公司生产锦纶6切片8.43万吨，锦纶丝1.16万吨，产量比上年分别增加762吨和105吨。

【桐昆集团获“十二五”产品开发突出贡献奖】 12月12日，由中国纺织工业联合会主办的“十二五”产品开发突出贡献奖颁奖大会在北京举行。会上，桐昆集团获“十二五”产品开发突出贡献奖。近年来，桐昆集团高度重视产品开发工作，多项新产品和新技术走在全国前列，多项科研成果和高新技术产品填补国内外行业空白。至年底，公司牵头和参与起草的标准有30多个，列入国家级科技支撑计划项目3个，列入国家火炬计划项目9个，申报专利500多个，拥有省级高新技术产品300多个。桐昆集团以创新、协调、绿色、开放、共享五大理念为引领，推进智能制造和绿色制造，全面推进产业技术工艺创新。

【桐昆集团通过“浙江制造”品牌认证】 9月，由桐昆集团股份有限公司制定的《阳离子染料可染改性涤纶低弹丝》“浙江制造”团体标准发布并实施，从生产全流程、环保要求、质量承诺上对该产品作出新的定义，填补国内空白。11月10—12日，桐昆集团“浙江制造”标准体系现场认证工作在厂区进行。此次现场认证受浙江省浙江制造品牌建设促进会委托，由杭州万泰认证有限公司承担。专家审核组通过听取标准体系实施介绍、查阅相关文件材料、现场审核等方式，一致同意公司通过“浙江制造”标准体系现场评审。公司《阳离子染料可染改性涤纶低弹丝》“浙江制造”标准体系于2015年10月开始导入，是卓越绩效模式、质量管理体系、环境管理体系、职业健康和安全管理体系与浙江制造团体标准T/ZZB0077—2016《阳离子染料可染改性涤纶低弹丝》的完美结合，通过与管理体系的有效整合，提高公司管理效率和工作质量，使各项管理趋向标准化与规范化。

【桐昆集团一项目入选国家绿色制造系统集成项目】 12月26日，工信部公布2016年绿色制造系统集成项目，桐昆集团股份有限公司的绿色多功能差别化聚酯纤维制造与应用技术集成创新项目入选国家绿色制造系统集成项目，获中央财政资金2700万元的支持。该项目由桐昆集团牵头，与中国纺织科学研究院、上海聚友化工有限公司、浙江理工大学等8家高校和企业联合完成，主要解决高附加值差异化纤维生产过程中消耗大、污染重的难题，计划于2018年完成整个项目。集团将建设一套连续、柔性、差异相统一的年产20万吨绿色聚酯纤维示范线，产品能耗比同行业Ⅰ级标准低20%。同时发挥联合体上下联动作用，相继建设加弹、织造、染整企业绿色示范生产线，推动绿色多功能差别化纤维的应用及产业链绿色生产技术水平的整体提升。

【恒通公司获“十二五”最具技术创新突破奖】 3月16日，中国化纤行业“走出去”高峰论坛暨第六届二次理事会议在上海召开。会上，桐昆集团恒通公司被中国化学纤维工业协会评为全国化纤行业“十二五”最具技术创新突破奖，桐昆集团总裁许金祥被评为全国化纤行业“十二五”领军人物。“十二五”期间，恒通公司研发的超大容量高效柔性差别化聚酯长丝成套工程技术开发项目获国家技术进步二等奖，年产40万吨差别化聚酯长丝成套技术及系列新产品开发项目获中国纺织工业联合会科学技术进步一等奖、省科学技术进步一等奖。恒通公司建有省高新技术企业研究开发中心、省级企业研究院，不断推进科技创新，促进企业由制造向智造转变。

【恒瑞一期加弹丝项目投产】 4月2日，桐昆集团恒瑞一期首台TMT加弹机开车，至年底一期项目全部投产，年生产能力11万吨。该项目位于洲泉镇临杭经济区湘溪大道北，规划建筑面积超14万平方米，2015年9月动工建设，引进高速加弹机216台，并采用全自动落丝系统和全自动包装流水线，形成年产38万吨涤纶DTY差别化纤维的生产能力。其中，一期项目设计TMT加弹机48台，主要产品类型为细旦高F差别化涤纶DTY

丝，开车后日产量200多吨。

【新凤鸣集团一项目入选国家重点研发计划】 7月，2016国家重点研发计划重点专项公示完毕，新凤鸣集团股份有限公司的聚酯、聚酰胺纤维柔性化高效制备技术项目，入选国家重点研发计划"重点基础材料技术提升与产业化"重点专项，获国家财政经费补助3100万元。该项目由新凤鸣集团牵头，联合东华大学等5所高校，以及化纤、IT等领域的10家企业申报，主要研究提升聚酯长丝制造的柔性化能力，以实现长丝的定制化生产，计划在2020年完成项目。化纤行业大多是先生产再销售，容易产生库存，价格也因库存量而产生波动，同时市场上化纤产品同质化严重，差别化率不足，市场对定制化产品具有迫切需求，也是未来的趋势。

【新凤鸣集团获国家级企业管理创新二等奖】 1月，由中国企业联合会、国务院国资委企业改革局、工业和信息化部产业政策司和中小企业局主办，全国企业管理现代化创新成果审定委员会组织的第二十二届全国企业管理现代化创新成果名单公布。新凤鸣集团的《化纤企业全流程自动化生产管理》获二等奖，是桐乡市企业获得的首个国家级企业管理创新大奖。近年来，新凤鸣集团不断优化的自动化生产管理，加大自动化生产线研发，最初的机械手臂只负责抓取丝饼，推车的工序还需人工完成，投入自动落筒机器人后，每个机器人按既定轨道自动运送丝饼。2016年，针对推车机器人按既定轨道运行，设备使用效率不高的情况，上线CP6无轨推车机器人。设备自动化不断优化，企业管理自动化程度不断提升，产品全部实行二维码管理。

【新凤鸣集团院士专家工作站被评为全国示范院士专家工作站】 10月，新凤鸣集团院士专家工作站被中国科协企业工作办公室评为2016年示范院士专家工作站，成为嘉兴市首家全国示范院士专家工作站。新凤鸣集团院士专家工作站于2011年3月建立，由中国工程院院士蒋士成领衔，联合东华大学、浙江理工大学等单位组成专家团队，以低碳、柔性、智能聚酯长丝制造技术为主攻方向，在聚酯、纺丝等关键装置上取得技术突破，获授权专利92个，其中发明专利13个，完成省级新产品鉴定61个；连续多次获"纺织之光"科技进步一等奖、国家科技进步二等奖、中国发明专利优秀奖、《全国企业管理现代化创新成果》二等奖等；主持FZ/T54070—2014行业标准的制定，参与国家标准或行业标准的制定或修订工作7个，已颁布实施标准4个。在浙江省开展的优秀建站院士、优秀院士专家团队和优秀项目评选中，新凤鸣集团院士专家工作站蒋士成院士获评优秀建站院士称号。

【新凤鸣集团通过两化融合项目验收】 11月11日，新凤鸣集团的浙江省两化深度融合国家示范区示范项目验收会召开。经实地查验，验收专家认为"卷绕自动控制系统与可重构企业资源计划系统融合应用"两化融合项目完成建设内容，取得良好的经济效益和社会效益，项目资金使用符合有关规定，同意通过验收。

（叶青云）

建　材

【概况】 建材行业是桐乡市重要的材料工业之一。2016年，桐乡市建材工业平稳发展，全市有非金属矿物制品业规模以上企业47家，实现工业产值108亿元，比上年下降4.7%；实现工业增加值36.6亿元，增长8.2%。主营业务收入104亿元，占全市规模以上工业企业主营业务收入的7.8%，比上年增加0.2个百分点；实现利税27.2亿元，增长36.7%，其中利润22亿元，增长71.4%。水泥产量略有下降，全年生产水泥574.9万吨，下降5.2%。墙材行业全年生产新型墙体材料（折标准砖）4.68亿块，下降8.6%；黏土砖产量减半，全年生产0.52亿块，其中黏土实心砖产量为零；新型墙体材料占全部墙体材料的90%，增长6.34个百分点。

玻纤行业龙头企业巨石集团2016年生产玻纤纱124.6万吨，比上年增长8.4%；生产玻纤制品7.53万吨，增长14.2%；生产玻纤电子布1.06亿米，增长10.2%；实现销售收入74.87亿元，增长6.12%；出口创汇4.83亿美元，增长6%；实现利润18.52亿元，增长56.8%；实缴税金6.31亿元，下降1.3%。企业工业增加值综合能耗1.19吨标煤，下降7.3%；吨纱综合能耗

0.38吨标煤，下降5.98%。全年申报国内外专利90个，其中发明专利64个（PCT国际申请10个、国家阶段涉外申请6个），实用新型专利26个；获授权专利74个，其中发明专利21个，实用新型专利53个；有效专利累计502个，其中发明专利78个，实用新型专利424个。巨石集团桐乡本部全年申报国内外专利68个，其中发明专利61个（PCT国际申请10个、国家阶段涉外申请6个），实用新型专利7个；授权专利52个，其中发明专利19个（涉外授权2个），实用新型33个；有效专利累计386个，其中发明专利69个、实用新型专利317个。

【巨石集团一项目获浙江省首批专利战略推进项目立项】 10月17日，浙江省知识产权局公布首批专利战略推进项目名单，巨石集团的玻纤国际化专利分析预警研究项目立项，是嘉兴市唯一的立项项目。浙江省首次启动该项目，旨在推动专利战略更好地融入科技创新和产业发展，提升专利制度支撑产业发展的能力和水平。巨石集团的项目实施，促进企业建立多方位、立体化的知识产权战略，在全方位、多角度保护自身研发成果的同时，形成专利预警机制，在竞争中化被动为主动，为巨石国际化战略扫清知识产权障碍，为国内企业在国际竞争中知识产权的全球布局起到示范作用。

【巨石集团通过国家两化融合管理体系贯标认证】 4月15日，工业和信息化部向巨石集团颁发两化融合管理体系贯标认证证书。巨石集团是国家首批、嘉兴市第一家列入两化融合管理体系贯标试点企业，也是嘉兴第一家通过两化融合管理体系贯标认证的企业。作为传统制造业企业，巨石集团一直秉承以信息化带动工业化、以工业化促进信息化的理念，追求以两化融合为动力的可持续发展企业经营模式。2014年3月，巨石集团成为嘉兴地区首家申报工信部两化融合管理体系贯标试点企业，并确定以“高效集中采购能力”作为贯标方向。“高效集中采购能力”从采购环节出发，优化采购流程，调整组织架构，提高采购效率。实施统一采购，采购业务流程由巨石集团总部统一管理，采购业务、物资、周期、价格受集团监管。巨石集团以两化融合培育竞争新优势，持续提高信息化对企业管理、生产、销售等的支持和服务，提升企业各业务条线的持续优化，加强风险管控力度，提升信息安全性。

（潘翌佳）

【预拌砂浆发展创新项目入选省级发展应用试点】 10月，桐乡市预拌砂浆产业发展创新试点项目经专家评审、公示等程序，成功入选2017年省级散装水泥发展和应用试点，成为嘉兴市唯一入选市县试点。根据预拌砂浆产业发展创新试点工作总体要求，整合桐乡市预拌砂浆生产与服务资源，整体推进桐乡市砂浆产业发展创新。促进产业绿色发展。持续优化产业布局，调整存量优化增量；持续提升清洁生产，降低能耗减少污染；持续狠抓安全管理，保证质量确保安全。加快产业创新发展，强化科技创新，拓展市场开发，加大产品研发力。做好服务，促进产业协调发展。积极推广应用“互联网+安全共治管理模式”，实现大数据管理，开展专用车辆右转弯盲区视频安装工作，在G20杭州峰会前夕492套设备全部安装调试完毕，解决专用车辆右转弯事故多发的问题，提升专用车辆管理水平。2016年，全市散装水泥供应量530万吨，水泥散装率92%，预拌混凝土产量400万立方米，预拌砂浆产量53万吨，各项数据指标持续保持嘉兴第一。

（沈 佳）

皮 革

【概况】 皮革、皮毛及其制品业是桐乡市工业经济的重要行业，包括制革、制鞋、革皮服装、皮毛制品等自然门类，生产企业主要集中在崇福镇、石门镇、高桥镇、洲泉镇。2016年，全市有皮革、皮毛及其制品工业企业2800多家，从业人员3.6万多人，规模以上工业企业110家，占全市规模以上工业企业的9.95%。规模以上企业实现销售收入89.82亿元，比上年下降4.5%；实现利润7.17亿元，下降15.5%。

皮毛业是皮革业重要分支之一，生产区域主要集中在崇福镇，有皮毛企业1820家，比上年增加11家，其中规模以上企业52家，小型企业1768家（含个体户）。崇福皮毛协会组织皮毛企业参加在北京、上海、广州、深圳、香港等地举办的毛皮服装服饰展览会，全年参加展会8次，组织56家企业参加。7月22—24日，中国皮草名城复评专家组实地考察中国·崇福皮草大世界、崇福皮毛市场、浙江中辉皮草有限公司、崇福镇污水处理厂等，一致通过“中国皮草名城·崇福”的复评。11月23日，第七届“崇福杯”裘（革）皮服装设计大奖赛在崇福镇举行。大赛由浙江省皮革行业协会、桐乡市经济和信息化局、崇福镇镇政府主办，崇福皮毛协会承办。经评委会评审，评选出金奖作品2件，分别是桐乡市鑫诺皮草有限公司韩吉祥的作品《古时古韵》，浙江纺织服装职业技术学院李玲和吴思逸的作品《虫生》，银奖作品8件、铜奖作品11件、创意作品奖5件。

皮鞋业是桐乡市的特色产业，主要集中在洲泉镇、石门镇，皮鞋总产量约占全市2/3，行业龙头企业有嘉兴市圣丹丽鞋业有限公司、浙江卓怡鞋业有限公司、嘉兴市芭妮鞋业有限公司等企业。全市有皮鞋企业1600余家，规模以上企业30余家，销售收入超亿元企业2家，年产真皮女鞋8500多万双。60余家企业在阿里巴巴、淘宝、天猫、中国质造、苏宁易购等平台营销，浙江卡鳄贸易有限公司、桐乡市嘉黛艾妮鞋业纺织有限公司、桐乡市百喜福鞋业有限公司、浙江乐麦科技有限公司等4家鞋业电商企业获2016桐乡市十佳电商称号。全年新增嘉兴市著名商标1个、浙江省名牌产品1个。全市皮鞋行业累计有中国驰名商标5个、浙江省名牌产品4个、浙江省著名商标5个、中国真皮名鞋1个、中国真皮鞋王1个。制革业主要集中在高桥镇，全镇有制革企业9家，桐乡市高桥皮革有限公司、嘉兴祥隆皮革有限公司、浙江牧羊人实业有限公司等企业规模较大。崇福镇有制革企业3家，企业规模较大，其中生产能力最大的制革企业——浙江开元皮革有限公司全年销售收入11.6亿元。

嘉兴市圣丹丽鞋业有限公司生产车间　　市经信局提供

【皮毛企业主导修订的国家标准通过审定】 11月23—24日，《小湖羊皮》等4项国家标准审定会在桐乡举行。会议由全国皮革工业标准化技术委员会主办，主要审定由嘉兴市皮毛和制鞋工业研究所、桐乡银杉皮草有限公司、桐乡鑫诺皮草有限公司、浙江中辉皮草有限公司等单位主导修订的《小湖羊皮》《貉皮》《猾子皮》《黄鼬皮》等4项国家标准。中国皮革协会、浙江省皮革行业协会、广东省皮革协会毛皮和皮衣专业委员会、中国皮革和制鞋工业研究院、嘉兴市皮毛和制鞋工业研究所、国家皮革制品质量监督检验中心、国家皮革制品质量监督（浙江）检验中心、国家毛皮质量监督检验中心、上海鉴正皮革质量检测技术中心、雪豹集团等相关单位的专家参加审定会。编制单位介绍4项国家标准的编制和修订过程，从定义、分类、质量判定、检验方法、检验规则、包装、运输和贮存等方面，规定粗加工、生产制造、市场流通的要求。经审定会专家组全体委员表决，4项国家标准通过审查，进入报批程序。

【崇福镇发布皮毛企业信用评价榜单】 7月26日，崇福皮毛行业信用建设表彰会在崇福镇召开，大会发布2015年度皮毛企业信用评价榜单。崇福镇皮毛企业信用建设办公室结合企业的信用资产积累和失信行为，综合评价2015年参评的116家企业，评定出信用AAA级企业2家、AA级企业5家、A级企业100家、B级和C级企业9家。同时，浙江中辉皮草有限公司等

7家企业被评定为AA级以上信用优良企业。从2010年起崇福镇实施皮毛行业信用建设工作，每年对皮毛企业信用开展动态评价，并将评价结果以信用榜单的形式向社会公布。参评企业从2010年的79家发展到2016年的116家，信用评价指标不断完善，成员单位从最初的15家增加到8家，信用评价项目涵盖劳动用工、用电、环保、产品质量以及纳税等。通过培育信用标杆企业，崇福镇进一步规范皮毛行业经营行为。至年底，崇福皮毛企业中有省级信用管理示范企业2家、嘉兴市级3家、桐乡市级6家，崇福皮毛行业获“浙江省信用示范行业”称号。

【新濠畔华东鞋业总部落户石门镇】 12月15日，石门镇与新濠畔集团签约，新濠畔华东鞋业总部落户石门镇。新濠畔华东鞋业总部基地项目设立在羔羊制鞋园区核心区域内，服务华东制鞋产业群，以时尚资讯发布为导向，创意设计为主导，智能质造为支撑运营的大型鞋类总部基地，是集鞋类时尚信息发布、设计研发、精品鞋材、电子商务、跨境电商、交易和展示、国内外贸易、订单中心、人才公寓、商务休闲、集成办公等为一体的多功能型鞋业总部经济综合体。新濠畔华东鞋业总部落户石门，与石门镇产业平台形式优势互补，提升桐乡鞋业品牌影响力。

【中国质造·桐乡鞋业产业带商盟联合会成立】 1月6日，中国质造·桐乡鞋业产业带商盟联合会成立大会在石门镇举行。嘉兴市圣丹丽鞋业有限公司等18家企业加入商盟联合会，成为商盟联合会的首批盟员。“中国质造”是淘宝网为优秀自主品牌上线所设立的专属频道，区别于淘宝和天猫，享受“中国质造”专有标志，有多个区域产业带项目正式上线；桐乡有40多家制鞋企业加入“中国质造”平台，其中5家在该平台线上销售超3000万元。鞋业产业带商盟联合会成立，旨在促进企业电商团队在运营、推广等能力上的提升，加强电商团队建设，借助互联网电子商务平台做大做强桐乡女鞋产业。

【桐乡女鞋开拓跨境电商营销市场】 7月12—14日，韩国时尚鞋服零售博览会在首尔大峙洞展览中心举行。应韩国时尚鞋服设计协会邀请，桐乡市鞋业行业协会组织圣丹丽鞋业等6家鞋业企业组团赴韩国参展，专设桐乡鞋业馆。展览会期间，桐乡市鞋业行业协会与韩国时尚鞋服株式会社就中韩两地鞋业发展进行深入交流，并签署《中国石门女鞋中韩跨境电商直通车合作备忘录》。《备忘录》明确双方将在韩国成立ODM（设计研发）功能的贸易公司，主要面对韩国原创设计师的销售平台进行营销，接单后在石门OEM（纯代工）生产；搭建中韩英文版的中韩女鞋电商平台，桐乡与韩国设计师合作的产品在中国和韩国上线销售。

【依奴珈品牌与北美裘皮拍卖行(NAFA)战略合作】 12月10日，浙江中辉皮草有限公司依奴珈品牌与北美裘皮拍卖行(NAFA)举行战略合作仪式。NAFA是北美洲规模最大的拍卖行，主营业务为销售各种毛皮原料，以水貂为主，通过每年举行3—4次公开拍卖会的方式进行销售，NAFA品牌全球公认是品质最优异的毛皮。1998年始，中辉皮草参与NAFA拍卖，2016年6月中辉皮草拍得该行两大头把貂皮“白貂头把皮”和“Black NAFA本黑头把皮”，成为拍卖会的焦点。双方在原材料、时尚设计方面合作，助推依奴珈品牌走向国际化、提升品牌价值。

【第二届“桐乡·石门杯”鞋靴创作设计大奖赛】 11月23日，第二届“桐乡·石门杯”鞋靴创作设计大奖赛在石门镇举行。大赛由浙江省皮革行业协会、桐乡市政府主办，市文化局、市质量技术监督局、石门镇人民政府、桐乡市鞋业行业协会承办。大奖赛收到的参赛作品由国内外30余所大专院校、50多家桐乡制鞋企业，选送的鞋样设计图纸500多幅（件）。经评委会评审，评选出银奖作品4件、铜奖作品6件、创意作品奖3件。

（张善勤）

机械制造

【概况】 机械制造工业是桐乡市引进和培育的新型高新技术产业，主要包括通用设备制造业、专用设备制造业、汽车制造业和电气机械器材制造业，产品涉及煤矿机械、调速电机、微特电机、汽车及配件等。2016年机械制造行业有规模以上企业68家，其中亏损企业13家。全年规模以上企业实现工业产值65.98亿元，比上年增长7.1%；工业增加值15.74亿元，增长14.8%；实现主营业务收入62.58亿元，增长7.1%；实现利税8.51亿元，增长20.2%，其中利润5.59亿元，增长38.6%；亏损企业亏损额0.52亿元，下降22.6%。

实施创新驱动战略，机械制造业企业加强运用创新元素，促使企业转型升级。推进自身企业技术中心等创新平台建设，加大科研投入，开发新产品、新技术，推动产业升级。全年相关企业新增省级企业技术中心1家，嘉兴企业技术中心7家。浙江伟联科技股份有限公司的全液压参数化差动阻焊全自动钢筋桁架成型机组等3家公司的3个产品被认定为2016年浙江省装备制造业重点领域首台（套）产品，桐乡市强隆机械有限公司等5家公司的产品被认定为嘉兴市装备制造业重点领域首台（套）产品。继续推进“机器换人”项目，全年实施“机器换人”项目446个，完成投资117亿元。9月，浙江海得新能源有限公司的“光伏并网逆变器”，通过国家质检总局国家太阳能光伏产品质量监督检验中心2016检测抽样检验，所检项目全部符合国家NT/T 32004－2013标准。11月29日，浙江伟联科技股份有限公司在全国中小企业股份转让系统（新三板）挂牌上市，股票代码839623。

【新吉奥新能源GV－1A EV首台下线】 10月29日，新吉奥新能源GV－1A EV首台下线仪式举行。GV－1A EV是浙江新吉奥新能源汽车有限公司自主研发的产品，实现向新能源物流车的进一步延伸。公司全面整合新能源汽车生产制造的新材料、新技术、新工艺，产业投资方向聚焦在新能源物流车、新能源城市公交车及新能源关键零部件产业。公司与中国邮政、顺丰速递等快递企业达成战略合作协议，定制、定量开发专属的城市纯电动物流车。

【京马电机通过“浙江制造”品牌认证】 12月28日，浙江京马电机有限公司生产的风扇用塑封无刷直流电动机（空气调节器风扇用无刷直流电动机）产品，获中国质量认证中心、浙江制造国际认证联盟颁发的“浙江制造品牌认证证书”，成为桐乡市机械行业首家获“浙江制造”品牌认证的企业。京马电机主要生产高品质交直流空调系列电机、洗衣机系列电机、油烟机系列电机、微波炉系列电机、新能源汽车系列电机、无刷直流工业系列电机等产品。产品主要用户有松下、LG、日立、夏普、惠而浦、三星等世界著名品牌公司。京马电机获“浙江制造”品牌认证后，可在通过认证的产品上印制“浙江制造”标志，并享受融资支持、优先列入上市后备企业、同等条件下优先采购等政策扶持。

（朱　杰）

【合众新能源概念车首次展示】 11月16日，在第三届世界互联网大会·乌镇峰会互联网之光博览会上，浙江合众新能源汽车有限公司展示首款智能驾驶概念车，是一台可以实现无人驾驶、移动办公等功能的智能汽车。同时，在博览会场外举行合众自动驾驶新能源汽车演示会，展示合众新能源汽车的技术稳定性与成熟性，对外发布合众的产品规划与市场战略。浙江合众新能源汽车有限公司于2014年成立，厂址位于桐乡经济开发区，主要从事智能新能源汽车的设计、生产和销售，生产智能互联纯电动汽车产品是嘉兴市引进的第一个智能互联新能源汽车整车项目。2016年5月，合众汽车第一辆试制车下线，并陆续生产出20台整车和28台白车身。8月，经过专家现场抽样并送至国家轿车质量监督检验中心（天津）进行试验，检测样车的可靠性、安全性、动力性、经济性等几十项指标，一次性达标通过。

（潘　黎）

化工医药

【概况】 化工医药工业是桐乡市相对较小的产业，主要生产油漆、涂料、农药、化妆品、化学助剂、药品等。2016年有规模以上工业企业53家，实现销售收入68.2亿元，比上年增长2.4%，实现利税10.4亿元，增长21.2%，其中利润6.8亿元，增长15.3%。

化工医药行业2家企业实现融资。4月28日，浙江嘉澳环保科技股份有限公司在上海证券交易所主板挂牌上市，成为桐乡市第10家上市企业，股票简称“嘉澳环保”，首次发行股票1835万股，募集资金2.16亿元。12月30日，浙江鼎泰药业股份有限公司在全国中小企业股份转让系统挂牌上市，成为桐乡市第10家挂牌新三板的企业。鼎泰药业专注于医药行业外用药和外用卫生材料及敷料的研发、生产与销售，主要产品为丙酸氯倍他索原料药和外用贴膏系列产品。

【浙江天女集团科技创新结硕果】 2016年，浙江天女集团制漆有限公司以搬迁到化工集聚区为契机，大力开展技术革新。投资1.85亿元，引进国内最先进的自动化、信息化和密闭化生产设备，形成年产12万吨高性能、水性化、高固体份、低VOC的，环境友好型、资源节约型涂料生产能力；投入1308万元，开发新产品17个。公司累计获发明专利5个、实用新型专利23个，主持和参与制修订国家标准和行业标准28个。10月，公司被中国涂料工业协会评为2016中国防腐涂料名牌奖、2016中国涂料行业发展潜力企业奖。

（郑　涛）

电子信息

【概况】 2016年，桐乡市电子信息制造业有规模以上企业45家，主要行业有电线电缆制造、通信系统设备制造、电子元件及组件制造、光电子器件及其他照明器具制造、光伏设备及元器件制造、工业自动控制系统装置制造等。全年实现工业总产值58.86亿元，比上年下降6.4%；实现产品主营业务收入56.43亿元，下降2.4%；实现利税5.78亿元，下降14.7%；实现出口交货值9.48亿元，增长26.4%；从业人员6821人，下降1%。软件企业实现营业收入15.6亿元，增长37.7%。其中，软件业务收入4.56亿元，增长14.2%；实现利润1.11亿元，下降21%。

加快新型互联网产业基地建设。推进乌镇核心区、乌镇互联网产业园、高桥科创园等互联网产业平台建设。组建互联网相关项目招商组，完善招商考核办法，通过开展互联网产业招商路演、召开互联网主题招商会以及互联网创新创业大赛等方式加强与互联网企业对接，积极争取落地，初步形成产业集聚的局面。至年底，累计引进各类互联网项目159个，计划总投资164.8亿元、4580万美元。

【两化深度融合国家示范区建设成效显著】 2016年，桐乡市以建设先进制造基地和网络智慧强市为目标，以做强先进制造业为主攻方向，以新一代信息技术为重要支撑，推动信息化和工业化深度融合，工业网络化、智能化、绿色化水平不断提升。12月，省经信委公布浙江省两化深度融合示范区域绩效评价结果，桐乡市获评优秀示范区域，列全省接受绩效评价示范区域的第一名。至年底，已培育开展两化融合管理体系贯标企业5家，培育省级总部型两化深度融合示范试点企业2家，培育桐乡市、嘉兴市两化融合示范企业45家，培育省级两化融合示范企业3家、试点企业2家。规模以上企业信息化规划普及率25%以上，装备数控化率35%，ERP、MES、PLM、SCM等关键信息化应用系统建设率分别达到60%、15%、15%、30%，销售电子商务和采购电子商务应用率分别达到35%、15%。2015－2016年，全市信息服务产业规模以上产值70亿元，占规模以上企业工业比重5.1%。

（何琪浩）

【桐乡企业参展互联网之光博览会】 11月15日，第三届世界互

桐乡企业参展互联网之光博览会　　市委办提供

联网大会·乌镇峰会互联网之光博览会在乌镇互联网国际会展中心开幕。桐乡馆位于乌镇互联网国际会展中心四号馆二楼，展示面积160平方米。浙江永泰隆电子股份有限公司、嘉兴同智科技有限公司、嘉兴华康同邦医疗科技有限公司等15家企业参展。浙江合众新能源汽车有限公司、浙江盈米科技有限公司和浙江大数据交易中心有限公司3家桐乡企业，以独立展位的形式进行展出。桐乡馆内不同的区域分别放置电视机，循环播放企业介绍宣传片和和桐乡“一业一网”宣传片，展示两届互联网大会以来桐乡市互联网经济发展成果，推介乌镇互联网创新发展试验区、乌镇街、平安众创空间、开发区乌镇互联网产业园、高桥科创园智慧产业社区等主平台内容，介绍桐乡加快互联网经济发展的政策及规划等。

（潘　黎）

橡胶塑料

【概况】 橡胶塑料业是以橡胶塑料加工为核心，包括橡胶塑料合成、橡胶塑料加工及橡胶塑料模具在内的一个整体。2016年，橡胶塑料行业保持平稳增长。全市规模以上橡胶塑料企业工业总产值52.45亿元，销售产值51.02亿元，产销率97.3%。橡胶塑料企业项目进展顺利。浙江双箭橡胶股份有限公司年产500万平方米特种橡胶输送带生产线及研发中心大楼项目、嘉兴德盟塑胶有限公司年产300万套灯具配件技改项目、桐乡市金盛彩印包装有限公司年产5000吨复合包装材料技改迁建等项目竣工投产。浙江嘉铭新材料有限公司年产塑料6000吨项目、浙江晶通塑胶有限公司年产1100万平方米塑胶地板（砖）整体搬迁项目、浙江权威胶粘制品有限公司年产23万吨软塑包装新材料建设项目、桐乡小老板塑料科技有限公司年产1.5万吨塑料制品扩建工程等项目顺利实施。

橡胶塑料行业龙头企业浙江双箭橡胶股份有限公司生产各类输送带3523万平方米，比上年增长12.8%；销售各类输送带3448万平方米，增长7.9%；实现营业收入107194.39万元，增长12.3%，营业利润4101.95万元，下降65.3%；利润总额5122.45万元，下降60.7%；归属于上市公司股东的净利润5390.45万元，下降49.5%。推进云南子公司各项建设项目，从年产2000吨橡胶扩大到年产6000吨。

【双箭橡胶公司通过“浙江制造”双认证】 8月，浙江双箭橡胶股份有限公司起草制定的《钢丝绳芯管状输送带》团体标准通过国际、国内认证，成为桐乡市首家通过国际互认的“浙江制造”生产企业。“浙江制造”认证联盟与美国UL、德国TUV等5家国际知名认证机构实现国际合作互认，企业通过“浙江制造”认证，获两张证书。双箭橡胶推进“浙江制造”工作，成立专门的技术、管理小组，加大品牌建设培育力度，整合培育资源。《钢丝绳芯管状输送带》“浙江制造”标准的主要技术指标均达到国内一流、国际先进水平，产品符合欧盟REACH环保要求。由于产品的特殊性和通用性，公司分2个产品单元申请认证，从产品的出口量考虑，确定德国TUV作为审核认证机构。桐乡市作为全省首批“浙江制造”试点县，已形成“浙江制造”行业、企业、产品培育梯队，有试点行业2个，试点企业3家，试点培育企业12家，重点培育企业5家。

【双箭橡胶公司加强技术创新】 2016年，浙江双箭橡胶股份有限公司确立“以技术改造为导向优化创新能力”的战略构想，利用研发优势，加强技术创新，开展与同行企业、科研院校的合作与交流，建立以市场为导向的应用创新技术激励机制，加大科技开发和技术创新的投入。实施科技攻关，提高企业的技术装备水平，发挥企业技术中心的优势，加快科学技术应用和科技成果转化。年内，设计开发新产品5个，分别是防粘附输送带、气垫式橡胶输送带、节能型芳纶管状输送带、耐高温钢丝绳芯斗式提升带、煤矿用芳纶阻燃输送带；与美国CDI公司开展的技术合作，研制开发新型输送带产品；获国家授权专利8个。

（钱英杰）

企业选介

【桐昆集团股份有限公司】 公司是一家以PTA、聚酯和涤纶纤维制造为主业的大型股份制上市企业。公司有总资产180余亿元，下辖直属厂区5个、控股企业14家，员工1.5万余人，具备350万吨聚合和400万吨涤纶长丝年生产加工能力，居世界涤纶长丝企业产能和产量之首，产品畅销国内，并远销南美洲、欧洲、中东、南非、韩国、越南等60多个国家和地区。在“科技兴企”战略的指导下，依托自身国家认证实验室、省级企业技术中心的平台及省级重点企业技术创新团队的实力，多项科研成果和高新技术产品填补国内空白，并拥有自主知识产权，参与多项行业标准制定。建立科学管理体系，推行5S和TPM管理、卓越绩效模式以及6σ管理等先进管理技术。11月23日，在“纺织之光”2016年度中国纺织工业联合会科技教育奖励大会上，桐昆集团与上海聚友公司合作的科技项目“聚酯酯化废水中有机物回收技术”，获科学技术进步一等奖；桐昆集团恒盛公司的新产品项目“低缩率复合纤维(ITY)的研制与产业化技术”，获科学技术进步三等奖。12月12日，桐昆集团获“十二五”产品开发突出贡献奖。8月28日，中国企业联合会、中国企业家协会公布的2016中国企业500强榜单，桐昆集团连续15年入围，列中国企业500强第345位，2016中国制造业企业500强第167位。8月25日，全国工商联发布2016中国民营企业500强榜单，桐昆集团列中国民营企业500强第107位、中国民营企业制造业500强第64位。2016年，公司实现营业收入255.8亿元，比上年增长17.6%；实现利润14.04亿元，增长830%；实现归属于母公司股东的净利润11.3亿元，增长882.73%；上缴税收10.21亿元，下降16.7%。

（叶青云）

【巨石集团有限公司】 公司总资产200亿元，员工8000余人，玻璃纤维生产能力超110万吨，拥有浙江桐乡、江西九江、四川成都三个国内生产基地以及国外埃及生产基地，巨石美国生产基地正在建设中，并设立巨石南非、韩国、意大利、西班牙、法国、加拿大、印度、新加坡、日本、美国等生产和贸易型控股海外子公司。主要生产无碱、中碱、玻璃纤维及其制品，玻璃纤维大型无碱池窑、中碱池窑、环保池窑三大领域，拥有自主核心技术。年内，中国建筑材料集团有限公司就“先进无机非金属材料专利研究与布局”项目申报工业和信息化部知识产权推进计划项目，巨石集团作为合作单位参与项目玻璃纤维方向的专利分析研究工作。1月4日，中国建筑材料联合会、中国硅酸盐学会联合发文，公布巨石集团的“高性能玻璃纤维低成本大规模生产技术与成套装备开发”项目获2015年度中国建筑材料联合会·中国硅酸盐学会建筑材料科学技术奖科技进步类一等奖。11月，浙江省科技信息研究院和浙江省科技发展战略研究院联合发布2016浙江省企业技术创新能力评价报告，巨石集团入选2016年度浙江省技术创新能力百强企业。2016年，公司生产玻纤纱124.6万吨，比上年增长8.4%；生产玻纤制品7.53万吨，增长14.2%；玻纤电子布1.06亿米，增长10.2%；实现销售收入74.87亿元，增长6.12%；出口创汇4.834亿美元，增长6%；实现利润18.52亿元，增长56.8%；实缴税金6.31亿元，下降1.3%。

（潘翌佳）

【新凤鸣集团股份有限公司】 公司是浙江省重点规模企业，下设中辰化纤、中维化纤、湖州中石科技等多家子公司，注册资本6.02亿元，员工7000余人。公司有发明专利13个、实用新型专利85个，省级新产品鉴定100余个，多个新产品新技术被列入国家火炬计划等。10月，新凤鸣集团被中国科协企业工作办公室评为2016年示范院士专家工作站。同月，由浙江省经信委主办的第一届浙江省企业管理创新奖揭晓，新凤鸣集团获第一届浙江省企业管理单项奖。11月23日，在“纺织之光”2016年度中国纺织工业联合会科技教育奖励大会上，新凤鸣集团的科技项目“聚酯酯化废水中有机物回收技术”，获科学技术进步一等奖；“全消光涤纶长丝熔体直纺柔性关键技术及产品开发”，获科学技术进步三等奖。12月，新凤鸣集团被中国纺织工业联合会评为第五届全国纺织行业管理创新成果大奖。8月28日，中国企业联合会、中国企业家协会公布的2016中国企业500强榜单，新凤鸣集团列2016中国制造业企业500强第354位。8月25日，全国工商联发布2016中国民营企业500强榜单，新凤鸣集团列中国民营企业500强第338位、中国民营企业制造业500强第200位。2016年，公司生产涤纶长丝总产量256.35万吨，比上年增长21.2%；实现销售收入174.77亿元，增长19.4%；实现利税10.93亿元，增长112.8%。

（叶青云）

【浙江新澳纺织股份有限公司】公司近年来加大在转型升级方面的投入，30000锭紧密纺高档生态纺织项目开工建设。公司控股子公司浙江厚源纺织股份有限公司年产15000吨生态毛染整搬迁建设项目有序推进，项目淘汰原有高能耗老旧设备，引进国际先进的小浴比染色机。2016年，公司获中国纺织工业联合会科学技术进步二等奖、全国毛纺纱线类产品名优优质产品奖、全国毛纺纱线类产品名优精品奖、中纺联产品开发贡献奖、全国纺织工业先进集体、浙江省专利示范企业等称号。全年开发新产品10多个，其中6个产品被列入省级新产品试制计划；授予发明专利3个，实用新型专利16个。2016年，公司实现销售收入24.56亿元，实现利税2.99亿元、利润2.02亿元，缴纳税金1.37亿元，出口创汇9884万美元。

（李卓铭）

浙江新澳纺织股份有限公司生产流水线——数控细纱机

市经信局提供

【浙江双箭股份有限公司】公司主要从事橡胶输送带系列产品的研发、生产和销售。生产的橡胶输送带产品按骨架材料分为棉帆布芯输送带、尼龙帆布芯输送带、聚酯帆布芯输送带、整芯输送带、钢丝绳芯输送带和芳纶输送带等。9月20日，公司在中橡协胶管胶带分会第九届一次全员代表大会上当选理事长单位，董事长沈耿亮任胶管胶带分会第九届理事长。同时，被中国橡胶工业协会胶管胶带分会评为2015—2016年度全国输送带十强企业，列十强首位；董事长沈耿亮被评为2015—2016年度胶管胶带行业“优秀企业家”，总经理沈会民被评为2015—2016年度胶管胶带行业“优秀科技工作者”。公司对外投资日益加大，云南红河双箭投资有限公司产能扩大到6000吨。不断拓展大健康产业，设立上海双箭红日、苏州养老公司、桐乡和济源盛公司、上海健康科技公司等养老产业。其中，桐乡和济颐养院有限公司获浙江省知名养老机构、嘉兴敬老文明号、桐乡敬老文明号等称号。2016年，生产各类橡胶输送带3523万平方米，比上年增长12.84%；实现工业总产值92677万元，实现销售收入91239万元，实现利税17083万元，完成工业增加值29512万元，出口创汇2705万美元。

（郑　涛）

【浙江新都水泥有限公司】公司创建于1993年，是嘉兴地区首家纯回转窑水泥生产企业，年水泥生产能力300万吨，列嘉兴市单户水泥产能首位，产品被广泛用于高铁、高速公路、隧道、桥梁、高层建筑、防洪工程等国家、省、市重大、重点工程。2016年，公司面对市场激烈竞争，价格持续低位运行等困难，通过抓机遇、强管理、控风险、争市场等手段，在工作中充分认清形势和趋势、认清危机和机遇、认清目标和任务，充分发挥品牌优势。同时，加大技术改造和创新，充分发挥产能效率，在水泥行业不景气的大背景下，实现水泥产量265万吨，产销平衡，全年实现销售收入5.8亿元，实现利税5000万元。

（潘翌佳）

【浙江易锋机械有限公司】公司设计开发第四代通用的工业机器人，自主开发斜盘刮涂全自动生产线、设备管理及OEE软件，实施大量设备的自动改造及试验设备的研发工作。全年装配双臂机械手40台，投入使用31台；9月，2＃自动刮涂生产线投入生产；研发的调整垫片喷涂设备、新款预拉伸机和斜板摩擦试验机和生产执行系统（MES）均投入使用；全年累计减少用工31人，改造完成并应用自动化装备共计176台/套。总投资2.65亿元的子恺路厂区一期、二期建设完工，建筑面积8万平方米；投资5000万元的精锻中心投产。2016年，公司实现销售收入6.48亿元，比上年增长40.3%；总产量7826万件，增长8.9%；实现利税1.18亿元，增长72.4%；实现利润0.62亿元，增长28.8%；上缴税金0.56亿元，增长61.4%。

（张善勤）

【生迪光电科技有限公司】 公司成立于2000年，是一家专业生产新型光源的民营科技型企业，注册资金1.56亿元，位于乌镇镇民合经济园区，占地面积9.33公顷，建筑面积12.5万平方米，员工2000多人。公司建有新光源技术中心，有技术型人才100多人，近年来分别承担科技部中小企业创新基金项目（功率型发光二极管、功能照明用高效半导体照明光源）、国家火炬计划项目（卤钨灯230V50W、LED射灯等）、国家863科技攻关项目（功率型LED器件化模块灯具的开发）等国家级科研计划项目。公司有年产1.8亿只的卤钨灯系列生产线、年产400万套的LED光源产品线等自动化流水线。年产3000万套高效高可靠性LED光源项目年内完工并运行。2016年，公司实现销售收入9.6亿元，实现利税8902万元。

（何琪浩）

【浙江同辉纺织股份有限公司】 公司成立于1980年，是一家纺织品织造、染色整理和贸易于一体的大型股份制公司，主导产品有超柔绒、麂皮绒、金光绒、丝光绒、条绒、花点绒等各类针织服装面料，以及涤丝纺、春亚纺、美丽绸、全棉、涤棉、亚麻、真丝绸缎等各类梭织服装里面料。公司总资产5.73亿元，员工1300多人，占地面积18.7公顷；拥有德国进口卡尔·迈耶公司生产的KS、HKS经编机40台，年生产能力2400多万米；高温高压溢流染色机60台、定型机11台，年生产能力2.2万多吨；高温高压卷染机10台，年生产能力1800万米。2016年9月，公司投入2000万元延伸产品生产线，引进复合机、烫金机等设备，完善产品后整理生产流程。2016年，公司实现销售收入85000万元，实现利税9500万元，上缴税金4200万元。

（李卓铭）

【浙江华友钴业股份有限公司】 公司原名浙江华友钴镍材料有限公司，是一家专业从事钴、铜、镍等有色金属湿法冶炼及其化学品新材料制造的中外合资股份公司。4月1日，浙江省华友钴业绿色钴冶炼技术及新材料开发研究院通过浙江省科技厅验收。4月4日，浙大—华友非洲农业示范园项目列入联合国粮农对非技术援助项目。4月21日，浙江省科技厅、浙江省发改委、浙江省经信委、浙江省财政厅联合发文公布2016年度第一批新建省级重点企业研究院名单，浙江省华友钴业新能源电池材料重点企业研究院名列其中，主攻方向为“新能源动力电池正极材料前驱体及其生产工艺技术的研究开发”，企业研究院于8月获省政府授牌。4月，浙江省人力资源和社会保障厅授予华友公司“浙江省博士后工作站”牌子，工作站由试点单位变为正式单位。11月9日，中国证监会核准公司非公开发行不超过9559.1万股新股，12月15日完成发行。2016年，公司实现销售收入19.01亿元，实现利税1.05亿元、利润0.81亿元；各类钴产品销量3.9万多吨，比上年增长66%；公司钴产品销量约占国内消费量的41%，占全球消费量的20%，产销规模列国内钴行业首位。

（张善勤）

国内贸易

概 述

2016年，桐乡市实现社会消费品零售总额327.87亿元，比上年增长9.7%，增幅居嘉兴各县（市、区）第二位，其中限额以上企业实现零售额81.56亿元，限额以下企业实现零售额246.31亿元，分别比上年增长8.6%和11.6%。分行业看，批发零售业实现零售额275.75亿元，住宿餐饮业实现零售额39.32亿元，异地零售额12.8亿元，分别比上年增长13.7%、15.1%和3.5%。

消费市场趋于平稳。2016年，桐乡市主要大型商场超市实现销售额13.94亿元，与上年基本持平，其中浙江东兴商厦股份有限公司实现销售额11.57亿元。从限额以上贸易企业各个商品类别的销售情况来看，汽车类保持较高增速，全年零售额34.16亿元，比上年增长21.2%；粮油、食品类下降7.5%，服装、鞋帽、针纺织品类，家用电器、音像器材类和中西药品类分别增长6.7%、8.8%和3.5%。限额以上住宿餐饮企业实现营业额5.7亿元，比上年增长3.8%，样本星级酒店实现营业额2.75亿元，其中振石大酒店实现营业额1.63亿元。年末，全市有各类商品交易市场61个，其中22个2016年市场成交额超亿元，9个市场成交额超5亿元。全年全市市场成交额604.07亿元，比上年增长9.8%，其中濮院羊毛衫市场成交额345亿元、增长11.3%。

商贸发展日益完善。2016年，桐乡市上报商贸流通项目29个。各商贸流通项目合计完成投资46亿元，其中城北大型综合体东兴生活广场12月25日开业，振东大型综合体项目新城吾悦广场累计投资超13亿元。年内，桐乡市鼓励商贸流通企业转型升级，引导东兴商厦和副食品批发市场等传统商贸龙头企业创新流通方式和经营方式，推动网络平台建设，实现线下线上融合发展。推进超市生鲜农产品标准化建设、废旧物资回收体系建设和超市连锁、早餐工程。东兴商厦金凤凰店、屠甸店、濮院店3家超市生鲜门店通过验收，给予每店5万元奖励。至2016年底，东兴商厦拥有直营门店81家，覆盖全市重点镇（街道）和社区。市商务局形成《废旧物资回收体系建设指导意见和实施细则》初稿。出台早餐工程管理规定，优化早餐工程网点布局，取消6个布点，原则同意新设9个布点。

保供调节能力提升。2016年全市有监测样本企业56家，其中重点流通企业24家、生活必需品企业14家、商贸流通业典型企业18家，覆盖超市、酒店住宿、农贸市场和专业市场等各类型。市商务局每月发布样本企业监测报告，建立和完善监测信息分析报告体系，及时发布市场信息预测、预警，判断市场走势，及早发现市场波动苗头，通过商务预报网站及时发布重要信息和市场物价动态。春节、汛期等重要时间节点，组织14家生活必需品应急企业准备货源，坚持日报制，及时掌握市场动态，保障节日和汛期的市场应急供应。

市场流通规范有序。督促各商贸企业增强安全生产意识。开展“平安加油站”和“平安市场”创建工作，严格落实安全目标责任。严管严控散装汽油购销，全市12个散装汽油供应点全部安装实名登记信息系统。专项检查加油站、油库的油气回收情况、员工持证上岗情况和散装汽油销售情况。全年出动安全检查205人次，发现安全隐患120个，现场整改52个。风险排查、专项检查全市8家典当公司，依法打击各类非法集资活动，市商务局配合相关部门开展干洗行业整治和打击传销活动。

（程子路）

商　贸

【概况】 2016年，桐乡市国有城镇企业管理办公室负责管理商贸流通企业29家，比上年少1家。商贸流通企业在岗从业人员508名，其中专业技术人员87名。在岗职工人均收入46758元，比上年增加3412元。29家商贸流通企业全年实现销售额3.36亿元、利税1778万元、利润797万元，分别比上年下降11.7%、44.9%和60.2%。负债率高、主营业务不突出、靠出租门面维持等仍是不少商贸流通企业的现状。29家商贸流通企业中9家经营亏损，合计亏损288万元；13家资产负债率超过60%。

（徐　炜）

供　销

【概况】 2016年末，桐乡市供销合作总社有所属企业14家（全资、控股、参股企业11家，自然人股份企业3家），基层供销社9家，产业活动单位750家，从业人员1750人。2016年，市供销总社新领办、参办农民专业合作社8家，累计71家；新办农民专业合作社联合社1家（桐乡市兴农蚕业专业合作社联合社），累计5家；新建农村综合服务社5家，累计84家。市供销系统全年实现经营收入53.8亿元、商品销售额44.7亿元，分别比上年增长2%和16.1%；实现综合经济效益8646万元、利润3955万元，分别增长12%和10.2%；完成农副产品收购额11.2亿元，增长24.4%；社会贡献总额2.4亿元，增长4.4%。市供销总社在全省供销社系统综合业绩考核中获2015年全省综合业绩考核特等奖。年内，市供销总社农产品物流配送综合服务基地项目、濮院供销社经营服务综合体项目先后竣工，崇福供销社经营服务综合体项目开工。

【高桥新区供销广场开业】 12月1日，由高桥供销社投资7000余万元建设的高桥新区供销广场开业。该供销广场位于桐乡市高桥新城大道906号，占地面积1公顷，总建筑面积1.83万平方米，地上4层，地下1层，经营服务项目包括农贸市场、大型超市、宾馆住宿、餐饮娱乐和金融服务等。开业首月，高桥新区供销广场即实现营业额876万元。

【供销系统两个服务项目竣工】 经过近两年的建设，2016年，濮院供销社经营服务综合体项目和市供销总社农产品物流配送综合服务基地项目先后竣工。濮院供销社经营服务综合体项目由濮院供销社投资建设，位于濮院镇永越大道与聚成路交汇处，占地4135平方米，建筑面积8015平方米，经营服务项目包括购物中心、餐饮住宿、商务办公等。市供销总社农产品物流配送综合服务基地项目由桐乡市供销总社全额投资建设，位于桐乡市振东新区平安路与国源路交汇处，占地4936平方米，建筑面积15018平方米，经营服务项

12月1日，高桥新区供销广场开业　　市供销总社提供

目包括农产品物流配送、农产品电子商务、农村实用人才培训及农村金融、商务办公等。

（郁春南）

粮　　食

【概况】 2016年，桐乡市粮油货源充足，市场供应平稳，市级储备粮管理安全无事故，年末地方储备粮油足额到位。全市粮食总产量16.45万吨，粮食消费量51.73万吨，分别比上年增长2%和25.74%，粮食产需缺口35.28万吨。年内，国有粮食购销企业收购稻谷2.34万吨，与全市313户种粮大户（粮食专业合作社、家庭农场）签订晚粳谷订单合同，收购订单晚粳谷2.08万吨。公开拍卖轮换储备粮1.37万吨。深入实施惠农政策，种粮大户订单晚粳谷收购价171元/50千克。晚稻收获期间，稻谷市场价明显低于国家规定的最低保护价，为维护农民利益、保护农户种粮积极性，在订单粮食收购同时，再次启动最低收购价预案，晚粳谷155元/50千克，甬优杂交谷138元/50千克。市粮食收储公司核实农户粮食产量，收好余粮，避免发生“农户卖粮难”问题。完善粮食订单信用体系建设，市政府表彰奖励优秀售粮户11户。加强粮食安全体系建设，全面落实粮食安全责任。地方储备粮严格按照“科学化、制度化、精细化、规范化”管理要求，市粮食收储公司各库区库存粮油账实相符，无霉变，无虫害，无鼠雀，无事故。健全粮食市场监测预警报告制度，开展监测预警，定期报送市场供应信息和价格监测信息，及时报告市场异动。加大对粮食应急加工企业、粮食应急供应网点、“放心粮油”创建店的日常监管力度，完善粮食应急体系建设，增设粮食应急供应点13个，累计28个，实现全市镇（街道）全覆盖。加强对市级储备粮（成品粮）、食用油的监管。

2016年桐乡市粮油批发价情况

表7　　　　单位：元/千克

品种＼月份	1	2	3	4	5	6	7	8	9	10	11	12
菜　　油	9.40	9.40	9.20	9.20	9.20	9.20	9.20	9.20	9.20	9.20	9.20	9.20
玉　　米	2.19	2.19	2.08	1.96	1.90	2.00	2.00	1.98	1.98	1.92	1.76	1.76
晚　粳　米	4.16	4.16	4.14	4.10	4.10	4.10	4.10	4.10	4.10	4.10	4.08	4.20

（潘红阳）

烟　　草

【概况】 2016年，浙江省桐乡市烟草专卖局（嘉兴市烟草公司桐乡分公司）全年销售卷烟4.16万箱，比上年减少5.46%；实现销售额19.48亿元，减少0.1%；实现税利5.75亿元、利润4.71亿元，分别比上年增长7.5%和7.94%。桐乡市烟草专卖局在年度综合考评中，获嘉兴市系统第一名。是年，桐乡市烟叶种植规模稳定，2个镇、3个街道、34

晒红烟大棚调制现场　　烟草公司桐乡分公司提供

个村种植烟叶55.84公顷，其中世纪一号晒红烟种植面积49.64公顷。烟草公司桐乡分公司实施降低晒红烟烟叶加工损耗率精益改善课题，烟叶损耗率从21%降至15.6%。与717户烟农签订烟叶种植收购合同，约定收购烟叶125.64吨，实际收购烟叶81.17吨，烟农总收入192.43万元。烟草公司桐乡分公司全年销售烟叶119.5吨(工商普通购销20吨、出口备货99.5吨)，租地1.84公顷，建立口含烟叶原料试验基地，开展口含烟叶原料研究。桐乡市烟草专卖局全年查获各类卷烟销售违法案件353起，其中5万元以上真烟大要案43起、走私案1起。是年，桐乡市卷烟市场净化率99.14%。

（冯　卿）

电子商务

【概况】 2016年，桐乡市电子商务蓬勃发展，全年实现网络零售额229.54亿元，居嘉兴各县(市、区)第二位。7月，桐乡市被评为省级电子商务示范县(市)以及省级产业集群跨境电商发展试点县(市)。年内，桐乡市电子商务工作领导小组组织市十佳电商企业评选。继续与阿里巴巴合作村淘项目，全年为老百姓代购15万笔、代购金额1739万元。阿里巴巴村淘项目试行本地招商，嘉兴市禹科农业设施工程有限公司、桐乡市汉林农业机械有限公司与阿里巴巴成功对接。举办桐乡市特色农产品网销创业创新大赛，全市22个农村专业合作社(生产基地)、31个创业团队(个人)参赛，遴选公布农产品网销项目10个，经各参赛对象实战比拼，评出获奖选手(团队)16个。加强电商人才体系建设，以电商创业培训、在校学生培训、职业技能培训、在职人员提升以及知识普及培训等形式，多方位培养电商人才，全年培训3300人次。完善电子商务公共服务体系，不断加强网站平台建设等，同时线下设立市、镇、村三级服务机构。

2016年桐乡市十佳电商企业

表8

序　号	企　业　名　称	主　营　业　务
1	嘉兴三珍斋食品有限公司	熟食制品的加工销售
2	浙江钱皇网络科技股份有限公司	蚕丝被生产销售、计算机网络技术开发等
3	浙江乐麦科技发展股份有限公司	皮鞋的生产销售、电商服务
4	浙江卡鳄贸易有限公司	皮鞋销售
5	桐乡派典电子商务有限公司	服装销售
6	桐乡市嘉黛艾妮鞋业纺织有限公司	亚麻纱、棉麻纱的销售
7	兔皇羊绒有限公司	羊绒服装服饰的生产销售
8	浙江金牌商标代理有限公司	商标转让、注册等
9	桐乡市洲泉蚕丝被电子商务发展有限公司	蚕丝被的生产销售
10	桐乡市百喜福鞋业有限公司	皮鞋的生产销售

（冯叶萍）

大中型商场

【浙江东兴商厦股份有限公司】 2016年，浙江东兴商厦股份有限公司入选“十二五”浙江省商贸百强企业。是年，实现销售额11.57亿元，上缴税收2427万元。连锁超市业务有新进展，围绕“以生鲜为引领，着力打造市民放心菜篮子工程，推动超市业务的拓展”这个思路，优化购物环境，对接农产品生产基地和农民专业合作社。至年底，该公司有连锁超市门店81家，全年实现连锁销售额3.8亿元，其中东兴净菜市场超市被评为“省级放心农贸市场”。12月25日，东兴生活广场开业，开业当天实现销售额6500万元。东兴生活广场位于桐乡市区庆丰北路与环城北路交叉

12月25日,东兴生活广场开业　　　　市商务局提供

口,占地4万平方米,建筑面积23.8万平方米,总投资11亿元,有大型超市、家电市场、儿童游乐园、巨幕电影、餐饮等,给消费者一个全新的消费环境。

（朱显忠）

【沃尔玛桐乡店】 2016年,沃尔玛进驻中国20周年,沃尔玛桐乡店开张第9年。年内,沃尔玛提升顾客服务,将免费送货半径延长至3千米,承诺客服热线24小时答复处理顾客咨询,推广使用微信支付。沃尔玛桐乡店2016年继续按照总部要求,升级完善免费送货到家服务,全年客流量约96万人次,实现销售额7766万元,上缴税收91.18万元。

（马朱平）

【乐购桐乡店】 乐购桐乡店位于桐乡市区东兴街和鱼行街交叉口的中虹天地,卖场3层,面积1.87万平方米,地下停车位319个,顾客消费满50元即可免费停车2小时。乐购桐乡店交通便利,经营商品种类齐全。全年客流量约136万人次,实现销售额13013万元,上缴税收358万元。

（钱雅明）

住宿、餐饮业

【振石大酒店】 振石大酒店拥有各类客房575间套、大型多功能宴会厅6个、大小各异的会议室23个,可一次性接待会议、餐饮近3000人。酒店除经营餐饮住宿外,还可提供庆典、家政、水疗、美容美发等服务。2016年,振石大酒店与第三方平台加强合作,完善升级官网等,增加在线预订、在线支付功能。年内完成弘毅投资会议、第三届世界互联网大会·乌镇峰会、北京金属钴镍会议、中国科创大赛和巨石年会等的会务接待。接待宾客近50万人次,其中团队680批次、外地宾客20万人次。该酒店全年实现营业额1.63亿元,实缴税收1424.27万元。

（裘春雷）

【浙江省电信实业集团公司桐乡钱塘新世纪分公司】 4月,桐乡钱塘新世纪大酒店完成改制,注册成立浙江省电信实业集团公司桐乡钱塘新世纪分公司,实现新老公司无缝对接。2016年,公司优化资源配置,严抓精细管理,强化降本节支,健全完善服务质量管理体系,细化、优化岗位服务标准、流程和规范,进一步提升服务品质。年内,整合成立预订中心,为宾客提供一站式预订和全程服务。改善客房硬件,提升舒适度,丰富客房产品的服务内涵,推出四季主题个性化服务,打造婚房、生日房、亲子房等主题客房。餐饮以菜肴品质管理为核心,实施平价酒水策略,在巩固“婚宴”主打品牌基础上,挖掘“婚前婚后宴”“宝宝宴”“生日宴”“同学会”等其他主题宴会市场。该酒店全年实现营业额4031万元,上缴税收77.2万元。

（吴依萍）

【银园大酒店】 2016年是银园大酒店成立17周年。17年来,酒店始终诚信经营,本着“宾客至上,热情周到”的服务宗旨,明确市场定位,转变营销理念,重视人本管理,节能降耗,提倡文明、绿色消费。2016年,该酒店为迎合婚宴市场,进一步塑造餐厅主题文化,投入100多万元对银园厅及部分包厢进行改造装修。11月,银园酒店通过浙江省星级旅游饭店评定委员会的“四星级复核评定”。酒店全年实现营业额2065万元，上缴税收88.24万元。

（周梅芬）

【东方大酒店】 2016年，东方大酒店完成各类会议会务接待720个次，完成第三届世界互联网大会·乌镇峰会等大型会议团队的接待。酒店注重打造企业文化，全年开展员工培训311次，组织员工业余文化活动18次。为建设节约型酒店，有效提高资源利用效率，酒店全年节能改造投入40多万元。该酒店全年实现营业额2270万元，上缴税收102.65万元。

（许晓维）

【光明大酒店】 2016年，光明大酒店围绕年初确定的“打造阳光安全型企业，组建高效优质型队伍”这一总体工作思路，廉政建设到位、安全工作到心，紧抓服务质量和经营效益。全年接待各类会议、旅游团队、商务团体等101个次，会议人数5217人次。接待就餐客人约6.8万人次、住宿客人约3.4万人次。该酒店全年实现营业额2267.64万元，上缴税收97.13万元。

（陈建华）

对外贸易

概　　述

2016年，面对世界经济增长动力不足、国际市场需求放缓等不利因素，桐乡外贸逆势上扬。全年实现进出口总额281.5亿元，比上年增长6.7%。其中，实现出口额212亿元，增长11.6%；进口额69.5亿元，下降6%。进出口增幅列嘉兴各县（市、区）第三位，出口增幅列第二位。

出口商品结构进一步优化。与上年相比，九大类主要出口商品类别中，纺织品、机电产品、服装、塑料、橡胶制品及床上用品等六大类商品实现增长，其中机电产品首次超过服装，实现出口额38.3亿元，增长22.3%，成为全市第二大出口商品类别；医药化工、高新技术产品和鞋类三类商品出口出现下降。

大企业引领作用依旧明显，中国巨石、生迪光电、恒石纤维、新澳纺织、恒美服饰、新凤鸣集团、晶通塑胶、桐昆集团、外贸集团、华友钴业等桐乡市外贸出口十强企业实现出口额合计90.4亿元，增长13.1%，拉高全市出口增幅5.5个百分点，占全市出口总额42.6%。

对外经济合作形势良好，2016年新批境外投资企业6家、增资项目3个，中方投资额合计3.29亿美元，系嘉兴各县（市、区）最多。实现境外承包工程营业额1.29亿美元，境外企业合计带动出口3.66亿美元，增长1.1%。

2016年桐乡市外贸出口二十强企业出口情况

表9　　　　单位：万元

位次	企　业　名　称	出口额	比上年增长(%)
1	中国巨石股份有限公司	217319	−6.1
2	桐昆集团股份有限公司	128735	9.9
3	新凤鸣集团股份有限公司	108057	14.9
4	生迪光电科技股份有限公司	86903	100.4
5	浙江桐乡外贸集团股份有限公司	74273	3.3
6	浙江恒石纤维基业有限公司	72058	49.7
7	嘉兴恒美服饰有限公司	66337	16.3
8	浙江新澳纺织股份有限公司	54241	18.0
9	浙江华友钴业股份有限公司	52434	2.0
10	浙江晶通塑胶有限公司	43214	11.4
11	浙江花神丝绸进出口有限责任公司	37793	33.3
12	浙江豪庭灯饰有限公司	36248	33.9
13	桐乡市龙翔经贸有限公司	32774	11.7
14	浙江永泰隆电子股份有限公司	27132	33.9
15	浙江嘉名染整有限公司	26415	21.4
16	桐乡波力科技复材用品有限公司	25796	−10.4
17	桐乡力山工业有限公司	25164	925.7
18	铭龙控股集团有限公司	24940	10.1
19	浙江红太阳毛纺织有限公司	22454	35.8
20	嘉兴永发电子有限公司	22384	7.1

注：出口额按集团计算

对外商品贸易

【概况】 2016年，桐乡市813家企业有自营进出口实绩（其中743家有自营出口实绩），与166个国家和地区开展贸易往来。全市实现出口额212亿元，比上年增长11.6%，分别高于全国平均、全省平均、嘉兴平均13.6个、8.6个和2.6个百分点，在全省出口总额及全嘉兴市的出口总额中的占比分别提至1.2%和13.7%。全市实现进口额69.5亿元，比上年下降6%，裘皮革、化工产品、矿产品等下降明显。进出口贸易中，一般贸易进出口仍占主导地位，全市全年一般贸易进出口额224.4亿元，占全市进出口总额的79.7%。其中，一般贸易出口和加工贸易出口“双增长”，一般贸易出口额176.4亿元，加工贸易出口额35.6亿元，分别增长12.4%、7.9%；进口“双双下滑”，一般贸易进口额47.96亿元，加工贸易进口额19.49亿元，分别下降1.2%、14.4%。

【对欧美主要市场出口好于新兴市场】 2016年，桐乡市与166个国家和地区开展贸易往来。除对非洲、东盟和日本市场出口出现下降外，对其他主要市场出口实现增长。实现对欧盟出口额58.7亿元，对美国31.4亿元，分别增长21.3%和11.7%；实现对西亚出口额23.1亿元，对拉美国家11.9亿元，分别增长13.7%和13.3%。实现对非洲出口额14.9亿元，对东盟19亿元，对日本8.9亿元，分别下降4.8%、0.7%和1.7%。全市491家企业与“一带一路”沿线国家和地区有贸易往来，合计实现进出口额83.2亿元，其中出口76.4亿元、进口6.8亿元。

【企业风险防范意识和防范能力进一步提高】 2016年，桐乡市有序开展外贸预警工作。涤纶丝、玻璃纤维和皮毛行业三大外贸预警示范点运用网站、QQ群和重点企业微信群等，及时告知企业有关国外贸易壁垒和贸易摩擦信息，定期分析行业进出口统计数据和重点出口地区的价格走势。年内，玻璃纤维预警点被评为浙江省优秀预警点。企业的风险防范意识和防范能力进一步提高。桐乡市全年共遭遇来自印度、巴基斯坦、美国和英国的8起贸易摩擦案件，涉案金额约7000万美元，涉案企业16家，涉案产品主要集中在玻璃纤维、PVC等传统出口产品。是

2016年桐乡市主要商品出口情况

表10　　单位：万元

商品名称	出口额	占比(%)	比上年增长(%)
纺织纱线、织物及制品	885811	41.8	13.2
机电产品	382501	18.0	22.3
服装及衣着附件	327264	15.4	1.9
床上用品	107497	5.1	11.4
塑料及橡胶制品	104153	4.9	9.6
医药化工	78805	3.7	−2.7
毛皮及革制品及箱包	69542	3.3	1.6
高新技术产品	32899	1.6	−6.0
鞋类	22901	1.1	−29.0

2016年桐乡市出口市场情况

表11　　单位：万元

市场	出口额	占比(%)	比上年增长(%)
亚洲	789365	37.2	6.9
其中：西亚	231137	10.9	13.7
东盟	190441	9.0	−0.7
欧洲	648735	30.6	22.4
其中：欧盟	586716	27.7	21.3
北美洲	356618	16.8	12.3
非洲	149138	7.0	−4.8
拉丁美洲	118987	5.6	13.3
大洋洲	55121	2.6	13.3

按国别 2016 年桐乡市出口情况

表 12　　单位:万元

国　别	出　口　额	占比(%)	比上年增长(%)
美　国	314341	14.8	11.7
土耳其	125941	5.9	20.2
德　国	118640	5.6	8.0
埃　及	98061	4.6	−4.1
韩　国	96975	4.6	23.9
越　南	93869	4.4	−3.1
日　本	89392	4.2	−1.7
英　国	88557	4.2	32.3
西班牙	67069	3.2	29.3
印　度	65079	3.1	−10.8

年,原审涉案金额 100 万美元案件企业应诉率 100%。8 起摩擦,3 起年内结案,5 家企业参加应诉,巨石集团是印度玻璃纤维发起反倾销日落复审案浙江省唯一应诉企业,最后被裁定征收 24.59%的反倾销税。桐乡骏诚在印度对华桑丝反倾销案中通过行业无损害抗辩,征收的反倾销税税率从初裁的 130%降至终裁的 4%。

【出口信用保险为外贸企业撑起"保护伞"】 出口信用保险是一项保障出口企业收汇安全的政策性保险业务,可为企业有效防范外贸风险。2016 年,桐乡市获全省出口信用保险工作优胜奖,是嘉兴唯一获奖市(县)。2016 年,桐乡市 654 家外贸企业投保出口信用保险,覆盖面 88%;投保金额 9.83 亿美元,渗透率 35.8%,比上年增长 27.9%。投保企业实现出口额 11.83 亿美元,增长 25.85%,高于全市出口平均增幅 20.75 个百分点。全年处理案件 34 起,涉及金额逾 1181 万美元,完成赔付 18 起、金额 64 万美元。成功帮助企业追回 17 起,追回金额 749 万美元。

【举办 2016"中国·桐乡跨国采购洽谈会"】 2016 年,桐乡市举办首次跨国逆向采购活动。1 月 8 日,2016"中国·桐乡跨国采购洽谈会"在乌镇黄金水岸大酒店召开。此次洽谈会以"开放、合作、共赢"为主题,在"家门口"为桐乡的外贸企业与国际采购商搭建贸易合作平台,来自英国、日本和越南等国家的采购商与 40 多家桐乡本土供应商进行面对面贸易洽谈,采购商品主要涉及纺织、机电、建材等 6 个大类 30 多个品种,现场达成意向订单比例近 50%。

对外经济技术合作

【概况】 2016 年,桐乡市新批境外投资企业 6 家、增资项目 3 个,合计中方投资 3.29 亿美元,居嘉兴各县(市、区)首位,其中 1000 万美元以上 3 个,中方投资额 3.19 亿美元,占全市投资总额的 97%。分析投向:全年对欧美日传统经济体投资额 31400 万美元,对"一带一路"国家和地区投资额 303.6 万美元。年内,中国巨石投资 2.97 亿美元在美国建设 8 万吨池窑拉丝玻纤生产线项目获批。全市 6 家企业有境外工程承包资质,全年境外承包工程营业额 1.29 亿美元,占嘉兴全市境外工程承包业务总额的 94%。新批及增资境外营销机构项目 7 个,境外营销网络带动桐乡出口 3.7 亿美元,比上年增长 1.1%。

2016 年桐乡市境外投资情况

表 13　　单位:万美元

序号	境　外　企　业	境　内　主　体	所在地	投资额	批准时间
1	耀阳科技(日本)有限公司	嘉兴市耀阳新材料科技有限公司	日本	16.92	2 月 19 日
2	优源贸易股份有限公司	桐乡市鑫虎经贸有限公司	美国	21	3 月 24 日
3	德国生迪有限公司(增资)	生迪光电科技股份有限公司	德国	514.5	4 月 11 日

续表 13

序号	境外企业	境内主体	所在地	投资额	批准时间
4	美国生迪有限公司(增资)	生迪光电科技股份有限公司	美国	1000	4月12日
5	新澳纺织(欧洲)有限公司	浙江新澳纺织股份有限公司	意大利	1151.514	7月8日
6	优氏美国销售有限公司	浙江鼎途旅行用品有限公司	美国	100	7月13日
7	恒石埃及纤维织物股份有限公司(增资)	浙江恒石纤维基业有限公司	埃及	325	7月13日
8	塔什干拉丝杰威有限公司	浙江优百特进出口有限公司	乌兹别克斯坦	3.632	8月11日
9	巨石美国股份有限公司	中国巨石股份有限公司	美国	29748.3	9月30日

【搭建浙江省首个境外投资保险平台】 2016年,桐乡市联手中国出口信用保险公司浙江分公司,搭建浙江省首个境外投资保险平台。3月22日,市商务局与中国出口信用保险公司浙江分公司就共建境外投资保险平台进行战略合作签约。该境外投资保险平台可为投保企业提供国别风险研究报告、行业风险研究报告以及在投资对外贸易方面的咨询服务,指导企业建立系统、完善、应保尽保的境外投资风险防控体系。至年底,桐乡市有55家境外投资企业纳入该平台范围。

(夏俊霞)

3月22日,境外投资保险战略合作签约仪式　　市商务局提供

海　关

【概况】 2016年,嘉兴海关驻桐乡办事处围绕“五型”(学习型、服务型、法治型、创新型、廉洁型)海关建设目标,积极参与全国海关区域通关一体化改革。全年审核报关单3187份,征收税款2.25亿元;验放进出口货物6.22万吨、1.67亿美元,查验率0.78%;办理加工贸易合同备案341份,进口备案总值3.52亿美元,报核率、结案率均为100%;海关注册(登记)新企业141家。优化通关环境,推进全国海关区域通关一体化作业,全年一体化进出口通关442票。和检验检疫部门合作开展“三个一”(一次申报、一次查验、一次放行)通关,全年合作办理通关货物48票。推进无纸化通关,通关无纸化率100%。促进贸易便利化,开展便捷通关特色服务,支持桐昆、新凤鸣公司技术改造升级,为两企业验放减免税进口设备9批次,货值4547万美元。支持巨石集团“走出去”,帮助其在美国投资2.97亿美元建设8万吨池窑拉丝玻纤生产线。注重企业管理,确定高资信企业培育对象3家。继续开展加工贸易差别化管理,以企业为单元,对加工贸易合同备案金额占比80%的20家加工贸易企业进行差别化管理,完成生产工艺、单耗、损耗等信息的备案。加工贸易管理水平进一步提升,2家化纤公司尝试企业自我风险评估,对2家联网监管企业实行专

人跟踪管理，对 12 家企业进行约谈。开展法律政策宣传，召开地方重点外贸企业座谈会、外贸企业政策综合培训会各 2 个，组织梧桐讲堂 6 次，走访、调研企业 20 家次。

（高燕芳）

出入境检验检疫

【概况】 2016 年，嘉兴出入境检验检疫局桐乡办事处检验检疫出口货物 6297 批、货值 2.15 亿美元，分别比上年增长 15.25% 和 14.11%；检验检疫入境货物 286 批、货值 3225 万美元，分别增长 302% 和 393%。进出口检验检疫合计检出不合格 85 批、货值 960 万美元，分别增长 102.38% 和 75.3%。检疫入境集装箱 204 批、796 箱，分别增长 120% 和 110%。截获有害杂草 352 批次 21 种，其中检疫性有害杂草 102 批 5 种，其他一般性杂草 250 批次 16 种。全年签发出入境通关单 5751 份、出入境换证凭条 443 份、入境检验检疫证明 21 份和各类检验检疫证书 1127 份。为 56 家企业进行产地证备案、54 家企业进行自理报检单位备案登记。全年签发各类原产地证书 14155 份，签证金额 58123.44 万美元。其中，签发普惠制产地证书 4414 份，签证金额 17509.23 万美元；签发一般原产地证书 4480 份，签证金额 15611.43 万美元；签发区域优惠原产地证书 5261 份，签证金额 25002.78 万美元。4 月 1 日起，承接开展危险品包装检验业务及危险化学品检验业务，至年底完成出口包装检验 719 批、2016.01 万件；危险化学品检验业务 313 批、1451.2 万美元。推进无纸化工作。2016 年，桐乡市 19 家农产品出口企业全部实行无纸化报检和无纸化通关，90% 的产地证签证企业实现原产地证无纸化签证。

【试行原产地证信用签证】 2016 年，检验检疫桐乡办事处在桐乡市选取 2 家签证量大、签证质量好的出口企业作为试点，开展原产地证信用签证。原产地证信用签证，出口企业不用到检验检疫机构现场签发原产地证书，由检验检疫机构事先为出口企业签好空白原产地证书，盖好章，出口企业电子信息审核通过后，直接打印即可。至年底，检验检疫桐乡办事处原产地证试行信用签证 798 份，签证金额 1096 万美元。

【开展“进口直通”试点】 2016 年，检验检疫桐乡办事处为进一步对接国家战略措施，促进桐乡市开放型经济发展，推进通关贸易便利化，推动实施区域一体化通关通检模式，开展“进口直通”试点。在综合评估进口蓝湿牛皮检疫风险和企业防疫措施有效性的基础上，对浙江高桥皮革有限公司进口实行“进口直通”模式，由以往口岸、内地两次报检缩减为一次报检，节省货物口岸报检、报关、滞港时间，降低企业查验成本，加快企业生产流转速度。

【启动国家级出口杭白菊质量安全示范区创建工作】 杭白菊，是桐乡具有地域特色的传统农产品。为进一步推动桐乡杭白菊产业发展，提升省级出口杭白菊质量安全示范区的规格，扩大示范区示范效应，检验检疫桐乡办事处、桐乡市农经局、桐乡市商务局联合调研杭白菊产业现状后，就国家级出口杭白菊质量安全示范区创建工作达成“地方政府主导，企业为主体”的共识。8 月，桐乡市启动创建工作，至年底，建立杭白菊示范基地 2666.67 公顷。

（石巧灵）

绿色杭白菊示范基地　　检验检疫桐乡办事处提供

招商引资

概　　述

2016年，桐乡市16个招商主体(年内新增科创园、公投集团两个招商主体)和各相关部门突出高端装备制造、新材料、互联网等新兴产业，以北京、上海、深圳、杭州为主要城市，开展各类主题招商活动120余场，集中签约项目80多个。招商的同时，推进招商引资项目的落实，针对重点地区、重点领域，6—8月开展"招商引智百日大会战"专题活动。

年内，桐乡市加强全市招商队伍建设，增加招商主体，分解落实招商引资外资目标任务，要求每个部门(单位)配备兼职分管领导和责任科室负责日常招商引资工作。市商务局出刊《"双招双引"工作动态》，跟踪发布各招商主体和联络处的"双招"工作动态及全市在谈签约项目的进展。创新招商方式，探索中介招商和委托招商，与上海美国商会、德勤中国、高力国际、戴德梁行等签订委托招商协议。

2016年，桐乡市引进外资项目66个(新设项目54个、增资项目12个)，合同利用外资6亿美元，实际利用外资3.44亿美元，分别比上年增长18.55%和2.41%。全市市外内资项目216个，实到市外内资113.09亿元、注册资金61.86亿元，其中市外内资服务业项目114个、实到市外内资57.14亿元、注册资金38.64亿元。年内新引进市外内资项目156个，实到市外内资82.84亿元、注册资金57.86亿元。全市外商投资企业上缴税收14.16亿元，实现出口额12.37亿美元。2016年全市完成"浙商回归"到位资金63.86亿元。

9月24日，"聚焦桐乡·相约乌镇"2016国际经贸洽谈会重大项目签约仪式　　市商务局提供

利用外资

【概况】 2016年，桐乡市引进外资项目66个(新建项目54个、增资项目12个)，合同利用外资6亿美元。其中：总投资1000万美元以上项目32个，合同利用外资5.34亿美元；总投资3000万美元以上项目7个，合同利用外资1.62亿美元；总投资1亿美元以上项目2个，合同利用外资4766.07万美元。54个新设外资项目中，有鼓励类项目12个，合同利用外资6571.94万美元，涉及机械装备、纺织服装等行业。按产业分，新批及增资二产项目26个，合同利用外资2.29亿美元；新批及增资三产项目42个，合同利用外资3.58亿美元。

（张　颖）

利用内资

【概况】 2016年，桐乡市市外内资项目216个，实到市外内资113.09亿元、注册资金61.86亿元，分别比上年增长9.4%、67.28%。其中，工业项目102个，实到市外内资55.95亿元、注册资金23.22亿元；服务业项目114个，实到市外内资57.14亿元、注册资金38.64亿元。年内，桐乡市新引进市外内资项目156个，实到市外内资82.84亿元、注册资金57.86亿元，其中新兴产业项目33个，总投资61.85亿元，下降32.17%；装备制造业项目14个，总投资38.62亿元，下降19.44%。是年，桐乡企业上市融资步伐加快，嘉澳环保在上海证券交易所A股上市，中国巨石、新澳股份再次增发，三项目合计从国内资本市场募集资金18.62亿元。融入长三角格局进一步凸显，年内新引进长三角市外内资项目91个，实到市外内资47.98亿元、注册资金32.04亿元。接轨上海步伐加快，91个长三角市外内资项目中上海投资项目24个，实到市外内资23.51亿元、注册资金12.98亿元，分别增长12.17%、93.15%。

（徐建华）

经济开发区

【概况】 2016年，桐乡经济开发区全区实现工业总产值359.15亿元。缴纳税金20.76亿元，其中工业企业缴纳税金16.48亿元、第三产业企业缴纳税金4.28万元。实现利润46.54亿元，其中工业企业实现利润29.64亿元、第三产业企业实现利润16.9亿元。企业实现进口总额4.93亿美元，出口总额11.33亿美元。新增规模以上工业企业21家，累计164家；新增限额以上服务业6家，累计52家；新增亿元企业4家，累计50家。列入区内考核统计的规模以上工业企业161家，实现工业总产值206.69亿元，比上年增长3.7%；完成销售产值194.76亿元，增长3.9%；累计产销率95.3%，新产品产值94.3亿元，新产品产值率46.15%；实现利润26.02亿元、利税35.68亿元。全年完成全社会固定资产投资51.37亿元，增长17.5%。工业生产性投入38.06亿元，增长10%。其中，设备投入22.52亿元，占比59.2%；技改投入35.5亿元，占比93.3%。完成第三产业投资13.3亿元。年内，新增上市企业1家、股份制改造企业5家、高新技术企业9家，完成存量土地挖潜27.6公顷。6月，桐乡经济开发区被省政府评为2015年度省级优秀开发区。

9月25日“聚焦桐乡·相约乌镇”2016国际经贸洽谈会——桐乡经济开发区智能制造专场推介会上，开发区党工委书记屠建忠作开发区投资环境介绍　开发区提供

【招商选资出成效】 2016年，桐乡经济开发区围绕装备制造、复合新材料、生物医药、互联网产业几大重点开展招商，突出驻点招商、以商引商、多元化招商。在加大招商队伍自身建设的基础上，注重激发企业的主动性和创造性，把一批规模以上企业推向招商引资第一线。开发区安排人员先后赴北京、上海、杭州等地参加各类互联网论坛、展会寻求招商机会，培育建设乌镇互联网产业园，集聚互联网产业，优化产业结构。加强上海区域的招商力度，专门设立上海浦东驻点招商办，紧密对接上海康桥、北蔡等地的产业转移工作。拓宽招商引资渠道，开发区先后与商业地产咨询机构“五大行”之中的高力国际、戴德梁行、仲量联行等招商中介机构签订招商引资合作协议，全年提供有效招商线索30余条。全年引进外资项目20个，其中增资项目6

个；合同利用外资24048万美元，比上年增长0.2%；实际利用外资18001万美元，下降9.1%；引进"浙商回归"资金180522万元，增长27.5%；引进市外内资187441万元，增长9.4%；注册资本97367万元，增长8.9%。

【乌镇大数据高新技术产业园区】 8月23日，省政府批复同意桐乡市创建乌镇大数据高新技术产业园区。桐乡市整合乌镇（北区块）与桐乡经济开发区（南区块）创建省级高新技术产业园区，定名为乌镇大数据高新技术产业园区，实行现有的省级高新技术产业园区政策。乌镇大数据高新技术产业园区总规划面积18.88平方千米。其中，规划面积3.77平方千米、南部区块规划面积15.11平方千米。乌镇大数据高新技术产业园区借助世界互联网大会永久会址的优势，围绕《浙江省促进大数据发展实施规划》的总体要求，推动互联网和移动互联网产业，重点开展移动穿戴设备、智慧旅游、智慧医疗、智慧会务会展、教育培训等互联网服务业的大数据应用和大数据交易。涉及到公共数据的，做好跟省数据管理中心的沟通衔接，按照"布局合理、用地集约、产业聚集"的总体要求做好产业布局规划，以自主创新为主线，引导高端要素集聚，把高新技术产业园区建成在全国具有一定影响力的集数据采集、数据挖掘分析、数据可视化应用、数据开放共享、数据交易于一体的全产业链大数据产业基地。按照桐乡市的初步规划，北区——乌镇区块将重点开展智慧旅游、智慧医疗、智慧会务会展、教育培训等互联网服务业的大数据应用。南区——桐乡经济开发区区块将重点开展主导产业发展大数据应用，提升大数据采集获取能力和分析利用能力，充分发掘数据资源的创新支撑潜力，带动主导产业技术研发体系创新、生产管理方式变革、商业模式创新和产业价值链体系重构，推动跨领域、跨行业的数据融合和协同创新，促进汽车汽配、电子信息等战略性新兴智能制造产业发展，推进复合新材料、智能装备制造等主导产业互联网深度融合与大数据应用转型升级，探索形成协同发展新业态、新模式，形成新的经济增长点。此外，南区将着力开展创业创新大数据应用，实施大数据开放行动计划，优先推进与民生保障服务相关的政府数据集向社会开放，组织开展大数据全民创新竞赛，大力完善创新创业综合服务业大数据应用。桐乡市有互联网及相关产业企业400多家，涉及信息服务、软件开发、文化传播、信息制造等领域。以互联网产业为依托的互联网经济已成为推进桐乡产业结构调整，建设制造强市的重要途径。

【开发区被认定为省离岸服务外包特色园区】 12月23日，桐乡经济开发区被浙江省商务厅认定为省离岸服务外包特色园区。近年来，桐乡市发展服务外包产业，提升桐乡城市综合竞争力、推动创新型城市和现代化城市发展。尤其是发展离岸外包业务，推进产业结构调整、转变经济发展方式，发展开放型经济、转变外贸增长方式，扩大社会就业、加快知识型人才集聚。至年底，桐乡经济开发区开展离岸业务服务外包企业6家，离岸外包执行金额871万美元，比上年增长26%。

【浙江嘉澳环保科技股份有限公司公开发行A股】 4月28日，浙江嘉澳环保科技股份有限公

4月25日，浙江嘉澳环保科技股份有限公司在上海证券交易所挂牌上市　　开发区提供

司在上海证券交易所挂牌上市，成为桐乡市第10家上市企业。股票简称“嘉澳环保”，股票代码603822。此次上市流通股本1835万股，公开发行后的总股本7335万股，发行价为11.76元，上市当天以14.11元开盘，随即以16.93元涨停，涨幅43.96%，首次公开发行募集资金2.16亿元。嘉澳环保公司主要从事环保型增塑剂的研发、生产与销售，所有产品均通过国际SGS测试，产品广泛运用于医疗器械、儿童玩具、电线电缆、人造革、PVC地板、墙纸等产业中，是有毒塑化剂的环保代替品。

（王敏媛）

濮院针织产业园区

【概况】 2016年，濮院针织产业园区建成面积10平方千米，入驻毛衫企业631家。新增规模以上工业企业12家，累计104家，实现总产值50.1亿元。全年投入基础设施建设资金1.5亿元，建设道路、桥梁等基础设施。投入项目建设资金3400多万元，完成市政招标采购项目17个。安装并启用交通摄像头智能抓拍系统，监控车辆违反交通法规、违规停放等现象；新建道路隔离带，实现机动车与非机动车分离，缓解社会车辆拥堵问题。投入资金300多万元，绿化改造永越大道、联越路、金龙路等多个区域。企业转型升级技术创新，实现“个转企”88家，实施技改项目66个，完成现代化技改投入7.64亿元，技术改造累计投入占工业生产性投入的比重超60%。引导企业股份制改造，重点培育辅导企业3家。强化企业亩均效益、环保生产、节能降耗等生产概念，倒逼低效企业淘汰。实行梯队管理，绩效评价工厂用地为企业所有工业企业223家。其中，规模以上工业企业89家，占地总面积178.39公顷；规模以下工业企业134家，占地总面积155.60公顷。实施行业整治，淘汰落后产能。全年实际腾退项目4个，折算腾退项目2个，腾退低效用地10.26公顷，淘汰落后产能上报企业15家，淘汰设备135台。加强项目建设管理，对园区各企业的建设审批、验收把关，为企业提供快捷优质的服务。园区综治服务中队常态化执勤，加强对园区的日常管理。

强化招商选资，完善招商工作机制。建立招商引资项目库，收集招商有效信息。全年走访上海企业40多家。组织参加各类推介会、说明会等招商活动。年内，在香港时装节秋冬系列及香港国际时尚荟萃展上设立濮院投资环境介绍展位，接待客商500人次，发放资料500多份，重点宣传推广濮院投资经商环境；在上海举办2016中国·濮院国际毛针织服装博览会，接待客商近1000人；召开濮院镇（上海）投资说明会暨重点项目推介会，参会客商120人次，达成投资意向1个；在北京召开濮院镇（北京）投资说明会暨重点项目推介会，参会客商120人次，达成投资意向2个；参展中国国际针织（秋冬）博览会，与PH Value中国国际针织博览会签订战略合作协议；濮院经贸考察团赴韩国开展时尚产业招商，举办“聚焦桐乡·相约乌镇”2016国际经贸洽谈会系列活动之时尚濮院——毛衫时尚产业招商推介会。

继续加强省级现代服务业集聚区建设。10月，濮院镇入选第一批中国特色小镇名单，濮院针织产业园区加快推进濮院毛衫时尚小镇时尚中心、中国濮院世界毛衫博览中心、濮院毛衫创新园创建工业旅游等项目。濮院320创意广场发挥创意设计的引领作用，通过整合全社会创新服务资源，推进产业转型升级。至年底，濮院320创意广场使用面积1.5万平方米，吸引服装设计、品牌策划、电子商务、“互联网+”等62家创业团队入驻，引进各类人才400多人。5月，320创意广场众创空间完成升级改造，首批共入驻创业团队7个。全年获专利授权106个。濮院320创意广场接待意大利、美国等国家客商，及省内外政企考察团79批次，计1017人。

【2016中国·濮院国际毛针织服装博览会】 3月16—18日，2016中国·濮院国际毛针织服装博览会在上海国家会展中心举行，与中国国际服装服饰博览会(CHIC)2016(春季)展会、PH Value中国国际针织博览会(春季)同期举办。这是博览会开办以来首次以上海作为举办地。中国纺织工业联合会副会长高勇，中国纺织工业联合会副会长、中国纺织工业协会会长杨纪朝出席活动。博览会由桐乡市市委、市政府主办，濮院针织产业园区管理委员会、濮院镇政府承办。博览会期间举行濮院毛

3月16日，举行濮院毛针织流行趋势发布活动　　濮管委提供

衫时尚特色小镇开馆仪式、濮院毛针织流行趋势发布、“濮院杯”PH Value针织设计师大赛颁奖仪式、濮院镇投资说明会等系列活动；组织濮院毛衫品牌企业33家，以毛衫时尚主题馆的形式参展，展位面积2600多平方米；浅秋针织服饰有限公司、圣地欧羊绒服饰有限公司、褚老大服饰有限公司等6家濮院企业各举办时尚服装秀1场；青韧电商、空中濮院两大毛针织服装行业B2B平台，及濮院原创设计联合展团、韩国时尚设计中心设计师联合展团参展，展现毛衫时尚小镇在“互联网＋”时代的创新实力。博览会邀请土耳其、意大利等国家知名品牌的采购商到濮院展区参观洽谈，并邀国内外客户赴濮院毛衫产业集群基地实地考察。此届博览会，濮院展团接待客商1.5万多人次，现场与客户签约达成交易46个，成交额约10万元，登记潜在意向客户2300多家。

【引进韩国时尚创意设计中心】 3月31日，濮院毛衫创新园与首尔韩饰商贸株式会社在濮院镇签订合作协议，共同建设韩国时尚创意设计中心。根据协议，濮院毛衫创新园CX创意设计总部大楼为设计师提供工作平台及住宿等配套服务，韩方在濮院开展服装设计、模特经纪、文化传播、面料开发和时尚展示等业务。2015年下半年始，濮院陆续开展系列中韩时尚产业交流活动，组织经贸考察团参访韩国东大门服装市场、综合面料市场、明洞商业街，举办中韩设计师对接交流会和东大门服装企业代表座谈会，邀请韩国相关组织负责人到濮院参观交流。2016年底，首尔韩饰商贸株式会社等20多家韩国设计师团队签约入驻，并与20多家毛衫企业建立起合作关系。

【濮院毛衫创新园创建工业旅游项目】 4月28日，濮院针织产业园区举办濮院毛衫时尚小镇新闻发布会暨濮院毛衫创新园工业旅游资源对洽会。对洽会上，向上海、杭州、苏州等地40多家旅行社推荐濮院毛衫创新园工业旅游情况。10月31日，举行中国濮院毛衫创新园工业旅游创建启动仪式。毛衫创新园工业旅游项目包含参观濮院毛衫产业文化中心、时尚T台秀、韩国时尚设计中心、毛衫时尚服饰生产车间、成长学院游客接待中心、人才公寓楼游客餐厅、西河岸漫步道景观带等，面积11.5万平方米。游客可参与走秀，拍摄写真，在园区内150家工厂店购物并享受优惠价格。截至年底，接待游客23053人，营业额124万元。

【濮院世界毛衫博览中心开工建设】 5月29日，中国濮院世界毛衫博览中心时尚智造区块举行开工典礼，中国纺织工业联合会副会长夏令敏出席开工仪式。时尚智造区块将建设个性化厂房24幢、电商仓储中心1幢，总建筑面积约7万平方米，是工业生产与仓储用途的功能性区块。10月31日，中国濮院世界毛衫博览中心商业区块开工仪式在濮院毛衫创新园举行，中国纺织工业联合会副会长夏令敏、中国毛纺协会代理会长彭燕丽等出席开工仪式。商业区块与时尚智造区块共同组成濮院世界毛衫博览中心项目，属濮院毛衫时尚小镇的建设项目之一。濮院世界毛衫博览中心项目总投资10.3亿元，总占地面积约5.53万平方米，总建筑面积约18万平方米，其中商业区块建筑面积约11万平方米。濮院世界毛衫博览中心项目商业区块将设立毛衫人文故事微电影馆、金融服务平台，向全球发布时尚毛衫大数据信息。其中，五楼为博览会专用场地，四楼为产业＋互联网展示区，三楼为时尚知名品牌展示区，二楼为时尚女装展示区，一楼为时尚男装展示区。

（李　昇　张夏啸）

振东新区

【概况】 振东新区位于桐乡市区东部，东起永兴港，西至景雅路，北接濮院大道，南达经济开发区，规划面积18.46平方千米。管理城南、革新2个村，振东、凤凰、莲花3个社区，下设70个村民小组、271个居民小组。2016年，新区总人口7.7万人，其中户籍人口2.48万人；登记在册新居民57977人，发放两类居住证3951人，其中浙江省临时居住证6人，浙江省居住证3945人。

经济平稳发展。全年全社会固定资产投资完成32.3亿元，市级重大项目投资完成31.02亿元；合同利用外资1620万美元，实际到位外资2300万美元；引进市外内资7.38亿元、“浙商回归”资金7.38亿元；新增服务业限额以上企业11家，办理个转企18家；实现税收7亿元，比上年增长32.8%；新增悦湖湾、大通酩悦、碧桂园3个房产项目，总投资近30亿元；振东物流园区累计入驻企业45家，完成总货运量15万吨；办理收储土地12.67余公顷，批转农用地4.15公顷，办理供地14.8公顷，出让总金额14.42亿元。凤凰湖建设全面完成，历时5年，数字监控及智能化系统工程基本完工，景区管理规范，全年接待游客量80万（人次）以上。4月，凤凰湖东侧百亩樱花林工程建成，种植樱花树近7000棵。振石总部大楼结顶、新城吾悦广场城市综合体项目快速推进。嘉兴市首个地下管廊工程顺利推进，管廊主体施工全部完成。新建东山桥工程等一大批道路桥梁工程竣工，垃圾房改造工程、电力配套工程加快推进。13个政府投资重大项目全部开工，开工建设项目共计50个，累计完成产值1.7316亿元。

综合整治环境。配合全市开展“蓝色屋面”专项整治，整治屋面4640平方米，拆除违法建筑2万余平方米。投入资金150万元，清淤土方10万余立方米，丁家桥港等7座水闸竣工，种植水生植物1700多平方米。改造配套设施落后的老旧小区，完成康民小区、秦岸小区建后配套工程改造，推进幸福小区改造工程，改造户数300余户，改造面积12万平方米。推进环境整治工作，全面落实卫生工作责任，实施长效巡查管理，全年投入近500万元。

强化社会管理。推进村级文化活动中心和排舞小广场建设，开展群众性文化活动，举办大型广场文艺演出活动5场、凤凰湖草坪音乐会2场。加强学前教育，开工建设民办幼儿园1所，规划建造振东幼儿园悦湖湾北园区。走访低保、残疾等困难弱势群体，搭建帮扶平台，加强居家养老服务照料中心的监管，全年走访老人554人次，发放低保金、低收入家庭救助款、老人慰问金等计12.5万元。加强社会治理。全面扩大智慧监控覆盖面积，全部接入新区综合治理智慧中心，安装充电桩40余个。围绕G20杭州峰会、第三届世界互联网大会，开展“大巡防、大宣传、大检查”，“平安振东”微信公众号关注人数超6000户。7月13日，振东新区被省委、省政府评为2011—2015年全省法治宣传教育先进单位。

（俞伟斌）

凤凰湖　　徐建荣摄

概　述

2016年，桐乡市深化国家旅游综合改革试点工作，编制完善旅游规划，促进旅游项目落实，提升景区品质，推进产业融合，做好行业培训，规范旅游市场。入围国家第二批全域旅游示范区创建单位。文化恒基特色旅游园、森利园景区被评为国家AAA级旅游景区。全市有国家AAAAA级旅游景区1个，国家AAA级旅游景区6个，国家AA级旅游景区16个；星级饭店8家，其中五星级饭店1家、四星级饭店4家、三星级饭店3家；旅行社31家，其中四星级旅行社4家、三星级旅行社9家。全年接待游客1897.36万人次，比上年增长7.5%；实现旅游总收入203.25亿元，增长10.3%；旅游产业增加值49.11亿元，占地区生产总值的7.5%。其中乌镇景区全年接待游客759万人次。全年实现服务业营业收入36.36亿元，比上年增长11.8%；实现服务业税收4.23亿元，增长1.1%；引进市外内资10.93亿元，其中服务业10.77亿元，完成市内资注册资金3.15亿元；引进合同利用外资1506万美元，实际利用外资1100万美元。旅游经济总量位居嘉兴市首位。在2016年浙江旅游总评榜上，桐乡市获“浙江2015年度旅游发展十佳县(市、区)”称号。乌镇旅游股份有限公司被评为全国旅游系统先进集体。

2016年桐乡市国家级旅游景区

表14

名　　称	等　级	地　　址	联系电话
乌镇景区	AAAAA	乌镇镇石佛南路	88731999
福严寺景区	AAA	凤鸣街道合星村	88488051
红杉郫景区	AAA	龙翔街道宗扬路	88797255
世贸中心旅游综合体	AAA	梧桐街道世纪大道	88588888
稻乡人家景区	AAA	洲泉镇道村村	88533737
森利园景区	AAA	崇福镇东安村鸽子浜	88441188
文化恒基特色旅游园	AAA	梧桐街道齐福路	89396076
丰子恺纪念馆	AA	石门镇西市街	88616150
君匋艺术院	AA	梧桐街道庆丰南路	88103627
桐乡市博物馆	AA	梧桐街道环园路	88119811
桐乡植物园	AA	梧桐街道振兴东路	88139388
锦绣天地蚕桑博览园	AA	高桥镇高架路	80889352
桂花村景区	AA	石门镇子恺路	88623773
店街塘景区	AA	崇福镇店街塘村	88333847
濮院中国毛衫城景区	AA	濮院镇中兴路	88815222
蚕桑产业观光园	AA	梧桐街道新玄村	88893333
坝桥景区	AA	洲泉镇坝桥村	88511110
中山公园	AA	崇福镇崇德东路	88411704
畅想园	AA	大麻镇海华村	80899778
太师山庄	AA	乌镇镇分水墩村	88730076
东浜头村漫画文化园	AA	河山镇东浜头村	88687266
菊博园	AA	屠甸镇君匋大道	88863556
港龙木屋世界博览园	AA	梧桐街道人民路	88589188

2016年桐乡市星级旅游饭店

表15

名　　称	星　级	地　　址	电　话
振石大酒店	五星	梧桐街道振兴东路东199号	88188888
钱塘新世纪大酒店	四星	梧桐街道庆丰南路6号	88108888
东方大酒店	四星	梧桐街道振兴中路23号	88880888

续表 15

名　　称	星　级	地　　址	电　话
银园大酒店	四星	梧桐街道庆丰南路 7 号	88880999
乌镇黄金水岸大酒店	四星	乌镇镇清镇路 8 号	88728195
梧桐大酒店	三星	梧桐街道振兴中路 42 号	88880178
光明大酒店	三星	梧桐街道振兴路 11 号	88881697
元顺酒店	三星	洲泉镇足佳鞋材市场	88598010

2016 年桐乡市旅行社

表 16

名　　称	星级	地　　址	电　话
春秋旅游公司	四星	梧桐街道景雅路 21 号	88038691
大众旅行社	四星	梧桐街道润丰步行街 35—37 号	88886000
桐乡市旅游公司	四星	梧桐街道梧桐大街延伸段 212 号	88101499
中青旅旅游公司	四星	梧桐街道振兴中路 2 号	88116192
山水旅行社	三星	梧桐街道中山东路 800 号	88099935
假日旅行社	三星	梧桐街道振兴东路 199 号	88035588
东方旅游公司	三星	梧桐街道梧桐大街延伸段 153 号	88183900
景秀年代旅行社	三星	梧桐街道景雅路 765 号	88028222
江南旅行社	三星	梧桐街道振兴东路 783—8 号	88023773
职工休养旅行社	三星	梧桐街道县前街 198 号	88326987
凤鸣旅游公司	三星	梧桐街道梧桐大街延伸段邵介桥 7 号	88117802
星光旅行社	三星	梧桐街道润丰步行街 99 号	88078688
光大旅游公司	三星	梧桐街道茅盾西路 101 号	88038900
宝地旅游公司		梧桐街道振兴东路 700 号	80882233
诚石旅游公司		梧桐街道振兴东路 199 号	80880697
兢磊旅行社		梧桐街道茅盾东路 5 号	88039500
康泰旅行社		梧桐街道校场西路 31 号	89383396
快乐假期旅游公司		梧桐街道梧桐大街延伸段 29 号	88192211
青年旅游公司		梧桐街道振兴西路 20 号	88097277
梧桐水乡旅行社		梧桐街道广福路 87—89 号	88180010
和平旅游公司		梧桐街道振兴东路 781 号	88025999
金凤凰旅游公司		梧桐街道和平路 162 号	88187228
国旅桐乡分公司		梧桐街道振兴东路 679 号	88110789
崇德旅行社		崇福镇青阳西路 227 号	88335866
同行旅游公司		梧桐街道润丰步行街西 108 号	88887781
妙途旅行社		凤鸣街道草庵头集镇嘉德公路南侧 201 号	88480660
天佳旅游公司		梧桐街道茅盾东路 5 号	88587733
乌镇中青旅旅游公司		梧桐街道振兴西路 36 号	81888855
众欢旅行社		梧桐街道人民路 268 号	88890610
中国旅行社桐乡分公司		梧桐街道振兴东路 785—789 号	88023773
易游天下国际旅行社桐乡分公司		濮院镇毛衫城工贸大道	13967385649

规划建设

【概况】 2016 年，桐乡市在国家旅游综合改革试点工作总结中获国家旅游局肯定，在全国旅游系统青年培训班上作经验介绍，入选国家全域旅游示范区创建单位。修改完善《桐乡市大运河综合保护与旅游开发规划》，推进濮院古镇改造工作，启动乌镇—石门升级旅游度假区建设工作。文化恒基特色旅游园、森利园景区被评为国家 AAA 级旅游景区。江南乌村建成开放，合悦百翠山居农庄试营业。石门湾四季果园被评为省级果蔬采摘旅游基地，华圣石斛园被评为省级中医药文化养生旅游示范基地，汇才红木家俱有限责任公司、濮院毛衫创新园被评为省级工业旅游示范基地。

【启动乌镇—石门省级旅游度假区建设】 2016 年，桐乡市旅游委员会开展乌镇—石门省级旅游度假区管理机构组建方案调研，提出度假区管理机构(度假区管委会)设置方案，上报嘉兴市审批。开展乌镇—石门省级旅游度假区总体规划编制工作，完成规划编制初稿。按照浙江省旅游度假区评价考核办法，提升度假区发展水平、潜力、功能、形象、管理、服务等，做好度假区项目建设工作与管理系统维护填报工作。

【首批野炊休闲基地评选活动】 3 月，市旅游联合会启动 2016 年度桐乡市野炊休闲基地申报评选活动。全市 22 家单位参与评选。4 月，经企业申报，所在镇

大麻镇海华村畅想园　　市旅委提供

(街道)旅委初评推荐,市旅游联合会实地评定,红杉郙景区、石门湾四季果园、沈莉高蚕桑产业观光园、海华村畅想园农庄、红冠飨庄家庭农场5个景区被评为桐乡市野炊休闲基地。5个景区全年接待人数分别为64万人次、5万人次、2万人次、1万人次、2万人次。

【桐乡市入选第二批国家全域旅游示范区创建名单】 10月21日,国家旅游局发文公布第二批国家全域旅游示范区创建名单,桐乡市名列其中。全域旅游是将特定区域作为完整旅游目的地进行整体规划布局、综合统筹管理、一体化营销推广,促进旅游业全区域、全要素、全产业链发展,实现旅游业全域共建、全域共融、全域共享的全新发展模式。桐乡创建全域旅游示范区起步早。2012年,省政府批复设立桐乡市乌镇省级旅游试验区。同年,桐乡被列为浙江省首批智慧旅游试点单位。2013年,国家正式批复桐乡为全国首家旅游综合改革试点县。为深化全国旅游综合改革试点县的创新成果,桐乡围绕旅游业驱动新型农业化、新型工业化、新型城镇化和服务业现代化的工作主脉络,着力推进全域旅游产业大融合,构筑以运河古镇群落为支点,实现从"观光乌镇"到"度假桐乡"、从"单极突破"到"全域旅游"转变,打造全域旅游示范区创建的"桐乡模式"。2016年,全市接待游客1897.36万人次,比上年增长7.5%;旅游收入203.25亿元,增长10.3%。

【石门湾四季果园创建成为省级果蔬采摘旅游基地】 10月26日,浙江省旅游标准化技术委员会命名第二批浙江省果蔬采摘旅游基地,桐乡市石门湾四季果园位列其中。桐乡市石门湾四季果园位于石门镇春丽桥村,总面积15公顷,以四季时令鲜果为特色,种植甜柿、水果黄瓜、沙梨葡萄、枇杷、猕猴桃、草莓、圣女果、小黄瓜、桃树等多种水果植物,并配套餐饮、养殖、垂钓等业务。全年接待游客约5万人次。

【合悦百翠山居农庄试营业】 11月28日,桐乡合悦百翠山居农庄试营业。农庄位于桐乡市高铁站站前核心区域,占地50余公顷,由上海翰雅投资有限公司与桐乡平安投资有限公司合力打造,意大利著名设计师瓦萨里奥·莫拉比托设计,获2015年米兰世博会景观设计一等奖。设计理念为江南水乡生活艺术,项目客户群体定位于具有田园情结和向往自然之美的城市富裕家庭、中产阶层、高净值人群,项目市场定位一站式田园度假目的地。

【两景区被评为AAA级景区】 12月,嘉兴市旅游区(点)质量等级评定委员会批准文化恒基特色旅游园和森利园景区成为国家AAA级旅游景区。桐乡市累计有国家AAA级景区6家。文化恒基特色旅游园位于桐乡市梧桐街道工业园区,景区面积1万余平方米,总投资约4200万元,于2015年12月被浙江省旅游局和浙江省经济和信息化委员会命名为浙江省工业旅游示范基地,是一个集游览、企业文化、国学教育、桥梁建设史、文物史籍、民风民俗、绿色自然、休闲体验与企业生产实践于一体的旅游景区。全年接待游客4万人次。森利园景区位于桐乡市崇福镇东安村鸽子浜,景区面积

文化恒基特色旅游园　　　　市旅委提供

6 公顷，累计投入资金约 3500 万元。景区以孝文化为主题，集旅游观光、休闲、教育、娱乐、餐饮于一体。内有名贵珍稀树种、树艺盆景、仿古长廊、二十四孝石雕、乡土人文艺术壁画等景观。全年接待游客 60.8 万人次。

【两公司成为省级工业旅游示范基地】 12 月 29 日，省旅游局、省经济和信息化委员会联合公布 2016 年度浙江省工业旅游示范基地名单，桐乡市华旺毛衫业科技开发有限公司和汇才红木家俱有限责任公司名列其中，成为浙江省工业旅游示范基地。华旺毛衫业科技开发有限公司位于濮院镇金龙路 516 号，公司注册资金 5500 万元，总资产 3 亿元，下设 8 个子公司。其中濮院毛衫创新园总投资 16 亿元，占地面积 17 公顷，总建筑面积40 多万平方米，园区设立研发设计、会务展览、电子商务、实体升级、成长学院、餐饮住宿、物业管理等七大板块，于 10 月 31 日启动工业旅游，全年接待游客约 23 万人次。汇才红木家俱有限责任公司有工人 300 多人，是一家采用先进生产设备，专业制作红木家具、酒店用具、办公用具的生产企业。公司占地面积 4 公顷，建筑面积 3 万平方米，其中红木家具精品馆、办公及酒店用具展示厅 1 万平方米。基地全年接待游客约 12 万人次。

【华圣石斛园成为省级中医药文化养生旅游示范基地】 12 月 29 日，省旅游局、省卫生和计划生育委员会和省农业厅联合公布 2016 年度浙江省中医药文化养生旅游示范基地名单，桐乡市华圣石斛园名列其中，成为浙江省中医药文化养生旅游示范基地。华圣石斛园位于石门镇周墅塘村，占地面积约 8 公顷，是一家集科研、生产和推广为一体的农业科技型企业，主要培育、种植铁皮石斛为主的珍稀中药材以及景观苗木花卉产品。

行业管理

【概况】 2016 年，桐乡市旅游委员会加强护航 G20 杭州峰会及第三届世界互联网大会安保工作，对全市旅游企业进行抽查、整改。全年接受 24 小时旅游咨询 200 余人次；受理旅游投诉案件 51 件，其中上级旅游部门转办 12 件；投诉电话受理 33 件，市长电话受理 5 件，上访 1 件，全部 7 天内结案，结案率 100%。执行调解理赔 9 件，协议调解赔偿 1.08 万元，比上年减少 68.5%。乌镇梵璞酒店被评为银树叶级绿色旅游饭店称号，全年举办旅游安全生产员、乡村旅游人才、旅游饭店总经理、旅游行业反恐、旅游消防安全及保险业务知识、酒店领班服务礼仪规程等 6 期行业培训，受训人员 280 人次。全年开展特种行业安全生产、旅行社用车安全、旅游住宿业身份证登记情况等检查 8 次，出动检查人员 200 余人次，获保障重大峰会先进集体称号。组织参加“3·15”国际消费者权益日现场解答、市长电话行风热线、“5·19”旅游日高铁站活动、浙江省旅游条例宣传等活动。

【旅游安全生产管理员培训】 3 月 31 日，市旅游委员会和市安全生产质量监督局联合举办的旅游安全生产管理员培训班在市旅委举行。全市 13 家酒店、16 个景区、22 家旅行社 60 人参加培训。学员经过考核，全部合格，现场获颁旅游安全生产员证书。

【乡村旅游人才培训】 4月28日，市旅游委员会组织乡村旅游人才培训会在森利园景区举办，全市各镇（街道）、经济开发区、振东新区及乡村旅游经营者代表50余人参加培训。浙江省旅游职业学院教授、省旅游发展研究中心旅游营销与策划研究所研究员作“供给侧结构性改革背景下的庄园旅游经济”专题讲座。从供给侧结构性改革、庄园旅游模式、旅游+互联网等方面对乡村旅游提出自己的看法和建议，促进学员对乡村旅游和庄园经济发展认识。

【西式面点师技能比赛】 6月2日，市旅游委员会承办，市人力资源和社会保障局、市总工会、市个体劳动者协会协办的桐乡市西式面点师技能比赛在桐乡市技师学院举办。12名来自全市各个星级酒店及个体西点从业人员参加。比赛分为西式烹调中级（四级）和高级（三级）技能与相关理论知识考核以及选手在150分钟内完成裱花蛋糕、丹麦牛角面包、自选作品三个作品两个部分。经过专家评定，一等奖1名，二等奖2名，3名获奖者由市劳动竞赛委员会授予“桐乡市技术操作能手”称号。

【旅游行业反恐培训班】 7月20日，市旅游委员会在银园大酒店举办全市旅游行业反恐培训班。培训内容为反恐形势理论教育和反恐实地演练两部分。全市旅游企业70余人参加培训。市公安局反恐大队警官就旅游行业反恐形势及防范建设为内容进行培训。反恐大队队员进行实地演练教学，并与培训学员开展实战互动。通过培训，提升全市旅游行业安全生产事故隐患排查治理能力和反恐怖防范建设能力，预防行业重特大事故发生。

【乌镇梵璞酒店被评为银树叶级绿色旅游饭店】 12月28日，浙江省饭店星级评定委员会发布文件，评定乌镇梵璞酒店有限公司为银树叶级绿色旅游饭店。梵璞酒店位于乌镇镇植材路288号。酒店以禅文化为主题，旨在传达温暖洗练、清净自在生活态度。酒店有客房169间，室内装饰风格简约、朴素。餐饮区可容纳600人同时就餐，主打乌镇特色美食。梵璞酒店自3月启动绿色旅游饭店创建工作，安装多种节能设备，增强环保效果，员工节约意识提高，创建成为全市第11家绿色旅游饭店。

市场开发

【概况】 2016年，桐乡市举办高铁联盟桐乡—开化“桐开山水情”旅游营销推广会、“喜迎G20悦游桐乡景”诗画浙江旅游嘉年华活动，启动首届旅游商品创意大赛，组织举办濮院时尚购物节、濮院毛衫产业创新发布会暨浙江旅游之星联盟2016年会。推出四季特色旅游线路，以及中英文版全域旅游地图。马鸣村被省旅游局和凤凰网评为“浙江省十大美丽乡村”之一。

【推出四季特色旅游线路】 2016年，桐乡市推出四季特色旅游线路。春季推出亲子赏花二日经典游线路，夏季推出鲜果采摘二日经典游线路，秋季推出休闲度假二日经典游线路、冬季推出休闲购物二日经典游线路。根据不同季节不同主题，设置不同旅游线路，方便上海、杭州等周边城市市民观赏桐乡美景，不走回头路。

【高铁联盟旅游营销推广会】 8月，桐乡市举办高铁联盟桐乡—开化“桐开山水情”旅游营销推广会。“桐开山水情”营销推介会在衢州市开化县举行。桐乡市以“风雅桐乡·运河古镇”为主题推介桐乡景区、乡村旅游及乌镇—石门省级旅游度假区，借力上海迪士尼乐园和长三角高铁旅游联盟优势，向现场推介“迪士尼+古镇”旅游特色一日游、二日游和三日游旅游线路。推介会上，桐乡、开化两地旅游企业对接，桐乡市旅行社协会和开化县旅游行业协会签署合作协议。

【举办诗画浙江旅游嘉年华活动】 8月5日，“喜迎G20悦游桐乡景”文化旅游节暨桐乡市庄园鲜果采摘节启动仪式在石门四季果园举行。活动由浙江在线、桐乡市旅游委员会、石门镇人民政府主办，石门四季果园、石门镇殷家漾村居民委员会协办。全省各地旅游达人、亲子家庭和媒体记者等百余人参加启动仪式。启动仪式上，桐乡市向亲子家庭、旅游达人和媒体代表赠送“桐乡旅游护照”，杭州市民可携带此护照享受桐乡境内近20家景点、酒店等企业折扣优惠。启动仪式结束，亲子家庭、旅游达人和媒体记者先后参观沈家墩庭院、丰子恺故居纪念馆，体验殷家漾梨园蜜梨采摘，在四季果园采摘葡萄、品农家菜，体验省级非遗项目蓝子画和竹编技艺、水果蛋糕制作等现场制作活动。庄园鲜果采摘节持续至十月初结束。

【《桐乡全域旅游地图》中英文版上线】 11月，《桐乡全域旅游地图》中英文版上线。《桐乡全域旅游地图》采用手绘方式，立足游客角度，展示桐乡全市旅游景区(点)分布和桐乡旅游吃、住、行、游、购、娱六大旅游要素。地图正面以桐乡市域为背景，展示桐乡全境AA级以上景区、乡村旅游、工业旅游示范点、旅游购物场所和交通枢纽等。地图背面主要由乌镇—石门省级旅游度假区、桐乡四季旅游线路推荐图和乐享桐乡三大部分组成。其中，乐享桐乡重点推介桐乡十大美食、十大名小吃、特色旅游商品、旅行社和酒店住宿等旅游信息。

【启动首届旅游商品创意大赛】 12月，桐乡市旅游委员会、旅游联合会、私营(民营)企业协会主办首届桐乡旅游商品创意大赛。大赛收到来自桐乡及嘉兴、杭州、太原等地参赛作品近百件。第一轮初评，入围复赛作品40件。大赛引入网络票选，参与人数上万人次，从入围复赛的40件作品中选出20件。杭州市旅委、嘉兴市旅委、桐乡市旅委、市市场监管局、市文化局专家评委评选出金奖1名、银奖2名、铜奖3名、网络人气奖1名、优胜奖5名、入围奖8名，其中桐乡市丰同裕蓝印布艺有限公司设计创作的"江南春"真丝蓝染布艺围巾、手包获金奖。

【濮院毛衫产业创新发布会暨浙江旅游之星联盟2016年会】 12月16日，中国·濮院毛衫产业创新发布会暨浙江旅游之星联盟2016年会在濮院毛衫创新园举行。活动由桐乡市旅游委员会、濮院镇政府、濮院羊毛衫市场管委会主办，濮院毛衫创新园和浙江旅游之星联盟承办。市旅委作"风雅桐乡·运河古镇"主题推介，从桐乡旅游概况、小城大事、桐乡区位及交通、桐乡历史文化、游在桐乡、住在桐乡和吃在桐乡七大板块介绍桐乡旅游资源和旅游线路等信息。濮院毛衫创新园就工业旅游项目作相关介绍，发布会上，浙江旅游之星联盟与濮院毛衫创新园签订合作框架协议。

【马鸣村获评浙江省美丽乡村】 12月，浙江省旅游局和凤凰网联合主办的"诗画浙江·美丽乡村——浙江十大最美乡村"公布评选结果，洲泉镇马鸣村成为嘉兴市唯一入选村。马鸣村有优美的自然风光、深厚的文化底蕴及丰富的旅游资源，在美丽乡村建设及发展乡村旅游中是新型农业现代化试点。国庆黄金周期间，马鸣村接待游客1.5万人次。马鸣计划进行古街改造、老庙改造、桃花岛周边景观改造、村主要入口改造、民居改造等，通过朴实手法还原乡村生活，打造桐乡古村落旅游样板。

(寿利宏　江　月)

乌镇国际旅游区

【概况】 2016年，乌镇国际旅游区按照中共中央总书记、国家主席习近平"抓住重大历史机遇，振奋精神，再接再厉，建设好乌镇，发展好桐乡"指示精神，与市

12月16日，中国·濮院毛衫产业发布会暨浙江旅游之星联盟2016年年会召开　市旅委提供

第十三届党代会第五次会议“要把乌镇打造成为网络时代的‘小深圳’和网上丝路的‘新起点’”要求，坚持超常规发展、超常规建设，以“咬住目标不动摇、铆足干劲不懈怠、狠抓落实不放松”精神，确保乌镇“十三五”开好局，起好步。

乌镇景区全年接待游客759万人次。实现服务业营业收入36.36亿元，比上年增长11.8%；实现服务业税收4.23亿元，增长1.1%；引进市外内资10.93亿元，其中服务业10.77亿元，完成市内资注册资金3.15亿元；引进合同外资1506万美元，实到外资1100万美元。

乌镇以“三年行动计划”（2016—2018年）为发展目标，提升镇容镇貌。推进“黄金通道”（姚太线至子夜路、姚太线到环河路）及沿线环境整治工作，环河路全线立面改造装饰房屋50幢，综合整治毗邻互联网国际会展中心的幸福小区，改造房屋立面5.01万平方米，改造绿化带1.95万平方米；结合“三改一拆”“五水共治”“四边三化”（在公路边、铁路边、河边、山边等区域开展洁化、绿化、美化行动）等工作，完成河道清淤35条，21.5千米，30.7万立方米；完成“三改”52.6万平方米，拆除违章搭建24.6万平方米。深化招商引资工作，引进优质项目。加快服务业发展，雅达项目部分完工并投入使用，ALiLa酒店正式开工建设；平安项目引进花间堂精品酒店入驻，完成前期项目设计；乌镇国际房车露营地开工建设；小城故事项目开工；江南乌村开业。加快推进互联网基础设施建设，实现全镇2G/3G/4G通信网络和免费WIFI全覆盖；加快智慧信息亭建设，新增信息亭9个，累计16个。加强互联网产业发展。产业项目呈现多领域发展，涉及医疗、养老、电子商务、安防等领域；推动乌镇互联网特色小镇建设，完成乌镇互联网小镇四至范围划定。

乌镇形象地标　　市旅委提供

【乌镇进入全国服务业区域品牌十强】 3月21日，全国知名品牌创建示范区建设暨2016年区域品牌价值评价结果发布会在北京召开。中国区域品牌价值评价由国家质检总局质量管理司委托中国质量认证中心进行认定。乌镇从全国160个区域品牌中脱颖而出，获全国服务业区域品牌十强第9名，品牌价值164.23亿元。乌镇品牌以旅游业和互联网产业集群为依托，凭借国际影响力，一流服务水平，创新创造能力，在同行业内名列前茅。

【乌镇国际当代艺术邀请展】 3月27日，乌托邦·异托邦——乌镇国际当代艺术邀请展在乌镇开幕。展出场地由“西栅景区”和“北栅丝厂”组成，分为室内、室外两种类型展示空间。西栅景区是江南水乡古镇的空间情境，北栅丝厂是被弃置不用的丝厂厂房改造后，形成新空间，也是展场的主体部分。展览邀请15个国家和地区，40位（组）著名艺术家的55组（套）130件作品参展。参展作品包括绘画、雕塑、摄影、装置、影像、动画、行为、声音等多媒介方式。其中，有12位艺术家的作品是根据展览主题，经过对乌镇考察，专门为展览精心创作的新作品。此次国际邀请展延续到6月26日。

【江南乌村建成开放】 1月，由乌镇国际旅游区建设管理委员会和乌镇旅游股份有限公司共同打造的江南乌村正式对外营业。乌村景区位于乌镇西栅历

江南乌村景色　　市旅委提供

史街区北侧500米，紧依京杭大运河，总面积30公顷，总投资约3亿元，由乌镇旅游股份有限公司投资建设，整个项目建设历时18个月。项目以江南农村风貌为主题元素，保留老房屋建筑面积1600平方米，新增房屋建筑面积1800平方米，形成不同风格的农村风情民宿。乌村设有桃园、米仓、渔家、竹屋、磨坊、酒巷、知青年代等7个主题组团。周边配套设施齐全，有农产品种植加工区、农事活动体验区、知青文化区、船文化区四大板块。游客可体验农民画、农村民俗、采摘、垂钓、养殖、露营、烧烤、调酒、咖啡制作等。江南乌村使用一价全包式经营方式和CCO首席礼宾官服务模式。

【中法(乌镇·黎塞留)教育文化交流活动】 6月1—7日，2016年中法(乌镇·黎塞留)教育文化交流活动欢迎仪式在桐乡市乌镇植材小学举行。市有关领导、法国黎塞留代表团、各新闻媒体记者等100多人出席活动仪式。活动由市教育局、市文化局、乌镇镇人民政府、乌镇国际旅游区建设管理委员会主办，市文化馆、茅盾纪念馆、乌镇植材小学、市求是实验中学承办。在此期间，法国黎塞留师生分别进入乌镇植材小学和市求是实验中学进行课堂体验，开展文艺联欢活动。双方政府和教育部门组织走访交流活动。法国教师和学生体验中法民间传统友谊，采用学生“1＋1”互派互访模式，让法国学生体验中国孩子家庭生活，组织法国黎塞留领导和教师走访美丽乡村，体验市民生活。

【乌镇旅游公司与百度合作】 7月3日，乌镇旅游股份有限公司与百度合作签约仪式在乌镇举行。工业和信息化部电子信息司副司长乔跃山，百度高级副总裁、自动驾驶事业部总经理王劲，副总经理李震宇，乌镇旅游股份有限公司副总裁倪阿毛，中国社会科学院旅游研究中心秘书长金准等出席签约仪式。百度无人车与乌镇结缘于2015年世界互联网大会，早在世界互联网大会前，百度无人车在北京首次实现城市、环路及高速道路混合路况下的全自动驾驶。这辆无人驾驶车出现在乌镇大会现场展台上，吸引了中共中央总书记、国家主席习近平关注。百度与乌镇旅游股份有限公司合作，是百度无人车继芜湖和上海汽车城后，国内第三个合作项目。

【纪念茅盾诞辰120周年】 参见《民主党派和人民团体·文联》中相关条目。

【木心美术馆获世界建筑节大奖提名】 7月8日，世界建筑节公布2016年奖项提名名单，其中包括32个大项，来自58个国家的343个建筑项目。木心美术馆作为文化类建筑名列榜单。这是继2013年乌镇大剧院获此国际奖后，乌镇景区又一标志性建筑获国际大奖提名。木心美术馆由贝聿铭弟子、纽约OLI事务所冈本博、林兵设计督造，由文化乌镇股份有限公司出资，历时四年完工。木心美术馆坐北朝南，造型简单，在乌镇元宝湖水面上，与水中倒影对应，成为乌镇西栅一道宁静清俊的风景线。美术馆总占地面积6700平方米。外观与木心心仪的简约美学相契合。木心曾以“风啊、水啊，一顶桥”概括并预见美术馆与周边的景致。

【乌镇国际汽车露营地项目开工】 9月23日，乌镇国际汽车露营地项目开工。市委常委、乌镇镇党委书记、乌镇国际旅游区建设管理委员会主任陶咏椿，市人大常委会副主任沈济贤，副市长姜玮，市政协副主席顾根梁等出席开工仪式。项目位于乌镇大道与环河路交叉路口，距西栅景区约2.5千米。项目占地14.4公顷，总投资约7.5亿元。乌镇国际汽车露营地开工，将发挥乌镇旅游资源、交通区位和互联网会议优势，符合乌镇旅游市场多样化需求，加快乌镇旅游新格局构建、推动乌镇旅游发展，实现旅游＋互联网提升。

【乌镇举行乌镇峰会总结表彰大会暨乌镇榜样颁奖典礼】 参见《街道·镇发展概况·乌镇镇》中相关条目。

【第二届“梦·乌镇”诗歌大赛启幕】 9月30日，乌镇国际旅游区建设管理委员会、乌镇镇政府、《诗选刊》月刊社联合市作家协会、《钱江晚报·今日桐乡》发起主题为“梦·乌镇”诗歌征集大赛，向全国诗歌爱好者发出邀约。大赛评委会由《诗刊》原主编、中国作家协会诗歌创作委员会主任叶延滨，《诗刊》副主编李少君，《中国诗歌》常务副主编谢克强，《大诗歌》主编周庆荣，《诗选刊》社长简明，《诗选刊》主编刘向东，桐乡市作协主席陈伟宏(笔名康泾)组成，以无记名方式打分，评选出各类奖项。获奖作品在《诗选刊》杂志、“乌镇发布”微信公众号、“诗选刊”微信公众号等刊登。优秀作品入选主办方制作成诗集赠送作者。大赛专设网络人气奖2名，所有通过初审入围作品在“乌镇发布”微信公众平台上展示，由网民进行投票，最终根据票数高低评选。

【第四届乌镇戏剧节】 10月13—23日，第四届乌镇戏剧节在西栅景区举行。此届戏剧节荣誉主席林兆华、主席陈向宏、常任主席赖声川、艺术总监孟京辉、总监制黄磊、艺术顾问田沁鑫。戏剧节主题“立足经典，远眺未来”，来自13个国家和地区，22台剧目、80场特邀剧目参演。“国际特邀”单元由“当代新经典”系列、“纪念莎翁”系列、“空间与身体”系列和“发现”系列四大板块构成。“古镇嘉年华”单元由来自世界各地表演团队，在古镇的街巷表演近2000场次；“莎士比亚戏剧朗诵会”邀请濮存昕、宋春丽、陈小艺、胡军、徐涛在乌镇戏剧节期间向莎士比亚致敬。“青年竞演”单元由全国18支青年戏剧创作团队参赛，戏剧节开辟两个竞赛剧场——蚌湾剧场和秀水廊剧园，竞赛作品18部，设最佳戏剧奖、最佳个人表现奖和特别关注奖，特别增加“观众选择奖”，观众参与作品投票。青年竞赛评委会由黄磊、赖声川、史航、田沁鑫、周黎明，新增杨婷、李博、吴彼、徐堰铃组成。戏剧节开幕演出由莫斯科普希金话剧院默剧《妈妈的诗》、导演陈明昊的话剧《大鸡》、导演王翀的多媒体剧《群鬼2.0》三部作品组成。

（陈瞻昉）

第四届乌镇戏剧节　　市旅委提供

濮院旅游经济区

【概况】 2016年，濮院旅游经济区围绕市委、市政府工作要求，以推进濮院镇有机更新项目建设为目标，配合濮院镇政府做好房屋征收(含房屋征收一期征收扫尾工作和二期征收工作)与项目配套工作，推进濮院旅游经济区建设工作。濮院镇有机更新核心景区项目可行性研究报告获发改部门批复；核心景区项目环评方案、水保方案完成编制并获批复；4月，濮院镇有机更新项目（濮院镇旧镇改建项目）蚬子滩区域茶楼和民宿工程开工建设，标志濮院项目进入大建设阶段。5月，濮院镇旧镇改建项目房屋征收滨河花苑安置小区北苑完成工程建设。北苑高层商铺实现交付。6月，北苑高层住宅完成交付，至年底，濮院镇旧镇改建项目房屋征收调产安置实现交付住宅242套，商铺64间。全年濮院镇旧镇改建项目房屋征收（一期）新增签约59户，累计实现签约3212户（总户数3282户），签约率97.9%；房屋征收（二期）签约78户（总户数85户），签约率91.8%；旧镇区拆除房屋面积约4.5万平方米，拆除和搬移管线约2万米，采购石材6.9万米；濮院镇有机更新项目核心区域实现开工8万平方米，总投资4.89亿元。

【二期房屋征收工作启动】 2016年，濮院镇旧镇改建项目（二期）房屋征收工作启动。4月，濮院镇旧镇改建（二期）项目获市住房和城乡规划建设局《关于濮院镇旧镇改建（二期）项目符合城乡规划的复函》；7月，濮院镇旧镇改建（二期）项目获市国土资源局《关于濮院镇旧镇改建（二期）项目国有土地上房屋征收范围符合土地利用总体规划的复函》；12月1日，桐乡市政府作出濮院镇旧镇改建项目（二期）房屋征收决定，2015年年底启动的模拟征收范围内房屋，全部列入濮院镇旧镇改建（二期）项目，属国有土地房屋征收范围；12月21日通过抽签方式选定浙江经纬房地产评估有限公司为项目评估机构。至年底，被征收人通过模拟征收签订补偿协议78户，7户未签约，签约率91.8%。

【蚬子滩古民居复建工程启动】 4月，蚬子滩古民居复建工作启动。茶楼和民宿部分工程完成招标并开工建设，于10月底基本完成工程主体施工建设。5月，北更楼项目完成招标并开工建设，11月完成工程主体施工建设；12月，濮侍郎宅酒店完成招标工作。蚬子滩是濮院有机更新项目核心景区内古镇观光区重要组成部分。古民居复建、风雨长廊、古桥复建等工程相继开工。至年底，蚬子滩初显古风古貌。

【北游客服务中心建设工程】 5月17日，濮院旅游经济区管理委员会会同濮院镇有机更新项目主体单位桐乡市濮院旅游有限公司，邀请18个市级相关职能部门，召开濮院镇有机更新项目北游客服务中心初步设计技术审查会，并通过建设方案技术审查。北游客服务中心位于濮院镇香海禅寺以东，寺浜路以西，万安桥以北，总建筑面积4.26万平方米，建成后将具有游客集散枢纽、售票中心、管理中心、特色美食中心、时尚购物中心等多重功能，是融合时尚和中国传统建筑风格于一体的标志性建筑。8月8日，北游客服务中心16.67公顷土地摘牌，项目正式开工建设，至年底，完成地下室顶板浇筑工程，启动钢结构预埋件施工，预计2017年7月完成工程主体建设。

（潘 琦）

建设中的濮院古镇 濮管委提供

市　场

概　述

2016年，桐乡市有注册登记商品市场61家，其中消费品市场54家，生产资料市场7家，总占地面积110.96公顷，建筑面积92万平方米，店铺摊位2.57万个。全市市场成交额516.07亿元，比上年增长6.4%，其中消费品市场成交额459.81亿元，生产资料市场成交额56.26亿元。

全市有濮院羊毛衫市场、副食品批发市场、桐乡世贸中心、一舟车城、洲泉足佳鞋业市场、崇福皮毛市场、皮草大世界、南方家园建材五金装潢市场、凤鸣装饰材料市场、桐乡市铭豪二手车交易配件市场、桐乡国际新能源市场、桐乡杭州湾轻纺城等专业市场，涉及生产生活各个方面。

增强市场品牌经营意识。红星美凯龙等连锁经营品牌市场的设立，提升了市场档次。桐乡濮院羊毛衫市场网上市场（桐乡市中国毛针织网）的设立，引导市场发展向新领域拓展，经营结构进一步完善。“桐乡皮特网”网上市场的设立，标志着桐乡市场从实体市场到空间市场的跨越。

桐乡市场依托区域经济发展，区域特征日渐显现。濮院羊毛衫市场，从小企业和家庭作坊发展成一大批规模以上企业，形成完整的研发和产、供、销产业链，是浙江省首批省重点市场，已成为全国毛衫发展风向标。以经营原料为主的崇福皮毛市场和经营成衣、箱包为主的崇福皮草大世界，依托崇福皮毛加工技术、经营历史传承，发展成浙江省区域性重点专业市场。洲泉足佳鞋业市场具有地域特点，辐射洲泉镇、石门镇。这些市场的繁荣，带动周边相关产业的发展，一个市场带动一方产业，一个市场致富一方百姓。

桐乡市场投资规模扩大，桐乡世贸中心二期落成，市场档次提升。各市场创星意识提高，全市有省四星级市场8家，三星级市场13家，二星级市场11家。集贸市场遍布各镇（街道），创建“放心农贸市场”4个、二星级省规范农贸市场4个。大部分便民交易点完成改造，市场档次得到提升。

桐乡市政府及桐乡金凤凰集团加大投资，完善市场基础设施建设，市场监管、公安、商务、质监、物价、卫生检疫等部门强

10月30日，2016浙江省特色小镇发展论坛暨毛衫时尚小镇高端研讨会在濮院镇举行　濮管委提供

化市场监管，保护合法经营，打击非法经营，完成第三届世界互联网大会安保配套工作。全年市场监管部门出动检查人员1.04万人次，检查市场533个次，立案查处28起，罚没款27.14万元。

（张国贤）

濮院羊毛衫市场

【概况】 2016年，濮院羊毛衫市场全年实现成交额345亿元，比上年增长11.3%。实现物流托运量26万吨，增长3.5%；市场卸货量12万吨，增长9%。投入市场建设与改造资金1.1亿元，园区基础设施建设资金1.5亿元。全年合同利用外资3585.5万美元，实际利用外资2870万美元，引进市外内资12.74亿元，其中注册资金3.98亿元。

编制《濮院羊毛衫市场控制性详细规划》，推动市场发展方式从以数量为标准的粗放型增长向以质量为标准的集约型增长转变。2016年，由市场交易区管理部门牵头，与市场内经营户合资对市场内通道、外立面、停车位等基础设施进行改造，实现部分交易区布局商场化。商品市场与专业街、精品街、写字楼一体规划，中央商城、股份公司等精品街、时尚街项目相继投入使用，市场内业态分布更加合理，市场形象提升。

市场从“淡旺季分明”向“全年无淡季”转变；从单一批发市场向批零兼营综合型市场转变。产品结构多样化。新老市场呈现相互融合共生特点，主动承接产品档次梯度转移，代表中低端针织制品的羊毛衫成交额稳步增长，代表高端针织制品的羊绒衫份额不断扩大，貂绒、丝光棉、丝绸、双面尼等新型产品业态在市场里蓬勃发展，产品类型从毛衫单品向针织梭织融合发展转变，新型业态占比份额41.6%。

为适应“互联网＋应用”普及的新形势，2016年，濮院羊毛衫市场加强无线网络基站设施建设，实现“i－濮院”全市场免费WiFi全覆盖，实现全方位便民服务。市场内毛衫原材料及成衣交易均实现新型互联网支付无障碍。濮院羊毛衫市场门市部电商供货参与率从2011年的58.1%上升到2016年的80.2%，业务订单从2011年的21.3%上升到2016年的41.5%。涌现了浅秋、圣地欧、欧丝璐和纯爱等线上线下联动发展的品牌企业，以及玛思蓓丝、花木兰、简狐和宝利博纳等线上知名毛衫品牌。

市场综合服务管理大队发挥市场维稳职能，联合市公安局、交警大队、综合行政执法局、市场监管局等部门，组成60人巡逻管理队伍，发挥联合执法优势，努力营造一流的经营与交易环境。

继续推动市场上市工作，盘活存量，扩大增量，以濮院毛衫发展有限公司作为开发主体参与市场建设，整合所有管理资源与力量，通过新的市场开发，引导市场建设，引领市场走时尚化路子，逐步增强国有资本掌控力，降低市场系统性风险。在资产增量方面，扩大公有资产在市场中的比重，发挥公有资产在市场发展中“引领者”作用。作为创建濮院时尚小镇重要项目之一的濮院时尚中心项目，总投资预计10亿元，建设用地2.63公顷，建筑面积14万平方米，着力打造为濮院新地标。该项目的实施，旨在用增量资产带动市场转型升级，稳定市场发展，推进市场整体上市进程，加快濮院时尚小镇建设。

2016年，濮院羊毛衫市场通过纺织产业集群试点复评，并在全国199个试点地区中再获“中国羊毛衫名镇”称号。濮院羊毛衫市场管理委员会获“纺织产业集群地区发展服务优秀奖（2014—2016）”、中国纺织服装电子商务公共服务示范基地称号。

【濮院毛衫时尚小镇时尚中心项目开工建设】 9月27日，濮院毛衫时尚小镇时尚中心项目开工建设。项目位于濮院镇齐宏桥港南侧、齐宏路东侧，处于市场核心区，用地面积2.8万平方米，建设用地2.6万平方米，建筑面积14万平方米，计划投资11.65亿元。其中，1—5层裙房为专业市场，约6万平方米；6—8层为商务办公，约4.4万平方米；地下建设两层停车场，约3.7万平方米。项目由桐乡市濮院毛衫发展有限公司于2016年8月10日以1.86亿元取得挂牌资格。桐乡市濮院羊毛衫发展有限公司由桐乡市濮院投资有限公司和桐乡市金凤凰服务业发展集团有限公司共同出资，组成国有独资公司，注册资本1亿元。项目建成后，通过以增量换存量方式，降低股份公司优先承

3月29日，省级特色小镇考核组对濮院毛衫时尚小镇创建工作进行考核　　濮管委提供

租权，做大做强毛衫发展公司，提高市场占有率，推进濮院羊毛衫市场上市工作。

【濮院毛衫时尚小镇建设项目接受省级特色小镇考核】 3月29日，省级特色小镇考核组对濮院毛衫时尚小镇创建工作进行考核。考核组在听取汇报后，对相关台账资料进行查阅，并实地考察320创意广场、毛衫博览中心、濮院轻纺城和濮院古镇区等。濮院毛衫时尚小镇作为首批省级特色小镇创建对象，按照产业、旅游、文化和生产、生活、生态融合发展思路，坚持规划为先、项目为王、创意为魂、功能为要原则，以"一核两翼两带"为中心，根据政府主导、企业主体、市场运作总体要求，确定由濮院旅游公司、华新实业集团、浙江濮院轻纺城市场开发有限公司、濮院毛衫发展公司等企业主体，开发濮院毛衫时尚服饰暨世界毛衫博览中心建设等6个项目，规划面积3.5平方千米，建设面积140公顷，计划总投资55亿元。项目定位以时尚产业为主导，通过引进国际高端设计研发人才、加强与国内外知名大学合作、创新技术开发、扶持一批著名品牌等途径，建设成为集聚创意设计、针织材料开发、毛衫文化展示、流行趋势发布和旅游驱动为一体的国际一流特色小镇。考核组对濮院毛衫时尚小镇创建工作表示肯定。

· 相关链接 ·

一核两翼两带

"一核"即时尚产业核心，"两翼"即旅游文化中心、博览制造中心，"两带"即时尚产业交融带、绿色生活漫步带。

【濮院羊毛衫市场与韩国时尚产业对接】 2016年，濮院羊毛衫市场管委会加强与韩国时尚产业对接交流，与韩国开放福祉财团建立友好合作关系。7月19—23日，应韩国时装协会和韩国开放福祉财团邀请，濮院羊毛衫市场管委会考察团赴韩国开展一系列商贸活动和项目推介招商，先后考察韩国东大门服装市场、拜访韩国首尔中区政府和开放福祉财团。双方商定，韩国开放福祉财团在320创意广场设立办事处，在濮院轻纺城设立"濮院韩流馆"。8月18日，韩国开放福祉财团驻濮院办事处开业仪式在320创意广场举行。开放福祉财团在韩国京畿道扬州市拥有著名的纤维基地，包含纱线、辅料、成衣等多个产业，业务范围涉及衣、食、住、行、医疗等多个方面。此次在濮院设立办事处，意在为韩国设计师团队进驻提供服务，开展两地在时尚设计、面辅料开发、技术交流和人才培养等方面合作。

【濮院毛衫时尚小镇高端研讨会】 10月31日，由中国纺织工业联合会，浙江省经信委、旅游局，浙商发展研究院指导，桐乡市政府、《浙商》杂志主办的2016浙江省特色小镇发展论坛暨毛衫时尚小镇高端研讨会在桐乡召开。中央政策研究室经济局局长白津夫，浙江省人大常委会副主任、浙商发展研究院院长王永昌，中国纺织工业联合会副会长夏令敏，中国毛纺织行业协会代理会长彭燕丽，中纺联产业集群工作委员会秘书长邢冠蕾，桐乡市领导张林洪，濮院镇领导姚伟平等50多人出席研讨会。研讨会以"创新产业集聚 引领经济转型"为主题，围绕在特色小镇建设与发展中，如何依托综合服务型平台企业打造区域经济转型升级，如何从松散扎堆式块状经济发展为嵌入式产业集群，向集创意、创业、投资于一体的“小镇经济”转变等问题展开探讨。研讨会上，桐乡市政府与中国纺织工业联合会就深化共建濮院中国时尚小镇签订合作协议。

【濮院毛衫时尚小镇时尚购物节】 11月26日，由桐乡市政府主办，桐乡市旅游委员会、濮院羊毛衫市场管委会和濮院镇政府联合承办的2016中国·濮院毛衫时尚小镇时尚购物节开幕。购物节期间，濮院六个成衣交易市场千余家商户和十余家品牌生活馆推出一系列优惠活动，并承诺诚信经营，活动持续至12月。活动邀请著名校园民谣乐队举办广场民谣音乐会，举行2016市场十佳商户颁奖仪式。多年来，濮院镇秉承政府搭台、企业唱戏原则，通过举办时尚购物节活动，引导市场和企业参与，提升市场与企业的服务意识，实现商旅互动，以商带旅、以旅活商的产业发展思路。

【“濮院毛衫”参加中国国际针织（秋冬）博览会】 10月11—13日，2016中国国际针织（秋冬）博览会PH Value在上海虹桥国家会展中心举行。濮院羊毛衫市场管委会组织濮院320创意广场、濮院青韧网络科技有限公司、濮院毛衫创新园、濮院轻纺城、浙江布谷鸟时装设计有限公司、濮院星网科技有限公司以及韩国时尚创意设计中心抱团参加博览会。11日，濮院羊毛衫市场管委会、濮院镇政府举行濮院与PH Value中国国际针织博览会战略合作新闻发布会，介绍濮院毛衫时尚产业并发布濮院与PH Value中国国际针织博览会战略合作内容，与中国国际贸易促进委员会纺织行业分会签订战略合作协议。中国纺织工业联合会副会长、中国纺织工业协会会长杨纪朝为濮院320创意广场颁发“中国针织设计师孵化平台”牌匾。发布会还举办以“璞”为主题的中国濮院时尚设计原创发布秀。

（张夏啸）

11月26日，2016中国·濮院毛衫时尚小镇时尚购物节开幕

濮管委提供

崇福皮毛市场

【概况】 2016年，崇福皮毛市场（原皮）市场把握崇福小城市建设契机，推进崇福皮草产业发展。由于皮毛行业下行压力增大，原料皮价格低迷、消费市场疲软、毛皮制品库存大量积压以及暖冬等多种因素影响，崇福皮草行业进行深度调整。至年末，崇福皮草行业有皮毛工业企业1820家，其中规模以上企业52家。全年实现工业总产值180.08亿元，占全镇工业总产值44%。毛皮制品累计出口1.06亿美元，比上年下降4.4%，欧美、日韩等外贸出口订单继2015年下降后继续减少，毛皮行情下行超预期。为应对下行压力，崇福皮毛市场和崇福皮毛协会开拓内销市场，加强国际、国内毛皮行业的交流与合作，推动品牌建设，开展皮毛行业信用建设和外贸预警，尽快度过行业低谷。

崇福皮毛市场和崇福皮毛协会开展毛皮行业对外交流与合作，全年组织“银杉、中辉”等56家企业参加北京、香港、上海、意大利、深圳等国内外毛皮服装展。通过参展开拓国际国内市场，增加市场占有率。

崇福皮毛市场注重品牌建设培育。1月11日，组织银杉皮草、中辉皮草、雪球皮草、鑫诺皮草等企业参加中国皮革协会在北京嘉里大酒店举行的“2015中国裘皮服装排头品牌”颁奖盛典暨“中国国际皮业时尚汇”。浙江中辉皮草有限公司的“依奴珈”、银杉皮草有限公司的“银杉”两大品牌获“2015中国领先裘皮衣王”称号；

浙江雪球皮草制品有限公司的“雪雄”、桐乡市鑫诺皮草有限公司的“罗珂维特”两大品牌获“2015中国裘皮衣王”称号。

崇福皮毛市场推进行业自律，开展皮毛行业信用建设考评。与崇福镇市场监管分局组织崇福公安、法庭、环保、社保、地税、国税、市场、协会、供电、银行等18个部门，对皮毛企业进行信用考评，制定《崇福皮毛行业诚信公约和社会责任公约》，发出崇福皮毛行业公平买卖阳光经营倡议书。7月26日，召开崇福皮毛行业信用建设表彰大会，发布2015年度皮毛企业信用评价榜单。崇福镇皮毛企业信用建设办公室结合企业信用资产积累和失信行为，对2015年参评的116家企业进行综合评价，评出信用AAA级企业2家、AA级企业5家、A级企业100家，以及B、C级企业9家。表彰浙江中辉皮草有限公司等7家被评定为AA级以上信用优良企业。崇福皮毛行业被浙江省企业信用促进会授予“浙江省信用示范行业”称号。

崇福皮毛市场联合皮毛协会定期发布皮毛行业对外贸易预警点信息和行业动态信息，全年发布皮毛及皮革相关信息200多条，其中预警点自编行业重点出口动态及季度行业分析信息4期，行业活动材料13篇。每月出刊1期桐乡市皮毛行业对外贸易预警信息，上报省商务厅和嘉兴市商务局；通过预警点QQ平台发布重要对外预警信息及行业信息。指导皮毛企业积极应对，进行结构调整，弥补外贸订单的减少，开发内贸市场。

【“中国皮草名城·崇福”通过复评】 7月22—24日，中国轻工业联合会副秘书长于学军、中国皮革协会副秘书长叶香菊、中国皮革协会毛皮专业委员会主任黄彦杰、浙江省皮革行业协会理事长李伟娟、四川大学轻纺与食品学院院长何有节等组成的中国皮草名城复评专家组对“中国皮草名城·崇福”特色区域进行实地考察及复评。通过考察，中国皮草名城复评专家组对复评考核情况进行反馈与评议，对崇福皮草产业发展提出合理化建议，会议通过“中国皮草名城·崇福”的复评。

【第七届“崇福杯”裘(革)皮服装设计大奖赛】 11月23日，第七届“崇福杯”裘(革)皮服装设计大奖赛作品现场评审工作在崇福镇举行。大赛由浙江省皮革行业协会、桐乡市经济和信息化局、崇福镇政府主办，桐乡市崇福皮毛协会承办。大赛收到来自清华大学、上海东华大学、北京服装学院、天津大学、扬州大学、浙江科技学院、上海工艺美术职业学院、江西服装学院、浙江纺织服装职业技术学院、浙江工贸职业技术学院、成都纺织高等专科学院等全国20余所大专院校以及崇福8家皮毛企业和10多家外地企业参赛作品400余幅(件)。经过评比，桐乡市鑫诺皮草有限公司韩吉祥的作品《古时古韵》、浙江纺织服装职业技术学院李玲和吴思逸的作品《虫生》获金奖，8件作品获银奖，11件作品获铜奖，5件作品获创意奖。

(陆明钢)

其他专业市场

【南方家园装潢五金材料市场】 2016年，南方家园装潢五金材料市场实现交易额1.99亿元，比上年增长2.6%，上缴税收233.8万元，增长154.1%。市场位于桐乡市区平安路529号，市场占地5.9公顷，建筑面积8万余平

11月23日，第七届“崇福杯”裘(革)皮服装设计大奖赛作品现场评审工作在崇福镇举行　　崇福镇提供

方米，由中央综合大楼和24幢连体别墅式建筑及1万平方米大型停车场组成，楼幢之间建宽12米以上无障碍经营通道，有商铺800多间、经营户208户。商铺一楼经营，二楼仓储，三楼办公，经营灯具、陶瓷卫浴、电器、板材、管道、油漆、家具、移动木门等。商铺均配水、电、电信、宽带、有线电视等设施。该市场成立消费者联络站、商户诚信联盟、市场管委会，确保消费者、经营者安全。

【桐乡汽车商贸城】 2016年，桐乡汽车商贸城交易汽车2.16万辆，实现交易额23.58亿元，比上年增长25.1%；上缴税收1749万元，其中二手车销售额5.27亿元，增长24%，上缴税收36万元。商贸城位于市区杏南路106号，是集汽车交易、汽车展示于一体的商贸平台，是浙江省服务业重点项目和"浙商回归"重点项目。商贸城建设分三期进行，一期占地13公顷，建筑面积15.26万平方米，总投资3亿元。一期工程于2011年竣工并投入使用，有桐乡市铭豪二手车交易配件市场及宝马、大众、起亚、五菱、别克、英伦、东风本田、丰田等15家汽车4S店。桐乡市铭豪二手车交易配件市场有商户119家，其中二手车交易商户(企业)18家，汽车配件、汽车装潢等商户(企业)101家，引进汽车保险、汽车评估等专业服务机构，设有市公安局交警大队车管所市场服务点、国税局车购税办税大厅及开票服务大厅，基本达到功能齐全、服务完善的建设目标。二期森茂汽车城项目位于振东新区校场路南侧、爱国路西侧、杏南路东侧，占地面积5.27公顷，项目投资概算4.71亿元，计划建设8个汽车4S店、3S店及其相应的配套管理用房、酒店等。项目于2013年2月4日开工建设，2014年8月起项目停滞，2016年底重启建设，目标2018年竣工并投入使用。三期目标建设多家品牌4S店及汽车后市场集群。

（俞伟斌）

【副食品批发市场】 2016年，桐乡市副食品批发市场成交额10.38亿元，比上年增长1%；自营业务完成1.12亿元，增长13.4%；实现综合效益496万元，增长1.8%，继续保持良好发展势头。市场有摊位686个，进场经营户413户，从业人员2500多人，地区级代理二线、三线品牌250个，日客流量近1万人次。2016年，市场摊位五年租赁期进入转期工作，下一租赁期为三年，平稳过渡，继续保持100%出租率。下半年，车辆电子门禁系统启用，规范车辆收费及停放秩序，保证客户车辆畅通，强化现场管理，优化消费环境。市场自营业务以配送和果蔬连锁超市为主线，重点突出质量控制和食品安全体系建设。市场与市人保公司签订"食品安全责任险"，实行每人最高50万元的先行理赔机制；投入66万元添置检验检测设备，设立检测总室和配送中心出库检测室，检测进出库商品，建立电子台账，接受市绿色餐桌办、工商检测中心、农经局安全科等管理部门监督，确保食品安全。至年末，市场配送中心对学校、机关、企事业单位食堂的固定配送点达到165家，比上年增加一倍，并成为市教育系统试点配送单位之一，是第三届世界互联网大会食品定点配送单位。2016年，配送金额超3000万元，无食品安全事故。加强市场管理团队建设，建立服务工作"首问责任制"，对客户诉求做到有求必应，善始善终。为市场经营户在保险理赔、税费代缴、工商投诉、治安纠纷以及子女就学等方面提供帮助。市场监控室24小时全天候值班，安保工作实行网格化管理，层层签订消防安全责任书和门前三包责任书。全年组织安全生产培训3次550人，组织消防演练3次，常规性安全检查48次，突击性检查12次，更换各种消防设备127件，全年安全无事故。

（朱显忠）

【凤鸣装饰材料市场】 桐乡市凤鸣装饰材料市场俗称凤鸣商城，2001年开始运营，是桐乡市区建成最早的专业市场之一。位于梧桐街道崇福大道与文华路交汇处，属半封闭分幢建筑布局结构，是桐乡市城乡居民通用家装材料和企事业单位公装材料的主要选购地之一。市场业态平稳，至年末，市场有经销户160余家，有陶瓷、卫浴、板材、五金、橱柜、门业等30余个门类，1.5万个在售商品品类，吸纳就业人员600余人。除产品直销、经销，部分商户还提供上门设计、加工定制等服务。凤鸣商城在招商上注重引入绿色环保、品质品牌、生态材料等，新增兔宝宝、大王椰板材系列，诺贝尔塞尚地砖系列，冠珠大理石系列，欧曼玉玉石背景，富朗实木门系列，欧派整体橱柜系列等上百个品种。门店也主打产品升级换代，以迎合市场需求。智能应用产品渗透率逐步提高。由于全市新农村建设、旧城改造进度加快，市场装饰材料销量持续上升。2016 年凤鸣商城总销售额 5.75 亿元，比上年增长 13%，其中石材产品加工贸易额 1.37 亿元，增长 17.6%，市场库存量减少 10%。凤鸣商城鼓励经营户积极开展厂方直销，参加桐乡市家装博览会等各类展销会活动。30 余家陶瓷、卫浴、橱柜、水暖设施等门店与红星美凯龙、南方家园联合举办产品联谊联展活动 4 场次。凤鸣商城投入 22 万元，完成消防管网整体改造工程。

（王敏媛）

【洲泉足佳鞋业市场】 洲泉足佳鞋业市场占地面积 8 公顷，总建筑面积 11.29 万平方米，总投资额 4.2 亿元。2016 年市场交易额 22 亿元，比上年下降 12%。一期市场建筑面积 2 万平方米，123 个商铺，于 2006 年 3 月正式开业，市场开业率 100%。主要经营鞋材、辅料。二期市场 3.65 万平方米，于 2007 年 8 月开业，一半面积为蚕丝、家纺辅料市场。三期市场以开放式商铺为底的酒店式公寓，共 2.39 万平方米，是集酒店、宾馆、会务、住宿为一体的配套形物业。随着周边行业不断扩大，四期市场占地 2 公顷、建筑面积 3.22 万平方米，2016 年落成投入使用。至年末，足佳鞋业市场入驻经营户 280 户，从事相关经营和服务的从业人员 860 多人，市场总体入驻率 75%，年度总销售营业额 32.3 亿元。商家来自温州、江苏、河南、甘肃、广州及周边等地。市场内经营鞋革、辅料、装饰扣、制鞋设备为主，以及酒店、宾馆、物流、仓储、鞋类设计、厂家对外展示、休闲娱乐等诸多配套服务设施为辅的鞋业专业“生态系统”，成为浙北苏南乃至长三角地区颇具影响力的鞋业专业市场。鞋业市场的运作和物业管理由足佳鞋业市场管理公司专门负责，主要服务内容为商铺招商、委托经营、物业管理、安全保卫、卫生等相关工作。

（范依婷）

农贸市场

【概况】 2016 年，桐乡市办理市场名称登记证的农贸市场有 19 家，分布于各主要镇（街道），总建筑面积 10.51 万平方米。其中，隶属金凤凰集团 8 家、镇（街道）政府 4 家、其他 7 家。全年农贸市场成交额 34.85 亿元。桐乡、乌镇、崇福、濮院、屠甸、洲泉、石门等 7 家农贸市场成交额 31.47 亿元，占成交额 90.3%，其中桐乡集贸市场全年成交额 13.57 亿元，占成交额 38.9%。继续以星级市场创建引领农贸市场提升发展，鼓励各类农贸市场创新提档、改造升级，推进市场信用建设和食品安全工作。濮院、高桥、同福三个市场和东兴净菜市场创建为省二星级文明规范市场，现有四星级文明规范市场 3 家、三星级文明规范市场 4 家、二星级文明规范市场 7 家。桐乡城北菜场等 4 家市场完成食品安全“双体系”（食品安全质量追溯体系和市场检测体系）建设及免费开放工作。

【认定“放心农贸市场”4 家】 2 月，桐乡市商品交易市场及农贸市场提升发展工作领导小组办公室（简称“市提办”）与市场举办者进行沟通，经市政府研究并报上级政府同意，确定 4 家“放心农贸市场”创建单位，将创建标准发放给创建市场，并进行解读、研究，要求各创建市场对照标准认真自查，找出存在困难和问题，提出相关意见建议；3—7 月，邀请网新中研公司技术人员上门指导“农贸市场综管系统”应用，组织 4 家创建市场去崇福集贸市场学习取经，重点指导各市场制定创建方案，确立重点工作，落实创建举措，推进放心市场创建各项工作；8—9 月，结合 G20 杭州峰会维稳安保，督查推进放心市场建设，重点检查农贸市场质量追溯体系及快速检测体系“两个体系建设”，确保食品安全；10—11 月，再次邀请网新中研公司技术人员上门指导，市提办两次组织工作督查，对照标准，查遗补缺，巩固提升。四个创建市场开展市场区块改造、形象标识统一、创建氛围浓厚、环境卫生整治、车辆秩序整治、市场管理人员和经营户培训、软件应用、市场检测、索证索票、制度上墙、台账整理等一系列工作，计划投入创建资金 253 万元，实际投入 323 万元。浙江省商品交易市场及农贸市场提升发展工作领导小组认定桐乡市濮院集贸市场、桐乡市大麻集贸市场、桐乡市石门集贸市场、桐乡市同福农贸市场为年度省放心农贸市场示范单位。

（殷桂民）

概　　述

2016年，桐乡市境内有铁路18.858千米；公路2039.13千米；航道269.5千米，其中四级航道63.97千米。全年铁路客运量503万人次；公路客运量1379.36万人次，公路客运周转量3.54亿人/千米。全市水路货物运输总量1648.13万吨，比上年下降1%。公路货物运输量1272万吨，公路运输货物周转量(是指运输工具实际完成运送过程的以重量和运送距离的复合单位)13亿吨/千米。全年城市公交客运量1351万人次。全市有各类汽车21.26万辆，其中货车5945辆，私家车18.86万辆，年内新增汽车2.91万辆；摩托车8.24万辆，年内新购1370辆。在册营运船舶739艘。

桐乡市继续加大交通基础设施投资，不断完善交通网络，发展公共交通，加强行业管理，进一步提升交通形象，为桐乡经济发展创造更好的交通环境。交通运输行业全年交通基础设施建设投资15.7亿元，建设项目16项。其中被列入市重点工程项目7项，省重点工程项目4项。乌镇大道(市区至乌镇段)建设工程、临杭大道(凤鸣街道至洲泉段)建设工程顺利推进；杭平申线(浙江段)航道改造工程、东宗线航道改造二期工程HQ3合同段基本完工；东宗线航道改造二期工程HS2合同段于4月28日开工；京杭运河浙江段三级航道整治工程嘉兴段(新建)项目工程，完成施工单位和监理单位的招投标工作。着力加强公交车辆更新，线路优化调整，完善公交基础设施建设，推进公交线路国有化改造。

12月30日，杭平申线航道改造工程桐乡段举行开工仪式

市交通局提供

完成公共自行车系统四期项目建设，投资650万元，投放自行车1000辆，建成服务站点30个，服务亭3个。全年租车总量251.54万人次，日均租车6873人次，比上年增长30.14%；全年办理公共自行车服务卡7383张，累计办理45843张。

公　　路

【概况】 2016年，桐乡市公路总里程2039.13千米，新增公路14.86千米。其中国道43.26千米、省道24.81千米、县道390.33千米(增加21.44千米)、乡道480.88千米、专用公路11.44千米、村道1088.41千米(减少2.76千米)。按公路等级分，境内有高速公路43.69千米、一级公路178.33千米(增加

11.57千米)、二级公路91.57千米、三级公路247.87千米(增加2.83千米)、四级公路1011.52千米(增加1.04千米)、准四级公路466.15千米(减少0.58千米)。全市公路密度为百平方千米280千米。有公路桥梁1536座,新增30座,其中互通式立交桥10座、特大型桥梁2座、大型桥梁65座、中型桥梁427座、小型桥梁1042座。

继续加大公路建设投入,完善公路网络,提升公路等级。全年公路建设总投资7.58亿元,其中绿化工程建设完成投资2.45亿元,农村公路完成投资1.02亿元。乌镇大道(市区至乌镇段)建设工程于2014年3月20日开工,2016年完成投资额2.07亿元,累计完成投资10.57亿元,项目基本完工。临杭大道(凤鸣街道至洲泉段)建设工程于2015年7月1日开工,2016年完成投资2.01亿元,累计完成总投资5.51亿元,占总投资55.27%;乌镇大道(市区至乌镇段)景观绿化及配套设施工程(新建)全长11.3千米,绿化总面积53.4万平方米,项目概算2.93亿元,于2016年4月29日开工建设,全年投资2.45亿元。

2016年,桐乡市友谊城市公交公司配置驾驶员216名,城市公交188辆,线路17条,总长224.3千米,日均客流量3.7万人次,公交出行分担率16%,比上年提升1.3%。桐乡市汽车运输有限公司有驾驶员383名、营运客车395辆,开通有城乡公交线路82条、快客班线14条、普客班线24条,日均客流量3.6万人次;全年更新城乡公交38辆、旅游包车21辆、城市公交66辆。春节、"五一""十一"期间安全发送旅客232.59万人次,节假日期间全市未出现旅客滞留现象,未发生重特大交通事故。

合理安排公交运力,优化调整公交线路,完善经营模式,提高服务质量。4月8日,调整优化K350线路,投入4辆气电混合大巴、4辆中巴,增加K337路、K340路、K353路公交班次;4月15日,K309路、K316路、K319路均调整为崇福车站始发;4月28日,K191路调整至嘉兴八佰伴公交枢纽站。11月,开通微信公共平台购票和旅游包车功能,实现窗口购票、网上购票、手机购票三位一体模式。市汽车运输有限公司全年互联网订票29万张,比上年增长101.9%。着力完善公交基础设施建设,新建港湾式停靠站和公交站台18个,完成公交IC卡升级改造和公交市民卡对接工作。推进公交线路国有化改造,完成桐乡至练市公交线路、桐乡至钱江市场班线车收购工作,年内,全市公交全部实现公车公营。

新投入的气电混合动力公交车　　市交通局提供

【公路养护】 2016年,市交通管理部门以"建设大路网、深化五型(品质、平安、生态、服务、阳光)路"为目标,创建美丽公路,确保公路安全、畅通、整洁,进一步改善交通环境。年内,实施干线公路养护大中修工程,投资1800万元,养护乌塍线、崇新线、屠新线、濮民线,计12千米工程;投资7857万元,改造提升恒桃线、晏门线、杨新线等24条农村公路,计39.1千米。投资5067万元,改造提升乡村公路灵同线、新合线、乌民线等,计42.36千米。投资512万元完成日常养护工作,解决好路面损坏和平整度问题。全年修补路面病害1.8万平方米,检测桥梁63座,修补桥面300平方米。投资

公路养护工人抛洒融雪剂　　市交通局提供

200万元完成崇新线约12.5千米的中分带绿化改造。

【公路路政】 2016年，市交通管理部门教育纠正占用公路违章设摊行为1120件；清理公路沿线各类堆积物1381立方米；拆除非公路标牌(各类广告横幅)1322块(条)，拆除违章建筑301平方米；查处违法违章案件1件，办理涉路许可项目28件。年内，检测车辆4336辆次，查处违法超限超载车辆146辆(超限141辆、超载5辆)，其中超限处罚103辆(其余38辆情节轻微，教育放行)，处罚款项8.11万元，平均超限率3.17%。卸载货物重669.36吨，卸载几何尺寸超限货物累计19.54米，除整体性不可卸载货物外，卸载率100%。全年投入资金178万元，对辖区内多条县道公路的临水高落差路段增设护栏，总长916米；修复受损钢制护栏3134米；更新、维护公路沿线的指路、禁令、警告等标志，计669套；漆画热熔标线217.8万平方米；更新示警桩976根；更新轮廓标987只。

【出租车行业管理】 2016年，市交通管理部门加强出租车服务质量考核，细化车辆、驾驶员考核，建立驾驶员服务质量档案，每月将考核结果通报各公司，并利用视频监控强化非现场检查，督促驾驶员规范经营。做好从业资格证报名和换证工作。1月起，对全市在册的570多名出租车驾驶员进行从业资格证的换证工作，并重新建立驾驶员从业资格档案。成立桐乡高铁站出租车稽查小队，将公交区域与出租车区域进行隔离，设置岗亭，实施全天候现场监管。对桐乡高铁站的出租车排队秩序进行管理，同时服务乘客，引导乘客在指定地点上下车。配合市局做好网约车相关工作，开展网约车合法化问卷调查，向出租车驾驶员进行政策宣传与引导。进一步做好出租车行业维稳工作，加强与联络员信息沟通，掌握行业动态信息，收集驾驶员的诉求，及时处理问题和意见。

【加强驾驶员培训监管】 2016年，桐乡市运输管理所不定期开展脱岗培训，提高驾驶员思想素质和业务水平，加强驾驶员培训监管。全市有驾驶员培训企业13家，教练车666辆，教练员831人。全年查处教练车违章45起。妥善处置良益驾校事件，由福原驾校全面接收良益驾校(包括教练车辆、2000多名教练员及学员等)。推动和落实“先培后付”改革措施，桐乡市13家驾校全部实施分阶段式“先培后付”培训模式。全市驾校行业完成驾驶培训计时系统的升级，加快信息化建设管理，利用车载视屏监控系统，对教练车辆进行监督，对违章的15名教练给予处分。开展道路运输从业人员继续教育工作，办培训班16期，培训人员1537人次。组织6期从业资格证培训，培训人员200人次。组织驾驶教练员技能竞赛。

(严志惠)

高速铁路

【概况】 沪杭铁路客运专线北起屠甸镇联星村，南止崇福镇御驾桥村，全长18.858千米。沪杭高铁桐乡站属嘉兴车务段管辖，有职工35人，干警5人，保安10人。2016年，沪杭高铁桐乡站有72趟列车停靠，新增1趟。其中高速动车58趟，与上年持平；动车组 14 趟，新增 1 趟；上行（上海、北京方向）37 趟，下行（杭州方向，可以直达南昌、长沙、贵阳、广州、福州、厦门、深圳等城市）35 趟，与上年基本持平。车站列车运行图在 1 月 10 日、5 月 15 日、9 月 10 日先后发生 3 次变化，沿途停靠站新增 25 个。车站日均客运量 1.5 万人次；全年上下客 503 万人次，比上年增加 94 万人次，其中上行客 250 万人次、下行客 253 万人次。为方便市民出行，全市设火车票代售点 6 个，全年出售火车票 109 万张。第三届世界互联网大会期间，车站迎往与会嘉宾及记者 2500 余人。

【公交车站台实施封闭式管理】 3 月，高铁桐乡站公交车站台进出口处设置电子道闸管理，并以人工岗亭进行辅助管理。公交车进出公交车站台时，电子道闸感应到公交车上的电子发射器会自动升、降闸放行，其他车辆则不能进入公交车站台，由此改变了以往出租车、车站工作人员私家车、公交车，以及部分社会车辆混合使用站台的情况，公交车运行效率得以提高。

【多元化乘车服务】 1 月，桐乡市气象局在高铁桐乡站广场中央电子显示屏北面安设气象预报装置，为所有旅客预报未来 7 天内桐乡天气情况及服务旅客信息。6 月，高铁桐乡站广场两处总约 350 平方米的 7 间店铺经营权进行公开拍卖。7 月，该 7 间店铺全部开张，主要经营范围为餐饮、副食品等出行所需服务与物品。

（胡璐曼）

水　路

【概况】 2016 年，桐乡市境内有航道 271.85 千米，其中四级航道 66.32 千米，通航 500 吨级船舶；五级航道 17.63 千米，通航 300 吨级船舶；六级航道 101.89 千米。全市在册营运货船 728 艘，24.59 万载重吨（船舶在营运中能够使用的载重能力），平均吨位 337.04 载重吨。乌镇景区客船 233 艘，客位 1924 个。全年完成水路货运量 1648.13 万吨，货物周转量 26.4 亿吨千米；港口吞吐量 1648.17 万吨，其中出港 171.17 万吨、进港 1477 万吨。征收港航事业费 147.57 万元，减少 261.96 万元；通行费征收 556.61 万元。年内，辖区内接处警 186 起，其中碰船事故 130 起，直接损失 3000 元以上事故 8 起，计 24.87 万元，比上年增加 19.27 万元，无死亡事故。年内办结行政执法案件 66 起，比上年减少 13 起；罚没款总额 11.29 万元，减少 7.68 万元。完成本级行政许可 75 件，行政审批 3.9 万件。

加强水路运输市场管理。桐乡辖区两家水运企业的经营行为比较规范，但市场形势不乐观，存在运力过剩。在月度抽样调查中，282 艘样本船舶中，停航 37 艘，占 13.12%；月平均停航 2.9 航次，比上年减少 0.1 航次。

集中力量开展码头整治。通过“关停拆除一批、提升保留一批、规划建设一批”的总体思路，重点整治码头用地存在违法、环境质量较差、设施设备缺失、防控措施和制度不落实等情况，成效初显。至年底，拆除违法码头 60 个。

【船舶检验】 2016 年，市交通管理部门检验船舶 737 艘次，总吨位 15.33 万吨，主机总功率 9.57 万千瓦，载货参考吨位 18.45 万吨。换证检验船舶 160 艘，中间

3 月，高铁桐乡站公交车站台实施封闭式管理　　高桥新区提供

检验船舶44艘。历经5年，全面完成船舶新版“内河船舶吨位证书”申请换发工作。规范船舶现场检验工作。新建、入港（外地籍船舶入桐乡籍）船舶检验申请通过船检信息系统上报嘉兴市港航管理局船检科，由船检科统一指派验船人员实施现场检验。新建、入港、过户（船主变更）船舶现场检验时填写船舶实测表，为了防止证书记载主机功率与船舶实际主机铭牌标定不一致的现象，对新建、入港、过户、换证检验船舶的主机铭牌拍照后并纸质存档，确保船证一致、提高船舶检验工作的质量。

（严志惠）

物流仓储

【概况】 2016年，桐乡市围绕“大物流建设”发展战略，通过政策引导和扶持，不断提升物流龙头示范作用、物流信息化便捷效益以及综合性物流园区聚集发展能力，配合推进桐乡现代物流业转型升级。加快现代物流业品牌化、集聚化、专业化、智能化建设，引进国内外知名物流企业，培育壮大第三方物流企业，提升物流信息化水平。桐乡市有货物运输户2888家，货运车辆4285辆；濮院物流园区、振东物流园区2个物流园区，28家货运代理、站场经营业户；省级物流龙头企业1家，嘉兴市级物流龙头企业3家。完善信息化平台建设，优化已投入使用的软件。濮院物流园区加强托运业务营销，组织人员上门联络周围厂家；仓储中心择优选择租户，淘汰不符合仓储管理规定的租户，继续加强消防安全等日常管理工作；加强电子招商力度。仓储中心全面投入使用，为电商入驻提供优质的后续配套服务，提高电商中心入住率。年内通过4A级企业复审。扩大园区规模，提升园区经营优势，按照招大商、招好商的原则做好招商选资工作。振东物流园区一期建设用地面积3.6万平方米，总建筑面积约1.39万平方米，配有出货站点40余个，仓储面积4000平方米，卸货中心1600平方米，生活配套用房70多间及停车场等功能，园区还配备过磅系统、24小时实时监控设备、门岗高清抓拍系统，设有警务室及一般纳税人开票点。建设中的园区二期总规划7.2公顷，分A、B区块，先行实施A区块，A区块用地面积2.9万平方米，投资总概算1.1亿元，计划建设出货场站30个及电子商务中心，仓库2.6万余平方米，以满足市区范围内所有物流企业入园经营的需要及各制造企业、货运市场等对仓储、物流服务的迫切需求，发展壮大园区业务，提升园区经营优势，二期A区块工程投入使用。积极推进物流特色楼宇培育工作，10月，振东物流园区特色楼宇被嘉兴市交通局、嘉兴市楼宇办评为“电商物流特色楼宇”。

（沈慧超）

宇石物流车队　　市发改局提供

概　　述

2016年，桐乡邮政通信业加强网络建设，完善通信和信息化基础设施，满足用户现代化通信需求，推进桐乡经济建设发展。

全市有邮政局(所)24个，年末固定电话装机17.8万户，移动电话117.53万户，国际互联网用户29.95万户，邮电业务总量15.79亿元，其中邮政业务量0.96亿元、函件162万件、包件115.1万件、汇票3.8万张、特快专递4.8万件。订销报纸期发数9.3万份，订销报纸累计份数1075万份，订销杂志期发数10.8万份，订销杂志累计份数129万份。

第三次世界互联网大会·乌镇峰会期间，邮政、电信、移动、联通桐乡分公司做好相关网络建设与保障工作，确保通信畅通，网络安全。11月15日，浙江省委副书记、政法委书记袁家军一行到世界互联网大会乌镇峰会安检中心检查指导，要求邮政管理等部门联合协作运行，确保互联网大会期间寄递渠道的安全。年内，电信桐乡分公司、移动桐乡分公司获"嘉兴市重大国际峰会保障服务工作先进集体"称号。

邮　　政

【概况】 2016年，桐乡邮政管理局开展"安全管理提升年"活动，重点围绕护航G20杭州峰会、第三届世界互联网大会·乌镇峰会，开展"平安寄递"建设，实现重大峰会期间寄递渠道平稳畅通、行业安全形势持续好转。开展持证快递网点统一挂牌行动，率先完成113家持证经营的快递网点的挂牌。以"三项安全制度"(收寄验视、实名收寄、过机安检)为重点，推进实名收寄信息化工作，完成7台安检机设备的配置工作，迈出信息化建设和过机安检第一步，有效减少企业人力投入，确保寄递物品来源可追溯、责任能倒查。邮管局出动检查人员千余人次，累计检查企业448家、下发整改通知186份、约谈62家、取缔无证经营网点32处，经嘉兴市邮政管理局立案查处6起。全年主要网络型快递企业实际处理快件8236.1万件，处理快件量居嘉兴首位，累计业务收入5.87亿元。收件量最大日产生在11月11日，全市主要网络型快递企业完成发件135.3万件，派件量最大日产生在11月15日，全市主要网络型快递企业派送快件22.9万件。

2016年，中国邮政桐乡分公司业务收入8000万元，比上年增加866万元，增长12.1%；实

11月15日，浙江省委副书记、政法委书记袁家军(中)到世界互联网大会乌镇峰会安检中心检查指导　　桐乡邮管局提供

7月26日，邮管局举行寄递业安全应急演练　　桐乡邮管局提供

现利润624万元，比上年增加93万元，增长17.5%；储蓄余额31亿元，比上年增加7亿元，增长29.2%。快递包裹120万件，12月日均8000件。各项业务均居嘉兴地区前列。

（杨玲凤　楚盛洁）

【持证快递网点统一挂牌行动】 2016年，嘉兴市在全省首创实施持证快递网点统一挂牌。5月31日，嘉兴市邮政管理局率先对桐乡市113家持证经营的快递网点进行挂牌。该标牌由嘉兴市邮政管理局统一制作发放，每个标牌按县市区编号，有唯一的编码，标牌上公开监督电话。并在嘉兴市邮政管理局门户网站上公布相关信息，接受监督。“快递网点”牌的悬挂，强化寄递企业安全生产主体责任，加强快递企业人员工作责任心，规范操作行为；便于政府相关部门开展监督执法检查工作以及社会公众对持证网点监督和对无证网点举报。

【寄递业安全应急演练】 7月26日，邮管局在桐乡百世快递分拨仓举行安全应急演练。全市各快递企业负责人和安全员70余人参加演练。内容包括消防知识培训、应急演练、危化品应急处置演练。演练有效提升寄递业从业人员的应急处置能力，增强安全意识。邮管局、梧桐街道派出所、梧桐街道消防工作站等相关单位人员全程观摩并做专业点评。

【寄递渠道安全通畅】 为确保第三次互联网大会期间进入乌镇区域的邮（快）件安全，邮管、公安、国安部门启用位于乌镇镇区外围的邮（快）件安检中心，设置警戒区。峰会期间，桐乡市邮政快递行业正逢“双11”业务旺季，11月11—18日，经过乌镇邮件（快）件安检中心安检的进口件为37314件，处理疑似件1037件，无一漏检。在外围区域，邮管局对全市寄递企业开展多轮安全排查整改，检查企业及网点97家、超市便利店20余家、大型企业分拨中心3家，全市未发生网络瘫痪、快件滚存、爆仓等事件，也未发生媒体炒作寄递安全事件，保证峰会期间寄递渠道安全通畅。

（杨玲凤）

【网运和投递网络改造】 2016年，中国邮政桐乡分公司以时限为核心，抓好网运和投递网络改造。根据业务发展实际需求，公司调整区域内邮件发运计划，由原农村支局一进一出频次增加为二进二出频次，缩短进口邮件中转时间，为邮件投递赢得更多时间。同时，针对出口邮件的时间需求，以濮院、洲泉、崇福、乌镇为片区推行区域揽收投递线路，并根据包裹业务量和处理时间动态新增临时晚班投递车。重点整合本级和重点支局投递队伍，成立专职包裹投递和混合投递队伍，合理调整投递时间，新增投递人员20人，其中外包16人。加大车辆投入，新增汽车6辆、电瓶三轮车16辆，改造投递网，制定桐乡邮政分公司快递包裹旺季生产应急预案，落实旺季各生产环节全流程的指挥调度、协调配合，确保进出口邮件时限各项考核指标达标。

【凤鸣小学被授予“浙江省青少年集邮活动示范基地”称号】 5月27日，桐乡市丰子恺少年邮局成立五周年暨凤鸣小学第五届邮展活动在桐乡市实验小学教育集团凤鸣小学举行。全国集邮联会、全国集邮联青少年工作委员会原副主任周治华、浙江省集

5月27日，“浙江省青少年集邮活动示范基地”验收会召开

邮政桐乡分公司提供

邮协会常务副秘书长陆模俊及嘉兴市、桐乡市等相关领导受邀出席。本次活动同时完成凤鸣小学“浙江省青少年集邮活动示范基地”的验收工作。10月21日，第四批浙江省青少年集邮活动示范基地命名大会在桐乡举行，凤鸣小学被授予“浙江省青少年集邮活动示范基地”称号。此次被命名的学校有9所，嘉兴市仅此一所。凤鸣小学作为浙江省第一批艺术特色学校，从2009年开始，学校凭借漫画教育优势，以丰子恺先生倡导的“童心”为主线，以追求“不息的童心”为办学理念，积极为孩子们创造实践锻炼的平台。2011年，作为嘉兴首家“少年邮局”——丰子恺少年邮局成立。经过几年建设，学校先后获嘉兴市、浙江省，乃至全国性比赛的大奖，学校的漫画教育备受关注。

【邮政骑塘营业厅迁址】 2016年，中国邮政桐乡分公司为进一步加快业务发展、方便群众用邮，骑塘网点进行迁址，8月18日对外营业。新址位于桐乡市高桥新区，地处隆昌路交通主干道南侧，西邻新城花园，东邻南日集镇，面对南日工业区。建筑面积270平方米，分现金交易区、客户休息等待区、自助银行区和办公及附属设施区4个功能区。现金交易区120平方米、自助银行区40平方米、办公及附属设施区50平方米。客户休息等待区60平方米。现金交易区设现金交易台席4个；自助服务区有存取款一体机、ATM机各1台。改造后的骑塘营业厅配备专门的VIP室（贵宾室）、网银体验区和理财室，自助银行区新增自动存取款机1台、邮政柜台1个。

（楚盛洁）

中国电信

【概况】 2016年，中国电信桐乡分公司遵照集团公司“践行三严三实，推进三双三同”的总体战略，以创新、改革为动力，持续深化企业改革，主营业务收入基本完成年度预算，手机用户和宽带用户稳步增长，继续保持持续、稳定、健康的良好发展态势。中国电信桐乡分公司抢抓“互联网+”机遇，加快互联网化转型步伐，在做精、做细、做实、做透和强化执行上下功夫，年内获“嘉兴市重大国际峰会保障服务工作先进集体”称号，“党员突击队在行动”和“乌镇峰会永久会址”项目被评为“创新实践在基层”优秀项目。第三届世界互联网大会·乌镇峰会期间，中国电信桐乡分公司作为主要通信网络与服务保障单位，围绕“安全高效，可控可管，宽带融合，国际领先”的要求，完成通信保障任务，确保信息安全万无一失，在省市公司支持下，中国电信先后投资大量资金，用于网络安全、有线宽带、无线网络、爱WiFi接入、干线光缆保障、视频监控、智慧乌镇，以及传输、动力、交换等专业的通信基础设施建设。中国电信在互联网保障指挥部内设立现场监控中心，对保障地址的流量状况、链路状态、设备状态和保障域名访问状况等进行实时监控，发现问题后立即通知现场网络和安全保障组处理，确保会议期间各网络设备运行正常，未出现重大故障。

【云平台建设启动】 中国电信桐乡分公司提供千兆优质网络助力桐乡市智慧城市建设，利用网络与信息化优势打造云平台。2016年11月，中国电信嘉兴分

政务云桐乡中心机房　　电信桐乡分公司提供

公司与桐乡市政府签订协议，建设“教育云”“医疗云”“政务云”，“三朵云”在桐乡快速推进。“教育云平台”汇聚基础教育平台、远程视频互动教学、教育系统OA管理、教育桌面云、教育门户网站等系统，有力支撑教育教学和管理模式变革。中国电信承建的一期项目为桐乡市116所学校提供教育云服务。“医疗云平台”涵盖HIS、影像、检验和体检等六大系统。上云后，患者在区域内异地就诊时，医疗数据可重复使用，节约费用；医院影像数据永久在线，让医院随时调用，按需使用，降低投资与运维压力；同时实现区域内医疗影像数据共享，让医疗数据重获新生。“政务云平台”可提供17项政务云服务，包含计算、存储、网络、安全、视频监控、物联网等，通过数据开放共享，实现从“人跑腿”到“数据跑腿”，让群众足不出户就能办事。政务云桐乡分中心，“市长热线”、国土不动产登记系统等陆续上线。

（朱　红）

中国移动

【概况】 2016年，中国移动桐乡分公司主动适应地方经济新常态，创优创先、善作善成，持之以恒、奋发有为，持续提升“网络、队伍、渠道”三大能力，主攻“个人、家庭、政企”三大市场，在“业绩、党建、平安”三个方面做出成绩，推动公司可持续健康发展。全年，实现运营收入6.2亿元，手机通话用户88万户（其中4G用户60万户），宽带用户12万户。年内移动桐乡分公司获“嘉兴市重大国际峰会保障服务工作先进集体”称号，“全国‘安康杯’竞赛活动中获优胜班组”称号。为提升乌镇互联网国际会展中心区域的网络安全性，启用设立在乌镇分水墩村原村委的世界互联网大会保障指挥中心，指挥中心将骨干网络双平面思路用于无线接入网，实现双电源、双路由、双系统、双时钟、双IP（“网协”，网络之间互连的协议）、双天馈的“6双”安全防护。新建基站100个，确保实现乌镇互联网国际会展中心、景区、镇区及周边高速沿线2/3/4G网络全覆盖。会议期间，移动桐乡分公司投入150人，组织15个现场保障小组，3辆应急通信车及2辆应急发电车参与现场应急保障。乌镇整体保障区域无线话务总量为14.69万ERL，较日常提升38%；4G数据总流量为2399.6万兆，较日常提升67%。保障区域及会议中心网络接入接通率均在99.85%以上，各项指标运行正常。

·相关链接·

ERL

ERL（爱尔兰）是话务量的单位，话务量是呼叫次数与每次呼叫的平均占用时长的乘积。ERL是Erlang编程语言的源文件格式。

【推进LTE网络、驻地网、承载网建设】 2016年，移动桐乡分公司完成LTE（长期演进）项目四期新建站60个、共址站89个、小微站77个以及室分站点78个的建设与开通工作。4G物理基站843个。施工完成疑难小区15个。实现176个村全覆盖。至年底，桐乡市累计覆盖37.19万户，户籍覆盖率147.39%。全年新建汇聚及OLT（用于连接光纤干线的终端设备）机房17个，管道65孔千米，布缆2000余千米。

中国移动世界互联网大会·乌镇峰会现场指挥中心

移动桐乡分公司提供

·相关链接·

LTE 网络

LTE 网络(长期演进)项目是 3G 的演进,但 LTE 并非人们普遍误解的 4G 技术,而是 3G 与 4G 技术之间的一个过渡。

驻地网

驻地网是指用户终端至用户网络接口所包含的机线设备(通常在一个楼房内),由完成通信和控制功能的用户驻地布线系统组成,以使用户终端可以灵活方便地进入接入网。

承载网

承载网是位于接入网和交换机之间,用于传送各种语音和数据业务的网络,通常以光纤作为传输媒介。

【落实“宽带中国”战略】 2016 年,移动桐乡分公司围绕建设“高速畅通,覆盖城乡,质优价廉,服务便捷”的宽带网络基础设施和服务体系,推进宽带普及和提速,助推桐乡市“一业一网”发展。全年新建驻地网 8.3 万户,家庭总覆盖 38.12 万户,城镇覆盖率 100%。同时推出“移动光宽带免费升级”活动,发展 50 兆宽带,提升宽带带宽,下调宽带资费。

【承建“智慧国防”项目】 1 月 22 日,移动桐乡分公司中标桐乡市人武部“智慧国防”指挥控制中心建设设备采购项目。此项目是桐乡市国防信息化建设的重要组成部分,建设内容包括国防指挥中心系统、视频会议系统和中心机房系统等。分公司根据市人武部在智慧国防项目上的建设需求,提供高点监控、智能手机信息采集、大数据云服务、物联网身份识别等多个创新提案,制订个性化解决方案,开展深度合作,服务智慧国防建设。

(胡星晨)

中国联通

【概况】 2016 年,中国联通桐乡分公司围绕市场营销和网络建设,推进网格和沃店承包经营,探索优化经营模式,主动参与智慧城市建设,积极发挥职能作用,认真履行社会责任,不断强化基础管理和队伍建设。全年新建 3G 基站 36 个,4G 基站 216 个,基站投资 5000 万元。加大 4G 网络投资力度,4G 网络人口覆盖率上升至 90%。开展 4G 深度覆盖专项活动,市区 4G 下载从建网初期 41Mbps(兆比特每秒,指每秒传输的位数量)提升到 67Mbps。不断完善乌镇互联网国际会展中心通信信息网络,投资 1200 万元,新建 150 个 4G 基站,新增 2 套室内分布系统,确保乌镇互联网国际会展中心和新增干线的深度覆盖和连续覆盖。主会场和核心景区热点区域实现 4G 网络 3 载波配置,理论峰值速率达 375Mbps。同时,主要场馆采用 lampsite、传统分布双物理系统配置方式,既能够满足超高流量对网络的需求,又实现网络热备份,提升系统抵抗突发故障的能力。顺利完成 G20 杭州峰会和第三届世界互联网大会·乌镇峰会的通信保障。

·相关链接·

LampSite

LampSite 是中国华为公司基于室内数字化理念推出的业界领先的无线多频多模深度覆盖解决方案,适用于大型办公楼宇、大型展馆、交通枢纽等大中型室内覆盖场景或半开放型体育场馆场景。

【综合网格和沃店承包】 2016年，联通桐乡分公司激发基层经营单元活力，解决单一业务运营效率偏低现状，提升资源的整合能力和全业务运营能力，鼓励员工创业，启动综合网格和沃店承包。承包由公司在职员工自愿报名，通过竞聘与公司签订创业承包协议，自行完成工商登记注册。承包期间，与公司解除劳动合同，“五险一金”自行承担（含企业及个人部分），委托公司代为缴纳。中途退出承包或承包期满退出承包的，均可申请返回公司工作（期间计为连续工龄）。承包分为全业务综合网格、沃店营业厅两种形式。公司根据不同区域的实际情况，以KPI（关键业绩指标）作为考核内容，并以佣金、保障基金、提成奖励、房租补贴等保障承包者的权益。至年底，9名员工承包3个综合网格和6个沃店营业厅。

【智慧城市建设】 2016年，联通桐乡分公司响应桐乡市转型升级、提升城市运行管理水平的要求，依托基础传输网络优势，充分发挥大数据、云计算、移动互联网、物联网等信息化建设的领先优势，主动参与相关企业、政府部门的信息化平台建设，建设一批标杆项目。参与建成智慧国防、智慧环保、危险化学品视频监控系统、公安治安监控视频、沃警务防控云、射频网“车卫士”、车智联等项目，深入推进智慧乌镇、智能抄表、数字工地等重点行业项目。

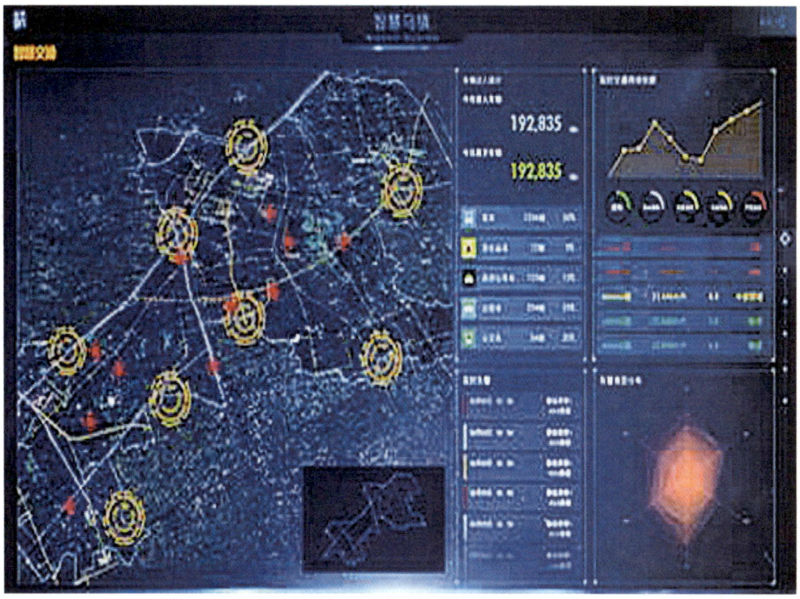

联通互联网＋打造特色小镇——智慧乌镇　联通桐乡分公司提供

· 相关链接 ·

沃警务防控云

沃警务防控云是中国联通在智慧城市建设中运用云计算服务对警务防控方面的整体方案。其中“沃”是中国联通品牌名称，中文“沃”，英文“WO”。警务防控云为特定人群或物品，配发非接触式的射频卡，通过密布全市的射频接收设备，实现对人员、物品的精准定位。

【承担社会责任】 2016年，联通桐乡分公司落实国家“提速降费”战略部署。着力加快固网光纤化升级，发力4G网络建设，通过“提速不提价”“流量不清零”“低消送流量”“视频包”等措施，有效降低客户费用支出。加强网络与信息安全。严控网络接入，认真参与防范打击通信信息诈骗专项行动，落实、规范重点业务（语音专线、400、宽带）经营秩序、语音专线主叫号码鉴权、虚假主叫发现与拦截、监督举报与宣传等各类专项行动。严格落实实名制。在保证新入网用户100%实名制的同时，开展对老用户非实名补登的专项活动，利用各种公共渠道、服务号、互联网等服务触点广泛宣传国家规定实名制的政策，梳理非实名用户的缴费、出账、通信行为，加快用户实名补登，减少用户因实名制而带来的影响。至年底，桐乡联通新老用户实名率100%。

（郏一农）

城乡建设管理

概　　述

2016年，桐乡市建成区面积48.5平方千米，比上年增加5.9平方千米。建成区绿地率和绿化覆盖率分别为31.2%和36.5%，人均公共绿地面积14.43平方米。

桐乡市建筑业加快转型升级步伐，努力适应新常态，顺利推进建筑业“营改增”工作，实现建筑企业资质平稳过渡。全年增加混凝土生产资质2家，施工总承包企业二级升一级1家，古建筑专业承包三级升二级1家，增加监理企业资质1家，乙级升甲级1家，资质延续建筑企业4家。建筑业龙头企业围绕建筑产业化目标拓展业务范围，引入“互联网＋”发展理念，嘉兴首个BIM技术应用项目建成。市建设局全面运行建设工程智慧监管平台，进一步创新监管模式；深入开展质量治理两年行动，检查项目48个，涉及面积133万平方米，进一步夯实质量管控基础。年内，桐乡市建筑业实现总产值246.24亿元，其中市外产值101.3亿元、省外产值63.71亿元。

房地产市场健康发展，通过落实上级调控政策，加大行业监管力度，去库存、稳房价等阶段目标得到有效落实。全年房地产开发投资78.56亿元，商品房销售面积165.01万平方米。住房保障覆盖面进一步扩大，全年保障公共租赁房申请家庭99户，发放货币补贴51万元。推进城镇危旧房治理改造，编制《桐乡市城镇危险住宅房屋治理改造专项规划(2015—2017)》，完成全市449幢丙类住宅房屋安全鉴定工作，完成危旧房改造治理303幢。推进不动产统一登记整合工作，完善房屋交易管理系统开发建设，不断优化房地产信息化监管模式。

住房公积金总体运行良好，归集额稳步增长、贷款和提取金额大幅增长。全年新增住房公积金缴存人数1.11万人，归集住房公积金10.28亿元，比上年增长19.25%。至年底，住房公积金归集余额22.37亿元，增长9.77%。全年发放个人住房公积金贷款2734笔，贷款金额8.95亿元，增长41.1%。

建设领域依法行政水平不断提升，审批服务持续优化。2016年，市建设局继续推进项目审批改革，完善政务服务网权力事项库行政许可权力事项内容。梳理服务事项81项，压缩流程环节9个，承诺时限从1558天压缩到291天，提速81.3%。即办事项为41项，占比50.6%；承诺事项78项，占比为96.3%。全面清理行政审批事项中未依法增设的前置条件和审核程序，取消一批“搭车”前置审批条件和程序，依法为审批事项“瘦身”减负。同时围绕市级重大项目开展上门服务，主动对接重大项目实际，帮助企业明确审批内容要求，并确定专人做好全程跟踪指导服务，对乌镇互联网国际会展中心、浙江中辉皮草有限公司、振石集团巨成置业有限公司(恒园工程)、桐乡泰爱斯热电有限公司(热电联产工程)等项目进行“一对一”服务指导。

2016年度，水务集团供水1.11亿吨，售水8934万吨。3家水厂出厂水九大指标合格率100%。全年生产桶装水116.28万桶，桶装水合格率100%。收集污水5847万吨，处理污水4090万吨，排放尾水7614万吨。

·相关链接·

BIM技术

BIM技术指建筑信息模型(Building Information Modeling)，是以建筑工程项目的各项相关信息数据作为基础，建立起三维的建筑模型，通过数字信息仿真模拟建筑物所具有的真实信息。它具有信息完备性、信息关联性、信息一致性、可视化、协调性、模拟性、优化性和可出图性八大特点。将建设单位、设计单位、施工单位、监理单位等项目参与方在同一平台上，共享同一建筑信息模型。利于项目可视化、精细化建造。

【调整个人住房公积金存款利率】 2月16日，中国人民银行、住房和城乡建设部、财政部联合印发《关于完善职工住房公积金账户存款利率形成机制的通知》规定，从2016年2月21日起上调住房公积金存款利率，将职工住房公积金账户存款利率，由现行按照归集时间执行活期和3个月存款基准利率，调整为统一按一年期定期存款基准利率执行。自1993年以来，职工住房公积金一直遵循“低进低出”的原则，职工住房公积金账户存款按照归集时间区分利率档次，当年归集和上年结转的分别按活期存款和3个月定期存款基准利率计息，分别为0.35%和1.10%。调整后，职工住房公积金账户存款利率将统一按一年期定期存款基准利率1.5%执行。公积金存款利率上调，进一步鼓励职工积极缴纳公积金，享受公积金存款年度结息实惠，为职工购房提供更有力的保障。

【调整企业(单位)住房公积金缴存基数】 7月，桐乡市按照住建部、省、市相关政策要求，启动企业(单位)2016年度住房公积金缴存基数调整工作。职工月缴存基数最高原则上不超过18144元，最低原则上不低于市统计部门公布的2015年度职工月平均工资的60%(3629元)。对于个别缴存工资基数超全市职工平均工资5倍标准(2016年为30240元)限额的单位，要求相关单位在本年度公积金基数调整中自行调整至规定的限额以内。除了缴存基数的调整，为切实降低企业用工成本，缴存比例也进行阶段性适当降低。往年桐乡企业(单位)的缴存比例一般在9%—12%之间，2016年度缴存比例调整为8%—12%。已建立公积金账户进行缴存的企业根据生产经营情况可选择按原缴存比例降低一个百分点执行；生产经营确有困难的企业可以申请降低缴存比例至8%以下，经本单位职工代表大会或者工会讨论通过，并经桐乡分中心审核，报嘉兴市住房公积金管理委员会批准后实施。待企业经济效益好转后，再提高缴存比例。

【市建设局政务窗口双获省级荣誉】 1月，桐乡市建设局政务窗口在省建设厅、省直机关工委、省总工会、团省委和省妇联联合组织开展的百家联创“优秀服务窗口”活动中被评为“浙江省住房城乡建设系统优秀政务窗口”称号。6月，市建设局政务窗口获省级“工人先锋号”称号。近年来，市建设局政务窗口深入推进行政审批制度改革，推进行政审批层级一体化改革，进一步提高审批效能，着力提升服务水平和工作质量。2014年9月，市建设局行政许可科整体进驻市审批中心集中办公。在日常工作中，市建设局对政务窗口的规划、房地产、园林市政、建筑业、人防工程等方面审批授权全部到位；运用“互联网＋审批”理念，将审批服务纳入网络审批平台和微信公众号，面向机关、企事业单位和市民，开展行政许可、便民服务等审批服务。2015年，市建设局政务窗口积极推行窗口服务标准化管理，通过运用服务星级评价器、探索“一柜通”和审批服务信息网络“菜单化”管理，方便办事群众。2015年，市建设局政务窗口办结服务事项46646件，按时办结率实现100%，提前办结率高达90%，工作差错率为0，群众满意度得到大幅提升。政务窗口使市建设局行政审批工作实现一站式管理、一口子对外、一条龙服务，提高办事效率。

城乡规划与管理

【概况】 2016年，桐乡市建设局坚持以“多规合一”为指导，科学推进《桐乡市域总体规划(2015—2030)》编制，完成纲要初稿编写，推进洲泉镇和乌镇镇总体规划等市镇两级总体规划修编。编制海绵城市、城市色彩、城市房地产发展专项规划等一批重要规划，完成城市防洪防涝综合规划、通信基站布点规划等编制工作，完成桐乡市现代实验学校及桐乡市种子仓库等项目的选址方案研究工作。全面开展村庄规划、村庄设计工作，启动编制村庄规划131个。开展农房设计落地试点工作，濮院镇新联村作为嘉兴试点，完成农房建筑方案设计，至年底，按设计方案施工农房 217 户。稳步推进特色小镇和美丽宜居示范村建设，濮院镇入选国家首批特色小镇创建名单，乌镇镇横港村、崇福镇店街塘村入选省级示范村。修订《桐乡市城市规划建设管理技术规定》《桐乡市城乡规划管理办法》等文件，规划管理机制进一步健全。严格实施规划核实工作，全年完成规划核实项目 268 项，建筑面积 644.9 万平方米，依据核实管理办法要求落实项目整改 18 项。规范经营性建设项目行政审批和批后监管，对重点项目进行现场踏勘，就规划实施情况提出指导意见，落实规划核实前项目现场踏勘指导 32 项，建筑面积 81 万平方米，全年移交市综合行政执法局处置 13 件。

夯实测绘管理基础，印发基础测绘"十三五"规划。全面完成桐乡市第一次地理国情普查，形成"一区两率"（城市建成区、绿地率和绿化覆盖率）、工业园区、行政界限等重要地理单元以及地下空间利用情况等数据，形成普查库体成果，开发桐乡市地理国情普查成果管理和发布系统，编制完成地理国情普查专题图集。有序开展城市地下管线普查工作，开发部署地下综合管线信息管理系统。加强地理信息公共服务平台运维管理，平台数据动态更新按计划进行，其中桐乡市第二轮 0.2 米分辨率航空影像更新工作基本完成，并在平台上作更新发布；"天地图"省、市、县数据融合工作完成；与市公安局等部门签订地理信息共享合作协议，与行政执法、水务、燃气等部门做好应用衔接。自平台建成至年底，推广应用系统 17 个，其中 15 个已完成。加强测绘监督管理力度，开展测绘资质巡查、测绘成果质量监督检查、涉密测绘成果保密检查、测绘项目备案检查和地图市场检查，严格测绘与地理信息市场信用管理，完成桐乡市 8 家测绘中介机构信用评价工作。积极开展测绘宣传，组织选手参与美丽中国第三届国家版图知识竞赛及少儿手绘地图大赛，15 名选手在嘉兴赛区获奖，2 名选手在浙江赛区获奖，桐乡市测绘与地理信息局获优秀组织奖。

【政务地理信息资源采集共享】 桐乡市政务地理信息资源采集共享工作内容涵盖桐乡市域 727 平方千米，近 15 大类 101 小类的地理信息资源，涉及 32 个部门。8 月中旬，桐乡市作为浙江省政务地理信息资源采集共享工作的第一批县（市）参加省级工作动员会。8 月 22 日印发《桐乡市政务地理信息资源采集共享工作方案》与《桐乡市政务地理信息资源采集共享职责分工表》。方案明确由市政府办公室负责统筹协调，市电子政务办公室负责全市部门信息资源填报人员及范围的授权，市建设局（测绘与地理信息局）协助具体推进工作、组织技术培训、负责测绘校核及上报等工作，各有关部门做好采集共享及审核工作的共同协作推进。10 月，市建设局（测绘与地理信息局）专门安排人员进行政务地理信息资源的审查校核工作，并利用数字城市建设成果、天地图·桐乡建设成果及国情普查成果进行校核比对，并通过部分现场核实，进行数据测绘校核工作，确保数据属性的完整性、正确性和坐标位置的准确性。至年底，全市 32 个部门完成全市政务地理信息资源报送工作，经审核发布政务地理信息 3604 条。

【编制庆北—梧桐区块控制性详细规划及城市设计】 桐乡庆北—梧桐区块位于桐乡主城区北侧，距桐乡老城中心约 5 千米，具体规划范围：北至京杭运河—桐乡大道，东至秀才桥港，南至环城北路—丁家桥港—秋韵港，西至新板桥港。规划面积 6.32 平方千米。2016 年，市建设局编制庆北—梧桐区块控制性详细规划。规划指出庆北—梧桐区块为桐乡中心城区的北门户，是两条新经济带（互联网与传统产业融合带、运河世界遗产风光带）交织的活力节点，功能定位为"互联网文创先锋区，水乡宜居样板区"。规划结构为一廊（联系东西的文创共享廊，串联庆北、梧桐两大板块，并且串联各社区服务中心）、三心（传媒服务中心、庆北生活服务中心及体育休闲中心）、三板块（传媒小镇板块、品质社区板块及创客小镇板块）。规划选取北至京杭运河，东至秀才桥港，南至环城北路—丁家桥港—秋韵港，西至康泾塘，约 5.2 平方千米范围开展城市设计研究工作。设计通过环水塑心、曲水串城和多彩水岸三大理念，使得整个片区与运河景观带融合在一起。利用运河及地区内水系丰富的景观优势，塑造水乡特色、整体协调的片区风貌。通过城市空间的塑造，打造北门户形象、文化创意空间及宜居休闲空间。

【实施城市防洪防涝综合规划】 4月8日，桐乡市政府实施《桐乡市城市防洪防涝综合规划》。近年来，桐乡市因城市开发建设较快、市政雨污水管网错综复杂、城区部分河道断面过窄等因素，城区内涝积水问题较为突出。为加强城市排水防涝设施建设，提升城市防灾减灾能力，《桐乡市城市防洪防涝综合规划》提出“一导”（导本地区以外的来水）、“二调”（调整水位、竖向，与水平面垂直的方向）、“三控”（控制源头径流、调蓄设施、行泄通道）的防涝理念，规划近期新建雨水管道工程76.7千米，改造积水点18处，改造雨水管道工程11.3千米；疏浚、拓宽、沟通九曲港等河道；建设水闸10座，泵站8座；设置下凹式绿地工程5.2平方千米、植草沟13条等，建设3座调蓄池。总计近期投资（至2020年末）3.64亿元。

【开展城市地下管线普查工作】 8月16日，桐乡市城市地下管线普查工作全面铺开。普查总体目标为全面查清城市范围内的地下管线现状，获取准确的管线数据，掌握地下管线的基础信息，完善地下管线管理信息系统和建立交换共享平台。排查、消除地下管线安全危险源，制定应急保障预案。普查内容主要为6米以上市政道路及沿线的电力、通信（广电、电信、移动、联通、铁通、通信等）、给水、燃气、热力、工业管道综合管沟（廊）等管线（含架空管线）及附属设施。管线普查单位为正元地理信息有限责任公司。至年底，市建设局组织完成城市（主城区）地下综合管线普查，普查管线2400千米，初步掌握地下管线位置、埋深、管径、材质、年代等多个属性要素。同时，开展地下综合管线管理系统的建设，为管线的科学管理、综合分析、规划决策、防灾指挥等提供技术支撑。地下综合管线管理系统于10月建成验收。

（朱铁波）

城市管理与执法

【概况】 2016年，桐乡市综合行政执法局进一步理顺综合行政执法体制，全面实施综合行政执法工作，加强与相关行政主管部门之间的联系沟通，按照《关于加强相关行政管理部门与综合行政执法部门协作配合的意见》要求，推动联合会商、专题会商、案件移送相互抄告、信息共享、联合执法等配套制度真正落到实处。启动“砺剑”执法办案提升行动，统一执法程序，紧扣热点难点，突出大要案查处。加强涉及新划转职能案件的办理能力和水平，全年办理一般程序案件1267起，简易程序案件3.24万起，其中新职能领域案件72起，收缴罚（没）款2029.48万元，办案数量和罚没款总额均居嘉兴市综合执法系统第一位。围绕市委、市政府中心工作，启动城镇市容“洁序”提升行动、户外广告整治改造提升工程，推进保洁质量提升工程，参与拆除违法建筑23.8万余平方米，牵头完成市区学校食堂（300人以上）、企事业单位食堂（500人以上）和中型以上餐馆油烟净化装置安装工作，净化装置安装率100%。按照贴近民意、惠及百姓的要求，打响破解垃圾围城难题攻坚战，继续挖掘资源缓解停车难问题。全年办理信访案件29起，市长电话650起，受理“96310”等各类举报投诉件1590起，接待来人来访230人。扩大“桐乡综合执法”官方微信，发挥“桐乡数字城管”政务微博作用，与网民共同维护城市环境，电视、报纸宣传报道综合行政执法工作137次。

【市容环境综合整治】 2016年，市综合行政执法局配合G20杭州峰会和第三届世界互联网·乌镇峰会等中心工作开展市容环境综合整治工作。由市政府部署，市综合行政执法局牵头，专门制订并下发城镇市容“洁序”提升行动具体方案，聚焦城镇市容热点难点问题，精准定位补短板，实施农贸市场周边环境秩序、农民新村市容秩序、机动车停放秩序、“牛皮癣”保洁等12个项目，以整治促建设、以建设促管理、以管理促规范、以规范促长效，规范“十乱”行为11.21万起，依法查处越门经营、流动摊贩等各类违章行为2233起，清理沿街店铺周边乱堆物1872处。开展示范路整治行动205次，增强农村小集镇管理力度，市容秩序明显改善。

【整治改造户外广告】 2016年，市综合行政执法局结合近年户外广告整治实际，细化整改设施，延伸整治范围，严格依法查处违法设置行为，切实遏制随意设置现象。年内，拆除户外广告、遮阳篷等设施2185块(个)，拆除面积1.9万平方米，改造140块(个)，改造面积1590.9平方米。市区30条道路、市区外各镇(街道)区域以及镇(街道)至各村主要道路沿线的户外广告等设施实现全面改造，城市形象全面提升。

【实施保洁质量提升工程】 2016年，市综合行政执法局完善市区环卫保洁机制，加大环卫设施清洗保洁频率，延长机扫作业时间，优化调整机械保洁力量，逐步实现市区主要道路"机器换人"，基本实现市区主要道路机械化保洁率100%。完成市区城南、城北、城西三个清扫保洁区域和垃圾转运外包项目的新一轮外包招标工作，实现平稳过渡。推行"垃圾不落地"收运改革，专门配备垃圾压缩车、勾背车，更换大型垃圾收运厢体53个，直接清运垃圾桶889只，覆盖97所学校和大型企事业单位，有效解决垃圾"二次污染"问题。

【推进垃圾分类工作】 2016年，桐乡市全面启动市区零星建筑垃圾分类处置工作，有效解决市区每年近10万吨零星建筑垃圾处置难问题。加快推进生活垃圾、餐厨废弃物分类处置工作。生活垃圾分类处置从源头减少各类可回收垃圾705吨、有毒有害垃圾15.4万件、餐厨废弃物1万余吨。分类及再生利用零星建筑垃圾4.08万吨，实现分类率100%，再生利用率95%。

【加强停车管理】 2016年，桐乡市区新增道路停车泊位1621个。市综合行政执法局强化公共停车位收费管理，维护静态交通秩序。加强重点地区交通拥堵节点治理，推进人行道停车序化管理，依法查处人行道违法停车4.08万起。市区开通支付宝、刷卡等快捷支付方式，方便受理违停处罚。新增屠甸镇人行道违法停车受理窗口，加强乌镇镇停车收费管理，提高泊位周转率，促进高效利用，有效改善景区周边主要路段的停车秩序，进一步缓解停车难、行车难矛盾。

【推进智慧民生服务】 2016年，市综合行政执法局围绕"建设智慧城市、服务社会民生"主题，依托"互联网+"数字化技术，推动智慧城管建设，将勤务信息平台与数字城管有机整合，探索城市管理基础数据平台建设，全面掌握城市管理有效数据。"智慧环卫"上线运行，实现车辆、人员、设施及监管等工作的智慧化和信息化管理，提升保洁效率和作业安全。发挥数字城管服务民生作用，实现多角度对城市运行状态的预判和预警，全年交办案件44131起，结案44129起，解决率100%，及时解决率97.1%，及时处理民生问题，保障市民安全。

(黄佳莉)

城镇建设

【概况】 2016年，桐乡市加快特色小镇培育创建，通过因地制宜编制城镇建设和发展规划，拉大城镇发展框架，优化城镇功能布局，做到开发与保护相结合、历史与现代相结合。桐乡市建设局着力编制市区重点规划，开展庆北—梧桐区块控制性详细规划编制，在规划层面协调公投集团、梧桐街道统一考虑市区北部的建设；结合杨家门区域旧城改造，启动中心城区11单元控制性详细规划的修编工作；编制完成指导振东区域建设的中心城区06、07、08单元格控制性详细规划，指导开发区区域的中心城区24、28部分单元控制性详细规划。根据发展实际，适当调整修改梧桐工业园区的相关控制性详细规划，使其更具可操作性。做好城镇规划、村庄规划的审查、上报工作，完成濮院老镇区控制性详细规划、乌镇东片区控制性详细规划(修改)等16项城镇控制性详细规划及大麻镇海华村、崇福镇湾里村等4项村庄规划的方案审查和上报审批工作。做好专项规划的编制、上报，完成桐乡市城市防洪防涝综合规划、桐乡市通信基站布点规划等4项专项规划的上报工作。

城乡供水、污水处理项目建设有力推进，全年完成工程年度投资16909万元(附表)。至年底，水务集团供水管网总长超2000多千米，用户总数33万多户，开户水表29万多只。管理范围内污水管网487千米、泵站85座。污水入网企业1701家，已入网居民用户30645户，农村入网用户5018户。

加强农村危房改造工作，编制市农村危房改造"十三五"规划年度计划，并对拟纳入“十三五”期间农村危房改造计划的危房改造对象进行排摸和集中公示。全年完成农村困难家庭危旧房改造 73 户。开展危险房屋排查，对全市农村危险房屋安全进行排查建档，进一步完善紧急预案，建立应急处置机制。2016 年，市城改办加速推进已实施项目及剩余“城中村”的扫尾工作，至年底，扫尾 11 户，征收房屋建筑面积 3160 平方米。

市公投集团启动 CCTV 新影时空·中央新影桐乡园一期和桐乡·浙江传媒华策电影产业园一期建设。其中，CCTV 新影时空·中央新影桐乡园一期项目位于市区环城北路与文华路交叉口，浙江传媒学院桐乡校区东北侧。桐乡·浙江传媒华策电影产业园项目位于市区逾桥路南侧、文华路西侧，浙江传媒学院桐乡校区东南侧。

（朱铁波　诸胜涛　范升一）

建设中的 CCTV 新影时空·中央新影桐乡园一期项目

市公投集团提供

2016 年城乡污水、供水项目建设情况

表 17

项　目　名　称	建设管网长度（千米）	投　资　额（万元）
桐乡市城镇生活污水入网改造二期工程	36	3186
桐乡市城市污水厂提标工程	/	921
桐乡市高层住宅二次供水设施改造工程（71 个小区 14848 户）	/	100
桐乡市污水收集管网工程（城市污水厂—申和污水厂分流工程）	7.4	4000
桐乡市污水收集管网工程（乌镇—桐乡污水管道工程）	12.8	4197
桐乡市区域供水管网连通工程（乌镇—桐乡给水管道工程）	9	2505
桐乡市城乡供水一体化农村管网改造工程（一期）	147.2	2000
合　　计		16909

【启动扩大杭嘉湖南排工程房屋征收工作】 参见《农业·水利建设》中相关条目。

（朱铁波）

【杨家门旧城改建（二期）项目房屋征收工作】 4 月 18 日，市政府发布《关于杨家门旧城改建（二期）项目房屋征收范围的公告》，确定杨家门旧城改建（二期）项目的征收范围：迎风路以南，杨家门路以北，东接杨家门旧城改建（一期）项目，西至园林路（人民银行、国企办、外贸集团、中国银行、妇幼保健院等单位房产和迎风路 1 号商住楼除外）。区域占地面积 12.31 公顷，涉及被征收户 1347 户。4 月 25 日—5 月 20 日，市旧城改造指挥部办公室对杨家门旧城区（二期）改建区域分 8 个组进行

杨家门旧城改建(二期)项目现场　　市旧城改造指挥部提供

调查摸底,重点了解被征收房屋的权属、用途、建筑面积等情况。6月15日,市政府发布《杨家门旧城改建(二期)项目房屋征收补偿方案(征求意见稿)》,面向公众征求意见。8月2日,市政府作出征收决定。项目通过随机抽签形式,确定桐乡市恒益房地产评估有限公司、嘉兴求真房地产估价有限公司2家房地产评估机构承担本项目征收评估工作。其间,对未登记房屋逐一进行实地踏勘,结合城镇房屋总登记时的房产分幅平面图、地籍图等材料,公布2批32处未登记房屋认定结果。同时,开展住宅改变为商业房屋的认定工作,对25户申请人提交的材料进行初步审查,结合工商登记材料公布认定结果。10月21日,该项目正式启动签约工作。首日签约510户,至年底,累计签约1179户。

(沈亚杰)

建筑业

【概况】 2016年,桐乡市建筑业实现总产值246.24亿元,其中市外产值101.3亿元,省外产值63.71亿元。全年办理质量监督(施工许可)项目225项,建筑面积约375万平方米,工程造价81.7亿元;办理竣工备案171项,建筑面积268.4万平方米。全市完成招投标项目151项,建筑面积72.9万平方米,中标总价21.87亿元,应招标工程招标率100%。开展招投标检查4次,检查企业(中介机构)52家次,限期整改52家次。针对建筑企业"营改增"以及建设工程招投标中存在的问题,更新和完善招投标制度,加强标后管理。市建设局组织全市建筑企业参与嘉兴市建筑企业首次信用评价,继续推进建筑市场信用体系建设,开展市场专项检查6次,涉及77项工程、23家施工企业、8家监理企业、8家劳务企业,通过监督检查规范建设各方主体履职行为。全年获省级优质工程2项,省级文明标化工地5项,地市级优质工程8项,地市级标化工地15项。至年底,全市有三级以上资质等级建筑业企业64家,比上年增加1家。

【落实建筑业安全生产责任制】 2016年,市建设局落实安全生产责任制,履行安全生产监管职责,与各建筑业企业签订目标责任书,强化安全生产源头管理,实行"现场踏勘""首层检查""技术交底"等制度。全年发出安全生产提示信息200余条,发放宣传资料1500余份,悬挂横、竖幅398条,教育培训职工1.28万人。6月24日,在浙江崇德建设有限公司施工现场开展脚手架坍塌事故应急救援演练,充分检验应急救援能力。加强安全生产日常监督管理力度,开展安全生产专项整治活动及隐患排查治理活动,全年开展各类安全生产大检查3次,开展建筑工地起重设备、脚手架、施工用电、消防安全等专项检查4次,开展深基坑、高大支模架等重大危险源隐患源排摸2次,抽查工程330个,建筑面积约510万平方米,发出整改意见书330份,9个工程被责令停工整改。G20杭州峰会以及第三届世界互联网大会期间,与所有建筑施工企业及外地项目部签订责任书,对全市所有在建工地进行全方位、全覆盖检查。创新安全生产模式,积极推进"数字化"工地建设,全年有90个新开工工地施工现场安装远程监控设备;延伸"数字化"管理

6 月 24 日，市建设系统开展“安全生产月”活动应急处置演练

市建设局提供

手段，全年新纳入 LBS 无线定位管理系统的现场管理人员 90 人次；全面启动塔吊“黑匣子”（塔式起重机远程安全监控系统）的安装使用，确保塔吊安全使用，全年安装“黑匣子”43 台次。大力推进建筑业信息化监管平台建设，5 月起在全市范围内全面运行建设工程智慧监管平台，通过互联网技术提高建设工程项目服务能力和监管效率，企业反应较好，平台运行稳定。

【强化建筑企业引导服务】 2016 年，市建设局立足于建筑业转型升级，加强建筑企业指导服务。继续指导建筑企业做好新资质就位和营改增应对工作，督促企业及时招聘紧缺专业的技术人员，为资质就位提供人才支持，缴纳技术工人的养老保险，顺利完成资质换证工作。全年增加混凝土生产资质 2 家，施工总承包企业二级升一级 1 家，古建筑专业承包三级升二级 1 家，增加监理企业资质 1 家，乙级升甲级 1 家，资质延续建筑企业 4 家。积极引导建筑企业应对“营改增”所带来的影响，多次走访调研，联合税务部门、建筑业行业协会等多次召开座谈会和业务培训会，尽可能降低“营改增”对建筑企业所带来的影响。开展领导走访、调研企业，做好困难企业的帮扶工作，开展重点企业风险防范调研，全年开展全市建筑企业大会 2 次，各类专题会议 12 次，通过加强政策宣传、行业纵向沟通和企业间技术交流，共同促进行业发展。积极鼓励和引导建筑企业走绿色建筑和建筑工业化发展的道路，组织相关企业、技术人员参加学习培训、外出考察、调研等，研究建议制定市绿色建筑和新型建筑工业化的发展规划、实施方案并出台相关激励政策；鼓励建筑业龙头企业围绕建筑产业化目标拓展产业范围，扶持推动有条件的企业开展工厂化生产、装配式施工。至年底，全市完成装配式建筑面积 21.87 万平方米，其中钢结构 21.18 万平方米，非钢结构 0.69 万平方米。

· 相关链接 ·

工厂化生产

工厂化生产是指建筑产品的绝大部分工序都在工厂里面完成。也就是“采用先进、适用的技术、工艺和装备科学合理地组织施工，发展施工专业化，提高机械化水平，减少繁重、复杂的手工艺劳动和作业。为建筑市场提供各类建筑使用的系列化的通用的构配件和制品；制定统一的建筑模数和重要的基础标准”。

【巨匠建设集团股份有限公司在香港上市】 1 月 12 日，巨匠建设集团股份有限公司在香港联合交易所主板挂牌上市。股票简称“巨匠建设”，股票代码 1459.HK，发售股份 1.33 亿股，每股价格 1.35 港元，首次发行募集资金 1.8 亿港元，国泰君安融资有限公司为公开发售之独家保荐人。开盘当日收市价每股 1.9 港元，上升 40.74%，总成交量 4702 万股，总成交金额 7961 万港元。成为桐乡乃至嘉兴范围内首家不通过红筹模式直接在香港上市的企业。巨匠建设公司是一家提供建筑工程承包、设计、勘察及咨询业务的综合建筑供应商，拥有房屋建筑工程施工总承包企业特级资质和工程设计建筑行业甲级资质。拥有市政园林绿化、幕墙安装、起重设备安装、建材贸易、防护设备等多家子公司的多元化集团，业务覆盖安徽、江苏、山东、江西等十多个省（市、区），省外产值占据“半壁江山”。至年底，企业拥有22项专利技术，并用于建筑流程中。

·相关链接·

红筹模式

红筹模式是指境内公司将境内资产/权益以股权/资产收购或协议控制（VIE）等形式转移至在境外注册的离岸公司，而后通过境外离岸公司来持有境内资产或股权，然后以境外注册的离岸公司名义申请在境外交易所（主要是香港联交所、纽约证券交易所、伦敦证券交易所、法兰克福证券交易所、纳斯达克证券交易所、新加坡证券交易所等）挂牌交易的上市模式。

【市招标代理和工程造价行业协会成立】 3月25日上午，桐乡市招标代理和工程造价行业协会成立大会暨第一届会员大会召开。该行业协会由招标代理机构、工程造价咨询机构以及招标代理和工程造价相关从业人员自愿组成。第一届会员大会有19家单位会员、68名个人会员。会议集体表决通过协会章程、会费收缴与管理办法、选举办法，并民主选举产生理事会、会长、副会长、秘书长。协会以“携手合作、聚力同行、共同发展、贡献社会”为宗旨，旨在不断提高招标代理专职人员和工程造价专业人员的素质和专业水平，努力维护行业与会员的合法权益和共同利益，促进招标代理和工程造价行业持续发展。作为桐乡市第一个由中介机构自发组成的行业协会，市招标代理和工程造价行业协会成立标志着桐乡市招标代理行业和工程造价行业管理工作逐步向行业自律协调发展转变。

【市工程监理行业甲级资质实现零的突破】 6月，住房和城乡建设部发布公告，桐乡市工程建设监理有限公司成功晋升房屋建筑工程监理甲级企业，实现桐乡工程监理行业甲级资质零的突破。桐乡市工程建设监理有限公司拥有房屋建筑工程监理甲级、市政公用工程监理乙级及人防工程监理乙级资质，拥有各类专业技术人员90余名，其中中级、高级职称占总人数40%以上。自成立至年底，该公司完成监理项目800多项，监理面积超900万平方米，其中获嘉兴市“南湖杯”优质工程15项、桐乡市“凤鸣杯”优质工程12项、浙江省“钱江杯”优质工程1项。

【嘉兴市首个BIM技术项目建成】 桐乡振石控股集团总部大楼项目于2015年12月31日开工。项目地处振东新区总部经济核心区，总投资5亿元，占地面积3.34公顷，总建筑面积6.5万平方米，大楼主体建筑39层，地下2层，主楼总高170米，是集办公、展会、健身为一体的综合性大楼。振石控股集团总部大楼由巨匠建设集团股份有限公司承建，是嘉兴首个使用BIM技术的项目，它充分融合BIM技术在模拟施工条件、技术难点处理、深化设计、碰撞分析、机电综合布线等方面创新应用亮点。该项目在推进过程中，按照管理标准化、规范化、科学化要求，坚持样板引路，全面开展质量安全文明标准化施工探索、实践和提升。项目管理做到狠抓安全生产责任制落实，严格执行实测实

10月11日，BIM技术应用现场会在振石控股集团总部召开

市建设局提供

量，做好工序交接，特别是综合利用BIM技术，实现施工前质量策划、方案深化、工艺优化的“三化”要求，应用信息技术对施工技术、质量、安全、进度、成本、材料和劳务实现全方位科学管理，提高项目技术管理、施工管理和商务管理水平，推动工程质量安全文明标准化提升。10月11日，由嘉兴市建委主办，桐乡市建设局、巨匠建设公司承办的嘉兴市建筑工程质量安全标准化提升行动暨BIM技术应用现场会在振石控股集团总部大楼项目部现场召开。该项目于年底结项。

房地产业

【概况】 2016年，全市有房地产开发企业110家，完成房地产开发投资78.56亿元，比上年增长12.3%；房地产施工面积726.64万平方米，增长13.2%；竣工面积128.93万平方米，增长99.3%。全年商品房销售面积165.01万平方米，增长82.0%；商品房销售额138.8亿元，增长97.6%。其中，住宅销售面积147.16万平方米，增长87.3%；住宅销售额125.47亿元，增长100.4%。至年底，全市待售面积48.61万平方米，下降1.1%。全年实施棚户区改造（含货币化安置、安置房建设）1953套，其中濮院镇旧城改造（二期）完成111套、崇福镇旧城改造完成44套、屠甸镇旧城改造完成153套、杨家门旧城改造（二期）完成800套；新开工建设安置房845套。保障公共租赁房申请家庭99户，发放货币补贴51万元。6月，与经济开发区签约租赁公租房192套，作为人才公寓使用，由经济开发区出租给园区内符合《桐乡市公共租赁用房管理实施细则》条件的引进人才和新居民使用。稳步推进危旧房屋治理，完成城镇危旧房治理303幢、面积22.16万平方米，开展直管公房安全生产大检查，检查存在安全隐患数56户（处），涉及面积4442.36平方米。做好G20杭州峰会期间安全工作，在全市物业服务范围内开展公共安全整治行动，通过加强公共安全整治，最大限度减少各类突发事件造成的损失。全年办理房产测绘成果备案1410件，面积574.16万平方米；办理房地产开发资质79件；物业资质13件；办理预售许可59件，面积147.32万平方米。桐乡市于7月底完成不动产统一登记整合工作，至7月，办理产权登记11393件，面积403.81万平方米；办理房地产转让3729件，面积47.12万平方米；办理房地产抵押13027件，面积1168.43万平方米；办理商品房预总登记465件，面积198.31万平方米；商品房预告登记9403件，面积132.55万平方米。

贯彻落实上级调控政策，加大对房地产业的监管力度，前三季度超额完成嘉兴下达的81万平方米“去库存”销售任务，四季度积极贯彻执行嘉兴市稳房价有关要求，抓好预售许可、备案、市场行为的监管和违法行为的打击，全年开展专项巡查4次，维护市场秩序。创新房地产市场信息监管手段，重点实施房屋交易管理系统开发建设，完善与不动产登记系统数据交换、存量房网签、预售资金监管月报网上申报和开发手册网上申报等功能。

【开展房地产中介市场专项整治】 2016年，桐乡市建设局按照省市房地产中介市场专项整治的总体要求，成立专项整治工作小组，制定整顿规范房地产中介市场的具体实施方案，明确时间要求，细化工作任务，落实工作责任，联系相关职能部门共同参与中介市场的专项整治工作。7月下旬至8月底，组织相关力量，采取自查和检查的方式，特别是对房地产经纪机构、房地产估价机构和从业人员的14种行为进行重点排查。2016年，在市建设局登记备案的房产评估机构4家，房产经纪机构0家。建设局在7月底前完成对登记备案的4家房产评估机构的自查和检查工作，提出规范管理的相关要求，并督促其严格执行。8月底前，建设局组织相关人员对全市3个街道、9个镇的房产经纪机构进行全面排查摸底，对房产经纪机构的相关信息及经营情况进行自查检查登记，出动100多人次，排查登记房产经纪机构226家，自查检查结果良好。

【推进城镇危旧房治理改造】 2016年，桐乡市危旧房治理改造的目标任务是完成三年治理改造总任务（共375幢，建筑面积约28.75万平方米）的60%，即需完成危旧房改造225幢，建筑面积17.25万平方米。从2015年开始，桐乡组织开展丙类房屋安全鉴定工作，至2016年3月底，鉴定工作全面完成。经梳理，丙类住宅房屋349幢，面积28.8万平方米。鉴定小组出具危房鉴定报告，并将全部数据录入浙江省既有住宅房屋调查登记管理系统。其中，鉴定结论为B级的74幢，面积2.77万平方米；鉴定结论为C级的204幢，面积19.64万平方米；鉴定结论为D级的71幢，面积6.39万平方米。2016年，桐乡市出台《关于进一步加快推进城镇危旧房屋治理改造工作的实施意见》，提速城镇危旧房屋治理改造工作。桐乡城镇危旧房屋治理改造工作主要针对鉴定为C、D等级的危险住宅房屋，坚持“业主负责、属地管理、政府指导、分类治理、解危优先”的原则，明确房屋所有人（使用人）是房屋安全的第一责任人，必须切实担负起日常维护、委托鉴定、安全治理的主体责任，按照建筑面积或者按户承担相应义务。改造方式主要有成片改造、维修加固、拆除重建、异地安置四种：需要通过拆除重建方式进行解危的危险住宅房屋，优先考虑列入城镇棚户区改造年度计划，以“成片改造”方式通过征收方式实施解危；对鉴定为C级或具备维修加固条件的危险住宅房屋，在不改变房屋主体结构的前提下，采取修缮或加固等安全技术措施，解除房屋安全隐患；对鉴定为D级的危险住宅房屋，未列入棚户区改造和征收计划的，在符合现行相关法律、法规和各类技术标准要求的前提下，按原规模、原高度、原性质等进行原地重建；对鉴定为D级，且不具备重建条件的危险住宅房屋，可选择产权调换方式进行解危，产权调换新旧房源按市场评估价的差价结算。其中，崇福镇结合城市有机更新，对危旧房进行解危；乌镇镇通过维修加固、原地翻建和房屋征收，推进治理改造；屠甸镇融入南排工程，将危旧房征收拆除。其他各责任主体对暂时无法解危的危旧房通过购买服务的方式，委托有资质的检测机构实施日常监测，同时加强对D级房屋的重点巡查、不断完善危旧房应急预案，发现问题及时处置，确保人员的安全。建立健全既有住宅房屋安全状况的档案，做到“一楼一档”，并根据日常巡查记录，对房屋安全隐患变化情况进行实时登记，随时掌握房屋安全动态。

【开展住房保障审计整改工作】 2016年，桐乡市开展住房保障审计整改工作。根据2015年保障性安居工程审计报告，全部问题整改完成，其中追回多发和骗取的住房保障资金40.7万元；退回多收的行政事业性收费和政府性基金以及税款565.26万元；收回安居房公司在工程建设管理上多支付的资金23.54万元，收回多支付的标化工地10万元。同时完善工程建设、招投标及住房保障准入的有关制度，出台工程建设管理制度1个，起草住房保障相关制度2个。

【完成不动产登记整合工作】 2016年，桐乡市正式启动不动产统一登记的整合工作。根据不动产登记要求，桐乡市建设局完成相关事项移交、人员划转等工作。不动产统一登记工作于7月29日启动，建设局负责办理房产交易过户手续，国土局负责办理不动产登记手续。两部门窗口实行合署办公。建设窗口在推进不动产统一登记的同时，推进二手房网上交易系统建设，并于12月12日正式上线运行。2016年，全市二手房交易499件，建筑面积8.97万平方米，交易金额4.87亿元。

【桐乡市白蚁防治技术获国家发明专利】 9月，桐乡白蚁防治所收到国家知识产权局颁发的发明专利证书，于2014年底申请的发明专利“白蚁诱杀专用药剂”通过论证获专利权。2013年开始，桐乡白蚁防治所致力于异地引诱白蚁危害房屋建筑防治办法的研究，旨在研究出一种在房屋周边及绿化带埋设白蚁引诱装置诱集到白蚁，再用粉剂喷在白蚁身上，通过白蚁的交哺作用将药粉带回蚁群，从而从根本上消灭白蚁种群的新方法。在此项研究中，白蚁诱杀药剂起到非常重要的作用，在白蚁出没明显的三个试验区进行野外试验中，该发明配方药剂对白蚁灭杀率100%。此药剂的特点是通过多种成分混合，可提高白蚁反应敏感性，阻止抗药能力，提高防治效果，与现有市场上出现的白蚁毒杀剂相比，成本较低，无环境污染，使用安全。

市政公用事业

【概况】 2016年，桐乡市建设局深入推进“五水共治”相关工作，全年建设污水管网135千米、雨水管网30千米、雨污分流改造15千米，全面接管全市农村生活污水处理设施维护管理工作，完成城镇生活污水入网改造7923户；高层住宅二次供水改造全面收官，累计改造小区71个、惠及居民1.4万户；市区积水点改造三年行动计划全面完成，三年改造积水点18个，基本解决市区易涝易淹区域的排水不畅问题。深入实施老旧小区综合改造，10个老旧小区、5800户住户的改造工作基本完成。全年办理占道挖掘审批107件，完成排水许可证检查验收224件，核发从事城市生活垃圾经营性清扫、收集、运输服务许可证11件。加快天然气管网建设，铺设天然气管网60千米。推进瓶装燃气行业安全生产整治。2016年，完成市区人行道修补7200平方米；完成平安大道、世纪大道及文华路等多条道路沥青路面修复约8.22万平方米；完成体育路、中华路及逾桥路等道路混凝土路面修复8700平方米；完成市区道路机械疏通排水管道190千米；更换修复窨井及井盖1800个。安装市区主要道路窨井防坠网1.75万个，费用114万元。完成道路侧石油漆工程，90千米，费用115万元。

【开展瓶装燃气安全生产整治专项行动】 2016年7月，桐乡市制定《桐乡市瓶装燃气安全生产整治专项行动实施方案》，集中力量整治瓶装燃气行业突出问题，加强长效管控和制度建设。全市燃气行业对购气用户的姓名、灌气时间、身份证号码、家庭住址、用气地址、联系电话、钢瓶编号等信息登记入库，做到“户户实名登记，钢瓶去向精准”，并以“二维码”的形式，实现对燃气钢瓶充装、存储、销售使用、检验、报废等信息的跟踪追溯。至年底，全市实名登记的钢瓶17.8万个，粘贴二维码标签的钢瓶15.8万个。全市6家瓶装燃气企业、5个储配站、12个三级站点的硬件设备提升配备标准，各供应站、储配站新增反恐装备34套、配备19台电脑、新增摄像头32个、新增或更换灭火器38个，增设门卫16名，执行实名制登记，新增18名专职人员实名登记信息的录入、二维码张贴扫描工作，发放工作服252套，含防静电套装20套。市建设局建立领导带班检查组、日常检查组、蹲点值守组、机动暗访组等13个检查组，检查落实情况，开展各类燃气安全检查548次，督促问题整改301条。全年查处非法存储、倒灌、使用瓶装燃气案5件，无证或未按照许可证规定经营瓶装燃气案19件。组织6家燃气经营企业137位配送人员参加瓶装燃气行业安保和业务培训，组织各燃气站点开展反恐应急演练、消防水带培训、消防灭火演练等，提升瓶装燃气行业的应急水平。

【桐乡市生活垃圾焚烧厂评定为AA级】 4月13日，由中国城市环境卫生协会召开的2016全国生活垃圾流化床焚烧厂无害化等级评定总结培训会上，宣布桐乡市生活垃圾焚烧厂（浙江新都绿色能源有限公司）无害化等级评定为AA级，无害化处理率100%，在国内处于较高水平。随着《生活垃圾流化床焚烧工程技术导则》《生活垃圾流化床焚烧厂评价技术导则》发布，对采用流化床工艺的生活垃圾焚烧项目无害化评价有了依据，在继生活垃圾填埋场、机械排炉焚烧厂无害化等级评价后，住建部委

桐乡市瓶装燃气安全生产整治专项行动　市综合行政执法局提供

托环卫协会于2015年9月着手开展流化床生活垃圾焚烧厂等级评价工作。通过专家组现场考核、查阅资料和记录，从工程建设水平、运行管理水平两方面进行评价。

（朱铁波）

“三改一拆”行动

【概况】 2016年，全市完成拆改总量835.87万平方米，其中拆除违章建筑191.72万平方米，“三改”（旧住宅区、旧厂区、城中村改造）644.15万平方米。“无违建镇（街道）”与“基本无违建镇（街道）”创建工作有序有力推进。推进“四边三化”（公路边、铁路边、河边、山边等区域开展洁化、绿化、美化行动）工作，实施农房立面、村庄环境、田间地头等六大专项整治和优美村庄、优美庭院、优美厂区三大专题联创行动，采取整治和创优相结合的形式推进城乡环境大整治，实现大提升。整治乱搭乱建、广告牌残留、绿化缺失等“四边三化”问题点位2150处、“蓝色屋面”（用蓝色彩钢棚搭建的违章建筑）67.92万平方米，创建一条省级和两条嘉兴市级精品示范道路，各项工作均提前超额完成年度任务指标，综合指标位列嘉兴市前列。

【“三改一拆”专项行动强势推进】 2016年，全市开展涉缓（暂缓拆迁）、涉安（安全隐患）、“公铁”沿线违建整治和“蓝色屋面”整治等各类专项整治攻坚战，整治涉缓违建13.19万平方米，涉安违建6.3万平方米，“公铁”沿线违建1.36万平方米，“蓝色屋面”67.92万平方米。立足于改善群众生活环境、激发经济社会发展内生动力，全市上下坚持改拆并举，加快“三改”实施步伐。全年完成旧住宅区改造188.06万平方米，城中村改造266.25万平方米和旧厂区改造189.84万平方米，其中杨家门旧城改建（二期）项目入选2016年度省“三改一拆”行动重点改造项目。此外，坚持“即拆即清、应耕则耕、应绿则绿、应建则建”原则，因地制宜对拆后空间实行改造利用。全市累计拆还土地141.64万平方米，完成拆后综合改造利用96.76万平方米。全市建立市、镇、村三级违建防控体系，落实“网格＋巡查”控违机制，以村（社区）为基本单位，划分控违网格，每村（社区）指定专人负责辖区内违建巡查工作。各镇整合综治、城管、城建等力量，组建日常巡查队伍，并规范巡查、投诉举报、违法建筑处置、反馈跟踪等操作流程。建立媒体曝光推动机制，借助媒体的力量推动拆违，在桐乡电视台新闻频道开设“今日曝光”栏目，每周对违建“硬骨头”、疑难户予以曝光，倒逼拆违工作。此外，建立健全群众举报处置机制，畅通群众举报违建渠道，及时处置群众举报的各类违建举报，始终保持新增违建抬头就打的高压态势。

（郑添元）

电力配送

【概况】 2016年，桐乡市有公用变电所500千伏1座、220千伏5座、110千伏21座、35千伏3座，基本形成以500千伏为支撑、220/110千伏为主干、中压配网基本适应需求的输配电网络，供电客户38万户。2016年全年完成固定资产投资2.2亿元，实现售电量60.397亿千瓦小时，比上年增长8.26%；全社会用电量87.496亿千瓦小时，增长7.17%；营业收入36.18亿元，利润3476.18万元，资产总额16.57亿元。2016年桐乡市网供最高负荷144.12万千瓦，全社会最高负荷150.63万千瓦。乌镇互联网国际会议中心配电房首次投产通电，供电总容量8000千伏安，有效提升乌镇西栅景区供电可靠性。年内，管理创新成果《供电企业国家级重大活动电力保障创新与实践》获中国电力企业联合会“2016年企业管理创新成果二等奖”。

【智慧路灯云服务平台启动】 3月30日，国网桐乡市供电公司智慧路灯云服务平台项目启动仪式在乌镇供电所举行。智慧平台系统的使用，通过检测道路照明设施的用电量和运行状态数据，分析其能耗情况和节能量，通过策略或人工远程控制其运行状态，提供道路照明设施从资产管理、运行监控、能耗分析、故障定位、防盗报警、节能分析的全过程管理，足不出户完成开、闭灯及灯光亮度调节等操作，实现城市道路照明设施的数字化管理，达到节能增效目的。

【110千伏濮院变增容】 4月15日，110千伏濮院变电所1号主变投入运行，更换1号主变1×5万千伏安，新增20千伏电

容器组 2×6000 千乏，户内布置。新增 20 千伏接地变小电阻成套装置 1 套，接地变容量 800 千伏安，小电阻阻值 20 欧姆，户外布置。新增 20 千伏所用变 1 台，容量 100 千伏安，户内布置。增容后的濮院变电所容量 80 兆伏安，有效解决濮院网架薄弱，手拉手环供相对比较低，原有容量无法满足濮院经济发展需要的问题，改造完成后，该变电站与周边变电站形成环供，不仅供电能力大大提升，供电质量更有保障。

【110 千伏灵安变投产】 7 月 8 日，110 千伏灵安输变电工程竣工投产，该变电站位于桐乡市凤鸣街道经济开发区，工程电压等级为 110 千伏/20 千伏，本期新上 2 台 80 兆伏安主变压器，110 千伏进线 2 回，20 千伏出线 20 回，工程总投资 3357.38 万元。工程的投入运行优化桐乡市电网结构，有效提升凤鸣街道经济开发区供电能力。

7 月 8 日，110 千伏灵安变电所工程投产　　市供电公司提供

【建设电动汽车“加油站”】 2016 年，桐乡市大力推进电动汽车的电能替代项目，成功推动桐乡市汽车运输公司对乌镇区域的公交车电动化推进项目，为桐乡市汽车运输公司充电桩专变项目开设绿色通道，2 月正常运行，月充电电量 650 千瓦小时左右。桐乡公司加快与中电海康“乌镇街”项目对接，在子夜东路建成 2.5 千米的“智慧出行”示范路；在高桥试点电动汽车租车业务，从高铁站至桐乡、乌镇，形成一带一路式的电动汽车与智慧交通样板；配合 EE 租车，在黄金水岸建设电动汽车配套电力设施，在乌镇试点开展电动汽车租赁业务，方便旅游出行，打造低碳绿色出行小镇；配合桐乡市政府推动全年 55 辆公交车的混合动力改造，推动全市节能减排和绿色能源应用。

2016 年桐乡市全社会用电构成

表 18

项　　目	用户数（户）	装接容量（千瓦）	全年用电量（万千瓦小时）
全社会用电总计	385598	5091786	874958
一、农、林、牧、渔业	23932	212159	5478
二、工业	36326	1878074	721782
三、建筑业	1308	175248	8135
四、交通运输、仓储和邮政业	540	27643	2281
五、信息传输、计算机服务和软件业	3140	32628	3203
六、商业、住宿和餐饮业	32385	574354	38726
七、金融、房地产、商务及居民服务业	4954	152897	7300

续表 18

项　　目	用户数（户）	装接容量（千瓦）	全年用电量（万千瓦小时）
八、公共事业及管理组织	5603	206263	18033
九、城乡居民生活用电	277410	1832520	70020
其中：城镇居民	143379	965810	40168
农村居民	134031	866710	29853

（张海霞）

园林绿化

【概况】 2016 年，桐乡市以世界互联网大会为契机，突出抓好园林绿化养护及工程建设管理，巩固创园成果，建立长效机制。市区同步启动 6 项市区绿化改造提升工程，分别为百合花园入口绿地、凤鸣禅寺东侧绿地改造提升、永兴路与校场路交叉口绿地、建设局西侧绿地、庆丰南路十二生肖河边绿地、绕城西路与石门公路交叉口渠化岛改造，总投资 100 万元。完成 4 个标段 10 个路段的春季补种及提升改造，重点更换长势不佳的行道树、绿色乔木、老化的灌木等，总计面积 2 公顷，将绕城路多年来长势不佳的紫叶李更换成 3029 棵紫薇，营造庆北绿地、丁家桥港绿地花海景观，播二月兰、大花金鸡菊种子 3000 平方米，总投资 260 万元。全年完成绿道建设 5 千米。市区人均公共绿地 14.43 平方米，建成区绿地率和绿化覆盖率分别为 31.2% 和 36.5%。全年办理房产项目绿地率核准备案 14 件，办理绿化砍伐、移植项目和临时占用绿地审批 56 件，收取绿化补偿费 50.58 万元。至年底，全市有园林企业 27 家，其中一级 2 家、二级 4 家、三级 21 家。年内，桐乡市“凤鸣杯”绿化(建设)工程评选，参评项目 26 个，获奖 22 个；嘉兴市“南湖杯”绿化(养护)工程评选，参评项目 18 个，获奖 15 个。桐乡市还获浙江省风景园林学会“优秀园林工程奖”金奖 3 个、银奖 3 个。在 9 月举办的嘉兴市“大地杯”园艺工人技能比赛中，桐乡市参赛队获团体二等奖及个人二等奖、三等奖各 1 个。

【举办“环艺杯”秋季花境园艺技能比赛】 11 月 10 日，桐乡市“环艺杯”秋季花境园艺技能比赛在桐乡市新世纪公园开赛。此项赛事有 9 支队伍 36 名选手参加。各参赛队运用露地宿根花卉、球根花卉及一二年生花卉，配上精选的道具，营造出“虽由人作，宛自天开”“源于自然，高于自然”的植物景观。每一个花境都借助现有的景石和周围的植物，做到因地制宜。通过评委打分和前期理论测试，浙江梧桐园林市政工程有限公司获团体一等奖，濮院镇城建办和桐乡市艺景园林工程有限公司获团体二等奖，桐乡市绿耘园林工程有限公司、桐乡市桐城景观建设有限公司和浙江裕丰园林建设有限公司获团体三等奖。

【桐乡市风景园林学会公众号开通】 6 月，桐乡市风景园林学会微信公众号开通，主要发布园林景观行业信息与动态；城市绿化及爱绿护绿宣传；分享园艺知识、组织园艺活动等。桐乡市风景园林学会前身为浙江省桐乡市花卉协会，1986 年 8 月成立，2016 年 4 月变更为现名。为适应发展趋势，桐乡市风景园林学会拓展网上宣传渠道，利用微信公众号发布 922 无车日活动、园林绿化养护培训会、秋季花境比赛、法桐修剪、植树节、摄影比赛等活动信息，提升学会影响力，提高市民对绿化园艺事业的关注与参与。

（朱铁波）

概　　述

2016年是“十三五”环保工作开局之年。桐乡市围绕“五水共治”“五气共治”、污染减排和互联网大会环境质量保障为工作目标，抓重点，破难点，求创新，生态环保等各项工作取得显著成效。全市生态环境质量持续好转，在全省跨行政区域交接断面水质考核中被评价为优秀，全市12个地表水常规监测断面中全部消除五类断面，四类及以上断面占比100%，总体水质明显改善；空气质量达到一、二级天数为295天，可吸入颗粒物均值浓度为42微克/立方米，比上年下降16个百分点，完成年度可吸入颗粒物改善目标。

强化生态示范建设，以生态村镇、绿色系列创建活动为依托，提高社会绿色生态理念。2015年度申报创建的13个嘉兴市级生态村、25个通过复查的村以及绿色系列创建项目及时下达生态补助资金221.9万元。组建桐乡市生态文明暨环境保护宣讲团，在全市各镇（街道）、开发区开展环境保护集中轮训13场次，进行《中华人民共和国环境保护法》《中华人民共和国大气污染防治法》等法律、法规宣讲，培训2000人次。开展环保知识宣传活动，向公众发放大气法折页1万张、大气法单行本2000册；筹建“桐乡环保”微信公众号，至年末关注人数9800余人，发布信息136期。

加大环境执法力度。开展“雷剑”系列和“百日攻坚”执法专项行动，通过采取夜间执法、交叉检查、飞行监察等形式，着重打击环境违法行为，完善环保执法联动机制。全年出动执法人员4.36万人次，检查企业1.42万家次，立案查处案件211件，处罚金1161万元；实施按日计罚11件，处罚金221万余元；移送公安机关采取刑事措施7起计17人；曝光公布行政处罚案件17件。

6月17日，市环保局在市政广场举办“百日攻坚环保在行动”暨环境日、浙江生态日广场活动　　市环保局提供

环境管理

【概况】 2016年，市环保局编制实施“十三五”环境保护规划，推进新（改、扩）建项目新增污染指标总量削减替代和排污权交易，对21个项目实施总量平衡，支出削减替代量化学需氧量49.6吨、氨氮5.3吨、二氧化硫14.2吨、氮氧化物136.4吨。完成“十三五”主要污染物初始排污权交易，对不符合审批政策或选址不当的建设项目坚决予以否决，全年否决建设项目11项，否决项目总投资5900万元。全面

启动行业整治企业排污权腾退指标回购工作和“十三五”排污权有偿使用工作，对核定范围内的416家排污单位完成核定分配工作；配合审改进程，加强“两张清单”（权力清单、负面清单）建设，坚持“两集中两到位”，开辟高科技人才项目审批绿色通道；加快工业企业“零土地”技改项目审批方式改革，制定并印发《桐乡市工业企业“零土地”技术改造项目环评审批方式改革实施细则（试行）》，全年涉及工业企业“零土地”技改项目备案65个，审批提速10天；开展第三方治理探索及试点，全市16家企业开展试点工作。

2016年，桐乡市出台《桐乡市“五水共治”绩效评价考核办法》《关于深化“河长制”“1+7”配套制度》，强化三级督查，发出督查通报12期，督办单205张，对治水工作落实不力9名责任人进行问责处理；推进城乡生活污水治理，建设污水管网135千米，完成城镇生活污水治理9343户、农村生活污水治理9981户；推进河湖塘清淤活水工程，完成清淤243.8万立方米；桐乡市饮用水源地规划通过省水利厅批复，明确运河饮用水源、西片（白荡漾）饮用水源“一用一备”格局；开展生猪退养“回头看”专项检查行动，强化13家畜禽养殖场污染监管，巩固生猪养殖减量提质增效。

完成第三届世界互联网大会环境保障，印发《护航G20桐乡市环保百日攻坚执法专项行动工作方案》，联合公安、建设、农经等近20个部门组成暗访组及巡查组，巡查全市范围内规模化畜禽养殖、污水处理厂、工业园区等；为确保第三届世界互联网大会期间环境质量，组织各科室和环保所开展专项巡查，检查企业914家次，巡检道路424条次，发现环境隐患问题162件，立案查处环境违法案件10件。G20杭州峰会、第三届世界互联网大会召开期间，桐乡市环境质量总体向好，空气质量优良率100%，饮用水源和重要河道水质稳定，无环境污染事故。

畅通环境信访渠道，注重“12369”环保举报热线受理，利用“桐乡环保”微博等平台，建立健全环境舆情搜索、监控、调处和回应机制，强化环境维稳形势分析研判，妥善处置各类环境信访。全年受理调处各类环境信访356件，比上年下降7%，其中大气污染类185件占52%。通过“以访查案”办理行政处罚案件25件。

加强空气环境质量监测，提高环境监测能力。投入196万元完成果园桥空气站仪器更新和乌镇空气站建设，在第三届互联网大会前投入使用；利用小型空气站，完成5个村庄农村环境空气质量监测；加强常规“五水三气”（5个水质自动监测站、3个空气站）8座自动站的管理运行维护，有效数据获取率94%以上，水站实验室比对通过率96%以上。

【推进“五气共治”工作】 5月，桐乡市大气污染防治工作领导小组成立，下设办公室，出台《桐乡市2016年大气污染防治实施计划》《桐乡市大气污染防治行动计划实施情况考核办法（试行）》，强化工业废气、机动车尾气、秸秆焚烧、餐厨油烟和建筑扬尘治理。全市48台10蒸吨/小时以上的工业锅炉完成整治44台（3台停用），708台10蒸吨/小时（含）以下锅炉完成淘汰改造450台，水泥行业2家企业整治全部完成，30家挥发性有机化合物整治企业完成关停和整治29家，全面禁止新建20蒸吨/小时以下高污染燃料锅炉，完成强制性清洁生产审核企业68

7月29日，桐乡市举行环保“百日攻坚”暨雷剑系列专项执法行动新闻发布会　　市环保局提供

家，超额完成任务，完成188辆黄标车年度淘汰任务和172家中大型餐饮单位油烟污染整治，加大农村废气污染控制。

【推进“五废共治”工作】 2016年，市环保局推进“五废共治”（工业边角料、工业废渣、工业污泥、生活垃圾、建筑垃圾治理）工作，启动桐乡市与嘉兴新爱斯热电有限公司的一般工业污泥处置合作，全市工业污泥基本实现规范化处置；危险废物从产生、贮存、转移到处置，实行专人管理、专车运输、专业处置，全过程实施监管。全年审批完成危险废物转移计划申请305项，批准转移危险废物2.74万吨，完成“危废存量清零”和重点企业视频监控工作。推行政府协调、企业运作的工业垃圾收集清运机制，以镇（街道）为单位，建立皮鞋边角料、纺织边角料、毛纱废料等工业垃圾统一收集体系。

【实施主要污染物总量减排工作】 2016年，市环保局实施主要污染物总量减排工作，将工程减排项目7个、结构减排项目5个、管理减排项目13个纳入年度减排工作计划。督促4家污水处理厂全面完成提标改造，比上年新增处理水量1143万吨；桐乡濮院协鑫环保热电有限公司两台75吨煤粉炉完成超低排放改造并投入运行；3个畜禽养殖场项目完成污染治理任务；淘汰改造高污染锅炉181台。推进新（改、扩）建项目新增污染指标总量削减替代和排污权交易。全年15个项目实施总量平衡，支出削减替代量化学需氧量40.63吨、氨氮4.178吨、二氧化硫13.1442吨、氮氧化物52.961吨。继续推进实施排污权有偿使用和交易，全年实施排污权交易17笔，涉及化学需氧量51.59吨、氨氮4.68吨、二氧化硫32.96吨、氮氧化物71.96吨，交易金额156万元。

【引进市场化治理机制】 2016年，市环保局探索建立“污染者付费，专业化治理”的新模式，做好第三方污染治理跟踪工作，强化政策扶持和激励措施，探索建立“污染者付费，专业化治理”新模式，结合全市实际，下发《桐乡市推行环境污染第三方治理实施方案》，开展第三方治理探索及试点，全市16家企业开展试点工作。试点企业委托治理后未出现环境违法现象，治理效果明显。这种“污染者付费，专业化治理”的环境污染第三方治理模式将在桐乡推广。

2014—2016年桐乡市环境空气质量情况

表19

项　目	2014年	2015年	2016年
二氧化硫（毫克/立方米）	0.026	0.018	0.014
二氧化氮（毫克/立方米）	0.043	0.038	0.034
可吸入颗粒物（毫克/立方米）	0.098	0.090	0.079
细颗粒物（毫克/立方米）	0.055	0.050	0.042
臭氧（毫克/立方米）	0.102	0.090	0.096
一氧化碳（毫克/立方米）	0.9	0.8	0.7
空气质量级别	劣于Ⅱ级	劣于Ⅱ级	劣于Ⅱ级
空气质量描述	轻度污染	轻度污染	轻度污染
一级天数（天）	30	41	59
二级天数（天）	226	255	236
三级及三级以上天数（天）	94	65	68
主要污染物	可吸入颗粒物（PM2.5）	可吸入颗粒物（PM2.5）	可吸入颗粒物（PM2.5）
全年优良率（%）	空气污染指数（API）71.1	空气质量指数（AQI）82	空气质量指数（AQI）81.3

注：因2014年底起实施空气质量新标准，新增细颗粒物、臭氧、一氧化碳三项指标，故表中一级、二级、三级及三级以上天数和全年优良率数据较之前无可比性，其中2014年、2015年和2016年全年分别有5天、4天和3天无监测数据

环境监测

【概况】 2016年，市环境监测站分析各类样品8589个，获取各类监测数据22553个，出具各类报告1325份，环境研判24期，监测收费83.5万元。G20杭州峰会、第三届世界互联网大会期间，加强市区2座空气自动监测站的管理运行维护，落实专人实时关注监测数据。按时完成常规环境质量监测工作，环境质量总体改善，1—12月出入境水质考核结果为优秀，全年空气质量优良率81.3%。完成5个村庄农村环境质量监测工作；完成省控以上废水污染源监督监测193厂次（包括省控以上涉重金属和省控以上固废监督监测），省控以上废气污染源监督监测15厂次，污水处理厂监督监测32厂次，废水及污水厂在线监控系统比对监测168厂次，废气在线监控系统比对15厂次；完成城区50个交通噪声监控点和118个区域环境噪声监控点每年一次的例行监测。参与护航G20百日攻坚和第三届世界互联网大会执法检查，全力做好执法样品分析工作和信访监测工作，不断提高样品分析速度和报告时效性。

【乌镇空气质量数据入省环境空气质量AQI发布平台】 11月，乌镇空气质量自动监测站投入使用，相关数据连入浙江省环境空气质量AQI发布平台，可以通过网络实时查看乌镇景区环境空气质量状况。空气质量自动监测站位于乌镇镇虹桥村，对乌镇镇区空气中二氧化氮、二氧化硫、一氧化碳、细颗粒物、可吸入颗粒物、臭氧6项数据进行24小时全方位自动监测，即时数据发送到浙江省环境空气质量AQI发布平台，通过该平台向公众发布。

8月1日，桐乡市环境监测站监测新凤鸣集团高烟囱锅炉废气
市环保局提供

【水环境质量】 2016年，全市地表水水质继续趋好，全市12个地表水常规监测断面中全部消除五类断面，其中：四类断面3个，占25%；三类断面9个，占75%。对比功能区要求，全市12个监测断面除屠甸市河、芝村等2个断面外，其余均满足功能类别要求，主要污染因子为氨氮、总磷。全市12个常规监测断面高锰酸盐、氨氮、总磷和化学需氧量平均浓度分别比上年改善6.2%、25.3%、24%和20.5%；市控断面高锰酸盐比上年改善6.2%，氨氮改善28.1%，总磷改善21.6%。饮用水源地为四类水质，主要超标项目为石油类，其浓度为0.062毫克/升，与上年相比减少5个超标项目，浓度下降10%。

【交界断面水质考核实现“三连优”】 2016年，桐乡市在浙江省跨行政区域河流交接断面水质考核中又获优秀，这是桐乡市从2014年以来，交接断面水质考核保持“三连优”。高锰酸盐指数、氨氮和总磷平均浓度均达到优秀。桐乡市出境水质高锰酸盐指数、氨氮和总磷平均浓度比上年分别下降2.8%、33.4%、5.7%。

桐乡市12个地表水常规监测断面水质情况

表20　　　　单位：个

项　目	2014年	2015年	2016年	项　目	2013年	2014年	2015年
三类断面	0	0	9	五类断面	6	1	0
四类断面	6	11	3	劣五类断面	0	0	0

【市区空气环境质量】 2016年，全市空气环境质量稳中有升。市区空气质量达到一、二级的天数295天，优良天数比例达到81.3%，优良率下降0.7个百分点。空气质量综合指数4.9，属于劣二级，首要污染物为细颗粒物。大气中主要污染物年平均浓度分别为细颗粒物0.042毫克/立方米、可吸入颗粒物0.079毫克/立方米、二氧化硫0.014毫克/立方米、二氧化氮0.034毫克/立方米、臭氧0.096毫克/立方米、一氧化碳0.7毫克/立方米。超标指标为细颗粒物、臭氧、可吸入颗粒物，日均值超标率分别为9.6%、8.5%、0.55%。

【市区声环境质量】 2016年，全市声环境质量监测状况符合生态建设要求。完成城区50个交通噪声监控点和118个区域环境噪声监控点每年一次的例行监测。交通噪声加权均值为65.9分贝，与上年持平；区域噪声均值54.6分贝，比上年下降0.3分贝。完成功能区8个定点点位监测，1类区、2类区、3类区和4类区昼夜噪声平均声级均达标。

生态建设

【概况】 2016年，市环保局制定《2016年度桐乡生态市建设工作任务书考核评分标准》，细化分解生态市建设工作任务，将考核任务落实到责任部门、责任科室。制定2016年度镇（街道）生态创建考核细则，实现对镇（街道）生态考核有据可依。启动《“811”建设行动方案（2016—2020）》的编制及制定“811”生态文明建设推进行动年度计划，推进美丽桐乡建设工作。2015年申报创建的13个嘉兴市级生态村、通过复查的25个村以及绿色系列创建项目及时下达生态补助资金221.9万元。经过申报、自查、现场抽查验收，5个村被命名为嘉兴市级生态村，4个村入选2016年度浙江省美丽乡村特色精品村。开展绿色学校和生态学校创建工作，2所学校通过省级绿色学校验收，1所学校创建为省级生态文明教育基地，1所学校创建为国际生态学校。

【推进农村生活污水治理】 2016年，市环保局继续以“建管结合”为原则，全力推进年度农村生活污水治理工作，49个村9981户农户农村生活污水得到治理，超额完成省下达任务。完成农村生活污水治理设施运行维护移交管理工作，制订《桐乡市城镇污水管网设施运维的管理办法和考核办法》，完成各镇（街道）2016年度农村生活污水治理设施运行维护管理年终考核。

【推进畜禽养殖污染治理】 2016年，全市拆除违建猪舍1.1万平方米，生猪存栏量4.31万头。推广规模猪场先进的污染治理模式，探索畜禽排泄物资源化综合利用途径，涌现出“濮院工业化集中处理模式”“双丰农牧结合循环利用模式”“华腾牧业绿色生猪全产业链模式”，使全市规模猪场环境发生质的转变，13家规模养猪场全部完成治理，为规模猪场树立了样板。启动美丽生态牧场建设，成功创建5家省级美丽生态牧场，培育桐乡市三星级牧业庄园2个。建立生猪保险、收集处理、保险赔付挂联制度，实现生猪保险全覆盖，确保无害化处理工作有效有序安全运行。

【推进生态循环农业建设】 2016年，桐乡市以建设洲泉镇现代生态循环农业农综项目（国家级）和石门镇区域性现代生态循环农业建设项目（省级）为重点，以提升和完善石门和运北2个省级现代生态循环农业示范区、10个示范主体为抓手，推进现代生态循环农业整建制创建工作。推进测土配方和病虫害减量控害工程，全市实施统防统治面积7466.67公顷，绿色防控融合推广面积3866.67公顷，出台《关于调整和完善农作物秸秆综合利用补助政策的意见（试行）》，全面推广秸秆综合利用方式，开展秸秆禁烧专项执法行动。

（朱跃红）

财政 税务

概述

2016年，桐乡市财政收入平稳增长，收支基本平衡。全市财政总收入100.45亿元，比上年增长0.04%，其中一般公共预算收入58亿元，增长5.2%。全市一般公共预算支出64亿元，比上年增长1.1%，其中市本级一般公共预算支出51.63亿元，增长0.5%。

加强税收收入管理，细化重点税源监控，编制重点税源月报和年报。全市一般公共预算收入占财政总收入的57.7%。地税部门组织的税收收入以及国税部门组织划归地方税收收入合计52亿元，占一般公共预算收入的89.7%。国税部门组织税收收入57.5亿元。

发挥财税调节作用，助推经济转型升级，全年拨付财政补贴奖励资金5.45亿元，减免各类税费11.41亿元。继续实施城镇土地使用税分类分档减免政策，支持优质高效企业发展，全年减免城镇土地使用税和房产税近亿元。对桐乡市中小微企业贷款支持计划企业名录内的829家中小企业进行银行联合授信，授信总额89.51亿元，2016年年末贷款余额49.9亿元。加快“互联网＋”政府产业基金的设立和运作，成功参股6个“子基金”项目，总规模20.46亿元，撬动社会资本14.96亿元，带动项目投资8.8亿元。服务保障民生事业，全年全市民生支出总额54.63亿元，增长3.8%，占一般公共预算支出的85.4%。全市农林水支出8.3亿元，增长0.6%，扶持农业产业化，促进农村信息化及现代化农业发展，加快水利基础设施建设，推进美丽乡村建设。教育支出16.38亿元，增长0.7%，推进教育现代化建设，实施第二轮学前教育三年行动计划。医疗卫生与计划生育支出5.48亿元，增长7.4%，加大对公立医院、基层医疗卫生机构、公共卫生、医疗保障方面的投入，为群众创造良好医疗条件，减轻群众医药费用负担。社会保障和就业支出4.05亿元，增长8.4%，完善社会保险制度，提高城乡居民社会保障水平和城乡居民保险制度覆盖率，优化人力资源结构。

财政

【概况】 2016年，桐乡市一般公共预算收入58亿元，一般公共预算支出64亿元，财政收支基本平衡，分别比上年增长5.2%和1.1%。年内，市财政局做好政府预算、政府性基金预算、社保基金预算和国有资本经营预算的全口径预算编制工作。深化政府预决算、部门预决算公开，细化公开内容，市本级63个部门、经济开发区和3个街道公开部门预决算和“三公”经费预决算。建立社保资金多渠道筹措机制，努力做到社保资金保值增值，通过财政存量资金配套，降低政府融资贷款利率，配套社保资金41.69亿元，节约政府融资成本1.06亿元。建立存量资金清理长效机制，清理存量资金1100万元。出台《政府购买服务指导目录》，政府购买公共服务项目增至52个，涉及购买服务金额1.68亿元。推进国库集中支付电子化，实施预算执行动态监控，减少现金支付，提高公务卡使用率。推进统一公共支付平台应用，试点高中教育收费、道路交通违法罚款等的网上缴纳。

【支持供给侧结构性改革】 市财政通过财税杠杆作用，以正向激励和反向倒逼方式，整治低小散、高能耗企业，淘汰落后产能，化解过剩产能，腾退低效用地，支持企业转型发展。拨付财政补贴奖励资金5.45亿元，惠及企业1727家次。推进市场主体转型，发放"个转企"扶持奖励资金332万元，惠及个体户207户。落实减税降费政策，全面实施"营改增"，完善抵扣链条，降低企业税负。实施城镇土地使用税分类分档减税政策等，减免企业各类税费11.41亿元。暂停征收地方水利建设基金，阶段性下调社保费费率，为企业减负1.42亿元。清理规范涉企收费，公开目录清单，取消或暂停行政事业性收费项目4个、减免企业收费项目3个，共计893万元。加大基础设施投入和智能制造投入，加快传统产业改造提升，培育壮大战略性新兴产业，补齐结构短板。

【助推互联网经济发展】 2016年，桐乡市为支持G20杭州峰会和第三届世界互联网大会·乌镇峰会的顺利举行，共落实财政保障2.3亿元。拓展大数据应用，对桐乡市中小微企业贷款支持计划企业名录内的829家中小企业进行银行联合授信，授信总额89.51亿元。支持"互联网＋"科技创新高地建设，落实国家支持企业技术创新的研发费用加计扣除9741万元和高新技术企业所得税优惠4353万元。参与创建乌镇大数据高新技术产业园区，统筹安排专项资金，加强基础设施建设。提高政府产业基金运作实效，成功参股星路鼎泰等6个"子基金"项目，总规模20.46亿元，撬动社会资本14.96亿元，直接或间接带动浙商创投、正坤博纳等20多个民间股权投资基金落户桐乡。

【强化财政监管】 2016年，市财政局出台《桐乡市市级行政事业单位银行账户管理办法》，规范账户管理，试点财政存款竞争性存放，通过招标存放公款32.72亿元，增加收益4246万元，防范利益冲突和输送，提高财政资金收益率。推进行政事业单位内部控制建设，将其纳入绩效管理综合评价，成立内部控制委员会，出台内部控制基本制度，建立内控组织管理架构。试点开展单位整体绩效评价，强化评价结果应用，完成6个重点项目绩效评价，涉及资金2400万元。推行采购计划备案制，加强事中监管和事后监管，依托信息化，实行侧向监控。上线网上超市采购平台，简政放权，放管结合，提高采购效率，规范采购管理。试点管理会计应用，推进管理会计体系建设。推广会计从业资格证在线申领，落实"互联网＋政务服务"便民举措。

【完善国资管理】 2016年，桐乡市完善国有资产营运平台体系，整合、盘活国有资产、资源、资本，实现股权在各国有企业间的重新配置，增强平台担保能力，提高资源配置效率，腾出资金用于重点项目建设。出台《桐乡市市级国有企业财务等重大信息公开办法（试行）》等国资国企系列配套改革文件，健全公司治理体系。明确国资监管权力清单，规范国有企业重大事项管理行为，推动国有监管制度公开和国有企业重大信息公开，明确议事程序和规则，规范资本运作，形成统一监管体系。年内，地方政府债券置换存量债务69.37亿元，减少利息支出2亿元，降低政府融资成本。与政策性银行对接沟通，获得15年以上长期限贷款17.09亿元。

（陈　蓉　沈嘉佶）

国家税务

【概况】 2016年，桐乡市国家税务局组织税收收入57.5亿元，比上年增长4.71%。助力实体经济发展，落实高新技术企业、研发费用加计扣除、扶持小微企业发展、固定资产加速折旧、出口退税等各项税收优惠政策，全年减免退税44亿元。开展行业纳税评估，打击各类涉税违法活动，对举报案件、大案要案、虚开增值税专用发票案件和骗取出口退税案件等，依法加大查处力度，全年查补入库款项8544万元。做好组织绩效和个人绩效管理工作，优指标，严考评，重督查，市国税局在嘉兴国税系统绩效考核中获第一名。作为嘉兴市国税系统"金税三期"上线试点单位，年内实现"金税三期"的优化上线。

（徐春莉）

【"营改增"全面扩围】 "营改增"，即以前缴纳营业税的应税项目改缴增值税。继前几年交通运输、邮政、电信等行业"营改增"试点后，"营改增"工作2016年全面推开。3月9日，桐乡市启动建筑、房地产、金融、生活服务四行业的"营改增"工作，调研和摸底该四行业的管理模式、税负情况和效应分析等，强化组织保障，国地税加强合作，夯实各项基础工作，在办税服务厅新增

税务干部在向纳税人作"营改增"政策解读　　　　市国税局提供

"营改增"咨询座席，开通"营改增"绿色通道，在纳税人之家网站及微信公众号增设"营改增专题"，围绕"营改增"，组织纳税人、税务干部培训。5月1日，全市建筑、房地产、金融、生活服务四行业、19027户纳税人实现税制平稳有序转换。至年末，合计减负6363万元。

（徐春莉　沈嘉佶）

【桐乡市入评"全国百佳国税地税合作县级示范区"】 桐乡市的国、地税合作办税起于2004年。2016年，市国税局围绕征管体制改革和税收现代化总体目标，不断拓展合作深度和广度，在日常纳税服务、税收征管、税务稽查、信息共享、宣传培训等方面建立联系协作机制。成立桐乡市深化国税、地税征管体制改革工作领导小组和国、地税合作工作领导小组，建立联席会议制度，出台《关于进一步加强国、地税合作的实施意见》，确定4大类39项具体合作内容，落实任务分工，明确时间进度。市政府出台《税收征管保障工作实施办法》，加强全市各部门联动和第三方信息采集，形成"服务深度融合、执法适度整合、信息高度聚合"的合作新格局。12月29日，桐乡市入评"全国百佳国税地税合作县级示范区"。

（徐春莉）

地方税务

【概况】 2016年，桐乡市地方税务局组织各项收入72.22亿元。其中，税收收入39.92亿元，非税收收入32.3亿元。非税收收入中，社保基金28.19亿元，增长11%。不断简政放权，依法治税，市地税局被命名为"浙江省地税系统法治税务示范基地"。实现建筑、房地产、金融、生活服务等四行业的"营改增"税制转换，涉及纳税人19027户。完成"金税三期"系统的各阶段测试，实现"金税三期"平稳上线。加强税收风险管理，全年推送风险纳税人9012户次，查补税款9301.22万元。贯彻《国地税合作工作规范3.0版》，深入推进国、地税合作，桐乡市被命名为"全国百佳国税地税合作县级示范区"。加强纳税服务体系建设，市地税局纳税服务科被评为全省地税系统先进集体。全年办税服务厅服务人次5.5万人次。纳税服务中心咨询总量2.3万人次，比上年增长26.62%。市地税局走访各类纳税人1200户。

（陈　蓉　沈嘉佶）

【"金税三期"优化上线】 金税工程，是税收管理信息系统工程。"金税三期"融合税收征管变革和技术创新，统一全国国地税征管应用版本，搭建了统一的纳税服务平台。市国税局作为嘉兴市国税系统"金税三期"上线试点单位，按上级部署，加强领导，明确目标任务，强化各项保障，扎实做好数据迁移、初始化、网络改造、内部培训、业务验证等工作，从业务、技术、办税服务、涉税舆情等方面制订应急预案。市地税局为确保"税友龙版"数据顺利迁移至"金税三期"、进一步提升基础信息数据质量，集中清理和统一分析涉税数据。开展两次人海压力测试，做好双系统运行测试工作。为帮助纳税人尽早尽快熟悉"金税三期"，保障其上线前后网上申报、税收征收等的平稳顺畅，组织纳税人进行系统操作培训。8月15日，"金税三期"新系统和老系统双轨运行；10月8日，"金税三期"新系统按时、平稳、顺利上线，实现单轨独自运行。

（徐春莉　沈嘉佶）

概　述

2016年末，桐乡市有银行业金融单位21家、保险业金融单位30家（含营销服务部）、证券营业部9家、其他金融业19家（含典当、担保和小额贷款公司）。2016年，桐乡金融业在复杂严峻的宏观形势下，贯彻落实稳健的货币政策，把握应对经济新常态，创新发展模式，优化金融服务，金融运行总体平稳，存款增长较快，贷款稳步增长，存贷结构变化更趋明显，金融支持实体经济作用明显。

年末，全市银行业金融机构本外币各项存款余额1139.06亿元，比年初增加173.83亿元，比上年增长18%，多增84.97亿元，存款增量和增速分别列嘉兴五县（市）第一位和第二位。2016年，企业资本市场融资大幅增长形成派生存款，房地产企业资金回流加快，年末濮院羊毛衫市场及崇福皮毛市场进入销售旺季促使经营户资金回流，受以上三大因素叠加影响，全市非金融企业存款多增明显，比年初新增86.06亿元，增量是上年的4倍。年内，存款活期化明显，非金融企业存款中的活期存款比年初增加63.86亿元，占非金融企业存款增量的74.2%；住户存款中的活期存款比年初增加48.93亿元，占住户存款增量的78.6%，主要原因是：年末流动性需求增加导致部分中长期资金向短期转移，以及存款利率较低导致客户保留活期存款便于购买理财产品。

年末，全市银行业金融机构本外币各项贷款余额866.14亿元，比年初增加52.37亿元，增长6.4%，比上年少增20.57亿元，贷款增量和增速均列嘉兴五县（市）第二。2016年，住户贷款持续增长，年末住户贷款余额比年初增加55.57亿元，其中消费贷款增加50.55亿元。非金融企业及机关团体贷款出现负增长，比年初减少2.94亿元，比上年少增37.58亿元。受直接融资的替代作用、银行置换政府债务、中小企业有效需求不足等因素叠加影响，全市企业贷款增长乏力。是年，制造业贷款持续回落，年末贷款余额为316.21亿元，比年初减少32.77亿元，占全部贷款余额的36.5%，比上年下降6个百分点。年内，水利、环境和公共设施管理业贷款增长较多，年末余额为115.02亿元，比年初增加23.55亿元。

2016年，桐乡市进口持续下降，全年实现进口总额69.5亿元，比上年下降6%；12月，美联储宣布加息及加息之前的预期变化，导致美元走强，人民币汇率走弱波动带动出口上升，致使外汇贷款增速放缓。受此影响，是年全市外汇存贷款呈现“一增一降”态势。年末，全市各项外汇存款余额3.77亿美元，比年初增加2231万美元；各项外汇贷款余额3.49亿美元，比年初下降1.51亿美元。

2016年，桐乡市各银行业金融机构在稳健的货币政策引导下，积极向上争取信贷规模和政策支持，不断创新金融产品，优化金融服务，努力拓宽企业融资渠道，降低企业融资成本，全力支持实体经济发展。全年全市新增社会融资规模273.99亿元，比上年多增29.01亿元。其中银行贷款新增52.37亿元，占19.1%；银行表外融资新增22.72亿元，占8.3%；直接融资新增199.09亿元，占72.7%，直接融资占比持续提高。2016年，全市银行人民币贷款加权平均利率5.32%，比上年下降0.55个百分点，资金价格总体下降。全年全市处置不良贷款5.03亿元，年末不良贷款率为0.55%，比年初下降0.13个百分点，不良率低于嘉兴市0.35个百分点、低于全省1.62个百分点，信贷资产质量继续保持良好。年内，银行业金融机构堵截电信网络诈骗58起，为客户挽回损失34.4万元。全市银行业未发生重大信贷风险和重大责任事故，实现案件零发生。

2016年末桐乡市各银行业金融机构人民币存贷款余额统计

表21　　单位：万元

机　构　名　称	年末存款余额	本年增减	年末贷款余额	本年增减
人民银行	152662	125298		
工商银行	1314875	192876	1064897	52827
农业银行	2292088	320900	1642717	144021
中国银行	534754	38518	432292	－22603
建设银行	1168367	292158	904818	178729
农发银行	132194	57390	228668	80317
交通银行	200047	2303	211614	20028
中信银行	443567	56709	359390	47315
浦发银行	108896	－52416	183424	－28015
嘉兴银行	282842	50950	199853	608
农商银行	3033117	443812	1751136	82479
邮储银行	467515	89220	138517	30217
杭州银行	181785	－6100	294410	40042
浙商银行	79027	－21923	126674	－2095
招商银行	74611	－5240	129411	43438
平安银行	168529	－18651	158223	－50380
民生银行	56801	7047	94161	－106896
民泰村镇银行	155291	31559	125900	15332
湖州银行	31423	－17662	11904	－655
兴业银行	144631	56830	258466	20886
绍兴银行	72688	37592	82331	40277
泰隆银行	17459	17459	20458	20458
合　　计	11113169	1698629	8419264	606330

2016年末桐乡市各银行业金融机构外汇存贷款余额统计

表22　　单位：万美元

机　构　名　称	年末存款余额	本年增减	年末贷款余额	本年增减
工商银行	7841	1688	7258	－929
农业银行	4711	1120	3179	－6449
中国银行	6021	－50	2199	－11291
建设银行	6379	－5779	14233	3644

续表 22

机构名称	年末存款余额	本年增减	年末贷款余额	本年增减
交通银行	1503	738	474	376
中信银行	3990	－1325	5356	－359
浦发银行	148	－159	584	295
农商银行	2578	1810	1150	126
杭州银行	2765	1901	454	－285
招商银行	133	－117	23	－234
平安银行	175	70	0	0
民生银行	1052	1052	0	0
嘉兴银行	430	430	0	0
合　计	37726	1379	34910	－15106

（包芳芳）

银　行　业

【概况】 1月，桐乡市农村信用合作联社改制为浙江桐乡农村商业银行股份有限公司。3月，浙江泰隆商业银行股份有限公司嘉兴桐乡支行开业。2016年末，桐乡市银行业有金融单位21家，银行网点162个（含乡镇网点105个）。2016年，桐乡银行业贯彻执行稳健的货币政策，为第三届世界互联网大会·乌镇峰会做好金融服务，维护好金融生态，优化外汇管理服务，推进金融改革创新，主动适应经济发展新常态，精准发力，为实体经济转型发展提供金融支持和金融保障。年末，本外币各项存款余额1139.06亿元，比上年增长18%，其中人民币存款余额1111.32亿元，增长18.1%；本外币各项贷款余额866.14亿元，比上年增长6.4%，其中人民币贷款余额841.93亿元，增长7.8%。是年，中国人民银行桐乡市支行连续第三年被中国人民银行嘉兴市中心支行评为工作业绩综合考核A等行。中国银行业监督管理委员会嘉兴监管分局桐乡办事处连续第四年被中国银行业监督管理委员会嘉兴监管分局评为先进集体。中国工商银行股份有限公司桐乡支行获中国工商银行股份有限公司总行颁发的“五一劳动奖状”。中国建设银行股份有限公司桐乡支行获桐乡市“金融创新奖”。人行桐乡市支行推动反假币工作和反洗钱工作，继续组织各银行争创“优秀反假货币示范工作站”，评出优秀反假货币示范工作站12家；与公安联动协作，向公安机关报告重点可疑交易5起。打造平安金融，桐乡银监办继续组织开展“平安金融单位”创建，评出“平安金融示范网点”9家。推动金融系统文化建设，人行桐乡市支行组织举办“中国梦·金融美”迎国庆桐乡市金融系统职工文艺会演、金融系统首届职工气排球比赛和2016年保险业“基础知识暨产品展示”劳动竞赛等。年内，全市银行业积极向上争取政策、资源，加强金融产品创新和服务创新，满足各类金融需求。嘉兴市首台商业银行个人征信自助查询机在桐乡农商银行乌镇支行丰收驿站投入使用。5月，嘉兴银行股份有限公司桐乡支行完成全行首笔电子商业承兑汇票贴现业务，中国邮政储蓄银行股份有限公司桐乡市支行签发首笔敞口银行承兑汇票。7月，中国银行股份有限公司桐乡支行成功叙做巨石集团有限公司4亿元超短融发债资金托管业务。

【银行业开展金融服务实体经济转型升级专项行动】 2016年初，人行桐乡市支行出台《2016年货币信贷工作的指导意见》，制订《2016年度金融服务实体经济转型升级的实施意见》并由市政府发文实施，提出“新增本外币贷款100亿元、直接融资100亿元”目标。桐乡银监办下发《关于桐乡银行业“优服务促转型”专项行动实施方案的通知》和《关于开展2016年度桐乡市金融指导员进企业服务活动的通知》。优化融资结构，加大对制造业和小微企业的信贷支持，畅通信贷资金向实体经济传导。年末支持实体经济贷款余额560亿元，占全部贷款的64.7%；支持制造业贷款余额382.59亿元，占全部贷款的44.2%；支持小微企业贷款余额223.29亿元，占全部贷款的25.8%，小微企业贷款增速10.63%，高于贷款平均增速4.19个百分点；成功对接120个桐乡市2016年“稳中求进、转中求好”重大项目，累计完成授信211.53亿元，各项融资余额114.28亿元；19家银行推出贷款还款方式创新产品25项，年末贷款余额44.88亿元，比年初增加16.7亿元，累计受惠企业4428家，比年初增加1561家，累计发放转贷资金148.34亿元。

（包芳芳　朱剑光）

【人行纵深推进普惠金融工作】 2016年，人行桐乡市支行在“3·15”和“6·14”（信用记录关爱日）等节点，开展形式多样的宣传教育活动，普及金融知识，提升金融消费维权意识。借农村电影放映工程，构建基层宣传网络，在全市各村（社区）播放《人民币反假知识》《关注个人信用》公益宣传短片。启动“普及金融知识，绽放青春梦想”主题活动，各金融机构组织开展“金融服务团下基层”“一行一特色”等宣传活动。9月，组织各金融机构集中开展“金融知识普及月”活动，在“嘉兴日报桐乡新闻”微信公众号上开展“金融知识大比拼，超大流量送不停”有奖竞答，吸引2000余名市民参与。是年，人行桐乡市支行走访全市助农服务点，加强动态管理，推广“助农服务＋农村淘宝”合作模式，促进农村电商发展，全年创建助农服务点和电子商务合作共建点56个；促进助农服务点与“村邮乐购”平台的合作共建，推动发展多功能助农服务点。加强创建指导，突出创建特色。年内，青石村、芝村村“电子支付应用示范区”创建工作通过考核验收。做好第三届世界互联网大会·乌镇峰会期间的支付服务和“互联网＋普惠金融”论坛的会务工作。

【外汇局多措并举推动涉外经济持续健康发展】 2016年，外汇局桐乡市支局为帮助企业更好地利用国际国内市场、加快“走出去”发展步伐，多措并举，推动涉外经济持续健康发展。组织开展“跨境人民币业务促进外贸稳增长”宣传月活动，稳步推进跨境人民币业务。全年全市跨境人民币业务结算量87.84亿元，居嘉兴五县（市）首位。举办“汇率避险与跨境融资”主题宣讲会，向银行和企业加强外汇政策宣传解读，指导企业合理规避“走出去”发展中的汇率风险。推进跨国公司外汇资金集中运营管理试点工作，全市6家企业试点开展外汇资金集中运营管理，试点业务项下国际外汇资金主账户、国内外汇资金主账户跨境收支总规模22.08亿美元；6家企业通过国内外汇资金主账户归集外汇资金21.28亿美元，支出21.32亿美元，通过集中调剂解决成员企业进口用汇、对外放款需求约7亿美元，直接为企业节约成本约1800万元。

（包芳芳）

【银监办引导银行业加强企业分类帮扶】 2016年，桐乡银监办为加强对企业精准服务，排查客户企业资金链风险和担保链风险，确定90家关注类企业，进行银企

9月13日，举办“汇率避险与跨境融资”主题宣讲会

人行桐乡市支行提供

匹配，确定分类帮扶指导措施。7月，启动金融指导员进企业服务活动，16家银行的80名金融指导员与90家企业结对，开展"一对一"指导服务，为企业提供金融指导和服务1360次，解决问题和困难121个，问题解决率85.8%，帮助企业新增融资7295万元、节约财务成本97.66万元、防范或化解信贷财务风险7870.5万元。加强协调，建立会商帮扶机制，指导债权银行采取统一行动帮助困难企业渡过难关。加强联合授信管理，2505家客户企业纳入授信总额联合管理，贷款金额309.26亿元。

【银监办引导银行业实施差别化信贷政策】 2016年，桐乡市银行业利用工业企业绩效评价结果加强信贷管理。年末，绩效评价为A类和B类的企业的银行贷款余额分别为100.44亿元、81.24亿元，两者合计比执行前增加5.69亿元；C类和D类企业的贷款余额分别为18.27亿元、4.43亿元，两者合计比执行前下降23.98亿元。助推绿色金融，桐乡银监办与市环保局共建绿色信贷信息共享平台，督促银行对环保黑名单企业加大信贷限制力度，2014—2016年各银行对23家黑名单企业压缩贷款5925万元。科技金融助推企业转型升级，中国农业银行股份有限公司桐乡市支行运用嘉科通产品为科技型企业量身定制金融支持方案；各银行积极参与科技型中小微企业贷款支持计划；杭州银行股份有限公司桐乡支行引入政策性担保，缓解科技企业担保难。

【银监办组织银行开展"两防范一保护"专题宣传月活动】 3月，桐乡银监办组织各银行开展"两防范一保护"专题宣传月活动。活动以"防范通信（网络）诈骗和非法集资，保护金融消费者合法权益"为主题，开展讲座63个，进村（社区）119个，进学校12所，进企业76家，进市场58个，进商户1139家。提供多元化宣传产品，制作"两防范一保护"微信宣传片，通过朋友圈扩散，增强影响力；在152个银行网点及东兴商厦等的户外大屏幕播放非法集资动漫宣传片；编制调查问卷，回收5775张；组织银行开展广场宣传活动3次。

（朱剑光）

【农发行加大信贷支农力度】 2016年，中国农业发展银行桐乡市支行加快转型创新，把握信贷政策，大力支持农业农村基础设施建设。全年投放政府类项目贷款13.59亿元，其中凤鸣农村土地综合整治项目1.5亿元、石门农村土地流转项目1.6亿元、临杭公路项目5亿元、扩大杭嘉湖南排工程（桐乡段）5.49亿元。按照年初行长会议精神和市分行客户工作会议要求，向政府及有关部门介绍项目贷款模式和相关政策，做好项目推进和对接，是年新获批项目2个，授信总额17.5亿元。做好中国农发重点建设基金投资项目的申报和投放工作，以"投贷结合"方式，向崇福镇小城市培育城镇化提升工程项目投放1.2亿元重点建设基金。

【农发行做好粮食收储工作】 2016年，农发行桐乡市支行主动顺应购销储政策调整，做好储备粮轮换和秋粮收购资金的供应与管理工作。支持市粮食收储公司轮出省级储备粮4200吨，归还省级储备粮贷款1302万元；轮出县级储备粮1.4万吨，归还县级储备粮贷款4162万元。支持市粮食收储公司收购秋粮2.27万吨，农发行桐乡市支行累计发放地方储备粮贷款7050万元、粮食收购贷款2250万元。

（张　璐）

【工行积极推进电子票据应用】 电子商业汇票相对传统纸质汇票，使用更安全，办理更便捷，2016年市场贴现利率又处于低位。是年，工行桐乡支行鼓励企业积极尝试应用电子票据。将部分票据业务量大的企业定为示范企业，上门对企业财务人员进行相关培训指导，提高企业对电子商业汇票的认知度。该行全年办理贴现业务9.5亿元，其中电子票据贴现6.97亿元，创近3年之最，比上年增长50%，约为企业节省融资成本1500余万元。

（周　霞）

【农行助推桐乡实体经济发展】 2016年，农行桐乡市支行围绕桐乡"先进制造业为核心的实体经济""一业一网"发展重点，创新金融服务方式，加大对实体经济和全市重点项目的支持力度。年末各项贷款余额166.48亿元，其中实体经济贷款余额77亿元，占全行贷款总量的46.2%。运用农行嘉科通产品为科技型企业量身定制金融支持方案，突破传统担保限制，发放专利权质押贷款，全年向9家科技型企业授信 1.59 亿元；为乌镇互联网国际会展中心、濮院旅游、棚户区改造等 7 个项目授信 58.45 亿元；发放“五水共治”类贷款 4 笔、金额 4.2 亿元，美丽乡村贷 2 笔、金额 3000 万元。年底，农行桐乡市支行在桐乡市 2016 年度金融工作考核中，四年三度获金融机构支持地方经济工作考核一等奖。

【农行助力“互联网智慧小镇”建设】 2016 年，农行桐乡市支行为乌镇互联网智慧小镇建设融资、融智、融力。年内，中国农业银行股份有限公司董事长周慕冰到乌镇考察了世界互联网大会会址建设情况和养生养老产业情况。农行桐乡市支行向乌镇互联网国际会展中心注入信贷资金 2.51 亿元，确保其如期建成投入使用。围绕“智慧支付”体系建设，继续在乌镇镇区及景区安装集银行卡支付、微信支付、支付宝支付于一体的 BMP－MIS 收银一体机，年内新装、更新收银一体机 304 台，累计 813 台，全年实现交易量 68.22 万笔，交易金额近 5 亿元；新装自助售票机 12 台，累计 38 台；新装 ATM 机 2 台，累计 8 台。乌镇实现本外币银行卡支付、微信支付、支付宝支付全覆盖。第三届世界互联网大会·乌镇峰会期间，农行桐乡市支行派遣金融服务志愿者进驻乌镇互联网国际会展中心、核心区域酒店、民宿总台等服务点。

（吴容天）

【中行合作投放银团贷款】 年初，中行桐乡支行为双环传动（嘉兴）精密制造有限公司“年产 24 万件齿轮项目”申请项目贷款，上级行同意，核定授信总量为 16965 万元，且全部为新增，贷款期限 5 年。6 月 8 日，中行桐乡支行首度与中行台州分行联动，叙做银团项目，向双环传动（嘉兴）精密制造有限公司发放该行首笔中行内部项目银团贷款，按 3∶7 比例，中行桐乡支行发放 600 万元，中行台州分行发放 1400 万元。下半年，两行又陆续投放该项目贷款。至年末，两行合计投放 14435.7 万元，其中中国银行桐乡支行 4330.71 万元、中国银行台州分行 10104.99 万元。

（朱秋鸿）

9 月 20 日，中国农业银行董事长周慕冰（左二）参观世界互联网大会会址　　农行桐乡市支行提供

【建行国际业务再上新台阶】 2016 年，建行桐乡支行的国际业务在上年取得突破的基础上再上新台阶。全年完成国际结算业务量 21.5 亿美元，比上年增长 18.77%，其中跨境人民币结算业务 31.23 亿元，增长 106%，居当地四大国有股份制商业银行之首，占四行总量的 44.88%，比上年末提升近 30%。国际结算量及跨境人民币结算量在全省各支行中均名列第一。年内，建行桐乡支行成功办理首笔至埃及的跨境人民币汇款业务。

（朱丹奕）

【嘉兴银行推出“横机贷”】 2016 年，嘉兴银行桐乡支行实践“支持小微、服务三农”社会担当，有效解决个体经营户融资难问题，探索模型化、批量化信贷服务模式，锁定电脑横机加工户，推出“横机贷”信贷产品。根据电脑横机加工户集群客户圈的经营特征，制订统一授信方案，确定 3 亿元总体授信额度、3 年授信期限，横机加工户只要满足准入条件，采用信用、保证、抵押三种担保方式，即可申请该项贷款，最高可贷 50 万元，授信期限内可循环使用。至年末，92 户电脑横机加工户申请该项贷款，年末贷款余额 1061.5 万元。

（封芸芸）

【邮储银行发放桐乡市首笔小额创业贷款】 桐乡市贯彻国家“大众创业、万众创新”总体战略目标，2015年出台《桐乡市小额创业贷款管理办法》。重点降低高校毕业生自主创业的申贷门槛，毕业5年以内的高校毕业生及在高校取得高校毕业生自主创业证的人员，可享受单笔最高不超过30万元的小额创业贷款，贷款期限最长3年，完息后还可按相关规定享受市财政贷款基准利率全额或50%的贴息。2016年4月，邮储银行桐乡市支行学习领会《桐乡市小额创业贷款管理办法》精神，与团市委、市人社局、人行桐乡市支行联系沟通，对现有客户进行筛选，主动走访联系目标客户，最终确定石门镇创业青年高立超为桐乡市小额创业贷款的首位获得者。5月4日，桐乡市举行纪念建团94周年、“五四运动”97周年——“诚园杯”桐乡市十大杰出青年颁奖典礼，邮储银行桐乡市支行在典礼上向桐乡市首笔小额创业贷款获得者现场授信30万元。

（沈碧琰）

5月4日，邮储银行发放桐乡市首笔小额创业贷款

邮储银行桐乡市支行提供

【杭州银行金融支持小型外贸企业】 桐乡市有一批小型外贸企业主营纺织品出口孟加拉国，结算方式为远期信用证，企业有福费廷业务需求。但孟加拉国国际评级较低，国家风险较大，一般银行都不做对孟加拉国的买断业务。杭州银行特有的“已承兑信用证押汇”产品无须担保和抵押，就可对企业的远期信用证押汇。2016年，杭州银行桐乡支行通过该产品为桐乡市一批专做孟加拉国业务的外贸企业开立远期信用证125笔、金额300万美元。

（王振涛）

【杭州银行推出“税金贷”】 2016年，杭州银行为满足客户差异化融资需求，推出“税金贷”业务。该产品是杭州银行在“税银互动”和“互联网＋”大背景下，借助大数据技术，将企业纳税信用等级和企业信用相结合，向依法纳税、稳定经营、信用记录良好的小微企业推出的一项纯信用贷款产品。无抵押，免担保，在线申请，快速审批，循环使用，按日计息，随借随还，最高贷款额度可达100万元。杭州银行桐乡支行8月开办“税金贷”，至年末授信185万元。

（陆　倩）

【浙商银行开办股票质押式回购业务】 浙江华友钴业股份有限公司是中国最大的钴化学品生产商之一，桐乡市华友投资有限公司是华友钴业的大股东。7月，浙商银行股份有限公司嘉兴桐乡支行在走访客户桐乡市华友投资有限公司时，了解到其有融资需求，于是重点向其推介股权质押式回购业务，并积极提供融资顾问服务。12月12日，浙商银行嘉兴桐乡支行办理该行首笔股票质押式回购业务，桐乡市华友投资有限公司以其持有的华友钴业（SH603799）限售股票质押，向浙商银行融得1.25亿元，并约定到期回购。

（沈　栾）

【民泰村镇银行创新服务实体经济】 2016年，浙江桐乡民泰村镇银行股份有限公司坚持“立足县域、支农支小”市场定位，以服务实体经济为己任，调整业务结构，扩大服务行业范围，加快业务创新，提供专业化、精细化金融服务。改良菊花贷、皮毛贷、毛纱贷、POS贷等产品，使其针对性更强、内容更丰富、还款方式更多样。推出手机自助循环贷款和微贷卡，实现贷款24小时随借随还。是年，该行发放实体经济贷款 22.97 亿元，年末实体经济贷款余额 12.49 亿元，占全部贷款余额的 98.6%。全年发放制造业贷款 13.45 亿元，年末制造业贷款余额 7.46 亿元，占该行全部贷款余额的 58.9%。

（杨晓萍）

【农商银行推出特色信贷产品——“精英贷”】 2016 年，桐乡农商银行为满足客户合理消费需求，率先在公务员、事业单位在编人员中推出一款无抵押、无担保的个人消费信贷产品——“精英贷”。“精英贷”以贷款者的月缴存公积金为基数，最高可贷 100 万元，利率为同档次贷款基准利率。至年末，桐乡农商银行“精英贷”服务客户 707 户，贷款投放超 2.5 亿元。

【农商银行创新推出“福农卡”】 10 月，桐乡农商银行推出“福农卡”，该卡是借贷合一的个人人民币信用卡，具有存款计息、消费、取现等功能。贷款最低额度 1 万元，最高额度为 30 万元，手续费月费率按持卡人信用等级分级给予不同优惠，可随借随还、循环使用。客户可直接使用该行手机银行进行放款、还款，操作方便，具有“短、频、快”特点。至 2016 年末，“福农卡”授信 690 万元，用信 130 万元。

（程　远）

【泰隆银行嘉兴桐乡支行开业】 3 月 1 日，浙江泰隆商业银行股份有限公司嘉兴桐乡支行开业。开业后，该行积极打造普惠银行，努力为小微企业提供优质、快捷的金融服务，“一街道（镇）一团队，一社区（村）一人”，作业区域涉及梧桐街道、龙翔街道、凤鸣街道、屠甸镇、洲泉镇、崇福镇、高桥镇、大麻镇、河山镇、乌镇镇等 10 个镇（街道），并逐步形成人均 1—2 个社区或村的作业模块。新客户 3 天内给予答复，老客户 3 小时内放款。应对互联网金融对传统银行业的影响，探索高效率的“一对一”零售模式。至 2016 年末，泰隆银行嘉兴桐乡支行存款客户数 4188 户，年末各项存款余额 1.75 亿元；贷款客户数 922 户，年末各项贷款余额 2.05 亿元。

（陆贵良）

3 月 1 日，泰隆银行嘉兴桐乡支行开业　泰隆银行嘉兴桐乡支行提供

保　险　业

【概况】 2016 年，桐乡市有财产险保险业金融单位（含营销服务部）17 个。财产险全年实现保费收入 83369.59 万元，比上年增长 5.63%，增速比上年下降 8.95 个百分点，其中：企财险保费收入 5742.8 万元，下降 0.7%；农业保险保费收入 1149.04 万元，下降 11.19%；车险保费收入 71655.96 万元，增长 6.39%。财产险全年赔款支出 52099.72 万元，比上年增长 10.26%，其中：企财险赔付 2037.57 万元，下降 39.22%；车险赔付 47678.23 万元，增长 14.4%。简单赔付率 62.49%，比上年上升 2.62 个百分点。是年，桐乡市有人寿险保险业金融单位 13 个（含营销服务部），有在岗营销人员 3227 人，年内新增 1024 人。人寿保险业全年实现保费收入 104376.38 万元，增长 29.75%；短险赔付支出 1246.39 万元，下降 6.39%。2016 年，浙江省启动商业车险条款费率管理制度改革。6 月 3 日，中国人民财产保险股份有限公司桐乡支公司实现新旧车险业务系统的切换，签署全市首张商业车险新产品保单。2016 年，人保财险桐乡支公司实现全年保费收入 31195.84 万元，增长 14.51%；承保各类机动车辆 52408 辆，实

现车险保费收入25149.15万元，增长14.75%；实现农业保险保费收入1001.58万元，下降11.14%；全年处理各类赔款案件28357件，支付赔款17777.95万元，增长19.28%，简单赔付率56.99%。

（李 月 郑倩茜）

【人保财险快速赔付小麦赤霉病受损农户】 2016年，桐乡市受厄尔尼诺现象影响，春季小麦抽穗扬花期连续阴雨，导致小麦赤霉病爆发，发病程度及因病损失近20年之最。全市小麦赤霉病穗发病率70%以下田块278.65公顷，发病率70%－90%1523.28公顷，发病率90%以上206.3公顷。全市小麦赤霉病赔付面积2006.27公顷，占总种植面积的92.8%。农业政策性保险承保单位依据农业政策性保险小麦保险条款，根据每亩的产量调查评估，结合实际发病率和亩产情况，支付赔款249.56万元，其中人保财险桐乡支公司作为桐乡市农业政策性保险最大共保单位赔付159.72万元。

（郑倩茜）

人保财险桐乡支公司在田头查看小麦受灾情况

人保财险桐乡支公司提供

证 券 业

【概况】 2016年，桐乡市证券业发展稳中有进，新成立3家证券营业部：华金证券股份有限公司桐乡复兴北路证券营业部、东吴证券股份有限公司桐乡世纪大道证券营业部和申万宏源证券有限公司桐乡濮院镇工贸大道证券营业部。至年末，全市有证券营业部9家。可以办理沪深A股、B股、基金、债券、债券回购、融资融券、期货（商品期货及金融期货）、约定购回、股票质押融资、债券质押式报价回购等业务。2016年，上证指数年初3536.59开盘，最低盘中探至2638.96，年底收于3103.64；深成指开盘于12650.72，最低盘中探至8986.52，年底收于10177.14。2016年底，桐乡市9家证券营业部有A股股东账户22.63万户，B股账户2257户，托管客户资产总数218.99亿元，2016年完成成交量2143.91亿元。

其他金融业

【概况】 2016年末，桐乡市有小额贷款公司6家，注册资本合计8.2亿元；典当公司8家，注册资本合计1.55亿元；融资性担保公司5家，注册资本合计3.03亿元。2016年，桐乡市各小额贷款公司、典当公司、融资性担保公司坚持以“支农支小、小额分散”为经营原则，积极为小微企业和“三农”经济服务。小额贷款公司实现营业收入1.07亿元、净利润6823.07万元，上缴税金3479万元。全年累计发放贷款1888笔、16.73亿元，其中100万元以下小额贷款1413笔、10.68亿元。年末贷款余额9.17亿元，其中100万元以下小额贷款贷款余额6.74亿元。是年，典当公司净资产合计1.63亿元，有从业人员45人，实现净利润630.48万元，上缴税金238.03万元。年末典当余额1.6亿元，其中中小微企业融资占典当业务总量的90%以上。全市担保公司实现净利润718.9万元，上缴税金377.75万元。全年累计担保827户、担保总额8.9亿元，其中工业企业796家担保额8.71亿元。年末在保1211户、在保余额12.41亿元，其中工业企业816家、在保余额8.93亿元。

（姚玉良 茅叶旸 程子路）

综合管理

【概况】 2016年,桐乡市发展和改革局贯彻落实市委、市政府决策部署,把握"稳中求进"主基调,各项工作成效显著,发改窗口连续11年被评为窗口先进单位。发布《桐乡市国民经济和社会发展第十三个五年规划纲要》、九个"十三五"重点专项规划,完成《关于桐乡市2015年国民经济和社会发展计划执行情况及2016年国民经济和社会发展计划草案的报告》起草工作。强化重点企业监测体系建设,开展经济形势分析,针对经济运行中突出矛盾和问题,提出对策建议,全市157家监测样本填报率100%。完成《深入推进供给侧改革,重塑桐乡发展新优势》《关于服务业强县市培育发展的思考与建议》等12个重点调研课题。完成全市国防动员潜力调查和国民经济动员潜力调查。

【加大项目推进力度】 2016年,桐乡市加大省"411"(万亿产业转型升级工程、万亿基础设施完善工程、万亿统筹城乡建设工程、万亿公共服务提升工程,建设1000个以上省重大项目,带动全社会固定资产投资超过10万亿元)项目、省重点建设项目、嘉兴"615"(在"十三五"期间,实施基础设施完善、先进制造业提升、现代服务业培育、生态环保优化、统筹城乡建设和公共服务保障六大工程,着力推进1000个重大项目,累计实现投资5000亿元以上)和市级重大项目推进力度。全年完成固定资产投资480.6亿元,比上年增长12.3%,其中服务业投资265.4亿元,增长15.5%,占固定资产投资55.2%;188项重大项目开工率100%,完成投资200.6亿元。强化政府项目前期管理,推进轨道交通等重大项目前期工作。城乡污水处理厂、濮院时尚小镇等12个项目获批国家专项建设基金25.05亿元。争取中央预算内资金8040万元,省级资金1388万元。新增省重大产业项目4项、省重点建设项目11项。争取上级用地奖励指标117.2公顷,其中省服务业强市及重大产业项目土地奖励指标59.3公顷。"退二进三"腾退土地44.48公顷。

【加快发展现代服务业】 2016年,桐乡市出台《桐乡市"十三五"服务业发展规划》,列入首批浙江省服务业强县(市、区)试点地区,制订《桐乡市服务业强市培育试点方案》。全年实现服务业增加值333.6亿元,比上年增长10.2%,占地区生产总值48.1%,新增服务业限额以上企业103家。乌镇国际旅游区、濮院针织产业集群生产性服务业集聚区两个省级服务业集聚区评估走在全省前列。全年新增服务业市外内资项目129个,实到市外内资57.14亿元,到位资金38.64亿元。加强楼宇经济培育发展,楼宇入驻率、注册率分别达到88%和98%,楼宇税收收入9亿元。嘉丰银座等楼宇被评为嘉兴市重点楼宇和特色楼宇。乌镇互联网产业园先导区建设项目(一期)等8个项目列入省服务业重大项目。

【推动经济领域重点改革】 2016年,市发改局加强经济体制改革工作,牵头制订《2016年经济体制改革专项小组工作计划》,提出12项重点改革任务,出台《桐乡市县域经济体制综合改革实施方案》。加快建立完善产城融合发展机制,探索推进农村"三权"(林权、土地承包经营权、农村住房产权)保证保险贷款试点,形成桐乡市中小城市综合改革试点重点改革情况报告,向国家发改委作专题汇报。推进公务用车制度改革，全市 77 家车改单位按新一轮公务用车制度改革政策规定执行，涉改 489 辆，保留 416 辆。完成 2015 年度省级小城市培育试点考核，崇福镇再获考核优秀。完成濮院镇、洲泉镇嘉兴市级小城市培育试点总结评估。濮院镇入选中国特色小镇，濮院毛衫时尚小镇获 2015 年度省级特色小镇创建考核第 9 位。

【加强低碳循环发展】 2016 年，桐乡市加强开发区、临杭省级园区循环化改造示范区建设工作，下拨第一批省级循环化改造专项资金 474.5 万元。完成 2015 年度全市温室气体清单编制工作。指导 7 家低碳交易企业、47 家非低碳交易重点企业开展温室气体排放报告编制工作。河山镇列为全省首批省级低碳城镇试点。发展清洁能源，完成《桐乡市能源发展“十三五”规划》编制工作，全年供气 3.2 亿立方米；推进光伏发电项目建设，全年新备案光伏发电项目 65 兆瓦，推广新能源汽车 188 辆，建设充电桩 100 个。

【区域合作成效显著】 2016 年，桐乡市建立专场推介和“一把手”招商多渠道招商模式，做好一把手领衔工作，通过举办“凤栖梧桐，幸福回乡”推介会等活动，引进“浙商回归”省外资金63.9 亿元。推进桐乡与开化县共建山海协作生态旅游文化产业示范区建设，加强对口支援，拨付各类帮扶资金 742.5 万元。出台《2016 年桐乡市深化接轨上海工作实施方案》，实施“六大行动计划”(规划政策接轨行动计划、基础设施接轨行动计划、产业平台接轨行动计划、民生融合接轨行动计划、高端要素接轨行动计划、区域合作接轨行动计划)，促进桐乡与上海在旅游、科技、医疗、教育、人才、卫生、金融等多个领域实现对接。

9 月 13 日，桐乡市举办“双招双引”推介会　　市发改局提供

【深化惠民服务工作】 2016 年，桐乡市发改局加强项目审批制度改革，开展提前介入、并联办理、模拟审批等服务，提升审批速度。加强项目在线审批监管平台建设，实现各相关部门投资项目审批和监管业务系统与市级平台横向贯通，办件信息自动实时推送至省级平台。全市政策性农业保险总保额 1550 万元，理赔总额 1042 万元，惠及农业合作社和农户 2000 余户。浙江卓怡纺织有限公司等 2 家公司获年度国家棉花进口关税配额 296 吨。

（程跃峰）

物价管理

【概况】 2016 年，桐乡市物价局围绕稳增长、促改革、调结构、治环境、惠民生等中心工作，履行价格管理职能，营造价格环境。1 月 1 日起一般工商业及其他用电价格每千瓦小时降低 0.0447 元，6 月 1 日起大工业用电和一般工商业及其他用电价格每千瓦小时降低 0.01 元。4 月 20 日起，非居民用管道天然气最高销售价格从每立方米 3.8 元调整为 3.4 元，煤改气用户为 2.79 元。加强市场价格监管，开展节假日期间市场价格检查，组织“3·15”消费者权益日价格宣传活动、发放价格宣传资料以及关于民生宣传手册 200 余份。5 月 17 日、5 月 30 日，在洲泉镇、石门镇以座谈会、告诫会形式向蚕丝被企业、制鞋企业宣讲价格法律知识。全年接受群众投诉、举报 201 件，其中电话举报 46 件、网络举报 128 件、来访 5 件、市长

“3·15”消费者权益日价格宣传活动　　市物价局提供

电话交办22件，涉及电价、通行费、药价、天然气收费、停车收费、幼儿园收费、餐饮明码标价和物业收费等。处理价格违法案件6件，罚款34363.25元；移交市综合行政执法局26件。调研乌镇景区、福严寺景区、红杉邨景区收入支出和门票信息情况，做好景区门票价格整治工作。完成市求是实验中学、茅盾实验小学、现代实验学校、水务集团城市供水和乌镇景区门票等5个成本监审项目，核减不合理成本费用3119.95万元，为正确制定收费价格提供成本依据。加强价格认证工作，全年为公安、检察机关出具价格鉴定结论640件，涉案标的金额550余万元。

【加快完成资源环境价格改革】 2016年，桐乡市物价局贯彻浙江省委《关于推进价格机制改革实施意见》，运用价格杠杆优化资源配置。1月1日起，全市实施居民生活用天然气阶梯价格制度，引导居民合理用气、节约用气。2016年，桐乡港华天然气有限公司销售居民用气671万立方米，比上年减少5个百分点。根据国家发改委、财政部、住建部《关于制定和调整污水处理收费标准等有关问题的通知》，通过污水处理成本调查，召开居民生活污水处理收费标准调整座谈会，听取人大代表、政协委员、市民代表及相关部门意见，物价局价格审查委员会集体审议等程序，居民生活污水处理费收费标准从每立方米0.6元调整为0.95元，自2017年1月1日起执行。完成浙江省物价局部署的居民阶梯水价、气价、污水处理价、分类分档及多因子计算收取工业污水处理费等各项价格改革任务。

【督促商家规范价格行为】 2016年，桐乡市物价局督促商家明码标价，强化日常监管。会同乌镇综合行政执法分局开展明码标价大整治，检查乌镇224家餐饮、商店，要求各餐饮和商店按规定做好明码标价工作，明码标价要求上墙上桌，在显要位置向顾客公开明示，并张贴相应消费提示。检查中发现问题，限时完成整改，及时处理违反价格法行为。国庆期间，乌镇某夜宵烧烤店以低价招徕顾客，高价结算行为欺诈游客，10月8日，市物价局起草桐乡市物价局案件移送函，移交市综合行政执法局，建议按存在价格欺诈行为予以处罚。

【规范核定有关收费标准】 2016年，市物价局核定桐乡市第二中学、茅盾中学新建及装修后的学生公寓收费标准，6人间学生公寓住宿费标准核定为每生每学期600元，8人间每生每学期580元。调整民办学校学费，根据市求是实验中学、现代实验学校、茅盾实验小学及濮院茅盾实验小学办学条件和教职工工资水平，经成本监审、参照周边县市同类学校水平，核定学费收费标准每生每学期1万元，上下浮动10%，自2016年秋季招收新生起执行。鉴于崇福镇中山公园暂不具备全天免费开放条件，对其实行低票价管理，批复其门票价格每人次2元。普通住宅小区前期物业服务收费采取优质优价措施，出台《关于试行前期物业服务优质优价工作的通知》。全年15个小区前期物业服务收费标准备案，其中诚园、悦湖湾等6个小区前期物业服务收费实行优质优价。做好乌镇至苏州、乌镇至杭州客运班车票价报批备案工作、K191路桐乡客运中心至嘉兴八佰伴公交枢纽站城乡公交票价工作。备案市青少年宫、市卫生学校等6个培训项目及全市11所民办幼儿园保教费收费标准。

【加强价格管理基础工作】 2016年，市物价局年度审核全市60家单位行政事业性收费执行情况，将数据录入全国收费监管动态系统，对执行收费项目和标准进行梳理并录入浙江省智慧价格项目平台。各收费单位在网站上公示收费目录清单。根据《关于引导降低行政审批中介服务收费的意见》，市物价局要求各相关业务主管部门做好宣传，督促落实“审批中介服务费用在现行收费标准基础上降低20%以上”，强制垄断性涉及企业经营服务性收费建立目录清单制度。加强价格监测工作，对崇福镇、乌镇镇、梧桐街道三个大型农贸市场猪肉、水产、禽蛋、豆制品、粮油、蔬菜六大类22种商品进行价格采集、分析，形成农贸市场价格周报；每月对56种农资商品价格和城市重要商品进行监测，向嘉兴市物价局报送价格监测信息，在中国桐乡阳光工程、桐乡市政府信息公开、市发改局网站上发布价格信息100余期(篇)。加强农本调查工作，发挥《浙江省农产品生产成本登记簿》作用，调查生猪养殖、蚕桑种植、菊花生产、烟叶生产四项农业生产成本，为上级部门制定农业政策提供基础数据。

(张永清)

市场监督管理

【概况】 2016年，桐乡市市场监督管理局强化市场监管执法。全年新注册各类市场主体1.88万户，比上年增长13.3%。其中，企业3569户，增长33.4%；个体工商户1.53万户，增长9.5%。全市商品市场成交额604.07亿元，其中网上市场成交额88亿元。完成行政处罚案件187件，罚没款636.5万元。加强“12315”咨询投诉平台处置工作，接受消费者投诉举报及咨询3322起，其中受理消费者投诉1065件，为消费者挽回经济损失136.78万元。食品安全列入综合目标责任考核和平安建设考核内容，实行“一票否决”制。市政府与各镇(街道)签订食品安全工作目标责任书。完善食品安全“地方政府负总责、各部门各负其责、企业是第一责任人”的责任体系。做好G20杭州峰会维稳安保工作，完成第三届世界互联网大会·乌镇峰会食品安全保障工作。市市场监督管理局被嘉兴市委、市政府评为嘉兴市保障服务重大国际峰会先进集体。

【深化工商登记制度改革】 2016年，市市场监督管理局落实“五证合一、一照一码”(营业执照、组织机构代码证、税务登记证、社会保险登记证、统计登记证五个证照，改为统一社会信用代码的营业执照)“先照后证”(从事后置许可经营项目的市场主体，先向工商部门申请办理营业执照，再到许可审批部门办理许可审批手续)各项改革举措。全年办理“五证合一、一照一码”的营业执照1.16万份，办理“先照后证”登记2156家。开展工商登记业务“银行代办”服务。10月18日，市市场监督管理局与建设银行桐乡支行、工商银行桐乡支行、中国银行桐乡支行、农业银行桐乡支行、桐乡农村商业银行5家银行签署《工商注册登记业务合作框架协议》，开展工商注册登记业务合作，在5家银行50余个网点开展代办业务。

10月18日，工商注册登记业务合作协议签约仪式举行

市市场监管局提供

【助推小微企业提质增效】 2016年，市市场监督管理局联合桐乡市“小微企业三年成长计划”工作领导小组制订《桐乡市“小微企业三年成长计划”工作推进情况考核办法》，明确各镇(街道)、经济开发区、振东新区目标任务和各职能部门工作职责。全年新增小微企业3470家，其中涉及信息经济、环保、健康、旅游、时尚、金融、高端装备制造七大产业小微企业2212家。推进“个转企”工作，完成“个转企”371家。

【深化商标品牌建设】 2016年，市市场监督管理局深化商标品牌建设，推进商标专用权质押融资活动，联合桐乡农村商业银行制订《注册商标专用权质押贷款管理办法》《商标专用权价值自行评估暂行办法》。浙江天女集团制漆有限公司的“天女”商标、浙江中辉皮草有限公司的“依努加”商标、浙江爵派尔科技发展有限公司的“爵派尔”商标，评估总价值3.1亿元，获银行融资授信额8000万元。全年新增地理标志证明商标1件、中国驰名商标1件、浙江省著名商标5件、嘉兴市著名商标12件，浙江省专业商标品牌基地1个。

【开展食品安全专项行动】 2016年，市市场监督管理局按照“严密排查、问题导向、标本兼治、铁腕治患”总要求，对食品安全隐患与突出问题进行“三大一严”(大抽检、大排查、大整治、严打击)专项行动。排查出食品安全隐患5个；在食品生产、流通、餐饮环节抽检109批次，检出不合格食品1批次，问题食品2批次；约谈违规企业54家次，关停违法生产经营户13家，立案查处违法案件64起。

【实施食品安全提升工程】 2016年，市市场监督管理局参与实施食品安全提升工程。指导大麻集贸市场、同福集贸市场、濮院集贸市场和石门集贸市场成功创建省级放心农贸市场；指导桐乡市社会福利中心食堂、桐乡和济颐养院食堂、桐乡市景雅餐饮有限公司等30家餐饮单位成功创建“阳光厨房”；指导市副食品批发市场、农副产品批发市场、浙江东兴商厦股份有限公司桐乡净菜市场、市城北菜场4家农贸市场建成质量追溯体系和检测体系。累计6家农贸市场建成“双体系”，市区建成率70%。

【加强食品安全监管】 2016年，市市场监督管理局加强食品安全监管，办理食品经营许可证5495张，办理食品生产许可各类业务77件。加大各环节抽检力度，抽检生产流通环节507批次，合格率88.6%；抽检餐饮环节159批次，合格率97%；首次在桐乡集贸市场开展食品安全“你点我检”网络直播活动。实施随机抽查食品生产企业，全年随机抽查72家，重点检查食品生产环境、原料来源、添加剂使用情况、回收食品处置等，对存在问题企业督促限期整改，并跟踪整改落实情况。开展农村聚餐备案管理，指导农村集体聚餐活动3499次，餐次累计1.1万次。推进地产食品“533”(5类重点食品，全省3000家企业，建立3个体系)安全保障行动，以肉制品、酒类、食用植物油、包装饮用水、焙烤食品(烘烤类糕点、月饼)5类食品为重点，重点整治全市50家食品生产企业和小作坊，建立食品安全追溯体系、责任体系和社会监督体系，查处案件7件。

工作人员在第三届互联网大会期间进驻酒店保障食品安全

市市场监管局提供

【强化药品、保健食品和化妆品安全监管】 2016年，市市场监督管理局在药品方面严把准入关。全年新开药店30家、变更药店地址34家、GSP认证药店28家、新开医疗器械经营企业现场核查17家；配合上级部门完成药械生产许可现场核查，6家企业通过产品注册、GMP核查。加强药品、医疗器械不良反应监测，上报ADR1060例，MDR171例。加大药品违法行为打击力度，查处销售假药案33件，涉嫌犯罪均移送公安机关；医疗器械立案1件。抽检保健食品9个批次、化妆品23个批次，发现立案查处不合格化妆品1个批次。

【规范市场经济秩序】 2016年，市市场监督管理局规范市场经济秩序以“无传销市”创建为目标，加大打击传销力度。在5月和8月分别开展打击传销专项行动，全年取缔传销窝点89个，遣送涉传人员325人。在15个社区、12个村设立宣传栏，开展上街宣传活动，累计发放宣传资料1500余份。开展2016“红盾网剑”专项行动，出动检查人员764人次，检查网站1019个，接收各地工商、市监管部门移交的网络案件线索190件，移送各地监管部门网络案件线索48件，立案违法案件12件。探索“双随机，一公开”(在监管过程中随机抽取检查对象，随机选派执法检查人员，抽查情况及查处结果及时向社会公开)工作，对452户企业进行“所所模式”(市场监管所之间交叉检查)双随机年报抽查，其中正常营业431户，办理注销手续或者正在进行办理注销手续过程中5户，未按规定公示年报公示信息1户，通过登记地址查无下落15户。抽查结果在全国企业信用信息公示系统上公示。

(朱炜君)

国土资源管理

【概况】 2016年，桐乡市国土资源局推进耕地保护和农村土地综合整治工作，完成农村土地整治项目单体验收面积179.2公顷，全年合计下拨节余指标以奖代补资金4.79亿元；完成垦造耕地验收135.67公顷，建设高标准农田4313.33公顷，划定永久性基本农田32666.67公顷。开展土地利用总体规划修改11次，修改面积183.93公顷。上报农转用和征收批次13个，涉及项目186个，总面积224.6公顷。全年供应国有建设用地606.6公顷，收储土地128.47公顷。完成城镇低效用地再开发65.07公顷，消化农用地转用批而未供土地272.8公顷，完成盘活存量建设用地168.87公顷。开展不动产统一登记改革工作。7月29日，举行桐乡市不动产登记服务中心授牌暨不动产权证书首发仪式，首批不动产权证书诞生。1—7月完成土地使用权登记3.72万本，8—12月受理各类不动产统一登记办件2.73万件。健全土地执法监管共同责任长效管理机制，整合乡镇执法监管力量，全年开展联合执法巡查128次，土地矿产卫片执法检查实现“个位数、零问责”。保障农民建房用地，全年完成731户“三房户”建房用地保障，办理农户建房供地148.73公顷，办理宅基地确权登记发证16120本。节约集约水平有新提高，获评全国第三届国土资源节约集约模范县(市)。

【开展永久性基本农田划定工作】 2016年，市国土资源局强化管控性保护，夯实耕地保护基础，开展永久性基本农田划定工作，将高标准基本农田等优质耕地和城镇周边、交通沿线易被建设占用的优质耕地划为永久基本农田。10月，永久性基本农田划定数据成果通过省国土厅质检，划定永久性基本农田32666.67公顷，其中永久性基本农田示范区16333.33公顷。11月，完成永久性基本农田划定工作，树立镇、村两级宣传牌156块，埋设界桩1376个，发放保护卡1.2万余份。

【深化耕地保护责任机制建设】 2016年，市国土资源局强化激励性保护，巩固耕地保护和管理新机制。完善高标准基本农田后续管护及生态建设激励机制，与市财政局、水利局、农经局联合下发《桐乡市耕地保护补偿机制实施办法》，实行差别化耕地保护补偿标准。耕地补偿重点从种粮耕地向高标准基本农田、永久性基本农田转移，补偿资金由单一向整合转变，补偿标准由50元/亩·年提高至最高277元/亩·年，近三年累计发放耕地保护补偿资金9400多万元，其中2016年发放耕地保护补偿资金3721万元。

【推进“611”耕地保护工程】 2016年，市国土资源局推进“611”耕地保护工程(“十三五”时期，全省要垦造耕地60万亩以上，建成永久基本农田示范区面积1000万亩以上，完成农村土地综合整治面积10万亩），注重农村土地综合整治项目立项、进行指导督促，以公开招投标方式确定农村土地整治服务单位，保障项目立项高速率和标准化。探索节余指标收储交易制度，推动农村土地整治增减挂钩节余指标跨乡镇（街道）交易，全年5.6公顷节余指标实现公开出让，成交总额4184万元。9月，通过国土资源部2014年度耕地质量等级调查评价与监测验收。12月，编制完成《桐乡市“十三五”土地整治规划》，并通过评审。落实国家关于“占优补优、占水田补水田”耕地占补平衡要求，完成年度市统筹补充耕地任务53.33公顷。

【实施土地资源利用规划】 2016年，市国土资源局制订《桐乡市国土资源发展“十三五”规划纲要》，明确“十三五”期间国土资源发展方向，促进经济社会发展与土地资源利用相协调。通过规划局部修改，保障濮院古镇有机更新项目、乌镇镇消防中队、110千伏陈庄变电所以及桐昆集团股份有限公司年产30万吨功能性纤维等项目落地。以“先存量，后增量”原则，优先保障省重大产业项目、浙商创业创新、民生、重点基础设施等建设需求。实施新增建设用地计划指标配置，建立项目储备库并进行实时跟踪。全年新增建设用地计划指标217.13公顷，其中争取指标121.2公顷。开展各项试点工作，提升服务民生综合能力。开展村级土地利用规划编制试点工作，完成乌镇镇南庄桥村、洲泉镇青石村土地利用规划编制试点、招投标和资料收集工作。开展“整改拆”工作，通过“统一规划，分项实施、同步推进、整体验收”方式，以农村土地综合整治为平台，对历史文化特色村落等规划保留村庄，实施改造提升，避免农村建设大拆大建，得到省国土厅领导肯定。

【提高土地节约集约水平】 2016年，市国土资源局制订《桐乡市2016年度国有建设用地供应计划》，合理安排国有建设用地供应总量、结构、布局、时序和方式，提高土地资源供给质量和效率。全年供应住宅用地面积比前五年住宅用地年均供应量下降36％。通过招、拍、挂，出让宗地95宗，合同出让金60.08亿元。34号地块以1001.6万元/亩价格创桐乡商住土地单价新高，溢价率172％。出台《桐乡市土地市场诚信体系建设试点工作方案》，探索建立土地市场诚信体系。开展“深化节约集约利用土地，促进扩大有效投资”专项行动，抓城镇低效用地再开发、建设用地批后监管、闲置土地处置工作，通过差别化供地、“零土地”技改、地下空间开发等举措，盘活存量、优化增量、挖掘潜量，节约集约利用土地水平提高。全市批而未供土地控制在245.67公顷以下，盘活（供应）存量建设用地面积165.67公顷，腾退低效建设用地130公顷，列入专项行动项目开工率91％、竣工率71％，前三年新增建设项目按期开工率96％。城镇低效用地再开发65.07公顷，闲置土地处置率100％。深化国土资源供给侧结构性改革，探索研究支持新产业新业态发展，促进大众创业万众创新差别化用地政策。通过实行差别化地价供地、弹性出让年限供地、完善工业用地绩效评价制度、创新供应方式等措施，建立土地要素配置与产业项目质量和效益挂钩机制，促进土地要素向优质企业和优质项目集聚，推动经济结构调整和产业转型升级。全年差别化地价方式供应工业用地11宗，面积48.53公顷。

【落实土地例行督察意见】 2016年，市国土资源局针对国家土地督察上海局土地例行督察后，反馈的耕地和基本农田保护不到位等六大方面968个问题，成立工作领导小组，进行整改并制订《桐乡市进一步整改落实土地例行督察意见实施方案》，根据属地负责、务求实效、突出重点、上下联动、标本兼治五大原则，建立销号制度，逐项逐宗落实整改。坚持集中整改与建立长效机制相结合，制订《关于进一步加强耕地保护规范用地管理的通知》，完善耕地保护共同责任机制，强化执法共管责任机制，规范土地供应、建设用地批后监管，促进土地市场有序健康发展。至12月，全市完成902个问题整改，完成率93％，收缴金额9.65亿元，通过国家土地督察上海局验收。

【开展村级土地民主管理创建活动】 2016年，市国土资源局完善考核机制和责任追究制度，通过给予现金奖励、优先安排新增建设用地指标、落实财政补助资金项目、复评不合格撤销达标村（示范村）称号、全额追回奖励资金等激励与管控措施，保障土地利用规划有效实施，提高城乡人居环境质量，促进经济社会健康发展。梧桐街道东方红村等53个村获评村级土地民主管理达标村，拨付上年度村级土地民主管理创建活动奖励265万元。

【加强土地矿产卫片执法监督检查】 2016年，市国土资源局加强土地矿产卫片执法监督检查。2015年度土地变更调查遥感监测发现违法用地118宗，面积18.22公顷（耕地6.01公顷），违法用耕地率2.8%。其中立案查处103宗，面积16.75公顷（耕地5.52公顷），全部作出处罚决定；责令限期拆除违法建筑物（构筑物）面积14.65万平方米，没收占地建（构）筑物面积3.17万平方米，收缴罚款564.59万元，追究责任人党纪政纪处分52人。

【开展各类专项行动】 2016年，市国土资源局配合“三改一拆”行动、“无违建县市、镇”创建工作，推进“一户多宅”清理工作。至12月底，拆除“一户多宅”3221户，拆除建筑面积110.82万平方米，完成率99.12%。开展全市码头、堆场环境整治工作，整治主要道路沿线码头、堆场14个。开展“亮剑行动”，排查出未依法处置违法用地65宗，完成整治64宗，完成率98.5%；排查出历年审批的临时用地19宗，完成整治19宗，完成率100%。

【桐乡市获“国土资源节约集约模范县（市）”称号】 6月27日，第三届国土资源节约集约模范县（市）表彰会在北京召开。会上，桐乡市被国土资源部授予“国土资源节约集约模范县（市）”称号。近年来，桐乡市按照“框定总量、限定容量、盘活存量、做优增量、提高质量”的总体要求，探索国土资源节约集约利用的有效途径和模式，通过差别化政策“节地”、深挖地下空间“生地”、专项督查行动“增地”，深入促进土地节约集约利用。出台《桐乡市工业土地差别化供应认定标准及处置办法（试行）》《桐乡市低效建设用地再开发专项规划》《桐乡市深化节约集约利用土地促进扩大有效投资若干意见的通知》等文件，从政策制度上科学规划、利用、管理土地，统筹增量扩展与存量挖潜，遏制建设用地的无序扩张。开展专项行动，市国土资源局制定《桐乡市低效建设用地再开发专项规划》，明确全面推进低效利用土地和“三改一拆”土地再利用的方向和措施。持续开展“节约集约利用土地，促进扩大有效投资”专项行动。挖掘地下空间，发挥城市地质调查三维空间模型成果作用，为场馆、地下空间开发利用及时提供开发建设地质适宜性分析和工程防护措施建议。2016年，城镇低效用地再开发65.07公顷，消化农用地转用批而未供土地272.8公顷，盘活存量建设用地168.87公顷。

【开展国土资源管理制度改革】 2016年，市国土资源局确定重点工作目标，开展各部门责任清单工作，理顺部门之间职责交叉问题，修订完善监管制度，编制基本公共服务清单，建立责任清单动态调整制度。加强权力运行标准化建设，做好土地管理权限下放承接工作，调整完善乡镇国土所工作职能。优化重大建设项目用地保障服务，通过优化流程、绿色通道等具体措施提速增效。

【推进不动产统一登记改革】 2016年，市国土资源局推进不动产统一登记改革。完善不动产统一

7月29日，桐乡市举行不动产权证书首发仪式　市国土资源局提供

登记机构，落实人员编制，组织学习技术规范，明确机构主要职责，调整业务窗口和服务力量，整合处理历史数据，制定工作制度，梳理工作流程，完成“职责整合、机构完善、人员到位、操作规范、系统支撑”工作目标。7月29日，桐乡市不动产登记服务中心授牌。全市首批不动产权证诞生。

【做好各项民生服务工作】 2016年，市国土资源局加强重点线型工程征迁、土地质量调查、项目实施工作。完成布点和取样1.18万个，土地质量数据归档6000个；完成地下水水准控制点维护、测量35个，完成新钻探井8个；完成全市23.01平方千米、6.79万户农村村庄数字地籍调查摸底工作。提升政府信息公开、信访答复和土地权属争议立案调处工作，全年作出依申请政府信息公开答复19份，反馈市长电话37件，办结信访案件29件。办理行政诉讼案件12件，一审胜诉率100%。门户网站各栏目信息加载更新完善2307条，受理局长信箱、网上咨询等互动栏目来信15件，在“桐乡市政府信息公开”专栏发布各类政府信息1250条。办理答复党代会代表提案、人大代表建议议案、政协会议提案11件。

（陆艳艳）

质量技术监督

【概况】 2016年，桐乡市质量技术监督局推进“三强一制造”（质量强市、标准强市、品牌强市、浙江制造）建设，开展“浙江制造”试点工作。主导、参与制订6项“浙江制造”标准，4家企业5个产品获认证证书。加速品牌建设，组织濮院“毛针织品”和乌镇“古镇旅游”两个全国知名品牌示范区开展品牌价值评价，指导濮院“毛针织品”全国知名品牌示范区验收申请工作。全年新增浙江名牌7个，新增数量居嘉兴首位。全年2家企业获第三届中国质量奖，2家企业获年度嘉兴市长质量奖。政府质量工作考核连续3年居嘉兴市各县市区首位。加强标准强市建设，制订、修订标准272个，其中国际标准2个、国家标准116个、行业标准136个、地方标准4个、联盟标准8个、“浙江制造”团体标准6个。每千个国家标准为主制修订指数1.04，每千个国家标准参与制修订指数7.25，连续3年排名嘉兴首位。强化特种设备安全监管，全年检查特种设备使用单位1507家次，下达安全监察指令书83份，消除隐患158起，查处特种设备违法案件37起。加强产品质量监管，全年立案95起，受理“12365”举报电话、市长电话28起，满意率100%。加强公共技术服务，市质监局下属技术机构检测产品2.37万批次，完成计量器具检定、校准与测试6.5万台件。申报省、市、县各级科研项目7项，其中省部级2个项目已公布立项。服务企业，助力“大众创业、万众创新”。依托“浙江省羊毛衫质量检验中心”和“浙江省嘉兴皮毛产业技术创新服务平台”两大省级平台，累计推广使用科技创新券270万元，惠及企业150家。市质监局和下属技术机构国家纺织服装产品质量监督检验（浙江桐乡）毛针织品分中心，分别获2015年度全省“服务企业助力众创工作”先进单位称号，质监局1人获先进个人称号，成为嘉兴市唯一获双项先进的县（市、区）局，并作为全省唯一县级局在全省

8月24日，浙江省副省长朱从玖（前左三）调研“浙江制造”

市质监局提供

服务企业助力众创推进会上作经验介绍。推进商事制度改革。1月1日起，市质监部门不再向机关、事业单位、社会团体及其他依法成立的机构发放和更换组织机构代码证书。推进审批制度改革，清理、减少生产许可审批前置条件，优化生产许可审批流程。14项窗口承接的行政审批事项全部纳入浙江政务服务网公共平台，实现网上受理，全年办理各类行政审批服务事项3000余件。

【推进企业标准自我声明公开工作】 1月1日起，市质监局按照《关于实行企业产品标准网上自我公开声明制度的通知》，不再受理企业产品标准书面备案，要求企业全部实行自我声明公开。除企业将自主制定的企业标准进行网上自我声明公开外，将执行国家标准、行业标准、地方标准等产品标准同时进行自我声明公开。至年底，全市870家企业、1153项标准、1193种产品公示，公示企业占规模以上企业总数的79.3%，公示企业居嘉兴首位。为推进企业标准自我声明公开工作，市质监局通过网站、电话、短信等方式加强宣传，并指导帮助企业解决“企业产品标准信息公共服务平台”操作中存在问题。针对已在企业标准信息公共服务平台上自我声明公开的各类产品标准开展监督抽查，重点审查企业产品标准内容是否符合相关规定，企业产品标准规定的产品技术指标、要求和相应测试方法是否科学、合理，企业产品标准引用的标准是否现行有效等方面内容。抽查到7家企业8个标准存在问题，对抽查中发现存在问题的产品标准，责令企业限期整改，重新自我声明公开。

【“桐乡蚕丝被”地理标志证明商标投入使用】 5月，桐乡市蚕丝被技术服务中心申请的“桐乡蚕丝被”证明商标经国家工商总局批准正式投入使用。这是桐乡市继“桐乡杭白菊”“桐乡湖羊”后又一个证明商标。至年底，5家规模较大蚕丝被企业提出使用申请，完成相关样品检测工作，进入现场审查以及备案等环节。蚕丝被技术服务中心将开展首批授权使用企业的调研和确认工作，做好证明商标管理工作。

【首家“浙江制造”双认证企业】 参见《工业·橡胶塑料》中相关条目。

【特种设备安全检查】 11月，市质量技术监督局对全市1.4万台件在用特种设备进行整体排摸，出动执法人员5339人次，检查特种设备使用单位1507家次，下达安全监察指令书83份，消除特种设备安全隐患158起，立案查处特种设备违法案件37起，罚没到位资金116.5万元，确保互联网大会期间特种设备安全事故零发生。

【召开4项毛皮国家标准审定会】 参见《工业·皮革》中相关条目。

【两企业入围中国品牌价值榜】 12月，2016中国品牌价值评价信息发布会在北京举行，浙江双箭橡胶股份有限公司和浙江新澳纺织股份有限公司入围中国品牌价值榜。其中，双箭橡胶以869品牌强度以及4.86亿元品牌价值位列能源化工类品牌第20位，新澳纺织以852品牌强度以及16.86亿元品牌价值位列纺织服装类品牌第31位。

【桐乡国家质检中心大楼启用】 12月，桐乡国家纺织服装产品质量监督检验中心大楼启用。大楼位于桐乡市平安路396号。桐乡毛针织品分中心、嘉兴市皮毛和制鞋工业研究所、桐乡市产品质量监督检验所、桐乡市计量检定测试所、嘉兴市特种设备检测研究院（桐乡站）等检验检测机构实现大整合。大楼新增、更新检测设备70余台套，价值250余万元。

【强化行业标准创新】 2016年，桐乡市实施“标准化＋”战略，以标准创新为突破口，推动供给侧改革。“浙江制造”团体标准实现两个“首创”。其中，巨石集团制定《风电用玻璃纤维直接无捻粗纱》，实现国际首创通路纯氧燃烧法，采用废丝回用技术，降低产品综合能耗，减少废气排放；桐昆集团制定《阳离子染料可染改性涤纶低弹丝》填补国家标准和行业标准空白，专有工艺路线属国内首创，限制污水和大气污染排放。多项标准填补行业空白。4月1日，由嘉兴市皮毛和制鞋工业研究所与中国皮革和制鞋工业研究院等单位联合起草的GB/T32433—2015《鞋类 化学试验方法 重金

属含量的测定 微波等离子体原子发射光谱法》国家标准正式实施。桐乡市福华德鞋业、百喜福鞋业等制鞋企业参与制定鞋类国家标准2个、行业标准2个。5个标准全部填补国内制鞋行业空白。

（裴付宇）

安全生产监督管理

【概况】 2016年，桐乡市安全生产监督管理局贯彻落实安全生产“党政同责、一岗双责”工作机制，开展平安护航G20杭州峰会和第三届世界互联网大会安全生产综合整治，夯实安全生产基础，健全安全生产责任体系、隐患排查治理体系、风险预防控制体系和社会共治体系，遏制生产安全事故，全市安全生产形势总体保持稳定。全市发生各类安全生产事故（不含火灾）79起，死亡50人。其中：工商贸事故11起，死亡11人；道路交通事故68起，死亡39人；生产经营性火灾42起，无人员伤亡。在第三届世界互联网大会召开前夕，对涉及危化品、烟花爆竹、“三场所三企业”（有限空间作业场所、涉及可燃爆粉尘作业场所、喷涂作业场所、金属冶炼企业、涉氨制冷企业、船舶修造企业）等重点监管单位开展生产安全检查，出动检查人员629人次，出具现场检查记录126份，限期整改指令书17份，现场处置决定书1份。

【加强重大隐患整治工作】 2016年，市安监局加强安全生产标准化建设和小微企业规范化全覆盖工作，巩固标准化创建成果，将安全生产社会化服务工作纳入年度安全生产目标责任制考核内容。9月，市政府办下发《桐乡市推进安全生产社会化服务工作实施办法》。全年有819家企业与安全中介服务机构签约、23家企业与浙江省安全生产科学研究院签约开展社会化服务工作，提升企业安全生产总体水平，预防和减少各类生产安全事故发生。加强重大隐患挂牌整治工作，对1家省级安全生产隐患挂牌单位、1家嘉兴市级安全生产隐患挂牌单位和6家桐乡市级安全生产隐患挂牌单位下达隐患整改通知书，督促落实企业安全生产主体责任，制订隐患整改计划，落实资金、责任人、整改标准和整改时限。至年底，各级安全生产隐患挂牌单位均通过整改验收、摘牌。加强烟花爆竹禁燃禁放工作，组织全市197家烟花爆竹零售经营单位负责人签订《烟花爆竹零售经营单位禁燃禁放责任状》，印制300份《关于烟花爆竹禁燃禁放的通告》和《禁放区域示意图》，分发至各烟花爆竹零售店，张贴上墙；印制10万份禁燃禁放宣传单，发放至每位烟花爆竹购买者。在第三届世界互联网大会期间，施行停止销售燃放烟花爆竹的管控措施。

【加强安全生产执法检查】 2016年，市安监局制定《2016年度安全生产行政执法工作计划》，成立4个执法小组加强安全生产执法检查。全年检查生产经营单位870家次，出具现场检查记录870份，下达责令限期整改指令书134份、现场处理措施决定书16份，复查意见书134份，完成隐患整改723个。根据省、嘉兴市安监局统一部署，完成“2016安盾”系列专项执法检查行动，突出地区、企业、环节，实施风险管控、隐患排查治理两个关键，预防安全生产事故发生，依法打击安全生产非法、违法行为。全年立案查处53件，实施行政处罚280.15万元，其中申请法院强制执行3件。

【深化重点行业安全生产综合整治】 2016年，市安监局加强重点行业安全生产综合整治工作，对危险化学品、烟花爆竹、“三场所三企业”等行业实施生产安全专项整治行动。在危险化学品行业，聘请化工专家对危险化学品、烟花爆竹批发经营企业进行检查整治。在烟花爆竹行业，着重抓好烟花爆竹流向登记工作。按照《烟花爆竹经营许可实施办法》要求，专门印制烟花爆竹经营流向登记管理手册、向每家零售店发放烟花爆竹销售实名制登记宣传贴纸，督促零售店实行烟花爆竹实名登记销售制度。在“三场所三企业”开展专项督查，与全市219家企业签订《“三场所三企业”安全管理承诺书》，督促企业抓好自身安全管理工作和隐患排查整改工作，确保隐患闭环管理。

【开展安全生产宣传教育】 2016年，市安监局开展安全生产宣传教育。邀请省安监局领导和专家对企业主要负责人、企业安全管理人员、特种作业人员进行安

2016 年桐乡市“安全生产月”活动咨询日现场　　市安监局提供

全知识培训，全年举办各类培训班 99 期，培训人员 8687 人次。在桐乡电视台定期播出安全生产专题信息和宣传图片，与电视台联合制作播放《安监在行动》宣传片 6 期；结合电影下乡活动，把安全宣传片做成电影片头在全市村、社区放映。开展安全生产月宣传活动，在各镇（街道）举办安全生产咨询日、“安全在我心中”演讲比赛、安全生产知识义务讲座等活动；制作安全宣传图板到各镇（街道）及企业进行巡回展览、发放宣传图册 5000 余份；举办安全生产主题文艺晚会 11 场次。

【推进职业安全健康监管工作】 2016 年，市安监局推进职业安全健康监管工作，建立健全职业健康监管体系，加强职业病防治法律法规宣传、职业危害申报、重点行业职业危害专项整治等基础工作。建立健全职业安全健康监管工作机制，出台《桐乡市职业病防治工作联席会议制度》，建立由市政府办牵头，安全生产监督管理局、卫生和计划生育局、人力社保局、总工会等 9 个部门组成的市职业病防治工作联席会议制度，畅通部门间信息渠道，加强各职能部门沟通协调，推动职业安全健康监管工作。加强宣传培训，推动用人单位落实主体责任。开展“职业病防治周”宣传活动，发放各类宣传资料 1.54 万份；开展职业安全健康培训班 29 期，培训人员 4872 人。督促指导用人单位落实职业安全健康保护措施和防护设备，加强职业病危害项目申报、工作场所职业病危害因素检测评价、劳动者职业健康监护等管理。加强监督检查，进行重点行业职业危害治理。开展铸造行业职业病危害治理专项行动、陶瓷生产耐火材料制造金属冶炼和船舶修造企业职业病危害专项治理和职业病危害治理“回头看”专项行动，依法查处违反职业安全法律法规行为 2 起。

（周艳娇）

审批办证服务

【概况】 2016 年，桐乡市行政审批服务中心（公管办）持续创新审批服务运行体制机制，创新服务方式、拓展服务渠道，深化“互联网＋”政务服务体系建设、强化行政审批中介服务管理、规范公共资源交易管理。全年受理各类行政审批服务事项 30.99 万件，办结 30.38 万件，平均日办理 1206 件，承诺件按时办结率 100％。7 个市级分中心（港航、农经、社保、交警、烟草、出入境、崇福分中心）全年受理项目 13.25 万件，办结 13.24 万件，办结率 100％。市公共资源交易平台组织各类招投标项目 1631 项，交易金额 98.99 亿元。全市 12 个镇（街道）招标采购中心组织各类招投标项目 959 项，交易金额 9.33 亿元。

【深化省政务服务平台建设】 2016 年，市行政审批服务中心按照省政务服务平台建设要求，进驻审批中心行政许可事项和其他权力事项（除不动产窗口外）全部纳入浙江政务服务网，实现事项“一站式”网上运行，1—12 月，浙江政务服务网办结事项 5.59 万件。至年末，完成 12 个镇（街道）和社保等 6 个市级分中心浙江政务服务网启用工作，实现事项办理“一网运行、多级联动”。5—12 月，全市通过政务服务网办理事项 32891 件。依托浙江政务服务网平台，启用投资项目

桐乡市行政审批中心窗口　　市审批中心提供

在线监管平台，非涉密投资项目从项目登记赋码至竣工验收，全程在线管理运行。

【简化审批办理流程】 2016年，市行政审批服务中心简化企业登记程序，实行企业名称自主申报制度，全年175家企业完成名称自主申报。推行建设项目“一窗式”服务，5月底出台《桐乡市工程建设项目“一窗式”受理实施办法（试行）》，依托政务服务网，构建建设项目分阶段并联审批信息平台，形成用地审批、项目立项、规划设计、工程施工等分阶段“一窗式”办理平台，建立“批前指导、一窗受理、一码办理、联审联批、信息共享”建设项目联合审批机制。按照企业投资项目正负向清单，推进“零土地”技改项目差别化审批服务，由经信窗口进行审核和承诺事项统一受理，同时抄告各相关部门窗口同步审核、限时办结、统一告知。全年，经信窗口对276个符合条件的项目出具浙江省工业企业“零土地”技术改造项目备案通知书，涉及总投资73.88亿元。探索实施涉批中介“多评合一”嘉兴试点工作，出台《桐乡市关于企业投资项目“多评合一”的实施方案（试行）》，将项目前期所涉及的4项评估，实行“统一受理、统一评估、统一评审、统一审批”，整个审批周期由原来150个工作日压缩到45个工作日以内。

· 相关链接 ·

“零土地”技改

企业不涉及新增建设用地的技改项目，以前需要多个部门审批，推出“零土地”技术改造审批方式改革后，“零土地”技改项目实行审批目录清单管理制度，企业不涉及新增建设用地的技改项目只要是不属于负面清单上的项目，向相关部门实行承诺报备即可，对于备案承诺的项目，相关部门在收到企业提交的申请材料后，分别在1个工作日内进行预审把关，对符合受理条件的出具承诺备案受理书。对于清单以外的项目，企业向经信部门立项备案后，可同时向节能、消防、环保、建设（规划）、安监、气象等部门办理承诺验收手续，提高办事效率。

【优化审批服务方式】 2016年，市行政审批服务中心推出“组团式”服务，联合多个项目审批部门，采取上门服务、现场会商等形式，共同解决项目审批过程中的难点。至年末，中心组团式服务团队开展送服务项目55个。深化全程代办服务，拓展代办范围，降低代办门槛，为项目提供代办服务55个，办结35个，办结项目从取得土地至开工，企业投资项目最快提速到50天左右，政府投资项目提速到80天左右。推进模拟制（对使用模拟审批的项目，事先制定模拟审批操作流程，明确每一节点的工作职责和时限要求，各审批部门在33天内完成模拟审批。取得土地后，各审批部门立即将模拟审批转换为正式审批，在7天内出具正式审批文件，完成施工手续办理）、联审联办制（施工图联合审查和规划、绿化、排水、白蚁防治联合审批）、绿色通道及竣工复核验收工作，服务全市重点项目，加快项目办理进程。全年召开模拟审批会议5次，开展联审联办会议30多次，进入工业、服务业“绿色通道”办理项目69个。中心牵头建设、发改、国土等部门通过联合踏勘，完成各类建设项目竣工复核验收234宗。

【完善审批中介机构监管】 2016年，市行政审批服务中心根据

《桐乡市行政审批中介机构管理办法》，通过中介机构进行信用等级评定82家。在网上中介超市拓展服务功能，配合嘉兴做好“淘中介”网络服务平台开发工作，公开竞争，比质、比价、比服务，实现中介机构和委托人双向选择。完善中介实体平台，按照择优进驻原则，新进驻中介机构7家，累计28家，提供工程咨询、环境评估、水土保持等方面中介服务，形成网上网下优势互补双向服务模式。12月上旬，中心联合市发改（物价）局、市场监管局、市建设局等行业主管部门，对工程咨询、环评、水土保持等10个行业中介机构进行联合检查，规范中介服务行为。

【优化公共资源市场配置】 2016年，市行政审批服务中心按照资源要素市场“1＋2模式”体系建设要求，配合相关部门整合建立综合性要素交易市场，提高资源配置效率。7月，首宗城乡建设用地增减挂钩节余指标交易在中心挂牌。9月，金昇资源要素交易中心有限公司进驻中心，开展排污权一级市场收费工作，至12月底，完成12个镇（街道）317家企业收费，收取排污权有偿使用费4200万元。重点建设工程、交通、水利等项目尝试全面实行电子招投标。至年底，完成电子招投标项目140个，总资金23.62亿元。推行政府采购“网上超市”供货模式，解决小额零星采购效率低问题，实现动态精准采购，缩短采购周期。全年完成网上招标项目1873个。探索实施工程量清单第三方复核机制，由第三方中介机构对工程量清单进行复核，防止缺项、漏项或冒算、多算，为项目招标工程量清单和标底的准确性提供保障。推行小型建设工程项目评标专家网上抽取制度。9月组建市小型建设工程项目评标专家库，通过综合建库，分类抽取方式，小型平台评标工作日趋规范。

（杨丽莉）

审　计

【概况】 2016年，桐乡市审计局依法履行审计监督职责，开展财政预算执行审计、领导干部经济责任审计、政府投资项目审计、政策贯彻落实情况审计等工作，做好全市内部审计组织管理工作。全年实施审计项目28项，协助省审计厅完成交叉审计项目3项。组织中介机构完成审价项目68个，完成中介机构审价质量复核项目11个。年内，出具移送处理书4份，移送监察机关1份，移送线索1份。

【财政预算执行审计】 2016年，市审计局本级财政预算执行审计围绕促进财税体制改革深化和财政管理制度完善总年度目标，关注预算编制、预算公开、转移支付、专项资金等事项，对财政预算执行和管理情况、财政收支情况、存量资金清量情况等方面进行重点审计。提出完善全口径预算管理体系、清理盘活存量资金、健全信息公开渠道、加强财税收支监管、规范农业综合项目招投标行为五个方面审计意见和建议。加强重点税源行业延伸力度，查出个别房地产企业大额欠缴税款情况，相关部门落实审计建议，追缴税款和滞纳金1737万元，促进相关部门整理制定《强制执行措施操作具体规定及要求》，落实欠税企业追缴措施，实行企业欠税行为常态化管理。通过审计全市64家应公开预算单位预算公开率100%。

【领导干部经济责任审计】 2016年，市审计局根据《浙江省党政部门主要领导干部经济责任审计操作规程》要求，修改出台《桐乡市审计局2016度党政部门主要领导干部经济责任审计工作方案》《2016年度桐乡市镇（街道）党政领导干部经济责任审计工作方案》，实施10个部门13名领导经济责任审计。联合市纪委、市委组织部完成18个单位离任领导交接工作。促进被审领导履行工作职责，行使经济决策权、管理权和监督权，加强廉洁自律。协助省审计厅开展党政领导干部经济责任审计，得到省审计厅肯定。

【政府投资项目审计】 2016年，市审计局完成桐乡市社会福利中心、市第一人民医院迁建项目、崇福污水处理厂二期扩建工程、濮院农村饮用水安全四个政府重点项目竣工决算审计。在竣工决算审计中发现违规违纪行为，出具移送处理书2份。通过政府投资项目管理系统审核监控造价项目85个，实现政府投资项目审计监督全覆盖。联合市财政局、市公共资源交易管理办公室完成2016—2018年市政府投资建设项目造价审核服务机构备选库征集工作。

【政策贯彻执行审计】 2016年，市审计局根据嘉兴市审计局要求，对嘉善县2015年城镇保障性安居房工程进行县市异地交叉审计；完成公务支出公款消费审计，一级预算单位专项审计26家，二级预算单位37家。审计核实26家单位公务招待费、公车运行费、公款出国费、会议费、培训费等项费用支出总额比2014年下降8.62%。完成对外贸易政策落实情况专项审计调查，对年出口400万美元以下、出口信用保险费由政府全额埋单的中小微企业出口信用保险赔付服务存在不到位，以及市政府出台的奖励政策与省级政策不够衔接等问题提出建议，得到嘉兴市领导重视和批示。配合省审计厅“浙商回归”一号审计项目，实施医疗废物处置管理专项审计调查、饮用水源地保护专项审计调查、“三改一拆”政策落实情况专项审计调查等。

【开展审计整改落实年活动】 2016年，市审计局围绕审计整改落实年活动要求，制订《桐乡市审计局关于开展“审计整改落实年”活动的实施方案》，开展审计整改落实年活动，明确内部职责分工，区分应整改事项类别，实行“挂销号”制度全覆盖。严把审计整改质量关，实行审计整改“回头看”，加大实地督查力度，推动审计整改到位。全年审计查出主要问题金额47040.54万元，应整改金额（含审计期间已整改金额）45703.38万元，审计促进整改落实金额（含审计期间已整改金额）45703.38万元，审计查出问题整改率100%。审计提出建议36条，被采纳32条，建议采纳率88.89%。同时做好2015年34个项目审计整改实行“回头看”，加强审计整改督查，提高审计整改到位率。

（戚　新）

统　计

【概况】 2016年，桐乡市统计局实施统计基础和统计能力提升工程，加强经济社会运行监测和分析，做好地区生产总值核算，农业、工业、建筑业、服务业等日常统计工作，加强社情民意调查、专项调查及统计分析研究工作，为市委、市政府和有关部门决策和管理提供统计分析研究报告。完成统计公报编辑工作，编印《桐乡经济动态》《桐乡服务业》、月度主要经济指标动态卡片，出刊《2016桐乡统计简要本》《2016桐乡统计年鉴》等。全年提供统计信息55篇，撰写统计分析18篇，统计专报3篇。利用统计工作联席会议制度，开展基本单位名录库管理、固定资产投资统计、工业科技统计、地区生产总值核算与综合监测评价、服务业统计、农业统计六个专项小组活动。做好第三次经济普查数据开发工作，编印《桐乡市第三次经济普查报告书》350本和《桐乡经济普查年鉴2013》200套。做好新增单位入库工作，全市实际入库法人单位3101家，产业活动单位278家，镇（街道）入库率均达到95%以上。启动第三次农业普查工作，成立普查机构。

国家统计局桐乡调查队是国家统计局直属调查队，2015年单设党组，开始独立运行。结合业务培训进行法制宣传，上半年受训人员950余人次；利用“9·20”统计开放日、“12·4”国家宪法日、“12·8”统计法颁布日，上街设摊，开展统计法宣传活动，发放宣传画册600余册、宣传折页资料850余份；加强资料开发应用，编辑《桐乡调查资料》季度小册子4期，发布《桐乡调查》29期，全年撰写调查信息38篇，上级采用26篇。

【加强基层基础建设】 2016年，市统计局强化星级统计中心创建工作，做好洲泉镇和梧桐街道两家四星级统计中心复评工作，以省级示范点洲泉镇统计中心为范本，对照星级统计中心评分细则，检查完善各项台账资料。深化联审辅导工作机制，工业、能源、劳资、服务业、贸易等专业业务人员共同开展联审辅导30余期，辅导调查对象超300家。开展数据质量自查自纠工作，核查统计对象2.15万家（法人单位1.91万家、产业活动单位2435家），相关专业人员重点对部分行业集中或大企业集中的镇（街道）开展统计数据自查自纠。深化“领头雁”培育工程，制订基层统计领头雁培训计划，6月15—17日在省委党校举办桐乡市统计“领头雁”素质提升班，学习统计热点问题，把握宏观经济运行新趋势等课程，余杭区统计局参与学习交流。

【强化统计法制建设】 2016年，市统计局成立“数据造假、以数谋私”专项治理领导小组及办公室，出台《在全市统计系统开展“数据造假、以数谋私”专项治理工作实施方案》，组织各镇（街道）统计中心主任和局中层以上领导开展统计法律法规知识培训与测试。在市政府常务会议上作统计普法宣传，向市政府领导和部门科局级领导讲解统计法律法规知识。加强法制宣传，下发法制宣传手册5000多份。实施全员统计执法，抽调专业人员组成6个稽查组，稽查统计单位45家，组织人员对洲泉镇和经济开发区开展统计巡查工作，未发现统计违法现象。

【启动第三次农业普查工作】 2016年，市农业普查办公室按照嘉兴市农业普查办公室统一部署，启动全市第三次农业普查工作。加强与新闻媒体沟通联系，以新闻报道形式宣传农业普查，通过海报、横幅、公告、电子屏幕、农业普查网站、电影下乡、文化走亲等多种形式宣传农业普查。3月，市农业普查领导小组成立办公室，组建内设机构，设综合秘宣组、调查业务组、遥感测量组、数据处理组、执法检查组、资料开发组等6个组，完成镇级农业普查机构组建工作。6月，176个村(社区)农业普查机构全部组建完毕。9月，在乌镇镇陈庄村举办第三次农业普查综合试点培训，完成组织实施、宣传动员、业务培训、划区绘图、清查摸底、现场登记、数据审核、检查验收与汇总、试点总结等工作。10月，176个普查区，1108个普查小区完成普查员、普查指导员选聘工作。开展普查人员业务、操作培训，提高普查人员掌握调查流程、重点以及PDA使用等综合业务能力。11月，组织全市2038名普查员和指导员开展清查摸底工作。至年底，清查摸底农户14.07万户、经营单位757家。

【加强依法统计调查】 2016年，国调队加强依法统计调查工作宣传力度，开展学法、知法、守法宣传活动。制作《中华人民共和国统计法》宣传画册3000册，在镇(街道)调查对象中发放;推进统计法定义务权益告知确认工作力度，全年完成法人单位统计法定义务权益确认500余家，调查对象统计法定义务权益告知400余家。加强执法力度，制定统计调查执法方案，成立执法小组，全市抽取16家法人单位进行执法检查，行政处罚2家，责令整改1家。

【推进基层基础工作】 2016年，市政府办出台《关于进一步加强统计调查工作的实施意见》。《意见》从统计调查工作重要性、统计调查组织实施、基层基础建设和组织保障四方面提出具体实施意见，强调各镇(街道)、各有关部门要把统计调查工作作为政府统计重要组成部分，充实统计调查力量，加强工作指导和日常管理，支持国调队开展工作，提高数据质量。国调队发挥国家调查队作用，推进基层基础工作。抓队伍建设，明确镇(街道)调查队系统专业业务人员职责，进行村(社区)辅助调查员资源整合。推进电子台账建设，为规范统计调查项目的源头数据找证据。通过业务培训、指导样本企业落实各项工作;完成畜牧业生产网报企业(户)电子台账推广，实现城乡住户、规模以下服务业企业、限下贸易与住宿餐饮业等调查项目电子台账建设推进。

【提升统计调查数据质量】 2016年，国调队深化样本点维护管理工作。针对原有调查项目样本维护中存在问题，开展统计调查项目规范化管理建设活动，反映样本企业(户)基本情况，确保样本框真实可信，提高调查数据质量。成立核查小组，制定核查方案，整理核查清单，分配核查任务。对专业调查项目进行分类整理，下发给各镇(街道、区)统计中心、统计科，市队列出核查任务清单，通过市、镇(街道)二级专业人员上门或电话核实。明确核查内容。根据核查方案，按实时信息进行填报，并对变动情况进行实时上报，根据有关要求进行替换。抓好镇(街道)专业业务考核。制订《关于印发各专业业务工作考核办法的通知》，考核分农业调查、工业调查、服务业调查、住户调查、专项调查、政务信息和调查分析六部分。年终通过业务工作综合考评，评出梧桐街道、洲泉镇统计中心为年度综合考核优秀单位，石门镇、大麻镇、高桥镇统计中心为良好单位。抓数据评估审核，提升统计调查数据质量。按制度定期召开季度数据评估会议，各专业根据季(月)报情况，开展企业(户)走访工作。规定走访季(月)数据起伏较大的企业(户)，调查对象配合程度不高的企业(户)，加强数据审核。走访中发现退休人员养老金漏记、消费支出漏记、企业统计数据与财务报表数据不一致等问题，采取统计台账规范化建设、辅助调查员业务培训、统计执法查检等措施。

(沈红雅　张炳泉)

中共桐乡市委员会

重要会议与决策

【桐乡市委综合工作会议】 2月16日，桐乡市召开2016年市委综合工作会议，对2016年市委条线工作进行全面、系统部署和安排。市委书记卢跃东主持会议并讲话。他指出，全市上下要以更大的格局、更高的定位，敢于担当，主动作为，一步一个脚印把各项工作抓实抓好抓出成效。市委副书记、市长盛勇军等出席会议。会上，市委副书记、政法委书记蒋惠玲，市委常委、统战部部长潘家春，市委常委、人武部政委严培，市委常委、宣传部部长王永飞，市委常委、组织部部长陈林根分别就政法、统战、人武、宣传、组织工作进行部署。卢跃东要求各条战线要以更大的格局、更高的定位、更强的担当，确保2016年各项工作取得新的、更大的进步，真正做到"耳目一新、刮目相看"，为加快诗画水乡典范、旅游人文名城、网络智慧强市建设提供坚强保证。

【全市工商强市大会】 3月29日，桐乡市召开工商强市大会。会议对2015年度为桐乡经济作出突出贡献的企业和个人进行表彰。市发改局、市经信局、市商务局、桐乡经济开发区、濮院镇、乌镇镇、振石集团股份有限公司和浙江海得新能源有限公司的代表作表态发言。市委书记卢跃东主持会议并讲话，市委副书记、市长盛勇军作主题报告，市领导张林洪、池晓明、蒋惠玲等出席会议。卢跃东指出，2016年全市上下要保持定力、精准发力、凝聚合力，加快把桐乡建设成为诗画水乡典范、旅游人文名城、网络智慧强市。盛勇军在主题报告中指出，全市上下必须统一思想聚共识，形成上下一心抓经济的合力。要进一步强化经济工作的首位度；进一步发挥企业和企业家的主体作用；进一步重视发展环境的保障作用。他要求，必须精准发力补短板，增强创新驱动促转型的动力；必须主动有为勇担当，激发高效服务助发展的活力。

【桐乡市"两学一做"专题党课暨学习教育部署会】 5月9日，桐乡市"两学一做"专题党课暨学习教育部署会以"桐乡大讲堂"的形式召开，市委书记卢跃东在会上讲专题党课。市领导盛勇军、张林洪、池晓明、蒋惠玲等出席会议。市委常委、组织部部长陈林根主持会议并作工作部署。卢跃东指出，学党章党规、学系列讲话，做合格党员是今年党中央的重要部署，是推动"从严治党"，从领导干部这个"关键少数"向纵深推进、向基层延伸，覆盖到全体党员的重大举措。同时，也是为了解决党员干部当中存在的一些问题的需要，保证党组织和党员的先进性和纯洁性的需要。他强调，关键要学得深、做得实。学要带着问题去学，做要针对问题去做。在学深方面，要逐条逐句通读党章，做到对党章心中有底；要重点学好《廉洁自律准则》《纪律处分条例》等党内法规。在做得实方面，做好一名合格党员，要树好形象，争做一个高尚的人，以"四讲四有""八项规定"严格要求自身、言行一致，多作贡献，干好"十三五"，奋勇当"标尖"。

【庆祝中国共产党成立95周年暨先进表彰大会】 6月28日，桐乡召开庆祝中国共产党成立95周年暨先进表彰大会，会议在市行政中心设立主会场，各机关、事业单位、村、社区、企业、社会组织等基层党组织设立分会场，全市近4万名党员通过电视直播收看。会议的主要目的是让全市党员干部了解桐乡发展现状，进一步提振精气神，凝聚合力，共同建设美丽幸福新桐乡，同时，就“两学一做”进行再动员、再部署。市委书记卢跃东强调，“十三五”时期，要打的硬仗很多，要克服的困难不少，全市各级党组织和广大党员干部要牢记重托、担当使命、干字当头，干就干好，加快把桐乡建设成为诗画水乡典范、旅游人文名城、网络智慧强市。市委副书记、市长盛勇军主持会议。市领导张林洪、池晓明、蒋惠玲等出席会议。

【市委十三届九次全体会议暨市十五届政府第十次全体会议】 8月4日，桐乡市召开市委十三届九次全体会议暨市十五届政府第十次全体会议，全面贯彻落实中央、省委和嘉兴市委的决策部署，总结上半年工作，布置下半年工作，明确使命，补齐短板，乘势而上，继续抓好经济、平安、世界互联网大会承办、党建“四张报表”，确保完成全年各项目标任务，努力打造诗画水乡典范、旅游人文名城、网络智慧强市。市委副书记、市长盛勇军作题为《补齐短板 乘势而上 为加快建设美丽幸福新桐乡而努力奋斗》工作报告。市委书记卢跃东主持会议并作题为《不忘初心 继续前进 确保完成全年目标任务》讲话。会议分组讨论工作报告，对下半年工作提出意见，并表决通过《工作报告》和《中共桐乡市委关于补齐短板加快建设“诗画水乡典范、旅游人文名城、网络智慧强市”的实施意见》。

8月4日，市委十三届九次全体会议暨市十五届政府第十次全体会议召开　　市委办提供

【桐乡市委十三届十次全体会议】 9月13日，桐乡召开市委十三届十次全体会议，研究确定召开中国共产党桐乡市第十四次代表大会的有关事项。会议审议通过《关于召开中国共产党桐乡市第十四次代表大会的决议》，决定中国共产党桐乡市第十四次代表大会于2016年12月在梧桐街道召开。市委书记卢跃东对《关于召开中国共产党桐乡市第十四次代表大会的决议（草案）》进行说明，并就做好换届工作、开好第十四次党代会作重要讲话，市委副书记、政法委书记蒋惠玲宣读《关于召开中国共产党桐乡市第十四次代表大会的决议（草案）》。市委委员、候补委员出席会议。卢跃东对中国共产党桐乡市第十四次代表大会的指导思想、主要任务、主要议程等方面进行了说明。卢跃东强调要全面贯彻党的十八大和十八届三中、四中、五中全会精神，深入贯彻习近平总书记系列重要讲话精神，牢牢把握“干在实处永无止境，走在前列要谋新篇”的新使命，坚持讲大局、讲团结、讲稳定，齐心协力、密切配合，确保圆满完成党代会换届各项任务。

办公室工作

【概况】 2016年，市委办公室围绕全市中心工作，把握“稳中求进、转中求好”主基调，聚焦“一业一网”，直面挑战攻坚克难，以解放思想的信心和决心推动工作。

创新提升办公室工作质量水平。继续坚持规范办文办会流程。以“六个严格”的要求治理会风文风，严格规范会议管理，精简会议议程，清理简报信息资料，努力形成务实高效的办文办会机制。全年市委（办）发文139个，比上年下降7%。全年完成包括市第十四次党代会市委工作报告等在内的重大文稿150余篇，理论文章6篇，其他各类材料20余篇。加强信息服务。全年出刊《桐乡信息》96期、《桐乡通讯》12期。上报各类信息1000余条，录用400余条，录用率28%，比上年有所提升，其中《桐乡市把握世界互联网大会永久落户契机大力推进互联网党建工作显成效》上报中办专件录用。党委信息总得分及被省委办录用信息位列嘉兴市五县两区首位。注重外宣报道。全年在《江南论坛》《今日浙江》《新嘉兴》《共产党员》《中国旅游报》等期刊上发表领导署名文章10篇。

健全完善督查考评落实机制。市委主要领导交办的事项，坚持"马上办"，全年开展专项督查16次，解决企业排污、偷排生活污水、垃圾乱堆等问题33个。围绕招商引资、重大项目推进、环境整治等全市中心工作，组织召开"三改一拆"、政府重点项目等4次现场推进会；抓好招商引智百日大会战周报工作。抓好《今日曝光》《今日聚焦》、嘉兴市级督查等问题整改落实，曝光问题全部整改到位。突出实效为王，科学考核强绩效。围绕"一业一网"发展战略和全市发展目标，积极改革综合考核办法。经济发展方面，抓住互联网经济、有效投入、招商引资、税源经济等关键环节，助推转型升级和各项重点任务的完成；深化个性化考核，对乌镇实施互联网经济个性化考核，对五大平台实施差别化考核。把嘉兴目标责任制考核争先进位作为一项硬任务，力推"争先进位"。围绕"减量提质"，整治奖励项目名目繁多，市级专项性奖励项目从33项精减归并至5个大项，将奖励重点向有效投入、人才引进、转型提升、生态治理等重点领域倾斜。

强化协调沟通能力优化服务水准。年内，承办各类会议83次（市委办发文召开的1—3类会议），同时进一步规范公务接待，完成84批次党政考察团，比上年增长84%，其中包括云南省、广西壮族自治区、甘肃省、广州市等多批省市级考察团，以及全国人大领导、最高检领导、外交部驻外使节在内的多批次警卫接待。在世界互联网大会期间，完成大量上级领导视察指导的安排，并与中央、省、市办公室建立良好的工作关系。认真落实密码安全保密责任制，全年收发各类电报1715份。加强涉密高清视频会议系统管理，全年保障视频会议63场。世界互联网大会期间驻点服务，通过"三个强化"措施，平安护航G20杭州峰会和第三届世界互联网大会·乌镇峰会。全面建设保密技术项目。确保建设成为技术先进、安全高效、可靠可控的涉密信息系统。注重宣传教育和检查指导，全年抽查36个镇（街道）和部门的保密工作。

（李大略）

纪检监察工作

【概况】 2016年，桐乡市各级纪检监察组织忠诚履行党章赋予的职责，强化监督执纪问责，严明纪律，严纠"四风"，严惩腐败，推动落实"两个责任"，持续深化"三转"，扎实推进纪律检查体制改革，纪检监察工作迈出新步伐。市纪委紧紧抓住主体责任这个"牛鼻子"，层层传导压力，压紧压实责任。协助市委出台《运用"四种形态"推进主体责任落实办法》，深化主体责任年度报告制度，参加对象从班子成员延伸到重点岗位的中层干部，12个镇（街道）和6个重点部门（单位）向纪委常委会口头报告主体责任落实情况，其中3个镇（街道）和2个部门被评为"一般"。强化党风廉政建设责任制考核，36家单位在综合考评中被扣分，4家单位遭"一票否决"。实施"一案双查"3起，3人被追究领导责任。坚持高标准落实中央八项规定精神，市正风肃纪组开展检查20次，发放正风肃纪移送函27份，查处违规违纪问题6起，给予党政纪处分3人。围绕护航G20杭州峰会、筹办第三届世界互联网大会等市委市政府中心工作，出台纪律保障规定，强化监督检查，确保政令畅通。建立《今日曝光》反映问题的问责机制，明确行政监察事项问责移送重点，对34件信访件开展调查，跟踪督办9件市长电话，立案调查4件，问责22人。开展农村基层作风巡查，实施农村基层突出问题纪律审查专项行动，严肃整治侵害群众利益的不正之风和腐败问题。坚持零容忍、无禁区、全覆盖，把握运用监督执纪"四种形态"，严肃查处各类违纪案件。市纪委受理信访举报334件，处置问题线索134件，谈话函询23人次，立案审查96件，给予党政纪处分96人，其中涉及科级干部3人、中层干部14人、村干部7人。创新开展"千百十"（千人百场十人制）纪律教育座谈活动，挖掘整理桐乡市优

10 月 25 日，第四届中国·桐乡廉政漫画大赛举行开幕式 市纪委提供

秀家风家训，巩固深化"一网一微一发布"平台建设，举办第四届中国·桐乡廉政漫画大赛，努力打造桐乡特色廉政文化品牌。建立派驻机构工作组，实施"一季两报告""一票否决"等制度，积极探索派驻机构全覆盖后作用发挥新途径。协助市委出台巡察工作意见，完善巡察机制，深化政治巡察，对 5 个镇（街道）和 15 个部门开展巡察，推动镇（街道）对 176 个村（社区）和 76 个下属单位开展"二级巡察"，基本实现市委一届任期巡察全覆盖目标任务。顺利完成镇（街道）纪委换届工作，选优配强纪委领导班子。制订《关于加强纪检监察干部监督工作的意见》，转发《纪检监察干部信访约谈规程（试行）》，强化内控机制建设，把监督执纪的权力关进制度的笼子。扎实开展"两学一做"学习教育，全面实施"找差距、补短板、树标杆、促提升"专项行动，健全完善纪检讲坛、纪检感悟等学习制度，不断打造忠诚干净担当的纪检监察干部队伍。

【开展"千百十"谈心式纪律教育】 2016 年，桐乡市纪委在全市纪检系统范围内开展"千百十"谈心式纪律教育活动，每场座谈会 10 人，全市举办 100 场（市纪委 10 场、镇街道纪委 36 场、派驻纪检组 54 场），全年面对面教育 1000 名党员干部。在形式上，每场谈心活动有 10 人参加，由 1 人主持，市纪委的谈心活动由纪委书记、副书记主持召开，谈心对象为市管领导干部；各派驻纪检组、各镇（街道）纪委的谈心活动由各纪检组长、纪委书记主持召开，谈心对象为各监督单位的中层干部及村（社区）党组织书记、主任。在内容上，重点剖析近期查处的典型案件，从违纪行为、违纪情节、忏悔警示等方面深入剖析，警示教育各级干部以此为镜、为鉴，及时、果断、主动查找和整改各类问题。安排专人负责记录，形成长期档案，留存备查。嘉兴市委常委、纪委书记陈刚专程到桐调研该项工作，充分肯定这一做法和成效，在全市纪检系统进行推广。

【建立监督执纪"四种形态"报表制度】 中央纪委提出，要把"四种形态"运用情况作为检验工作的标准，把监督执纪各项工作做深做细做实。2016 年，市纪委聚焦监督执纪问责，分层细化"四种形态"，建立上报、通报、评价等措施，推进"四种形态"运用具体化、程序化、制度化。设置 31 项"二级形态"，具体为：第一种形态：提醒（谈话提醒、书面提醒）、函询、诫勉（谈话诫勉、书面诫勉）、批评（会议批评、民主生活会批评、通报批评）、检查（口头检查、书面检查）等形式；第二种形态：党纪轻处分（警告、严重警告）、政纪轻处分（警告、记过、记大过）、组织调整（调离岗位、改任非领导职务、降职、免职、其他）；第三种形态：党纪重处分（撤销党内职务、留党察看、开除党籍）、政纪重处分（降级、撤职、开除）、重大职务调整；第四种形态：开除党籍、开除、移送司法机关。各级党组织和纪检监察组织对"四种形态"运用处置情况实行一事一报制，市纪委每月对"四种形态"运用处置情况进行通报，并建立年度考评机制。至年底，全市上报运用"四种形态"处置 232 件 274 人，其中第一种形态处置 184 人，占总数的 67.1%；第二种形态处置 47 人，占总数的 17.2%；第三种形态处置 9 人，占总数的3.3%；第四种形态处置34人，占总数的12.4%。

（俞国斌）

组织工作

【概况】 2016年，全市组织工作按照市十三届党代会五次会议的部署，紧扣全面从严治党主线，突出抓好“两学一做”学习教育活动和镇（街道）领导班子换届两件大事，统筹推进干部工作、基层党建工作、人才工作三项重点，取得较好成效。

切实发挥组织保障作用。扎实开展“两学一做”学习教育，坚持桐乡大讲堂、每月夜学、领导讲党课、双月研讨、“红色星期六”党员志愿服务日、全覆盖督查等制度，着力建设一支“四讲四有”的合格党员队伍。切实做好市镇两级换届工作，完成嘉兴市镇党委换届试点任务，探索评、荐、谈、访、督、析“六位一体”考察法，双推、双评、双审、双公示“四双”党代表产生机制等做法，指导全市各镇（街道）全面完成领导班子换届。统筹做好嘉兴市、桐乡市两级人大代表和政协委员人选考察工作，完成桐乡市第十四次党代会组织工作，选举产生桐乡市第十四届市委、纪委班子。全力护航G20杭州峰会，配强世界互联网大会承办机构人员力量，择优抽调110多名干部集中驻点办公，组织全体机关干部及2万余名党员志愿者开展“万人大巡防”活动。

加强干部队伍建设。紧紧围绕配强班子，优化结构，稳步推进干部人事调整，全年提交常委会票决领导干部385人次，其中提拔任职88人，转任重要岗位17人、轮岗交流176人。建立干部大数据综合管理平台，科学设置信息模块，实时掌握干部德才表现、社会评价等，实现领导班子和领导干部智能分析、精准研判。着眼干部队伍梯次建设，做好85后科级后备干部推荐选拔工作。注重干部培养锻炼，选派8名干部到上海浦东新区、1名干部到同济大学、5名干部到嘉兴市级部门、51名干部到“三改一拆”等重点难点一线岗位进行挂职锻炼。深化领导干部学分制管理和考核，加强干部教育在线平台建设，实行干部培训学分通报机制。开展全市科级领导干部个人事项申报，全面核查293名新提任镇（街道）领导干部、提名为人大代表候选人的领导干部等个人事项报告。设立干部工作观察点112个，聘请干部工作监督员15名，构建“一网一库一表”干部“三合一”监督管理机制，全年提醒12人、函询6人。深化干部“反向计分”制度，稳步推动干部“能下”。强化领导干部经济责任审计，对14名镇（街道）、部门主要领导实行经济责任审计，20名镇（街道）、部门主要领导实行经济事项离任交接。从严领导干部出国（境）审批，审批因公出国（境）22批48人次、因私出国（境）147人次、赴台6批23人次。

统筹推进基层组织建设。大力实施“整乡推进、整县提升”三年行动计划，出台各领域整体提升指标体系，实行每季度分析、全覆盖督导制度，推动全市基层党建“全面进步、全面过硬”。实行村书记季度培训，开展村干部队伍专题分析研判；扶持村级集体经济壮大，出台第五轮“壮大工程”实施意见和考核办法，启动32个村参与的市级抱团项目。着力打造水乡古镇党建样本，推行“党员先锋站＋乌镇管家站”双站合一模式，嘉兴市“党建＋治理”现场推进会在桐乡召开。深化以“桐乡红云”为重点的互联网党建，做好“远教站点全覆盖”省级创新试点。建立全市社会组织综合党委，扎实推进社会组织党的组织和工作有效覆盖，统筹推进商圈楼宇党建、电商创业党建等各领域特色党建工作。集中开展城乡党组织互学互比、青春书记主题论坛等“七一”系列主题活动，纪念建党95周年。

合力打造人才最优生态。完善全市人才工作责任机制，加大对镇（街道）目标责任制考核中人才权重分，开展人才工作专项考核奖励，出台多层次人才政策体系，制定“十三五”人才发展规划，全年申报推荐国家“千人计划”14人、省“千人计划”21人、“创新嘉兴·精英引领计划”项目79个。健全创业领军人才项目“一事一评”审核决策机制，对3批次24个人才项目进行评审。打造多元化招才引智平台，建立乌镇智库、平安创·中科创客学院、海外招才引智联络站，与浙大摩课书院、领英中国签订合作框架协议，加大企业人才自主引育平台建设支持力度。搭建人才创业创新平台，已有浙报传媒大数据交易中心、腾讯众创空间等一批品牌互联网项目落户桐乡。先后举办承办“凤栖桐乡”海外学子桐乡行、千人计划信息科学与技术专业委员会“互联网＋装备制造”对接会、2016“星耀南湖”精英峰会县域人才发展论坛等活动，全年开展各类招才对接活动32场次，对接高层次人才400余名。成立“金凤凰”人才服务联盟。实施领军人才“生活绿卡”制度，提供落户、医疗保障、子女就学等服务。

【开展“两学一做”学习教育】 2016年，市委组织部发挥牵头抓总作用，扎实推进全市“两学一做”学习教育。坚持桐乡大讲堂、每月夜学等制度，印制专用笔记本，发放必读书目，强化领导干部和机关党员干部理论学习。突出领导示范领学，市委常委、人大、政协主要领导带领全市党员领导干部为基层党员上党课。推行“双月研讨”制度，围绕“讲政治、有信念，讲规矩、有纪律，讲道德、有品行，讲奉献、有作为”四个主题，组织每个支部开展集中学习讨论。创新推出“党课下基层”行动、“互动体验式”教学、“在线微党课”学习三项讲党课载体，讲师团成员39人、党课基地30个、精品党课100部。出台农村、社区、机关、两新组织等8个领域的分类指导方案，组建6个督导组，组织开展3次全覆盖集中督查，全年发现并整改问题780余条次。

【完成市镇两级党委换届任务】 2016年，市委组织部在乌镇镇党委换届试点的基础上，全面部署镇(街道)党委换届工作。组织开展全市镇(街道)、部门班子届末回访考察，科学设置新一届镇(街道)领导班子职数，实施评、荐、谈、访、督、析“六位一体”考察法，考准领导班子和干部实情，有步骤有针对地做好镇(街道)班子人事调整。加大“三类人员”选拔力度，面向大学生村干部竞争性选拔镇(街道)副科级干部人选2名。结合85后科级后备干部推荐选拔工作，将3名85后年轻干部提拔到镇(街道)领导岗位。至10月28日，全市12个镇(街道)全部召开党代会，选举产生新一届党委、纪委班子。同时，严格按照上级组织部门要求，积极配合做好市级领导班子换届考察相关工作，完成桐乡市第十四次党代会组织、提案工作，选举产生桐乡市第十四届市委、市纪委班子。

【建立“三合一”干部日常监督管理机制】 2016年，市委组织部认真贯彻落实从严治党、从严管理干部要求，建立以监督网络、监督预警库、监督清单“一网一库一表”为主要内容的“三合一”干部日常监督管理机制，通过健全干部监督工作联席会议协调机制，设立一批干部工作观察点，聘请一批干部工作监督员，完善电话、网络、短信、信访“四位一体”综合举报受理平台，着力构建干部日常监督管理大网络、大平台、大监督格局。推行领导干部日常管理反向计分实施办法，对领导干部违反政治纪律、执行制度规章等6方面37条预警内容的情况进行实时预警登记管理，实行干部监督清单一表式反馈。

【实施“整乡推进、整县提升”基层党建三年行动计划】 2016年，市委组织部坚持抓镇促村、固本强基，全面实施“整乡推进、整县提升”基层党建三年行动计划。分领域制定三年整体提升实施方案，建立村(社区)66条、机关国有企事业单位44条、两新组织36条指标体系。整合基层党建特色资源，统筹打造特色小镇、幸福家园、美丽乡村、古运河沿线、小城市城乡融合、西部工农互补、两新组织“三强六好”7条基层党建特色示范带，涵盖26个特色群和87个示范点。推行“网格＋支部＋党员先锋站”模式，按照“八有”标准普遍建立党员先锋站，建成先锋村49个、先锋长廊156个、网格党组织713个、党员先锋站331个。实施基层带头人队伍“领雁工程”、党支部“活力工程”、党员队伍“净化工程”、村级集体经济“壮大工程”、后进党组织“补短工程”等五大工程，切实推动基层组织有人管事、有钱办事、有章理事。全面实施党建责任清单制度，健全完善党建工作定期督查问责机制，通过实行季度分析、书记领办、年终述评等3项制度，确保党建责任清单落到实处。

【开展纪念建党95周年系列活动】 “七一”期间，市委组织部在全市各级党组织中广泛开展以“两学一做我在前、先锋示范勇争先”为主题的系列活动。举办庆祝中国共产党成立95周年暨先进表彰大会，表彰优秀共产党员、优秀党务工作者等233名，乌镇镇党委荣获全国先进基层党组织荣誉称号。组织基层党员代表到嘉兴南湖开展“七个一”红船组织生活活动。围绕

“党在我心中、我在群众中”主题，开展“红色星期六”党员志愿服务活动。开展“红色志愿先锋”推选展示，在全市推选宣传“红色志愿先锋”，弘扬志愿服务精神。组织开展手抄《党章》晒（赛）、支部“全家福”、重温入党誓词等活动。举办“两学一做·桐乡‘锋’采”全市中小学现场漫画创作大赛，评选优秀作品95幅并编印成册。结合“四方红色联盟”结对共建安排，开展城乡党组织互学互助活动，促进城乡组织优势互补、相互促进、共同提高。举行“桐乡红云”APP发布仪式，向全市党员、干部全面推广使用。举办青春书记论坛，组织两新组织青春书记共聊党建感悟，共话青春梦想，共议发展愿景，坚定广大青年永远跟党走的信念。开展“七一”送温暖走访慰问活动，市级层面慰问“三老”党员、困难党员205人，发放慰问金34.62万元。

【推出“桐乡红云”APP】 2016年，市委组织部结合“两学一做”学习教育，推出“桐乡红云”APP，深化全市互联网党建工作，着力打造“指尖上的堡垒”。APP集成“云平台、我要学、我服务、我风采、我积分”5个主模块和影音助学、志愿服务、扫码积分等特色功能，为每个党支部建立“E支部”，为每名党员设立账号，通过录入后台基础信息，形成党建“大数据”，上级党组织可动态掌握下级党组织情况，支部可实时了解党员情况，实现支部管理扁平化、党务工作智能化。同时，开展党组织先进指数和党员先锋指数考评管理，对所有党组织和党员进行全程量化考评，为每个党组织和党员动态生成“一表式”电子党务体检报告，定期公布指数和排名，刚性强化党员教育管理。

【成立“金凤凰”人才服务联盟】 2016年，市委组织部（人才办）为更好地服务在桐创业创新人才，联合市委人才工作领导小组各成员单位成立“金凤凰”人才服务联盟，下设侨商服务、政务服务、金融服务、校企合作服务及民资创业服务5个子联盟，聘请助创专员、律师、会计师、税务师“一员三师”创业助理8名。建立轮值制度，每月15日、30日，由各成员单位在人才服务工作站开展定点轮值服务，组织开展创客咖啡、人才会客厅、项目路演等对接活动，为企业和人才提供政策信息、投融资对接、招聘服务、法律咨询及市场对接等服务。同时，创业助理定期组团开展上门服务，帮助企业和人才解决税务、财务、法律等方面的相关问题。“金凤凰”人才服务联盟成立至年底，联盟及其子联盟已陆续开展轮值服务活动25场次，服务企业300余家，参与高层次人才97人。

【完善“六个一”人才引育体系】 2016年，市委组织部（人才办）牢牢抓住人才引进、平台搭建、人才服务等重要环节，不断完善“六个一”（一事一评、一核一带、一人一卡）人才引育体系，助推经济转型发展。建立人才项目“一事一评”评审机制，通过项目可获最高80万元初创资金补助，全年评审3批次30余个人才项目，拨付补助资金200多万元，吸引6个项目落地、11名人才落户。依托世界互联网大会永久举办地优势，规划建设“一核一带”（“一核”即乌镇区域，“一带”即乌镇—桐乡城区—桐

10月17日，“金凤凰”人才服务联盟金融服务子联盟开展相关服务　　市委组织部提供

乡高铁站一带)创业创新集群,搭建人才创业创新平台。实施人才服务"一人一卡"制度,向每位在桐创业创新的高层次人才代表发放"绿卡",提供人才落户、签证、居留、医疗保障、购房、家属就业、子女就学和社会保险等方面的优质服务。

(钟 欢)

宣传工作

【概况】 2016年,桐乡市宣传思想文化工作紧紧围绕市委市政府中心工作,在理论建设、舆论宣传、文化建设、文明创建、服务保障等方面下功夫、求突破,为深入推进美丽幸福新桐乡建设提供有力的思想保证、精神力量、道德滋养和文化条件。

加强思想理论教育,通过主题教育、专题学习、集中宣讲等方式,开展中国特色社会主义理论体系宣传教育活动200余次。注重发挥两类平台(市级理论教育平台、基层理论教育平台)作用,完善桐乡大讲堂、每月夜学、干部教育新干线、电视党校等平台,开展专题辅导,全年集中夜学12次,桐乡大讲堂专题学习5次,电视党校12期。推出"桐乡理论微课堂"微信公众号等新媒体学习平台。推进学习型党组织建设。建立市级领导宣讲团、"六中全会精神宣讲团""理论教育资源库"宣讲团、"两学一做"宣讲团、"微型党课"宣讲团等,深入基层开展各类宣讲活动100余场次,受众人数1万余人次。开展"十三五·话担当"微型党课比赛。举办"双百双进活动",组织传媒学院与各镇(街道)结对,以"三送、三关爱、三参与"进一步深化校地合作。

做大做强正面宣传。唱响主流舆论好声音。组织好市党代会、纪念建党95周年、保障G20杭州峰会、第三届世界互联网大会·乌镇峰会等重大主题活动宣传报道,制订宣传工作方案,开设专题专栏,音、屏、报、网联动形成强劲宣传声势,营造浓厚舆论氛围。做好"两学一做"、换届选举、禁燃禁放烟花爆竹、征兵工作等主题宣传报道,为推进全市重点工作提供坚强舆论保障。推进《今日曝光》改版,全年播出19期,重点跟踪问题整改落实,有效推动多个问题整改到位。加快推动媒体融合,构建"两报一台一网一矩阵"的传播格局,提升传播效度。完善新闻宣传需求收集、要点传达、阅评反馈等机制,提升新闻宣传质量。加大对外宣传力度,建立桐乡"视觉素材储备库",精心制作桐乡对外宣传系列产品。与中央、省级等权威主流媒体开展系列合作,集中展示桐乡经济社会发展新面貌。协助开展音乐短片《乌镇之恋》及纪录片《记住乡愁》等拍摄,邀请新华社、浙江日报社等中央、省、市媒体采访60多批次,向《人民日报》等中央重要媒体刊物发稿件53篇次,分别在《浙江日报》《嘉兴日报》刊登文章160多篇、200多篇,刊登数量居嘉兴市五县两区首位。组织对接域外主流权威媒体集中采访活动,开展"治国理政浙江实践"对话县市区当家人省媒联合专访等大型联合采访活动15次,组织新闻媒体赴开化县采访活动,对接五洲传播中心、墨西哥千年电视台等拍摄项目。深化两岸媒体协作,开展"创新浙江孵化未来"两岸媒体联合采访活动等。加强网络舆情监测和研判,重点开展对本地网站、论坛、微信、微博等网上舆论的日常巡查,做到第一时间发现、研判、报送舆情,全年编发舆情专报、周报73期。开展热点事件舆论引导和处置。举办新闻发言人专题培训2次、全市领导干部舆情引导专题培训1次,提高领导干部舆论引导能力。开展"护航G20"等主题网络空间净化专项行动,全面清理网络各类违法违规有害信息,确保网络空间清朗。

推动文化繁荣发展,全面推进文化礼堂建设。市委宣传部出台《2016年桐乡市农村文化礼堂建设实施意见》和《桐乡市农村文化礼堂星级评定管理办法》,新增文化礼堂19家,累计90家,覆盖率达到51%。完善文化礼堂运行管理,推动文化礼堂"建、管、用、育"一体化建设,评选星级文化礼堂31家。开展2016年"文化礼堂e路行"活动,编排选送优秀群众文艺节目26个,举办巡演活动13场。培育礼堂文化,推动乡风乡愁、礼仪礼节、家德家风进礼堂,全市各文化礼堂开展开蒙礼、成人礼、敬老礼、崇德礼等特色礼仪活动71场次。深入开展文化惠民工程。开展"坚定梦想·扬帆启航——美丽幸福新桐乡"主题系列文化活动,内容涵盖茅盾诞辰120周年系列活动、"党旗在心中飘扬"红色歌曲歌咏比赛等20多项活动。承办"不忘初心、再创辉煌"——北京满天星业余交

6月28日，“党旗在心中飘扬”红色歌曲歌咏比赛启动

市委宣传部提供

响乐团桐乡行公益演出等活动，丰富基层群众文化生活。开展张琴秋、王会悟重要革命人物纪录片拍摄工作。联合市档案局、市史志办举办“琴心剑胆 彪炳千秋——纪念红军长征胜利80周年暨张琴秋生平事迹展”。与市教育局共同编著桐乡历史人文读本《可爱的家乡》，首次印发6万余册。开展“跟着课本游桐乡”读书征文比赛等乡土文化普及教育活动，加深青少年对乡土文化认知与理解。完成桐乡市首批文化精品扶持奖励项目评选及奖励工作，7部作品入选首批文化精品创作扶持奖励项目。做好省文化精品扶持项目推荐报送工作，纪录片《王会悟》入选浙江省文化精品扶持工程第十一批扶持项目及2016年度嘉兴市文化精品工程重点项目。省文化精品扶持工程项目《大先生》于9月30日在杭州启动全国巡演，文化精品建设取得重要进展。强化政策引导，编制完成《桐乡市文化产业发展“十三五”规划》。完成2015年度桐乡市文化产业专项资金扶持项目申报兑现工作，扶持11个项目214万元。成立桐乡市文化产业协会，选举产生第一届理事会，吸收首批会员单位39家。举办省级文化产业推介会，加大文化产业项目招引力度，文化乌镇、丰同裕、温克尔曼被浙江省文化改革发展工作领导小组办公室认定为省首批成长型文化企业等。

（陈厚文）

【“文化礼堂e路行”巡演活动】 4月，市委宣传部、市文化局联合下发《关于开展2016年“文化礼堂e路行”暨全市农村文化礼堂优秀节目评比展演活动的通知》，启动“文化礼堂e路行”活动，推动各文化礼堂开展“文化走亲”，丰富农村群众精神文化生活。各镇（街道）、振东新区组织开展活动，发动村级文化专管员、基层文化骨干、文艺爱好者、村民群众积极参与，经人员培训、节目编排、集中选拔等环节，推荐选送优秀群众文艺节目26个。10月17日—11月4日，全市分东、西两个片区，开展“文化礼堂e路行”巡演活动13场，巡演节目全部由群众自编自导自演，现场参与群众6000多人次，通过微信直播平台实时收看18.7万人次。各片区巡演期间，进行“我最喜爱的文化礼堂节目”投票评选，每场发放100张观众选票，根据现场观众投票结果，从各巡演单位申报节目中选取1个优秀节目，参加全市农村文化礼堂优秀节目集中展评活动。

（张梅玫）

【推出“桐乡理论微课堂”微信公众号】 5月6日，市委宣传部推出“桐乡理论微课堂”微信公众号，公众号设置资讯、活动两大专题，两大专题下面各设4个栏目。其中“资讯”设高层声音、理论时评、热点聚焦、桐乡人文4个栏目。“活动”设集中夜学、桐乡大讲堂、文化礼堂、学习之城4个栏目。内容涵盖党的十八届六中全会精神，习近平总书记系列讲话精神，省委、市委主要会议精神，全市文化礼堂巡礼等。从5月起每周五发布一次微信，至年底集中发布28期，关注用户7000余人。“七一”期间，在微信端组织纪念建党95周年暨“两学一做”知识测试活动，全市近万名党员干部参与测试活动。微信公众号的推出，使学习方式更趋于网络化、指尖化，让全市党员、普通老百姓更好更快了解党的最新理论成果和政策信息。

【“十三五·话担当”微型党课比赛】 4月28日，市委宣传部以“十三五·话担当”为主题，全面展望未来五来经济社会发展的宏伟蓝图，组织开展全市微型党课比赛，通过前期报名、筛选，41篇“微型党课”教案入选，41名授课人现场为大家授课，同时结合PPT演示，在6分钟内对课程的重点内容、精彩部分进行模拟讲课。授课人分别从不同角度展望了未来五年桐乡经济社会发展的美好前景，讲述他们立足岗位，对桐乡“十三五”发展的期许与担当。评委根据授课人及其党课内容、课件进行综合打分，最终评出一等奖3名、二等奖6名、三等奖10名和优胜奖22名。推荐3名优胜者参加嘉兴市“微型党课”比赛，其中1名选手参加浙江省“微型党课”比赛，获浙江省“微型党课”三等奖。“微型党课”是全省宣传条线上一项重要的党员教育活动品牌。举办此次活动，助推全市“两学一做”学习教育的开展，激励大家为建设美丽幸福新桐乡贡献自己的力量。

（陈厚文）

统战工作

【概况】 2016年，市委统战部服务全市经济社会发展大局，不断提高统战工作科学化水平。出台《关于进一步完善中共桐乡市委与民主党派、工商联、无党派人士协商通报制度的意见》，加强政府部门对口联系、外出考察调研、“直通车”建言等制度，为民主党派、无党派人士知情明政、参政议政创造条件。专题召开市委工作报告、市纪委工作报告、市委常委会民主生活会等征求意见会，充分听取民主党派、无党派人士意见建议。发挥海外侨务资源优势，邀请国际著名设计师、制版师、时尚顾问莫拉罗到桐乡举办国际时装设计讲座，加快濮院毛衫与国际接轨的步伐。全面做好对台招商服务，积极参与世界互联网大会“海峡两岸暨港澳互联网发展论坛”“浙江·台湾合作周”及桐乡国际经贸洽谈周相关活动，推动招商引资。深化对非公企业及侨台资企业的走访，引导企业抓住“一业一网”机遇转型升级。推进统一战线“同心·建功”活动，支持“同心·服务团”开展活动，各“同心·服务团”全年组织开展送法律、送健康、送文化、送教育等活动20余次，服务群众3000余人。动员和组织非公经济人士投身“五水共治”、扶贫帮困、捐资助学等事业。扎实推进文明敬香，鼓励和引导宗教界开展公益慈善活动，全年捐款60余万元。加强党外代表人士队伍建设。全市新提拔正科级党外领导干部1名，在人大、政协机关配备党外领导干部3名。严格按省委和嘉兴市委的有关要求，会同市委组织部、市政协党组，规范换届工作程序，严格把好政治关、素质关、程序关，做好九届政协委员人事安排工作，产生委员人选建议名单258名，报市委审定。支持民主党派加强自身建设。深入开展坚持和发展中国特色社会主义学习实践活动，有效提高党外人士的理论水平、政治素养和参政能力。发挥民主党派活动阵地作用，在“党外人士之家”和“多党合作宣传教育基地”不定期召开各民主党派全体成员大会、班子成员会议和支部学习会，举办桥牌培训班等，为宣传中国共产党领导的多党合作和政治协商制度提供固定场所。加强党外知识分子和新社会阶层人士统战工作。充分发挥市、镇（街道）两级知联会的平台载体作用，为党外知识分子施展才华创造条件、搭建平台。以“服务互联网大会、助推互联网经济、发出网络好声音”为宗旨，成立桐乡市网络界人士联谊会，吸收43名网络界人士作为首届会员，为桐乡市经济社会发展凝聚网络力量。有效维护民宗领域和谐稳定。加强宗教界代表人士教育培养，首次组织开展宗教界“红色之旅”活动。举办第十五期爱国爱教培训班、基督教中国化方向论坛、全市佛教界第三期讲经交流、第四次“宗教界人士看桐乡”等活动，进一步提升宗教界综合素质。加强宗教事务法治化管理。加强穆斯林礼拜点和民间信仰场所的规范管理，开展重点民间信仰场所管理骨干培训及消防安全演练，年内，新增登记编号场所23处。督促指导市佛教协会完成换届。提高城市少数民族管理服务水平。创新民族“三进”工作，探索开展“乌镇管家＋民族服务”模式，开展少数民族管理服务工作。广泛凝聚港澳台和海外统战力量。深化港澳与海外联络联谊。加强与香港桐乡同乡会的联络，推进同乡会组织建设，不断增进与港澳乡亲的友情、亲情、乡情。进一步密切与海外重点人士，尤其是留学人员等新生代力量的联络联谊，指导留联会开展活动，搭建海外留学生互动交流、联谊交友的平台。做好海外华侨、华人、港澳同胞的接待工作，全年接待涉侨到访团体8批次36人。提高涉侨服务水平。推进“侨心苑”试点工作，年内为侨眷、留学生家属开设英语培训15期。推进社区侨务工作，梧桐街道杨家门社区被国务院侨办授予“全国社区侨务工作示范单位”称号。继续办好《嘉兴日报·桐乡新闻》“桐乡人在海外”专栏，宣传在海外的桐乡籍优秀人士的典型事迹，年内出刊16期。加强侨联组织建设，指导开好第七次归侨侨眷代表大会，顺利完成市侨联换届。妥善处理侨务信访件，全年落实信访件2件。扩大对台合作交流。积极开展桐台两地双向交流，全年组织妇女交流团等2个团组赴台进行考察，做好南投考察访问团等5个访问团的接待工作，尤其是承办了第七、第八届“两岸邻里节”桐乡站活动及台湾海外留学生“互联网之旅”冬令营。扎实做好非公经济领域统战工作。圆满完成工商联换届工作。在全市非公经济人士中开展以“守法诚信、坚定信心”为重点的理想信念教育活动。加强协会商会规范化建设，开展协会商会新型市场主体服务经济发展项目评估和协会商会工作考评。加强统战部门队伍建设。抓好省委督查工作的整改落实，全面对照梳理和查补统战系统短板，集中力量解决现实问题，推动统战工作上新台阶。如调整全市统战工作领导小组，明确以市委书记任组长；在统战工作任务较重的梧桐街道、濮院镇、崇福镇配备专职统战委员；设立统战(民宗)事务服务中心，进一步加强了基层统战工作力量等。

【完成各民主党派换届工作】 参见《民主党派和人民团体·民主党派》中相关条目。

（洪　宇）

信访工作

【概况】 2016年，桐乡市信访工作坚持改革引领、创新驱动，进一步压实信访工作责任，夯实基层基础，畅通信访渠道，创新工作方法，健全长效机制，充分运用法治思维和法治方式解决信访问题，信访工作在维护社会稳定、服务经济发展中的基础性作用显现。全市受理群众信访17520件，其中来信658件、来访1862批次5900人次、网上信访2152件、来电12840件。市信访局被浙江省信访工作联席会议评为浙江省信访督查“百千万”专项行动先进集体，被嘉兴市委、市政府评为嘉兴市重大国际峰会保障服务工作先进集体。

【信访机构改革】 8月31日，桐乡市机构编制委员会在市信访局增挂“嘉兴市统一政务咨询投诉举报平台桐乡分平台管理办公室”牌子，负责统筹协调指导全市统一政务咨询投诉举报平台的建设管理等工作。市政府办公室不再承担相应的职责。同时，在市信访局下设桐乡市“12345”政务热线服务中心(挂“市长电话受理中心”牌子)，为公益一类事业单位，核定编制3名。桐乡市“12345”政务热线服务中心的主要职责是：受理、交办、转送群众通过网上信访平台、电话等方式提出的咨询、投诉、举报事项；负责对交办事项的办理情况进行跟踪、催办、督促、回访；负责对群众集中反映的热点、难点问题和具有代表性的典型事例进行调查研究、综合分析；协助办好“行风热线”栏目。以政务服务网为基础，全面整合来信、来访、来电、网上投诉，建立集政务咨询、投诉举报为一体，实现信访事项统一接收、按责转办、限时办结、统一督办、评价反馈的畅通快捷的网上信访信息系统，即统一政务咨询投诉举报平台。以“12345”政务热线为基础，整合除“110”“119”“120”等报警和紧急类热线及“96345”社区事务服务热线以外18家单位28条非紧急类政务服务热线，统一使用“12345”政务热线进行接听，并将受理信息全部录入统一平台，进行规范化处理。

【做好重大活动期间信访维稳工作】 2016年，市信访局加强工作机制建设。将重大活动期间信访维稳工作作为信访工作五大重点之一，进行项目化管理、落实、推动。完善矛盾排查化解机制，深入推行网格化管理模式，做到全市矛盾纠纷底数清、情况明；完善属地稳控工作机制，对重点人员逐人建立稳控方案，实行动态信息预警制度；健全应急处置机制，落实必要的人力、物力，确保第一时间做好紧急信访事项应急处置工作。完善重要节点领导开门接访制度，并坚持每月10日、15日、20日市四套班子领导定期到镇(街道)下访接待群众，直面矛盾，更加快捷高效地解决群众合理诉求，减少信访上行。年内，市领导下访接待群众369批861人次，其中集体访23批317人次，批示交办155件，当场调处答复214件。世界互联网大会期间，充分尽好东道主之责，协助省、嘉兴信访工作组做好工作对接，全力协调人、财、物等各项需求，形成工作合力，并提前做好桐乡各工作点的选点、软硬件设施改造。

【推进信访积案化解稳控工作】 2016年，市信访工作领导小组、市委组织部联合开展以"补短板、化积案、创标杆"为主题的信访督查专项行动，推动党员干部领衔督查信访积案、解决信访突出问题。全市梳理确定35件信访积案全部由市四套班子领导包案督查，同时明确责任单位、责任人员及化解稳控要求，每个包案班子严格做到"五包"要求，即包掌握情况、包问题化解、包教育转化、包稳控管理、包应急处置，从而抓实信访事项事权单位的主体责任。通过领导包案督查、督查小组实地督查、社会力量督查等方式，重点督查信访积案"三到位一处理"工作是否落实到位、信访事项办理是否规范、化解稳控措施是否责任到人等，推动责任落实。按照诉求合理的解决到位、诉求无理的思想教育到位、生活困难的帮扶救助到位、行为违法的依法处理的工作要求，把35件信访积案按照化解类、稳控类、依法处置类进行划分，通过柔性服务和刚性执法相结合破解信访难题。通过领导带队督查、责任单位积极有为、相关单位协作配合、社会力量积极参与，年内35件信访积案化解14件、有效稳控17件、未有效稳控4件(其中依法处置2件)，化解和有效稳控率88.6%。

各部门公开评议信访工作　　市信访局提供

【多渠道打造"互联网＋信访"新模式】 2016年，市信访局探索建立多种网上信访新模式。推行网上信访代理工作。在镇(街道)、开发区、振东新区建立14个网上信访代理工作站，在村(社区)建立209个网上信访代理工作点，首期聘用223名网上信访代理员，开展集中培训，挂牌上岗。网上信访代理员帮助和引导群众利用互联网反映问题，从而减少群众走访和越级上访。试行远程视频接访。依托互联网，信访局与镇(街道)及有关重点单位建立远程视频接访系统，并建立面对信访群众的视频信访QQ号，让群众"足不出镇"，甚至"足不出户"即可与信访干部进行面对面交流。同时探索将领导接访、律师服务等工作与视频接访结合起来，开展网上视频预约，发挥网络优势，减少信访上行。打造移动新媒体信访平台。开通桐乡市"12345"热线频道微信公众号，在"桐乡发布"等政府部门微信公众号设立"市长信箱"栏目，联通统一平台，通过手机受理群众网上信访，并定期推送信访热点、民生实事、信访宣传等信息，引导群众由"走访"变为"网访"。

【多措并举推动法治信访建设】 2016年，市信访局全面推行法定途径分类处理群众投诉请求工作，将其作为信访工作法治化的基础性工作来抓。市发改局等首批21家市级部门(单位)已全部编制"法定途径分类清单"，并于9月底前通过政府网站、清单手册等形式向社会公布。市信访局编印《桐乡市法定途径分类处理信访投诉请求清单汇编》，分发至各镇（街道）及有关部门（单位），使群众信访投诉请求能够按照清单规定合理分流、依法处理。充分发挥律师的专业优势作用，市委、市政府出台《关于进一步加强律师参与信访工作的实施办法》，在市信访局建立信访法律服务中心，通过律师参与信访工作，为信访人提供法律服务，引导信访人通过法定程序解决信访事项。全年，参与信访工作的律师114人次，接待信访事项226批539人次。加强信访宣传工作。以新修订的《浙江省信访条例》施行为契机，通过"周末普法志愿者在行动"活动，有针对性地开展"依法信访"宣传资料发放、业务咨询、法律服务等活动，引导群众依法、理性、有序、文明信访，营造和谐稳定的社会环境。其间，在各镇（街道）、开发区、振东新区开展宣传活动30次，制作宣传展板32块，发放信访宣传资料1万余份。

【建立网上信访"提速增效"快速办理机制】 2016年，市信访局按照"依法合规、简便务实、灵活高效"的原则，通过网上信访建立起"简单信访马上办、一般信访快速办、疑难信访监督办"的"提速增效"工作机制。简单信访马上办，事权单位受理的信访事项诉求简单，事实清楚，责任明确，当场能够答复且信访人能够接受的，实行网上"即登即办"；一般信访快速办，事权单位受理的信访事项十日内通过调查、取证、协调，可出具处理（答复）意见书等相关文书并送达的，实行"十日办结"；疑难信访监督办，事权单位受理的信访事项比较复杂，政策不是十分明确，取证较为困难，无法在十日内办理的，延长至1个月内办结，并列入领导督办事项，有效把矛盾纠纷化解在萌芽状态，避免一般性问题演变成信访突出问题。实行快速办理机制后，信访事项办理时间平均缩短6.8天。

（张　健）

【"12345"市长电话】 2016年，市长电话机构重置，建设统一政务咨询投诉举报平台。全年通过"12345"市长电话、市长信箱、短信平台、微信平台、嘉兴市长电话、行风热线等渠道受理市民诉求1.72万件，交承办单位办理0.64万件，占37%；其余均由市长电话受理中心直接答复。网络单位按时办结率99.9%，反馈率98.4%，满意率89.3%，问题解决率82.6%。继续做好"市领导值班"及"行风热线"工作，全年5名市政府领导和27个部门主要负责人参加市长电话接话日，现场接听群众来电291余件。受理中心编发《今日要情》249期、《市长电话专刊》2期、《市长电话领导呈报表》3期，市领导全年对市长电话各类信息材料批示112件（次），解决大量实际问题。为满足热线整合后接话量需求，中心借调4名工作人员外，通过劳务服务外包形式招收6名话务员，后又增设人力社保3条专线，集中培训后上岗实践。受理中心针对人员管理、请假制度、绩效考核、保密制度等方面提出严格的要求。同时对各工作环节精确化、规范化，为提高工作效率、及时处置办件提供保障。继续与新闻媒体密切配合，共同关注解决社会热点、难点问题，年初推出热线电话微信公众号，全年推送52次。继续与市纪委、广播节目中心共同主办"行风热线"，录播节目27期，强化政风建设，赢得群众和社会对政府工作的理解。

（王　蕾）

政研工作

【概况】 2016年，桐乡市委市政府政策研究室围绕全市经济社会发展的热点难点重点问题，广泛开展调查研究，推进政研工作。组织协调和参与全市调研工作，确定市级重点课题44个。承担全市重点调研课题《"一业一网"背景下的桐乡转型升级的实践和思考》《"建设好乌镇，发展好桐乡"的战略性研究》《加快新一轮村级集体经济壮大工程体制机制创新的思考》实施工作，如期完成课题撰写任务。协调和指导全市各部门、镇（街道）年度重点课题的确定和开展。收集整理各部门主要领导的年度调研课题选题，结合全市中心工作和部门重点工作，协调和指导相关课题开展调研。对上年度全市优秀调研文章组织评选，收到镇（街道）及有关部门主要领导调研文章73篇，评出优秀调研文章35篇，汇编成《调研与思考》一书。开展专题调查研究，形成《电竞产业——我市发展互联网经济的一个新方向》《进一步强化桐乡市养老服务工作的对策建议》《分享经济与桐乡创业创新发展》等调研文章，全年编发《决策参考》3期。完成

《全面提升桐乡城市国际化水平专题研究报告》《濮院毛衫市场商铺租金大幅上涨需引起关注》等专题调研任务。承担全市领导干部勤政周记汇编整理工作，编纂《勤政周记》(2014.01—2015.12)一书。根据市政府《2016年桐乡市深化接轨上海工作实施方案》要求，组织相关部门比较桐乡市与上海相关政策、规章制度以及办事规则差异，梳理桐乡与上海政策差异清单。组织申报嘉兴市社科研究课题。上报的《关于桐乡众创空间发展的思考》《桐乡如何打造成为网络基础设施最强地》《桐乡全力推动全国旅游综合改革试点工作创新旅游发展新模式》等6篇课题成果列入选题目录，其中《加快我市古镇旅游开发的思考》入选2016年度嘉兴市哲学社会科学发展规划立项课题。

【开展查找"短板"促发展专项工作】 2016年，市政研室根据省委办公厅《关于开展查找"短板"专项工作的通知》及嘉兴市的部署，开展查找"短板"专项工作，采用"各地各部门自己找、人大政协帮助找、发动群众一起找"的方式，组织对桐乡"短板"进行梳理排摸，完成《桐乡市开展查找"短板"专项工作情况总结》。牵头起草市委《关于补齐短板加快建设"诗画水乡典范、旅游人文名城、网络智慧强市"的实施意见》《桐乡市三大城市发展愿景评价指标体系编制工作方案》等重要文稿。针对"补短板促发展增信心"等政协提案，结合"短板"梳理工作，开展专题座谈活动，整理市领导干部《勤政周记》查找短板主题周活动有关材料，综合形成答复材料。

【围绕"三大平台""三件大事"开展主题调研】 2016年，围绕"三大平台""三件大事(国家级经济开发区、国家级高新技术开发区和国家级旅游度假区，大整治、大招商、大转型)"，开展主题调研，完成《关于桐乡加快创建国家级旅游度假区》《关于加快推进我市"五水共治"的几点思考》《加快推进我市浙商回归工作的几点思考》《强化责任，创新举措，加快推进我市"三改一拆"行动》《打造智慧社区，共建美好家园》《关于我市加快发展大数据产业的几点思考》《推动楼宇经济发展，培育桐乡经济新的增长点》等调研文章，收集相关领域的国内外先进做法和经验教训，编印决策参谋性内刊《信息参考》，全年出刊18期。

【推进全面深化改革工作】 2016年，市委办下发《市委全面深化改革领导小组2016年工作要点》和《关于印发〈市委全面深化改革领导小组各专项小组2016年工作计划〉的通知》。组织协调各改革专项小组和相关部门、单位制定具体的改革实施办法和改革方案，推动各项改革计划有效落地。深化户籍制度改革工作。根据桐乡改革实际，对市户籍管理制度改革工作领导小组进行更名并调整充实，完成桐乡市政府《关于进一步推进户籍制度改革的实施意见》起草工作及《桐乡市全面深化户籍制度改革工作情况》专题汇报材料的撰写，协调指导户籍制度改革7个配套制度的制定和起草工作。根据上级深化改革办公室的统一部署，做好全面深化改革满意度评估集中宣传工作，通过《桐乡新闻》纸媒、《桐乡发布》和《青春桐乡》微信公众号等渠道，梳理宣传桐乡改革发展成果，提高群众知晓度和满意度。对照《桐乡市改革试点项目汇总表》，开展全市改革试点清理规范工作。创办《桐乡改革简报》，刊登桐乡改革工作经验介绍文章，分送省委、嘉兴市委全面深化改革领导小组办公室领导和本市全面深化改革领导小组相关领导及成员单位。其中《探索建立"四项机制"力促派驻机构当好监督"探头"》《桐乡市"四个抓"推进全国旅游综合改革试点》《桐乡：创新基层社会治理新模式》等总结文章被《政策瞭望》《新嘉兴》等刊物采用。

·相关链接·

纸　　媒

纸媒是一种传媒方式。传统意义上是报纸、杂志等以纸张为载体的媒体，发展到现在，还有很多表现形式，比如新开创的以二维码纸巾为载体的纸媒，能够很好地把线上线下结合起来，达到更大的投放效果。

（钱　昉）

老干部工作

【概况】 至2016年年底，全市有离休干部131名，其中享受厅(局)级待遇1名，县(处)级待遇63名，科(局)级待遇67名。按工作年代分：抗战时期20名，解放战争时期111名。属行政机关40名，事业单位30名，企业单位61名。垂直管理部门委托代管11名，异地到桐乡安置13名。市委老干部局以“让组织放心、让老干部满意”为目标，围绕全市工作大局，始终坚持强管理、优服务、促发展的工作理念，不断加强离退休干部思想政治建设和党组织建设，切实保障离休干部“两项待遇”（政治待遇、生活待遇）的落实，得到各级领导和老干部的充分肯定。年内，市委老干部局被省委组织部、省委老干部局、省人力社保厅评为“全省老干部工作先进集体”。

落实老干部政治待遇。市领导春节前上门慰问曾任县（团）实职的离退休干部。举办全市老干部读书会、迎春茶话会，改进和完善其内容和形式。市委常委民主生活会、市政府工作报告征求老干部意见建议，市人大、市政协“两会”以及其他重要会议安排老干部代表参加。市委老干部局每月定期到有关镇（街道）组织老干部学习或向老干部传达上级重要文件精神。加强离退休干部思想政治建设，4月印发《关于开展“寻找最美离退休干部党支部书记”活动的通知》，“七一”前夕，发文表彰13名“最美老支书”，引导广大离退休干部学习先进，传递正能量；组织曾任县处实职老同志定期集中学习，每次集中学习安排1名市委常委领学，使老同志及时了解市委市政府的决策部署。发挥老干部党校的教育引导作用，邀请市委党校老师和有关部门领导为离退休干部作专题辅导报告讲座。全面加强对离退休干部党建工作的指导，全年召开2次全市离退休干部党支部书记片组会议和1期离退休干部党支部书记培训班，进一步提升离退休干部党支部建设的整体水平。

落实离休干部生活待遇。加强与相关部门协调，规范统一离休干部生活待遇的相关政策，加大对基层老干部工作检查力度，确保各单位离休干部各项生活福利补贴按标准发放。召开老干部工作座谈会，解决当前工作中存在的重点、难点问题。发挥离休干部帮困机制作用，全年发放困难补助金2.55万元。落实服务关爱机制，开展送温暖活动，走访慰问生病住院、家庭有特殊困难、异地到桐的离休干部和当年去世的离休干部遗属。6月，组织离休干部健康检查，事先征求每位离休干部的意见，提供多样化选择，优化体检方式，对行动不便的离休干部进行上门体检。7月，开展高温慰问，给离休干部送去防暑养生食品。积极推进社区“四就近”（就近学习，就近活动，就近得到关心照顾，就近发挥作用）服务工作，定期与社区互动，改进和完善“四就近”工作举措，加强与有关镇（街道）协调，全年下拨“四就近”工作经费5.76万元。

深化老干部工作阵地建设。推进市老干部活动中心和市老年大学两个阵地建设。市老干部活动中心以“四个创优”（管理创优、服务创优、环境创优、活动创优）为抓手，在加强内部管理的同时，组织老干部开展形式多样的政治理论学习和丰富多彩的文体活动，将活动中心打造成为老干部的精神家园、幸福家园和满意家园。市老年大学在抓好常规教学管理的同时，注重开展丰富多彩的第二课堂活动和校园文化建设。2016年，以新校舍启用为契机，修订教学管理办法，优化课程设置，改革招生报名工作，12月，建立市老年大学（老干部党校）临时党总支，提升市老年大学党建工作水平。

12月14日，桐乡市老年大学（市老干部党校）临时党总支成立大会召开　　市老干部局提供

发挥老干部作用。5月，组织全市离退休干部开展“齐心助力‘G20’、世界互联网大会·乌镇峰会，夕阳展风采”活动，下发活动倡议书，开展峰会宣传、公交站台保洁、平安巡防、矛盾化解等活动。“关工委”讲师团开展以社会主义核心价值观为重点的理想信念、爱国主义和集体主义、道德法制、革命传统、科普知识、心理与生理健康知识、家庭教育知识七个方面66个课题的专题教育，报告140场次，受教育人数4.5万余人次。根据需要不断调整充实“五老”(老干部、老军人、老教师、老专家、老模范)监督员，配合市文化稽查部门依法对全市70多家有经营执照网吧进行义务监督，配合市场监管局、市公安局等部门到学校周边的文体用品店、音像制品店监督检查，制止学校周边乱发的小广告，净化青少年身边文化环境。各级“关工委”充分发挥各条战线各领域退休老同志的特殊优势，动员150多名有特长、有威望的“五老”同志加入14个关爱明天服务队，开展心理疏导、行为教育等帮教工作。

【市老年大学新校启用】 9月9日，市老年大学举行建校25周年暨新校启用仪式。市委书记卢跃东宣布新校落成并启用，并与市委副书记、市长盛勇军，市委常委、组织部部长陈林根，副市长柳国彪为桐乡市老年大学、桐乡市老干部党校揭牌。市委副书记蒋惠玲，嘉兴市委老干部局副局长陈双玉等参加启用仪式。市老年大学新校区坐落在市区环城北路北侧，少体校西侧，占地1.67公顷，建筑面积1.1万平方米。学校整体设计上融入具有青砖、黑瓦、坡屋顶元素的江南水乡风格，运用三进式的建筑布局，庭院式的建筑群落。建校25年来，市老年大学学员从93人增加到1980多人次，教学班从3个增加到50多个，发展规模不断扩大，课程越来越丰富，极大地丰富桐乡市离退休老人的精神文化生活，取得丰硕的办学成果和显著的社会效应。

【开展助力G20、世界互联网大会系列活动】 5月9日，市委老干部局、市委组织部、市人力社保局联合下发《关于组织全市离退休干部开展“齐心助力‘G20’、世界互联网大会·乌镇峰会，夕阳展风采”活动的通知》文件，遵照文件精神，市委老干部局组织开展一系列活动。6月份，结合庆祝建党95周年，市老年大学举办主题征文、摄影比赛。6月29日，市老年大学在市政府广场举办“齐心助力‘G20’、世界互联网·乌镇峰会，夕阳展风采”专场文艺会演。“七一”前夕，市委老干部局对全市范围内评选出的13名“桐乡市最美离退休干部党支部书记”进行表彰。7月20日，由市委老干部局、市关心下一代工作委员会主办，市老干部活动中心、梧桐街道东兴社区承办的“大手牵小手，齐绘‘G20’、世界互联网大会·乌镇峰会”现场书法绘画活动在市老干部活动中心举行。整个活动期间，老干部局重点组织开展系列活动，切实发挥老干部在服务党委政府中心工作中的“智囊团”和“稳压器”作用。

（潘连城）

党校工作

【概况】 2016年，市委党校紧紧围绕桐乡市经济社会发展的生动实践，以提升科研质量为核心，以创新教学方法为重点，以增强干部培训实效性为目标，探

7月20日，市委老干部局、市“关工委”举办“大手牵小手”现场书法绘画活动　　市老干部局提供

索教学改革，努力建设“实干、团结、和谐”的校园队伍，发挥党校应有作用，党校整体事业上了新台阶。全年举办16期主体班培训，培训人数1206人次。为提高桐乡市农村基层干部谋事创业能力，党校举办两期以“四力”（政治定力、履行能力、创新活力、发展实力）为教学主题，以“领雁论坛”为教学平台，以异地教学与现场教学相结合的行政村党组织书记培训班，提升基层党员干部的综合能力。围绕市委中心工作，党校举办打造网络智慧强市专题研讨班、人文名城建设专题研修班、旅游业专题发展研修班，使党员领导干部工作更有针对性。党校还专门开设宣传干部综合素质提升专题培训班、纪检干部业务能力提升培训班、人大换届选举培训班等，满足不同部门和岗位需求。年内，党校组织宣讲团围绕“两学一做”学习教育、中共十八届六中全会精神以及宪法党史知识，深入农村、社区、机关，为全市干部群众宣讲75场次，受训4500余人次，发挥党校宣讲主阵地的作用。

【提升科研咨政水平】 2016年，市委党校聚焦桐乡市委市政府重大决策部署，带领科研团队，主动参与地方中心工作，深入基层开展调查研究，紧扣热点、难点选题，发挥党校科研团队优势与特色，完成多篇优秀调研成果。选派课题组进驻乌镇镇开展党建调研活动，完成《乌镇党建工作的探索与实践》调研成果。召开2次科研工作会议，研讨新形势下科研工作方向，为教师论文把脉，逐步形成文化产业、互联网＋等研究方向，撰写《城乡一体化进程中传统村落文化的保护与传承》《基层政府行政审批改革法治化研究——基于桐乡行政审批制读改革的思考》2项决策科研成果，进一步发挥党校地方智库作用。全年申报省、市各类课题37项，立项25项，提交各类研讨会论文12篇，入选5篇，出版地方史志《桂花村拾遗》专著，《红船精神与基层民主政治建设》与《习近平党的干部队伍建设思想及其指导意义》两篇讲稿入选嘉兴市委宣传部主编的《“红色讲坛”基层宣讲汇编》丛书，提升了党校科研影响力。

4月6日，浙江大学·桐乡市打造网络智慧强市专题研讨班开班

市委党校提供

【发挥党校政策宣讲主阵地作用】 2016年，市委党校组织骨干教师围绕中央、省、市最新形势政策，精心备课，积极推进社会宣讲，发挥党校政策宣讲主阵地作用。组织教师为全市机关、镇（街道）、社区送去“两学一做”学习教育宣讲50余场次；中共十八届六中全会召开后，安排教师参加省市党校系统学习贯彻中共十八届六中全会精神培训班，并为基层单位宣讲5场（次）；为落实党建高地以及法治社会建设，选派优秀教师为全市基层单位送去党的基本知识、宪法知识等专题宣讲20余场。全年，社会宣讲受众人数4500余人次，彰显了党校传播正能量、唱出好声音的社会宣讲作用。

（方　莉）

市直机关党建工作

【概况】 2016年，市直机关党工委深入学习贯彻党的十八届五中和六中全会精神，深刻领会“四个全面”战略布局、五大发展理念和从严治党，指导实践和推动工作。通过中心组学习、每月夜学和个人自学等，系统学习经典原著，掌握重要精神。以争创学习型、创新型、服务型、效能型、廉洁型“五型标尖”为抓手，制定机关事业单位“两比一争”三年行动计划。组织市直机关党员组织关系集中排查工作、党组织按时换届和党费补缴工作。为全体党员提供《中国共产党党员权利保障条例》《习近平总书记系列重要讲话读本(2016 年版)》等学习资料 2600 册。年内，受市委表彰优秀共产党员 6 人、优秀党务工作者 2 人、优秀志愿者 2 人和先进基层党组织 4 个，被省委组织部授予浙江省第二批“千名好支书”1 人、“万名好党员”2 人。与市委宣传部联合在全市机关党员中开展“党在我心中”演讲比赛，颂扬先进典型，展示党员风采。认真做好桐乡市第十四次党代会代表的选举工作，选举产生正式代表 73 名。

坚持质量建设，严格组织生活。做好党员发展工作，从源头上把牢党员发展的“入口关”，把先进分子和优秀人才吸收到队伍中来。年内，发展新党员 28 名，预备党员转正 28 名，先后举办市级机关入党积极分子培训班和新党员培训班，组织发展对象在谈话前进行党的基础知识集中考试，提高新党员对党的认知水平。过好基层组织生活。加强党员教育管理，严格落实“三会一课”、党员民主评议等工作制度，定期召开例会、上好党课，认真开展党员党性分析评议活动，规范程序内容，创新方法手段。开好组织生活会。运用好党建红云平台、“桐乡红云”APP，充分发挥“互联网＋”优势，扎实做好机关基层党组织和党员“双先指数”考评工作，并作为机关基层先进党组织考核评比的内容依据。做好党务干部队伍建设，指导 38 个机关基层党组织按期换届，选好领导班子，配强党组织书记。7 月，组织基层党组织书记集中培训，提升干部队伍政治素养和业务技能。

【发挥党员主体作用】 2016 年，市直机关党工委坚持服务中心，强化职能作用，努力在实体经济、城乡统筹和创新驱动上下功夫、使实劲，实现支部工作与行政工作有机融合、协调发展。各机关基层党组织引导所属支部党员干部深入基层一线，察民情、接地气、办实事。开展好机关党员志愿服务，G20 杭州峰会和第三届世界互联网大会·乌镇峰会期间，组织参加“红袖章”万人大巡防活动。通过开展“四方红色联盟”结对共建活动和“1＋X”组团帮扶，推动城乡基层党组织的结对共建。发挥机关党组织的协同优势，紧盯改革发展中遇到的重点和难点，通过片组例会等集智聚力、深挖潜力、发挥合力，推动社会改革持续深入、科学发展。做好深化党建工作创新项目化管理，实施创新项目 32 个，党员的主体作用发挥明显，基层党组织的生机和活力增强。丰富机关业余文化生活，培养机关党员干部高尚的道德情操和生活情趣，举办“新桐乡·新风尚”系列文化讲座 3 期。

6 月 24 日，桐乡市直机关第十届运动会开幕　市直机关党工委提供

【深化党风教育】 2016 年，市直机关党工委坚持勤政廉洁，筑牢机关党员干部拒腐防变的思想防线，深化党风教育，邀请市纪委领导给在职党员上专题党课。继续开展学好用好党章活动，自觉执行市委“三大纪律”和“八项要求”等，防止“四风”问题反弹。严肃查处问题，对党员违纪案件进行审查，按程序作出开除党籍处分 1 名，党内警告处分 3 名，办理恢复党员权利手续 1 名。按规定做好受处分党员跟踪回访工作。完善书记述职制度。认真履行“一岗双责”，组织各机关

基层党组织就工作开展情况和加强自身建设情况，向党员大会汇报一次工作，接受党员评议，听取意见建议。在片组会上，组织各支部书记进行述职，提高支部书记抓党建、管队伍的本领。

（俞国强）

机构编制工作

【概况】 2016年，桐乡市机构编制工作坚持改革统领、突出制度创新、强化法治思维，以实现治理体系和治理能力现代化为总目标，抓住职责体系、组织体系和运行机制建设三个关键，推进行政体制和事业单位改革创新，进一步推进机构编制管理法治化和规范化，为桐乡市经济社会科学发展提供强大的体制机制保障。全面推进基层治理体系四个平台建设，综合内设机构，整合事业单位，规范中层职数核定，盘活现有编制资源，适当增加镇（街道）行政、事业编制，重点保障基层工作力量。推进镇（街道）“综治工作、综合执法、市场监管、便民服务”四个平台建设。

【推进行政体制和事业单位改革】 2016年，市机构编制委员会办公室推进行政体制和事业单位改革。完成不动产登记职责整合工作。整合不动产登记职责，印发《桐乡市不动产登记服务中心主要职责内设机构和人员编制规定》，市不动产登记服务中心为市国土资源局下属副科级公益一类事业单位，相应划转各相关部门的编制和人员到市不动产登记服务中心。统筹建设统一政务咨询投诉举报平台。整合优化各职能部门非紧急类政务服务热线及网络平台功能。市信访局增挂“嘉兴市统一政务咨询投诉举报平台桐乡分平台管理办公室”牌子，承担分平台建设和管理等工作，并明确其他部门的分工职责；优化整合妇幼保健和计划生育技术服务资源，市妇幼保健院和市计划生育技术服务指导站合并，组建成立市妇幼保健计划生育服务中心，保留“市妇幼保健院和计划生育宣传技术指导站”牌子。镇（街道）计划生育服务站的职能与卫生院（社区卫生服务中心）妇幼保健职能整合，镇（街道）卫生院（社区卫生服务中心）加挂“妇幼保健计划生育服务站”牌子。

【深化完善权力清单和责任清单】 2016年，市编委办进一步优化公共权力运行改革，对照省级目录，重新修改完善市级部门的权力清单、责任清单，将年度重点工作目标列入责任清单，完善事中事后监管制度，编写增加部门职能边界案例，建立部门权责清单动态调整机制，健全责任追究制度。推动权力清单再“瘦身”，责任清单再“强身”，持续推进简政放权、放管结合、优化服务。全面推行镇（街道）和功能区权力清单责任清单，梳理公布全市12个镇（街道）和2个功能区权责清单，推动“四张清单一张网”（政府权力清单、企业投资负面清单、政府责任清单、省级部门专项资金管理清单和浙江政务服务网）向基层延伸，打通服务群众的“最后一公里”，实现权力清单责任清单市、县、镇三级全覆盖。

【提升机构编制科学管理水平】 2016年，市编委办加强机构编制实名制管理。进一步强化与组织、财政、人力社保、公积金管理中心等部门的协调配合机制，及时掌握机构编制变化情况，实行对机构、编制、人员全方位监控，确保机构编制数据库的及时、准确。加强机构编制监督检查。围绕财政供养人员只减不增的目标，开展控编减编监督检查工作，着眼于控制和减少编制总量。配合省审计组对桐乡市党政主要负责人经济责任审计工作，切实加强机构编制监督检查力度，检查发现的有关机构编制事项及时整改。完成全市417家事业单位法人年度报告公示和统一社会信用代码证发证工作。做好事业单位登记管理工作，全年设立登记5家，变更登记116家，注销登记3家。63家机关及7家群团发放统一社会信用代码赋码。至年底，全市468家事业单位申请的全部中文域名续费工作全部完成，其中机关单位82家，事业单位378家、社会团体7家、其他组织1家。

（朱　亮）

桐乡市人民代表大会

概　　述

2016年，市人大常委会按照“四个全面”战略布局的要求，围绕全市工作大局，以转变发展方式、统筹城乡发展、促进民生改善、建设法治桐乡为重点，各方面工作取得新进展。全年举行常委会会议9次，听取和审议专项工作报告13次，召开主任会议18次，听取和审议专项工作报告17项。开展专题视察市政府5个方面的重要工作。进一步完善任前法律知识考试制度，举行国家工作人员向宪法宣誓仪式。积极开展大气污染防治执法检查和“五水共治”专项监督工作进行动员部署、跟踪监督浙江传媒学院桐乡校区建设、乌镇大道建设等工作，组织好换届选举，全力助推第三届世界互联网大会顺利召开。“人大视点”“人大之窗”“人大园地”等与新闻媒体联办的栏目得到巩固，及时编印常委会会议公报、简报、纪要，完善人大网站建设。市人大常委会认真对待群众来信来访，热情接待、认真记录，及时转办、催办和答复，对重点信访件加大督办力度。

新任命的干部向宪法宣誓　　市人大办提供

重要会议

【市十五届人民代表大会第五次会议】　3月9—12日，市十五届人大五次会议举行。会议应到代表261名，实到代表252名。市委、市政府领导及在桐乡的省、嘉兴市人大代表等168人列席会议，34名市级有关机构、单位负责人应邀参加大会开幕式、闭幕式。出席市八届五次政协会议的全体人员列席第一次、第二次全体会议，市政协主席、副主席应邀参加闭幕式。会议听取和审查《政府工作报告》《市人大常委会工作报告》《市人民法院工作报告》《市人民检察院工作报告》，审查《桐乡市国民经济和社会发展第十三个五年规划纲要草案》《关于桐乡市2015年国民经济和社会发展计划执行情况及2016年国民经济和社会发展计划草案的报告》《关于桐乡市2015年财政预算执行情况和2016年财政预算草案的报告》，通过相应的7个决议，提出153件议案和建议。根据会议议程安排，会议依法补选市十五届人大常委会副主任1名和市人民检察院检察长。根据地方组织法、代表法和《桐乡市人民代表大会代表议案处理办法》的有关规定，经议案审查委员会审查，45件代表议案全部作为建议、批评和意见处理。其中钟培荣、李玉娟、陆富荣等3名代表分别领衔提出的“关于进一步扶持实体经济发展”为内容的3件议案，徐子松等10名代表提出的“关于要求加强污水处理设施建后管理的议案”，以上两个方面共4件作为重点建议。会议期间，大会秘书处议案组还收到代表提出的建议、批评和意见108件。

【市十五届人大常委会第二十七次至三十五次会议】　1月29日，市十五届人大常委会召开第二十七次会议。会议听取和初审市政府《关于桐乡市2015年国民经济和社会发展计划执行情况及2016年国民经济和社会发展计划草案的报告》《关于桐乡市2015年财政预算执行情况和2016年财政预算草案的报告》；听取和审议市政府《关于政府投资重大建设项目2015年执行情况和2016年计划草案的报告》《关于提请批准2015年地方政府债务限额的议案》；审议《关于桐乡市公检法司机关工作人员依法履职、公正司（执）法情况审议意见落实情况的报告》。

2月16日，市十五届人大常委会举行第二十八次会议。会议听取和审议市人大常委会主任张林洪提请《关于召开市十五届人大五次会议决定草案的议案》，表决作出《市人大常委会关于召开市十五届人大五次会议的决定》。会议审议市人大常委会《关于国家工作人员实行宪法宣誓制度的决定草案》，表决作出《市人大常委会关于国家工作人员实行宪法宣誓制度的决定》。会议审议《市人大常委会工作报告草案》，决定提交市十五届人民代表大会五次会议审议。

3月7日，市十五届人大常委会举行第二十九次会议。会议听取和审议市人大常委会所作的关于市十五届人大五次会议筹备情况的报告。会议听取和审议市人大常委会代表资格审查委员会所作的关于补选代表的代表资格审查报告，并以举手表决的方式通过市人大常委会关于代表变动情况的公告。会议审议、决定市十五届人大五次会议建议议程、日程等有关事项。

4月19日，市十五届人大常委会举行第三十次会议。听取和审议市政府和市人大常委会主任分别提请的人事任免议案，并以无记名投票方式通过上述人事事项。市人大常委会主任、副主任及其他常委会组成人员24人参加会议。市委副书记、市长盛勇军，市人民法院院长许邦清，市人民检察院检察长沈小平等列席会议。

5月16日，市十五届人大常委会举行第三十一次会议。市人大常委会主任张林洪在会上讲话。会议听取和审议市政府《关于在全市公民中开展法治宣传教育的第七个五年规划（2016—2020年）编制情况的报告》，表决通过《市人大常委会关于开展第七个五年法治宣传教育的决议草案》。

4月18日，市人大常委会领导调研推进项目建设　市人大办提供

7月28日，市十五届人大常委会举行第三十二次会议。会议听取和审议市政府《关于桐乡市2016年上半年国民经济和社会发展计划执行情况及下半年工作重点的报告》《桐乡市2016年上半年财政预算执行情况的报告》《桐乡市2015年财政决算情况的报告》《2015年财政预算执行和其他财政收支的审计工作报告》《全市大气污染防治法律法规执行情况和“五水共治”工作情况的报告》；听取和审议《市人大常委会检查监督工作小组关于桐乡市大气污染防治执法检查和“五水共治”专项监督的报告》；审议市政府《关于2015年度依法行政工作情况的报告》；表决通过有关决议和审议意见草案。

9月29日，市十五届人大常委会举行第三十三次会议。会议听取和审议市政府《关于市十五届人大一次会议“关于实施生态优先，推进桐乡经济社会持续发展”大会议案办理工作情况的报告》，会议指出，市政府及各有关部门要对照《关于办理“关于实施生态优先，推进桐乡经济社会持续发展”议案的实施方案》，并结合本次会议审议提出的意见建议，将办理报告作进一步修改后提交市十六届人民代表大会一次会议。会议听取和审议市政府所作的《关于市十五届人大五次会议重点建议和建议办理情况的报告》，表决通过市人大常委会关于市十五届人大五次会议重点建议和建议办理情况的审议意见。会议对市政府关于市十五届人大一次会议“关于实施生态优先，推进桐乡经济社会持续发展”大会议案办理工作情况、关于市十五届人大五次会议重点建议和建议办理情况进行满意度测评，并通过测评。会议听取和审议市发改局所提请的关于调整2016年度政府投资重大建设项目计划的议案，表决作出市人大常委会关于调整2016年度政府投资重大建设项目计划的决议。会议听取和审议市人大常委会所提请的关于市镇两级人民代表大会换届选举有关事项决定的议案，表决作出市人大常委会关于市镇两级人民代表大会换届选举有关事项的决定、关于设立桐乡市选举委员会的决定、关于设立各镇（街道、市经济开发区、振东新区）选举委员会（选举办事处）的决定。会议听取市人大常委会关于市、镇两级人大换届选举工作有关问题的说明。

11月24日，市十五届人大常委会举行第三十四次会议。会议听取市委书记、市长盛勇军提请的人事任职议案和盛勇军辞去市长职务的请求、张林洪提请的人事任职议案。会议表决通过盛勇军辞去市长职务，任命王申峰为市政府副市长、代理市长。

12月15日，市十五届人大常委会举行第三十五次会议。会议听取和审议市卫计局所作的《关于深化卫生体制改革工作情况的报告》，表决通过《市人大常委会关于深化卫生体制改革工作情况的审议意见》。会议听取和审议市财政局所提请的《关于调整2016年市财政预算的议案》，表决作出《市人大常委会关于同意调整2016年市财政预算的决议》。会议审议市政府《关于2015年度财政预算执行和其他财政收支审计工作情况的审议意见整改落实情况的报告》《关于大气污染防治法律法规执行情况》和《“五水共治”工作情况的审议意见落实情况的报告》《关于依法行政工作情况审议意见落实情况的报告》。会议听取和审议张林洪提请的《市人大常委会关于调整工作机构的决定草案的议案》，表决作出市人大常委会关于调整工作机构的决定。会议听取和审议市政府代市长王申峰、市人大常委会主任张林洪和市人民法院院长许邦清分别提请的人事任免事项和辞职事项，并以无记名投票方式通过上述任免案。会议通过市人大常委会关于接受部分成员辞去市镇选举委员会职务的决定。

重要活动

【组织视察工作提升监督实效】2016年，市人大常委会深化国民经济和社会发展计划、审计、政府重大投资项目等审查监督。加强对全口径预算决算的审查监督，实现政府预算的完整编报与审查。常委会会议听取和审议市政府关于“七五”普法规划编制情况、2015年度依法行政工作、政府投资重大建设项目2015年执行及2016年安排、深化卫生体制改革、代表议案建议办理等工作情况的报告。主任会议听取市政府关于招商引资、食品安全、畜禽集中屠宰等方面工作的汇报，以及市人民检察院关于预防职务犯罪工作的汇报。实地视察湖盐公路交通点道路交通管理、乌镇大道工地建设、浙江传媒学院桐乡校区建设等情况，以及监督政府投资重大建设项目和惠民实事工程，并对公检法司机关工作人员依法履职、公

5月25日，洲泉人大代表小组进行食品安全检查　　市人大办提供

正司(执)法情况进行"回头看"。切实做好人事任免工作,认真实施国家工作人员宪法宣誓制度,提高人事任免工作制度化、规范化水平。做好规范性文件备案审查工作,不断提高备案审查工作质量。加强人大信访工作,维护当事人合法权益。

【开展执法检查服务发展大局】 2016年,市人大常委会主动适应经济社会发展新形势,聚焦"一业一网"战略实施,注重工业强市、市场强市、旅游强市和网络强市"四轮"驱动,注重实体经济、城乡统筹和注重创新发展,持续推进"宜居水乡"行动计划,结合大气污染防治"一法一条例"执法检查,继续抓好市十五届人大一次会议"关于实施生态优先,推进桐乡经济社会持续发展"大会议案的督办,督促政府完善相关工作措施,切实解决全市经济社会发展、生态环境保护和宜居水乡建设中的突出问题。重点关注实体经济发展、"五水共治""五气共治"、食品安全、医疗卫生、互联网产业等方面工作中的"短板",多次开展执法检查、组织执法人员专题学习培训,并且组织开展调研、视察和审议专项报告,推动工作落实。

【完成市、镇两级人大代表换届选举】 10月起,市人大常委会组织桐乡市十六届人大代表、镇十七届人大代表的换届选举工作。市、镇人大代表换届选举,全市登记选民590608人,不能行使选举权利、停止行使选举权利、被剥夺选举权利而不列入选民名单的410人。12月25日确定为选举日,全市552762名选民参加投票,参选率93.6%。选出桐乡市十六届人大代表265名和各镇人大代表707名。265名市人大代表中非中共党员65名(其中民主党派7名),占24.5%;妇女代表70名,占26.4%;连任代表105名,占39.6%。市十六届人大代表与上届市人大代表相比,代表文化程度提升,大学以上学历增加34名,初中以下学历的减少13名;民主党派代表结构多样化,不同民主党派增加6名。

【做好议案和建议交办督办工作】 市十五届人大五次会议后,人大办及时对154件议案建议(其中1件为闭会期间提出)进行梳理,并与市委办、市政府办共同研究交办意见,经主任会议讨论后及时交市政府及其他有关机关、组织办理。启用完善桐乡市建议提案信息管理平台,继续在镇(街道)、社区推广"代表之窗",通过网上和社区橱窗公开议案建议内容及承办单位答复和办理情况,接受人民群众的监督。据桐乡市建议提案信息管理平台的统计,至年底,收到办理答复件154件,代表满意率98.7%,基本满意率为1.3%。在这154件议案建议中,代表认为问题得到解决的68件,解决率44.2%;问题基本解决的53件,基本解决率34.4%;问题尚未解决的33件,占21.4%。此外,代表在闭会期间提出2件建议,也得到较好办理。市人大常委会还对市政府关于代表建议办理情况报告,进行满意度测评。

(周鑫艳)

11月29日,市十五届人大优秀代表暨五次会议优秀议案建议表彰大会召开　　市人大办提供

桐乡市人民政府

重要会议和决策

【政府全体会议】 2016年，桐乡市政府召开全体会议两次。

4月13日，召开市十五届政府第九次全体会议。会议全面落实2016年《政府工作报告》各项工作任务和市十五届人大五次会议代表议案建议、市八届政协五次会议提案的办理任务，分解落实2016年度有关经济发展指标。

8月4日，召开市十五届政府第十次全体会议。（参见《党政·中共桐乡市委员会》中相关条目）

【政府常务会议】 2016年，市政府召开政府常务会议15次。

1月11日，市长盛勇军主持召开市十五届政府第五十次常务会议。会议讨论《关于部分市领导分工临时调整的建议方案》。

1月26日，市长盛勇军主持召开市十五届政府第五十一次常务会议。会议原则同意《桐乡市中小微企业优助计划项目实施方案》《桐乡市镇级区域"五水共治"生态补偿机制实施意见（试行）》《桐乡市城乡生活污水治理三年行动计划（2015—2017年）》《桐乡市农村土地承包经营权确权登记颁证实施方案》《桐乡市人民政府关于扩大杭嘉湖南排（杭平申线航道改造）工程运东段屠甸镇房屋征收的决定》《关于强化镇街道环保责任健全镇街道环境监管体制的意见》《桐乡市多渠道筹措社会保障资金实施办法》《2015年全市招商引资考核奖励方案》。听取市质监局关于《2015年桐乡市市长质量奖评审工作情况汇报》、市发改局《关于桐乡市2015年国民经济和社会发展计划执行情况及2016年国民经济和社会发展计划草案的报告》《关于2000万元以上政府投资项目2015年执行情况及2016年计划草案的报告》、市财政局（地税局）《关于桐乡市2015年财政预算执行情况和2016年财政预算草案的报告》《关于2015年财政运行及2016年财政预算安排情况的汇报》。

2月18日，市长盛勇军主持召开市十五届政府第五十二次常务会议。会议原则同意《2016年政府工作报告（征求意见稿）》。

3月21日，市长盛勇军主持召开市十五届政府第五十三次常务会议。会议原则同意《2016年〈政府工作报告〉主要工作责任分解方案》《桐乡市十三届党代会第五次会议代表提案建议和2016年"两会"建议提案办理责任分解方案》。

4月22日，市长盛勇军主持召开市十五届政府第五十四次常务会议。会议原则同意《关于进一步加快推进我市城镇危旧房屋治理改造工作的实施意见》《关于科技创新促转型的实施意见》《桐乡市招才引智工作考核奖励办法（试行）》《京杭运河三级航道整治工程嘉兴段"四改三"扩建工程及下穿运河隧道方案初步研究》《关于桐乡市2015年保障性安居工程审计的整改意见和措施》。听取市金融办《关于非法集资排查及投资理财咨询行业整治专项行动开展情况的汇报》。

5月12日，市长盛勇军主持召开市十五届政府第五十五次常务会议。会议原则同意《市安监局1—4月工作总结及下阶段工作重点》《关于在全市公民中开展法治宣传教育的第七个五年规划（2016—2020年）》和《桐乡市人民政府关于2015年度依法行政工作情况的报告》。听取市委宣传部关于《农村文化礼堂建设支持政策调整有关情况说明》。

6月27日，市长盛勇军主持召开市十五届政府第五十六次常务会议。会议原则同意《桐乡市人民防空工程建设利用管理办法》《桐乡市关于降低企业成本推进实体经济稳增促调的若干意见》《桐乡市人民政府关于加快发展现代职业教育的实施意见》《桐乡市关于优化整合妇幼保健和计划生育技术服务资源的实施方案》《关于建立疾病应急救助制度的实施办法》《2016年桐乡市深化接轨上海工作实施方案》《关于加强社会治安防控体系建设的实施意见》和《关于要求明确财政资金竞争性存放范围、公款竞争性存放方式和调整评标方法的请示》。讨论《桐乡·浙江传媒华策电影产业园一期工程建设协议》。听取市建设局（人防办）《关于扩大杭嘉湖南排（杭平申线航道改造）工程运东段屠甸镇国有土地上房屋征收签约期限需延期的情况汇报》。

7月29日，市长盛勇军主持召开市十五届政府第五十七次常务会议。会议原则同意《桐乡市烟花爆竹禁燃禁放工作实施方案》《乌镇区域综合交通规划》《桐乡市湿地保护规划（2015—2020

年)》《福莱德项目西地块后续问题处理建议》《关于杨家门旧城改建(二期)项目房屋征收的决定》和《桐乡市"十三五"期间四项主要污染物有偿使用费缴纳工作方案》。听取市财政局(地税局)的《关于桐乡市2015年财政决算的报告》《关于桐乡市2016年上半年财政预算执行情况的报告》和市政府办的《在市委十三届九次全体(扩大)会议暨市十五届政府第十次全体会议上的报告》。讨论《关于部分市政府领导分工调整的建议方案》。

8月26日,市长盛勇军主持召开市十五届政府第五十八次常务会议。会议原则同意《桐乡市公务用车制度改革实施方案》《关于促进全市商贸综合体和专业市场健康发展的若干意见(试行)》《桐乡市商业房地产项目货币资本金管理办法(试行)》《桐乡市城乡规划管理办法》《桐乡市临时改变房屋用途管理规定》《城乡规划区内已出让工业地块建设实施细则(试行)》《桐乡市榨菜(蔬菜)行业整治巩固提升工作方案》《关于建立本市困难残疾人生活补贴和重度残疾人护理补贴制度的通知》和《桐乡市推进安全生产社会化服务工作的实施办法》。通过《桐乡市人民政府关于公布2016年度住房保障相关标准的通知》。

9月23日,市长盛勇军主持召开市十五届政府第五十九次常务会议。原则同意《关于市第一人民医院与省人民医院、市妇幼保健院与上海市红房子妇产科医院开展医疗合作的实施方案》《桐乡市推进"低小散"企业"退散进集"三年行动计划》《桐乡市防洪排涝规划》《桐乡市水利发展"十三五"规划》《桐乡市综合交通运输"十三五"发展规划》《关于加快构建现代公共文化服务体系的实施意见》。听取市发改局《关于调整2016年度2000万元以上政府投资项目计划的报告》。

10月28日,市长盛勇军主持召开市十五届政府第六十次常务会议。会议原则同意《关于深化供销合作社和农业生产经营管理体制改革 完善"三位一体"农民合作经济组织体系的实施方案》《关于实施第五轮"壮大工程"加快推进村级集体经济发展的意见》《桐乡市国土资源发展"十三五"规划纲要》《第三届世界互联网大会桐乡市环境保障方案》《2016年桐乡市招商引资考核奖励办法》《桐乡市人民政府关于补齐科技创新短板的实施意见》《关于深化完善镇(街道)行政管理体制的实施意见》和《关于构建基层"四个平台"工作的实施意见》。讨论《关于稳步推进农房改造集聚积极探索诗画水乡特色村落保护的若干意见》和《关于进一步促进社会资本举办医疗机构健康发展的实施意见》。

12月14日,代市长王申峰主持召开市十五届政府第六十一次常务会议。会议原则同意《关于2016年财政预算调整的方案》。

12月19日,代市长王申峰主持召开市十五届政府第六十二次常务会议。会议讨论《关于市政府领导分工的建议方案》。

12月23日,代市长王申峰主持召开市十五届政府第六十三次常务会议。会议原则通过《关于合众新能源资质申报的方案》。

12月28日,代市长王申峰主持召开市十五届政府第六十四次常务会议。会议原则同意《桐乡市临时救助办法》《桐乡市支出型贫困家庭救助办法》《关于推进责任制医生签约服务的实施办法》《关于进一步推进户籍制度改革的实施意见》《关于加快乌镇大数据高新技术产业园区建设的实施意见》《乌镇大数据高新技术产业园区管理办法》《桐乡市能源发展"十三五"规划》。听取市发改局《关于2000万元以上政府投资项目2016年执行情况及2017年计划草案的报告》、市财政局《关于2016年财政运行及2017年预算安排情况的汇报》《关于桐乡市2016年财政预算执行情况及2017年度财政预算安排情况的报告》。

(沈志琰)

办公室工作

【概况】 2016年,市政府办按照"勤政廉政,依法行政,规范管理,高效服务"的要求,积极参与政务,精心管理事务,努力改善服务,不断提高工作质量和效率。

强化统筹协调作用。加大对全市中心工作的协调力度,助力"五水共治""三改一拆"、政府投资项目等重点工作扎实推进。突出领导批示办理质量,注重完善工作方法,落实专人就主要领导批示进行登记、交办、跟踪,确保政令畅通,推动工作落实。全年交办市政府领导批示65件,勤政周记处理单230件,承办嘉兴市级以上领导批示140件。制定2016年民生实事工程项目

8 件。按时办结市人大代表建议 148 件，满意或基本满意率 100%；市政协委员提案 237 件，满意或基本满意率 100%。

提升公文处理质量。进一步提升全办人员公文处理质量意识，从源头提升公文起草质量。全年印发各类正式文件 422 件。坚持公文流转高效率，优化流程，规范操作，不断提升公文办理效率。全年签收处理各类公文 2500 余件，承办请示、报告 532 件。深化信息服务，紧紧围绕市委市政府中心工作，突出典型宣传，深抓问题研判。全年编发《每日要讯》96 期、《工作交流》11 期。上报信息被国务院办公厅录用 17 条、省政府办公厅录用 86 条，获国务院领导批示 4 条，省领导批示 12 条、嘉兴市领导批示 23 条，信息工作考核名列全省第六。

推进法治政府建设。出台《桐乡市法治政府建设规划（2016—2020 年）》，健全法治政府建设考评体系，明确 2020 年建成法治政府。落实市政府常务会议学法制度，完善学法内容。努力发挥参谋助手和法律顾问作用，协助市政府处理好"三改一拆"、治水治气及濮院旧城改建项目、南排工程改造项目等中心工作的涉法事务。认真开展日常审查，做好文件的合法性审查、编号、备案工作，全年审查规范性文件 24 件。立足社会稳定和谐大局，强化复议调解，化解行政纠纷。努力寻求各方利益平衡点，促进当事人与行政机关的相互理解和信任，从源头上减少行政争议案件。引导群众通过行政复议渠道依法理性表达诉求。

深化政府信息公开。出台《2016 年桐乡市政务公开工作要点》，部署工作重点，细化工作内容，全面指导推进政府信息公开工作，重点督促与群众生产生活密切相关的民生领域信息公开。发挥市政府公报在政府信息公开中的作用，编印《桐乡政报》5 期近 4000 份，电子版在信息公开平台同时发布。全年办公室公开信息 100 件，按时办结率为 100%。政府信息公开平台已主动公开政府信息 47000 余条，其中 2016 年累计主动公开 5250 条。

提升应急管理水平。严抓全市社会应急联动平台建设，建立完善社会应急联动处置派单平台，完善应急预案，强化科技、财政保障，提高应急处置能力，稳步推进应急管理工作。强化科技保障，为相关单位配备专门应急处置车辆，安装 GPS 定位及 3G 车载音视频无线传输系统。积极开展应急演练，做好极端灾害天气各类突发事件事前预警；在重大国际峰会期间，切实加强应急联动值班备勤，全力维护社会稳定。

推进电子政务建设。完成万兆网络骨干、千兆部门接入、出口带宽倍增的高速电子政务外网改造，进一步提升信息传输和网络平台的承载能力。完成建议提案信息管理平台建设，实现人大代表、政协委员、党代表信息的电子化管理，以及代表议案、委员提案的无纸化办理。加快推进政务服务网投资项目在线审批监管平台实施，配合组织政务服务网行政处罚事项实施工作，拓展政务服务网向镇（街道）延伸。注重集约建设，政务云桐乡分中心一期项目完成建设。完成政务数据交换和共享的核心平台建设，为进一步实现跨部门的数据交换和共享夯实基础。按照上级网站普查要求，落实网站普查，细化整改措施。在重大国际峰会期间，执行网站 24 小时值班制，完成政府门户网站安防任务。

优化服务保障工作。利用办公应用中的会务管理功能，形成有效的会议协调机制，提高市政府重要会议的决策效率。认真办理会务，做到会前会中会后各环节周全到位，确保会议实效。健全公务接待制度，做好公务接待工作，全年接待国内考察团 100 多批、接待海外侨胞及外宾 335 人次，完成国内外考察团到桐乡市考察交流的接待工作。配合国家网信办、省政府做好第三届世界互联网大会各项会务和接待工作。

推动外事侨务工作。加强因公出国（境）管理，全年累计申报因公出国（境）团组 23 批 50 人次，列入计划管理党政干部 37 人次，比上年度下降 24.5%；申报赴台湾 6 批 25 人次，列入计划管理党政干部 13 人，比上年下降 35%。积极推动对外友好交往，与美国埃尔卡特市签署友好交往关系合作备忘录。全力服务涉侨对象，推进"侨心苑"试点和侨商服务联盟工作，高效妥善处理涉侨事务。牵线助推时尚产业发展，邀请国际著名设计师开展专业时尚讲座，加快濮院毛衫接轨国际步伐。推进社区侨务工作，开拓社区侨务新局面。筹备桐乡市第七次归侨侨眷代表大会，完成市侨联换届工作。

深化金融服务工作。持续推动企业对接多层次资本市场，巨匠建设、嘉澳环保成功上市，铭龙基布等8家企业成功挂牌新三板。推动企业扩大融资规模，优化融资结构。全年直接融资规模超178亿元，比上年增长138%。鼓励推进股权投资业发展，政府产业基金进展顺利，累计落户股权投资管理企业14家，股权投资基金28家，设立政府产业子基金6个，合作设立坤泰股权投资产业基金。不断优化传统金融服务，设立中小微企业优助计划，下半年累计帮助企业完成转贷4400余万元。积极推动金融改革创新。浙江阿特多多知识产权交易中心落户桐乡；继续开展"幸福新桐乡"农民普惠理财计划试点工作，全年为农民增加财产性收入1300余万元。加强类金融机构监管，组织开展两链风险和非法集资排查、投资理财咨询行业整治及互联网金融风险专项整治工作，落实应急转贷资金，协调化解企业风险。

（陆亚英）

外事侨务工作

【概况】 2016年，桐乡市切实规范因公出国（境）管理，严格审核程序，办理因公出国（境）团组23批50人次，与上年相比，全市因公出国（境）人次明显下降。接待各类外宾18批335人次，包括捷克总理代表团、发展中国家女官员团、马来西亚多元文化妇女联合会秘书长、德中友协主席、美国埃尔卡特市代表团、各国驻沪领馆等重要团组。市外侨办配合做好第三届世界互联网大会·乌镇峰会工作，完成相关外事工作。协助嘉兴市外侨办做好热点和敏感地区外国人来华邀请审核，受理183批282人次。市外侨办（侨联）加强与海外华侨华人、留学人员的联络联谊，发挥侨联、留学人员家属联谊会、归国留学人员俱乐部作用，凝聚侨心、汇集侨智、发挥侨力、维护侨益。走访慰问归侨侨眷39户，妥善处理涉侨农户建房信访件2件，办理华侨回国定居手续1件。利用"梧桐侨心苑"平台，组织侨眷和留学生家属英语培训15场。积极推动社区侨务工作，梧桐街道杨家门社区通过验收，被国务院侨务办公室授予"全国社区侨务工作示范单位"称号。继续推进侨商服务联盟工作，了解侨商企业困难和需求，研究探讨企业加快发展、服务桐乡经济发展的对策和措施。通过联系侨界人士，邀请意大利顶级时尚服装品牌设计师为桐乡市毛衫行业500多位企业家、设计师提供时尚讲座。接待新西兰嘉兴联谊会会长沈晓栋，美国马里兰大学牙学院副院长徐华焜夫妇，旅美华侨华美银行分行经理杨霞，旅日书法家、篆刻家晋欧，新加坡国立大学医学教授章勇良，美国佛罗里达国际大学副教授王忠明等海外重点人士。配合上级侨联组织活动，承办2016"中国寻根之旅夏令营"浙江嘉兴营桐乡行活动。组织召开桐乡市第七次归侨侨眷代表大会，选举产生新一届市侨联领导班子。继续与嘉兴日报桐乡报社合作在《嘉兴日报·桐乡新闻》办好"桐乡人在海外"专栏，专版宣传报道桐乡市在海外优秀人士。

【美国埃尔卡特市友好代表团到桐乡访问】 4月5—9日，应桐乡市政府邀请，美国印第安纳州埃尔卡特市友好代表团到桐乡

4月6日，桐乡市与美国印第安纳州埃尔卡特市签署友好交流关系合作备忘录　　市政府办提供

访问，市长盛勇军会见代表团并进行座谈交流，代表团考察桐乡市隆翠汽车公司、巨石集团、浙江传媒学院桐乡校区和市文化中心等，与经济开发区、濮院针织产业园区相关负责人进行深入交流。4 月 6 日，桐乡市与埃尔卡特市共同签署友好交流关系合作备忘录。双方约定将在平等互利的基础上，共同促进两市人民之间的友好交往与经贸往来，开展经济、文化、教育、科技、旅游等各领域的交流与合作。埃尔卡特市位于美国印第安纳州北部，制造业尤为发达，被誉为世界著名的“房车之都”。美国 60%的房车在该地区生产。2013 年 9 月，由埃尔卡特房车团队与区内企业戴德动力合资成立的隆翠汽车公司拖挂式房车项目在桐乡经济开发区正式落户。

【韩国开放福祉财团驻濮院办事处开业】 参见《市场 · 濮院羊毛衫市场》中相关条目。

【杨家门社区创建为“全国社区侨务工作示范单位”】 11 月 30 日，梧桐街道杨家门社区被国务院侨办授予“全国社区侨务工作示范单位”称号。嘉兴市外侨办副主任朱海林到桐乡为杨家门社区授牌。杨家门社区有海外华侨华人和留学人员 45 户、62 人，侨眷 60 户、114 人。该社区在服务侨眷方面，以创新服务方式入手，设立侨务工作站，开设“侨之家”，不断完善为侨服务网络。通过开通爱心门铃服务，及时解决侨眷生活中的实际困难。利用网络平台，满足侨眷与远在国外的家属的亲情交流需要。通过扎实的工作，努力为侨服务、维护侨益，取得良好社会效果。

（苏晓波　沈　伟）

台务工作

【概况】 2016 年，桐乡市台界人士担任嘉兴市人大代表 1 人，政协委员 2 人，桐乡市人大代表 1 人，政协委员 8 人。全年组织赴台交流项目 2 个批次 17 人，其中市政协副主席陈英率领桐乡市妇女参访团访问台湾花莲市妇女联合会，看望慰问在台的部分桐乡籍大陆配偶等。桐乡市台办、市教育局组织的桐乡市教育考察团参访基隆市特殊教育学校、南投县鹿谷国民小学、高雄市三民区狮湖国民小学、高雄鼎金国民小学附属幼儿园等，在交流基础上，桐乡市石门镇中心小学与南投县鹿谷国民小学签订友好结对协议书。市台办指导 8 家企业赴台商务活动，组织台资企业联谊会会员单位例会 9 次，邀请有关部门作政策、法规讲座和咨询服务。开展相关法律法规宣传，依法保护台胞合法权益，全年受理台胞台属来信来访 30 人次。帮助 12 名台属办理赴台探亲手续，接待台胞 600 余人次。举办台胞台属联谊活动 3 次，走访台属及台属所在单位 50 多次。台联界人士积极参政议政、建言献策，递交市政协八届五次会议提案 6 件。

做好涉台调研信息工作，年内向上级台办系统报送各类信息 19 篇，在桐乡统战微信群发送涉台宣传信息 22 篇。开展桐台两地交流联谊，全年向台胞寄发贺信、贺卡、宣传资料和赠送桐乡土特产品等 600 余封（份），与在台桐乡籍台胞通信、通电 10 多件（次），及时传递家乡信息，开展联络问候。做好台湾上层人士及台胞到桐乡的接待工作，拓展和提升桐台交流层次和领

12 月 23 日，梧桐街道庆丰社区与台湾东山里两岸邻里交流暨友好结对签协仪式　　市委统战部提供

域，年内重点接待台湾民意代表许淑华率领的南投县考察访问团、台湾南投县副县长陈正升率领的两岸邻里基层交流团、南投水里乡农业交流团、大陆媒体与台湾胜利之声广播公司等组成的“创新浙江 孵化未来”两岸媒体联合采访团等。年内分别承办第七届、第八届两岸邻里节桐乡站活动，桐乡市濮院镇新联村与南投县水里乡民和村、梧桐街道庆丰社区与南投市东山里分别签订两岸邻里友好结对交流协议书。加强与桐乡籍在台学生的联系，年内组织第五批赴台新生5名，建立QQ群，与桐乡籍在台学生举行座谈会。6月，组织在桐台胞台属参加嘉兴2016“五芳斋杯”海峡两岸同胞裹粽比赛。7月，组织台胞台属和个人摄影爱好者，参加嘉兴市政协、市台办举办的“跨越海峡第三届嘉兴·台湾摄影作品交流展”活动。组织在桐台胞、台商子女参加“情系两岸·根系嘉兴”台湾省籍青少年寻根之旅活动。

【桐乡市第七次台胞台属代表大会】 12月13日，桐乡市第七次台胞台属代表大会召开，全市台胞台属代表70余人出席会议。市委常委、统战部部长潘家春，桐乡市副市长邹志岗和嘉兴市台办副主任、台联会副会长章建琴等领导到会祝贺并讲话。会议听取和审议市六届台联理事会工作报告，选举产生桐乡市台联第七届理事会，浙江蓝威龙针织制衣有限公司董事长吴晓平（台属）当选为新一届市台联理事会会长，会议选举副会长6名、秘书长1名、聘请名誉会长2名。会议号召，面对对台工作新形势、新任务，全市台胞台属要认真贯彻落实党的对台工作方针政策，充分发挥台联界的特殊优势，凝聚台心，集中台智，努力做好各项对台工作，为实现祖国的和平统一大业而努力奋斗。

【举办2016中秋台商招待酒会】 9月9日晚，桐乡市委、市政府举行2016年台商中秋招待酒会，与在桐台商欢聚一堂，共叙乡情，共话发展。市委副书记、政法委书记蒋惠玲出席并致辞。市委常委、统战部部长潘家春等到场参加招待酒会。嘉兴市台办相关领导应邀参加。蒋惠玲向与会台商通报上半年桐乡经济社会发展情况，蒋惠玲说，上半年桐乡经济社会发展凝聚了广大台资企业的心血和汗水，这几年，桐乡不断加强对台交流合作，在桐台资企业不断发展壮大，尤其在当前经济下行压力大、资源要素压缩的大背景下，广大台资企业在困难面前不退缩，积极发挥自身优势，为推动桐乡经济发展作出积极贡献。蒋惠玲表示，桐乡将一如既往地关心支持台商在桐发展，继续做好服务保障工作，为台资企业营造良好发展环境。嘉兴市台协会会长刘荣达及台协桐乡联谊会会长周忠达分别发言，对桐乡市委市政府及相关部门给予台商创业、生活的支持和服务表示感谢，并表达进一步在桐加大投资、加快发展的信心和决心。

【全力推进桐台经贸交流与合作】 9月26日，市台办配合2016浙江·台湾合作周活动，举办“创新桐乡·合作共赢”投资环境推介会，参加合作周海外台商参访团、台湾青英会、两岸经营者俱乐部、台湾新住民产业经济文创联合协会等团体的80多名台湾嘉宾，以及桐乡市商务局、经济开发区、文创委、各镇（街道）的相关负责人和在桐台商代表120多人参加，市长盛勇军出席会议并致辞。8月2日，市台办会同市农经局邀请台湾神农科技发展协会、台湾农村专业技术服务协会相关专家、学者到桐乡作“打造桐乡庄园经济的新理念”专题讲座，随后在濮院镇橡子湾庄园举行“海峡两岸农业文化创意示范园”挂牌仪式，推进传统农业转型升级，引领农民走创新、融合、“互联网＋智慧农业”之路，加快美丽乡村建设。

（严伟明）

档案工作

【概况】 2016年，桐乡市档案系统从事档案工作人员517人，其中专职档案员占15%。市档案馆馆舍面积3134平方米，其中档案库房面积1411.8平方米。市直属各部门、镇（街道）分别设立综合档案室，总面积约80.1万平方米。至年底，市档案馆馆藏档案188个全宗、33.84万卷（件），其中寄存档案9.2万卷（件）。各机关、镇（街道）综合档案室室藏档案266.29万卷（件）。文件查阅中心接待查档5426人次，查阅档案9553卷（册、件）次，复制档案资料14953页，提供证明2952份；各机关、镇(街道)接待查档 2.09 万人次,查阅档案 4.14 卷(册、件)次。档案事业发展"十三五"发展规划编制出台。2016 年,市档案局工作重点是总结全市档案事业"十二五"发展规划完成情况、认真分析桐乡市档案工作面临的新形势、新任务、新要求的基础上,经过调查研究、征集意见、意见征求专家论证等程序,12 月,与市发改局联合发布《桐乡市档案事业发展"十三五"规划》,提出"十三五"期间档案事业的发展目标、主要任务和重点项目。

加快建设高标准数字档案馆。完成数字档案馆系统局域网和政务网硬件平台搭建和档案库房 RFID(射频识别)电子标签管理系统、库房环境监测控制系统安装,实现馆藏 23.9 万卷(件)档案动态化管理和档案库房温湿度自动监测记录、空调设备远程控制。完成馆藏档案管理系统的自主研发和使用,实现对馆藏档案集中管理、自动统计与自助查档等功能。通过数字档案馆信息系统等级保护二级测试,取得等级保护备案证明。12 月,占地面积 1.53 公顷的桐乡市城市档案中心建设工程开工建设。

推进农村档案科学管理。启动农村土地承包经营权确权登记颁证工作,以屠甸镇作为试点镇,坚持档案工作与确权工作同步开展,为探索农村土地确权登记领证档案工作积累经验。至年底,全市 12 个镇(街道)全面推开农村土地承包经营权确权登记颁证工作。

开展基层档案室信息化建设。继续推进单位档案信息化建设水平,6 家单位创建省级示范数字化档案室、4 家创建嘉兴市级规范化数字档案室、12 家单位创建市级数字档案室。全市一级机关部门全部实现嘉兴市级规范化数字档案室建设。启动实施室藏档案综合管理系统工程。对已完成数字化加工的 32 家单位约 550 万页扫描件进行 OCR(光学字符识别)转换,并在室藏档案综合管理系统目录数据库中进行挂接。

7 月 23 日,纪念茅盾诞辰 120 周年暨抵沪 100 周年图片文献展在上海举行　　市档案局提供

服务文化建设。围绕纪念茅盾诞辰 120 周年,多次与茅盾之孙沈韦宁沟通,联合《中国档案报》专题专版刊登茅盾纪念文章,首次公开馆藏的部分珍贵档案电子件,如茅盾手稿《自题小像》《八十自述》等;联合《钱江晚报·今日桐乡》发布茅盾纪念特刊,主动提供茅盾档案照片及相关材料。7 月,与解放日报社在上海联合举办"贴近大地的灵魂——纪念茅盾诞辰 120 周年暨抵沪 100 周年图片文献展",精选茅盾回忆录、评论笔记手稿、茅盾印谱等重要档案资料电子件 30 余件布展,绝大部分茅盾档案首次向社会公开。

服务民生开放档案鉴定。根据《各级国家档案馆开放档案办法》及上级业务部门有关要求,划定馆藏档案开放鉴定的范围和标准,修订《桐乡市档案馆开放档案实施细则》,组织开放鉴定小组成员对所有馆藏档案数字化成果重新鉴定。2016 年已鉴定馆藏档案(文件级)2.16 万件,其中开放 1 万件,鉴定开放馆藏档案(文件级)数量在上年基础上增加 42%。

【探索档案文化建设新模式】 6 月 4 日,市档案局正式成为浙江传媒学院文学院的"产学研"实践基地。实践基地的建立,既为浙江传媒学院文学院的学生提供一个培养实际操作能力、训练综合技能的实践平台,又为市档案局与浙江传媒学院文学院依托馆藏档案资源，在学术研究、地方文化传播等方面开展深层次合作创造了条件，真正实现校地合作的“双赢”。2016 年浙江传媒学院文学院秘书学专业部分学生 4 批约 160 人次参观市档案馆，进一步认识档案实体、档案管理和查档利用流程等。

【《国朝石门黉案》电子版出刊】 2016 年，市档案馆对《国朝石门黉案》电子版进行重新校核整理、装帧成册，这是该书首次以印刷体的形式示人。《国朝石门黉案》原名《皇朝黉案》，是一部记录清朝石门县科举考试状况的书。记载顺治二年（1645）至光绪三十一年（1905）260 年间的 160 场科举考试及 3821 名录取者（秀才）名单。是查考清代石门县籍仕人的第一手资料，对研究桐乡地方文史有着极其重要的价值，为研究清代科举考试状况提供了宝贵的资料。此书编辑成繁体直排、繁体横排、简体横排三种形式，为利用者研究地方文史提供方便。

（沈　琳）

史志工作

【概况】 2016 年，市委党史研究室、市地方志办公室围绕市委、市政府中心工作，恪守存史、资政、育人基本职责，全力推进二轮修志和党史三卷编修等工作。《桐乡市志》编纂进入审稿阶段，全市 85 个主要承编单位展开审稿工作，7 月召开专家组评审会。市史志办编辑部综合梳理专家、领导和部门意见，进行修改补充工作。有序开展镇志、部门专业志编修工作，加强与乌镇联系指导，帮助确定《乌镇志》主编，协调调整编修人员；《财政税务志》审稿会召开，《教育志》《文化志》《金融志》《凤鸣街道志》《濮院镇志》《福严寺志》《新联村志》《铭龙志》等专业志、镇（街道）志、寺庙志、村志和企业志在编修中。旧志文献收集整理取得新成果，光绪《石门县志》完成点校，由中华书局出版发行。收集到《风月庐賸稿》《桐乡盛延祜夫妇志铭行略挽诗汇刻》《桐乡诗抄》《桐溪纪略》《桐溪诗述》等五部古籍，进行整理复制工作。完成《嘉兴市志》桐乡内容初稿基础上，按嘉兴地方志办要求，开展修改完善工作。完成《嘉兴年鉴（2016）》桐乡部分撰稿任务，完成《桐乡市》《桐乡经济开发区》《浙江桐乡濮院针织产业园区》3 个分目的撰写。《中国共产党桐乡历史（1979—2002）》编写是浙江省试点，该书采用编章节目结构，5 编 23 章 211 目，完成 200 余个条目的资料汇编，计 45 万字，通过省委党史研究室审定。收集 2015 年组织史文件资料，编写《中国共产党浙江省桐乡市 2015 年度组织史资料》。

【《桐乡年鉴（2016）》出版】 9 月，《桐乡年鉴（2016）》由方志出版社出版发行，这是《桐乡年鉴》1998 年创刊以来的第 19 部。该书由市委、市政府主办，市地方志编纂委员会编纂，主编姚建明、沈建锋，执行主编谭晓杰。全书设 31 个栏目、230 个分目，计 74.8 万字，大 16 开本，附彩色插页 35 页，收录彩色随文照片 193 幅、穿插表格 69 张。全面反映 2015 年桐乡市行政区域自然、政治、经济、文化、社会等多方面的基本情况。框架设置站在市委、市政府全局的高度，突出桐乡地方特色，呈现地方综合年鉴千差万别的地域个性。增设《世界互联网大会》栏目，下设《概述》《设施建设》《服务保障》《互联网之光博览会》《乌镇互联网创新发展试验区》5 个分目，收录最具特色的可信资讯。

【张琴秋生平事迹展】 参见《文化体育传媒·文物博物》中相关条目。

（沈　贤）

政协桐乡市委员会

概　　述

2016年，桐乡市政协以“关注经济转型提升、凝聚创新创业合力、助推民生事业发展”为工作主线，围绕干好“三件大事(大整治、大转型、大招商)”、填好“四张报表”(经济报表、环境报表、平安报表、世界互联网大会报表)、践行“五大发展理念”(创新、协调、绿色、开放、共享)，协商议政、监督助推、建言献计，切实发挥政协的独特优势和重要作用。全年召开全体会议1次，常委会议6次，主席会议11次。

协商议政谋发展、解难点。常委会议以“确立‘五大理念’，创新驱动转型发展”为议题，围绕特色小镇培育创建、环保执法助推转型升级、完善科技投入机制、打造桐乡“城市客厅”等四个内容进行专题调研，形成调研报告，提出意见建议16条。主席会议视察濮院古镇保护开发、互联网产业园建设，并就“放大乌镇峰会效应，加快发展互联网经济”为内容的8件重点提案进行督办，为桐乡市发展互联网经济贡献智慧。

专题协商促民生、解民忧。常委会以“共享改革发展成果，提升民生福祉”为议题，围绕改造建设梧桐街道永宁旧街区、推进时尚产业发展、推进养老机构医养结合和强化食品安全执法等四方面作专题发言，提出意见建议18条。主席会议围绕学前教育、“七五”普法工作等议题进行重点协商，并实地视察梧桐街道中心幼儿园新建工程、凤凰湖幼儿园、崇福镇司法所和市新建法治文化广场等地，提出住宅小区配套建设幼儿园，推进民办幼教发展，扩大普惠性幼儿园比例，加快推进学前教育看护点转型升级以及完善普法方式，强化法治精神，深化品牌创建，凝聚普法合力等意见建议。

7月21日，市政协领导视察振东新区凤凰湖幼儿园　市政协办提供

畅通知情渠道，支持党派团体履职。继续举办全体委员参加的经济形势报告会，为广大委员更详尽地知情明政、把握形势搭建平台创造条件。加强与各民主党派、工商联、人民团体、无党派人士的联系，召开民主党派、工商联、人民团体负责人座谈会，举办各界人士中秋茶话会，共议发展，畅叙友谊，联络感情。支持党派团体履职，各党派团体围绕创新创业发展、生态环境保护、社会治理创新、土地资源利用、完善科技投入等内容，在政协全会、常委会上作专题发言5次；18件党派团体提案提交市领导领办，其中“关于我市中小企业借势‘互联网+’实现转型发展的建议”被列为重点提案。

市政协发挥社情民意信息“直通车”作用，为各级党委政府把握社会舆情、妥善解决矛盾，提供信息服务和决策参考，充分发挥社情民意信息“直通车”作用。全年收到社情民意信息68条，专报桐乡市领导12件，其中2件得到桐乡市领导批示，上报嘉兴市政协50件，2件被省政协采用。

重要会议

【市八届政协第五次会议】 3月8—11日，市政协第八届桐乡市委员会第五次会议举行，会议审议通过《市八届政协常委会工作报告》和《市八届政协四次会议以来提案工作情况的报告》；与会人员列席市十五届人大五次会议，听取并讨论2016年桐乡市《政府工作报告》《"十三五"规划纲要(草案)》及其他有关报告;审议通过会议决议和《提案委员会关于八届五次会议提案审查情况的报告》。

【市八届政协第二十一次至二十六次常委会议】 1月19日,市八届政协举行第二十一次常委会议,协商讨论市八届政协五次会议有关机构设置、人事事项并对市交通局、市商务局、市民政局2015年度提案办理工作开展民主评议。

2月25日,市八届政协举行第二十二次常委会议。会议听取市发改局关于《桐乡市国民经济和社会发展第十三个五年规划纲要》的修改说明的汇报;协商讨论《政府工作报告(征求意见稿)》;审议通过《关于召开中国人民政治协商会议第八届桐乡市委员会第五次会议的决定》。

3月10日,市八届政协举行第二十三次常委会议。会议讨论《市八届政协第五次会议决议(草案)》,同意把决议(草案)分发到讨论组,提交全体委员协商审议。

5月31日,市八届政协举行第二十四次常委会议。会议专题协商"确立'五大理念',创新驱动转型发展",听取副市长潘敏芳关于桐乡市创新驱动转型发展情况的通报。市政协经科委、社法三胞委、委员工委和民建桐乡总支、梧桐街道联络处分别围绕特色小镇培育创建、环保执法助推转型升级、完善科技投入机制、打造桐乡"城市客厅"等四方面作专题发言。

7月29日,市八届政协举行第二十五次常委会议暨形势报告会,会议听取并讨论市长盛勇军所作的形势报告。会议回顾总结市政协上半年工作,明确下半年工作重点,会议还通过有关人事决定。

10月20日,市八届政协举行第二十六次常委会议,会议专题协商"共享改革发展成果,提升民生福祉"。听取副市长邹志岗关于市八届政协五次会议以来提案办理情况和2016年度政府惠民实事工程进展情况的通报。市政协提案委、经科委、文教卫委、社法三胞委分别围绕改造建设永宁旧街区、推进时尚产业发展、推进养老机构医养结合和强化食品安全执法等课题作专题发言,会议还审议通过有关人事决定。

7月27日,市政协委员听取信访工作情况汇报　　市信访局提供

重要活动

【开展桐乡市特色小镇培育创建调研】 4—5月,市政协就关于加快桐乡市特色小镇培育创建开展专题调研,提出强化培育创建机制、彰显小镇特色定位、扩大主导产业优势、加强招才引智工作、完善创建扶持政策5个方面的建议。5月,主席会议专项视察和重点协商濮院时尚产业特色小镇创建工作,提出濮院时尚小镇创建要坚持产业、文化、旅游融合发展,按照规划为先、项目为王、创意为魂、功能为要的总体思路,对于当时正在规划中的"濮院时尚中心"项目以国有控股、民企参与的形式开发建设的建议得到市政府的采纳。

【助推食品安全保障】 3月,市八届政协五次会议上,4名政协委员分别提交"关于进一步加强食品安全监督的建议"等多件提案,提案由市政府副市长冯中海领办,市政协副主席李云飞督办,市市场监管局办理。政协提案推动政府打造放心市场、小餐饮店规范整治专项行动、学校食堂管理提升工程的深入推进。该提案办理情况在《嘉兴日报·桐乡新闻》上作了整版的深入报道。同时，市政协社法三胞委还就食品安全执法工作进行专题调研，形成《强化食品安全执法，提升百姓安全感》的调研报告，为保障群众舌尖上的安全积极建言献策。

【开展“五水共治”长效机制建设专项集体民主监督活动】 2016年，根据省政协统一部署，市政协深入开展“五水共治”专项集体民主监督，制定方案，组建由政协副主席、秘书长和联络处(组)负责人为组长，三级政协委员、党派团体、界别组参加的20个监督小组，各监督小组明确监督联系区域，做到监督区域全覆盖、无盲区。完善与“五治水办”的信息共享机制、监督小组的汇报交流机制、主席会议分析研究机制，这一做法得到省政协副主席王建满的批示和肯定。监督小组坚持问题导向，围绕河岸砂石料整治、“三河”反复、小餐饮治理、畜禽养殖减量提质、跨区域联防联治机制建立等问题进行明察暗访，开展“万千行”活动(万名委员、千个小组查访万里江河、万个村庄)，围绕高桥镇新丰榨菜皮填埋场处置蹲点调研。主席会议专题协商“五水共治”工作3次，并对环境保护的重点提案进行督办。年内，发现问题250多个，提出建议200多条，受到市政府和镇(街道)、开发区、振东新区的重视和采纳。市政协向省政协、嘉兴市政协上报“五水共治”专项民主监督信息18条，被省政协采用3条，《监督全覆盖、助推不松劲——桐乡政协持续助推‘五水共治’纪事》在省政协主办的《联谊报》刊登报道。

【加大提案督办力度】 市八届政协五次会议以来，收到以提案形式提出的意见建议279件。经审查，立案253件，转来信处理26件。其中委员个人提案和联名提案216件，各民主党派、工商联、人民团体、界别、专委会、联络处(组)集体提案37件。有170名委员参与提出提案，委员参与率66.4%。市政协始终把提案工作作为政协全局性工作，完善提案工作机制，加大提案督办力度，市委、市政府领导签批重点提案、集体提案和分工领办全体提案，承办单位领导班子研究提案办理，政协主席会议督办重点提案，政协领导分块督办提案。对环保局、市场监管局提案办理工作进行民主评议，对提案的“办理态度”和“办理落实情况”实行两次反馈，进一步提升提案工作质量。委员对办理态度、办理结果的满意和基本满意率均为100%。

4月20日，市政协领导调研污水整治情况　　市政协办提供

【助推人文名城建设】 2016年，市政协牵头人文桐乡建设，视察和助推夏家浜古建筑修复(吴蓬艺术院建设)工作，参与首届“中华文学基金会茅盾文学新人奖”颁奖典礼、吴清源系列纪念活动、“纪念红军长征胜利80周年张琴秋生平事迹展”等活动，围绕文化与旅游融合发展、打造桐乡城市客厅、永宁旧街区的保护与建设等开展专题调研，在人民日报社主办的《走遍中国》杂志上宣传桐乡历史底蕴、名人文化、三品城市定位以及桐乡人的文化自珍、自觉、自信，整理出文史资料《汤国梨诗词集》。为挖掘桐乡文化底蕴，传承历史文化精神，助推人文名城建设出力。

(顾潇峰)

民主党派和人民团体

民主党派

【概况】 2016年，全市有民主党派基层委员会6个。吸收新党派成员21名，至年底有成员380名。其中：中国国民党革命委员会桐乡市基层委员会有党员40名，中国民主同盟桐乡市基层委员会有盟员75名，中国民主建国会桐乡市基层委员会有会员67名，中国民主促进会桐乡市基层委员会有会员62名，中国农工民主党桐乡市基层委员会有党员71名，九三学社桐乡市基层委员会有社员65名。民主党派担任浙江省十一届政协委员1名、嘉兴市八届政协委员13名、嘉兴市八届人大代表6名；桐乡市九届政协委员79名（其中2名为传媒学院民盟支部盟员），其中政协常委15名；桐乡市十五届人大代表7名，其中人大常委4名。担任市人大常委会副主任、市人民政府副市长各1名，担任正科（局）级领导干部3名、副科（局）领导干部8名。民盟盟员费玉林、张军被评为民盟浙江省委会2015—2016年度先进盟员；民进会员施如玉被民进浙江省委会评为省参政议政先进个人。4名民盟盟员被评为民盟嘉兴市委会2016年度先进盟员；7名农工党党员被评为农工党嘉兴市委会"优秀党员"。民主党派成员被评为基层先进工作者45名，系统先进工作者14名，桐乡市级先进个人15名，嘉兴市级以上先进个人18名。

各民主党派热心为社会服务。注重发挥民主党派自身优势，参与经济建设和社会服务，组织"同心·服务团"成员到"同心·服务基地"、街道社区开展送法律、送健康、送文化、送教育活动。以民进桐乡市基层委员会为主体的"同心·法律服务团"全年举办法制讲座5次，上街开展普法知识宣传6次，制作张贴宣传牌20余块，宣传标语30余条，发放各类法律宣传册及宣传单页1万余份，解答群众法律咨询600余人次。以民建桐乡市基层委员会为主体的"同心·经济服务团"举办各类财务知识培训班20多期，培训企业财会人员1600多人次。以九三学社桐乡市基层委员会为主体的"同心·农业服务团"在崇福、高桥、石门镇等农产品主产区进行"双服务"活动，与石门联系基地互动，多位服务团专家下到各自负责的生产基地，进行集中服务，多次到龙翔街道董家茭白基地，为茭白产业可持续发展出谋划策。以农工党桐乡市基层委员会为主体的"同心·医疗服务团"配合市卫计局推进医疗资源下沉和医疗联合体建设，市一院、二院、中医医院"同心·医疗服务团"成员与石门镇、洲泉镇、高桥镇中心卫生院结对，开展技术对口帮扶；每逢健康宣传日或者主题宣传周，组织团员走上街头、走进企业、走进学校宣传健康科普知识，举办义诊活动8次，服务群众700多人次。以民盟桐乡市基层委员会为主体的"同心·教育服务团"组织教师赴石门路学校开展"我跟子恺学方言"活动，发挥同心·服务团师资优势，组织教师到骑塘学校、高桥初中开展送教活动；利用市青少年宫优质校外活动资源优势，把富含科技、艺术和趣味的项目以"流动少年宫"形式送到农村小学。以民革桐乡市基层委员会为主体的"同心·文体服务团"组织参与"党旗在心中飘扬"屠甸镇庆祝中国共产党成立95周年歌唱比赛，在屠甸镇联星村举办多场文艺演出，12月在屠甸镇海星村村民广场，开展"文化暖冬行"专场文艺下乡演出活动。

【民主监督】 2016年，全市各民主党派在中共桐乡市委领导下，充分发挥民主党派参政议政和民主监督作用，进一步推进桐乡市多党合作制度化、规范化、程序化建设。全年参加市委、市政府重要会议、重大活动17次，通报会、座谈会、协商会7次，提出建议156条。在浙江省政协十一届四次会议上提交提案2件，嘉兴市政协七届五次会议上提交提案18件。在桐乡市政协八届五次会议期间，各民主党派及成员递交提案84件，其中6件提案被评为重点提案，10件提案被评为优秀提案；在桐乡市人大十五届五次会议期间提交人大议案4件。市委、市政府各有关职能部门聘请民主党派成员担任特约审计员、纪检监察员、教育督导员、交通执法监察员、干部教育监督员、行风评议员和人民监督员等41名，被聘请成员认真履行职责，开展民主监督。6个民主党派组织与12个政府职能部门开展对口联系活动，相互交流工作，征求意见建议，积极建言献策，开展民主监督。

【调研献策】 2016年，各民主党派深入开展调查研究，通过各种渠道向市委、市政府有关部门反映社情民意，建言献策。根据各民主党派的意见和建议编辑《党派建言》2期，送市委、市政府主要领导参阅，为党委政府科学决策提供依据。向市委、市政府提交调研报告9篇，如民革桐乡市基层委员会撰写的《加强生态环境保护工作，全面推进美丽幸福新桐乡建设的若干建议》，民盟桐乡市基层委员会撰写的《坚持事业产业并举，不断完善养老服务体系》《关于城西公共休闲设施规划建设的建议》《加快我市专业市场转型发展的建议》，民建桐乡市基层委员会撰写的《“营改增”对我市建筑业发展的效应分析》，民进桐乡市基层委员会撰写的《关于我市中小企业借势“互联网＋”实现转型发展的思考》《推进我市互联网＋智慧医疗产业发展，提高医疗惠民水平》，农工民主党桐乡市基层委员会撰写的《以“互联网＋”助推我市传统行业转型升级的建议》，九三学社桐乡市基层委员会撰写的《更加重视保护土地有限资源，节约集约利用每一寸土地》等调查报告得到市委、市政府领导充分肯定，为有关部门所重视和采纳。6月，组织全市民主党派负责人赴浙江开化、浦江两县专题调研“五水共治”工作，为民主党派参政议政、民主监督、建言献策提供知情平台，民主监督得到进一步加强。

10月25日，民盟桐乡市基层委员会调研桐乡振东新区物流园区

市委统战部提供

【民主党派组织换届选举】 7月30日，民革、民盟、民建、民进、农工民主党、九三学社桐乡市基层委员会在市政府会议中心统一进行换届。各民主党派嘉兴市委领导、中共桐乡市委、市人大常委会、市政府、市政协、市委统战部主要领导应邀出席会议并到会祝贺。根据选举结果，全市6个民主党派选出领导班子成员54名，比上届增加18名，其中正副主委23人，比上届增加3名。新进班子19名，因年龄和其他原因不再安排10名。换届同时，民革桐乡市总支、民建桐乡市总支、民进桐乡市总支、农工民主党桐乡市总支升格为民革桐乡市基层委员会、民建桐乡市基层委员会、民进桐乡市基层委员会、农工民主党桐乡市基层委员会。

（张　军）

桐乡市工商业联合会

【概况】 2016年，市工商联（总商会）以“两个健康”为工作主题，以“强基础促规范，强服务增活力，强网络扩覆盖”为主线，围绕中心，服务大局，发挥优势，履行职能，为促进非公有制经济健康发展和非公有制经济人士健康成长作出新的贡献。

根据非公有制经济人士特点，设计载体，创新形式，提升非公经济人士综合素质。在全市非公有制经济人士中开展以“守法诚信、坚定信心”为重点的理想信念教育活动，通过抓典型引领、抓联动机制、抓企业文化、抓经济服务、抓教育培训、抓外宣平台，推动活动深入开展；推进《桐乡商界》杂志、周刊、网站、微信和《创业路上》电视专栏五大宣传平台建设，加强政策解读、资讯服务和典型宣传，出刊杂志6期、周刊5期、微信48期、《创业路上》30期，宣传政策30多篇，策划报道优秀企业家100余人，制作工商联五年回顾期刊和宣传片；与市检察院联合举办“依法保障和促进非公有制经济发展”座谈会，建立协作机制，构建“亲”“清”新型政商关系，优化非公有制经济发展环境；组织10余名企业家赴香港理工大学和中央社会主义学院研习。组织7名新生代企业家赴延安市委党校集中培训，接受革命传统教育。组织8名新生代企业家到政府部门挂职锻炼，促进政企交流。举办“全市工业经济转型升级增强发展信心”和“互联网＋企业商标品牌战略提升”等大型论坛，与会人员600多人次，邀请全国政协常委、省工商联主席、正泰集团董事长南存辉等优秀企业家到桐乡授课。

加强基层商会规范化建设。开展协会、商会、新型市场主体服务经济发展项目评估和协会、商会工作考评，奖励优秀项目34个，表彰协会、商会达标考核先进单位19家；指导成立桐乡市招标代理和工程造价行业协会、桐乡市绿色杭白菊行业协会、桐乡市正大工艺美术行业协会、桐乡市传统工艺美术行业协会、桐乡市文化产业协会等5家行业协会；组织基层商会学习宁波市镇海区骆驼商会经验，指导镇（街道、开发区）商会换届，配强商会领导班子和秘书处力量，做好基层商会社团法人登记工作；开展桐乡在外投资经商人士调查摸底工作和市外桐乡商会筹备工作，在市外桐商相对集中的上海、杭州、宁波等地成立商会。

探索和推进“两新”（新经济组织、新社会组织）组织党建工作。党委认真履行党建工作主体责任，推进“两新”组织党建工作，构建“商会＋党组织”工作体系，发挥党组织在“两新”组织中政治引领作用。开展党员组织关系排摸工作，摸清党员底数，建立台账资料和党建红云数据库，围绕两新组织党组织创建“三强六好”（党建强、人才强、发展强，组织建设好、党员队伍好、阵地建设好、工作保障好、作用发挥好、社会评价好）目标，深入开展“两学一做”（学党章党规、学系列讲话，做合格党员）学习教育活动，建立“工商联先锋微联盟、支部微党课”，实现网上学习、网上交流。组织开展“重温入党誓言、重走‘一大’路”、抄（晒）党章等活动，增强党员党章意识。组织开展党员先锋岗、党员志愿者服务、点亮微心愿等活动，发挥党员先锋模范作用。落实党风廉政建设党委主体责任，抓好民主集中制原则和党委议事规则的贯彻落实，建立健全执常委履职综合评价机制，为非公有制经济人士政治和社会安排提供依据。

12月13日，桐乡市工商业联合会（总商会）第十一次会员代表大会召开　　市工商联提供

【全国工商联调研组到桐乡调研】 4月12日，中央统战部副部长、全国工商联党组书记、常务副主席全哲洙率调研组到桐乡调研，就年轻一代非公有制经济人士思想状况及教育培养工作开展调研，并与年轻一代企业家代表座谈，鼓励创新创业。省委统战部副部长、省工商联党组书记李剑飞，省工商联副主席尹健，嘉兴市委统战部副部长、工商联党委书记叶伟达及桐乡市委副书记、市长盛勇军，市委常委、统战部部长长潘家春，市政协副主席、工商联主席陈炳荣等参加座谈。全哲洙一行到生迪光电科技股份有限公司进行实地考察，参观生产车间，了解企业创新技术，与青年企业家代表面对面座谈，听取嘉兴地区年轻一代自主创业情况汇报，了解青年企业家创业理念、发展思路和意见建议，对青年企业家教育培养工作提出要求和希望。

【市工商联(总商会)第十一次会员代表大会】 12月13日，市工商业联合会(总商会)第十一次会员代表大会在梧桐街道召开，275名代表参加会议。会议审议并通过陈炳荣代表桐乡市工商业联合会(总商会)第十届执行委员会所作的《牢牢把握“两个健康”工作主题，为建设美丽幸福新桐乡贡献力量》的工作报告，选举产生桐乡市工商业联合会(总商会)第十一届执行委员会，陈炳荣当选工商联主席、总商会会长。选举产生副主席21人，副会长19人，秘书长1人，常务委员26人。

(陈三星)

桐乡市总工会

【概况】 2016年，桐乡市总工会贯彻各级党委、政府关于群团工作改革文件精神，围绕桐乡市“十三五”规划纲要，倡导工会转型发展，强化基层组织建设，提升工会服务水平。以“六有”(有牌子、有班子、有职级、有经费、有阵地、有机制)为标准，开展基层工会规范化建设工作。关注新居民、农民工以及劳务派遣工入会率，扩大基层工会组织覆盖面。至年末，全市有基层工会2177家，其中单建工会1893家、联合工会284家，覆盖企业5899家，非公有制经济组织工会组建率和职工入会率均达到85%以上。全市国有及其控股企业、非公企业厂务公开及职代会建制率分别达到100%和93%，其中单建工会企业有效发挥职代会职能作用占60%以上。2016年，以凤鸣街道为试点，在新东方油墨有限公司召开全市企业网格化管理、组团式服务暨厂务公开民主管理现场会，并在全市确立28家试点企业，通过以点带面全方位拓展厂务公开工作。

市总工会补充修订《桐乡市在职职工住院医疗互助保障实施暂行办法》，启动第二轮职工医疗互助保障项目，参与单位407家，参与职工4.57万人，参与职工比上一轮增加3.4%。实施困难职工数据动态化管理，排摸入档2017年困难职工139人，其中特困职工16人，将建档、帮扶、脱困情况随时录入及时退档。做好中央财政和省总工会帮扶专项资金的预决算，2016年度中央财政困难帮扶专项资金13.95万元和省总工会帮扶专项资金6.2万元均已实名制发放到位。开展“四季关爱”行动，3月11日，联合市人社局举办“春

9月29日，迎国庆暨“中国梦·劳动美”桐乡市职工文艺演出总决赛在市会展中心举行　　市总工会提供

风行动”送岗位专场招聘会，入场招聘企业237家，初步达成意向567人。高温期间，慰问企事业单位20家。

推行工资集体协商，保障职工劳动权益。下发《关于开展2016年工资集体协商“要约行动”的通知》，明确要约对象、要约内容及工作要求。注重发挥工资集体协商指导员作用，对40家企业工会进行工作指导和检查，举办培训会6场，切实提高工资集体协商建制率和质量。全年签订工资协议1885份，覆盖企业工会1912家。“安全生产月”活动期间，通过广场咨询活动，发放工会法、安全生产折页等宣传资料千余份，现场咨询100多人次；开展“查事故隐患，提合理化建议”活动，征集、采纳安全生产合理化建议23条。

【开设“互联网＋工会”服务项目】 6月，桐乡市总工会互联网生活服务平台正式上线运行。平台开设工会咨询、便民普惠、身心健康、理财财商等板块，服务项目涵盖教育培训、旅游休闲、金融理财，为全市工会会员打造一个专属的线上互动载体。至年末，工会互联网生活服务平台推送信息288条，线上线下工会服务活动88场次，签约特邀服务商106家，公众号关注人数1.26万人，职工申领电子会员服务卡8664张。携手浙商银行合作推出“工会会员服务卡”（银行贷记卡），先后在市教育局、开发区、财政局等工会试点，发放“会员卡”2000余张，签约服务商家30余家。

【开展劳动竞赛弘扬劳模精神】 6月2日，“聚焦‘一业一网’岗位建功立业”桐乡市第十届职工技能运动会开幕。运动会设叉车司机技能操作、汽车维修、院前急救、保险基础知识及产品展示技能、电商应用技能、青年教师基本功、秋季花境园艺技能、茶艺师技能、数控车工技能等九项竞赛和嘉兴市级西式面点师竞赛。经比赛，27人获桐乡市技术操作能手称号，7人获桐乡市党员技能能手称号，18人获市人社局核发的职业资格证书。开展“五一”系列活动，大力弘扬新时代劳模“工匠精神”。4月27日，举行庆“五一”表彰大会，授予11人为桐乡市“金牌职工”、35个车间班组为桐乡市“工人先锋号”称号。此外，通过采访，记录劳模故事，慰问劳模代表，建立劳模健康档案，开展劳模疗休养活动，以表彰劳动模范，宣传劳模事迹。

【加强企业职工文化建设】 2016年，市总工会以“中国梦、劳动美”为主题，开展“职工编、职工演、职工看”职工文化艺术系列活动。4月，举办全市“职工好声音”比赛，9月29日，举办迎国庆暨“中国梦·劳动美”全市职工文艺演出。参与活动的工会会员超5万人。按照“创美丽厂区（企业）、建快乐车间、做文明职工”专项行动要求，在工会互联网生活服务平台上进行“美丽厂区展示点赞”活动。为纪念红军长征胜利80周年，开展“长征精神在我心中”主题征文活动。

（张娟娟）

中国共产主义青年团桐乡市委员会

【概况】 2016年，团市委注重思想引导、助推转型升级、服务青年需求、提升组织活力，发布2016—2017年度服务青少年成长与民生“十大实事工程”，引领广大团员青年为建设美丽幸福新桐乡奉献青春、智慧和力量。共青团桐乡市委被评为嘉兴市团建工作先进县。至年底，全市有基层团委57个（其中直属团委35个，二级团委22个），团总支57个，团支部1623个，共青团员2.18万人，团干部2887人。

注重理想信念教育，带领青年跟党走。以五四青年节、建队节等重大节日为契机，举办奋斗的青春最美丽、红领巾相约中国梦等主题教育实践活动。抓好入队、入团教育，通过举办18岁成人仪式、美德少年表彰典礼、我是环保小使者等活动，引导青少年树立社会主义核心价值观，积极传承和弘扬中华民族传统美德。评选桐乡市十大杰出（优秀）青年20人，桐乡市美德少年100人，涌现全国最美中学生1人，最美浙江人“身边的美德少年”1人，浙江省青年五四奖章获得者、嘉兴市十大杰出青年1人。组建青春故事分享会讲师团，全年举办青春故事分享会70余场，受益青少年6000余人。“青春桐乡”微信公众号对接青年需求，完善“线上＋线下”报名和参与体系，发布各类活动信息100余条，微信报名1.12万人次，扩大了共青团工作覆盖面。腾讯公司公开数据显示，“青春桐乡”微信公众号有粉丝5万余人，全年发布微信368篇，总阅读量72万人次，点赞数超1万人次，传播力超全国79.7%的微信公众号，综合指数长期稳居全省前列。

围绕经济社会发展，凝心聚智建新功。12月底，桐乡市政府与阿里巴巴集团签署协议，浙江省“千县万村 百万英才”农村青年电商培育工程首个试点落户桐乡。牵头促成桐乡市政府与上海外国语大学研究生院签约建立实习基地。联合市人民银行、人社局开展青年创业小额贷款排摸，审核发放免息贷款100余万元。联合市农商银行发布青年创业小额贷款产品“青创贷”，为261名创业青年发放创业贷款4273万元。联合市商务局、农经局等单位举办桐乡市特色农产品网销创业创新大赛，评选出特色农产品网销获奖项目10个，获奖团队（选手）16个。实施新生代青年企业家成长工程。举办新生代青年企业家主题培训会、青年电商沙龙、参观先进企业等学习交流活动；组织桐乡市新生代（青年）企业家创业联谊会会员与平湖市青年企业家协会等单位互观互访，签署长期交流协议；组织发动新生代企业家参加各类公益活动，履行社会责任。通过网络、电视、报纸等媒体，宣传报道全市优秀新生代企业家60多人。

打造“幸福桐乡”志愿之城，青春奉献促文明。发挥团市委作为市志愿服务工作委员会办公室，统筹全市志愿服务工作职能，下发志工委成员单位工作职责；建立志工委各成员单位和志愿服务组织负责人参加的季度例会制度；评选表彰首届桐乡市“十佳志愿者”“十佳志愿服务工作者”“十佳志愿服务项目”“十佳志愿服务组织”；印发《桐乡市星级志愿者认定办法》。完成志愿者协会换届工作，吸纳桐乡义工、凤鸣公益两家志愿服务社会组织加入市志愿者协会，选举产生桐乡市志愿者协会第四届理事会。开展平安志愿者“十大行动”，助力平安桐乡建设。实施“指尖创业”电商助残项目，专业电商志愿者免费培训残疾青年160多人，实现创业就业36人，获“创新浙江”助残帮扶创业创新大赛优秀项目。在高铁桐乡站、新居民集居区、乌镇镇区设立“幸福桐乡”志愿驿站，每逢周末开展便民服务和宣传活动。在高铁桐乡站、汽车站开展志愿者服务春运“暖冬行动”，展示桐乡文明形象。与市综治办联合招募护航G20杭州峰会平安志愿者3.45万人，配合开展护航G20“文明出行”公交车志愿服务。至年末，有各类志愿者队伍60支，注册志愿者11.8万人，建立志愿服务阵地235个，全年志愿服务累计时数10.1万小时。

关爱青年成长成才，服务青少年民生。依托综治工作平台和双网网格，每季度开展重点青少年群体信息采集；执行好桐乡市预防青少年违法犯罪工作组成员单位工作会议制度，每半年组织督导检查一次；动员社会力量开展帮教监护工作，健全“5+1”帮教模式；发挥“12355”青少年服务热线、新媒体和青少年维权岗作用，做好源头预防工作。在六一、春节等节点，开展“心愿直通车”微心愿公益活动，为300余名贫困学子圆梦，社会爱心人士长期结对帮扶寒门学子23人。与亲青筹、心基金、红十字会等公益平台合作，实施“一对一”援助行动，帮扶大病且家境困难青少年926人。网上发布

12月23日，桐乡市政府与阿里巴巴集团签订农村淘宝合作百万英才签约仪式　　团市委提供

青少年暑假安全自护提示，网下发放《青少年安全自护手册》，举办青少年自护教育讲座，让广大青少年安全欢度假期。举办“飞扬青春 相约凤凰湖畔”单身青年联谊会4场，为1000余名单身青年搭建健康的交际交友平台。加强“青年之声”互动社交平台建设，使“线上”收集青年呼声、回应青年诉求成为常态。市级青少年综合服务平台有序运行，完成全市14个基层青少年综合服务站建设，实现“青年之声”的“线下”服务功能，打造线上线下相融合的青少年服务体系。授牌确立首批28家桐乡市青少年校外教育活动基地，参观青少年9653人次。发挥市青少年宫校外教育阵地作用，流动少年宫进乡村学校8次，举办青少年机器人比赛、青少年嘉年华休闲节等大型比赛活动，开展童玩空间、周末影院、新居民子女公益夏令营等专题活动116场次，参与青少年及家长1.67万人次。

加强共青团自身建设。新建非公企业团组织31个，农村合作社团组织28个，互联网企业团组织12个，成立市农商银行团委、金融系统团工委两家直属一级团委。下发《关于做好2016年度全市发展团员调控工作和严格规范入团程序的通知》，对全市发展团员名额进行数量控制，同时要求规范入团程序，注重入团仪式。推选4名团代表参加省第十四次团代会。开展“用脚步丈量青情”共青团大脚掌走基层和“五进、五联、五办”主题实践活动，出台《关于建立全市团干部直接联系青年制度的通知》，要求领导班子成员带头，每个团干部直接联系团员青年100人，全年下基层联系团员青年350余次。举办青联论坛，提供青联委员畅所欲言、互动交流的平台。配合省青联做好澳门“千人计划”大学生考察团接待工作。配合全国青联做好第三届世界互联网大会互联网青年论坛工作。世界互联网大会志愿服务展馆亮相第三届全国志愿服务交流会，受到团中央第一书记秦宜智肯定。团市委被嘉兴市委、市政府评为嘉兴市重大国际峰会保障服务工作先进集体。

·相关链接·

“五进、五联、五办”

“五进”——走基层，扩大联系覆盖：进学校、进农村（社区）、进青年社会组织、进企业、进网格。

“五联”——亮身份，建立联系渠道。联系普通青年、联系青年学生、联系青年领袖、联系困难青少年、联系网络青年。

“五办”——办实事，助力青年成长。办普通青年迫切需要帮的身边事、办基层团组织解决不了的困难事、办团组织服务能力提升的关键事、办基层团组织活力激发的急切事、办基层团建覆盖面扩大的实在事。

【“百村千人”青年电商培育工程2.0】 10月，团市委联合市商务局、市农商银行召开新闻发布会，发布“百村千人”青年电商培育工程2.0版本，与桐乡市电子商务公共服务中心和浙江宇都网络科技有限公司签约为服务承接商，服务承接毛衫、皮草等桐乡优质特色产品，做到培训升级、货源升级和服务体系升级。在“百村千人”工程运营中，举办培训班11期，免费培训青年557人次，直接培育245名电商创业青年，带动“濮院毛衫”等桐乡优质特色产品实现网络销售，全年销售收入2300多万元。

10月28日，桐乡市举行“百村千人”青年电商培育工程2.0新闻发布会　　团市委提供

【桐乡市青年联合会五届一次会议】 10月8日，桐乡市青年联合会第五届委员会第一次全体会议召开。会议应到169人，实到118人。共青团嘉兴市委书记、市青年联合会主席仲剑锋，桐乡市四套班子领导出席会议。陈晓雷代表桐乡市青年联合会常务委员会作《互联互通 共创共赢 团结带领广大青年为美丽幸福新桐乡建设谱写新章》工作报告。选举产生桐乡市青年联合会第五届委员会常务委员23人、副主席7人，陈晓雷当选主席。根据青年人才在各行各业的分布构成，改革青联组织建设，重新设置综合、财经传媒、企业、文教体卫、农林科技、共青团、旅游业和互联网共7个界别组。此届青联有委员169名，平均年龄33.7岁，并首次吸纳在北京、上海、深圳、杭州等地的桐乡籍委员44名。制定界别组活动制度，实现青联组织有效自我运转和委员合作进步。

【加强共青团、少先队一体化建设】 2016年，团市委、市教育局联合建立全省第一个义务教育阶段学校区域团队(共青团、少先队)工作委员会。根据地域就近原则，将全市划分为6个区域，各区域团队工作委员会统筹协调区域内各义务教育阶段学校的团队工作一体化建设，一体化建设注重学校共青团、少先队工作连贯性，促进各学校之间团、队工作的交流。成立二级团委的学校不纳入区域范围。区域团队工作委员会成立后，镇(街道)团委、少工委对下属学校团、队组织的管理和指导关系不变，加强教育系统对全市学校共青团、少先队工作的统筹管理。区域团队工作委员会设书记一名，委员若干名，任职期间享受学校中层正职待遇，由教育局团工委会同所在镇(街道)团委对其进行考核评价。

(肖　晶)

桐乡市妇女联合会

【概况】 2016年，桐乡市妇联以助发展、促和谐、优服务、强基层为重点，构建妇女“巾帼建功、家庭文明、妇女维权、固本强基”四大体系，团结带领全市妇女投身美丽幸福新桐乡建设。

助力妇女创业创新。开展“拥抱互联网，巾帼建新功”主题实践活动，举办SIYB创业培训、电子商务培训50余场，培训妇女1.5万人次；扶持妇女开展互联网创业，联合市商务局举办桐乡市特色农产品网销创业创新大赛，9名女电商创业能手获奖，泰丰斋姑嫂饼等多个品牌被评为十大特色农产品网销项目；举办第十三届“架金桥、促发展”妇女就业创业促进活动女性招聘会；召开2015年度市女企业家协会年会暨“爱在春天 追梦未来”联谊活动，组织女企业家开展“走进巨石”“走进兔皇”等活动，与上海市浙江女企业家协会、嘉兴市经济开发区女企业家协会、桐乡市杭州商会等建立长期合作联谊机制。助推妇女发展增收，开展家庭农场女负责人培训、女能手参观考察活动，利用“桐乡妇联”微信公众号，为女能手、女企业家免费推广产品和提供服务。争取市财政资金10万元用于妇女创业小额贷款贴息，受益妇女22人，涉及贷款493万元。引领妇女岗位建功，开展“最美妇女工作团队”“最美巾帼文明岗”评选和“服务G20，岗岗展风采”“拥抱互联网·巾帼在行动”活动。全年组织巾帼志愿服务活动5万余次，参加“红袖章”万人大巡防活动3.5万人次、环境整治志愿活动2万余人次。

加强家庭文明建设，传播家庭文明正能量。召开庆祝“三八”国际劳动妇女节106周年纪念大会暨“让爱住我家”2016年寻找“最美家庭”活动启动仪式；开展“桐乡市最美家庭”暨2016年度百户特色文明家庭评选活动，评选出最美家庭10户、特色文明家庭100户；联合市纪委、市委组织部在全市党员干部中开展“树家风 促党风 带民风”主题活动，开展“家风家教伴我成长”主题征文和“家风家教大家谈”短语短评征集活动，收到征文129篇，短语短评188条。石门镇沈汉梅家庭获第十届全国五好文明家庭称号，洲泉镇沈震方等6户家庭被省文明委评为第十届浙江省文明家庭；振东新区章劲等4户家庭被省妇联、省环保厅评为省级绿色家庭；梧桐街道张剑家庭被评为嘉兴市十佳嘉禾最美家庭，梧桐街道胡家新等19户家庭被评为嘉兴市百户文明家庭。嘉兴市康慈医院钱悦佳等2名军嫂被嘉兴市妇联、嘉兴军分区政治部、嘉兴市双拥办评为“十佳最美军嫂”。开展美丽家园创建活动，全年有12个村申报创建市级“优美庭院”示范村，其中7个村创建为嘉兴市级“优美庭院”示范村。市财政拨出40万元，以奖代补，用于“优美庭院”示范村创建，镇（街道）按1∶1进行配套。联合市农办举办“春满庭院 美在我家”主题摄影比赛，收到作品158组319张照片，评选出获奖作品69件；联合市农办、市创建办开展“迎接G20·美丽庭院我先行”主题系列活动，开展垃圾分类、节能减排、义务植树、“美丽酵主”巾帼治水以及“家家养花·户户绽绿”送花籽美家园活动，引导广大妇女和家庭从自身做起、从家庭做起，依托创建“优美庭院”这一载体，树立生态、文明、健康、科学的生活方式，培育尊老爱幼、夫妻和睦、勤俭持家、谦恭有礼的良好家风。深化家庭教育工作，开展“家庭教育优秀教案”征集评选和科学家教城乡行活动。制订桐乡市2016年度家庭教育大讲堂课程，与市教育局联合推出“桐乡市家庭教育公益大讲堂”进校园活动，为29所学校义务送讲31场次，服务家长1万余人。引入家庭教育社工服务，开展“网瘾青少年家庭教育项目”“家庭教育城乡行”“青少年成长关爱”等家教社工项目3个，培育崇福镇“小桔灯”童书会等家庭指导服务项目4个。在“桐乡妇联”微信公众号上推出“最美家庭”风采10期、“优美庭院”专题31期，刊出“迎接G20万家学礼仪”专刊6期、“家庭学礼仪”专刊20期，传播必知必会、应知应会礼仪知识。

维护妇女合法权益，开展反家庭暴力宣传。3月，开展“六个一”（发放一批法律读本、印制一批宣传资料、举行一次万人签名、开展一次知识竞赛、培育一批服务品牌、开展一次法制宣讲）《反家庭暴力法》集中宣传月活动。印发宣传折页3万份，举办各类反家暴宣传1000余次，开展“TA为她——反对家庭暴力”签名活动45场、反家暴宣讲培训42次，市广电台每天12次高频率播出《三分钟读懂反家暴法》公益宣传片，在“桐乡妇联”微信公众号上举办《反家庭暴力法》知识有奖竞赛，参与人数2000多人。召开市预防和制止家庭暴力委员会相关成员单位会议，推进家暴告诫制度落实工作，全年发出《家庭暴力告诫书》15份，人身安全保护令2份，受理家暴妇女法律援助案件4件，市妇联接待来信来访50件，调处率100%。深入开展平安创建活动，开展“万户家庭创平安、共筑峰会护城河”活动，组织平安家庭典型事迹宣传、平安家庭知识普及、平安家庭知识竞答活动1000余次。探索政府购买服务助力平安家庭创建，委托彩虹家庭社工事务所开展“彩虹牵手 助你幸福”婚姻家庭关系调适专业社工服务项目，培育“乌镇女管家”“洲泉母亲课堂”“河山巾帼腰鼓宣传队”等具有乡土特色的妇女宣传服务品牌。建立健全婚姻家庭纠纷人民调解工作机制，与市司法局联合下发《关于在各镇（街道、新区）人民调解委员会设立婚姻家庭纠纷人民调解工作室的指导意见》，婚调工作室实现全覆盖，新设立“两新”（新经济、新社会）组织婚调工作室；举办桐乡市第二期婚姻家庭咨询师（高级）培训班，144人取得婚姻家庭咨询师资格，妇联系统86人获社工师及助理社工师资格。启动桐乡市“十三五”妇女儿童发展规划编制工作，召开政策法规性别平等咨询评估机制联席会议，制订《桐乡市政策法规性别平等咨询评估项目委托及意见反馈办法》。采用“社工＋义工＋妇工”联动工作模

5月20日，彩虹社工所举办“‘520’幸福约定·爱的宣誓仪式”活动　　市妇联提供

式，向下属3个社会组织购买4个妇女儿童公益社工服务项目。

加强妇联组织自身建设。完善镇（街道、新区）、村（社区）、农村妇女小组长等基层妇女组织网络，拓展非层级化妇女组织建设，全市建立"两新"妇女组织562个，组建率92.9%。通过妇联机关"微讲堂"、妇联干部读书会、专题培训、"徒步毅行 健康生活"拉练活动等形式，增强各级妇女干部综合素质，发挥团队协作精神。实施网上妇联建设工程，"桐乡妇联"微信公众号及时传递妇联工作动态及相关资讯，设立"她风采"栏目，推出"迎接G20·万家学礼仪"、优美庭院、最美家庭、三八妇女节、六一儿童节、母亲节等专题专栏微信，全年公众号发布各类文章1000余篇，其中原创200余篇，总阅读量超30万人次，拥有粉丝3.5万人，建立各级妇女工作交流QQ群、微信群300余个。市妇联新媒体创新工作《小微信可做大文章》被中国妇女报（2016年3月31日）、浙江妇运（2016年第6期）刊登。

【开展"重心下移、力量下沉、服务下沉"专项工作】 5月，市妇联制订《桐乡市妇联"重心下移、力量下沉、服务下沉"专项工作方案》，安排30个需加快提升的村（社区）基层妇联组织，作为市妇联执委、专职干部和镇（街道、新区）妇联主席联系点，开展指导帮扶工作。市妇联推出"十大服务"项目（"美丽酵主"巾帼治水、"拥抱互联网"女性创业服务、"爱与你同在"困境妇女儿童关爱、反家暴法律援助、"阅读伴我成长"亲子阅读、"彩虹牵手 助你幸福"婚姻家庭关系调适专业社工服务、网瘾青少年家庭教育专业社工、"亲子沟通 将爱传递"青少年成长关爱行动项目、家庭教育公益大讲堂、女性健康公益服务项目）下基层活动。至年末，妇联干部调研走访村（社区）158个，走访结对村（社区）119次，指导建立QQ群和微信群32个，直接服务妇女群众1.5万余人次，为联系点送服务项目30次。

【建立"两新"组织婚调工作室】 2016年，市妇联为有效预防和化解婚姻家庭矛盾纠纷，促进社会稳定和家庭平安，在"两新"组织中建立"海琴婚姻家庭工作室、金大姐工作室、群芬工作室"3个婚调工作室。高桥镇越丰村建立由女律师、司法工作者及婚姻家庭咨询师组成的团队，以魏海琴个人命名的海琴婚姻家庭工作室为新婚夫妇培训相处之道，为中年危机夫妇提供咨询。石门镇安全村聘请有30多年妇女工作经验的金惠芬，在鞋业协会建立金大姐工作室，为鞋业协会内妇女群众服务。新凤鸣集团有女职工2300人，以市"十佳德孝传播大使"朱群芬命名的群芬工作室，为女职工开展婚姻家庭纠纷调解和咨询服务。

（王增学）

桐乡市科学技术协会

【概况】 2016年，桐乡市科学技术协会所属市级学会（协会、研究会）33个；市级农村专业技术协会5个；镇（街道）科协13个（含振东新区科协）；新成立耀润电子有限公司和创辉电气工程有限公司2家企业科协，企业科协15个。首次被中国科协评为2016年全国科普日特色活动优秀单位；在嘉兴市委召开的群团工作会议上，代表嘉兴科协系统进行交流发言；在嘉兴市县级科协目标责任考核中，连续三年获第一名。2月24日，中国科协党组成员、书记处书记吴海鹰调研桐乡市科协工作并给予高度肯定。

服务创新驱动发展。推动华腾牧业、龙翔纺织两家企业分别与中国工程院院士沈建忠、付贤智签约，新建2家院士专家工作站。至年末，有嘉兴市级院士专家工作站11家、省级站3家。4月9日，四川大学石碧院士团队与中辉皮草公司进行二轮合作签约，合作的4个项目及其示范工程通过中国轻工业联合会等单位验收；依托院士专家工作站，朝晖过滤公司承办中国过滤技术协会组织的"先进过滤材料在空气净化中的应用"企业家沙龙。组织部分企业参加在宁波召开的中国工程院化工、冶金与材料工程第十一届学术会议，帮助对接院士专家，解决技术难题。在15家企业科协科技人员中开展以科技创新为主题的"讲理想、比贡献"活动，组织活动项目309个，参与人员2600人次，提出合理化建议1316个，开展技术攻关项目325个，推广新技术111个，开发新产品159个，取得重大成果26个，实施新技术论证36个、节能减排项目82个。在浙江大学"求是创客空间"举办"创新创客培训班"，与中科平安创客学院联合举办"'平安杯'乌镇'互联网+创客'大赛",为企业转型升级增添活力。

开展省科普信息化试点工作。实施"互联网+科普",开展"普及移动互联网知识行动",建设智慧科普阵地,利用互联网渠道开展科学普及工作。联合北京科技报社,定期在"桐乡科普"微信公众号发布前沿、热点科普信息;全年在《嘉兴日报·桐乡新闻》和《钱江晚报·今日桐乡》上刊登以互联网知识、智慧生活、智慧旅游等为主题的"科普让生活更美好"科普专栏32期;在市广播电视台每周播出科普节目两期。建设并命名乌镇智慧养老中心、中国食虫植物园、景卫村旅游电商、墅丰村沈家墩庭院经济等9个科普教育基地。梧桐街道庆丰社区被评为全国科普示范社区,梧桐街道杨家门社区和乌镇镇银杏社区被评为省级科普示范社区,龙翔街道被评为省级科普示范街道,市科协沈建良获全国《全民科学素质行动计划纲要》"十二五"实施工作先进个人称号。5月,市科协联合市委宣传部、市科技局举办以"创新引领 共享发展"为主题的2016年科技活动周,开展20多项科普活动。12月,承办第三十一届嘉兴市青少年科技创新大赛,全年举办科普讲座进社区(基层)活动200余场。

在所属学会中开展"优化一支队伍、悬挂一块牌子、完善一套制度、打造一项品牌"的"四个一"建设活动。立项开展学会重点学术活动28项、厂会协作12项。市安全生产技术协会、会计学会、土木工程学会、风景园林学会等承接政府转移委托事项20项。开展优秀调研文章评选,评出优秀调研文章20篇,其中一等奖4篇,二等奖6篇,三等奖10篇。出刊《科技工作者建言献策》1期。开展"寻访优秀科技工作者"活动,通过市广电台、《嘉兴日报·桐乡新闻》在市域范围内寻访优秀科技工作者典型9人,并进行宣传报道;组织各学会开展"送知识、送政策、送关怀"走访服务活动,服务会员和科技工作者1500余人次。建立中医学会华圣服务站、护理学会社会福利中心服务站、青少年科技教育协会青少年宫服务站,推动学会人才、科技资源下沉到企业。在所属学会中遴选优秀人才担任助创会计师、税务师,参与由市委组织部、市人才办牵头开展的首批市级领军人才企业创业助理选派工作。

【新凤鸣集团院士专家工作站被评为全国示范院士专家工作站】 参见《工业·化纤》中相关条目。

【实施招才引智工作】 2016年,桐乡市科协被市委人才办列为招才引智工作六大工作部门之一。3月29日,市科协联合市委人才办举办2016海智专家团桐乡对接交流会,11名海外高端人才与桐乡企业进行面对面交流,比利时皇家科学院院士卢克·塔尔维与巨匠集团达成合作协议,成功申报"省千""国千";动态联系对接高端海外人才4批次,与美国"美中技术创新与发展中心"(UCTID)总裁段渠达成合作意向;初步建立美国、法国、比利时三个海智工作联络点,聘请3名海智专家为科协引智人员;主动对接中国工程院信息与电子学部、中国电子学会等国家级智库,为引进高端智力和学术探索新路;长期对接"国千"人才——杭州安恒信息技术有限公司董事长范渊,牵线推动该公司"云上e安全"项目落户乌镇平安创·中科创客学院。

·相关链接·

国家"千人计划"

2008年,中央办公厅转发《中央人才工作协调小组关于实施海外高层次人才引进计划的意见》;中央组织部印发《引进海外高层次人才暂行办法》和《关于海外高层次引进人才享受特定生活待遇的若干规定》,组织实施海外高层次人才引进计划,即国家"千人计划",主要围绕国家发展战略目标,重点引进一批能够突破关键技术、发展高新产业、带动新兴学科的战略科学家和科技领军人才。从2008年开始,用5—10年时间,在国家重点创新项目、重点学科和重点实验室、中央企业和国有商业金融机构、以高新技术产业开发区为主的各类园区等,引进并有重点地支持一批海外高层次人才回国(来华)创新创业。

浙江省"千人计划"

2009年初,浙江省启动实施海外高层次人才引进计划,围绕浙江发展战略目标,通过5—10年时间,引进并重点支持1000名左右能够突破关键技术、发展高新技术产业、带动新兴学科的学科带头人、科技领军人才和高层次创业人才，争取其中300名左右入选国家海外高层次人才引进“千人计划”。

【普及移动互联网知识行动】 2016年，桐乡市科协联合市委宣传部等六部门在全市范围内开展普及移动互联网知识行动。重点针对中老年人群和机关干部群体普及移动互联网应用技能，倡导智慧生活方式，宣传网络文明新风。与北京科技报社联合编印10万册《指尖上的科学—移动互联网操作指南》，发放给全市重点人群；与腾讯·大浙网联合录制10集《指尖上的科学—零基础学习移动互联网应用》科普视频，在市广电台和“桐乡新闻”“桐乡科普”微信公众号播放；编印3套移动互联网相关主题科普挂图，在全市220个科普画廊张贴宣传。联合市教育局、人力社保局、团市委招募“普网行动”讲师志愿者，组建一支由26名讲师组成的“普网”队伍；联合市直机关党工委邀请腾讯·大浙网媒体运营专家为200名党员干部作《移动互联网让生活更美好》知识讲座。在“普网行动”期间，举办知识培训162场。

【建立信息化科普e站】 2016年，市科协引进全新的科普载体——信息化科普e站。首批“科普e站”分布于乌镇互联网医院、普众创客空间、陈庄村东邱港“乌镇管家”工作站和濮院320创意广场、华腾牧业公司等11个区域。“科普e站”科普网络大屏以55英寸高清LED触摸屏为主要传播载体，通过文字、图片、视频等方式向公众普及科普知识，具有远程部署、统一管理、定向发布、立体化呈现等特点；同时，阅览屏上还可以设置自定义板块，公众可方便地在阅览屏上了解所在村(社区)相关信息，并能和管理服务进行互动。另外通过微信还能实现大屏与手机的跨屏交互，公众通过微信即可订阅各部署地大屏内容，通过手机就能随时随地了解各类科普知识。

9月23日，市科协、市委宣传部联合主办“普及移动互联网应用、乐享智慧城市生活”移动互联网应用操作大赛　　市科协提供

【2016年全国科普日活动】 9月，市科协举办以“创新放飞梦想，科技引领未来”为主题的2016年全国科普日活动，策划开展36项不同形式的线上线下科普宣传活动。9月13日，在乌镇普众创客空间举行科普日开幕式暨创客分享会，举行信息化科普e站网络大屏启用仪式，乌镇互联网医院等5家互联网创新创业企业代表参加创客分享会；23日，在中国·乌镇互联网产业园举办以“普及移动互联网应用 乐享智慧城市生活”为主题的桐乡市移动互联网应用操作大赛，来自各镇(街道)的36名40周岁以上选手参加比赛。其间，开展“桐乡科普”微信互联网科普知识有奖竞赛6期，参与答题群众5000多人次；举办中国科学院老科学家科普演讲团桐乡行、2016年桐乡市青少年科技创新大赛等活动。

(陈晓翔)

桐乡市文学艺术界联合会

【概况】 2016年，市文联学习和贯彻习近平总书记在文艺工作座谈会和在中国文联十大、中国作协九大开幕式上的重要讲话精神，履行联络、协调、服务职能，培育“德艺双馨”文艺队伍，引领指导文艺精品力作的创作，为桐乡文艺事业繁荣和“人文名城”建设作出贡献。市文联主办、承办的重大活动包括桐乡市中青年作家小说作品改稿会、纪念茅盾诞辰120周年系列活动、“子恺杯”第十一届中国漫画大展、第四届中国·桐乡廉政漫画大赛、纪念徐肖冰诞辰100周年系列活动、“两学一做”学习教育活动、全市首届公共图书馆全民阅读节、桐乡市第十三次党代会以来成就图片展览、纪念中国共产党诞生95周年暨红军长征胜利80周年书法展等。市文联办好一刊一报一微信(《桐乡文艺》《桐乡文化报》以及“桐乡文联”微信公众号),《桐乡文艺》在全省群众文化期刊评比中获“兰花金奖”(一等奖)。全年新增国家级会员6人,省级会员21人。现有国家级会员104人,省级会员174人。

下属各协会走进基层、贴近群众,开展多种形式文艺活动。市作家协会赴石门、崇福进行采风创作活动,去振东小学、桐乡六中东校区开展“作家进校园”活动,面对面指导学生写作,去浙江传媒学院桐乡校区开展“诗歌沙龙”活动;举办李肇忠散文集《道旁》、康泾诗歌集《50°》研讨会和第四届菊乡文学新苗培育工程等。市美术家协会参与举办“金猴闹春送吉祥,百画进入百姓家”文艺惠民活动、纪念建党95周年暨红军长征胜利80周年美术作品展、“写意精神”——张立辰名家工作室七人作品展、“翰墨清韵”——孙虎城、赵文火中国画展、“丹青传情”——乐清、桐乡中国画联展等。市书法家协会参加“嘉兴书学”全国研讨会、浙江“中国书法之乡”首届作品巡展(桐乡站)。市戏剧家协会去河山镇进行清明节俗表演活动。市音乐家协会承办“中国好声音”桐乡赛区选拔赛,参与编排“绽放2016”春节联欢晚会、“百花艺苑”清凉之夜音乐会。市摄影家协会承办徐肖冰诞辰100周年全国小学生摄影作品邀请赛、“石门是个好地方,缘园里的好生活”全市摄影大赛、诗画江南“好来登花园杯”、“寻梦乌镇”——李家父子五十年水乡摄影作品展。市漫画家协会举办“文豪故里”——绍兴·桐乡漫画联展、第二届崇尚科学·普网行动书画赛、“美丽社区·缘缘杯”第十四届中小学漫画赛、“水墨拾趣”——苏朗作品展。市曲艺家协会设立评弹流动书场,举办“红五月”文化广场惠民活动、“恒基书场”——上海评弹团文化惠民专场演出。市民间文艺家协会参与举办“我们的年味”“欢乐闹元宵”等活动。市吕留良研究会举办《国学小知识》首发式暨座谈会。市茅盾研究会举办茅盾诞辰120周年生平事迹展暨“惠风和畅”社团作品展。市丰子恺研究会举办“丰子恺艺术进大学”活动等。市青桐印社举办成立30周年系列活动,承办“印艺传薪”——袁道厚篆刻研修班师生艺术作品展、“厚道有缘”——厚道人家文思院同仁艺术作品展、“金石有声”——桐荫山馆文房雅玩与金石题跋展。市太虚大师研究会参与举办太虚大师诞辰126周年法会、圆寂69周年法会暨《太虚画传》首发式。市名人与地方文化研究会赴凤鸣幼儿园研讨“凤鸣乡音”——桐乡土话进幼儿园教学方案,参与举办木心雕像落成仪式暨纪念木心逝世五周年座谈会等。市女作家协会举办“乐做茅盾故里的书香女子”阅读活动等。市收藏家协会协办“见好就收”——第四届全国古玩交流会。市诗词楹联学会赴洲泉镇坝桥村进行采风活动,在“品宋斋”、石门镇桂花村、石门中学设

5月26日,市文联书法家协会组织会员开展“两学一做”书法创作活动　　市文联提供

立诗歌创作基地。崇德琴社举办“和风绿漪荡清音”听琴雅席，“古韵新声”古琴、二胡独奏音乐会等。

创作类协会成果丰硕。编辑《桐乡文艺》4期、《桐乡名人与地方文化》2期、《凤鸣》1期；出版的书籍主要有诗歌集《50°》《聚桂文丛》《凤鸣诗词二十年》《太虚画传》《共望明月各自泪》(作家协会)《摄影大师徐肖冰》《桐乡历史文化丛书》第三辑。

表演类协会精品迭出。市音乐家协会夏宾成演唱的歌曲《老朋友》在全省原唱音乐作品演唱大赛中获金奖；市曲艺家协会沈天奇的故事《一时糊涂，好事变坏事》在全省第五届故事会征文中获优秀奖；陈国明、倪一震在嘉兴市首届“嘉兴故事我来讲”故事演讲比赛中获金奖。市曲艺家、戏剧家协会的桐乡花鼓戏《望蚕讯》赴京参加“中华颂”第七届小戏小品曲艺大赛，获优秀剧目奖、优秀演员奖、优秀导演奖、优秀编剧奖和优秀组织奖；桐乡花鼓戏《老牛的药渣子》在第二届江浙沪现代小戏邀请赛上获表演金奖、创作银奖、优秀演员奖、优秀组织奖、优秀导演奖和优秀作曲奖。市舞蹈家协会的少儿排舞《萨克斯》在嘉兴市第四届排舞大赛暨省第十届排舞大赛选拔赛中获银奖。

镇(街道)文联的主要活动有梧桐街道文联举办家庭文化节、建党95周年暨红军长征胜利80周年文艺晚会；凤鸣街道文联成立“百姓艺术团”；龙翔街道文联举办“荷博杯”童心筑梦少儿美术比赛；崇福镇文联表演类项目《金龙腾飞》获嘉兴市龙灯大赛银奖；濮院镇文联开展“一村一品”特色文化活动；乌镇镇文联举办各类讲座31次；石门镇文联举办“田园乡村生态行”手机摄影大赛；洲泉镇文联举办“洲泉好声音”文艺表演活动；屠甸镇文联举办文艺活动10场；大麻镇文联举办“文化走亲”活动；河山镇文联启动地方文史类书籍《锦绣河山》编纂；高桥镇文联举办摄影比赛等。7月3日，中国作家协会副主席何建明在省作家协会副主席藏军陪同下，到桐乡专题调研文联工作。

【濮院镇成立“聚桂文会”】 4月24日，“聚桂文会”启动研讨会在市文联召开。元至正十年(1350)，濮院镇曾有过大型文会“聚桂文会”，名士500人携文云集濮院，留下文坛佳话。2016年，濮院镇文联以及王立等数十名文学爱好者传承濮院文脉，再一次树立文化品牌，发起成立现代版“聚桂文会”，运用网络，发布与濮院相关的人文历史、民间传说，刊登精彩的书法、美术和摄影作品等，并出刊《聚桂文会》丛书。“聚桂文会”为松散型的群众文艺团体，主持人王立从事业余文艺创作30余年。

【纪念茅盾诞辰120周年系列活动】 7月3—4日，纪念茅盾诞辰120周年系列活动在桐乡市举行。纪念活动包括举办首届茅盾文学新人奖颁奖典礼、《茅盾走过的道路》专题图片展、茅盾研究研讨会、茅盾陵园祭奠等。中国作家协会副主席金炳华、何建明，茅盾研究学者，茅盾家属与亲友，桐乡市领导等60余人参加。3日，举行首届“茅盾文学新人奖”颁奖典礼，“茅盾文学新人奖”由中国文学基金会、桐乡市政府主办，旨在奖励中国大陆近年来在文学创作和文学评论中成绩特别优异，并具备进一步发展和提高的潜质，年龄不超过45周岁的青年作家、评论家、诗人。路内、弋舟、付秀莹、李娟、颜歌、马金莲、何英、王凯、马娜、江非等10人获奖。

【青桐印社举办成立30周年系列活动】 7月21—22日，市青桐印社举办成立30周年系列活动。举办社员大会、当代篆刻社团作品联展、当代篆刻社团现状与发展论坛等系列活动。青桐印社成立于1986年，由篆刻书画家袁道厚等人发起，2013年成为市文联下属社团。30年来，青桐印社社员薪火相传，将篆刻艺术打造成为桐乡文化的一张金名片。2014年，桐乡市被省文化厅列为浙江省首个“篆刻之乡”。至2016年，青桐印社有社员63人，名誉社员26人，其中西泠印社社员11人。

【《桐乡历史文化丛书》第三辑出版】 8月16日，由桐乡市文化广电新闻出版局、桐乡市文联编辑出版的《桐乡历史文化丛书》第三辑首发式在市图书馆举行。丛书全套分《百年太虚》《张履祥传》《晚村纪事》《书业先驱》《达叟严辰》五册，由浙江人民出版社出版，首印1500套，约60万字。丛书以史料为基础，真实性、可读性相统一，提示了桐乡人文历史的发展脉络，阐发了桐乡人文的深厚内涵，是具有较高品位的地方历史文化普及读物和对外宣传文本，被列入桐乡市“人文名城”建设三年行动计划项目。

【中青年作家小说作品改稿会】 10月13日，市文联与省作家协会、嘉兴市作家协会举办桐乡市中青年作家小说作品改稿会。省作协党组成员、副主席藏军，嘉兴市文联副主席、作家协会主席杨自强等讲话。《江南》杂志主编钟求是、《西湖》杂志主编吴玄、《文学港》杂志编辑部主任雷默、《野草》杂志主编斯继东、《烟雨楼》杂志主编吴敏及桐乡市作协、女作协会员40余人参加。改稿会上，陈伟宏、陆建华、费金鑫、乐忆英、车成杰、吕洪秋、王连秀、朱静怡等中青年作家分别介绍自己的小说新作和创作经历，钟求是等对这些小说进行点评，提出修改意见。

【“子恺杯”第十一届中国漫画大展】 10月25日，“子恺杯”第十一届中国漫画大展暨第四届中国·桐乡廉政漫画大赛作品展在子恺画院开幕，中国美协漫画艺委会主任徐鹏飞，市领导池晓明、陈千颂、柳国彪等出席。此次漫画大展收到全国应征作品8000余幅，通过初评、终评，101件作品入选展览，桐乡有10件漫画作品入展，是历届入选最多的一次。

【第四届“菊乡文学新苗”系列培育活动】 10月，由市文化局、市文联、市教育局和浙江传媒学院文学院主办，市作家协会承办的“菊乡文学新苗”系列活动启动。活动包括全市中小学生作文现场赛，《雏凤清声——获奖作品集》结集刊印，“文学之星”、优秀文学社和优秀文学指导老师评颁、文学讲座、采风等。11月26日，在浙江传媒学院文学院举行现场作文赛，全市280名中小学生参赛，严佳煜等10人获一等奖，并被授予“文学之星”称号，田润等20人获二等奖，吴静等30人获三等奖。

【康泾诗集《50°》研讨会】 12月18日，康泾诗集《50°》首发座谈会举行。伊甸、吴敏等10余名省内有一定知名度的诗人，市领导沈建坤、周国强和市文化局、市文联领导以及市作协部分理事、诗人参加。研讨会认为康泾诗作具有时代特色和独特的艺术风格，诗集中的诗是典型的玄学派风格，师法自然，取材随意，结构精巧，叙述老到，多言外之意、题外之旨。康泾，原名陈伟宏，祖籍浙江长兴，现任市委政策研究室主任、桐乡市作家协会主席，长期从事诗歌、小说创作，《50°》是他的第一部诗歌集。

【《桐乡文艺》获“兰花金奖”】 12月27日，《桐乡文艺》在2016年度全省群众文化期刊评比中获“兰花金奖”(一等奖)，是嘉兴地区唯一一家获金奖的文艺杂志。《桐乡文艺》是一本具有60年历史的文学刊物，在市内外享有较高声誉。2016年，《桐乡文艺》在版式风格和栏目设置等方面进行改版。期刊内容分文学、艺术和人文三大版块。全省群众文化期刊每两年评比一次，2016年度参与评比的刊物有60余家。自2012年以来，《桐乡文艺》连续三次获一等奖。

(颜剑明)

桐乡市残疾人联合会

【概况】 2016年，桐乡市残疾人联合会加强残疾人社会保障服务，全年为80名残疾人个体工商户和991名灵活就业人员参加社会基本养老保险发放补贴238万元；为1177名残疾人参加城乡居民社会养老保险给予个人缴费补贴56万元；为9619名残疾人参加城乡居民合作医疗保险给予补助337万元；为10533名残疾人投保意外伤害险，全年理赔20人，理赔金额23.91万元，占保费总额93%。

提高残疾人康复医疗水平。全年补助白内障复明1511例，助听器验配补助20台，助视器验配补助11台，安装假肢11条，髋或膝关节置换术补助9例。盲人定向行走培训15人，投入资金160万元。全年实施聋儿语训6人、脑瘫儿童康复训练10人、人工耳蜗手术1人、智残儿童康复训练18人、孤独症儿童康复训练8人、肢体矫治手术1人、矫形器装配6人，补助资金90多万元。深化残疾儿童康复服务，对0—8周岁残疾儿童开展上门康复指导服务，对全市62名脑瘫(智力、孤独症)儿童分14批次进行上门走访筛查，并探索实施个性化康复方案。继续实施肢体康复训练两项补助政策，超94%患者从肢体重度障碍减为轻度障碍或基本康复，全年为44名残疾人和46名肢体功能障碍患者提供康复治疗与训练，机构服务费、康复训练费和护理费等投入资金近50万元。继续推行精神病人康复治疗“两免两优惠”政策，为224名精神病人补助资金180多万元。发挥市残联托养康复中心优势，上门开展康复指导和残疾评定服务近100人。市残联托养康复中心儿童康复病区装修完成，2017年投入使用。

·相关链接·

桐乡市精神病人康复治疗“两免两优惠”政策

两免：2010年实施的《桐乡市残疾人保障办法》规定，低保、低收入家庭中的精神残疾人在桐乡市专业医疗机构住院治疗的，其住院费用由市财政和残疾人所在镇（街道）分别承担50%，使贫困家庭精神残疾人住院治疗有保障。2014年实施的《关于贫困精神病患者服用基本抗精神病药物费用全额保障的实施办法》规定，低保、低收入精神病患者在嘉兴市康慈医院门诊服用基本抗精神病药物的，经医疗保险报销后的自负部分给予全额保障。此项政策使全市贫困家庭的精神病患者服药费用实现零支出。

两优惠：2010年实施的《桐乡市重性精神病患者门诊治疗费用救助实施细则》规定，重性精神病患者纳入门诊治疗费用救助范围，市卫生局每季度向患者发放医疗救助券，低保、低收入家庭患者每人每月60元，其他患者每人每月50元，该救助券用于支付患者在嘉兴市康慈医院门诊就诊时产生的自负部分医疗费用。同时，重性精神病还纳入特殊病种管理，门诊治疗费报销比例参照住院报销标准。

2008年实施的《桐乡市残疾人共享小康工程实施意见》规定，对于低保及低收入家庭中的一、二级精神残疾人全面实施基本生活单独全额施保和集中托养或居家安养补助；2013年实施的《无固定收入残疾人生活补贴》规定，为无固定收入的精神残疾人发放每月125元的生活补贴。

加大残疾人就业创业扶持力度。5月14日，市残联与市人力社保局联合举办残疾人就业（创业）专场推介会，18家企业进场设摊，提供岗位60多个，现场签订就业意向30人。全年通过多种渠道帮助残疾人实现辅助性就业220余人。选拔8名残疾人参加嘉兴市第四届残疾人职业技能竞赛，获二等奖1项、三等奖2项；5名残疾人参加浙江省工匠大赛，1人获全省手工编织项第四名。市残联与青韧网络科技公司合作的“桐乡指尖创业——电商助残”获得2016年创新浙江“助残帮扶创业创新大赛”优秀项目。鼓励残疾人自主创业就业，全年给予残疾人个体就业创业社保补贴17万元；给予残疾人（家庭）、扶贫基地小额贷款贴息146万元；用于残疾人扶贫基地安置和辐射带动残疾人就业补助资金67万余元。开展残疾人职业技能和实用技术培训，全年开展农村实用技术培训班14期，培训608人。举办全市残疾人职业技能培训班，培训职业技能优秀人才8人。开展残疾人电商知识技能培训，与浙江万花筒信息科技有限公司、浙江青韧网络科技有限公司合作，在各镇分期举办残疾人电商（互联网）基础知识培训班，采取集中培训和上门培训、线上培训和线下培训相结合方式，为89名残疾人举办“小班化、精准化和专业化”培训，使参训人员初步掌握互联网在日常生活中的应用和电商就业创业技能。加大按比例就业力度。对全市5829家企业进行审核，征缴残保金3777万元。其中安置有残疾人企业1262家计2665人（年内新增30人）。12月31日，通过单招单考形式，招录市残联下属残疾人就业管理所事业编制1名。

营造扶残助残、关注残疾人事业良好氛围。利用春节、助残日等节点，掀起扶残助残热潮。以市领导春节慰问为契机，发动社会各界开展困难残疾人走访慰问和结对帮扶活动，全年走访慰问困难残疾人家庭800多户，发放慰问金50多万元。围绕“关爱孤残儿童，让爱洒满人间”活动主题，在全国助残日期间集中举行第二届爱心家庭、优秀助残志愿者（团队）颁奖典礼、残疾人就业专场推介会、才艺大比拼、青年交友联谊会等8项活动，在全社会营造扶残助残、关注残疾人事业的良好氛围。与市广电台合作联办《爱的家园》节目，全年6期，主要拍摄无障碍环境、爱心家庭评选、电商培训、“两项补贴”政策解读等内容，并配上手语，在桐乡新闻综合频道播出；在桐乡新闻网首页，开设视频专栏进行播放宣传。开展2014—2015年残疾人事业好新闻评选、表彰活动，选送12件作品参加嘉兴市残疾人事业好新闻评选活动，获一等奖1项、二等奖1项、三等奖2项和7项优秀奖，其中《追梦——让我的人生也精彩》获电视类一等奖。精心选拔16名残疾人组建“梦翔残疾人健身操队”，在嘉兴市首届残疾人健身操比赛中获二等奖；在嘉兴第四届残疾人摄影比赛中，选送的摄影作品获三等奖2项、优秀奖2项。10月，举办第二届青少年特奥运动会，56名智障青少年参加田径、乒乓球、羽毛球、篮球4个大项8个小项比赛。11月，举办残疾人棋类比赛，56名残疾人参加男子象棋、女子象棋和围棋比赛，决出团体金奖4项、银奖10项，个人奖18人。继续实施《基层残联承办残疾人文体活动给予资助的办法(试行)》，鼓励基层残联开展形式多样的残疾人文体活动，镇(街道)残联因地制宜举办适合残疾人参加的文体赛事9场次，参与活动残疾人331人，经费资助8万多元，充实残疾人文体生活，提高残疾人文体活动参与率。

加强残疾人事业基础管理工作。根据省政府残工委秘书处要求，4月市残联在完成动态更新全国试点工作基础上，6月全面开展全市残疾人基本服务状况和需求信息数据动态更新工作，这项工作涉及残疾人经济及住房、教育、就业扶贫、社会保障、基本医疗与康复、无障碍、文化体育8个方面40项指标，入户调查1.76人，调查率99%，于9月上旬完成。先后在全国动态更新经验交流会和全省残疾人基本服务状况和需求信息数据动态更新工作省级培训班上作经验交流。

【第二十六次“全国助残日”系列活动】 5月10日，市残联举行第二十六次“全国助残日”暨第二届爱心家庭、优秀助残志愿者和服务团队颁奖典礼；召开残工委全体成员会议，贯彻落实重点工作任务。全国助残日期间，市四套班子领导分赴梧桐街道、凤鸣街道、崇福镇、石门镇走访慰问8户残疾儿童家庭；市残联慰问困难残疾人家庭54户，送出慰问金5.4万元。组织专业医护人员，为62名8周岁以下肢体、脑瘫、智力残疾儿童开展上门送康复服务活动；在市特教学校开展“爱陪伴飞翔——关爱智障儿童项目”亲子活动；举行残疾人才艺大比拼活动，19名选手同台竞技；举办残疾人就业专场招聘会；赠送403件辅助器具进家庭；举办“单身青年联谊会”，30多名残疾青年参加联谊会。

【落实残疾人“两项补贴”】 9月18日，市十五届政府第五十八次常务会议通过《关于建立桐乡市困难残疾人生活补贴和重度残疾人护理补贴制度的通知》。市残联与民政、财政部门联合制订“两项补贴”实施细则，对享受补贴对象、标准、操作程序等进行明确细化，加强政策宣传、新老政策衔接、规范工作流程、动态管理。通过部门协调、会议推进、调研督查，确保政策平稳过渡。至年末，享受困难残疾人生活补贴2226人，享受重度残疾人护理补贴2226人，发放两项补贴1700万元。

【出台推进残疾人全面小康进程的政策】 12月21日，桐乡市政府出台《关于加快推进残疾人全面小康进程的实施意见》，从全面加强残疾人基本民生保障、全力推进残疾人就业创业、加快推进残疾人基本公共服务、充分发挥社会力量和市场机制作用、加强推进残疾人全面小康进程的

5月14日，桐乡市举行残疾人才艺大比拼活动　　市残联提供

组织领导5个方面加快推进残疾人全面小康进程。对依靠家庭供养的成年重度残疾人和成年三、四级精神(智力)残疾人，可按照单人户纳入低保范围，并享受与低保家庭同等的和个人直接相关的专项社会救助政策。对低保、低收入家庭中的未成年重度残疾人和未成年三、四级精神(智力)残疾人，参照社会散居孤儿的养育标准发放基本生活补贴。对纳入医疗救助的精神残疾人门诊服用基本抗精神病药物个人自付部分，实行全额保障。将残疾儿童、精神残疾人和"三瘫一截"等成年重度残疾人纳入基层责任医生签约服务范围，签约服务费个人承担部分由市财政给予全额补助。对需要长期照护的重度残疾人及非重度智力、精神残疾人，按生活完全不能自理、基本不能自理、部分不能自理三档，分别给予每人每月500元、250元、125元的补贴。对符合条件的在机构集中托养的残疾人，在上述补贴标准基础上分别上浮50%。补贴标准根据经济社会发展水平、护理支出变化等情况适时调整。此外，《实施意见》指出，依法推进按比例就业，建立用人单位按比例安置残疾人就业公示制度，将安置残疾人就业情况纳入企业信用信息公示范围。对超比例安置残疾人就业的企业、福利企业，每多安置1人，每年按不低于桐乡市4个月、2个月最低工资的标准予以奖励。对残疾人辅助性(庇护性)就业机构，每安置1人，给予每年按不低于市2个月最低工资标准予以补助。

(张　萍)

红十字会

【概况】 2016年，桐乡市红十字会巩固省级红十字工作示范县(市)创建成果，连续5年获嘉兴市各县(市、区)红十字会重点工作考评一等奖。在2016年全省救护培训工作会议上，桐乡红十字会作经验交流发言。

实施依法治会。3月，市红十字会召开第四届理事会第五次(扩大)会议，表彰2015年度红十字"三救三献"(应急救援、应急救护、人道救助；捐献造血干细胞、捐献器官遗体以及无偿献血)工作先进集体和先进个人，选举更换理事13名。7月，市红十字会出台《关于进一步推进红十字事业深入发展的实施方案》，以项目化形式，明确工作重点和责任分工，巩固省级红十字工作示范县(市)创建成果。成立河山镇河山村、崇福镇星火村两个村级红十字会，建立村级红十字博爱救助金6万元和11万元，救助困难群众。桐乡市高级中学、桐乡市凤鸣高级中学开展创建省级红十字示范校工作，12月初通过考察验收。

开展志愿服务。结合"平安桐乡"建设，继续开展"平安红十字"行动。春节期间，组织红十字志愿者在桐乡高铁站开展"温暖回家路"活动，联合团市委招募"寒潮防范"应急志愿者开展道路除冰活动。濮院镇组织志愿者在永越村博爱家园广场开展"扶贫济困、互助互爱""我为人人、人人为我"慈善精神宣传活动。河山镇志愿者拍摄《珍惜粮食》公益短片，宣传和引领市民群众支持公益事业发展。

加强宣传传播。"5·8"世界红十字日活动期间，首次联合市老干部自行车队开展"红十字精神伴我行"骑行宣传活动，60多名老干部开展骑行宣传。9月，开展"世界急救日"红十字精神宣传活动，在市行政中心大厅摆放红十字宣传展板，普及急救知识。加强与媒体合作，"两会"期间在《钱江晚报·今日桐乡》刊登"让红十字事业在桐乡更'红'"专版，在公共自行车站点宣传红十字知识，以"微信+网站"为载体，及时更新、发布工作信息，传播红十字精神。

服务重大峰会。在第三届世界互联网大会期间，市红十字会派出人员常驻乌镇，参与志愿服务工作。全体人员参加"红袖章"万人大巡防活动，实行24小时应急值守工作机制。结合红十字工作实际，根据志愿服务组的要求，派出省一级救护培训师陈玉英老师，为1200多名大会志愿者开展救护知识培训；在各应急服务点、志愿者之家和景区民警室放置急救箱、急救包和雨伞等物品；及时清点乌镇景区红十字募捐箱爱心捐款，按要求完成外宾接待工作。

【救护培训"六进服务"工作】 2016年，市红十字会开展现场救护培训进企业、进机关事业单位、进学校、进市场、进社区、进农村"六进服务"工作，全年举办救护培训班133期，培训1.17万人次，其中救护员培训3050人次。联合《钱江晚报·今日桐乡》开展桐乡市"红十字'救'在身边——百场万人公益救护培训"活动，通过微信平台报名方式，面向全市市民普及应急救护知识。依托基层红十字组织，面向网格管理员、基干民兵和企业职工、居民群众开展救护培训工作。“5·8”世界红十字日期间，在崇福镇崇德社区试点启动“红十字救在身边”社区行活动。9月“世界急救日”期间，开展“红十字救在身边——社区行”推进月活动。走进社区，对社区居民开展应急救护知识普及培训，了解和满足重点人群对应急救护知识的特殊需求，减少突发状况人员伤亡。7月4日，在凤凰湖开展“服务安康家园 红十字救在身边”红十字暑期急救知识普及路演活动，以知识问答、情景模拟等方式提高市民群众自救互救意识和能力。救护培训工作普及人群向低龄化延伸。联合市直机关党工委开展“救护培训进支部”活动。在桐乡电视台生活频道“生活路路通”栏目开设“培渊喊你学急救”电视公益栏目，通过现场教学操作方式普及基本急救知识。

【“红十字”救援救助行动】 2016年，市红十字会打造“情暖桐乡·红十字博爱救助”工作品牌，全年接受各类爱心捐款71.12万元，比上年增长129.6%；开展各类慰问活动34次，发放慰问金及物资合计48.97万元。春节前开展“情暖桐乡·2016年红十字博爱送万家”活动，发放慰问金和慰问品价值32万余元，惠及320户家庭。会同市卫计局慰问桐乡籍麻风病人。与振东新区中心幼儿园签订专项救助协议，将该园学生爱心义卖所得9700元建立专款，用于救助振东新区2名贫困儿童。端午节前夕，向嘉兴市康慈医院100多名家境贫困的精神疾病患者送去200多件爱心新衣。联合桐乡东方医院开展第四批“红十字爱心病房”资助，在屠甸、高桥、乌镇、濮院四个镇实施结石病义诊活动，并给予家庭困难的结石病患者一定的资金救助，义诊3444人次，救助6人次，救助额为3.35万元。联合杭州方回春堂桐乡联盟馆，在梧桐、洲泉、石门等四个街道（镇）开展“急救知识送下乡暨义诊”活动，现场为基层志愿诊察疾病，传授相应应急救护知识。“5·8世界红十字日”期间，为60周岁以上老人做免费眼疾筛查，普及眼疾预防和眼保健知识。完成濮院镇永越村博爱家园项目的后续工作。

【推进生命关爱工作】 2016年，市红十字会继续在全市团员青年、机关干部中发展造血干细胞捐献志愿者，全年实现造血干细胞成功捐献1例。全市有造血干细胞志愿者登记入库82例，初筛15人，再动员9人。4月12日，红十字志愿者徐维杰在浙江省中医院成功捐献170毫升造血干细胞悬液，成为桐乡市第5例、浙江省第269例、全国第5583例造血干细胞捐献者。5月6日，市红十字会联合团市委、市志愿者协会组织团员青年开展捐献造血干细胞志愿登记采样活动，现场有70名志愿者加入中华骨髓库。继续做好人体器官、遗体捐献工作的来电来访等咨询服务工作。12月初，一名39岁的四川籍桐乡新居民赵某因车祸导致重型颅脑损伤，在杭州进行人体器官自愿捐献，捐献一个心脏、一个肝脏、两个肾脏和两个肺脏六个内脏器官，救助重病患者4人，成为桐乡市第三例、浙江省第605例器官自愿捐献者。全年实现人体器官成功捐献1例，累计3例；器官志愿者登记5例，累计28例；遗体志愿者登记3例，累计24例。

（钱小磊）

5月6日，市红十字会开展捐献造血干细胞志愿登记采样活动

市红十字会提供

概　　述

2016年，桐乡市人武部以强军为目标，聚焦备战凝聚力，推动年度各项工作落实。开展改革强军和“四有”（有灵魂、有本事、有血性、有品德）新一代国防后备军主题教育、整治规范作风建设，贯彻《中国共产党廉洁自律准则》和《中国共产党纪律处分条例》，加强“两学一做”（学党章党规、学系列讲话，做合格党员）；开展集中读书，学习政治理论、专题党课，进行专项整改等工作落实。修订完善战备方案计划，组织相关单位集中办公，明确任务，做好方案对接。着眼战备要求，分别对作战室、战备器材库和战备资料室进行调整改造，补充各类战备物资器材，战备工作提质升级。落实实战化训练。开展“每月军事训练周”和信息化知识学习活动，强化干部军事素质。6月，市人武部强化国防观念，推动党管武装工作，组织全市四套班子领导以及各镇（街道）、部门主要负责人等前往驻无锡某部开展“军事日”活动。市四套班子一行听取部队建设情况介绍，参观武器装备、连队荣誉室等，体验军事生活，接受国防教育。市委书记卢跃东号召全体领导干部向部队官兵学习，讲规矩、讲奉献、能吃苦、能战斗，把学习成果转化为动力，加快把桐乡建设成为诗画水乡典范、旅游人文名城、网络智慧强市。组织专武干部、民兵连长和基干民兵队伍军事训练，全年完成基干民兵训练任务。参加护航G20杭州峰会安保工作，民兵连续执勤10昼夜。在第三届世界互联网大会·乌镇峰会期间，民兵应急大队连续执勤7昼夜。根据第三届世界互联网大会安保需求，动用市民兵应急大队、备勤应急基干民兵参加安保工作。创新“智慧国防”建设。完成“一张网”（指挥专网）“两个中心”（数据中心、网络中心）和“三个系统”（业务系统、指挥系统、天网系统）建设，为人武系统战备、训练、管理、保障提供智能化服务。2016年，桐乡市人武部被中央军委国防动员部评为基层建设先进旅团级单位，被浙江省军区评为新闻宣传工作先进单位，被桐乡市委、市政府评为桐乡市保障服务重大国际峰会工作先进集体、社会管理综合治理先进集体三等奖。

市人防办规范落实地下人防工程“不动产登记权证”工作，完成国防潜力数据采集与上报，完善民防信息系统基础数据信

12月6日，市人武部举办“智慧国防”研讨会　　市人武部提供

息采集和整理，被省国动委、嘉兴市国动委评为“十二五”人民防空工作先进单位，被嘉兴市人防办评为年度人防（民防）工作先进单位、人防（民防）工作目标责任制考核优秀单位。梧桐街道人防办、洲泉镇人防办被嘉兴市国动委评为“十二五”人防工作先进单位。

武装警察部队桐乡市中队组织新兵入伍训练，加强市看守所监区警戒执勤工作，完成固定目标执勤工作，组建嘉兴市公安消防支队乌镇大队。年内，获“G20杭州峰会安保先进集体”“安保贡献突出集体”等称号。

国防教育与军民共建

【概况】 2016年，桐乡市人武部在民兵队伍中开展新“四有”军人主题教育，增强“听党指挥”“能打胜仗”使命意识和“作风优良”职责意识。利用嘉兴电视台《嘉兴国防》栏目、桐乡电视台、《嘉兴日报·桐乡新闻》《钱江晚报·今日桐乡》等媒体进行国防教育宣传。按照“学科渗透、活动结合”要求，在全市中小学开展少年军校活动，组织学生唱国歌、升国旗、参观革命烈士纪念馆等活动。组织全市四套班子领导以及各镇（街道）、部门主要负责人等前往驻无锡某部开展“军事日”活动。

【开展少年军校活动】 4月，市人武部按照“学科渗透、活动结合”要求，在全市中小学开展少年军校活动。组织学生学习基本军事、国防知识技能，体验集体生活和军事训练，学习军人“铁”的纪律和优良传统。通过军校生活熏陶和磨炼，锤炼意志，强健体魄，培养勇敢坚强、吃苦耐劳、团结协作、遵守纪律的品质和精神。国防教育与学校德育培养、校园文化等相结合，营造国防教育氛围，增强师生国防素质。

在全市中小学开展少年军校活动　　市人武部提供

【全省后备力量基层工作现场会】 9月，全省后备力量基层工作现场观摩会在桐乡市召开。省军区司令员冯文平、省军区政委王新海，以及各师团级单位主官等180余人对桐乡市人武部、梧桐街道武装部、铭龙集团武装部进行现地观摩。了解市人武部智慧国防建设、基层武装部规范化建设和非公企业党管武装建设情况；听取智慧国防建设情况汇报，观看依托智慧国防系统进行民兵应急连应对、处置突发事件演练。省军区首长对市人武部抢抓当前“互联网＋”时代机遇，探索智慧化武装工作新路子表示肯定。

兵役工作

【概况】 2016年，桐乡市贯彻落实全国、省、市征兵工作会议精神。市人武部联合市纪委监察局、市公安局、市民政局、市人力社保局、市卫计局等单位领导成立征兵领导小组，齐抓共管征兵工作。征兵体检秩序规范、政治考核严格。征兵办公室贯彻执行上级征兵命令，坚持创新征兵、规范征兵、安全征兵和廉洁征兵，完成新兵征集任务，所征新兵党团员占总数63.2%，大学以上文化程度占总数85.4%，大学生比例为历年新高。按照省政府、省军区优抚政策及嘉兴市征兵工作有关文件规定，落实义务兵优抚政策，为每个义务兵父母免费体检1次、购买10万元意外伤害保险1份。

【加强征兵宣传力度】 2016年，桐乡市以提高大学生比例为目

9 月 12 日，欢送新兵入伍大会　　市人武部提供

标，加强征兵工作宣传力度。组织政府领导电视讲话、兵役机关答记者问、播放公益广告、群发征兵短信等宣传活动。协调市广电台对全市 10 名参军成才典型进行采访，并制作宣传短片下发基层，集中 400 余名大学生及家长进行集中政策解读，组织 100 余名大学生代表到空军嘉兴场站参观体验，激励适龄青年应征入伍。

【征兵秩序规范有序】 2016 年，桐乡市征兵办公室联合市卫计局组织征兵体检业务培训 2 次。市卫计局从全市各医院抽调体检医生参加体检培训。政治考核严格，市公安局召开征兵工作政治考核业务培训会议 2 次，提出具体要求。各镇（街道）派出所目测初检过程按照标准进行，完成全市上站青年体检过程中的现场笔录和思想动态调查。体检结束，开展联审工作，重点对体检合格青年家庭主要成员、社会关系逐一核查，发函调查近年落户桐乡的外省籍青年 2 名。坚持集体定兵和择优定兵原则，坚持“三公开”“四张榜”（征兵任务、兵员去向、兵员体检公开，应征公民名单、预征对象名单、体检政治考核双合格名单、新兵名单），主动接受群众监督。及时回复网上各类咨询，市征兵办、纪检部门没有收到任何关于违规违纪举报信息。

民兵、预备役

【概况】 2016 年，桐乡市人武部开展国防动员潜力调查，围绕应急、支援、储备三种类型队伍职能要求，开展民兵组织整顿，落实基干民兵队伍。退伍军人比例、专业对口率和党团员比例逐年提高。围绕国际国内形势，组织全市基干民兵进行集中战备教育，提高民兵国防观念和战备意识。组织专武干部、民兵连长和基干民兵进行军事训练。全年完成基干民兵训练任务。选派民兵 200 名参加护航 G20 杭州峰会和第三届世界互联网大会安保工作。

【组织千名民兵政治教育】 5 月，市人武部组织全市基干民兵，在市科技会展中心开展政治教育暨国防教育文艺会演。市人武部进行国防教育专题授课，各类国防教育通过文艺节目唱响爱国拥军旋律。增强国防教育理念，提升民兵政治素质，为打造“四有”新一代国防后备军奠定基础。

【参加百名民兵连长比武竞赛】 5 月，市人武部根据军分区年度军事工作安排，组织 19 名民兵连长到平湖民兵训练基地，参加第二届嘉兴市“百名优秀红船民兵连长”比武竞赛。比赛项目为手榴弹投远、手榴弹投准、300 米武装组合、3000 米跑、军事三项对抗和非整百米卧姿无依托射击六项。桐乡市 19 名民兵连长中，手榴弹投远获个人第二名，3000 米跑获个人第三名。

【组织民兵应急大队训练】 2016 年，市人武部加强民兵应急大队建设，落实“月训练”“分级训练”制度，提高民兵应急大队完成急难险重任务、维护社会和谐稳定能力。组织民兵应急大队每月集中训练两个中队，每次训练 3 天，落实全大队每人次 12 天训练任务。训练期间各镇（街道）武装部派 1 名专武干部全程跟训参训，加强参训民兵教育管理，负责参训人员训练期间和往返途中安全。训练期间，严禁带

民兵应急大队训练　　市人武部提供

队专武干部随意离开、不管不问、不跟训参训；严禁聚众饮酒、赌博、打架、顶撞教练员。市人武部严格考评，重点检查人员、内容、时间、质量落实情况，加强考核评比，每半天集中利用30分钟组织检查验收。每批集训最后一天，进行综合考核评比。

【组织民兵水上训练】 6月，市人武按照嘉兴军分区要求，做好防汛抗台工作，在市民兵训练基地组织操舟机手集训。参训民兵66人，其中全市各镇（街道）各5人，开发区、振东新区各3人。训练驾驶操作前检查和准备，舷外机安装与启动，冲锋舟离岸、航行和靠岸，橡皮艇桨操舟，水上救援等5个课目。经过强化训练，参赛民兵全部通过考核验收。

（刘永森　倪宇阳）

人民防空

【概况】 2016年，桐乡市人防（民防）根据浙江省实施《中华人民共和国人民防空法》办法中调整内容，修编《桐乡市人民防空工程建设利用管理办法》；落实《桐乡市人防工程建设审批与产权登记实施细则》，完善相关内容；根据新人民防空工程建设利用管理办法，规范落实地下人防工程“不动产登记权证”工作；委托桐乡市城乡规划院和浙江省地下建筑设计研究院共同编制《桐乡市人防工程专项规划》。发挥网络平台作用，完成国防潜力数据采集与上报，完善民防信息系统基础数据信息采集和整理；为基层党委政府会务保障、抢险救援、G20杭州峰会、第三届世界互联网大会等安保工作提供服务。崇福镇小城市地下空间开发利用规划通过审批；市党校人防宣传教育接受省人防办组织的党校人防教育互观互检对口检查，得到检查组好评。市人防办被省国动委、嘉兴市国动委评为“十二五”人民防空工作先进单位，被嘉兴市人防办评为年度人防（民防）工作先进单位、人防（民防）工作目标责任制考核优秀单位。梧桐街道人防办、洲泉镇人防办被嘉兴市国动委评为“十二五”人防工作先进单位。

【地下工程综合建设】 5月，桐乡市成立地下综合管廊领导小组，负责城市地下综合管廊建设的日常工作，分管市长为组长，领导小组办公室设在市建设局（人防办）。完成振东金融商务区地下综合管廊建设，该项目长1.42千米，按兼顾人防要求进行设计；完成市F801自建项目主体工程建设，转入安装施工；完成结合民用建筑依法修建防空地下室11个，建筑面积16.8万平方米，其中人防工程竣工办结项目10个，面积7.3万平方米，兼顾人防项目8个，面积9.5万平方米。全市人防工程人均防护面积超2平方米，为嘉兴市五县两区最高。

【加强信息化建设】 2016年，市人防办加强信息化建设，建立综合业务、军队通信、指挥自动化、机要通信、电子政务、卫星通信、集群指挥、短波电台、超短波指挥网络等平台，实现指挥通信手段多样化。组织开展“5·12”“9·18”防空防灾警报试鸣，全市36台警报完好率、鸣响率100%；年内完成所有警报控制终端数字化升级改造，形成多信号报警、多手段控制的警报网络。推进基层民防应急指挥中心建设。经济开发区、高桥镇、振东新区完成验收，梧桐街道、凤鸣街道、濮院镇民防应急指挥中心初步建成；各指挥中心与相关部门之间应急联动响应机制健全，实现与智慧国防、政法委综治中心等平台资源共享、互联互通。

【完善应急避灾疏散体系】 2016年，市人防办编制《桐乡市人民防空预案》，河山镇人口疏散地域建设通过嘉兴市人防办验收；推进人防民政疏散场所双挂牌工作，实现全覆盖；完善全市疏散基地、疏散地域和疏散点"三位一体"应急避灾疏散体系；规范重要经济目标单位场所建设和防护方案修编；规范人防工程应急疏散标识、标牌设置工作，在梧桐街道和振东新区主要交通干道和工程出入口新增设标识标牌13块，累计320块。

【开展防空防灾演练】 2016年，市人防办人防专业队纳入国防动员体系。市业余无线电协会组建成立人防无线通信支援分队、防空警报抢修专业队；浙江兆达经贸有限公司成立道路危化品事故应急救援队。加强人防专业队、民防应急救援队、民防志愿者队队伍体系建设，进行按纲施训、岗位练兵、业务培训，参训率95%以上；落实桐乡水务集团重点经济目标单位按纲施训工作，提高队伍应急救援处置能力；全市首次组织市、镇（街道）两级开展"浙江金盾一16"网上演练，完成演练方案确定的所有课题；开展市、镇（街道）、社区和重要经济目标单位防空防灾演练。全年开展各类应急疏散演练15次，参与人员1.5万余人。

5月24日，凤鸣街道举行防灾减灾应急救援演练　　市建设局提供

【人防教育多样化举行】 2016年，市人防办开展"五进、三纳入"（进学校、进党校、进企业、进社区、进网络，纳入全民国防教育和普法教育体系，纳入初级中学教学计划，纳入党校、行政学院党政干部培训计划）活动；结合"3・1"国际民防日、"5・12"防灾减灾日及第十六个全民国防教育日暨第五个全省国防教育宣传周等，开展各类宣传活动20场次；屠甸镇、河山镇、梧桐街道等单位组织专题文艺演出3场次；配合市人武部在民兵预备役中开展国防教育宣传活动，发放宣传资料2.5万余份，参与群众3.28万人次。"五进"宣传教育实现初级中学全覆盖，中山路小学试点取得明显成效；结合嘉兴市人防办开展重点经济目标人防宣传教育互观互检活动，落实市水务集团和市供电公司两个目标单位人防宣传教育，接受兄弟县（市）检查；发挥"微信人防"宣传阵地作用；根据季节、气候变化进行灾害防范知识宣传、国际国内及周边形势、军事知识宣传；与媒体合作设计制作人防广告宣传片，在全市8个大型电子屏播放，每周更新一次宣传内容。

（陈卫成）

武装警察部队

【概况】 2016年，武装警察部队桐乡市中队根据武警省总队、嘉兴支队部署，加强部队自身建设，履行工作职责，调整中队人员编制。组织新兵入伍训练，实施体能基础科目训练，提高军事训练水平；开展执勤动作、执勤技能等专勤训练，提高正规化执勤能力。做好市看守所监区警戒执勤工作，完成固定目标执勤和濮院武装巡逻工作。参与市公安局组织的常态化城市武装巡逻，做好高考试卷看护等临时勤务。定期开展双拥共建活动，协助市教育局开展国防教育和中学生军事训练活动，派出战士到桐乡高级中学、凤鸣高级中学、茅盾高级中学等学校指导学生军训。年内，获评“G20峰会安保先进集体”“安保贡献突出集体”等称号。

根据中央机构编制委员会办公室《关于下达公安消防现役编制的通知》、公安部消防局《关于组建浙江省嘉兴市公安消防支队乌镇大队等单位的批复》，组建嘉兴市公安消防支队乌镇大队（正营级），下辖乌镇大队乌镇中队、乌镇大队崇福中队。下半年，乌镇大队及下属乌镇中队完成临时驻勤并实体化运作，现有消防53米云梯车、16米高喷车、水罐车各2辆，泡沫车、抢险救援车各1辆。

【开展火灾隐患集中区域整治】 2016年，市消防大队完成濮院永乐新村消防安全整治。5月，濮院镇永乐新村被省政府列为年度省级挂牌区域性火灾隐患区域。消防大队提请市政府成立由分管副市长任组长，公安、安监、消防等16个部门负责人为成员的整治工作领导小组。进行会议动员、入户宣传、调研排查，确定具体整治方案。通过外围先行整治、居住区实行硬隔离、“一户一策”整改、增加电瓶车充电点等具体措施，完成对濮院镇永乐新村火灾隐患整治。其中发放宣传资料9000余册、张贴宣传牌200余块、拆除简易隔离墙1万余平方米、砌筑实体墙2.7万余平方米，安装感烟探测器3100余个，配备灭火器8300余个、应急灯2000余个，新增电瓶车充电点120个；行政拘留存在火灾隐患拒不整改出租房房主2人，临时查封二层以上用于生产经营、存储场所存在火灾隐患12户。9月，市消防大队开展整治市级挂牌火灾隐患区域3个、县级13个。通过采取走访检查、约谈推动、实地驻点、执法查处等措施，完成大麻镇蚕种场区域整体搬离；拆除濮院港胜等工业园区违章搭建7处，增设消防设施等清除火灾隐患；采取增设消防设施、电气线路整治等方式，提升乌镇东大街等场所区域火灾防御3个；按照濮院镇永乐新村整治标准开展规范化整治灵悟小区等农民拆迁安置小区3个；依据消防法律法规，采取执法监督手段，完成桐乡市天梭海洋宫沐浴场所等单位隐患整改3家。

【深化消防安全专项治理工作】 2016年，市消防大队根据各镇（街道）行业性、区域性火灾隐患特点，以劳动密集型企业、人员密集场所、易燃易爆企业、居住出租房、文物古建筑、重大火灾隐患等对象为重点，开展全方位、地毯式消防检查。全年累计检查单位3300余家，发现火灾隐患或违法行为5100余处，督促整改5000余处，处罚单位98家，临时查封36家，责令“三停”（停产、停业、停止使用）单位61家，处罚款122.4万元，拘留37人，全市火灾隐患和消防违法行为得到控制。

（钟龙飞）

2月5—6日，市消防大队开展消防安全检查　　市公安局提供

概　　述

2016年，桐乡市政法系统贯彻落实上级有关会议精神和文件精神，以实现“平安桐乡十二连冠、夺取平安金鼎”为目标，以G20杭州峰会、第三届世界互联网大会·乌镇峰会等重大活动的维稳安保为主线，深入实施安康家园行动计划。年内，全市未发生严重危害国家安全事件、严重影响社会稳定事件、重特大刑事犯罪案件、严重影响经济秩序案件、重大安全生产事故和重大公共安全事件。

护航重大国际峰会。成立护航重大峰会统筹协调小组，组建专门班组，落实会商研判、信息预警和应急指挥措施，推进十大专项行动。建立督查考核机制，市领导带队暗访督查工作落实情况，确保各项安保措施落到实处。针对上级督查发现的问题，抽调相关部门和派驻纪检组工作人员，成立专项督查小组，查明问题原因，予以问责。峰会前后，开展督查472次，督查单位1725个，发现问题539个，发放问题交办单322份，约谈及通报批评8人次。

维护社会稳定。打击各类违法犯罪，切实维护人民群众生命财产安全，特别是群众反映强烈的违法犯罪活动。2016年，抓获各类犯罪嫌疑人2166名，依法提起公诉1342起、1828名，判处犯罪分子2000名。做好G20杭州峰会和第三届世界互联网大会·乌镇峰会期间的维稳安保工作，结合桐乡实际，形成组织领导保障、反恐防暴等长效工作机制。两峰会期间，全市未发生重大涉稳事件，110接报刑事警情比上年同期下降37.6%。

推动“互联网+”治理。秉持“互联网+”思维和“机器换人”理念，推进“智慧警务”“智慧司法”“智慧检察”“智慧法院”“智慧法庭”建设，提升政法工作信息化水平和智能化水平。投入2000余万元建成高标准云计算中心，以多种途径汇聚2000余亿条数据。市政法系统通过与其他政府职能部门合作，采集供水、供电、天然气、门诊就医、停车场、公共自行车等121类本地数据100余亿条。全市129个封闭式小区开展技防建设，加强实时监测出入人员、车辆。196个开放式小区主要出入口安装视频监控，打造“零发案小区”。提升预知预警预判预防能力，在全市交通主要干道、高铁站、汽车站安装计算机前端采集设备2000余套，每日采集信息7000余万条。

捍卫司法公正。推进司法体制改革，确保优质资源集中到办案一线，遴选产生首批员额法官41名、首批员额检察官28名。实行司法公开机制，全面推行阳光司法，发布部分法律文书、案件程序性信息及重大案件信息，构建开放、动态、透明、便民的检务信息公开机制。贯彻《领导干部干预司法活动、插手具体案件处理的记录、通报和责任追究规定》和《司法机关内部人员过问案件的记录和责任追究规定》，杜绝领导干部、司法人员干预、插手案件现象。开展案件评查工作，督促政法机关确保办案质量，降低错案率，促进执法司法公平正义。

加强队伍建设。组织政法干部开展“两学一做”主题教育实践，以“每周一学”、政法干部轮训等为载体，全面推进惩防体系制度建设和岗位廉政风险防控机制建设。市委政法委会同市委组织部、市委党校与浙江大学公共管理学院合作举办平安建设专题研讨班。组织举办“提升实战能力·服务峰会安保”主题轮训活动，全年开展主题轮训8期。围绕治安防控体系建设、智慧警务和心理健康知识等内容，开设讲座4期，1100人次参加听讲。加强政法干警心理健康教育，全面强化和提高政法干警的心理素质。

是年，桐乡市政法各部门工作成效显著。市委政法委被嘉兴市委评为“保障服务重大国际峰会先进集体”；桐乡市人民法院借力信息化建设，被浙江省高级人民法院评为“全省法院信息化工作先进集体”；桐乡市人民检察院被浙江省人民检察院评为“2016年度省级先进基层检察院”；市司法局被浙江省委办公厅和浙江省政府办公厅评为“全省法治宣传教育先进集体”；市公安局在服务保障G20杭州峰会及第三届世界互联网大会·乌镇峰会工作中贡献突出，被浙江省委、省政府等评为先进集体。

市委政法委根据上级统一部署，结合桐乡实际，在全市政法系统中继续组织开展“百名政法干警联网格送服务”活动和政法系统“系列十佳”及人民满意先进集体、先进个人评选活动，评选出“十佳调解能手”“十佳办案能手”“十佳执法标兵”“十佳政法辅助人员”“十佳综治维稳队员”以及人民满意先进集体10个、人民满意先进个人17个。

社会管理综合治理

【概况】 2016年，桐乡市防控风险，服务发展，破解难题，开展“平安金鼎攻坚年”活动，深化“三治”建设、“两网融合”等基层基础工作，为“十三五”开局创造安全稳定的社会环境、公平正义的法治环境和优质高效的服务环境。巩固提升2015年全省创新基层社会治理提升社会风险防控能力现场推进会成果，以“网格化＋基层党建”思路，探索“互联网＋”社会治理工作，重点推动“平安建设信息系统”与“网格化管理、组团式服务”的两网深度融合。在建成集“市镇村网格四个层面纵向贯通、50个部门横向信息共享”于一体的网上网下事件处理联动体系基础上，推广安装“平安浙江”APP，全年47714人安装，流转处置各类事件信息24万余条。推动群防群治，加强平安片区创建工作，对接联系牵头部门，跟踪指导31个系统创建项目。推进“平安镇（街道）”“平安村（社区）”等基层平安创建活动，重点结合社区警务工作，在开放式小区探索设立“平安守望点”，全年建平安片区18个，有平安守望员400余名。按照“北有西城大妈、南有乌镇管家”思路，召开全市社会治理基层基础特色工作现场推进会等，形成“乌镇管家”“梧桐义工”、河山“网格夜巡”、洲泉“电车巡务”等一批群防品牌。提升风险防控能力，完善矛盾纠纷多元化解机制，健全人民调解、行政调解、司法调解“三调”联动工作体系，强化诉调、检调、警调、访调等的衔接工作。加强特色调解室建设，完善人民调解道德观察员制度，发挥“民生三伯伯”等调解品牌作用。全年排查调处矛盾纠纷9281件，化解成功率97.45%。坚持大局意识，服务全市中心工作，努力为全市中心工作提供优质高效的法律服务和风险评估。全年全市各级政府法律顾问为政府出台重大决策和实施重大项目提供法律意见130条，实施社会稳定风险评估项目26个，审查行政合同87份、把关规范性文件57份。夯实基层基础，抓住基层“三治”建设，市委政法委牵头抓好法治专项建设，指导基层加强德治、自治建设。协助固化应用“三治”工作18项机制，开展活学活用典型案例评比，扩大“三治”影响，提升运用实效。6月18日，桐乡市承办“推进法治德治自治建设、创新基层社会治理”高峰

8月3日，平安片区创建现场会　　市委政法委提供

论坛，来自国内外公共管理领域的20多位顶级专家深入研讨“三治”建设。11月24日，开展“三治”十佳案例评比活动。

（姚晓青）

政府法治建设

【概况】 2016年，桐乡市深入推进法治政府建设，政府法制工作围绕中心，服务大局。坚持会前学法，提高领导干部的依法行政能力，市政府法制办全年组织政府常务会议会前学法9次。出台嘉兴市首个县域法治政府建设规划——《桐乡市法治政府建设规划（2016－2020年）》。围绕“三改一拆”、治水治气及旧城改造项目和扩大杭嘉湖南排工程等中心工作，强化行政决策法制审查和具体行政行为法制审查，为中心工作提供法制保障。牵头制订《农村集体土地交地执行操作规程》，破解集体土地上房屋强拆难题。严格审查5起市政府责成强拆违法建设案件和54个濮院旧城改造项目征收补偿决定，提出法律意见，供市政府领导决策参考。做好行政规范性文件备案审查，出台《关于加强行政规范性文件备案的通知》，实行报备专人管理制度，抓实认定、送审、备案等环节。组织备案审查专题培训，全年完成市本级行政规范性文件合法性审查30件，新出台的27件行政规范性文件均已向本级人大和嘉兴市人民政府同步备案，完成镇（街道）、部门行政规范性文件备案审查43件。执行《关于做好行政规范性文件解读工作的通知》，市本级解读行政规范性文件11件，各部门解读行政规范性文件14件。建立特邀行政执法监督员制度，聘任6名特邀行政执法监督员监督行政执法机关的行政执法工作。开展行政执法案卷评查活动，全市自查行政处罚案卷7919件、行政许可案卷33.75万件、行政强制案卷200件，查出问题或瑕疵案卷43件。举办第二届行政执法“十佳办案能手”评比活动，其中市场监管局和烟草专卖局的执法办案能手入选嘉兴市级办案能手。组织行政执法证培训考试，139人参加考试，95人通过。网上公开行政处罚结果信息，全年发布行政处罚结果信息1.9万条。秉承“制度严起来，法治实起来”原则，坚持该撤销的案件坚决撤销，市政府法制办全年受理行政复议案件33件，确认违法、责令撤销重做各3件，处理市政府为被申请人的行政复议20件，被撤销1件。全年桐乡各级部门发生行政诉讼案件96件，其中桐乡市政府为被告27件，确认违法撤销重做1件，败诉率3.7%；部门、镇（街道）为被告75件，审理68件，被确认违法、撤销各3件，败诉率8.82%。全年办结行政调解4474件，调解成功4456件，成功率99.6%。加强法制宣传，做好信息报送选编工作，制订下发《关于做好2016年度法制信息宣传考核工作通知》，全年上报法制信息被录用399篇，居全省第四位，市政府法制办获2016年度全省政府法制信息宣传工作先进单位。

【《桐乡市法治政府建设规划（2016—2020年）》出台】 为贯彻中共中央、国务院《法治政府建设实施纲要（2015－2020年）》精神，6月，市委、市政府出台《桐乡市法治政府建设规划（2016—2020年）》。规划明确了“行政职权法治化、文件管理法治化、行政决策法治化、行政管理法治化、权力运行法治化、行政救济

9月11日，桐乡市召开全市法治宣传教育暨深化法治政府建设工作会议　　市府办提供

法治化和自身建设法治化”等7个工作目标，形成36项工作任务，明确法治政府建设的衡量标准、建设路径和具体措施。以发文形式将法治政府建设任务措施分解到市级各部门、单位。同时将各责任部门当年目标任务的完成情况纳入2016年度桐乡市依法行政指数评估。9月，召开全市法治宣传教育暨深化法治政府建设工作会议。全市30个行政执法部门、12个镇（街道）、开发区、振东新区主要领导、分管领导、法制机构负责人参加会议。会议总结回顾桐乡市“六五”普法和五年来的依法行政工作，安排部署“七五”普法任务和“十三五”时期的法治政府建设工作。会上，市政府还与各镇（街道）、各部门签订桐乡市法治宣传教育依法行政工作责任书。2016年底，首次将法治政府建设纳入市委、市政府表彰项目，19个单位获2016年度桐乡法治政府建设先进集体。

（赵云飞）

公　安

【概况】 2016年，桐乡市公安机关立足公安职能，围绕全市经济社会发展大局，维护全市的社会政治稳定和治安平稳，完成G20杭州峰会和第三届世界互联大会·乌镇峰会安保任务。坚持打防并举，全市110接报刑事警情比上年下降17.25%；破获各类刑事案件3981起，移送起诉1927名，命案破案率100%；依法查处治安行政案件1850起，处罚违法人员3293名。加强户政管理，全年登记常住人口692754人、流动人口475168人。严查道路交通违法行为，全年全市发生交通事故248起，死伤302人，直接经济损失205.4万元，分别比上年下降10.8%、5.8%和2.9%。推进火灾安全事故防控体系建设，全年全市发生火灾318起，零伤亡，直接经济损失179.7万元。开展排放不达标的“黄标车”淘汰专项工作，全年淘汰注销“黄标车”188辆。推进打击整治传销违法犯罪活动，捣毁传销窝点32个，抓获涉案人员220余名。优化信号灯配时，38个路口、92个方向的智能交通信号引入控制系统，提高路段通行率。围绕问题导向、需求导向和科技导向，推进智慧警务建设，建成云计算中心，研发魔方实战平台、LBS、反恐脸书等系统平台，推进智慧小区建设。落实爱警惠警措施，为民警建立启动“心灵氧吧”，为其提供心理辅导。联合市金融办、市场监管局等部门开展打击非法集资违法犯罪活动，排查投资理财类公司364家次，全年破获非法集资类案件5起，抓获犯罪嫌疑人47人，涉案价值2.3亿元。

【市公安局被评为“保障服务重大国际峰会”先进集体】 2016年，贯穿市公安局全年的中心任务是为G20杭州峰会和第三届世界互联网大会·乌镇峰会保驾护航。制订安保方案，构建立体式维稳安保体系。开展“春雷”“清雷”“净雷”系列专项行动，在社会治安复杂区域加强社会面管控，实现人员底数清楚、职责任务清账、安全隐患清零。1月1日—3月30日“春雷”专项行动期间，接报刑事警情比上年下降8.6%；破获各类案件1429起，刑事起诉犯罪嫌疑人690人，发生命案3起，破案率100%。7月22日—11月底，开展决战峰会交通安全专项整治行动，排查“两客一危”（公路客运、旅游客运，危险化学品运输车辆）企业30家，查处各类交通

交警大队民警正在查验驾驶员驾驶证件　　市公安局提供

违法行为12010起。市公安局在服务保障G20杭州峰会及第三届世界互联网大会·乌镇峰会工作中贡献突出，9月被浙江省委、省政府评为“浙江省G20杭州峰会先进集体”，12月被嘉兴市委、市政府评为“保障服务重大国际峰会先进集体”。

【加强重点车辆管理】 2016年，市公安局完善车管所、执勤中队、企业单位分级管理模式，落实重点车辆源头管理各项措施。建立重点车辆管理办公室，做好全市重点车辆源头监管工作业务指导，信息资料收集、梳理、下发、考核汇总。加强重点车辆单位的源头监管工作，对全市危险化学品运输单位和汽运公司每月开展一次安全检查、教育，对其车辆及驾驶人员情况底数清、情况明。6月14—30日，出动警力518人次，开展工程运输车、学生接送车等重点车辆集中整治行动，检查城市工程运输车367辆次、农村学生接送车辆33辆次，排查建设单位、施工工地、运输企业24家次，排查学校33个次，查处违法车辆472辆次。

（钟龙飞）

检　　察

【概况】 2016年，桐乡市人民检察院强化法律监督，全面加强各项检察工作。依法打击刑事犯罪，全年依法受理提请批准逮捕刑事案件764件1067人、移送审查起诉1580件2159人，经审查，决定批准逮捕560件745人、提起公诉1342件1828人，报送嘉兴市人民检察院、移送其他人民检察院合计21件32人。依法惩防职务犯罪，依法立案侦查职务犯罪案件7件8人，其中受贿金额20万元以上4件5人（内含200万元以上1件1人）、贪污金额20万元以上1件1人。依法强化诉讼监督。加强刑事立案监督和侦查活动监督，提前介入、参与、引导案件侦查30余次，监督立案14件24人，书面纠正严重违法情形2件，纠正漏捕案件2件3人；加强刑事审判监督和刑罚执行场所监督，依法出庭支持公诉1320件，提出抗诉并获桐乡市人民法院采纳3件，审查呈报减刑52件，监督纠正9人；加强民事审判监督和行政诉讼活动监督，依法提请嘉兴市人民检察院抗诉案件7件，均获改判。首次以虚假诉讼罪对犯罪嫌疑人提起公诉，依法严肃查处虚假诉讼案件7件，其中3人被判处有期徒刑。践行绿色司法，坚持“教育为主，惩罚为辅”原则，联合市教育局和市司法局先后制定出台《建立“检教共建”协作机制》和《附条件不起诉未成年人社区帮教实施细则》，建立检教共建、联席会议、信息通报、互帮互教等四项机制，进一步深化未成年人权益保护工作，预防和减少未成年人犯罪，全年法律援助81人次，封存犯罪记录88人次。推进司法改革，研究制定《桐乡市人民检察院现任检察官入额实施办法》，明确入额条件，确定入额比例，公开遴选办法，遴选产生首批员额检察官28名。年内，市人民检察院在嘉兴市率先对接最高人民检察院，对申诉人开展远程视频接访服务；延伸检察服务，保障民企发展，联合市工商联出台《加强协作依法保障和促进我市非公有制经济健康发展的意见》，组织开展“诚信发展·检察伴你行”专项行动。

【首次组织对故意伤害案件进行相对不起诉听证】 11月21日，市人民检察院组织公开听证会，拟对涉嫌故意伤害罪的犯罪嫌疑人姚某拟作相对不起诉。听证会邀请人民监督员、律师以及市公安局、嫌疑人所在单位的代表共计7人，就该案起诉必要性进行发言讨论。这是嘉兴市首次对涉嫌故意伤害罪案件进行公开听证。11月23日，市人民检察院在综合审查全案事实、证据以及犯罪情节的基础上，结合听证会意见，认为对犯罪嫌疑人姚某涉嫌故意伤害罪一案作相对不起诉不至于发生社会危险性，遂依法作出相对不起诉决定。

（凌哲婕）

审　　判

【概况】 2016年，桐乡市人民法院认真履行审判职能，宽严相济，依法惩治犯罪。全年受理刑事案件1486件，审结1374件，判处罪犯2000人，其中审结盗窃、赌博、毒品、危险驾驶、危害食品药品安全、拒不支付劳动报酬、电信网络诈骗等犯罪820件1036人，审结贪污、贿赂等职务犯罪11件11人。2000名罪犯中，判处5年以上有期徒刑74人，符合条件依法适用缓刑742人。推进以审判为中心的刑事诉讼制度改革，会同市公安局、市人民检察院、市司法局出台《轻微刑事案件快速办理机制》，提高刑事审判效率。年内，市人民法院调判结合处理民商纠纷，60%左右的民商事案件以调解或和解方式结案。全年受理民商事案件13024件，审结11256件，解决争议标的32.8亿元。其中，审结人身伤害、劳动争议、婚姻家庭纠纷等案件3875件；审结借款、买卖、承揽等商事合同纠纷案件3692件。3月18日，作出3月1日《中华人民共和国反家庭暴力法》实施后嘉兴市首个人身安全保护裁定。坚持协同办案，妥善审理涉商贸综合体案件，立案、审判、执行分离兼顾，成立涉专业市场案件处置领导工作小组，推行示范性诉讼，审结11个城市综合体的800余件纠纷案件，涉案标的2.8亿余元。对有救助希望的被诉企业"放水养鱼"，对恶意逃债的企业依法采取强制措施，引导经营无望企业退出市场或通过破产进行资产重整，全年办结涉企案件4028件，解决争议标的12.5亿元。贯彻新修改的《中华人民共和国行政诉讼法》，全年受理行政案件91件，审结76件，50%左右的行政案件通过协调促成和解撤诉。发挥司法审查作用，全年审查涉环境污染、土地管理等行政非诉执行案件166件。实行行政机关负责人出庭应诉制度，行政机关负责人出庭应诉率97.14%。综合治理执行难，保障胜诉当事人权益，全年受理执行案件5818件，执结4711件，执行到位资金5.2亿元。坚持综合治理，完善与各单位的"点对点"网络查控系统及协作机制。实施全年24小时执行值班备勤制度，和市公安局联合出台《关于公安机关协助人民法院执行工作的补充办法》，抓获逃避执行被执行人1262人。依法打击逃避、抗拒执行行为，司法拘留245人，限制出境53人次，曝光失信黑名单80人。开展涉民生案件专项活动，畅通欠薪案件处置绿色通道，加强与镇(街道)和有关部门协作，为745名工人快速执行工资款1474.7万元。制订"执行案件责任清单"，开展执行队伍专项整顿，规范执行行为。继续实施司法救助，缓、减、免交困难当事人诉讼费83.9万元，发放司法救助金101万元。推进司法网拍，涉诉资产全部网上拍卖，为当事人节省佣金601万元。推进高效办案，民商事案件"简繁分流"，轻微刑事案件快速办理。透明办案，有典型教育意义的案件实行庭审网络直播。按照"应公布尽公布"原则，在网上公开裁判文书6800余份。

【推进司法体制改革】 2016年，市人民法院按照上级部署，开展司法体制改革。成立司法体制改革试点工作领导小组，加强部署指导；制订《桐乡市人民法院司法体制改革实施方案》，明确各项改革的时间点和具体要求；开展司法人员分类管理改革，召开法官入额动员大会；出台《法官首批入额工作实施方案》和《法官首批入额考核(考试)办法》，启动首批员额法官的遴选工作，首批41名员额法官入额；组建"1名主审法官+1名助理审判员+1名书记员"审判团队，探索随机分案与专业化分案相结合的分案模式，崇福人民法庭、乌镇人民法庭年内组建4个"1+1+1"模式审判团队。

【开展涉执行暂存款集中清理活动】 4—10月，市人民法院开展涉执行暂存款集中清理活动。财务部门和业务部门清查2015年12月31日前已经收取但尚未发还、处理的涉执行暂存款，分类整理，形成涉执行暂存款台账，逐笔核实对应的案号、当事人、承办人等要素，并将信息录入"全国执行案件暂存款清理"系统，依法及时发还涉执行暂存款。对无法确定性质的款项，建立台账，商请财政部门设立专门账户集中管理。集中清理活动清理、发还执行暂存款940笔、5151.8万元，上缴财政600万元。

【推进"智慧法庭"建设】 2016年，市人民法院利用乌镇人民法庭地处世界互联网大会永久会址的区位优势，加快推进"智慧法庭"建设。在全省率先将诉讼服务中心建设延伸至人民法庭，年内完成乌镇人民法庭诉讼服务中心硬件的设施改建升级；加快"大立案、大服务、大调解"三大机制建设，推行律师网上立案和跨域立案，缩短诉讼用时，全年自助立案25件，约占90%；便利当事人缴退诉讼费，新建银行自助转账缴费系统；设立远程视频调解室，建立人民调解员驻庭调解制度和法官助理调解分流案件制度，全年诉前成功调解50余件；提高信息化水平，推进"互联网+审判"；开展庭审记录改革，引入智能语音识别系统，配

11 月 18 日，最高人民法院院长周强（前右二）在乌镇人民法庭调研　　市人民法院提供

合高清数字法庭、录音备份系统、"审务云"，形成"视频＋音频＋文字"三维一体的智能记录体系，庭审全部同步录音录像。在第三届世界互联网大会·乌镇峰会期间，乌镇人民法庭被最高人民法院院长周强誉为"全国一流、法庭样板"。

【审结 35 名被告人电信诈骗案】 2015 年 3 月，王某等 3 人招募数十名员工，以电话销售的方式，诱骗被害人购买保健品，涉及犯罪 115 起，累计诈骗所得 220 余万元，构成诈骗罪。2016 年，市人民法院受理此案，由于案件被告人众多且遍布全国各地，案情复杂，市人民法院成立专案小组，启动应急预案，向相关部门借调警力，确保案件审理顺利进行。12 月 19 日，市人民法院对 35 名被告人通过电话实施诈骗的电信诈骗案进行宣判，以诈骗罪判处王某等人有期徒刑 5 年 2 个月至 11 年不等刑期。

（魏琳钰）

司法行政

【概况】 2016 年，桐乡市司法局认真履行司法行政职能，为推进"平安桐乡"和"法治桐乡"建设积极发挥作用。是年，桐乡市被中央宣传部、全国普法办、司法部评为"六五"全国法治宣传教育先进县（市）。市司法局被省委办公厅和省政府办公厅评为"六五"全省法治宣传教育先进集体。年内，市司法局参与全市"五水共治""三改一拆"和旧城改造等专项行动，重点培育楼宇和律师事务所结对服务，引导律师为"僵尸企业"破产管理、兼并重组、风险防范提供专业法律服务。围绕国际峰会维稳安保工作，组织开展"护航'G20'、世界互联网大会，普法在行动"主题宣传、"平安护航 G20，齐心助力互联网"矛盾纠纷大排查专项行动和社区矫正集中大排查、大走访、大整治专项行动等。6 月，市委、市政府出台《关于在全市公民中开展法治宣传教育的第七个五年规划（2016—2020 年）》，召开全市法治宣传教育工作会议，在全省率先启动"七五"普法工作。加强对重点领域和重点对象的法治宣传教育，推进法律进机关、进乡村、进社区、进学校、进企业、进市场、进单位、进家庭、进工地、进新居民集居区等"法律十进"示范点建设和法治文化阵地建设，年内命名首批桐乡市法治文化建设示范基地 24 个。开展"新居民学法用法活动月""宪法宣讲你我同行"系列活动，启动"周六普法志愿者在行动"志愿服务项目，营造尊法、学法、守法、用法良好氛围。全年举办各类普法主题宣传活动 500 余场，举办法治讲座（培训）600 余个，编印、发放法治宣传资料 84 万余份。培育创建"民主法治村（社区）""诚信守法企业"和"依法治校示范单位"，提高基层民主法治水平。年内，新命名桐乡市民主法治村 22 个；成功创建嘉兴市民主法治村（社区）9 个、嘉兴市"诚信守法示范企业"2 家。至年底，全市有全国民主法治示范村 2 个、省级民主法治村（社区）20 个、嘉兴市民主法治村（社区）95 个、桐乡市民主法治村（社区）139 个以及嘉兴市"诚信守法示范企业"12 家、桐乡"诚信守法示范企业"29 家。市司法局、发改局联合出台《桐乡市公共法律服务体系建设"十三五"规划》，优化市、镇、村三级公共法律服务中心（站、室、点）建设

12月2日，桐乡市举行“12·4”国家宪法日主题宣传暨“宪法宣讲进校园”活动仪式　　市司法局提供

和人员配置。深化法律顾问制度建设，完善“一村(社区)一法律顾问”制度，健全三级法律服务团工作机制。加大公证惠民力度，提升公证服务质量，全年办理公证8760件，减免公证费用236万元。加强法律服务行业监管，实施“名所、名品、名律师”培育工程，促进法律服务行业健康发展。健全多元化纠纷化解机制，完善人民调解、行政调解、司法调解三调联动工作体系，加强诉调、检调、警调、访调等衔接工作，扩大行业性、专业性人民调解组织的覆盖领域，在各镇(街道)新设婚姻家庭纠纷人民调解工作室。全年全市受理矛盾纠纷5421件，调处成功5372件。加强法律援助站点建设，在市人民检察院新设法律援助工作站。全面下放法律援助初审权，将法律援助初审受理下沉到镇(街道)法律援助工作站。开展“农民工讨薪”“敬老爱老，法护夕阳红”“法律援助基层行”专项行动。全年受理法律援助案件590件，挽回经济损失1224.37万元，1357人受援。市法律援助中心被嘉兴市老龄工作委员会评为嘉兴市第二届“敬老文明号”。社区矫正中心完成改造升级，新建桐乡市社区矫正公益劳动基地，推进镇(街道)社区矫正宣告室建设。加强社区矫正执法监督，健全市、镇、村三级监管体系，全面运用“司法E通”社区矫正信息管理系统，实现手机GPS定位与电子腕带定位双管控，在嘉兴率先推行社区矫正网上审批。推行“三官三约”(警官、检察官、法官，初期约见、中期约访、后期约谈)和“定人包案”(定责任人，包个案)制度，每季联合公、检、法开展联合督查，对重点监管对象从严管教。推行“每月5日、15日、25日”集中教育制度。与市民政局、人力社保局协作，对困难社区服刑人员开展帮扶。推进“关心桥驿站”工作，加强青少年社区服刑人员帮教帮扶。做好刑满释放人员帮教安置工作，深化监(所)地共建，核查在监服刑人员基本信息，重点刑释人员实行“必接必送”。年底，全市社区服刑人员在册总数556人，2016年再犯罪率控制在0.5%以内；全市刑释解矫人员在册总数1648人，重新犯罪率控制在2%以内。

【实施司法所“提档升级”工程】 2016年，桐乡市全面实施司法所“提档升级”工程，巩固、提升星级规范化司法所创建成果，升级司法所硬件设施，健全岗位责任制，开展业务培训，在组织机构、队伍建设、业务工作、基础设施和制度建设等五个方面全面提升司法所规范化水平。年内，振东司法所、凤鸣司法所成功创建为浙江省五星级规范化司法所，高桥司法所、洲泉司法所成功创建为浙江省四星级规范化司法所。在前期成功创建的基础上，濮院司法所、大麻司法所分别通过浙江省五星级规范化司法和浙江省四星级规范化司法所的复评，屠甸司法所、龙翔司法所、石门司法所和河山司法所通过浙江省三星级规范化司法所复评。至年底，桐乡市有浙江省五星级规范化司法所5个、四星级4个、三星级5个。

(周　丽)

教　育

概　述

2016年，桐乡市有各级各类学校、幼儿园102所。其中全日制高校1所、成人高校2所、普通高中5所、中等职业学校2所、义务教育学校54所、特殊教育学校1所、少体校1所、幼儿园36所，注册学生10.68万人，在职教职工8821人。年度财政性教育经费预算13.06亿元。生均公用经费小学2786.48元，初中4007.95元，均超省最低标准30%以上。抓好项目建设筹划，完成濮院茅盾小学一期工程、梧桐街道中心幼儿园、屠甸镇小晏城校区等5所小学（幼儿园）的新建、改扩建任务；北港小学改扩建、青少年素质教育实践基地等9个项目开工建设；完成2016年度市政府民生实事（幼儿园建设）工程；年内新增省标准化学校2所，全市义务教育学校省标准化学校达标率96.3%，处于省内领先水平。队伍建设显著加强，全年招聘事业编制教师124名，推动120名普通教师、51名骨干教师、30名校长有序交流，组织各级名师及学科基地学校研发培训项目73项，培训教师6200人次，教师专业发展培训绩效考核列嘉兴市首位。

加强顶层设计，教育局制定《桐乡市教育事业发展“十三五”规划》，进一步明确发展愿景、任务和路径。以智慧教育引领素质教育提升，桐乡市入选省教育信息化试点县市，加入首批浙江省智慧教育联盟。推进学校装备现代化，构建数字校园应用环境，着力培育智慧校园。数据中心、教育云平台、桐乡市互联网学校、桐乡教育APP等先后投入使用。

学前教育、基础教育、成人教育、社区教育和职业教育等各类教育健康协调发展。2016年，学前三年幼儿入园率99.75%、义务教育入学率100%、在校生巩固率100%、“三残”（智残、体残、肢残）儿童入学率100%、十五年（三年学前教育、九年义务教育及三年高中教育）教育普及率99.95%。高考一类上线总人数839人（文科215人、理科624人），一类上线率21.12%，上线人数和上线率再创历史新高。

2016年，学前教育第二轮三年行动计划收官，桐乡市出台《桐乡市住宅小区配套幼儿园建设管理办法（试行）》，普惠发展机制更加健全。全市全年新增省二级幼儿园2所、省三级幼儿园1所，幼儿园等级覆盖率96.9%，公益性幼儿园覆盖率78.4%；招聘事业

9月27日，教育部到桐乡进行中小学学生体质专项督导

市教育局提供

编制教师35人，专任教师持有教师资格证比例达到95.8%。幼儿园看护点继续采用星级评估的方式给予定级，评出三星级学前儿童看护点5个、二星级学前儿童看护点3个。

义务教育加大素质教育推进力度，着力培养学生全面素质、核心素养。有效发挥新常态下教育科研的引领作用，深入推进中小学课程改革和校园文化建设。坚持“阳光招生”，继续做好中考保送生制度、民办学校招生等教育热点工作。推进“美丽校园”建设和“一校一品”工程，抓特色学校创建、学科基地建设和学校体育艺术工作，学生体质达标情况受到教育部督察组肯定。年内新增全国青少年校园足球特色学校2所、省青少年校园足球特色试点学校6所、省级健康促进学校(银奖)1所、嘉兴市第七批语言文字规范化示范校1所。

普高教育以考试招生制度改革和特色办学为重点，进一步完善学校教育教学管理，积极探索走班制、分层次教学模式，有效开展生涯规划教育，满足学生弹性学习和个性发展需求。年内新增省二级示范高中1所(桐乡二中)，全市5所普通高中学校均成功创建为省级特色示范高中。

职业和成人教育取得新突破。职业教育着力产教融合、开放发展，开展现代学徒制改革试点，桐乡卫生学校康复技术专业入选首批“全国职业院校健康服务类示范专业点”名单。职高学生在全市“文明风采”竞赛中取得好成绩，高职单考单招成绩喜人。深化社区教育，有序推进扫盲教育及各类成人教育培训工作。

特殊教育送教上门经验推向全国。2016年，全面推进随班就读和重残儿童送教上门工作，探索形成“一个目标、两线协调、三项机制、四大举措、五送内容”的“一二三四五”送教新模式。年内建立起一支专业、稳定、高效的送教队伍，使不能到学校接受教育的重度持证残障儿童受教率达到100%。送教经验在由华东师范大学、现代特殊教育杂志社、上海长宁区特殊教育指导中心联合组织的国家特殊教育改革实验区学校研讨会上作交流。

基础教育

【概况】 2016年，全市有36所幼儿园，其中市区14所、镇(街道)22所；省一级幼儿园10所、省二级幼儿园14所。在园幼儿2.26万人。小学27所，在校学生4.43万人。普通中学32所，其中初中27所(含九年一贯制学校10所)，在校学生2.32万人；普通高中5所，在校学生1.14万人。高中学校录取新生6963人(普通高中3923人、职业类高中3040人)。完善中考招生制度，加大保送生招生力度，增加保送生招生名额，实行提前招生。全年1220名初中毕业生被保送进入桐乡市高级中学等5所普通高中就读，茅盾中学“中加班”(中国与加拿大联合办学)毕业班学生100%被国外大学录取。实行义务教育阶段学校新居民适龄子女积分入学管理，年内1773人持积分卡申请入学。开展随迁子女接受义务教育后参加高中段学校录取资格审查，506名随迁子女通过审核。至年底，全市有民办教育机构52所，其中民办中小学4所，在校学生8061人；民办新居民子女学校2所，在校学生3934人；民办幼儿园18所；民办培训学校26所。

【推进体育特色项目建设】 2016年，市教育局在全市各学校开展学生体育竞赛活动，继续推进学校体育特色项目建设。年内

屠甸中学篮球操　　市教育局提供

新增国家级足球特色项目学校3所：河山中心学校、桐乡二中，桐乡实验小学教育集团振东小学；省级足球特色项目学校7所：同福初中、洲泉中学、濮院小学教育集团毛衫城小学、桐乡实验小学教育集团北港小学、龙翔小学、桐乡十中、茅盾实验小学。濮院镇中心幼儿园被省体育局命名为省级幼儿体育特色学校。

【“真人德育”实践推出德育品牌】 2016年，市教育局围绕“千教万教教人求真，千学万学学做真人”，区域推进“真人德育”实践，总结提炼学校在立德树人工作中的个性化经验，形成一批具有桐乡本土特色的学校德育品牌。如桐乡七中弘扬传统美德的“孝敬感恩教育”，启新学校展现学生文艺才能的“才艺三十分”活动，桐乡三中构建和谐校园文化的“融和教育”，留良小学挖掘和发挥乡贤名人效应的“乡贤感召教育”，天女小学引导学生每周都能进一步的“前进200步工程”。

【推进普通高中课程改革】 2016年，市教育局出台《“普职融通”教改项目实施方案》，加快实现全市高中段学校特色化、多元化发展，逐渐形成普通教育与职业教育相互促进、协调发展的良好格局。年内，全市5所普通高中全部通过浙江省普通高中特色示范学校评估，3所学校被评为浙江省学科基地，其中茅盾中学评为浙江省首批普通高中地理学科基地，桐乡市高级中学、凤鸣高级中学列入浙江省第二批普通高中学科基地培育学校。

2016年桐乡市学生参加省级及省级以上竞赛主要获奖情况

表23

序号	赛事名称	获奖等第	获奖人次	学科
1	浙江省青少年科技创新大赛科技实践活动(省级)	三等奖	11	初中综合实践
2	浙江省第十三届中小学机器人比赛WER(省级)	一等奖	2	初中综合实践
3	浙江省头脑奥林匹克竞赛争分夺秒项目(省级)	二等奖	4	初中综合实践
4	浙江省青少年奇迹创意竞赛“奇迹创意献科星”(省级)	优胜奖	6	初中综合实践
5	“外研杯社”全国中小学生英语大赛(全国总决赛)	二等奖	2	初中英语
6	“外研杯社”全国中小学生英语大赛(全国总决赛)	三等奖	2	初中英语
7	第30届中国化学奥林匹克竞赛(初赛)(国家级)	三等奖	1	高中化学
8	2016年浙江省高中学生化学竞赛(省级)	二等奖	4	高中化学
9	2016年浙江省高中学生化学竞赛(省级)	三等奖	15	高中化学
10	2016年4月浙江省高中数学竞赛(省级)	一等奖	2	高中数学
11	2016年4月浙江省高中数学竞赛(省级)	二等奖	11	高中数学
12	2016年4月浙江省高中数学竞赛(省级)	三等奖	8	高中数学
13	2016年10月全国高中数学联赛(国家级)	二等奖	5	高中数学
14	2016年10月全国高中数学联赛(省级)	一等奖	14	高中数学
15	实用新型专利《可密封型下水管连接件》(国家级)	专利	1	高中通用技术
16	浙江省高中学生物理联赛(省级)	一等奖	27	高中物理
17	浙江省高中学生物理联赛(省级)	二等奖	31	高中物理
18	浙江省高中学生物理联赛(省级)	三等奖	33	高中物理
19	第33届全国中学生物理竞赛(全国决赛)	一等奖	1	高中物理

续表 23

序号	赛事名称	获奖等第	获奖人次	学科
20	第 33 届全国中学生物理竞赛(省级复赛)	二等奖	3	高中物理
21	第 33 届全国中学生物理竞赛(省级复赛)	三等奖	16	高中物理
22	第 33 届全国中学生物理竞赛(省级预赛)	一等奖	6	高中物理
23	第 33 届全国中学生物理竞赛(省级预赛)	二等奖	12	高中物理
24	第 33 届全国中学生物理竞赛(省级预赛)	三等奖	18	高中物理
25	第 14 届浙江省青少年电脑机器人竞赛(省级)	一等奖	5	信息技术
26	第 14 届浙江省青少年电脑机器人竞赛(省级)	二等奖	2	信息技术
27	第十六届中国青少年机器人比赛(国家级)	二等奖	2	信息技术
28	第 13 届浙江省青少年电脑机器人竞赛(省级)	一等奖	3	信息技术
29	第 13 届浙江省青少年电脑机器人竞赛(省级)	二等奖	3	信息技术
30	第 13 届浙江省青少年电脑机器人竞赛(省级)	三等奖	1	信息技术
31	第十五届全国中小学信息技术创新与实践活动(国家级)	一等奖	2	信息技术
32	第十五届全国中小学信息技术创新与实践活动(国家级)	二等奖	2	信息技术
33	2016 年浙江省中等职业学校职业能力大赛护理技能项目(省级)	一等奖	1	护理
34	2016 年浙江省中等职业学校职业能力大赛护理技能项目(省级)	二等奖	1	护理
35	2016 年浙江省中等职业学校职业能力大赛护理技能项目(省级)	三等奖	2	护理
36	2016 年浙江省文明风采大赛(省级)	一等奖	6	德育
37	2016 年浙江省文明风采大赛(省级)	二等奖	7	德育
38	2016 年浙江省文明风采大赛(省级)	三等奖	3	德育
39	2016 年第十二届全国文明风采大赛(国家级)	一等奖	6	德育
40	2016 年第十二届全国文明风采大赛(国家级)	二等奖	4	德育
41	2016 年第十二届全国文明风采大赛(国家级)	三等奖	1	德育
42	2016 年第十二届全国文明风采大赛(国家级)	优秀奖	3	德育
43	2016 年浙江省中职学生职业能力竞赛技能大赛(省级)	二等奖	1	服装
44	2016 年浙江省中职学生职业能力竞赛技能大赛(省级)	三等奖	2	服装
45	2016 年浙江省中职学生职业能力竞赛技能大赛(省级)	三等奖	1	机械
46	2016 年浙江省中职学生职业能力竞赛技能大赛(省级)	三等奖	1	烹饪
47	2016 年浙江省中职学生职业能力竞赛技能大赛(省级)	三等奖	1	摄影
48	浙江省第八届中职学生创新创业大赛(小发明)(省级)	三等奖	2	汽修
49	浙江省技工院校会计专业技能单据录入项目(省级)	二等奖	1	会计
50	浙江省技工院校会计专业技能单据录入项目(省级)	三等奖	1	会计

续表 23

序　号	赛　事　名　称	获　奖 等　第	获　奖 人　次	学　　科
51	浙江省技工院校会计专业技能会计从业证知识项目(省级)	三等奖	2	会计
52	2016 年全省技工院校学生数学知识素养比赛(省级)	三等奖	1	数学
53	第一届 OCALE 跨境电商创新创业能力大赛中职组(运营)(省级)	一等奖	3	电商
54	第一届 OCALE 跨境电商创新创业能力大赛中职组(综合)(省级)	三等奖	3	电商
55	第一届 OCALE 跨境电商创新创业能力大赛中职组(省级)	三等奖	3	电商
56	第四届“博导前程杯”全国电子商务运营竞赛(省级)	三等奖	3	电商
57	第四届“博导前程杯”全国电子商务运营竞赛(省级)	优秀奖	3	电商
58	2016 年全省技工院校“服装设计与制作”师生团体赛(省级)	二等奖	4	服装

职业教育

【概况】 2016 年，全市职业教育学校 3 所，其中中等职业学校、技工学校和成人中等专业学校各 1 所。专任教师 618 人，专业课、实习指导课教师 380 人，“双师型”教师 323 人。开设 11 个专业大类，32 个专业。在校学生 8752 人，招收新生 3358 人，毕业 3006 人。毕业生双证书取证率 99.9%，毕业生一次就业率 98.7%。全市职业类学校报考高职考生 412 人，上线 409 人，上线率 99.27%。其中本科录取 169 人，全省各专业大类前 100 名中有 73 名学生名列其中。在参加 2016 年浙江省中等职业学校学生技能大赛中获第一名 1 人、第二名 2 人、第三名 7 人。桐乡卫生学校的品牌专业“康复治疗技术”、中职教师“名师和名师工作室”和乌镇镇成人文化技术学校的“现代化成人学校”分别列入浙江省 2016 年“中等职业教育质量提升行动计划”立项项目。

成人教育

【概况】 2016 年，桐乡市扫盲教育工作有序推进，在扫盲三年专项行动的基础上，扫盲 6050 人，文盲率降至 1.9%。中职学校社会培训 10526 人（在校生 8752 人），培训量占在校生总数的 1.2 倍以上；培训家政服务人才 2130 人，占本区域常住人口的 0.26%；按要求推进老年教育工作，2016 年接受老年教育 4.96 万人，占 60 岁以上人口比例的 30.8%。深化社区教育，全面推进学习型城市建设，精心打造桐乡市民在线学习平台，融入浙江省全民终身学习广场。发挥社区教育三级网络优势，开展社区教育点的规范化建设，夯实社区教育村居基础，利用农村文化礼堂，组织开展节庆礼仪、乡风文明、教育培训、文体娱乐等各项活动。

（陈中华）

高等教育

【概况】 2016 年，桐乡市有浙江传媒学院桐乡校区 1 所高等学校，校区设有文学院、管理学院、设计艺术学院、文化创意学院和音乐学院 5 个二级学院，开设汉语言文学、文化产业管理、艺术设计、摄影、公共关系、文化创意、舞蹈编导等 23 个本科专业及专业方向。校区有 2013—2016 级在校学生 5277 人，教职员工 400 余人，其中正高职称 28 人、副高职称 70 人，浙江省新世纪“151”人才工程培养对象 13 人，省中青年学科带头人 7 人。2016 学年度校区获省部级以上课题 21 项、厅局级项目 17 项，获各项科研成果 80 余项，发表各类论文 110 余篇，出版专著或译著 15 部。校区还组织学生参加各类大赛，获各类竞赛国家级奖项、省级奖项 400 余项。年内，桐乡校区 1200 余名毕业生走向社会。

【校地合作】 2016 年，桐乡校区继续与桐乡市委、市政府在多个领域、多个平台开展多种形式合作。通过与桐乡市10家企事业单位洽谈对接，结合校区现有专业特点，与对口企业发展需要寻求合作空间并签署校外合作基地协议。桐乡校区与桐乡市进行人才的互动，校区党工委书记到市政府挂职、市文化局副局长到校区挂职，增强校地之间的合作交流。文学院茅盾研究项目、设计艺术学院第二届“徐肖冰杯”中国大学生摄影双年展、文化创意学院第三届“魅力桐乡”微电影大赛、音乐学院“子恺杯”第二届世界互联网音乐大赛等项目列入2016年桐乡市文化局合作项目。各学院与桐乡市企事业单体、镇(街道)等开展文化交流合作。文学院与市文化局开展的“茅盾研究延伸项目”“木心研究项目”，与海盐县文化局开展的“张元济影视剧剧本创作”合作项目稳步开展；管理学院大力推进社会合作服务地方，积极与桐乡市委宣传部文创办等单位开展合作，制定桐乡市文化产业“十三五”发展规划，为桐乡市文化产业发展出谋划策；设计艺术学院与桐乡市非遗保护中心、桐乡市传统工艺美术行业协会共同承办浙江省非物质文化遗产传承人“蓝印花布印染技艺”培训班；文化创意学院完成包括第二届魅力桐乡微电影大赛、桐乡市消防大队微电影《一份厚礼》等合作，与桐乡市综合行政执法局合作完成《“垃圾君的分类梦”新媒体创意视频》；音乐学院参与“第二届世界互联网音乐大赛”的筹备工作，与中国互联网协会、宋城演艺、桐乡文化广电新闻出版局等多方洽谈，确保大赛顺利进行。

【校园文化】 2016年，桐乡校区各二级学院结合自身专业优势开展校园文化。4月5—12日，首届平行影像周在桐乡校区小剧场举行，著名影评人卫西谛、木卫二、苏七七，导演杨超、万玛才旦，编剧杨心彦、王永鹏等与设计艺术学院师生座谈交流。7月14—18日，音乐学院与国际青少年文化交流促进会、浙江省音乐家协会、中国音乐家协会世界民族音乐学会等共同承办“2016西湖国际青少年音乐节”。12月21日，文学院第四届凤栖人文艺术节闭幕式暨颁奖晚会在桐乡校区小剧场举行。文化创意学院雷锋服务公司组织策划实施“微爱为艾”·预防艾滋病宣传倡导项目，通过公益微电影、系列公益海报、系列漫画等形式，走进社区进行主题展示宣讲、大学生艾滋病情况监测等。年内，文学院承担校书法大赛、新概念作文大赛、“剧才杯”原创剧本大赛、桐乡市第四届“菊乡文学新苗”现场作文赛，组织学校学生参加国家职业汉语能力测试，B&G话剧社原创喜剧《戏剧性的谋杀》和《少女波卡尔》参加乌镇戏剧节古镇嘉年华单元；设计艺术学院举办2016“分寸”毕业展、“走进夏天”——2016年小学期教学实践汇报展、“乡里·相间”移动三脚架作品汇报展等；文化创意学院完成第四届创意精英班的招生，启动“双强”精英人才培养模式的探索，逐步完善课程计划，进一步探索建设精英班的培养方案，建立专属教师团队，并逐渐探索与工作室联合培养的实践项目机制，引入校内外创意策划营销新媒体推广节目研发等相关项目；音乐学院廉政文化作品《网》获学校廉政文化作品大赛一等奖并入围全国廉政文化作品决赛。

10—12月，浙江传媒学院桐乡校区举行凤栖人文艺术节

浙江传媒学院桐乡校区提供

2016 年浙江传媒学院桐乡校区各二级学院省部级以上科研立项课题

表 24

序号	学　院	课 题 名 称	课题级别	项 目 类 别
1		乔治·奥威尔小说叙事艺术研究	省部级	浙江社会科学规划项目
2	文学院	“中国梦”影视创作与传播策略研究	国家级	全国哲学社会科学规划项目
3		明星制度与中国电影产业化	省部级	教育部社会科学项目
4		图文关系及其张力的学理研究	国家级	国家社科基金项目
5		读图时代的图文景观及其视觉建构研究	省部级	浙江社会科学基金项目
6		“中国梦”影视创作与传播策略研究	国家级	国家重大招标课题
7		走向交融共生的民族文化张力——当代汉族作家的民族叙事研究	省部级	教育部人文社会科学研究一般项目
8		网络文学评价体系及引导机制研究——以“网络浙军”及“浙江模式”为例	省部级	浙江哲学社会科学规划立项课题
9		90 年代以来浙江新诗潮的审美生态嬗变	省部级	浙江省作家协会 2016 年优秀文学作品创作扶持项目
10		新诗作家旧体诗词创作现象的发生学研究	国家级	国家社科基金项目
11		现代汉语时间副词的形式语义研究	省部级	浙江哲社规划后期资助项目
12	管理学院	基于辩证法视角的媒介产业哲学建构研究	国家级	国家社会科学规划项目
13		媒体融合背景下新型主流媒体建构及绩效评价研究	国家级	全国哲学社会科学规划项目
14		基于高校网络舆情的大学生思想引领工作机制研究	省部级	共青团中央学校部课题
15		海洋旅游资源保护的生态补偿机制及实现路径研究	省部级	浙江生态文明研究中心项目
16	设计艺术学院	海德格尔艺术现象学谱系研究	省部级	浙江社科规划办
17	文化创意学院	浙江省网络媒体的公信力问题研究	省部级	文化产业研究基地规划课题
18		媒介·空间·记忆:中国独立纪录片的空间架构与审美研究	省部级	浙江哲社后期资助项目
19	音乐学院	西方实验性舞蹈影像的艺术行为与媒体传播研究	省部级	教育部人文社科青年基金项目
20		中国南方鼓词音乐研究	省部级	浙江哲社规划课题(重点)
21		西厢记	省部级	浙江第十一届文化精品扶持工程项目

（葛燕青　陈纬梁）

教师队伍

【概况】 2016 年,桐乡市各级各类学校教职工总数 10741 人,其中在职教职工 8821 人、离退休教职工 1920 人。在职教职工中,普通高中 1008 人,职业中学 654 人,初中 1894 人,小学 2821 人,幼儿园 2360 人,电大桐乡学院 27 人,特殊教育学校 40 人,少体校 17 人。全市专任教师学历合格率分别为普通高中 99.79%,职业高中 96.92%,初中 100%,小学 100%;高一层次学历分别

9月9日，市政府召开第三十二个教师节暨先进教师表彰大会

市教育局提供

为初中94.94%，小学97.79%。全年招聘教师124人，其中研究生学历11人、本科学历89人、大专学历24人。继续开展中小学教师专业发展培训，坚持“让每一位教师可持续发展”的培训理念，依托互联网技术，建立集资源、管理、学习三位一体的教师培训管理平台。完善教师发展培养机制，“规定动作重实效，自选动作重创新”，倡导“让最好的教师做培训，让最好的学校做项目”。

继续推进名师奠基工程，1人晋升为正高级教师职称，2人入选嘉兴市首批中小学名校长工作室主持人。积极开展名优教师推荐评选，2人被授予“浙江省农村教师突出贡献奖”称号，1人被授予“浙江省中小学师德楷模”称号，3人被授予浙江省“春蚕奖”称号，3人被授予“嘉兴市中小学师德楷模”称号，33人被授予“嘉兴市中小学名教师”称号。年内评选产生桐乡市级学科带头人102人、骨干教师219人、教坛新秀77人。

【实施教师乡镇工作补贴】 4月，根据桐乡市人力资源和社会保障局《关于乡镇机关事业单位实行乡镇工作补贴的通知》精神，市教育局在原有农村教师任教津贴、农村特岗教师津贴的基础上，建立乡镇工作补贴，从2015年1月1日起追加。乡镇工作补贴实施范围限于镇（不含街道）学校的在编在职工作人员；标准为在上述具体实施区域内工作的在编工作人员每人每月300元。全市3067名教师享受新政，全年发放乡镇工作补贴1000多万元。

【教师职称评价制度改革】 2016年，桐乡市中小学教师职称评价制度改革全面推开。中小学教师职称分为正高级、副高级、中级、助理级和员级，名称依次为正高级教师、高级教师、一级教师、二级教师、三级教师。中小学教师职称改革坚持以德为先导，注重教育教学工作实绩，对在地理位置偏僻、离中心城区较远或条件比较艰苦学校任教的教师，对课题、论文不做刚性要求，切实改变片面强调论文的倾向。通过教师职称评价制度改革，积极引导教师立德树人，爱岗敬业，不断提高业务能力和教学水平。年内评出各级教师职称454人，其中正高级教师职称1人，副高级205人，中级231人，初级17人。

教育行政

【概况】 2016年，全市教育系统投入建设资金2.71亿元，建设完成校舍面积5.35万平方米。崇福镇中心幼儿园、梧桐街道中心幼儿园、乌镇镇民兴幼儿园、濮院茅盾实验小学（一期）工程、屠甸小学晏城校区等项目竣工并投入使用。实验幼儿园西郊园区主体工程完工，濮院镇第四中心幼儿园、实验幼儿园（本部）改扩建工程、桐乡高级中学体育馆、洲泉中学体育馆、河山学校体艺综合楼、桐乡二中实验综合楼、濮院茅盾实验小学（二期）工程、北港小学改扩建工程顺利推进。国际教育连锁机构桐乡市耀华国际教育学校落户桐乡，校舍主体工程基本完工。做好义务教育标准化学校建设工程，年内达标学校52所，标准化学校率96.3%。

桐乡市接受国家级督学挂牌督导创新县评估，通过浙江省教育基本现代化县（市）复查验收。年内，濮院茅盾实验小学等8所学校通过办学水平综合督导评估，完成2015年评上的星级学校过程性调研，2014年评上星级的8所学校通过复评工作，学前教育专项督导9个镇（街道）的中心幼儿园，预防学生近视专项督导9所学校，以及开展立德树人工作专项督导9所学校，参与全市中小学反校园欺凌工作督查。茅盾高级中学创建为浙江省二级特色高中。北港小学等3所学校创建为省标准化学校。实现全市公办学校“一校一章程”。做好第十二届督学换届工作。全年教师资格认定288件。受理民办学校行政许可申请4件，其中设立申请1件、变更申请2件、终止申请1件。

义务教育学校公用经费稳步提高。义务教育学校安排设备经费2622.13万元，用于满足新一轮省标准化学校建设的设备要求，安排特色装备300万元，推进学校录播教室、资源教室等新型教学场所建设。学前教育专项经费3400万元，小班化经费补助200万元。完善公共教育经费资助民办教育制度，全年安排民办教育专项经费2813.3万元，其中民办高中经费补助1737.37万元，民办义务教育免课本费和免杂费787.04万元，民办中小学安保经费85.26万元，民办幼儿园经费补助148.7万元。加大对农村教学点的经费投入，每个教学点增加投入6万元。启动“智慧校园”试点工程，投入1500万元，首批10所中小学校、幼儿园率先期试点。全市中小学新置图书17.58万册、计算机1212台、多媒体338套。

全年学前教育免保教费、代管费74人次，计16.105万元；义务教育学校开展营养餐资助2280人次，投入114万元，秋季开始对农村寄宿生生活补助20人，计12375元；普高助学金受助586人次，资助58.6万元，普高免学费130人次，计15.98万元；中职助学金499人次，计49.9万元，中职免学费16768人次，投入经费3110.73万元，保障贫困学生接受公平就学机会的权利。

【实施学前教育民生实事提升工程】 2016年，市教育局为补齐幼儿园资源不足的短板，解决幼儿“入园难”问题，科学研判未来人口增长预期，实现幼儿园建设增量提质，桐乡市持续加大学前教育支持力度，制定出台市区幼儿园小区配建实施意见，加强幼儿园项目建设，崇福镇中心幼儿园、濮院镇第四中心幼儿园、梧桐街道中心幼儿园等进行异地迁建，改扩建实验幼儿园、乌镇中心幼儿园民兴分园等，启动新建梧桐街道三新幼儿园、云德幼儿园、振东凤凰湖幼儿园莲花园区等。经费保障力度不断加大，学前教育财政支出经费占教育财政总支出的8.5%，全市幼儿生均公用经费由上年的320元提高到350元。普惠性幼儿园建设有效推进，2016年公益性幼儿园覆盖率78.4%。教师待遇有保障，全年非在编教师人均收入约7.05万元。开展等级幼儿园评定工作，至年底，3所幼儿园通过省二级幼儿园评定，7所幼儿园通过省三级幼儿园评定，幼儿园等级覆盖率96.9%（含分园、村幼儿园）。

【桐乡市互联网学校开播】 9月，桐乡市互联网学校是经市机构编制委员会批准设立的具有独立法人资格的公益类事业单位。学校位于市教育局内，设在线课堂、互动答疑、优课频道、名师工作室和网络资源五大栏目。学校依托智慧教育云平台，为中小学生提供多样化的网络学习空间与在线学习服务。至年底，点击14万人次。开设互联网学校，带来教学方式的变革，促进优质教育资源共享和城乡教育公平。

【学校各项安全工作稳步推进】 2016年，全市学校安保工作步入规范化、常态化管理模式。为进一步完善学校安全管理的组织网络和工作架构，全市中小学、12个班及以上的幼儿园设立安全（综治）管理处，初步建立起一支专（兼）职的安全管理员队伍。全面开展校园警务（联络）室建设，搭建起警校共建的主体框架。全面充实保安员队伍，新增保安员16人，至年底全市教育系统保安员约500人。进一步完善技防和物防建设，全市学校（幼儿园）均建设防冲撞设施。市教育局学校安保指挥中心建成投入使用，学校安全工作专项建设取得明显成效。全市新增8所AAAAA级平安校园、26所AAAA级平安校园，第一轮等级平安校园建设全面完成。扎实开展校园各个安全专项工作，食品安全、公共卫生安全、交通安全、消防安全、寄宿生管理、防溺水、防校园暴力、防教育教学过程伤害等工作措施扎实，成效明显。市教育局组织力量开展十多次例行检查，对学校安全防范措施

8 月 3 日，市教育局举行消防安全演练　　市教育局提供

落实情况、学校食品卫生和疾病防控教育情况等安全工作落实情况进行专项督查。组织开展安管员专题培训、校园传染病防控、预防接种、食品安全和食堂五常法管理、消防安全管理、校园安保等多个培训，狠抓校园安全管理常态化建设。开展“5·12”“9·11”应急演练，提高学校应对防范自然灾害和突发事件的能力。发挥校园及周边综合治理工作组的职能作用，广泛开展校园及周边安全隐患排查工作；引导家长志愿者参与学校的护学护校活动，增强学校（幼儿园）的安全防范力量；全市教育系统建立学校法律顾问团制度，切实提高校园治理的法治化水平。联防联治机制进一步完善。全面推进学校食品安全管理。实现“五常法”管理全覆盖，公办中小学 A、B 级食堂、阳光厨房建设全覆盖，学校食堂大宗食品集中配送实现全覆盖，大型商超进校园实现全覆盖。

教育科研

【概况】 2016 年，桐乡市教育科研列入中国教育学会课题立项 1 项，省级课题立项 15 项，其中省教科院课题立项 6 项、省教研课题立项 9 项；嘉兴市级课题立项 109 项，其中一般课题立项 42 项、微型课题立项 35 项、教研员专项课题 4 项、教育技术专项课题 8 项、教育学会重点调研课题 14 项、社科联入围课题 6 项。在 2016 年省级、嘉兴市级教学成果奖评选中，桐乡市获浙江省基础教育教学成果奖二等奖 2 项、职业教育教学成果奖二等奖 1 项；嘉兴市基础教育教学成果奖一等奖 2 项、职业教育教学成果奖一等奖 1 项，嘉兴市基础教育教学成果奖二等奖 4 项、职业教育教学成果奖二等奖 4 项。嘉兴市第十届教科研优秀成果获奖 63 项，其中一等奖 7 项、二等奖 22 项、三等奖 34 项；桐乡市第十届教科研优秀成果获奖 374 项，其中一等奖 41 项、二等奖 100 项、三等奖 233 项。年内，桐乡市 23 所学校被评为嘉兴市第七批教科研基地；嘉兴教育学院教学论文评比获一等奖 77 篇，二等奖 333 篇；桐乡市教育教学论文评比获一等奖 1181 篇。开展 11 期省心理健康教育 C 证面试，C 证持证率 65%，达到教育现代化县市的要求。

【创新数字化课程环境和教学方式】 2016 年，桐乡教研科研室依托首批嘉兴市中小学智慧教育深度创新应用项目“互联网＋名师工作室引领教师专业发展”，创新数字化课程环境和教学方式。其中“联片研修推动区域课改深化”“深化课改与书香校园、数字校园、美丽校园建设相结合”“强化综合实践活动课程管理助力课程整合”，以及植材小学童玩课程体系建设等专题和经验均被录入《2016 年浙江省深化义务教育课程改革专项巡查报告》。

2016 年桐乡市教育系统参加省级以上教学活动评比获奖

表 25

序　号	学　　科	级　别	获　奖　情　况	获奖人次
1		国家级	2016 年度“一师一优课、一课一名师”评比部级优课	22

续表 25

序　号	学　　科	级　别	获　奖　情　况	获奖人次
2	高中综合实践	省　级	2016 综合实践浙江省优质课一等奖	1
3	小学科学	国家级	全国小学科学教学设计评比一等奖	1
4	初中数学	省　级	2016 年浙江省微课程开发活动二等奖	6
5	初中数学	省　级	浙江省中小学教师信息技术应用创新大赛一等奖	1
6	信息技术	国家级	第二十届全国教育教学信息化交流展示活动基础教育组微课三等奖	2
7	小学综合实践	国家级	中国陶行知研究会实践教育分会举办的全国说课比赛一等奖	1
8	化学	国家级	2016 年全国中等职业学校化学课程“创新杯”教师信息化教学设计和说课大赛一等奖	1
9	食品	国家级	第二十届全国教育教学信息化交流展示微课作品三等奖	1
10	德育	国家级	2016 年第十二届全国文明风采大赛优秀指导老师	10
11	德育	国家级	2016 年首届全国中职班主任基本功大赛二等奖	2
12	计算机	省　级	2015 年省技工院校《计算机应用基础》微课比赛一等奖	1
13	计算机	省　级	2015 年省技工院校《计算机应用基础》微课比赛三等奖	1
14	语文	省　级	2016 年省技工院校国学进课堂语文课教学比赛二等奖	1
15	语文	省　级	2016 年省技工院校国学进课堂语文课教学比赛优胜奖	1
16	机电	省　级	浙江省第五届中职教师职业能力大赛(创新项目)二等奖	4
17	旅游	省　级	浙江省第五届中职教师创新大赛三等奖	3
18	电子电工	省　级	2016 年省中职学校职业能力大赛二等奖	1
19	汽修	省　级	2016 年省技工院校教学设计与说课比赛三等奖	1
20	汽修	省　级	2016 年省中职学校职业能力大赛三等奖	1
21	服装	省　级	第二届“广德精准”杯中国服装立体裁剪创意设计大赛一等奖	1
22	服装	省　级	第二届“广德精准”杯中国服装立体裁剪创意设计大赛二等奖	2
23	服装	省　级	第二届“广德精准”杯中国服装立体裁剪创意设计大赛二等奖	1
24	服装	省　级	第二届“广德精准”杯中国服装立体裁剪创意设计大赛三等奖	2
25	音乐	省　级	省中小学教师信息技术应用创新大赛三等奖	1
26	美术	省　级	浙江省教育厅组织的中小学教师美术书法比赛一等奖	1
27	美术	省　级	浙江省教育厅组织的中小学教师美术书法比赛二等奖	1
28	美术	省　级	浙江省美术拓展课程比赛二等奖	1

（陈中华）

概　　述

2016年，桐乡市加快科技体制改革步伐，围绕“大整治、大转型、大招商”三件大事，落实“八倍增、两提高”专项行动，以科技创新促转型升级。“八倍增”任务中，“国家高新技术企业数、发明专利授权数”等5项指标均提前倍增。根据省科技统计监测报告显示，桐乡市创新环境综合评价名列浙江省第11位。桐乡市承办第五届中国创新创业大赛互联网和移动互联网行业总决赛，通过新媒体平台对创业创新大赛进行推广，大赛获50万微信关注，100万观众视频直播。强化政策落实，激发发展动力，出台《关于科技创新促转型的实施意见》，明确全市未来三年科技创新六大重点及十大举措；出台《关于补齐科技创新短板的实施意见》，提出强化科技金融扶持、完善评价考核体系等十大改革方向，确保省级创新型城市率先建成。推广实施普惠制“创新券”补助制度，企业持券与服务机构开展共享仪器设备、科技文献、标准资源等活动，可用科技创新券直接抵用50%。全年申请创新券企业415家，发放额度765万元，居嘉兴市首位、全省第14位。

加强服务管理，营造创新条件与氛围。建设创客公社“高级区”作为成长型项目孵化苗圃，全年新增国家级众创空间2家、省级众创空间2家、嘉兴市级众创空间4家。强化科技宣传，宣传创客文化，提升创新意识，树立创业典型，全年报送并录用科技信息300条次，科技创新券推广信息获中共中央办公厅录用并批示，市科技局获浙江省年度科技宣传与普及工作先进单位、浙江省科技宣传科技政务信息先进集体。

高新技术

【概况】 2016年，市科技局加快高新技术企业培育，促进产业结构转型升级，通过构建“机制管控、考核监督、科技服务”三大体系，高新技术企业认定工作成效显著。全年新增高新技术企业30家，累计117家，高企数量连续3年保持增长。全市高新技术产业增加值98.78亿元，比上年增长11.5%；占规模以上企业工业增加值39.5%，提高4.7个百分点；全市研究与试验发展投入19.26亿元，占国内生产总值2.8%。加强创新型企业培育，新增省科技型企业79家，累计316家；新增创新型企业40家，累计169家。加强企业研发平台建设，新增省级企业研究院5家，居嘉兴市首位，累计16家；新增省级重点企业研究院2家（华友、新凤鸣），累计3家。新增省级高新技术企业研发中心10家，累计50家，桐乡市级以上研发中心累计410家，全市设置研发机构企业数居全省第4位。企业创新能力显著提升。巨石集团项目获2016年国家科技进步奖二等奖，成为全省唯一由企业独立申报的获奖项目；新凤鸣集团项目获国家重点研发计划专项立项，获扶持资金3100万元；全市2016年获省级以上专项资金1360万元，居嘉兴市首位，占嘉兴市专项资金25.6%。

【新凤鸣集团项目入选国家重点研发计划专项】 参见《工业·化纤》中相关条目。

【乌镇大数据高新技术产业园区获批创建】 参见《开发区建设·经济开发区》中相关条目。

【新增10家省级高新技术企业研发中心】 12月，省科技厅公布认定省级高新技术企业研究开发中心，桐乡市“方圆聚合纤差别化纤维省级高新技术企业研究开发中心”等10家企业研发中心名列其中，新增数量居嘉兴首位，居全省首位，全市省级研发中心累计50家。

2016 年桐乡市新增高新技术企业研发中心名单

表 26

序号	研发中心名称	企 业 名 称	归口部门
1	方圆聚合纤差别化纤维省级高新技术企业研究开发中心	浙江方圆聚合纤有限公司	凤鸣街道
2	恒泰汽车空调压缩机省级高新技术企业研究开发中心	桐乡市恒泰精密机械有限公司	河山镇
3	枧洋环保粘合剂省级高新技术企业研究开发中心	浙江枧洋高分子科技有限公司	石门镇
4	嘉力丰壁纸胶黏剂和墙基膜省级高新技术企业研究开发中心	桐乡嘉力丰实业股份有限公司	开发区
5	曼得丽环保型涂料省级高新技术企业研究开发中心	浙江曼得丽涂料有限公司	屠甸镇
6	中辉毛皮工业工程省级高新技术企业研究开发中心	浙江中辉皮草有限公司	崇福镇
7	港恒针织新型高性能面料省级高新技术企业研究开发中心	嘉兴港恒针织有限公司	龙翔街道
8	嘉兴市耀阳科技新材料省级高新技术企业研究开发中心	嘉兴市耀阳新材料科技有限公司	开发区
9	同辉纺织省级高新技术企业研究开发中心	浙江同辉纺织股份有限公司	崇福镇
10	伟联工业化建材设备省级高新技术企业研究开发中心	浙江伟联科技股份有限公司	开发区

农业和社会科技

【概况】 2016 年，市科技局民生科技取得重大突破。全年获省级以上项目立项 5 项，争取上级资助经费 682 万元。其中崇福农业星创天地获科技部立项，成为全省首批农业“星创天地”，华腾牧业项目获省级重大研发计划项目立项，成为周边地区新一代生猪养殖及污染物利用典范，省级新农村科技示范村（龙翔街道元丰村）通过验收。加强防震减灾建设，“5·12”防灾减灾日期间，市科技局联合教育、消防等部门组织全市中小学校防震减灾应急疏散演练；修订发布市、局两个地震应急预案；白马塘地震观测台站进行大规模修整，地震台观测数据获全省第一。

【生态养殖技术研究项目通过专家科技成果鉴定】 1 月，石门镇与浙江大学联合开展的市级重点科技项目“菊花秆、稻草秸秆＋水葫芦混合青贮和湖羊生态养殖技术研究”通过专家科技成果鉴定。湖羊喂养试验证明，混合青贮饲料适口性好，无任何不良反应。有机肥料羊粪还田，用自然发酵处理方法进行跟踪测试，不加任何发酵材料，堆积发酵两个月以上能杀灭有害微生物、虫卵和杂草籽。项目在四个规模羊场中率先实施，其中规模羊场受益湖羊 1.3 万余头，每头湖羊增加体重 1.1 千克。经专家鉴定，该成果处于国内领先水平，其中菊花秸秆、稻草秸秆和水葫芦混合青贮为国内首创。

【杭白菊废弃物利用获省级公益技术项目立项】 2 月，桐乡市“杭白菊废弃物资源化农用技术研究”项目获省科技厅年度省级公益技术应用研究计划项目立项。此次立项的省级公益项目以嘉兴职业技术学院为技术依托，改变以往作为固体废弃物予以清除的做法，探索杭白菊废弃物堆肥、炭化以及基质化利用等技术，降低栽培成本，发挥传统优势产业价值。桐乡市是中国杭白菊之乡，每年产生杭白菊秸秆等废弃物达上万吨，其中蕴含再生利用潜能。

【华腾牧业公司一项目获省级研发项目立项】 4 月，浙江华腾牧业有限公司的“畜禽排泄物污染源评估及风险控制技术研究”项目获省重大研发计划项目立项，获省级专项扶持资金 140 万元。2015 年以来，桐乡市民生领域科技创新，获省级以上民生类项目立项 5 项，争取上级经费 607 万元。此次获立项的项目立足降低畜禽排泄物环境污染风险，该新型饲料铁和锌含量比国家相关标准降低 20％以上、铜元素添加量降低 50％以上，饲料中抗生素药物零投加。

【龙翔街道科技示范村通过省级验收】 9 月，桐乡市龙翔街道元丰村完成省级科技示范村项目各项创建指标，通过省科技厅验收。龙翔街道元丰村于2013年被列为全省第三批新农村建设科技示范村。全村以“水稻工厂化精准育秧技术的应用”“桑蚕集约化养殖模式”“新村生活污水管网收集系统”等示范项目为载体，建立惠及周边农户水稻育秧工厂，为农户提供从蚕品种推广到蚕茧收购全程化服务，实现居民新村聚集点二级污水管网覆盖率100％。

【农业“星创天地”项目获科技部立项】 10月，桐乡市崇福农业“星创天地”获科技部和省科技厅第一批“星创天地”立项。桐乡市崇福农业“星创天地”位于崇福镇城郊村，由崇福镇农业梦想小镇开发公司运作，是该镇首个农业科技创业孵化器。该孵化器培育、孵化新农民和特色农业产业，建立政府搭台、高校合作、创客运作模式，构建创业、创新、服务、技术和金融平台，形成创业要素集聚、创客汇集、创新创业主体参与运行机制。农业“星创天地”建设分三期建设，总规划面积133.33公顷，一期23.33公顷已完成。基地建设内容分为两大部分：一是农业“星创天地”基地建设，建设高标准连栋大棚和玻璃温室大棚，作为创客试验生产基地；二是农业“星创天地”中心建设，建立综合楼配套用房，打造一个以互联网技术为核心的综合服务体，为创客和农业组织提供供求信息、种养技术、种子种苗、电商金融等服务。

科技合作

【概况】 2016年，市科技局拓展内外合作交流渠道，发挥技术转移平台作用。全年开展合作交流活动50余次，累计与海内外10多个国家和地区建有人才联络通道；成功举办“聚焦桐乡·相约乌镇”2016国际经贸洽谈周科技人才对接会，邀请浙江大学、中国科学院等高校院所专家、海内外创新人才120人，现场签约项目8项。累计联合大院名校共建创新载体70家，促成200多家企业与中科院、浙江大学等百余所知名院校建立长期合作关系。桐乡市科技大市场通过省级示范单位验收。全年技术合同成交额9200余万元。巨石集团获国家科技进步奖二等奖。自2010年以来，桐乡市累计获国家科技进步奖3项、浙江省科技进步奖14项、嘉兴市科技进步奖94项。

9月25日，国际经贸洽谈会之量子信息产业推介会校企签约

市科技局提供

【开展企业需求排摸】 3月，桐乡市科技局开始第一轮企业合作需求情况摸排，邀请浙江理工大学国家技术转移中心工作站负责人及相关专家深入企业，了解企业实际合作需求，引导企业和高校开展技术交流与合作。市科技局走访上市公司、高新企业及科技型中小型企业等42家，企业类型涉及新能源、新材料、节能环保、先进制造等新兴行业领域及纺织、化纤、建材、羊绒等传统行业。通过走访，科技局带着企业技术需求和技术难题与杭州电子科技大学、中国计量大学、上海理工大学等高校科研部门，交流探讨，解决技术改造提升问题。对接成效初显，浙江理工大学国家技术转移中心工作站专家与桐乡爱贝斯电暖科技有限公司达成合作意向，计划用新材料替代电暖产品的电线，提升安全等级。

【艺术学院首次与军工企业合作】 4月，桐乡市科技局工作人员陪同浙江传媒学院设计艺术学院副院长陈凌广走进浙江先锋机械厂，与工厂党委书记等领导和专家进行交流。先锋机械厂是一家在桐乡几十年的军工企业，注重机械原理、产品强度等生产要素，公司改制后，向民用产品领域拓展。随着时代发展和民用产品开发，公司在产品设计方面探索新技术。浙江传媒学院桐乡校区设计学院专业丰富，除了视觉传达设计、环境设计、新媒体设计等专业外还开设产品设计专业，切合该厂实际需求。双方达成共识，艺术学院首次与军工企业合作。艺术学院组织专家进厂讲座，提高审美情趣，完善设计理念；利用学院中英设计创新管理平台，实现资源共享；整合师生力量和多方资源，开发新产品。

【桐昆集团开展跨区域合作】 6月，市桐昆集团与苏州宜布网电子商务有限公司正式签署合作协议，共建线上线下纺织原料交易平台，通过“互联网＋”电商平台开启跨区域、产业链合作新模式。宜布网是新兴纺织产业生态链“O2O”专业电商平台，通过汇聚纺织生产企业，整合江苏盛泽及周边地区纺织业生产链，打开化纤纺织企业销售渠道，实现供求无缝对接，使纺织下游企业与原料供应企业增进了解，形成产业链、价值链战略共识，为打通“纺织供给侧最后一公里”起到关键作用。

【巨石集团获国家科技进步奖二等奖】 7月，巨石集团申报的“高性能玻璃纤维低成本大规模生产技术与成套装备开发项目”获国家科技进步奖二等奖。项目攻克玻纤高性能与规模化核心技术瓶颈，提高中国基础材料制造水平，实现国内玻纤行业相关技术首次输出国外。这是2016年全省唯一由企业独立申报的获奖项目，代表着企业自主创新能力新突破。

【科技大市场被评为省科技大市场建设示范单位】 12月，桐乡科技大市场通过浙江省科技大市场建设试点工作验收，被评为“省科技大市场建设示范单位”。桐乡科技大市场作为经营技术交易及相关服务载体，集聚一批拥有科技成果和技术开发能力的高校院所、科研机构，入驻一批为企业提供科技服务的中介机构，累计培育市级以上重点科技中介机构6家，技术经纪人50名。企业进入科技大市场购买包括知识产权代理、创业辅导、投资融资、会计代理等服务，进行线上技术交易，累计转化科技成果项目150余项，参与省科技厅组织技术成果竞价拍卖拍得科技成果7项，企业加盟科技大市场250余家，实现技术交易额1.5亿元。

知识产权

【概况】 2016年，市科技局加大知识产权宣传与执法力度，利用“4·26”世界知识产权日、知识产权宣传周、知识产权服务进百家企业等开展宣传活动。全市专利申请5307件，其中发明专利申请1658件，比上年增长72.9%，增幅居嘉兴市首位；全市专利授权2728件，其中发明专利授权325件，增长45.1%，数量居嘉兴市首位。巨石集团项目获浙江首轮专利战略推进项目立项，浙江海得新能源有限公司入选国家知识产权优势企业，新增国家知识产权贯标认证企业4家、浙江省专利示范企业1家，全年发放专利奖励790.24万元，增长28.4%。加强专利执法保护，检查沃尔玛超市桐乡店等商品流通企业日用品、电器、

“4·26”知识产权日，嘉兴市领导为获奖者颁奖　　市科技局提供

玩具等商品 300 余件，立案 13 起，查处 3 起假冒专利案件。

【屠甸果农水蜜桃种植技术获国家专利】 6 月，屠甸镇海星村果农陈钱松的"一种水蜜桃的栽培方法"获国家专利。该项水蜜桃种植技术使水蜜桃质量得到提高，每公斤价格比市场价高 2 元。这种水蜜桃种植技术不会在黄梅天气使种植地块积水；果树采用菜饼施肥，肥料绿色无污染；桃树下铺设反光膜，使桃子受光均匀，甜度提高。

【致远环保公司获国家专利授权】 7 月，桐乡市致远环保科技有限公司的"水处理反渗透系统段间增压装置"项目获国家专利授权。该项目结构简单、性能可靠，得到业界好评。公司自主研发的水处理反渗透系统段间增压装置，除设置在反渗透系统中的段间增压泵外，还在反渗透系统中增设用于检测水中盐含量电导率计。电导率计设置可以用铝检测水中盐含量，智能输出信号进入系统控制模块。通过数据反馈，实时控制电机运转情况，达到精准检测、迅速判断系统进水含盐量，保护反渗透系统高效运作，利用反渗透系统膜组件高回收率，解决资源浪费问题，延长膜的使用寿命。全市有巨石集团股份有限公司、浙江省新凤鸣集团股份有限公司、浙江华友钴业股份有限公司等 10 家企业采用该技术。

【海德新能源通过国家知识产权管理体系认证】 8 月 3 日，浙江海得新能源有限公司通过国家知识产权管理体系认证，成为桐乡市继巨石集团有限公司、小老板特种塑料制品有限公司后第三家获《企业知识产权管理规范》国家标准审核认证的企业。《企业知识产权管理规范》是国内首个关于知识产权管理国家标准，能够指导企业建立科学、系统、规范的知识产权管理体系，帮助企业在建立全业务流程中获取、维护、运用和保护知识产权机制，提高知识产权对企业经营发展的贡献。公司累计拥有专利 128 件，其中发明专利 8 件、实用新型专利 112 件、外观专利 8 件；软件著作权 18 件。

科技创业

【概况】 2016 年，市科技局以科创园（国家级科技企业孵化器）为载体，拓宽招商渠道。开展"双招双引"（招商引资、招才引智）工作，孵化器新增优质项目 25 项，累计孵化企业 206 家，其中 1000 万元以上企业 13 家，规模以上企业 9 家，全年在孵企业销售收入 6.17 亿元，比上年增长 40.9%。全市有国家"千人计划"人才 5 人、省"千人计划"人才 2 人，各类人才计划 44 项。全年分批对 15 个优秀项目拨付种子资金 101.8 万元，对 6 家考核不合格企业终止孵化。深化科技金融结合力度，引入 3 家民营创投基金落户科创园，设立投资基金 2.3 亿元，全程跟踪扶持在孵企业成长。承办第五届中国创新创业大赛互联网和移动互联网行业总决赛，通过大赛推介桐乡市及科创园互联网创新创业政策、环境。推进科技信用贷款、科技担保贷款，累计贷款 2.3 亿元；专利权质押贷款企业 5 家，获授信 5445 万元。

【首条量子商用干线建设应用】 3 月，全国首条商用量子保密通信——杭沪量子商用干线在桐乡开工建设，总投资 1.7 亿元，下半年投入使用。杭沪量子商用干线全长 280 千米，采用光量

嘉兴市领导观摩量子展示中心　　市科技局提供

子通信技术，实现抵御任何形式的信息窃取或窃听，保证加密内容不可破译。4月，浙江神州量子通信技术有限公司收到工业和信息化部颁发的增值电信业务经营许可证，神州量子正式取得量子通信运营资质。5月，神州量子在浙江省档案系统实现商业化应用，使浙江省档案馆成为全国首家应用量子技术实现文档加密保护的档案馆。

【多元合作模式获行业“双奖”】 3月22日，在2016第十八届中国国际地面材料及铺装技术展览会上，中国国际绿色环保奖(Green Step Asia Awards)评选结果揭晓，桐乡市晶通塑胶有限公司、桐乡守敬应用技术研究院及浙江工业大学联合研发的“低膨胀率环保型塑胶地板”项目获地板行业唯一“绿色生产奖”；“无苯可降解的塑料地板”项目获“绿色产品奖”提名(提名5个名额)，收获首笔订单300万美元。项目研发离不开合作模式，守敬应用技术研究院通过与企业、大专院校开展多元合作，开启校企合作“低风险”“零门槛”“商业化”新纪元，激起企业应用型技术研发高潮。年内，研究院与企业签约合作项目6项，累计研发投入资金超千万元。

【“创客公社”被评为国家级众创空间】 9月，根据科技部《关于公布第三批众创空间的通知》，桐乡“创客公社”升级为国家级众创空间。2015年8月，“创客公社”在市科技创业园正式运营，首期面积600余平方米，设有办公位置70个，公共会议室2个。2016年2月，“创客公社”增设150余平方米“高级区”，扩增办公位置38个。年内，孵化企业4家、在孵企业16家。园区为“创客公社”提供入驻服务、政策宣传服务、知识产权服务、资本服务等基础服务；对“创客公社”团队、企业实行“成长型”运营管理。通过建立科学合理评估“晋级”体系，为创客团队搭建起从初级区到高级区再到孵化园区的成长通道，确保“创客公社”健康发展。

【第五届中国创新创业大赛互联网及移动互联网行业总决赛】 10月13—17日，第五届中国创新创业大赛互联网及移动互联网行业总决赛在桐乡市举行。中国创新创业大赛由科技部、教育部、财政部和全国工商联共同发起，全国行业总决赛分6个行业，其中互联网及移动互联网行业报名1.22万余个项目，占总报名数的35.6%。经过层层选拔互联网及移动互联网行业总决赛入围261家企业和57支团队。决赛的项目有互联网营销平台、移动医疗大数据、英语交流学习平台、智能电视、在线招聘、二次元文学创作平台、智慧牧场、计算机识别系统等涉及各个领域的项目，涵盖互联网行业跨界的重要领域，代表中国互联网发展的最新趋势。经评选，杭州联众医疗科技股份有限公司和天壤智能团队分别获企业组和团队组第一名，131个参赛项目获优秀奖。同时，举办市场与技术对接中国行、融资路演中国行、互联网大数据高峰论坛、互联网创业公益大讲堂、行业热点沙龙、创业空间、创业英雄汇等一系列活动。科技部火炬中心副主任盛延林、浙江省科技厅副厅长章一文等出席总决赛。

【装备制造业重点领域首台(套)产品认定】 10月，嘉兴市经济和信息化委员会公布年度嘉兴市装备制造业重点领域首台(套)产品认定，桐乡市科创园区企业浙江思平智能科技有限公司的“基于物联与视觉技术的仓储机器人(智能物料仓储)”和浙江慧林智能设备有限公司的“SUN2688超低功率高速宽门幅电子提花龙头”产品入选。思平智能仓储机器人可通过软件控制平台实现对物料存储、分析、管控，以及分拨调度全过程自动化，使仓储环节从自动化阶段升级到智能自动化阶段，公司全年实现销售400多万元，比上年增长200%。慧林智能生产的智能高速电子提花机系列产品在国内市场占有率60%，并进入印度、伊朗、韩国等国际市场，公司全年销售额550万元以上。

·相关链接·

首台(套)产品

首台(套)产品指企业首次自主研发生产并经用户单位使用，且符合装备制造业重点领域及年度扶持重点的单台产品或成套设备，是代表行业和企业发展水平的重要标准之一。

(王连秀　姚益焕)

文化 体育 传媒

概　述

2016年，桐乡市文化部门以公共文化服务示范区创建为重点，提升公共服务水平，丰富群众精神生活。制定政策，落实措施。出台《桐乡市文化体育发展“十三五”规划》《桐乡市体育产业发展“十三五”规划》《桐乡市关于加快构建现代公共文化服务体系的实施意见》《桐乡市公共文化服务体系建设绩效评估管理制度（试行）》《桐乡市文化下派员管理考核办法》，以制度为依据，为文化体育发展提供战略导向和行动纲领，从文化设施、活动组织、队伍建设等方面对公共文化建设工作进行综合考评和分档补助。

加强公共文化设施建设。夏家浜古建筑群修缮暨吴蓬艺术院（桐乡书画院）建设工程完成，图书馆新馆开工建设，君匋艺术院景区化改造提升工程主体土建工程完工，科技会展中心内部提升工程开工建设，崇福镇文化站改建工程完工。

强化公共文化人才队伍建设。重点抓好文化下派员和文化专职管理员两支队伍，举办人文名城建设专题培训、文化专职管理员业务培训、服务基层系列文化培训等，加强基层文化队伍建设。采用“请上来”“走下去”模式，提升管理员组织策划、引领群众参与文化活动能力。

增强数字文化服务深度。立足群众需求，对接嘉兴“文化有约”平台，打造菜单式服务。利用数字文化馆、微信网络直播等多种媒介，提供全民艺术普及、文化活动、文艺演出等各类文化服务，实现线上与线下相互结合、远程与实体相互支撑的智慧文化服务。丰富文化惠民活动形式。坚持“普惠性”原则，举办“绽放2016”桐乡市迎春联欢晚会等活动十余场次，保障人民群众的文化权益。

推进文物保护工作。挖掘非物质文化遗产资源，完成第一次全国可移动文物等普查工作。开展“6·13”中国文化遗产日主题活动。举办“我们的节日”系列民俗活动。

引导、扶持文化产业。文化产业公司开发特色产品，扩大人文影响。销售体育彩票1.17亿元，获公益金445万元。电影公司和会展中心放映电影8500场，观众18万人次。

强化文化市场管理。开启网上审批新模式，实行网上审批、“多客服”在线服务。净化文化市场环境，开展“净网”“秋风”“剑网”“护苗”等专项整治行动。

开展全民健身体育活动。完善体育网络组织，建立体育协会、健身俱乐部、健身辅导站（点）。丰富群众体育活动，举办浙江省青少年武术套路锦标赛等十余项活动。提升竞技体育水平，参加地市级以上比赛8次。

公共文化

【概况】 2016年，市文化部门坚持普惠性原则，丰富文化惠民活动形式，举办“绽放2016”桐乡市迎春联欢晚会、2016《中国好声音》全国城市海选桐乡赛区总决赛暨第二届桐乡好声音评选活动、“党旗在心中飘扬”红色歌曲歌咏比赛、“桐乡好故事”演讲比赛等活动；推出“我们的节日”“贝贝总动员”等群众文化品牌；“推出淘艺吧”全民艺术普及培训活动，开设古筝、钢琴、少儿舞蹈、排舞、书法等公益培训课程。举办桐乡市庆祝“第二十六次全国助残日”暨第二届爱心家庭优秀助残志愿者、桐乡市残疾人才艺大比拼、桐乡市老干部迎春茶话会文艺演出等活动；全年举办广场文艺80余场、助力百千万文化下乡活动400多场、“2131”

工程电影放映3000多场，重点有“我们的节日”系列活动、“文化与群众零距离”工程、“文化夜宵”等活动；举办第六届群众文艺“菊花奖”活动、浙江省第九届排舞大赛暨“激情十载舞动梦想”浙江排舞推广十周年颁奖盛典、江浙沪现代小戏会演、第二十届“中国少儿戏曲小梅花荟萃”浙江赛区选拔赛、第三届世界互联网大会“相约乌镇”主题晚宴文艺表演等活动。完善图书馆、文化馆、博物馆等网站平台设置和运营，建立文化馆电子阅览室；加强镇、村电子阅览室建设，实现农家书屋数字终端全覆盖；推出全民艺术普及网络教学活动，每周开设名师讲堂“跟我学艺吧”。小选手吴冰瑶在第二十届中国少儿戏曲小梅花荟萃比赛中，参赛的越剧节目《哑女告状》以97.08分获金花奖。

【“绽放2016年”桐乡市迎春联欢晚会】 2月1日，市政府主办的“绽放2016年”桐乡市迎春联欢晚会在市大剧院上演。晚会分“桐·忆”“乡·韵”“春·和”三个篇章，14个节目。节目由各镇（街道）选送，有舞蹈、歌曲、戏曲、排舞、小品等。400余名演员参与演出，1200余名市民观看，桐乡电视台现场直播。

【春节文化下乡系列活动】 1月24日—2月1日，市文化局、市文联、文化馆、文化艺术服务中心在各镇（街道）开展“文化送福千家万户”春节文化下乡活动。形式有送全家福、送春联、送“福”字、送年画、送红灯笼等。屠甸镇荣星村、梧桐街道钱林村开展“游园会”活动。村民现场制作、品尝传统美食，体验传统的民风、民俗。

【首届公共图书全民阅读节】 3月5—25日，桐乡市文化广电新闻出版局主办，桐乡市图书馆承办首届公共图书全民阅读节。阅读节设10个系列活动，有“全家共读一本书”阅读活动、“图书馆随手拍”摄影大赛、“图书馆就在我身边”主题征文、未成年人阅读节、图书馆之夜、最美镇（街道）图书馆、书海寻宝等。参与人数约2万人。活动评出摄影大赛一等奖2名，二等奖5名，三等奖10名。

9月13日，市文联组织送书下基层活动　　市文化局提供

【公共文化服务体系示范区“两级联创”验收】 4月30日，文化部检查验收组通过市创建国家公共文化服务体系示范区“两级联创”（地区、县市）验收。“两级联创”具有桐乡特色公共文化服务，旨在通过互联网数字化服务让公共文化服务供需双方实现无缝对接。全市80%公共文化场馆开通微信公众号，向关注用户免费推送各类文化活动、作品赏析、活动预约等栏目内容，向市民提供讲座、话剧、音乐剧、画展、古筝演奏等活动免费名额，让群众共享各种文化资源。

【第二届“伯鸿书香奖”颁奖】 4月23日，第二届伯鸿书香奖颁奖典礼在北京举行。伯鸿书香奖评委会主任杨牧之、光明日报副总编辑沈卫星、国家新闻出版广电总局图书司副司长李一听、人民网副总裁罗华、中华书局总经理徐骏，桐乡市委书记卢跃东、副市长柳国彪等出席典礼。“海上博雅讲坛”获组织奖、子张获人物奖、夏春锦获人物提名奖；“阅读《论语》”主题活动各项评选结果揭晓。伯鸿书香奖以桐乡籍出版家、中华书局创始人陆费逵先生名字命名，始于2013年，由中华书局、光明日报社、桐乡市政府和中国阅读学研究会共同发起，每两年举行一次，旨在鼓励和奖励在“全民阅读推广”方面作出特殊贡献并产生一定社会影响力的民间团体(组织)和个人。

【“中国好声音”桐乡赛区城市海选暨“桐乡好声音”评选活动】 5月13日,市文化广电新闻出版局、市文联主办,市文化馆、市音乐家协会承办的“中国好声音”全国城市海选桐乡赛区总决赛暨2016第二届“桐乡好声音”评选活动在市体育馆举行。活动经历海选赛、复赛、网络复活赛、半决赛、总决赛15场比赛,500余人参与。叶蕴茹、郭珙、费宇涛直接进入“中国好声音”浙江赛区海选赛;姚宇丞等7名选手代表桐乡参加嘉兴赛区复赛;郭珙、姚宇丞成为第二届“桐乡好声音”(青年组)获得者。

【吴蓬捐赠图书仪式】 6月15日,吴蓬捐赠图书仪式在市图书馆举行。市领导陈英及文化界、教育界人士约70人参加。吴蓬向市图书馆捐赠中国蒙学丛书《吴蓬国画系列》706套4236册,另赠《新护生画集》1280册,包括《千家诗》《千字文》《百家姓》《三字经》《弟子规》《声律启蒙》等。吴蓬采用图文互为诠释的方法,为每本图书精心绘制画面。中国蒙学丛书《吴蓬国画系列》由世界知识出版社出版。《新护生画集》收录吴蓬近年创作的珍爱生命题材绘画小品百余幅,由甘肃人民出版社出版。

【中国女摄影家协会培训基地授牌仪式】 6月25日,第七届中国女摄影家协会会员作品展暨中国女摄影家协会教育培训基地授牌仪式在市博物馆举行。中国摄影家协会主席、中国女摄影家协会主席王瑶,中央文化管理干部学院副院长李春华,市政协主席池晓明等80余人出席。会后,女摄影家们去崇福镇横街、洲泉镇野菱滩、乌镇镇东栅采风拍摄。

【第二届江浙沪现代小戏邀请赛】 12月2日,由浙江省文化馆、江苏省文化馆、上海市群众艺术馆、桐乡市文化广电新闻出版局主办的第二届江浙沪现代小戏邀请赛在桐乡大剧院举行。桐市非物质文化遗产保护中心、市文化艺术服务中心创作编排的花鼓戏《老牛的药渣》获表演金奖、创作银奖、优秀演员奖、优秀作曲奖和优秀组织奖。邀请赛汇集淮剧、沪剧、婺剧、甬剧、西路乱弹和桐乡花鼓戏等6个地方剧种8个小戏,均具有代表性。

文物　博物

【概况】 2016年,市文化部门制订《关于进一步加强馆藏文物藏品管理工作的通知》《关于下发文博单位藏品保管工作格式文本的通知》和《关于进一步加强文化场馆展览活动组织管理工作的通知》,推进全市文物保护基础工作,规范馆藏文物管理,巡查文保单位、文保点,指导修缮乌镇、濮院、石门、洲泉、大麻等镇部分文物保护单位。完成第一次全国可移动文物普查、全国美术馆藏品普查、第六批省级文物保护单位“四有”(有保护范围、有保护标识、有记录档案、有保管机构)档案编制、市级文物保护单位保护工作和建设控制地段划定等,修复书画作品、器物100多件,保障文化遗产安全。加快石门镇东园遗址、河山镇俞家湾桑基鱼塘保护方案编制工作。推进濮院、崇福古镇保护开发和乌镇水乡古镇联合申遗工作,加快罗家角遗址保护项目建设工程进度。围绕“5·18”国际博物馆日和“6·13”中国文化遗产日,开展中国历代钱币之最暨第一次可移动文物普查成果展、零距离赏宝、桐乡市历史文化陈列流动展览等活动。围绕第11个“文化遗产日”,开展“服务传承人月”活动,举办“我们的节日”系列民俗活动。加强传承基地建设,公布第三批非遗传承教学基地。召开花鼓戏保护与传承座谈会,举办花灯制作、草木染、陶艺、剪纸、麦秆画、少儿船拳、竹刻等10多项培训班。非遗保护工作受到上级和社会肯定,中共中央宣传部摄制组、中央电视台中文国际频道分别对桐乡市非遗保护工作进行专题拍摄、报道。

【市非遗馆入选浙江省文化旅游示范基地】 1月10日,省文化厅、省旅游局举办的“浙江文化旅游示范基地”评选揭晓,市非物质文化遗产馆入选。此次评选,按照“旅游资源丰富,主题特色鲜明,运营良好有序,设施配套齐全,服务管理规范”的要求,全省仅8家入选。市非遗馆展陈面积1300平方米,分传奇天虫、传说乡土、传唱遗韵等六大板块,展出89项非遗项目1000余件实物。

【市传统工艺美术行业协会成立】 1月20日，市传统工艺美术行业协会成立，会员50余人，选举桐乡蓝印花布印染技艺传承人哀警卫为会长，聘请桐乡竹刻技艺传承人叶瑜荪为顾问。年内，协会开展工艺技术交流、工艺美术作品展示等活动。桐乡工艺美术历史悠久，竹刻、木雕、核雕、麦秆画等品种丰富，技艺高超，其中蓝印花布被列入国家级非物质文化遗产保护名录。

【乌镇丰桥完成维修保护】 1月，乌镇丰桥维修保护工程完工。丰桥坐落在乌镇镇五星村庄家兜组，为清代单孔石拱桥。此桥南北走向，处于三条小河交汇处。桥长17米，净跨6.7米，桥宽1.75米，桥高6.7米。拱券石以纵联分节并列式砌置，桥面施石栏、望栏，桥面中心有一水波纹桥顶石。桥两端各有17级石级。2010年公布为桐乡市第五批文物保护单位。由于年久失修，两侧桥基倾斜，桥栏缺失，台阶歪斜。2015年年底由市文物管理部门会同乌镇镇政府和五星村村委会，委托浙江安地建筑规划设计有限公司对该石桥进行现场勘察，制订修缮方案，并通过招标方式确定施工单位。

【市非遗工作获多个奖项】 2月1日，嘉兴市第九个“服务传承人月”系列活动之“最美传承人”颁奖揭晓，桐乡市非物质文化遗产保护中心获优秀组织奖，洲泉镇双庙渚蚕花水会民俗表演队获最具活力团队奖，蓝印花布印染技艺传承人哀警卫获特别贡献奖，麦秆画项目传承人沈学章获最佳传承人奖，桐乡市文化馆副馆长、非遗中心副主任陈亚琴获非遗保护杰出人物奖，桐乡蓝印花布印染技艺入选“我最喜爱的嘉兴非遗项目”。

【钱君匋书画(高仿)精品进母校】 3月28日，君匋艺术院、市名人与地方文化研究会主办的百年情缘——钱君匋书画(高仿)精品进母校活动在屠甸镇完全小学开幕。屠甸镇完全小学是钱君匋的母校，20世纪20年代初，钱君匋曾在该校就读。君匋艺术院藏有钱君匋书画百余件，其中一大批是其晚年精品力作。活动挑选代表作60余件，借助高科技进行高仿复制，笔墨神韵与原作无二。

【加强桐乡花鼓戏保护传承工作】 5月12日，市非物质文化遗产保护中心召开桐乡花鼓戏保护与传承推进会，屈娟如、朱子堂、沈维民、计美娥等20余名原桐乡花鼓戏剧团老艺人参加。桐乡花鼓戏又名“挑香担”，属滩簧小戏，题材源自农村生活，剧情简洁明快，曲调活泼流畅，用方言演唱，具有地方特色，深受群众喜爱，2012年被列入浙江省第四批非物质文化遗产名录。11月5日，“中华颂”第七届小戏小品曲艺大赛在北京举行。由市非物质文化遗产保护中心、市文化艺术服务中心创作编排的花鼓戏《望蚕讯》获优秀剧目奖、优秀演员奖、优秀导演奖、优秀音乐奖、优秀创作奖和优秀组织奖。

【竹编“竹芸工房”入围“国匠荣耀”传承奖】 5月14日，文化部非物质文化遗产司、中国工艺美术协会、联合国教科文组织为指导单位，中国非物质文化遗产保护协会、《中华手工》杂志主办的“国匠荣耀”评选揭晓，以乌镇竹编为基础打造的原创设计品牌“竹芸工房”入围传承奖。“竹芸工房”创始人钱利淮为乌镇竹编传承人钱鑫明之子，他继承竹编技艺，打造原创设计品牌，以研发各种手工DIY竹编产品为依托，通过线上分享原始图文、线下举办竹编讲堂方式，传授编织技艺。

【石门吴清源祖居地碑亭落成】 7月30日，石门吴氏慎行堂——吴清源祖居地碑亭在石门镇下塘吴家门落成。吴氏福州支后裔、吴清源侄孙吴树钧，吴氏石门支后裔、著名画家吴蓬，市政协主席池晓明等领导，浙江省围棋协会顾问周志斌、福州市围棋协会会长祝贺等围棋界人士参加活动。围棋大师吴清源1914年6月12日出生在福州，高祖吴英是康熙二十一年(1682)科榜眼、左都御史吴涵后裔，曾在福建做官，成为吴氏迁居福建第一代。吴涵为官清正，受康熙御赐“慎行”二字，吴氏遂以之为堂号。吴清源生前曾称自己祖上是“石门千年吴”，嘱咐裔孙到桐乡寻根访祖，并书“寿石不老”，以申追祖怀乡之情。

【张琴秋生平事迹展】 8月9日，琴心剑胆 彪炳千秋——纪念红军长征胜利80周年暨张琴秋生平事迹展开展仪式在市博物馆举行。展览由桐乡市委、市政府主办，桐乡市委宣传部、市文化局、市委党史研究室、市档案局承办。

张琴秋亲属及战友出席仪式。此次展览设运河儿女、戎马生涯、经世纬界、千古流芳4部分。展览以图片与实物相结合的形式，展出展板77块、图片203幅、实物43件，很多珍贵照片以及张琴秋生前用品首次展出。展览至9月8日结束。纪念张琴秋系列活动桐乡市从年初开始筹划，专门组织团队沿着张琴秋的革命足迹，赴北京、天津、陕西南郑，四川通江、平昌、巴中、旺苍等地采访拍摄、征集资料。

·相关链接·

张琴秋简介

张琴秋（1904—1968），女，桐乡市石门镇人。1924年11月加入中国共产党，曾留学莫斯科中山大学，参加过长征。张琴秋在鄂豫皖苏区时曾任彭杨学校政治部主任、苏维埃学校校长、红四方面军73师政治部主任等职。在第四次反“围剿”，红四军方面军战略转移时，任红四军方面军总政治部主任。到达川陕苏区后任四川红江县委书记、后方医院政治部主任、妇女独立团政委、团长、西路军政治部组织部部长等职务。抗日战争期间，张琴秋在延安担任延安抗大女生大队大队长、中国女子大学教务处处长等职。解放战争期间，张琴秋担任中央妇女委员会委员，出席国际民主妇联第二次代表大会、深入农村参加土地革命运动。新中国成立后，张琴秋担任纺织工业部党组副书记、副部长等职；为第一届全国政协委员，第一、二、三届全国人民代表大会代表。“文化大革命”中，张琴秋被诬陷迫害，于1968年4月22日含冤逝世。1979年6月，中共中央为之平反昭雪。悼词说：“她的一生是革命的一生，战斗的一生，全心全意为人民服务的一生”。

【安南货币文化国际学术研讨会在桐乡召开】 9月28日，由中国钱币学会主办，钟旭洲钱币艺术博物馆承办的海上丝绸之路安南货币文化国际学术研讨会在钟旭洲钱币艺术博物馆举行。中国钱币博物馆副馆长王永生、新加坡钱币学会博士邬显慷等国内外安南货币及海上丝绸之路货币专家、学者和收藏家参加研讨会。会上，现场展示安南钱币，研讨安南钱币与中国钱币的联系。会后，《广西钱币》和桐乡钟旭洲钱币艺术馆分别出刊论文专刊。此次研讨会旨在通过研讨，了解海上丝绸之路沿线国家当时的政治、经济状况，为“一带一路”战略提供历史与文化因素。

【纪念徐肖冰诞辰100周年】 12月23—24日，桐乡市举行纪念徐肖冰诞辰100周年、2016第四届“徐肖冰杯”中国纪实摄影展暨第二届“徐肖冰杯”中国大学生摄影双年展等活动。活动由桐乡市政府、中国摄影家协会、浙江传媒学院联合举办，中国文联副主席李前光、中国摄影家协会主席王瑶、徐肖冰的家属亲属等出席。23日，在2016第四届“徐肖冰杯”中国纪实摄影展暨第二届“徐肖冰杯”中国大学生摄影双年展入展作品揭晓晚会上，揭晓20名摄影者作品入展2016第四届“徐肖冰杯”中国纪实摄影展；24名摄影者作品入展第二届“徐肖冰杯”中国大学生摄影双年展记录类、商业类和实验类。入展优秀作品在市博物馆展出，影展至2月上旬结束。

【吴蓬艺术院（桐乡书画院）开馆】 12月20日，吴蓬艺术院（桐乡书画院）举行开馆仪式。嘉兴市文化广电新闻出版局局长金琴龙、嘉兴市文联主席王一伟、广西师范大学出版集团总裁姜革文、画家吴蓬等500余人出席。吴蓬艺术院（桐乡书画院）占地4000平方米，建筑面积3000平方米，由明代建筑夏氏府第、陈家厅等古宅院改建而成。馆内陈列《颐和园》长卷、《中华农耕文明》长卷、《江南农耕风情》长卷等吴蓬书画作品200余件。

文化市场管理

【概况】 2016年，市文化部门推动传统文化产业发展，加强地域文化品牌推介，桐乡蓝印花布创新团队入围年度浙江省文化创新团队（文化产业类），参加第十一届义乌文化产品交易会；以全国体育产业专项调查工作为契机，建立市体育企业名录库82家；加大体育产业发展力度，波力综合运动馆、创智体育互联网体育服务、奥世连锁型健身场馆等一批示范性项目建设良好，禅武苑、王战军太极学校等武术培训场所相继开设。推进文化市场建设，管理规范文化产业发展。市文化市场执法大队规范行政许可项目审批程序，全年新批、变更文化经营单位43家，其中：网吧22家，出版物经营单位

4家，包装、装潢企业6家，娱乐场所8家，高危险性体育项目3个。全年开展“净网”“清源”“秋风”“剑网”“固边”专项行动5项。开展元旦、春节文化市场安全检查，两会、第三届互联网大会、G20杭州峰会期间文化市场保障行动，开学前校园周边文化市场专项整治，全年检查478次，出动文化执法人员1176人次，检查各类文化经营场所2335家次，收缴非法音像制品232张（盒）、广播电视信号发射装置2套，地面卫星信号接收设施4套，罚没款6.65万元，办理案件24件，处理各类举报、市长电话等49件。

【文化企业参展中国（义乌）文化产品交易会】 4月27日，第十一届中国（义乌）文化产品交易会在浙江义乌国际博览中心举行。桐乡市组织嘉兴温克尔曼乐器有限公司、丰同裕蓝印布艺有限公司、文化产业发展有限公司、濮院320创意广场和丰子恺纪念馆参展。其中温克尔曼和丰同裕在中心馆展出（全省仅3家）。温克尔曼获“最佳参赛企业”称号，丰同裕获“最佳参赛企业”称号和“工艺美术金奖”。

【全市“扫黄打非”专项活动】 8月25日—10月25日，市文化部门与公安、市场监管、综合执法、教育等部门联合开展“扫黄打非”专项活动。出动文化执法人员780人次，对车站、商场、学校、广场等人口聚集较多的地方及学校开学、商场开业时，进行专项检查、整治120余次，其中收缴非法音像制品105张（盒）。

群众体育

【概况】 2016年，市体育局鼓励社会力量建立体育协会、健身俱乐部、健身辅导站（点），制订《桐乡市单项体育协会管理考核办法（试行）》，加强体育协会管理和业务指导。建立健全以市体育总会为中枢，以老年人体育协会、各镇（街道）文体站、单项体育协会为分支机构，以体育俱乐部和健身站（队）为活动点，以政府主导、社会参与、条块结合的多元化群众体育网络。培养体育人才，发动体育骨干参加省、市培训班20多期，选派136人参加培训，提升市体育人才素质。举办浙江省青少年武术套路锦标赛、冠军赛，浙江省第二届太极拳公开赛暨桐乡·全国船拳（南拳）邀请赛、浙江省第二届女子体育节健美操比赛、浙江省第九届健身气功交流展示大会，桐乡市市级机关第十届体育运动会暨团队运动会、桐乡市首届武林大会等体育赛事。指导各镇（街道）、各部门开展各类体育活动110多次。累计举办、承办各级各类体育活动142次，参与群众10多万人次。

【首届翔云“太极杯”武林大会】 3月19日，桐乡市首届翔云“太极杯”武林大会在市体育馆举行，来自12个镇（街道）27个表演单位近500名武术爱好者参加。少林龙拳、江南船拳、陈式太极拳等48个武术展演项目，展现了桐乡武林风貌。表演队伍中有民合小学、现代实验学校等在校学生，有轩德武馆、咏春拳研究会等民间武术团体武术爱好者。

【第二届浙江太极拳公开赛暨全国船拳（南拳）邀请赛】 4月23—24日，由省武术协会主办，市体育馆、市武术协会承办的第二届浙江太极拳公开赛暨全国船拳（南拳）邀请赛在市体育馆

第二届浙江太极拳公开赛暨桐乡·全国船拳（南拳）邀请赛在桐乡举行　　市文化局提供

举行，来自省内外8支团队400余名武术运动员参加比赛。大赛分太极拳和船拳（南拳）两大类，太极拳有陈、杨、吴、武式四大派别和观海卫太极拳、太极瑜珈功、禅太极、八卦太极拳、太极心意拳等太极拳种，船拳（南拳）除各类船拳外，有五祖拳、马坦拳、咏春拳和铁线拳等南拳拳种。大赛设儿童组、少年组、青年组、中年组和老年组。桐乡市选手樊钰清、李妙怡等以及民合小学、市武术协会代表队一队等个人和单位分别获大赛第一名。

【第八个全民健身日活动】 8月8日，桐乡市庆祝第八个全民健身日活动启动仪式暨武术比赛在市体育馆举行，来自12个镇（街道）137名体育爱好者参加。镇（街道）组织开展棋类、乒乓球、跑步等健身活动；民间体育组织“桐乡跑吧”举行凤凰湖荧光跑活动。梧桐街道、崇福镇、濮院镇、乌镇镇、龙翔街道代表队获金奖。武术表演有太极拳、太极剑、方天戟和瑜伽等。

竞技体育

【概况】 2016年，市体育局根据全市竞技体育特点和现状，加强少体校、布点学校培训和管理工作。组队参加嘉兴市青少年举重锦标赛，嘉兴市第三届阳光运动会，嘉兴市青少年田径、举重、篮球比赛等活动，各项成绩名列嘉兴市前茅。制定青少年竞赛计划，全年安排青少年竞赛8次，项目有田径、篮球、足球、排球、乒乓球等，全市学校6500多名学生参赛。指导全市各中小学校开展阳光体育工程，增强青少年身体素质。加强后备人才梯队建设，全年注册青少年运动员260名。

【市少体校获举重佳绩】 4月10日，在嘉兴市青少年举重锦标赛上，桐乡市少体校运动员获举重佳绩。其中吕涛以抓举120公斤、挺举141公斤，总成绩261公斤成绩，打破嘉兴市男子举重85公斤以上纪录。市少体校举重队获团体总分第一、金牌数第一。

【第五十二届中小学田径运动会】 10月28—30日，市第五十二届中小学田径运动会在桐乡技师学院（筹）举办。全市中小学65支代表队981名运动员参加比赛。比赛项目分短跑、中长跑、跳高、跳远、铅球等15项。比赛结果：小学部团体总分，甲组第一名城北小学；乙组第一名石门路小学。初中部团体总分，甲组第一名现代实验学校；乙组第一名第六中学。高中部团体总分，第一名高级中学。高级中学张哲琦、茅盾中学沈冰辉分别以14.45米和13.98米成绩打破高中组男女铅球纪录；第六中陈盼以2分28秒43和1分1秒63成绩同时打破初中女子乙组800米和500米纪录。

【振东小学武术队在全国南拳公开赛中获佳绩】 12月23—28日，全国南拳公开赛在浙江平阳举行。公开赛由省体育总会、省武术协会主办，来自全国60余支队伍780余名运动员参赛，大赛分儿童、少年、青年、中年和老年组。市实验小学教育集团振东小学武术队参加此赛，取得13金、14银、11铜成绩，其中吴桐雨获江南船拳儿童组“南拳精英”称号。

（颜剑明）

广播电视

【概况】 2016年，桐乡市广播电视台把握新闻主业，深化媒体融合，推进队伍建设。结合市党代会、两会精神，在广播、电视新闻中推出大型主题系列报道《启航十三五 迈向新跨越》，报道桐乡在经济社会发展中的创新做法、转型趋势和担当精神。全年播出“创新驱动进行时”“互联网＋谋新篇”“昔日短板变强项”“重点项目加速跑”“‘纳米’服务践于行”5个类型稿件200多篇。根据不同时期宣传要求，先后推出《深入开展“两学一做”学习教育》《“两学一做”我在前 先锋示范勇争先》等多个主题系列报道，累计播出100多篇。其中，《护航峰会在行动》播出70期，《工匠精神》播出13期。《桐乡新闻》栏目首次尝试自主航拍，在第三届世界互联网大会·乌镇峰会召开前，栏目推出“空中看乌镇”系列，用航拍画面集中展示大会准备、筹备情况；在市第十四次党代会召开前推出“空中看桐乡”系列报道，展示桐乡变化。全年累计以航拍形式拍摄播出相关报道50多篇。

市广电台电视外宣首次获全省广播电视新闻协作（县级电视）一等奖，同时获中央电视台评选的十强单位；广播外宣获全省广播电视新闻协作（县级广播）一等奖，同时获中央人民广播电台评选的十强单位。全年

22件作品获嘉兴市广播电视政府奖，其中5件作品获嘉兴市一等奖，2件作品分别获浙江省广播电视文艺奖二等奖和三等奖，1件作品获浙江省广播电视对外传播节目“金鸽奖”三等奖，1件作品获浙江省广播电视少儿节目三等奖。在全省广播电视对农节目服务工程建设考核中，桐乡台获广播类考核优秀奖，广播节目《美丽新农村》获2016年度广播电视对农节目政府奖一等奖。

【开设本土特色栏目】 2016年，市广电台贴近民生视角，聚焦中心工作，在电视、广播分别开设本土特色栏目。3月开设电视人物访谈栏目《创业路上》，每期讲述一位桐乡本土实体企业家的创业故事，播出43期；7月开设广播栏目《方言有味道》，用桐乡方言传播本地风土人情，播出26期；8月广播、微信、网络同步推出《渐行渐远的老村落》专栏，播出32期。

【深化媒体融合】 2016年，市广电台形成“三微一网”（三个微信公众号：LOOK桐乡、FM971桐乡旅游之声、桐乡新闻网；一个网站：桐乡新闻网）运营模式。其中“LOOK桐乡”以本台节目二次传播、各类活动为主要推送内容，是广电台综合品牌微信公众号；“FM971桐乡旅游之声”依托FM971广播节目，结合桐乡新闻网、户外大屏，形成立体式发展，在日常节目和活动中融合共进，推出《回望十二五，展望十三五——“一把手”访谈录》《渐行渐远的老村落》《互联网弄潮儿的故事》等主题系列报道，其中《渐行渐远的老村落》走访32个村，播出32期，微信点击率超15万人次。“FM971桐乡旅游之声”微信公众号在全国县级微信平台中排名前15名。

（张　宁）

报　业

【概况】 2016年，《嘉兴日报·桐乡新闻》以“聚焦、创新、融合”为主题，紧扣市委、市政府中心和重点工作，开设“做强实体经济三十六计”“创新驱动三十六策”“从破难题补短板看新型政商关系”“三大城市愿景 我们共同打造”等栏目，唱响主旋律，弘扬正能量。《中国巨石美国项目动工 桐企进军全球玻纤发源地背后的战略底气》《让互联网之光照亮桐乡》《庄园与文化“联姻” 看一朵荷花延展出的经济效益》《大麻向东走还是向西走》系列报道等，分别获年度浙江省（县、市区域）报好新闻奖三等奖。全年出刊246期。

《钱江晚报·今日桐乡》围绕市委、市政府中心工作，注重权威信息发布、热点事件回应、城市形象展示。创新思维，线上线下融合报道，展现桐乡经济发展成果。全年出刊报纸244期，其中《夫妻俩五年爱心路情暖濮院》获浙江省县市区域报好新闻典型报道类一等奖，“第三届世界互联网大会·乌镇峰会特刊版面”获浙江省县市区域报好新闻版面类一等奖，《互联网特色小镇的快与慢》等9篇稿件分别获浙江省（县、市区域）报好新闻二、三等奖。

【聚焦政府中心工作】 2016年，《嘉兴日报·桐乡新闻》聚焦市委、市政府中心工作，加强宣传报道。围绕经济建设这一中心工作，开设“做强实体经济三十六计”“创新驱动三十六策”“从破难题补短板看新型政商关系”等栏目，采访桐乡大企业、特色企业，通过解析发展历程、解剖发展经验，为全市企业找到应对经济新常态方法和启示。围绕平安建设，开设“冲刺平安金鼎、全民共建共享”栏目，推出系列报道。挖掘桐乡各部门、各镇（街道）在平安创建方面典型事例，让全市群众参与、了解平安桐乡建设工作。“聚焦桐乡 相约乌镇2016桐乡经贸洽谈会”期间，推出《桐乡，风景独好》特刊，展示桐乡经济平台产业特色，助推全市创业创新。根据党代会提出“用五年时间努力把桐乡打造成为诗画水乡典范、旅游人文名城、网络智慧强市”目标，开设“三大城市愿景 我们共同打造”专栏，聚焦三大城市愿景“圆梦”过程，宣传报道《清单式整治 消除城乡环境污点》《桐乡迈向全域旅游时代》《桐乡两员激活基层文化因子》等内容。

【创新版面、栏目】 2016年，《嘉兴日报·桐乡新闻》配合全市建设“网络智慧强市”目标，创新报纸版面，开设“互联网＋”版面，报道互联网在民生、产业方面运用及成果展示。在第三届世界互联网大会期间，围绕中共中央总书记、国家主席习近平“建设好乌镇 发展好桐乡”讲话，创新报纸栏目，在主要栏目“迎两会 看成就”“干好开局年 夺取开门红”“做强实体经济三十六计”

前，均加上“建设好乌镇 发展好桐乡”这句话。

【深化报网融合】 2016年，《嘉兴日报·桐乡新闻》抓住新媒体发展机遇，深化报网融合工作。利用新媒体“嘉兴日报桐乡新闻微信公众号”传播特色，宣传桐乡。鼓励群众参与“安全文明出行，共建安全交通环境”活动。4月，桐乡市政法委、市公安局交警大队、市交通局运管所、中国石化桐乡支公司以及《嘉兴日报·桐乡新闻》联合举办“平安出行，争当缓堵先行者”活动。活动通过实物奖励方式，从全市年内无交通违章行为驾驶员中抽选安全、文明行车驾驶员予以表彰。通过“嘉兴日报桐乡新闻微信公众号”传播，活动报名人数超5000人，累计点击量数万人次，其中2500人符合一年内无违章记录条件，表彰获奖驾驶员5名，每人奖励油卡1000元。与相关部门联手，组织遵守交通规则驾驶员成立“缓堵先行者”团队，参与“共建文明、安全行车”活动。“嘉兴日报桐乡新闻微信公众号”推出“最美派出所”“最美民警”“小巷总理”等系列，通过报道，在全市营造向先进学习氛围，效果显著，关注点击量约10万人次，其中“最美派出所”点击量7万人次、“最美民警”超3万人次。

（潘晓琴）

【重大报道提前谋划】 2016年，今日桐乡报社加强对重大报道前期策划。围绕两会提前部署，通过“图表＋文字”结合可视化方式，会议期间刊发版面50余个，其中用8个整版解读“十三五”规划。围绕工商强市大会，通过“重大项目”“高新技术产业”等关键词推出跨版系列报道，助力实现工商强市目标。围绕首届国际互联网医疗大会暨中国互联网医疗健康产业联盟成立大会、中国创新创业大赛互联网及移动互联网行业总决赛、“聚焦桐乡·相约乌镇”2016国际经贸洽谈会等，通过线上线下互动，起到融合传播效果。围绕建党95周年，策划主题“不变的誓言”庆祝建党95周年特别报道，通过“市领导慰问＋优秀党员鲜活故事＋各地动态”形式，营造爱党氛围。7月4日，茅盾诞辰120周年，推出8个版面纪念特刊，从其文学、革命、做人以及和家乡感情等方面串联，纪念茅盾。在护航重大国际峰会方面，开设“护航峰会平安行”“平安桐乡”等栏目，推出20余篇相关报道。在第三届世界互联网大会前夕，推出“网事5年记”报道，通过10多个普通市民触网经历，展现桐乡互联网经济发展动力。围绕党代会提前谋篇策划“桐乡印象诗”大型专栏，通过小人物、大格局人物故事＋诗歌形式，突出桐乡经济发展成就。

《钱江晚报·今日桐乡》记者在现场采访　　今日桐乡报社提供

【经济报道注重深度】 2016年，今日桐乡报社注重经济报道深度。开设“寻找桐乡企业家精神专栏”“创业录”“真抓实干谋新篇”“桐乡商界”等各类专栏7个。全年报纸版面刊发各类经济类报道200余篇。以“寻找企业家精神专栏”为例，采访行业龙头企业桐昆集团股份有限公司、巨石集团股份有限公司、华友钴业股份有限公司、双箭橡胶股份有限公司、海得新能源有限公司等企业企业家20位，宣传他们的创业精神与创业故事。推出“年中特别报道”系列，分“走读三件大事”“晒亮点、比业绩”两大篇章，通过走读镇（街道）、相关部门等，挖掘桐乡经济运行亮点。在“智慧城市·无限可能”栏目，报道《当桐乡“引力”

遇见"互联网十"》,反映桐乡引进各类互联网项目情况。第三届世界互联网大会结束后,开设"峰会效应"专栏,刊发《在这里,让世界看得见互联网的未来》《我市举办2016中国(乌镇)互联网投资高峰论坛》等系列报道,提高乌镇峰会经济和社会效应。

【加强民生报道】 2016年,今日桐乡报社加强民生报道。除延续"最美桐乡人"栏目外,开设"温暖瞬间""刷刷朋友圈"等专栏,报道热心市民的温暖故事,宣传城市正能量。高温期间,创新形式开设"35℃+"专栏,以每天不少于一个版面,报道天气变化、民生服务、新闻故事等内容。注重新闻报道服务性。在第1号台风"尼伯特"到第25号台风"蝎虎"期间,多平台联动,每天推出有关台风动向报道,做到动态+服务+提醒,全方位预警。结合线上线下,第一时间发布汛情,报道各镇(街道)防汛防台工作开展情况,刊登台风动态类信息近40篇。9月1日起,桐乡市相关区域禁放烟花爆竹,第一时间推出相关报道,多次刊登主题公益广告。配合市委、市政府相关民生工作,做好今日曝光专栏采写,监督、促进"五水共治""三改一拆""五气共治"等工作。

【线上线下融合发展】 2016年,今日桐乡报社深入实施线上线下融合发展。除"浙江新闻"APP、浙江手机报、"爱桐乡"网、微博等,报社旗下微信公众号"钱江晚报今日桐乡""周游桐乡",代运营平台"桐乡发布""乌镇发布""乌镇民情""桐乡新居民""桐乡旅游"等10多个代运营微信平台,相互配合、多点开花、优势互补,为市民带来第一手资讯。新媒体对外发布资讯1万余条,在60多万用户间得到传播。配合报纸宣传,在各新媒体平台中开设专栏,全市经济建设、重点工程、重大活动,以及文化旅游、文明创建、民生工程等方面工作进行全方位宣传报道。两会期间,"钱江晚报今日桐乡"微信号原创新闻《飞机场、万人体育场、境外引水……桐乡正在研究筹建8大项目!太牛了!》获10万人次点击,成为热点话题。第三届世界互联网大会前后,新媒体平台发送200条信息。创新方式,除图表制作、H5制作外,采用网络直播形式,创新报道模式。

(张娟玉)

网络媒体

【概况】 2016年,桐乡市拓展官方媒体"红色阵地"辐射功能,深化桐乡新闻网、桐乡新闻、周游桐乡等聚合平台建设和管理。在"桐乡新闻网"新闻门户网站基础上,以"桐乡发布"微博微信平台为依托,实现"桐乡发布"新媒体、自媒体传播集群效应,融合《嘉兴日报·桐乡新闻》《钱江晚报·今日桐乡》"桐乡FM971""桐乡手机台App""浙江新闻客户端桐乡频道"等新媒体资源,实行新闻多元互动式"微"联播,构建从传统"声、报、屏"向PC端、手机端,从网站论坛到微博、微信、客户端的融媒体传播新格局。年内,主流新媒体传播平台总数20个,订阅关注用户约200万人次,日均推送发布各类新闻信息300条次。

【桐乡两项目入选首批嘉兴市网上文化家园项目】 3月,由嘉兴市网信办主办,各县(市、区)委网信办和各有关单位申报的"嘉兴市网上文化家园项目"评选活动结束。"桐乡发布"微博微信平台和"周游桐乡"微信公众号2个项目入选首批嘉兴市网上文化家园项目。网上文化家园创建行动是推动正能量传播平台、清朗网络空间举措的有效载体。获评项目在网络平台建设、用户数、关注度和影响力均在全市网络平台中名列前茅,成为全市网民获取信息、提供服务、参与活动的主要阵地,在引领正确价值观、弘扬社会正能量方面发挥重要作用。其中"桐乡发布"微博微信平台在相关机构发布的全省(市、区、县)级政务新媒体排行榜中,位居前列。

【依托网络平台传播正能量】 2016年,市网信办发挥新闻信息作用,借力互联网将桐乡信息推送至海内外。针对"三治建设""平安桐乡""五水共治""互联网+""一业一网""家风家训""最美人物"等热点,设置网络议题,讲好桐乡故事,传递桐乡声音,宣传网络正能量,引导网上舆论。7月,治国理政全省首个县(市、区)委书记专访落户桐乡,策划通过融媒体平台渐进式扩散传播,总关注度达百万以上。策划传播濮院欧德福超市总经理邵忠丕为18岁小偷求情故事成为"浙江好人好故事",得到央视等中央级媒体肯定和传播。

(杨晨智)

卫 生

概　　述

2016年，全市有各级各类医疗机构300家，其中：公立综合性医院2家，中医医院1家，精神病医院1家、妇幼保健院1家，皮肤病专科医院1家，护理康复医院1家，急救站1家，计划生育指导站1家，社区卫生服务中心2家，乡镇卫生院11家，民营医院7家，门诊部8家，个体诊所（坐堂医）79家，厂校医务室、卫生站20家，社区卫生服务站、村卫生室162家，其他医疗机构2家。

全市有医疗床位数3522张，其中：市级公立医院2404张，镇（街道）卫生院606张，民营医疗机构512张。执业医师（助理）1715人，注册护士2109人；每千人床位数4.22张，每千人执业医师（助理）2.06人，每千人注册护士2.53人。全市卫计系统（不含卫计办）有在岗员工5235人，其中事业编制工作人员3132人，专技人员3038人。全市医疗机构门急诊649万人次，比上年增长2.7%；出院9万人次，增长6.5%；药品收入占医疗收入40.4%，下降1.7%。

全年办理行政许可2210件，其中：公共场所卫生许可435件，执业医师注册488件，护士注册581件，医疗卫生机构设置执业许可498件，放射诊疗许可16件，乡村医生注册（变更）2件，外籍医师来华短期执业1件，母婴保健专项技术服务许可28件，集中式供水单位卫生许可5件。

全市出生人口7922人，计划生育率99.08%，人口出生率11.47‰，自然增长率4.16‰。出具新居民计划生育证明3037例，其中不符合生育政策990例，出具电子化证明242例。落实计划生育家庭奖励扶助对象13639人，其中新增奖扶对象3808人，退出奖扶对象983人，发放奖扶资金1309.3万元；落实计划生育家庭特别扶助对象789人，其中新增特扶对象95人、退出特扶对象16人，发放特扶资金684.1万元。

卫生行政

【概况】 2016年，桐乡市第一人民医院由浙江省人民医院全面托管，增挂“浙江省人民医院桐乡院区”牌子。市妇保院与上海市红房子妇产科医院建立深度合作关系，增挂“上海市红房子

11月10日，桐乡市政府与浙江省人民医院举行医疗战略合作签约仪式。市第一人民医院由浙江省人民医院全面托管，增挂“浙江省人民医院桐乡院区”牌子　　市卫计局提供

妇产科医院技术指导单位”牌子。桐乡新华医院于12月经嘉兴卫计委执业验收。审批设置桐乡颐康护理院，桐乡颐康护理院12月开业。落实医师多点执业政策，办理医师多点执业34人，医师自由执业50人。

各医疗卫生单位面向普通高等院校医学类应届毕业生直接公开招聘59人，面向社会公开招聘95人，安排定向委培临床医学本科毕业生28人到社区卫生服务机构工作，公开招聘、引进硕士学位人员3人，对桐乡市以外医疗单位取得中级职称人员以档案重建方式引进4人。市卫生学校连续12年蝉联浙江省医护类高职考状元，创建成为省级开放实训中心、省级德育工作实验基地、全国护士执业资格考试基地学校；康复技术专业创建为全国首批国家级示范专业。

2016年，在G20杭州峰会和第三届世界互联网大会期间，做好反恐维稳安保工作，安排保安209人，安装监控探头2323个，参与平安志愿者巡防1973人次。市第一、第二人民医院，市中医医院、乌镇人民医院纳入全市重点反恐单位，局领导到基层单位督查指导32人次，整改问题35个。各医疗卫生单位开展消防、治安、医疗、信息、后勤等检查102次，整改问题126个；培训、演练38次。做好重性精神病管控，确保重性精神障碍患者肇事肇祸零发生。第三届世界互联网大会期间，西栅景区内设置固定医疗点6个、临时医疗点2个，抽调省、嘉兴市、桐乡市医护人员80余人，救护车8辆，卫生监督和传染病防控工作人员20余人，开展医疗保障、卫生监督和传染病防控，完成峰会卫生保障工作，被嘉兴市委、市政府授予“嘉兴市重大国际峰会保障服务工作先进集体”。

4月15日，市卫生学校进行2016年嘉兴市活力课堂公开课教学活动　　市卫计局提供

【人才队伍建设】 2016年，市卫生计生局根据《桐乡市卫生系统“1236人才工程”实施意见》精神，开展第二轮名医（名中医）、第四轮首批各类业务骨干综合考核和第四轮第二、三批各类业务骨干年度考核，考核优秀率95%以上。评选第一轮首批优秀“学科带头人”5人、第五轮首批“学科带头人”培养人选10人、第五轮首批“学科骨干”培养人选20人、第五轮首批“医坛新秀”培养人选30人。市第一人民医院心血管科主任陆建洪成为嘉兴市卫计系统第七批“351人才”工程学科带头人培养人选，市第一人民医院麻醉疼痛科主任杜建龙成为嘉兴市卫计系统第七批“351人才”工程后备学科带头人培养人选，市第二人民医院内三科主任张连生、内三科副主任周峻成为嘉兴市卫计系统第七批“351人才”工程优秀青年人才培养人选。市第一人民医院神经内科副主任医师戈康杰于8月赴西藏那曲县人民医院开展为期一年半的援藏医疗工作。

卫生监督与疾病控制

【概况】 2016年，市卫生计生局巩固省级卫生应急示范市创建成果，建立全市实验室生物安全领导小组和协调小组，制订《桐乡市实验室生物安全事件应急预案》，出台《2016年G20峰会及第三届世界互联网大会·乌镇峰会公共卫生安全保障工作方案》及相关传染病防控技术方案，发布《公共卫生安全风险评估报告》《H7N9禽流感防控风险评估报告》和《桐乡市寨卡病毒病、登革热、黄热病疫情风险评估》，提出风险管控建议，完成第三届世界互联网大会公共卫生保障任务。加强人感染H7N9禽流感防控工作长效机制建设，协调相关部门加强活禽交易管理工作，开展活禽交易外环境监测和风险评估，开展多部门联合检查，规范源头管理；加强医疗机构发热门诊监管，落实预检分诊，规范开设发热门诊（点），开展人感染H7N9禽流感和不明原因肺炎病例排查，全年未报告确诊病人。加强病媒生物疾病防控工作，寨卡病毒病、登革热等传染病蚊媒监测点覆盖全市各镇（街道）。加强肠道传染病防控，全市各医疗机构均开设肠道门诊。深入推进规划免疫工作，全市12家接种门诊星级创建实现全覆盖。建立《桐乡市严重精神障碍患者肇事肇祸管理联席会议制度》，将严重精神障碍患者纳入社区信息系统网络管理。下发《关于进一步落实我市严重精神障碍患者以奖代补监护责任的通知》。全年未发生严重精神障碍患者严重的肇事肇祸行为。开展打击非法行医活动，查处30起，立案16起，其中行政处罚15起，移交公安机关追究非法行医罪1起。对12起案件举报人发放投诉举报奖励9000元。评定民宿公共场所卫生示范店18家。

【重点传染病监测】 2016年，桐乡市无甲类传染病发病报告。乙类传染病报告（按发病日期）1741例，发病率209.69/10万，比上年增长11.2%；乙类传染病死亡报告6人，死亡率0.72/10万，下降25.02%。其中，血源及性传播传染病报告发病1346例，发病数占传染病发病总数77.31%，报告发病率比上年增长20.3%。呼吸道传染病报告发病328例，死亡4例，呼吸道传染病发病率比上年下降14.83%。肠道传染病报告发病60例，发病率比上年增长25%。自然疫源及虫媒传染病报告发病7例，死亡1例，发病率比上年下降41.68%。丙类传染病报告3641例，报告发病率438.54/10万，比上年上升33.87%。

【重性精神疾病防治管理】 2016年，全市登记在册严重精神障碍患者3730人，新发现严重精神障碍患者并纳入管理131人。全年未发生严重精神障碍患者严重的肇事肇祸行为。建立《桐乡市严重精神障碍患者肇事肇祸管理联席会议制度》，开展专项排查两次，排查出疑似精神障碍患者75人。出台《桐乡市严重精神障碍患者监护工作以奖代补实施办法》，一类对象补助300元/月，二类对象补助100元/月。低保、低收入家庭精神疾病患者免费治疗332人次，门诊免费治疗3099人次。全市发放严重精神障碍患者门诊医疗救助券11431人次。

【民宿示范街（店）创建】 2016年，市卫生计生局开展乌镇景区民宿示范街、示范店创建，规范提升民宿业卫生管理水平。创建选址范围为乌镇镇环河路二号停车场入口以西路段。对创建区内50余户民宿进行摸底调查、宣传培训，开展自查自纠、监督指导、监测采样，统一印制卫生管理台账、统一张贴卫生标识、统一发放三格式清洁篮，评定民宿公共场所卫生示范店18家。

【国家基本公共卫生服务项目考核】 8月2日，国家卫生计生委项目监管中心副主任刘方带

8月2日，国家卫计委考核组现场考核桐乡市2015年度国家基本公共卫生服务项目　　市卫计局提供

领考核组到桐乡，对2015年度国家基本公共卫生服务项目进行现场考核。考核组仔细查阅桐乡基本公共卫生服务项目相关台账资料，实地检查桐乡基本公共卫生服务项目信息化平台，到石门镇民联村、叶新村，调查基本公共卫生服务项目实施情况。桐乡作为浙江省两个样本县（市、区）之一，在国家基本公共卫生服务项目考核中获第一名。

【推行责任医生签约服务】 2016年，桐乡市推行基本医疗服务、基本公共卫生服务、个性化健康管理服务的责任医生签约服务工作，出台《关于推进责任医生签约服务工作的实施办法》，优先满足老年人、慢性病、计划生育特殊家庭人员和严重精神障碍患者、孕产妇、儿童、残疾人等重点人群，逐步扩展到普通人群。全年完成签约15.1万人，签约率22%，其中重点人群签约7.2万人，签约率47.5%。

医疗服务

【概况】 2016年，市卫生计生局抓好医药卫生体制改革，加强医疗质量规范化管理，修订完善医疗质控检查标准，突出医疗质量薄弱环节指标和抗菌药物使用等内容考核，落实医疗核心制度和“三个重点”（重点科室、重点人员、重点环节）管理制度。全年开展综合医疗质量检查2次，医疗机构病历集中点评1次，医疗纠纷案例集中讨论、点评1次。实施优质护理服务工程，加强护理内涵建设，提高护理服务能力。继续开展抗菌药物临床应用专项整治，抗菌药物占药品使用比例全部达标，市第一人民医院、第二人民医院、中医医院全面停止门诊输注抗菌药物（急诊、儿科除外）。市第一人民医院与浙江省人民医院，市妇保院与上海市红房子妇产科医院建立紧密合作关系。在省内率先实现医联体紧密型合作全覆盖。基层医疗机构慢性病常用药品与市级医院全面接轨。

【市域内“医联体”全覆盖】 2016年，市第一人民医院、市第二人民医院、市中医医院分别与石门、洲泉、高桥中心卫生院建立医联体以来，3家中心卫生院门诊总人次、住院总人次分别比上年上升12.3%、18.9%。12月，出台《关于印发桐乡市镇（街道）卫生院医疗联合体建设实施方案的通知》，3家市级医院与市内其余6家卫生院建立医联体（市第一人民医院与乌镇人民医院、龙翔街道卫生院，市第二人民医院与大麻镇卫生院、凤鸣街道卫生院，市中医医院与河山镇卫生院、屠甸镇卫生院），率先在全省实现市域内医联体紧密型合作全覆盖，实施管理输出、人才交流、技术支援，探索市、镇（街道）卫生一体化。

【中医药特色服务】 2016年，桐乡市中医药服务体系不断健全，在市中医医院成立全市中医药适宜技术推广基地，由市中医医院牵头，联合全市所有基层医疗单位组成联合体，在全市推广普及中医药适宜技术。建设全国基层名老中医药专家传承工作室——沈之嶒工作室及石门、洲泉、河山3家“中医集中诊疗区”。试点使用中药颗粒剂，提高中医药服务的可及性。中西医结合全面融入社区卫生服务和公共卫生工作，中医药参与社区服务网点覆盖率100%，65岁以上老年人、0—36个月儿童中医药健康服务率均达到40%以上。市中医学会协作单位——华圣石斛园创建成为浙江省中医药文化养生旅游示范基地。

【智慧医疗建设】 2016年，市卫生计生局加强智慧医疗建设，建成影像会诊中心和临床检验中心，实现资源共享。医疗单位HIS系统全覆盖，分级诊疗平台完成对接，实现省市医院间转诊。市第一人民医院、市中医医院、乌镇人民医院、石门镇中心卫生院、龙翔街道卫生院开通“云诊室”。嘉兴市康慈医院在全市率先实行门诊电子病历；优化健康桐乡APP，实现预约就诊、个人健康数据自助查询。中心卫生院以上医疗单位全部实现“银医通”、移动输液。

【基层医疗机构慢性病常用药品与市级医院全接轨】 2016年，市卫生计生局为促进“双下沉、两提升”（人才下沉、资源下沉，服务能力提升、服务效率提升）及分级诊疗工作开展，方便慢性病患者在病情稳定后就近、简便配药原则，12月，市卫生计生局、市人力社保局、市财政局联合出台《关于桐乡市基层医疗机构慢性病常用药品与市级医院全面接轨的通知》，2017年起，梧桐街道社区卫生服务中心及所属社区卫生服务站，其他镇(街道)社区卫生服务中心(卫生院)及2016年日均门诊人次≥50的社区卫生服务站(村卫生室)实行慢性病常用药品与市级医院接轨。

妇幼保健

【概况】 2016年，市卫生计生局实施妇女健康促进工程，完成妇女病普查10.11万人，检查率87.2%；查出各种妇科病2.04万人，妇科病患病率20.13%。全市孕产妇死亡率为0。孕产妇保健工作质量提高。高危孕产妇管理率100%，住院分娩率100%。儿童保健工作质量持续稳定，儿童死亡率保持较低水平。全市有7岁以下儿童4.8万人，保健覆盖率99.7%，其中3岁以下儿童1.9万人，系统管理1.82万人，系统管理率95.9%。做好婚检、孕产妇住院分娩补助、孕前及孕早期增补叶酸预防神经管缺陷等公共卫生妇幼专项工作，全市婚检率91.2%；孕产妇住院分娩专项补助1646人，住院分娩补助率100%；叶酸服用人数4503人，叶酸服用率100%，叶酸知识知晓率100%，叶酸服用依从率89.2%。

【妇幼保健工作规范开展】 2016年，全市无本地孕产妇死亡，妇幼保健工作指标达到嘉兴市考核目标。启动全市孕产妇妊娠23—26周产前筛查，控制出生缺陷风险，降低围产儿死亡率。全市出生缺陷监测总人数6673人，发现缺陷儿172例，出生缺陷发生率25.8‰。推进新生儿疾病29项筛查，加强出生缺陷综合防治。全年完成新生疾病筛查10146人，筛查率99.2%；新生儿听力筛查10204人，筛查率99.8%。桐乡市获浙江省新生儿疾病筛查和新生儿听力筛查先进集体称号。

【完成三级妇幼健康和计划生育服务资源整合】 2016年，市计划生育技术指导站与市妇幼保健院整合，建立市妇幼保健计划生育服务中心，保留市妇幼保健院牌子。全市整合镇(街道)计划生育服务站和卫生院(社区卫生服务中心)妇幼保健职能，注销原镇(街道)计划生育服务站法人登记证书。镇(街道)卫生院(社区卫生服务中心)增挂“妇幼保健计划生育服务站”牌子。镇(街道)计划生育办公室更名为卫生计生办公室。镇(街道)计划生育服务站编制并入镇(街道)社会事业服务中心。将原村(社区)计划生育服务室承担的职能纳入村(社区)卫生服务站，增挂“村(社区)卫生计生室”牌子。

【开展妇女“两癌”筛查】 2016年，全市13家医疗机构启动第二轮城乡妇女“两癌”(乳腺癌、宫颈癌)筛查。乳腺癌筛查4.5万例，宫颈癌筛查4万例，发现乳腺癌可疑病例170人、宫颈癌疑似病例1674人，均通知参检人进行检查，确诊乳腺癌8例、宫颈癌10例。

科研与交流

【概况】 2016年，市卫生计生局加强医学科研工作，全年科研立项108项，数量创历史新高。其中嘉兴市级5项，桐乡市一般引导项目99项，重点项目4项。完成桐乡市级科技项目评审54项，通过50项，其中1项是重点项目。获桐乡市科技进步奖9项。开展适宜技术培训10项。举办各类培训班、学术活动106场。举办国家级继续教育项目3项，承办国家级继续教育项目3项、嘉兴市级33项。加强市级医院支援基层卫生工作，派出102名市级医院医务人员支援基层。市第一人民医院、嘉兴市康慈医院接受国家级住院医师规范化培训基地周期复评、省住院医师规范化培训综合评估检查及嘉兴市卫生计生局年度综合评估工作。杭州、上海专家定期到桐乡市医疗机构坐诊998人次，诊治患者14829人次；开展学术讲座145次，培训人员5507人次；开展教学查房366次。选派3人赴上海进修。

【“双下沉、两提升”工作】 11月10日，市第一人民医院由浙江省人民医院全面托管，增挂省人民医院桐乡院区牌子，省人民医院派出10名医生担任市第一人民医院常务副院长、合作科室执行主任，共同建设感染病科、肿瘤外科、泌尿外科、神经外科、神经内科、心胸外科、肾脏病科、重症医学科、胃肠胰外科、肝胆胰外科及微创外科等10个学科；12月16日，市妇保院与上海市红房子妇产科医院建立深度合作关系，市妇保院增挂“上海市红房子妇产科医院技术指导单位”牌子，重点共建妇科、产科、新生

12 月 16 日，桐乡市政府与上海市红房子妇产科医院举行医疗战略合作签约仪式。市妇保院增挂“上海市红房子妇产科医院技术指导单位”牌子　　市卫计局提供

儿科、中西医结合科、乳腺外科、宫颈科等 6 个学科，建立人才进修、疑难病人转诊绿色通道。

【重点学科(专科)建设】 2016 年，市第一人民医院实施嘉兴市首例静脉曲张腔内射频精准闭合术，麻醉学科创建为浙江省第五批县级医学龙头学科。市第二人民医院血液净化中心在全市率先开展显微镜下动静脉瘘血管吻合术，市中医医院骨伤科引进富阳中医骨伤技术，嘉兴市康慈医院精神病学通过嘉兴市重点学科年度考核工作，市卫生学校成为省级开放实训中心、省级德育工作实验基地，康复技术入选首批国家级示范专业，连续 12 年蝉联浙江省医护类高职考状元。市第四人民医院由嘉兴市第二人民医院托管，开展泌尿外科、骨科医疗组托管，开通胸痛诊治“绿色通道”。

计划生育

【概况】 2016 年，桐乡市贯彻执行全面两孩政策，规范计划生育行政许可、社会抚养费征收行为，全市计划生育工作向健康、稳定方向发展。全年出生人口 7922 人，人口出生率 11.47‰，人口自然增长率 4.16‰，计划生育率 99.08%。办理“生育登记服务卡”3359 例，再生育审批 158 例。审核新居民计划生育情况证明 3037 例，其中网上电子证明 327 例，未出现审批不当和违法审批情形。推进优生、优育、优教工作，新建大麻镇“三优”指导中心省级示范点 1 家。全年开展“三优”培训活动 200 多场次。发放计划生育公益金 411 户，58.8 万元。缴纳计划生育特殊家庭 2017 年度城乡居民基本医疗保险 384 户，13.44 万元。建立计划生育特殊家庭信息档案 610 户。补助计划生育经费项目 11 个，50.7 万元。全市有协会组织 459 个，其中市、镇、村(社区)计生协会 226 个，企事业(流动人口)协会 233 个。2016 年，市计生协会被授予“全国协会工作先进单位”。

【优生、优育、优教促进工作】 2016 年，市卫生计生局贯彻落实国家和省、市有关提高出生人口素质的工作要求，深化优生优育优教促进工作。至年末，全市有“三优”指导中心 10 家，其中省级示范点 3 家。开展“三优”培训活动 200 多场次，受益人群近 3 万人。濮院镇、石门镇优生优育优教指导中心被浙江省卫计委命名为浙江省优生优育优教指导中心省级示范点；石门镇中心卫生院沈关宏主讲的《科学养育，“喂”爱坚持》，获 2015 年度浙江省优生优育优教十佳精品讲座。

【流动人口计生服务管理】 2016 年，市卫生计生局成立流动人口基本公共卫生计生服务均等化工作协调小组，统筹协调宣传教育、计划生育、疾病预防、基层卫生、信息化建设等工作。全市流入育龄妇女 16.34 万人，其中已婚育龄妇女 12.81 万人；外出育龄妇女 5728 人，其中已婚育龄妇女 3922 人。根据新居民积分制要求，出具计划生育证明 3037 例，其中不符合生育政策 990 例，电子化证明 242 例；落实新居民协管工作职责，采集信息 14.1 万条，其中怀孕信息 1934 条，出生信息 471 条；加强信息交换、违法生育处理等区域协同，与 18 个省、市 46 个县(市、区)签订区域协作协议。

【社会抚养费征收】 2016年，全市社会抚养费征收工作执行《中华人民共和国人口与计划生育法》《浙江省人口与计划生育条例》等法律法规，根据嘉兴市卫计委要求，未新作社会抚养费征收决定书，往年度作出征收决定未结案继续查处案件19例。申请法院强制执行19例，执行金额37.1万元；未兑现案例5例，未兑现金额37.5万元。法院清理往年度征收案例20例，兑现金额15.1万元。按法定程序结案23例。

【"青春健康"主题教育】 2016年，市卫生计生局、市计生协会青春健康沟通之道家长培训项目成为全省唯一入选中国计划生育协会和联合国教科文组织联合启动的青春健康项目，并争取到项目资金10万元。该项目从2016年3月1日至12月31日，针对全市18岁以下青少年家长，直接、间接受益目标人群分别不少于200人、600人，项目实施旨在提高家长关于青少年性与生殖健康的知识水平，增强其对子女开展性与生殖健康教育的意识与能力，形成计生协会开展家长沟通之道培训模式和工作机制，打造青春健康教育品牌。

【桐乡市获"全国计划生育优质服务先进单位"称号】 12月，桐乡市被授予2014—2016年"全国计划生育优质服务先进单位"。多年来，桐乡市计划生育工作以"统筹解决人口问题，促进人的全面发展"为中心任务，以推进和加强计划生育优质服务体系建设为重点，按照"党政领导重视好、部门协作好、宣传倡导好、依法管理好、生育服务好、扶助保障好、信息支撑好、基层网络建设好"标准，规范计划生育工作，推进计划生育服务体系建设，服务质量迈上新台阶。

（夏滨彬）

10月14日，省卫计委评估组评估桐乡市创建新一轮全国计划生育优质服务先进单位工作　　市卫计局提供

爱国卫生

【概况】 2016年，市创建办巩固发展国家卫生城市和国家（省）卫生镇（街道）创建成果，推进爱国卫生工作。贯彻落实《桐乡市城乡环境卫生"四位一体"长效保洁工作实施意见》，完善创卫长效管理机制，巩固发展省级卫生镇（街道）创建成果。乌镇镇创建国家卫生镇通过省级考核和国家暗访，崇福镇、石门镇通过国家卫生镇复查。做好病媒生物防制工作，桐乡市通过病媒生物控制水平评估认可C级考核。开展无烟单位和控烟积极分子评选工作，树立控烟典型榜样示范作用带动全民控烟，在第29个世界无烟日开展系列活动。开展居民健康素养监测工作，对1200户居民开展健康素养监测。开展餐厨垃圾规范收集探索，在镇（街道）试点推广。全年新命名省卫生先进单位4个，嘉兴市卫生先进单位17个，桐乡市卫生先进单位27个。

【开展病媒生物监测和防治工作】 2016年，市创建办加强病媒生物监测和防治工作，桐乡市通过省级病媒生物控制水平C级评估认可考核，18项指标均控制在国家标准范围内，其中鼠蝇类、蝇类达到国家病媒生物密度控制水平标准C级要求，蚊虫、蟑螂达到更高级的B级水平，成绩名列全省前茅。印发《桐乡市清洁家园除"四害"安全健康保峰会工作方案》和《进一步加强全市灭蚊工作的通知》，做好G20杭州峰会、第三届世界互联网大会期间公共卫生保障工作。联合市农经局开展全市病媒生物监测和防治工作，在春、秋两季统一开展灭"四害"工作。制定和下发2016年城乡春、秋季灭鼠方案，举办培训班，培训1300

余人，利用新闻媒体开展广播宣传61次，举办专题活动24次，发放宣传资料1万余份。投入灭鼠经费30余万元，投放各类溴鼠灵毒饵16750千克。乌镇镇通过嘉兴市级病媒生物控制水平C级评估考核。

【第二十八个“爱国卫生月”系列活动】 2016年，市创建办结合G20杭州峰会、第三届世界互联网大会和国家卫生城市巩固工作需要，开展以“远离病媒侵害，你我同享健康”为主题的第二十八个“爱国卫生月”系列活动。加强环境卫生专项执法整治，依法查处市区沿街店铺门前“三包”(包卫生、包绿化、包秩序)不落实现象及影响市容市貌的违法行为；组织卫生义务劳动，重点清理楼道、车库、棚顶堆积杂物和丢弃垃圾，清理“牛皮癣”，疏通沟渠，清除卫生死角；举办创卫宣传和健康知识讲座；镇(街道)结合“四位一体”长效保洁工作，开展环境卫生大整治。开展“世界卫生日”暨健康城市宣传活动、世界卫生日主题宣传活动，向市民宣传健康、卫生等科普知识，开展健康咨询，举办健康知识有奖竞答，为市民量血压、血糖测试，国民体质测试；举行“爱国卫生月”广场文艺演出活动。开展春季病媒生物防制活动，采取专业除“四害”和群防群治相结合的方法，开展以春季灭鼠为重点的病媒生物消杀工作，清理早春蚊蝇滋生地。

（颜　辉）

健康城市建设

【概况】 2016年，市创建办推进健康城市、健康村镇建设工作，开展健康城市评价试点，按照国家标准对建设健康城市41大类80小类进行评价；申报省级健康城市、健康村镇试点，申报健康城市1个、健康镇4个、健康村7个。11月，桐乡市被全国爱卫办确定为全国健康城市试点市。桐乡市现代实验中学被嘉兴市爱卫办命名为浙江省健康促进学校(银牌)单位。开展健康城市宣传周、世界无烟日大型宣传活动，成员单位参与活动130余次，受教育2.1万余人。开展健康知识和健康素养调查，市民健康知识知晓率85.6%，行为形成率83.8%，健康素养率24.7%。

9月13日，桐乡市举行全民健康生活方式行动“万步有约”健走活动　市创建办提供

【健康科普进农村(社区)活动】 2016年，市创建办组织健康教育讲师团深入各企事业单位举办健康教育讲座326次，受益人数2.8万余人次。开展脑血管病防治村(社区)巡回宣传活动，组织系列健康知识讲座7次，义诊咨询350多人次。推进实施健康科普进农村(社区)活动，举办健康科普知识讲座，以文艺演出形式将健康科普知识送进农村(社区)，全市各村(社区)均建有健康教育宣传橱窗，组织健康科普教育讲座280多场次，举办广场文艺演出14场次，向全市211个村(社区)免费发放《健康科普画报》6期8000余张。

【“世界无烟日”系列活动】 2016年，市创建办结合“世界无烟日”主题，在无烟日前后进学校、社区举办控烟讲座、学生签名等系列活动，宣传吸烟危害，传播无烟生活健康理念；邀请省疾控中心专家开展无烟医疗机构建设和戒烟门诊、戒烟服务等业务培训；在微博、微信等“健康桐乡”公众平台宣传控烟知识100多条，在《桐乡健康教育》报上刊登有关烟草防治知识文章，在《嘉兴日报·桐乡新闻》、电台、电视台等媒体播出宣传控烟健康知识20多次；评选无烟单位10个、控烟积极分子14人。

（陆明海）

新居民事务

【概况】 2016年，桐乡市登记在册新居民47.44万人，其中16周岁以上43.58万人、16周岁以下3.9万人。新居民总量比上年上升14.2%。新居民党员864人，其中预备党员70人，新居民党员占新居民总数0.2%。登记在册新居民与全市户籍人口（69.34万人）比例为1∶1.46。全市12个镇（街道）中，有10个镇（街道）新居民超万人，其中濮院镇、振东新区、经济开发区新居民人数超本地户籍人口。新居民来源以省外人员，汉族为主。16周岁以上新居民中，来自省外的39.99万人，占总数91.8%，其中安徽省、河南省和四川省居多。新居民同籍聚居化明显，相对稳定。区域上，以居住在梧桐街道、濮院镇居多。梧桐街道、振东新区、经济开发区有新居民16.13万人，占全市新居民总数37%；濮院镇有新居民12.29万人，占新居民总数28.2%。新居民住宿以租赁房屋为主。全市有29.84万（不包含16周岁以下儿童）新居民租赁房屋居住，占新居民总数68.5%。租赁房屋范围主要集中在城乡接合部和农民新村。完善新居民积分制管理，全年办理积分卡2436张，比上年增长11%；全市在读新居民子女1.99万人，比上年减少388人，下降1.9%。加强全市87家新居民需求服务站指导、考核工作。接听新居民热线电话321个，接办市长电话11个；为符合救助条件新居民争取救助资金17起，发放救助金37万元；为16名新居民发放计生公益金9600元。年内，组织134名新居民参加“融入新桐乡、创造新生活”桐乡市百名优秀新居民环凤凰湖慢跑活动；组织50名新居民子女参加2016“圆梦桐乡、共享阳光”夏令营活动；选派2名新居民代表参加2016嘉兴市新居民迎新年歌唱比赛。G20杭州峰会和第三届世界互联网大会召开期间，与各镇（街道）和公安部门，联合开展全市出租房屋和新居民基础排查行动，加强新居民信息核查工作。市新居民事务局被嘉兴市委、市政府评为“嘉兴市保障服务重大国际峰会先进集体”。

6月2日，百名新居民慢跑凤凰湖　　市新居民局提供

【发放IC卡式居住证】 2016年，市新居民事务局贯彻实施国务院《居住证暂行条例》和《浙江省流动人口居住登记条例》，组织全市新居民协管员开展新条例专题学习培训，提升业务水平，宣传IC卡式新型居住证制

度，确保新型居住证制度落实。提升 IC 卡式居住证智能化水平，把居住证设计成公交卡、借书卡、旅游卡、购物卡等多功能综合性卡证。年内，IC 卡式居住证增加银行卡功能。全年全市受理 IC 卡式浙江省居住证 1.58 万张，制卡完成 1.08 万张，发放 7711 张。

【增加新居民微信公众号信息】 2016 年，市新居民事务局推广完善桐乡新居民微信公众号，利用互联网优势，增加微信公众号信息，在桐乡新居民微信公众号中新增“新居民申报”版块。该版块包含“房东租房暂住信息登记”“中介租房暂住信息登记”“物业租房暂住信息登记”和“用工单位暂住信息登记”等内容，方便出租房东、房屋中介、小区物业、用人单位等社会责任主体申报新居民居住登记、变更登记和报送相关信息。社会责任主体利用手机即可及时将信息传递给公安部门。在“新居民学法用法活动月”开设“法律天地”、有奖答题、“生活策”等专题栏目。通过多种形式宣传法治知识；在积分制申领期间实行新居民子女积分入学公办学校政策，同时进行互动答疑；在“五一”“六一”等节日，报道全市各地新居民活动。全年微信公众号实时关注 5.26 万人次，发布 110 期内容 398 条信息。

【实施“心灵护航”项目】 2016 年，市新居民事务局深化“心灵护航”项目，加强对问题青少年心理疏导和法制教育。该项目委托桐乡市育新家园亲子服务中心，对全市 8—15 周岁问题青少年开展心理疏导和法制教育，预防问题青少年违法犯罪。年内，在世纪路学校、乌镇植材小学等地开展讲座 13 场，受益 4000 人，个别咨询案例 65 次，帮教家庭 8 户。

【第五届“桐乡市十佳新居民”评选活动】 2016 年，市新居民事务局在全市开展第五届“桐乡市十佳新居民”评选活动。通过集体推荐、个人自荐形式，推荐出候选人员，经报社和网络投票、组委会综合评定、媒体公示等过程，评选出“十佳新居民”10 名、“优秀新居民”20 名，进行宣传报道，激励新居民以身边先进典型为榜样，激发新居民投身创业、创造美好生活热情，引导、激励新居民在第二故乡建功立业。

（江雪琴）

第五届“桐乡市十佳新居民”评选活动颁奖现场　　市新居民局提供

人民生活

【概况】 2016 年，桐乡市城镇居民人均可支配收入 4.8 万元，比上年增长 7.4%。人均工资性收入 3.2 万元，增长 6.9%，占人均可支配收入 67%；经营性收入 6192 元，增长 7.9%；转移净收入 4404 元，增长 8.8%；财产净收入 5405 元，增长 8.5%。农村居民人均可支配收入 2.96 万元，增长 8.3%，其中：工资性收入 1.77 万元，增加 1572 元，增长 9.8%，工资性收入增加额对可支配收入增加额的贡献率 69.4%；经营净收入 9647 元，增长 5.9%，其中第一产业经营净收入 1156 元，第二产业经营净收入 4669 元，第三产业经营净收入 3822 元，分别增长−1.4%、7%和 6.9%。

【城镇居民消费支出保持平稳】 2016 年，桐乡市城镇居民人均生活消费支出 2.44 万元，比上年增长 6.6%。八大类消费支出均有不同程度增长。人均食品消费支出 7227 元，增长 6.5%，恩格尔系数 29.7%，其中人均饮食服务支出 1881 元；人均衣着消费支出 1743 元，增长 5.8%，其中人均服装类支出 1384 元，增长 2.1%；人均居住消费支出

4408元，增长7%；人均生活用品及服务类支出1833元，增长5.4%；人均医疗保健消费支出1308元，增长4.1%；受汽车大众化消费拉动，交通通信消费支出增长较快，人均消费支出4651元，增长9%，其中人均交通类支出3849元，增长13.9%；人均娱乐文教服务支出2741元，增长6.7%；人均其他用品和服务支出439元，下降2.5%。

【城镇居民生活质量改善】 2016年，桐乡市城区居民人均住房建筑面积41平方米。所有家庭都用上自来水、液化石油气或管道天然气。各种耐用消费品不断增加。抽样调查显示，折算成每百户家庭拥有家用汽车73.7辆、摩托车或助力车145.8辆、空调247台、计算机129.8台、彩电221台、移动电话306.6部。信息化水平提高，计算机和移动电话入网率分别为97.7%和80.2%。

【农村居民消费增长较快】 2016年，桐乡市农村居民生活消费保持较快增长。全市农村居民人均生活消费支出1.77万元，比上年增长2.5%。其中人均食品消费支出4903元，增长2.2%，恩格尔系数27.7%；人均衣着支出1023元，增长1.9%；人均居住消费支出3487元，增长3%；人均生活用品及服务支出765元，增长1.5%；人均交通和通信消费支出4408元，增长3.3%，其中人均通信类支出710元，增长5.7%；人均教育和文化娱乐消费支出1742元，增长2.5%；人均医疗保健消费支出854元，增长4.8%；人均其他用品和服务消费支出531元，下降4%。

【农村居民家庭设施完备】 2016年，桐乡市农村居民人均住房建筑面积97.5平方米，所有家庭均为管道供水入户。汽车和计算机等耐用消费品不断增多，抽样调查显示，每百户家庭拥有家用汽车71辆、摩托车或助力车208.5辆、空调236.9台、计算机123.4台、彩电238.2台、移动电话333.6部。信息化水平与城镇差异不明显，计算机和移动电话入网率分别为95.6%和79.9%。

【全市物价涨幅温和】 2016年，桐乡全市物价涨幅温和。全年食品烟酒类价格上涨4.9%，其中食品价格上涨5.3%，拉动居民消费价格上涨1.05个百分点。其中鲜菜价格上涨21%，猪肉价格上涨11.6%，位居涨幅前二位。食品调查14个小类中，有10类价格出现不同程度上涨。服务项目价格上涨1.5%。其中受劳动力成本上涨影响，衣着加工服务费价格上涨11%，家庭服务类价格上涨7.4%，美容美发洗浴类价格上涨4.8%，教育服务类价格上涨2.9%。工业消费品价格下跌1.4%。其中受国内成品油调价影响，液化石油气、汽油、柴油价格分别下跌4.5%、4.5%、1.2%。银饰品价格下跌10.3%，通信工具下跌2.7%；受政策调价影响，管道燃气价格上涨5.8%；金饰品、铂金饰品价格分别上涨12.2%、1.3%，滋补保健品价格上涨7.4%。

2016年桐乡城乡居民消费支出构成情况

表27 单位：元

指标名称	城镇		农村	
	绝对额	比上年(±%)	绝对额	比上年(±%)
人均消费性支出	24350	6.6	17713	2.5
一、食品烟酒	7227	6.5	4903	2.2
二、衣着	1743	5.8	1023	1.9
三、居住	4408	7.0	3487	3
四、生活用品及服务	1833	5.4	765	1.5
五、交通通信	4651	9.0	4408	3.3
六、教育文化娱乐	2741	6.7	1742	2.5
七、医疗保健	1308	4.1	854	4.8
八、其他用品和服务	439	−2.5	531	−4

（王　伟）

民政和社会福利

【概况】 2016年，桐乡市民政局在省民政厅年度县(市、区)民政工作考核中，被评为先进单位。创建综合减灾示范社区4个，其中国家级1个、省级3个；市社会福利中心被民政部评为全国社会工作服务示范单位；中福在线桐乡销售厅被浙江省福利彩票发行中心评为三星级销售厅。

加大社会救助力度。开展各项工作提高低保人数占户籍人口比例，全年新增低保1244户、变更151户、注销185户。至年底，全市有低保3211户5626人，低保比例0.8%，比上年提高0.3%。低保标准为每人每月664元，全年发放低保金和物价补贴2096.34万元。做好低收入家庭救助工作，全市有低收入户485户1363人，全年发放低收入家庭救助金82万元。加强帮扶农村生活困难家庭，完成1596户生猪退养家庭调查情况。开展医疗救助工作，按户籍人均18元标准筹资，筹集资金1224万元。全年救助1.19万人次935.18万元。年内，开展戈谢病、渐冻症、苯丙酮尿症三种罕见病医疗保障工作，有2人进行备案。按人均350元标准，开展城乡困难群众合作医疗投保补助5207人次182.25万元。加强社会救助家庭经济状况核对工作，全年核对申请对象9008户。其中，新申请低保、低收入、医疗救助等居民家庭经济状况核对1659户；2015年度经济适用房、公租房申请家庭核对625户，并移交建设局；在册低保、低收入家庭车辆、银行、社保等核查6724户。加强救助资金规范化使用，开展全市各镇(街道)社会救助政策落实和专项资金管理使用情况执法监察，涉及资金5300万元、发放救助记录2万余人次。

加快社会福利事业发展。完善适度普惠型儿童福利体系，做好全市散居孤儿和困境儿童生活费补助申请审核工作。至年底，全市有孤儿和各类困境儿童775人，全年发放生活保障金、基本生活费及物价补贴9086人次221.3万元。贯彻落实国务院和省政府文件精神，建立农村留守儿童关爱服务体系和联席会议制度，召开会议3次。联合教育、公安等部门开展农村留守儿童全面排摸，录入浙江省留守儿童信息采集系统116人。依法办理收养登记42件。贯彻落实省人民政府《关于解决无户口人员登记户口问题的实施意见》，联合公安部门做好私自收养家庭办理捡拾儿童落户工作。加强福利企业监管工作，全年新办福利企业1家，办理变更2家、注销2家，累计福利企业39家。落实福利企业地方优惠政策，办理社保延缴企业24家122人，减免土地使用税、房产税、水利基金566.3万元。加强福利彩票发行销售管理，全年销售福利彩票2.07亿元，筹集福利彩票公益金926万元。

开展防灾减灾工作。举办“5·12”防震抗灾日宣传、应急演练等活动，提升公众防灾减灾能力。完善避灾安置场所建设和管理，请消防人员对避灾安置场所进行检查和指导，做好汛期和台风期间应急值守、转移安置等工作。培育防灾减灾救灾志愿者队伍，引导桐安救援队等社会组织参与防灾减灾救灾工作。加强城市流浪乞讨人员救助管理工作，开展“寒冬送温暖”“夏季送清凉”和救助管理宣传月、开放日等活动，救助流浪乞讨人员136人次，下拨和发放救助资金50万元。

加强城乡社区建设。推进基层民主建设，指导城乡社区“减负增效”，落实村(社区)事项

市民政局开展跨区域城乡社区建设对口参观交流活动　市民政局提供

准入制和村(居)民证明类村(社区)盖章项目审批准入制。修订完善村规民约、社区公约,通过"社区居民公约进楼道""当回政策宣讲员"等活动开展教育宣传工作。加强社区民主协商工作,深化"三治"(法治、德治、自治)模式,扩大城乡社区协商主体、拓展协商内容、丰富协商形式。实施"阳光工程",每个季度开展村(社区)党务、村(居)务、财务公开栏公开情况和"中国社区"标识悬挂检查,并将检查结果进行通报。提升"96345"服务热线功能,配合完成全省平台联网工作。开展城乡社区对口学习活动,进行城乡社区干部培训、社区论坛、便民服务、实地参观交流等活动,至6月底,全市城乡社区建设对口见学活动全覆盖。6月23日,承办中国社会工作联合会社区工作委员会2016年常委单位会议暨第二届全国共建共享推进会,来自全国各地120多位嘉宾参会,交流社区共建共享经验。

促进社会组织健康发展。开展第二轮全省现代社会组织体制建设创新示范观察点工作,探索社会组织管理制度改革,完善培育扶持机制。培育社会组织,全年办理社会团体成立登记23个,变更登记15个;民办非企业单位成立登记7个,变更登记6个,注销登记1个,累计注册登记社会组织352家。全年新增备案社区社会组织420家,累计备案社区社会组织2084家。加强社会组织规范化管理,293家社会组织通过年检,26家社会组织进行财务审计并反馈审计结果,107家社会组织获A级及以上评估等级。至年底,全市获A级以上评估等级的社会组织239家,其中3A级以上45家。实施统一信用代码制度改革,办理"三证合一"(社会团体法人登记证或民办非企业单位法人登记证、组织机构代码证和税务登记证)社会组织312家。编制2016年桐乡市社会组织承接政府职能转移和购买服务推荐性目录,有129家社会组织编入推荐目录。推进政府购买服务,开展城乡社区社会组织公益创投大赛。加强市级社会组织培育平台运行,入驻孵化园机构12家。推动镇(街道)培育发展平台建设,建立镇级社会组织培育(服务)中心6个。

双拥创建取得成效。市财政投入150余万元为驻桐部队加强基础设施建设,在G20杭州峰会和第三届世界互联网大会期间,驻桐部队和市人武部预备役人员出动150余人次做好大会保障工作。开展走访慰问、烈士纪念日敬献花篮、"爱心献功臣"结对帮扶、驻桐部队退伍老兵第二故乡一日游、重点优抚对象短期疗休养、为现役义务兵父母购买意外伤害保险和免费健康体检等活动,营造拥军优属氛围。落实抚恤优待政策。根据市优抚金自然增长机制和省级文件要求,全年发放优抚对象抚恤补助1273.39万元、医疗门诊包干经费97.7万元。农村籍60周岁以上退伍军人军龄补助由15元/月增至20元/月,增幅33%,发放老年生活补助2178人304.62万元。做好义务兵家庭优待工作,义务兵家庭优待金标准从上年的18487元增加到20467元,发放2013至2015年入伍义务兵家庭966户、2015年秋季入伍新疆义务兵47名一次性生活补助费和2名直招士官奖励经费2440.55万元。为缓解部分优抚对象临时生活困难,对75户优抚对象发放生活困难一次性补助8.93万元。发放2016年重点优抚对象第一、二季度基本生活价格补贴1545人次12.7万元。推进退伍军人安置工作。出台《关于调整自主就业退

现役义务兵父母免费体检　　市民政局提供

役士兵一次性经济补助经费发放标准的通知》,发放2015年秋(冬)季退役士兵一次性经济补助297人1197.49万元。会同市人力社保局举办退役士兵专场就业招聘会,推出岗位1200多个,达成就业意向100余人。开展退役士兵职业技能教育培训,政策知晓率和有培训意愿退役士兵参训率100%,参加桐乡电大教育95人。接收符合政府安排工作的退役军人2人,并完成岗位安置。完成2016年秋季退伍士兵260人和年底退役回乡士官25人接收工作。

加强专项社会事务管理。推进平安边界建设,开展桐乡市和海宁市行政区域界线联合检查,印发桐乡市《平安边界创建工作实施方案》,做好日常界线界桩管理维护工作,边界全年无纠纷。做好移民后期扶持工作,发放移民直接补助资金每人每年600元,全市累计57.06万元。完成第二次全国地名普查工作,编纂《桐乡市地名词典》。投入35.8万元完善桐乡市地名管理系统空间数据采集,所有数据实现与桐乡市地图无缝对接,通过政务网实现与各部门和镇(街道)互联互通、数据共享。开展地名审批、验收等工作,全年依法命名道路地名13条、住宅小区地名21个、商业(办公)建筑物地名4个;设置楼幢牌1302块、单元牌939块、楼层牌3003块、户室牌8735块,道路门牌7065块,农村门牌204块,新发门牌证1.22万本。充实地名专家库,由7名扩至16名,开展地名文化研究和宣传,完成千年古镇(乌镇)申报工作。依法办理婚姻登记,全年办理结婚登记4682对、离婚登记1489对、补办结婚登记证1156本、离婚登记证160本。

【建立新型社会救助服务模式】 2016年,市民政局联合财政等部门出台《关于在社会救助领域开展社会工作的实施办法》,安排专项财政预算,将社会救助服务纳入市政府向社会力量购买服务指导性目录。通过以点带面形式,以市惠民社工事务所为试点,由政府购买服务形式推动社会救助社工队伍建设,加快形成市、镇(街道)、村(社区)三级社会救助社工组织网络。面向社会救助家庭、困境儿童、申请生活补贴和护理补贴残疾人等服务对象,明确专(兼)职社工为救助对象提供社工服务,协助开展申请(享受)救助家庭经济状况核(复)查、救助对象主动发现等工作。指导桐安减灾防灾救灾应急救援中心完成社会组织申请和成立,引导其参与减灾防灾救灾工作。

【加强社会救助工作】 2016年,市民政局出台《桐乡市关于进一步完善社会救助家庭事项的通知》,调整完善原有社会救助对象认定机制,通过建立低保家庭收入豁免制度、提高货币财产限定标准、完善赡养能力计算方法、调整家庭房产车辆标准等举措,扩大社会救助保障面。出台《桐乡市支出型贫困家庭救助办法》,突破对车辆、房产等财产要素条件限制,明确救助对象可以拥有15万元以下车辆和两套房产,救助模式从"单一收入型"向"收入与支出并重"转变,全年救助130户456人。修订出台《桐乡市临时救助办法》,从扩展救助对象范围、提高救助标准、加强救助资金筹集等多方面进行调整完善,强化"救急难"政策要求,全年按常住人口每人4元进行资金筹集,支出救助金7793人次,611.5万元。

【社会组织党建工作实现全覆盖】 3月,市委办印发《关于进一步加强社会组织党建工作的

8月21日,市民政局举办社会组织公益沙龙活动　　市民政局提供

实施意见》。11月，市民政局建立中共桐乡市社会组织综合委员会，加强社会组织党建工作托底管理。深化社会组织党建工作，通过“三建三化五同步”，加强社会组织党建工作，确保社会组织健康发展。至年底，社会组织党建工作实现全覆盖，其中31家有3名以上正式党员的社会组织全部建立党组织，应建已建率100%。

·相关链接·

三建三化五同步

三建：建领导机构、建管理体系、建特色品牌；三化：组织覆盖多样化、组织建设标准化、组织运行实体化；五同步：社会组织培育与党组织孵化同步、社会组织登记与党建覆盖同步、社会组织年检与党建“体检”同步、社会组织评估与党建评价同步、社会组织领导班子换届与党组织负责人调整同步。

【加强社会工作人才队伍建设】 2016年，市民政局印发《关于认真组织我市2016年度社会工作者职业水平考试工作的通知》等系列文件，组织全市机关及所属事业单位、城乡社区工作人员报考全国社会工作者职业考试。年内，新增社会工作师、助理社会工作师303人，比上年增长818%，累计持证社工851人。加强城乡社区岗位设置，城市社区均设置2个以上社工岗位并配备专职、兼职社工，农村社区至少设置1个社工岗位，城、乡社区工作者持证率分别为98.5%和36.5%。加强社会工作机构建设，全市有体制内社工机构4家、社区社工工作站35个，体制外民办社工服务机构12家。开展社会工作实务探索和运作，全年完成专业社会工作服务案例570个，提供专业服务2.2万余人次，受众人数9.8万余人次。桐乡市社会福利中心被评为全国社会工作服务示范单位；社工案例《春风化迷雾，助力成长路》获评全国首届最暖心社工故事。

【引导社会力量参与优抚工作】 2016年，市民政局推进政府购买社会力量，转变工作职能，委托市退役士兵服务中心为承接主体，实施村（社区）网格化对接，发展专职、兼职网络管理队伍，深化政策宣传、节日慰问、困难帮扶等家园式服务。发展民间拥军协会，吸纳民营企业、社会组织等，开展“关爱退伍老兵”爱心服务活动。完善桐乡市优抚安置信息管理系统，建立整合信息查询、数据联网、补助发放等多功能服务平台。以市、镇（街道）、村（社区）三级联动为抓手，发挥“互联网＋”辐射效应，实现信息动态管理，为全市现役（退役）军人提供信息查询、优抚补助审批和发放、优抚安置政策传达等服务。

【开展“殡葬服务提升年”活动】 2016年，市民政局对照《桐乡市阳光殡葬工程实施方案》《桐乡市生态墓地建设管理暂行办法》《桐乡市殡葬改革和管理工作考核办法（试行）》等政策文件，检查出市殡仪馆、龙山公墓和镇（街道）公益性墓地问题14条，提出整改目标和措施，进行整改落实。清明节协调相关组织保障祭扫安全。提倡绿色殡葬，组织实施海葬4例、树葬1例，发放补助2.3万元。加强生态墓地建设，补助镇（街道）生态墓地建设资金79.27万元，镇（街道）公益性墓地覆盖率100%。落实殡葬服务收费管理规定，推进阳光殡葬和惠民殡葬建设，全年累计为5263户丧户减免费用383.71万元。

2016年桐乡市新命名道路

表28

序号	新命名道路地名	地　　址	里　程
1	含仁路	河山镇五泾集镇东面，南起广福东路、北至桐乡景耀塑业有限公司	860米
2	青腾北路	洲泉镇青石集镇青石村村委东侧，南起青石东路、北至洲泉三盛鞋材厂	375米
3	青腾南路	洲泉镇青石集镇，南起洲泉镇青石村杨家兜、北至青石东路	1000米
4	青石东路	洲泉镇青石集镇，东起桐德公路洲泉收费站、西至青石路	1580米
5	沈家庄路	乌镇镇，东南起楼下头港、北至南苑路（暂名）	560米

续表 28

序号	新命名道路地名	地　　址	里　程
6	秋韵路	梧桐街道秋实路北侧，东起永兴港、西至春晓路	4812 米
7	秋华路	梧桐街道秋韵路北侧，东起二环东路、西至文华路	4947 米
8	春晓路	梧桐街道庆北区块康泾塘东侧，南起环城北路、北至二环北路	1357 米
9	春阳路	梧桐街道庆北区块春晓路东侧，南起秋实路、北至二环北路	1290 米
10	望乌路	乌镇镇西栅景区，南起永安桥、北至望帆桥	800 米
11	森利园老街	崇福镇东安村鸽子浜，南起桐乡市宝洲毛条有限公司、北至鸽子浜桥	619 米
12	兴益路	梧桐街道百桃工业园区内兴百路南侧，东起梧桐村费家浜、西至晏城路（世纪南大道）	449 米
13	环河东路	乌镇镇，东起莲都公路、西至环河路（乌塍公路至分水墩路由原经发路更名）	2940 米

老龄工作

【概况】 2016 年，桐乡市 60 周岁以上老人 16.78 万人，占全市总人口 24.2%。其中，80 周岁以上老人 2.27 万人，占老年人口 13.52%；百岁老人 24 人。全市有养老机构 22 家，床位 6051 张，每百名老人拥有养老机构床位 3.61 张；护理型床位 2752 张，占总床位 45.5%；民办机构床位 3437 张，占总床位 56.8%。全市养老机构完成消防验收和行政许可，建成居家养老服务照料中心 211 家，实现城乡全覆盖，其中 3A 级以上照料中心占总数 61%。政府第二年出资为全市户籍老人购买意外伤害保险。完成《桐乡市老龄事业发展“十二五”规划》终期评估报告和《桐乡市老龄事业和养老服务业发展“十三五”规划》。为全市 1.63 万名 80 岁以上高龄老人发放津贴，人均发放 50 元。全市城镇退休人员实行基本医疗保险，参加城镇职工基本医疗保险老年人 3.05 万人，参加城乡居民合作医疗老年人 4.31 万人，纳入最低生活保障范围老年人 2235 人。全年办理、发放老年优待证 5105 张。加强老年电大办学工作，组织讲师团在照料中心巡回开展老年电大送课下乡活动，举办讲座 20 多期。开展第二届桐乡市“敬老文明号”评选活动，市慈善总会等 35 家单位被评为桐乡市第二批“敬老文明号”，其中 12 家单位被评为嘉兴市“敬老文明号”。开展全国第七个“敬老月”及养老服务“双十佳”评选活动。发文明确桐乡市老龄工作委员会成员单位工作职责。办理人大、政协议案、提案答复 8 件。乌镇镇建成三里塘居家养老服务照料中心等 7 个二级站点，同时开启“乌镇智慧养老 2+2 新

9 月 9 日，桐乡市民政局举办养老机构管理与培训工作会议

市民政局提供

模式”，实现居家和社区养老、医疗服务全覆盖。乌镇智慧养老试点经验在崇福镇实施。在二级站点的基础上，乌镇镇继续建设村级三级站点，养老机构通过监控、呼叫设备、智能床垫、智能手环等智能化设备投入应用，实现智慧化改造和管理。

【建立养老服务质量评估机制】 2016 年，桐乡市出台《桐乡市养老机构星级评定暂行办法》《桐乡市养老机构补助资金实施细则》《桐乡市居家养老服务照料中心评估指南》，确定评估对象内容、评定程序办法、评定等级管理、评定指标要求，探索建立养老服务质量第三方评估机制，引导养老服务机构加强质量管理，提高幸福养老感。市民政局分别与嘉兴市老年服务业协会和嘉兴市青鸟社会服务中心签订政府购买服务合同，对养老机构、居家养老服务照料中心从设施规模、规章制度、服务功能、人员配备等方面进行星级评估，提升服务质量。由第三方出具养老机构和居家养老服务照料中心质量评估报告，作为确定机构星级依据。机构星级通过媒体和网站向社会公布。建立机构星级与运行补助、负责人奖励、机构收费等各项指标挂钩机制，让星级评定发挥价值与作用。年内完成三轮评估。

【提高养老机构安全保障系数】 2016 年，市民政局加强养老机构安全管理，设立许可把关、投入硬件建设、监督检查三项标准，提高养老机构安全保障系数。根据《养老机构设立许可办法》，启动公办养老机构消防、监控、呼叫铃、无障碍设施等安全设施专项改造工程和阳光厨房建设工程，落实门卫室、消控室、视频监控室三合一。以社会福利中心为试点，在全市养老机构推广智慧式用电安全隐患监控服务系统。建立健全养老机构内部安全保卫机制，落实保安 24 小时值班制度，每家养老机构市级财政补助 4 万元保安人员经费。印发《桐乡市社会福利机构消防安全管理档案》，规范养老机构消防安全台账。贯彻落实《社会福利机构安全管理八条规定》和《社会福利机构消防安全管理标准》两项规定，加强养老服务场所安全管理工作，开展各级各类安全生产检查 200 多次，消防演练及安全培训 1000 多人次。

【启动公办养老机构价格改革】 2016 年，市民政局针对全市公办养老机构收费低、运营亏损、需入住老人排队，民办养老机构收费上不去、运营亏损、入住率低突出问题，增强公办养老机构活力，提高民办养老机构市场竞争力，盘活养老服务市场，市民政局联合市物价部门以市社会福利中心价格改革为起点，开展公办养老机构价格改革和定价工作。通过多次协调并征求各方意见形成共识，确定市社会福利中心定价基本接近市场价格，每床基本收费 2000 元以上。年内，市社会福利中心首次盈利，入住老人排队现象得到缓解；两家民办养老机构除去前期投入，收支基本持平，其中和济颐养院入住率达到饱和。政府运营的养老机构实行政府指导价，全市镇（街道）养老机构每床基本收费 1000 元以上；以公建民营等方式运营的养老机构收费标准按照市场价或依据委托协议等确定；民办养老机构收费项目和标准由经营者自主确定。通过公办养老机构价格改革，全市镇（街道）养老机构、市社会福利中心、民办养老机构形成合理的价格梯度，市场机制得到有效发挥。

2016 年桐乡市百岁老人名录

表 29

序号	姓名	性别	出生年月	家庭地址
1	高春香	女	1910.2	崇福镇星火村
2	郑素华	女	1912.7	洲泉镇湘溪村
3	劳叙英	女	1914.1	崇福镇东安村
4	张楚云	男	1914.6	石门镇墅丰村
5	徐雪珍	女	1914.9	龙翔街道翔厚村

续表 29

序号	姓　　名	性　　别	出生年月	家庭地址
6	何阿七	女	1914.9	梧桐街道永宁社区
7	王士元	男	1914.10	崇福镇上市村
8	金生浩	男	1915.1	崇福镇东安村
9	程阿大	女	1915.2	梧桐街道梧桐村
10	周季和	男	1915.5	梧桐街道永宁社区
11	胡德荣	女	1915.7	崇福镇中山社区
12	李文宝	女	1915.9	乌镇镇银杏社区
13	石锦文	男	1915.11	梧桐街道永宁社区
14	郑顺珍	女	1915.12	乌镇镇南庄桥村
15	姚富英	女	1916.1	乌镇镇东苑社区
16	张芝仙	女	1916.4	崇福镇崇德社区
17	褚三宝	女	1916.5	屠甸镇海星村
18	江振宇	男	1916.8	梧桐街道永宁社区
19	张维荣	男	1916.10	高桥镇新丰村
20	王桂娜	女	1916.10	乌镇镇银杏社区
21	颜佳林	男	1916.10	石门镇墅丰村
22	陈发来	女	1916.11	河山镇华台村
23	吴金寿	男	1916.11	梧桐街道永宁社区
24	罗陆章	男	1916.11	洲泉镇青石村

（沈　娟）

慈善工作

【概况】 2016年，桐乡市慈善总会募集慈善资金和增值资金3251.22万元，全市三级慈善资金结余21626.55万元；各项救助和公益项目等资金支出1813.88万元，5088个家庭受惠。慈善“一日捐”活动有105个部门（单位）、14个慈善分会，3.05万人参与，募集善款和互助基金507.4万元；接收企业冠名基金增值资金、企业定向资金、企业专项基金、村级帮扶基金等及各界爱心人士捐款2743.82万元；桐昆集团、新澳集团、华友钴业、易锋机械、恒美服饰、恒基建设等10余家企业捐款700多万元。接收中国启明公益基金会定向捐赠大麻、凤鸣敬老院现代空调40台，碧桂园定向捐赠崇福敬老院、梧桐第二敬老院入住老人三件套床上用品370套，接收洲泉天诺家纺睡袋棉被480件套、佳韵家纺保暖被200条，濮院美太纺织有限公司灯芯绒衬衫7109件、爱心人士张建芬保暖新衣360件。开展市三级慈善组织联动“祥和春节”救助活动，发放救助及慰问善款808.6万元，救助困难家庭3600多户，慰问老人4896位；年内对因病、因残、无劳力、无经济来源的困难家庭或发生突发性事需要帮助的家庭发放救助金190万元；对新学年98名大学新生和历届290名在读大学生、研究生发放助学金179.15万元；对

市慈善总会组织"党员引航·慈善义工护航G20"活动

市慈善总会提供

市行政机关事业单位2016年度符合补助条件、报批手续齐全的103名大病患者家庭，发放大病医疗慈善互助补助169.17万元；7月1日，市慈善总会与市委组织部联合对困难党员进行慰问。慈善义工在册登记2116名，14支慈善义工队有1.1万人次参与各类献爱心、付真情活动，服务时间5.63万小时，有4名义工、2个项目分别获得桐乡市2016年度"十佳"表彰，272名义工被授予星级义工称号。村级帮扶基金实力增强，年内获嘉兴市表彰慈善村10个，慈善示范村15个。市慈善总会被市委、市政府授予2016年度桐乡市优秀社会组织称号。12月26日，"城市爱心GDP"第四届"中国城市公益慈善指数"在北京发布，桐乡市第三次入围中国慈善城市百强名单，位居百强前70名，县级市第18名，标志桐乡城市公益慈善整体水平显著提升。

【推进慈善创新】 2016年，市慈善总会经市民政局指导，试行向义工组织购买服务。通过公布购买服务信息、义工组织向总会申报、总会梳理审核公示等程序，对群众需要、社会认可的服务项目实施资金支持。如总会购买的"乐善天天行党旗更鲜艳"服务项目，得到市委组织部的关注，给予资金支持，表现突出者得到嘉兴市党员志愿者协会表彰。建立村"联体基金"。市慈善总会通过与市农经部门反复协商，联合组建"产权明晰、共同增值、共同使用"的村联体基金。洲泉后塘村、崇福城郊村、大麻吉字浜村等22个村，建立联体基金共600万元，每年增加救助支出50多万元。建立企业专项基金。浙江易锋（恒泰）机械有限公司首次出资150万元，建立易锋慈善公益基金。这是全市首家以本企业职工为主要救助对象的企业专项基金。探索项目合作新形式。通过"会院合作、医患互动、联合救助"形式，市慈善总会与浙江绿城心血管病医院合作的"心基金"项目取得实效，该院院长带队到桐乡为市民义诊300多人，6名患者得到免费或减费治疗；同时与浙江大学医学院附属第二医院"心希望"项目合作，争取到儿童心血管病免费治疗的名额10人。

【实施扶贫项目】 2016年，省农信基金第二轮为期三年的造血型扶贫项目落户桐乡。本轮项目覆盖范围扩大至全市10个镇（街道）31个村，92户扶持对象。按照扶贫要求，开展一户一策，养蚕、养羊、养蛋鸡和种梨、种菊花等。向74户扶持户无偿发放春季3龄蚕138.25张，向17户扶持户发放种羊38头，向16户扶持户发放蛋鸡330只及饲料，向种植户发放化肥等，同时组织农技人员上门进行技术指导，组织义工帮助采摘蚕茧、菊花。项目初见成效，74户养蚕户春蚕一季增收24.65万元，2户种梨户平均每户增收1.5万元，其余扶持户都取得较好收益。

【传播慈善文化】 6月6日，市慈善总会在梧桐第二敬老院举行"粽叶飘香情暖夕阳"端午敬老服务活动，70多名慈善义工为老人裹粽子2300多只，送至12个镇（街道）13个敬老院和市老年公寓以及市儿童福利院近千名老人（儿童）手中。6月30日，举办"乐善天天行党旗更鲜艳"党员志愿服务队授旗仪式暨慈善义工培训会，300多名

市慈善总会组织“粽叶飘香情暖夕阳”端午敬老服务活动

市慈善总会提供

党员慈善义工参加，市委组织部分管领导向党员志愿服务队授旗。年内数百名慈善义工多次开展大巡防，助力G20杭州峰会和第三届世界互联网大会。全年有27家媒体报道桐乡慈善信息186篇。其中《今日桐乡》《桐乡通讯》等市级媒体62篇，《嘉兴日报》《南湖晚报》等地市级媒体74篇，《浙江民政》《浙江慈善》等省级媒体20篇，《慈善公益报》《人民网》等国家级媒体30篇。市慈善总会再次被评为嘉兴市慈善总会系统宣传信息工作先进集体，一名信息员被评为《浙江慈善》和嘉兴市慈善总会系统优秀通讯员。发行《桐乡慈善》专版10期36万份，印发《2016年桐乡慈善爱心册》《2016年桐乡慈善爱心册(救助篇)》《桐乡市行政事业单位人员大病医疗慈善互助基金参加人员名册》2000册。《桐乡慈善网》视频与《桐乡新闻网》衔接，关注人数增加。桐乡慈善微信平台自7月1日开通后，发布信息22期64篇。

(周汉江　胡佳境)

消费者权益保护

【概况】 2016年，桐乡市消费者权益保护委员会受理各类消费者来信、来人、来电2708件，其中咨询1154件，举报336件，投诉828件，承办市长电话354件，为消费者挽回经济损失161.31万元，消费者咨询、投诉、举报数比上年上升。全市实现消费维权联络站点全覆盖。新增开通绿色通道企业7家，累计12家，全部通过“12315执法系统”。开通乌镇景区消费维权绿色通道，推进消费维权社会共治，加强消费维权站点制度化管理。通过消费维权绿色通道受理消费者投诉13件，各类消费维权站自行化解消费纠纷93件，占全市消费者投诉总数10.2%。乌镇景区成为嘉兴地区唯一获得“浙江省放心消费创建示范区”称号的单位。

【开通乌镇景区消费维权绿色通道】 2016年，市消费者权益保护委员会在乌镇景区建立东栅、西栅消费维权服务站2个，消费维权联络点4个，聘请社会监督员12名，向游客公示站点责任人和社会监督员姓名、联系电话，方便游客投诉。年内，乌镇消费维权服务站处理各类投诉21件，办结率100%，实现旅游消费在市场监督部门“零投诉”。针对景区游客对消费投诉处置时间要求较高特点，通过12315热线、乌镇消保分会、景区消费维权服务站等多平台互联互通，让消费纠纷由消费维权站或商家与消费者自行和解，实行景区内外的消费纠纷化解半个小时到达现场，一般投诉在24小时内处理完毕，疑难复杂案件在3个工作日解决的快速处理机制。

【乌镇景区成为省首批放心消费示范区】 2016年，乌镇景区推出旅游维权赔偿先付制度，经营户在入驻景区前，根据经营规模大小，向维权服务站交纳3000—50000元消费保证金。处理消费纠纷时，出现商户故意拖延处理或者无理由拒绝赔付等情况，导致消费者无法获得赔偿时，由维权服务站点启用消费保证金，向消费者先行赔付，确保消费者利益。景区有205家商户签订赔偿先付协议。建立互联网+维权机制，成立“智慧乌镇315办公室”，开通“智慧乌镇315”微信公众号，将维权知识延伸到消费环节终端。3月，乌镇景区被浙江省工商

9月27日，省工商局副局长张雪林(左一)到桐乡调研首批放心消费示范区情况　　市市场监管局提供

局和浙江省消保委联合评为省首批放心消费示范区。

【消费维权联络站点全覆盖】2016年，全市村(社区)建立消费维权服务站点209个，实现村(社区)消费维权联络站点全覆盖；公共服务行业以及大型商场、超市等消费热点领域消费维权服务站点107个，实现公共服务行业以及大型商场、超市等消费热点领域消费维权服务站点全覆盖；年内，新增AAA级旅游景区消费维权服务站点3个，累计旅游景区消费维权服务站点5个，实现AAA级及以上景区消费维权服务站点全覆盖。

【加强消费维权站点制度化管理】2016年，市消费者权益保护委员会按照"12315"进企业、进商场、进社区、进农村、进学校和"一会两站"(消费者协会分会、消费者投诉站、"12315"联络站)要求，延伸消费维权范围，推进社会消费维权组织网络建设；拓展消费维权义工队伍，全市有消费维权义工96名；对消费维权服务站加强制度化管理，按照"八个一"(一处相对固定的场所，一块标识牌，一名以上专职或兼职工作人员，一块宣传栏，一部相对固定电话，一台计算机，一本受理和处理消费者投诉登记簿，一套受理和处理消费者投诉的工作制度上墙，其中包括"消保维权和解制度""承诺制度""调解制度流程图")标准，统一工作流程、工作制度、反应机制，定员定岗，公开电话，方便消费者及时进行消费投诉。

【开展《消费者权益保护法》系列宣传活动】2016年，市消费者权益保护委员会在"3·15"国际消费者权益日组织30个行政部门和企业组成现场咨询服务团，开展"新消费，我做主"主题宣传活动，受理消费者咨询2569人次，投诉13件，向市民发放《消费者权益保护法》《网络交易管理办法》《侵害消费者权益行为处罚办法》《食品安全法》《广告法》等消费者权益保护法律法规宣传资料8869份，提供现场检测维修服务212人次。市消保委在《嘉兴日报·桐乡新闻》发布年度消费维权分析报告，分析消费领域新情况新问题；结合市民日常消费，进行维权案例大盘点，针对老年人购买保健品问题突出和预付卡消费容易引发群体性问题等，发布典型维权案例3件，消费警示2个，引导市民安全消费、放心消费。与媒体建立长效合作机制，发生典型消费纠纷及时发布消费警示，曝光商家不良行为。全年曝光汽车维修等消费维权案例3件。

(程　辉)

宗　教

【概况】2016年，桐乡市有佛教、基督教、伊斯兰教三大宗教和市佛教协会、基督教协会、基督教"三自"爱国运动委员会3个宗教团体。批准开放宗教活动场所25处，其中佛教寺院12处、基督教堂11处、天主教堂2处、穆斯林礼拜点2处；民间信仰活动场所75处，宗教教职人员83人。与司法局联合开展"七五普法"之"法律进宗教场所"普法活动。2月22日，召开基督教青年传道人座谈会。3月15日，梧桐镇穆斯林礼拜点报批许可。3月22日，与建设银行桐乡支行联合举办寺院新型电子财务知识培训班。4月8日，在凤鸣寺举办第三届"正言·正行·正能量"汉传佛教讲经交流会。4月21日，组织全市基督教、天主教代表人士开展"同心同行”井冈山革命圣地红色教育之旅。4月25日，举办全市宗教界骨干爱国爱教培训班，嘉兴市民宗局局长陈国华作《国法与教规》讲座。4月30日，带领两处天主教堂107名教友开展2016年上海佘山朝圣之旅。5月23日，召开佛教界人士座谈会，市委书记卢跃东出席座谈会，全市寺院住持、监院参加座谈。7月21日，组织全市佛教界开展消防实地演练。8月4日，组织基督教、天主教、伊斯兰教人士开展消防实地演练。10月21日，组织全市佛教界代表人士赴湖州法华寺、铁佛寺开展年度参学。10月28日，开展第四届“宗教界人士看桐乡”活动，组织全市宗教界代表参观凤凰湖和美丽乡村石门沈家墩。11月11日，召开全市寺院环境整治工作会议，布置寺院环境整治工作，启动美丽寺院建设。12月20日，完成民族宗教界人大、政协代表推选工作。

【市佛教协会第四次代表会议召开】 5月25日，市佛教协会第四次代表会议在市凤鸣禅寺召开，全市佛教界59名代表参加会议。会议回顾总结协会第三次代表会议以来的工作，分析面临的形势和任务，部署今后五年主要工作，审议通过第三届理事会工作报告、财务工作报告、章程修正案和第四次代表会议决议。会议选举产生新一届理事、常务理事，福严寺监院乘心法师蝉联会长，新增选凤鸣寺监院净修法师为副会长兼秘书长。聘请嘉兴市佛教协会会长、香海寺住持贤宗为名誉会长。市委常委、统战部部长潘家春，统战部副部长、市民宗局长金雪明分别莅临会议闭幕会和开幕式。

【《太虚画传》首发式】 4月，由市佛教协会联合太虚大师研究会主办，桐乡市龙翔禅寺承办的太虚大师圆寂69周年纪念法会暨《太虚画传》首发式，在龙翔禅寺举办。研究会理事成员、市佛教协会及各寺僧俗代表，中央国家机关美术家协会名誉主席、上海艺术研究所研究员、桐乡籍画家吴蓬，以及市民宗局、龙翔街道等领导60余人参加活动。太虚大师研究会会长叶瑜荪、画家吴蓬就研究会近期工作及今后打算和《太虚画传》创作情况作简要介绍。《太虚画传》由桐乡市女作家协会主席、太虚研究会副会长徐玲芬撰文大师生平事迹和弘法生涯，配以吴蓬创作的插图30余幅。

【第二批民间信仰活动场所登记编号】 2016年，市民宗局加强指导第二批民间信仰场所进行登记备案工作。实地走访拟纳入嘉兴市第二批登记编号管理场所，听取所在地镇、村及场所负责人对场所历史、服务信众范围、综合安全整治等情况介绍，开展场所安全、财务等方面检查，对纳入登记备案后工作提出要求。10月，整治验收合格场所25处，申报嘉兴市民宗局，由省民宗委审批授牌，正式纳入管理。

【香海禅寺法师升座庆典仪式】 7月3日，桐乡市香海禅寺举行贤宗法师升座庆典暨浙江佛学院·香海禅修院揭牌、互联网+天下丛林综合管理仪式。省民宗委副主任倪忠扬，嘉兴市委常委、副市长卜凡伟，嘉兴市委统战部副部长、市民宗局局长陈国华及桐乡市委、市政府相关领导到会祝贺。来自中国佛教协会、浙江省佛教协会等宗教界众多高僧、诸山长老以及各界嘉宾和居士信众2000余人参加仪式。庆典大会由本义法师主持，怡藏法师致辞。升座庆典开始，贤宗法师登法座，三秉拂麈，拈香礼佛，宣说“参法座偈”，为大众演音说法。诸山大德及四方佛弟子齐诵经文。随后，举行浙江佛学院·香海禅修院揭牌仪式及互联网+天下丛林综合管理启动仪式。

民　族

【概况】 2016年，桐乡市有少数民族43个，人口3.32万人，其中常住少数民族人口3551人、外来少数民族人口2.96万人。少数民族人士中，担任嘉兴及桐乡市级人大代表各1人，担任桐乡市第六届政协委员2人，担任桐乡市第十三届党代表1人。开展民族团结进学校、进社区、进市场“三进”活动。会同有关部门开展民族团结宣传，做好服务工作，按照相关政策、法规，实维护少数民族群众合法权益，办理高考确认证明19人。

【结对兰溪畲族乡民族村】 2016年，市民宗局与兰溪市水亭畲族乡柳塘章村开展结对帮扶工作。9月26日，市委统战部副部长、市民宗局局长金雪明一行到柳塘章村进行实地走访，与村干部进行座谈，听取柳塘章村近年来工作情况和今后发展规划，提出如何依托少数民族政策优势，发挥本地资源优势，发展村集体经济，提高村民收入建议。

（钱丽玉）

人力资源和社会保障

概　　述

2016年，桐乡市引进各类人才6483人，其中高层次人才463人，引进培育市级以上创业创新领军人才10人。制定落实积极的就业政策，扩大全市就业容量，完善城乡一体就业再就业服务体系，推进就业再就业工作。全年新增城镇就业人员1.54万人，城镇失业人员实现再就业7782人，其中帮助困难人员实现再就业2316人。安排大学生参加见习210人。市政府出台《关于支持大众创业促进就业的实施意见》，并制定实施细则。扶持农村电商创业1163人，农村电商创业带动就业8672人。全市“零就业”家庭动态消除，城镇登记失业率控制在2.9%以内，就业局势基本稳定。

全年新增职工基本养老保险2.75万人，净增基本医疗保险参保5358人、失业保险参保7396人、工伤保险参保4804人、生育保险参保3458人。城乡居民基本医疗保险参保43.25万人，参保率99.5%。社会养老保障覆盖率98.9%，企业退休人员社会化管理率和社区管理率均为100%。

全年处理办结各类劳资纠纷299件，其中欠薪案件247件，涉及职工1209人678万元。处理欠薪突发事件20件，涉及职工545人514万元，其中欠薪逃匿案件18件，涉及职工593人497万元。全年立案受理劳动争议案件321件757人，其中10人以上集体争议案件15件378人，调解结案率78.7%。

培育高技能人才，深化企业技能人才自主评价工作，推进行业协会技能人才评价工作，在23家企业开展13个工种企业技能人才自主评价。新增嘉兴市首席技师2人，4家单位被评为第三批桐乡市高技能人才工作室。全年新增高技能人才4729人，其中新技师267人。创业培训1455人，农村电商培训2515人。职业技能鉴定发证1.3万人。

人才工作

【概况】 2016年，桐乡市深入推进“金凤凰计划”，开展招才引智活动，做好创业创新领军人才队伍、人才开发、人才引进、人才服务等一系列工作。

组织开展2016年度国家“千人计划”、浙江省“千人计划”和“创新嘉兴·精英引领计划”项目推荐申报工作。召开创业

3月28日，桐乡市组织20名招才引智人员参加2016年海外人才嘉兴行活动　　市人社局提供

创新领军人才项目申报动员会，发动申报。通过各类人才活动对接交流，中介机构推荐对接，动员企业招才引才，全年推荐申报浙江省“千人计划”21人，5人被嘉兴推荐进入省一级评审，申报国家“千人计划”14人，申报“创新嘉兴·精英引领计划”79人。开展桐乡市创业创新领军人才认定工作，认定胡虎博士等16位海内外高层次人才及项目“基于高端数控设备和机器人的高性能伺服系统”为2016年度桐乡市级创业创新领军人才及项目。2015年入选嘉兴市8个领军人才项目中，有6个落户桐乡，领军人才项目累计落户38个，其中创业类33个，累计注册资本2.98亿元。

完善人才工作机制体制。实施“镇（街道）、开发区党（工）委书记人才工作考核办法”，拟定《桐乡市招才引智工作考核奖励办法（试行）》，对镇（街道）、开发区和相关单位人才工作进行指导、督促、考核，调动镇（街道）、开发区、科创中心和企业为主体的引智工作队伍的主动性和积极性。出台《桐乡市多层次人才体系政策实施意见》，全面升级原有引进人才的多项优惠政策，加强招才引才政策保障。在实地走访和大范围问卷调查基础上，结合全市发展实际以及未来5年人才工作主要目标，制定《桐乡市“十三五”人才发展规划》。

加大引才育才工作力度。3月24日、28日，参加海外人才嘉兴行活动，与多名有意向在嘉兴地区创业的海外高层次人才接洽。4月22日，参加第三届嘉兴国际人才交流合作大会，邀请日本专家协会20余名海外高层次人才到桐乡考察创业创新环境。6月6日，赴嘉兴参加海外学子嘉兴行活动，同日赴深圳开展招才引智活动。6月28日，赴大连参加“中国海外学子创业周”人才交流活动。7月15日，赴北京邀请清华创业学子参加桐乡市创业创新环境推荐会。8月29日，在上海开展招才引智推荐会。9月13日，邀请5位上海高层次人才参加“凤栖梧桐 幸福回乡”双招双引推介会。9月24日，邀请10位高层次人才参加桐乡市国际经贸周活动，并参加项目落户签约仪式。9月26日，参加“星耀南湖”精英峰会并承办县域发展论坛。11月9日，参加杭州国际人才与项目交流合作大会。12月20—22日，赴广州参加第十八届中国留学人员广州科技交流会。12月29—31日，举办“凤栖桐乡”海外学子桐乡行活动，40多名“春晖杯”创业大赛入选的海外高层次人才到桐乡交流对接人才项目。全年在北京、深圳、上海、杭州、嘉兴等地开展招才引智活动和接待高层次人才10余次，和海内外10多个国家和地区300余名高层次人才开展交流。

提升人才服务工作水平。加强对领军人才及项目跟踪服务与科学管理，4月，对落户在桐乡市的2010—2014年度嘉兴市创业创新领军人才及项目进行考核评估和业绩评估，按期拨付第二笔奖励资金。选派首批领军人才企业创业助理，包括助创专员、助创律师和助创会计师、税务师。成立“金凤凰”人才服务联盟。兑现各类人才津贴和购房补助。发放2014年度创业创新人才柔性引才补助费（传媒学院）210万元。

规范专业技术人才评价管理。公布职称评审高级251人、中级1024人、初级47人、荣誉资格7人，职称初定中级67人、初级879人，考试合格人员名单14类1674人。嘉兴市首批杰出人才申报第一层次23人，第二层次44人。推选报送浙江省突出贡献中青年专家2人，申报政府特殊津贴2人、西湖友谊奖1人，上海交通大学在职公共管理硕士（MPA）报名22人。聘请外国专家单位资质受理审核2家，工作许可3人。外国专家证新办5人，延期11人，变更6人，注销5人。在23家企业开展13个工种的企业技能人才自主评价。新增嘉兴市首席技师2人，嘉兴市“十大能工巧匠”1人，“嘉兴市工艺美术大师”7人，4家单位被评为第三批桐乡市高技能人才工作室。组织142名优秀技能人才参加技师、高级技师培训考评。

嘉兴市职业技能鉴定中心委派专家组对桐乡市13家规模以上企业21名技能人才进行综合评审，评审会分直接认定情况介绍、专家前期初审结果介绍、专家评审、专家总结、公布结果等环节。其中20名技能人才获技师职业资格。桐乡市自2014年以来，已直接认定高级技师职业资格31人，技师20人。

【2016海智专家团桐乡对接交流会召开】 3月29日，2016海智专家团桐乡对接交流会在桐乡

市举行,11位来自全球各地的专家参加交流会。会议由桐乡市委常委、组织部部长陈林根主持。市委副书记、政法委书记蒋惠玲致欢迎词。浙江省科协秘书长、党组成员董克军介绍海智计划实施现状及新技术、新产业应用和发展情况。桐乡市副市长潘敏芳向海智专家介绍桐乡市经济社会发展情况,互联网产业高速发展现状,人才政策的健全和完善,并向海智专家发出邀请,共同创业,实现互利共赢。会上,海智专家进行项目路演,并与桐乡市相关企业、创业平台及投资机构进行沟通和交流,达成初步合作意向。

【日本专家协会到桐乡考察创业创新环境】 4月22日,海外高层次人才对接交流活动在桐乡科创园举行,来自日本专家协会的20名海外高层次人才应邀到桐乡考察创业创新环境。桐乡市向来访高层次人才推介桐乡创业创新环境,详细介绍桐乡产业优势、地理区域优势、旅游资源优势、综合配套优势及人才优惠扶持政策。海外高层次人才对桐乡创业创新环境给予高度评价,对落户桐乡创业创新表示出极大兴趣,并介绍带来的项目和科研成果。

【"桐乡—清华校友"创业人才项目对接会在北京举行】 7月15日,由市委常委、纪委书记陈千颂带队,市委组织部、人社局、科技局(科创园区)、乌镇镇、高桥镇、驻京双招双引联络处等多部门组成的招才引智团在北京举办"桐乡—清华校友"创业人才项目对接会。清华大学创业校友36人参加,其中2个高层次人才项目(服务型机器人研发及产业化项目、能源互联网项目)现场与桐乡签订引进意向协议,另有9名高层次人才对落户桐乡表示出较大兴趣。此次对接的11个人才项目中,有7个项目与互联网直接相关,涉及工业仿真、农业溯源、O2O服务平台,VR(虚拟现实)等多个行业。

【举办"竹刻制作技艺"非遗传承技能人才培训班】 7月18日,桐乡市"竹刻制作技艺"非遗传承技能人才培训班在桐乡市非遗中心开班。来自浙江省内50多名竹刻从业者和爱好者以及省内外工艺美术大师参加开班仪式。培训班为期8天,邀请省文联党组书记高而颐,宁波大学潘天寿艺术设计学院副教授盛羽,桐乡市文联、嘉兴非遗竹刻传承人叶瑜荪,桐乡留筠斋艺术品有限公司、嘉兴非遗竹刻传承人王其伟授课。课程包括工艺美术审美八法、浙派文人竹刻、竹刻发展简史、竹材制作及竹刻制胚等,并根据学员具体情况,因材施教,通过课堂实践、讲座、座谈等方式,调动学员学习积极性,确保培训质量。

【7人获"嘉兴市工艺美术大师"称号】 10月21日,经专家评审和首届嘉兴市工艺美术大师评审委员会审定,桐乡市哀警卫、周继明、钱诗勋(染织),王其伟(竹刻),胡银松(桃核雕),华云其(木刻),施文君(木雕)7人获首届"嘉兴市工艺美术大师"称号。自浙江省开展"浙江省工艺美术大师"评选以来,桐乡市哀警卫、周继明2人已获"浙江省工艺美术大师"称号。2016年"嘉兴市工艺美术大师"评选尚属首次,嘉兴市评选出"嘉兴市工艺美术大师"19人。

人事管理

【概况】 2016年,市人力社保局坚持公平、公开、公正原则,实行"阳光招考",全年考试录用公务员78人,面向警察院校考录11人,招考警察学员6人,开展事业单位人员大型公开招聘2次240人,事业单位高层次人才招聘9次10人,镇(街道)事业单位面向大学生村干部招聘4人,国企员工招聘3次49人。首次面向全日制大学生退役士兵公开招聘事业单位工作人员2人。

加强公务员日常管理。完成2015年度部门一般公务员和镇(街道)副职领导及以下公务员考核工作,获嘉奖445人,立三等功102人,降职处理、考核不称职3人。开展公务员职级晋升工作,286名公务员晋升职级。为186名公务员办理登记请示报批手续。对2015年度考录的72名公务员进行试用期满考核、任职定级,对71名新录用公务员进行初任培训,安排8名没有基层工作经历的新公务员基层锻炼3个月。开展公务员更新知识网络培训3500多人。

完成军转干部安置工作。采用考试考核相结合的办法,安置营及以下转业干部7人(不含自主择业1人)。85名退休企业军转干部调整生活补贴,人均每月增加161元。4名在职企业军转干部发放补助金23.64万元，89名企业军转干部发放慰问金62.36万元。根据嘉兴市企业军转干部因病因困救助办法，对2015年度符合医疗费补助条件的16名企业军转干部发放医疗费补助3.83万元。安排86名企业军转干部进行健康体检(两年一次)。

加强事业单位人事管理。强化岗位设置分类管理，优化事业单位岗位结构比例，对部分事业单位进行岗位设置方案变更调整。全年对互联网大会会务中心、国土局不动产登记服务中心2家新增事业的岗位设置方案和实施方案进行审核和备案，为市建设局、市委宣传部、经济开发区、广电台、金融办、卫计局、教育局等部门下属的部分单位岗位设置方案变更。做好专技人员聘任审核工作，全年审核聘任专技人员1000余人。开展事业单位工作人员聘用合同专项检查。

做好工资福利工作。完成2016年度工资正常晋级、晋档、增加薪级工资工作，全年办理1.73万人次。完成在职人员基本工资调整工作，近1.5万名在职人员人均增加基本工资约500元；提高离休人员待遇，全市65名离休人员人均增加基本退休费446元；落实儿科医生、护士提高待遇和专职仲裁员办案补助工作。对镇(街道)5895名工作人员发放工作补贴。组织实施公务员体检工作，全市实检6537人。184名政调企人员发放慰问金106万元，人均5800元。对符合医疗救助的35人发放医疗救助金8.59万元。

做好退休老干部工作。举办“齐心助力G20、乌镇峰会，夕阳展风采”书画摄影展。39个机关事业单位181名离退休老同志参加机关事业单位退休人员棋类比赛。举办离退休人员游园会，分设综合专场、教育专场及卫计专场，2400人参加。

【新录用公务员初任培训】 2016年，市人力社保局开展新录用公务员初任培训，科学制定培训计划，开设《公务员法》及其配套法规、依法行政、公务礼仪和行为规范、机关公文写作为主要课程，同时开设“两学一做”、桐乡旅游大县建设、乌镇发展模式等专题课程。学习中灵活安排培训形式。参加城管工作现场体验，将课堂延伸到户外；把廉政警示教育课堂移到看守所；参观乌镇互联网产业园、雅达国家健康生态产业园等。学习中严格培训管理制度。对学员的学风、考勤、纪律、作风、廉政情况进行考核，71名新录用公务员经统一考试、考核，全部结业。

就业创业

【概况】 2016年，桐乡市实施积极就业政策，出台《关于支持大众创业促进就业的实施意见》，聚焦深入实施就业优先战略、积极推动创业带动就业、鼓励企业吸纳就业、统筹做好重点群体就业等6大重点方向，26条鼓励和支持政策，涉及贷款融资、创业培训、平台孵化、援企稳岗、就业援助等多项优惠举措。执行《桐乡市小额创业贷款管理办法》，贷出创业担保贷款2笔40万元。贯彻《浙江省促进就业资金管理办法》，加大就业专项资金投入力度，全年就业专项资金支出5530万元。推进失地农民分流安置工作，分流安置7673人，每月发放失地人员生活补助费。对751家符合条件企业发放稳岗补贴1285万元。组织参加2016“星耀南湖·雁归圆梦”嘉

9月19日，桐乡市新录用公务员举行任前宣誓　　市人社局提供

2月17日，桐乡市2016年春季人才招聘大会在市人才市场举行

市人社局提供

兴市大学生互联网创业精英赛，桐乡项目获一等奖和三等奖。

加强人才市场招聘工作。人才市场现场招聘业务正式外包。全年举办各类人才招聘会51场，其中大型招聘会10场，专场招聘会15场，参加招聘企业6512家，提供岗位9.8万余个，进场人数6.86万人。组织企业赴省内外招聘12次，参会企业150余家，提供就业岗位2000余个。做好大、中专毕业生报到工作，接收毕业生档案4300余份，1300余名毕业生办理报到手续，开展并完成离校未就业高校毕业生实名制统计和电话回访工作。为47名困难大学生提供就业援助，开展企业用工监测221家。

开展重点人群就业援助工作。全年安置政府公益性岗位36人，享受社保补贴27.61万元、岗位补贴74.72万元。审核发放"4050"就业困难人员社保补贴1072人297.99万元，"4555"被征地人员社保补贴6920人1935.06万元。核准镇（街道）人力社保协理员岗位47个，发放金额222.37万余元，核定村（社区）高校毕业生人力社保协理员87人，发放金额279.9万余元，为6家农村劳务合作社拨付专项资金10.95万元。

加强职业能力建设。出台《关于做好2016年职业能力建设工作的通知》，加大电子商务人才培训力度，举办电子商务"职业资格＋创业培训"23期1005人。做好职业技能竞赛参赛、各类培训开班审批、培训鉴定补贴发放、企业未成年工用工登记工作，办好社区学院职业技能培训基地，完成国家职业资格全国统一（鉴定）考试。全年举办各类培训班147期，其中高级工班71期，开展就业培训督导37次，发放培训与鉴定补贴627.9万元。

加快桐乡技师学院建设。推进学院去"筹"工作，省专家评审组对技师学院进行去"筹"评估验收，对筹建工作给予肯定。完成原电大教学楼改造工程项目，实训大楼改造工程开始施工，实训中心大楼新建工程项目进展顺利。加强"校企合作"，举办2016年校企合作实习生现场招聘会，100多家企业为1200名实习生提供1800多个实习、就业岗位。2016年度技师学院招生1783名。开展工学结合，做好服装专业现代学徒制试点工作和嘉兴市专业创新基地建设工作。组织学生参与乌镇国际当代艺术邀请展、G20杭州峰会和第三届世界互联网大会服务工作。

2016年桐乡市大型人力资源专场招聘情况

表30

名　　称	时　间	进场招聘单位（家）	提供就业岗位（个）	应聘人数（人）	初步达成意向（人）
春季人才招聘大会	2月17日	352	5700	5500	2000
"架金桥·促发展"妇女就业专场招聘会	3月5日	95	1400	1100	420
残疾人就业（创业）推介会	5月4日	18	60	50	30

续表 30

名　　称	时　间	进场招聘单位（家）	提供就业岗位（个）	应聘人数（人）	初步达成单向（人）
“真情助就业”青年专场招聘会	5 月 7 日	106	1680	1078	316
技师学院（筹）实习生现场招聘会	6 月 3 日	100 余	1800	1200	520
夏季人才招聘大会	7 月 1—2 日	300 余	4000 余	4500 余	1320
秋季人才招聘大会	10 月 14—15 日	300 余	4000 余	4000 余	1210
退伍士兵专场招聘会	10 月 15 日	45	530	320	200

【“桐乡就业”微信公众号上线】 4 月 19 日，由市人社局主办、《钱江晚报·今日桐乡》承办的“桐乡就业”微信公众平台正式开通上线，微信账号“txjy2016”。“桐乡就业”微信平台以图文形式，及时发布国家和地方最新就业资讯、相关政策，介绍桐乡市就业、创业、失业、征地、培训等相关扶持政策以及最新工作动态信息。“桐乡就业”开设政策法规、办事指南、交流互动三栏菜单。其中政策法规包括就业创业、创业贷款、失业保险等；办事指南包含失业登记、失业金申领、灵活就业社保补贴等；交流互动包含咨询热线、地理位置、基层平台。微信公众号由专人负责创建运营、信息发布及日常维护工作，为群众提供快捷、方便的就业服务。至年底，全年上线人数 4.75 万人次。

【年度首单创业担保贷款开出】 2 月，市政府正式发布《关于支持大众创业促进就业的实施意见》，最高贷款额度 30 万元，全额贴息对象扩大到桐乡市户籍毕业 5 年以内高校毕业生、符合失业登记条件且登记失业半年以上人员、就业困难人员、城镇复退军人、持证残疾人等重点人群；其他符合条件人员实行 50% 贴息，贴息期限不超过 3 年。5 月 4 日，市人社局、团市委、中国人民银行桐乡市支行联合举行创业担保贷款授信仪式，中国邮政储蓄银行桐乡市支行向符合条件的高校毕业生开出 2016 年首单创业担保贷款 30 万元。新政策为大众创业提供了资金保障。

劳动关系

【概况】 2016 年，市人社局深入推进“双爱”（职工爱企业、企业爱职工）活动，加大“双爱”宣传力度，丰富“双爱”活动载体，提高用人单位和职工参与率、知晓率，桐乡市劳动关系和谐程度排名位居嘉兴市首位。开展 2016 年度企业薪酬调查和嘉兴市第五批和谐劳动关系先进企业督查考评工作。完成样本企业薪酬调查、市场工资指导价、劳务派遣行政许可和特殊工时审批工作。

加大劳动保障执法力度。开展以农民工工资支付、清理整顿人力资源市场秩序、用人单位遵守劳动用工和社会保险法律法规情况、严厉打击恶意欠薪违法犯罪为主要内容的专项行动，检查用人单位 6000 多家，涉及职工 12 万人。健全涉嫌拒不支付劳动报酬犯罪案件办理机制，15 件涉嫌拒不支付劳动报酬犯罪案件移送公安，涉及 484 人 408.536 万元。结合桐乡地域特点，探索自治式欠薪保证金收取办法，破解欠薪事件滞后应急式管理难题。率先实行书面审查数据本地化，建立预警平台。开展非法使用童工专项检查行动，发现问题及时纠正。完善监察大队科室设置，梳理业务流程，规范执法文书，从案件的受理、调处、结案全过程实现信息化。

全年受理市长电话 223 件，处理来信 48 件，来访 209 件 333 人次，办结各类劳资纠纷 299 件，其中欠薪案件 247 件，涉及职工 1209 人 678.48 万元（通过快速处理 193 件，涉及 412 人 357.67 万元），处理欠薪突发事件 20 件，涉及职工 545 人 514.76 万元，其中欠薪逃匿案件 18 件，涉及职工 593 人 497.106 万元。作出行政处罚 24 件，处罚款 9.88 万元。人力社保热线电话“12333”整合到市长电话“12345”，为考虑群众咨询习惯，“12333”仍保留原号码。全年接听“12333”咨询服务电话 3.6 万个，接听率 93.7%。

稳妥处理劳动争议。全年立案受理劳动争议案件 321 件 757 人，其中 10 人以上集体争议案件 15 件 378 人。结案 305 件，劳动争议结案率 95%。办结案件中调解结案 240 件，调解结案率 78.7%。申诉经济标的 3520 万元，结案经济标的 1360 万元，其中劳动报酬类案件 813 万元，社会保险类案件 457 万元（其中工伤保险类案件 428 万元），经济补偿金、赔偿金类案件 90 万元。为就近化解劳动纠纷、维护劳动者合法权益，在梧桐街道人力社保所成立首个派出庭——桐乡市劳动人事争议仲裁委员会第一派出庭。

完善浙江省政务服务网权力清单与便民服务事项，推进行政审批制度改革。开展行政许可和行政处罚案卷评查工作，3 起案件列入参评嘉兴市级优秀案卷名单。组织参加“12333 全国统一咨询日”、东方法制园专题宣传、禁毒宣传进学校、送法下乡等法治宣传服务活动。全年完成规范性文件合法性审查 9 件，行政处罚审批 6 件，行政复议案件 1 件，得到市政府维持。行政诉讼案件 7 件，其中原告撤诉 1 件、驳回上诉维持原裁定 2 件、驳回上诉维持原判 2 件、驳回诉讼请求 1 件、庭审结束 1 件。

【清理整顿人力资源市场秩序专项行动】 3 月 9—31 日，市人社局、市场监管局联合开展清理整顿人力资源市场秩序专项行动。专项行动以毛衫、制鞋、皮草等为重点行业，高铁站、客运中心、外来务工集聚小区、工业园区为重点区域。整顿目的是营造全市良好就业秩序和就业环境。专项行动出动执法人员 234 人次，检查各类组织 203 家，其中人力资源服务机构 24 家、用人单位 172 家；检查发现违反就业管理相关规定的行政违法案件 5 件，当场落实整改。

7 月，桐乡市开展浙江省劳动者权益保护宣传周活动　市人社局提供

【举办第五届“12333 全国统一咨询日”活动】 3 月 30 日，桐乡市举办以“走进社保卡”为主题的第五届“12333 全国统一咨询日”活动。活动采用现场咨询和电话热线相结合方式开展。场外，在东兴商厦南门口设立咨询台，摆放宣传画，张贴宣传标语，开展知识竞猜活动；场内，市民卡中心工作人员在 12333 咨询中心解答群众来电咨询。活动接受现场咨询 500 人次，发放宣传资料 2000 份，12333 咨询中心接到来电咨询 54 个。

【设立首个劳动人事争议仲裁派出庭】 9 月，桐乡市在梧桐街道人力资源和社会保障管理所设立首个劳动仲裁派出庭——桐乡市劳动人事争议仲裁委员会第一派出庭，为就近化解劳动纠纷、维护劳动者合法权益搭建平台。劳动人事争议派出庭成立后，按照“统一指派、统一程序、统一归档”模式，聘任兼职仲裁员 6 名，由仲裁委负责具体指导、管理和培训。至年底，开庭审结劳动争议案件 8 件。

【劳动关系和谐程度首次位居嘉兴市第一】 4 月，嘉兴市构建和谐劳动关系工作领导小组对桐乡市 2016 年度劳动关系和谐程度进行全面测评。测评采用定量分析方式进行，其中完成劳动保障工作情况占 30%，企业执行法律法规情况占 40%、劳动者满意度占30%。经测评，“政府职能部门工作情况”得分28.56分，“企业法律法规执行情况”得分39.26分，“劳动者满意度”得分24.9分。桐乡市2016年度劳动关系和谐指数综合得分92.72分，劳动关系和谐程度首次位居嘉兴市第一。

社会保障

【概况】 2016年，市人社局实施和完善社会保险政策。实施生育保险新政策，提高生育津贴、医疗定额补偿等标准，参保职工未就业配偶生育所发生的医疗费用纳入生育保险支付范围。532人次人均享受生育医疗费用3996元。落实阶段性降低费率工作，制定失业保险、医疗保险临时减征实施方案。扩大医疗保险历年账户使用范围，提高个人账户使用绩效。规范职工养老保险个人缴费基数申报。出台《桐乡市尿毒症患者透析费用救助实施细则》，完善尿毒症患者救助方案。推进社区慢性病用药与市级医院接轨，在上年4家卫生服务站试点基础上，逐步在全市基层服务站推开。市中医医院、市第三人民医院成为职工医保省异地就医联网医院。3类罕见病（戈谢病、渐冻病、苯丙酮尿症）治疗用药纳入居民医保大病保险报销范围。

提高社会保险覆盖率。6月底完成全民参保登记动态机制建设工作。推进机关事业单位养老保险改革工作，选择人力社保局和财政（地税）局作为试点单位。完成企事业退休人员养老金调整，7.89万名企业退休人员人均增发养老金152.3元，调资总金额1.16亿元。2016年城乡居民基本医疗保险总筹资额度1100元/人，其中个人缴费350元/人，全年为454.77万人次报销医药费4.27亿元。

提升社保经办能力。医疗保险试行“集中受理、专业审核”经办模式，开设医保结算受理窗口，实行受理与审核分流，确保医保结报效率，缩短结报与支付时间，结报周期由一月一结缩短至10天一结。完善定点医药机构准入管理制度和退出机制，出台《桐乡市基本医疗保险定点医药机构协议管理办法》，规定定点医疗机构和定点零售药店准入条件、申请材料、确定流程，50家医疗机构和35家零售药店确定为新增职工基本医疗保险定点医药机构，11家医疗机构确定为居民医保市内新增定点医药机构。增加异地就医“一卡通”医疗机构和定点零售药店，方便本省参保人员在桐就医购药。

加强社保基金监管。制定《阳光医保智能监管系统实施办法》，确定试点医疗机构和试点药店，建立测试库。实行“两个定点”（定点医院、定点药店）科学动态管理总额预算制管理办法，同时加强定点监管，定点零售药店因违规被处以终止服务协议1家、限期暂停整改5家。加强内控制度建设，强化社会保险支付管理，2016年收回违规金额5.38万元。加强居民医保大病保险和意外伤害调查工作，调查发现冒用他人合作医疗卡报销2起，追回基金5.65万元。

规范工伤认定工作。加大工伤事故调查处置力度，完善工伤事故调查流程，增强工伤认定、待遇享受透明度。全年受理工伤案件1940件，认定1895件，其中不予认定工伤4件，认定死亡案件20件，工伤认定办结率95%，受理劳动能力鉴定申请845件，组织专场劳动能力鉴定12次，鉴定809件。依托“互联

9月20日，桐乡市举行基本医疗保险定点医药机构政策业务培训班　　市人社局提供

网+工伤”模式，推进工伤事故网上申报工作，525 家工伤事故多发单位开通业务，工伤事故网上申报率 52%。加强工伤保险基金管理，年内查实 4 家企业弄虚作假、冒名顶替骗取工伤保险基金，避免损失 18 万余元。

【城乡居民基本养老保险缴费标准】 2016 年度桐乡市城乡居民基本养老保险参保缴费工作提前至年初。1 月 1 日—12 月 20 日，全市城乡居民基本养老保险参保人员持身份证、《缴费手册》至桐乡市各信用社网点缴纳 2016 年度城乡居民基本养老保险费。个人缴费标准分三档：1800 元、2600 元、3300 元。已参加或享受被征地居民养老基本生活保障、农婚知青养老生活补助、水库移民后期扶持政策、社会优抚、农村“五保”和城镇“三无”供养、精减职工和遗属生活补助等人员，可选择：500 元/年、800 元/年缴费。全年缴费人数 15.16 万人，缴费总金额 1.84 亿元。

【城乡居民基本医疗保险启用市民卡】 4 月 1 日开始，桐乡市城乡居民基本医保卡全面启用市民卡，原合作医疗卡自动停用，居民医保参保群众使用市民卡就医结算。桐乡市先后分 6 批次发放市民卡 41.89 万张，市民卡具有社会保障、图书借阅、公共自行车租用和商业消费等功能。除医保结算功能外，居民医保参保群众同时享受市民卡“一卡通”的便捷服务。

【下沉登记征缴部分业务】 自 6 月起，桐乡市将个体补缴、被征地人员养老保险转职工养老保险 2 项业务下沉基层平台。自 2012 年开始，桐乡市全面梳理下沉社保业务经办项目，仅登记征缴累计有 6 项业务下沉，包括城镇自谋职业者、个体工商户参保登记，企事业单位社会保险登记、变更、注销，单位参保职工人员变动，城镇个体劳动者中断补缴，被征地人员养老保险转职工养老保险等。

【临时性下浮职工基本医疗保险费缴费比例】 6 月，桐乡市对符合产业结构调整方向、依法参保缴费的 12217 家参保企业集中减征医疗保险单位缴费一个月，涉及参保职工 17.94 万人，减征医疗保险费 2810.23 万元。其中采矿业、烟草制品业、纸浆制造及造纸业、石油化工业、水泥石灰和石膏制造业、金融业、房地产业、电信业及电力生产及供应行业不列入本次减征。

【职工医保历年个人账户实现“家庭共济”】 自 8 月 1 日开始，桐乡市扩大职工基本医疗保险历年个人账户使用范围，实现“家庭共济”。职工基本医疗保险参保人员本人按规定应由个人承担的自理、自付、自费医疗费用，包括在定点医疗机构发生的普通门（急）诊、规定病种门诊、住院费用，以及在药店的购药费用可由历年个人账户支付；参保职工配偶、子女、父母在浙江省内定点医疗机构发生的普通门（急）诊费用中按规定应由个人承担的自理、自付、自费的治疗性医疗费用，可由历年个人账户支付；参保职工本人和近亲属使用除国家扩大免疫规划以外的预防性免疫疫苗费用，可由历年个人账户支付；历年账户结余 4000 元以上部分可用于本人和近亲属购买商业保险。

【职工基本养老保险个人缴费工资申报出现三大变动】 申报时间从 8 月 1 日—9 月 25 日，缴费工资申报采取网上申报方式；所有用人单位均须在规定时间内及时申报，实际缴费工资低于省均工资 60%，也须办理申报手续，逾期未办理申报手续的用人单位，其参保职工 2016 年度缴费工资按上月缴费工资的 110% 确定；本次职工基本养老保险缴费工资从 2016 年 10 月启用，自 2016 年 1 月起调整。

【下调单位缴纳部分失业保险费率】 从 2016 年 5 月 1 日—2018 年 12 月 31 日，桐乡市对失业保险费单位缴费部分实行临时性下调，费率由 1.5%降为 1%。这是继 2015 年 2 月企业失业保险费个人缴费比例下调后实行的第二次失业保险费率下调。此次下调涉及单位 13943 家、在职人员 17 万人，其中女职工约 7 万人。与 2015 年 2 月下调涉及的单位数和职工数相比，此次下调涉及单位数增长约 10%，职工数增长约 2%。

（沈秀芬）

梧桐街道

【概况】 梧桐街道为桐乡市政府所在地，是全市政治、经济、文化、科技中心。南与高桥镇、凤鸣街道相邻，西与石门镇相接，东与濮院镇、屠甸镇相连，北靠京杭大运河，与龙翔街道隔河相望。西距杭州市65千米，东至上海市区148千米，北距苏州市93千米，320国道穿境而过，距沪昆高速公路屠甸入口8千米，高铁桐乡站6千米。街道辖区面积78.3平方千米，其中建成区面积48.5平方千米。有15个村，406个村民小组；13个社区，1495个居民小组。总户数4.82万户，总人口14.88万人。2016年实现地区生产总值132.46亿元，比上年增长11.7%；工农业总产值223.16亿元，增长4.8%；财政收入5.62亿元，增长13.5%；完成全社会固定资产投资61.78亿元，增长11.1%；农村居民人均可支配收入2.85万元，增长10.9%。

产业发展 街道主要土特产有杭白菊、小桑苗、榨菜、晒红烟、湖羊皮、优质水果等。粮食播种面积1556.1公顷，产量10275吨；油菜178.7公顷，产量490吨；烟叶41.2公顷，产量103吨；菊花464.1公顷，产量1039吨；蔬菜920.53公顷，产量2.61万吨；水果231.73公顷，其中果用瓜86.4公顷，果用瓜产量2976吨；桃园村槜李产量60吨。全年饲养蚕种9642张，蚕茧产量514吨。年出栏湖羊1.64万头、家禽3.16万羽、兔9285只，肉类产量844吨，小湖羊皮2.62万张。创建市级规范化家庭农场1家、示范性家庭农场2家。街道有规模以上企业98家，规模以上企业实现工业总产值97.47亿元，比上年增长2.7%。完成固定资产投资61.78亿元，增长11.1%，其中工业生产性投入17.32亿元，增长18.7%；完成服务业投入44.11亿元，增长8.4%。投资5.15亿元的13个市级重点项目全部开工，69个“机器换人”项目完成投资6.49亿元，97个技改项目完成投资15.25亿元。推进企业实施“零增地”技改，10个项目总投资4.14亿元。推进“退低进高”工作，启动占地0.67公顷(10亩)以上零产出、低产出企业专项调查，制订一企一策。继续实施“退二进三”工作，完成建泰纺织和威泰纺织2个地块签约；泰神丝绸、花神丝绸2个地块进入地块规划、价格谈判阶

2016年梧桐街道主要经济社会指标完成情况

表31

指　　标	单　位	数　值	比上年(±%)
地区生产总值	亿元	132.46	11.7
财政收入	亿元	22.68	7.1
农业总产值	亿元	2.54	13.42
粮食总产量	万吨	1.03	8.4
工业销售收入(规模以上企业)	亿元	94.36	2.3
固定资产投资	亿元	61.78	11.1
其中工业生产性投入	亿元	17.32	18.7
实际利用外资	万美元	2211	0.5
引进市外内资	亿元	7.67	−4.9
外贸出口额	亿元	20.07	19.4
农村居民人均可支配收入	万元	2.85	10.9

段；茅盾路与世纪大道交叉口区块进入评估阶段。全年盘活存量土地35.28公顷。引导企业实施“两改两创”，企业申报专利609项，发明专利251项，新增高新技术企业1家，桐乡市级管理创新企业1家。加快服务业发展，新增限额以上服务业企业25家，“个转企”60家。加快旅游业和庄园经济、农场经济发展，全年完成旅游项目投资3575万元。夏家浜公共文化设施项目开馆，中国苏作红木文化博览园建成，君匋艺术院景区化提升工程完成土建和装修设计认证，恒基文化博览园文化知识系列展馆创建为国家AAA级旅游景区。发展现代农业，创建93.33公顷粮食功能区1个，实现1个农业村土地整村流转，建设农业主导产业示范基地2个，创建现代农业科技示范基地1个、桐乡市农业龙头企业2家。加快构建“旅游＋互联网＋X”现代产业体系，引进和培育互联网产业、旅游业。总投资约100亿元的“梧桐树·梦想乐园”项目达成初步意向，浙江吉茂科技有限公司跨境电子商务项目办理供地手续，规划打造桐城首个花园式互联网平台——智创园。7家互联网企业有入驻意向，2家正在办理营业执照。创新招商模式，拓宽招商渠道，全年签约项目13个，在谈项目20个。引进市外内资7.67亿元，注册资金6.54亿元；合同利用外资4082万美元，实际利用外资2211万美元，被评为嘉兴市招商引资十强乡镇(街道)。高标准优化梧桐园区布局，完成运河片区概念性规划修编，实施园区三期控制性详细规划修编。稳步推进园区征迁工作，园区三期拆迁安置进入扫尾阶段，三期扩征首批280户建房新村点道路等基础设施正在施工。

城乡建设 加快城市有机更新，推进老旧小区改造。实施庆丰北区、迎凤一期和电子仪器厂宿舍三个老旧小区改造，改造面积13.01万平方米，受益居民1790户。实施危旧房屋改造治理，鉴定丙类危旧房屋73幢，改造公房15幢，跟踪观测危房21

2016年梧桐街道各村(社区)基本情况

表32

村(社区)	户数(户)	户籍人口(人)	中共支部(总支、党委)书记	村委(社区)主任	集体经济总收入(万元)
东方红村	969	4100	张海良	朱国强	504
城东村	1170	4812	朱海良	汤建国	404
逾桥村	954	3654	钱柏祥	张永彬	320
庆丰村	917	3756	张荣祥	金志远	556
三新村	1247	4713	朱连根	陈婵萍	957
民安村	980	3926	韩林松	费锋强	421
城西村	1133	4564	高建兴	朱月忠	461
同心村	616	2540	杨晓飞	范乙平	601
钱林村	625	2510	何振华	沈明强	254
梧桐村	908	3844	章聪强	沈建辉	263
安乐村	806	3199	吴明松	张建林	772
百福村	605	2468	许林川	徐振强	378
新玄村	553	2369	高月明	李月兵	688
桃园村	590	2543	徐建锋	周洪英	349
凤鸣社区	3736	9727	朱长兴	徐金甫	—
环南社区	4426	11893	周佳亮	姚晓春	—
复兴社区	1747	4898	刘小妹	郑翠萍	—
庆丰社区	1623	4448	周志红	沈小梅	—
永宁社区	1199	3220	夏雪标	吴妍飞	—
东兴社区	2186	5407	罗进潮	朱晓敏	—
学前社区	2070	5468	葛明强	戚　英	—
九曲社区	1848	4805	吴荣奎	毛晓芳	—
杨家门社区	2742	7173	曹建奎	魏亚平	—
文昌社区	2900	7729	沈汉康	徐佳燕	—
大发社区	1941	4883	袁　扬	汤丽丝	—
同庆社区	399	967	何　岚	吴利英	—
百乐社区	649	1925	胡　蓉	钱　芳	—

幢。配合完成“城中村”改造任务，启动杨家门社区旧城改造二期工程。莲都公路、临杭大道征迁进入扫尾阶段，杭平申线等市级重点工程土地征迁、政策处理工作有序推进；梧桐水墙门等6个小组的征迁基本完成签约，并完成新村安置点基础设施建设。完成梧桐城区10千伏幸福线等线路改造工程。深化美丽乡村建设，构建“一村一品一景”农村发展新格局。同心村省级中心村建设基本完成，桃园村历史文化名村正在施工。创建“千亩片林”“百亩片林”各1个，创建嘉兴市绿化示范村1个，实施桐德线沿线道路改造和景观提升工作。实施钱林和百桃两个老集镇改造，改造区域总面积28.4万平方米，完成总工程量60%。完成道路大中修1.5千米，改造危旧桥梁2座。执行新一轮村庄布点规划，推进农户建房改造集聚。开展农村土地确权登记工作，推进农村土地承包经营权有序流转。加快推进农村土地综合整治项目建设，民安村项目通过竣工验收，新立项项目2个。城西单桥砖瓦厂区域整治签约完成，进入拆除阶段；关停民安砂石料场区块企业，细化拆除方案。多形式加大扶持力度，引导各村挖存量、扩增量，适时抱团发展，推进村级集体经济可持续发展。启动街道城乡环境整治提升暨系列美丽创建工作。推进“五水共治”工作，完善河长制度，巩固“清三河”成果；加快推进工业企业污水和城乡生活污水入网，新增工业污水新入网企业9家，农村生活污水全部纳管排放；完成重点工程河道水生植物种植和九曲港水质改善工程；基本完成第七批小型农田水利全国重点县建设项目。实施生猪退养，辖区实现无散养生猪。深化“无违建”创建工作，结合“四边三化”“蓝色屋面”整治、农房立面改造等工作，分类处置原有违建，并通过“网格化”抓好长效管理，拆除违法建筑15万平方米；整治“蓝色屋面”48户，改造1.96万平方米，拆除2946平方米。深化爱卫创卫工作。积极申报各类卫生单位，提升“四位一体”工作水平，完善考核办法，推进保洁队伍职业化；改造垃圾中转房12座，实施“以桶换桶”的农村生活垃圾压缩直运模式，在5个村率先实施农村生活垃圾分类处理。

社会事业 坚持以文化人、以文惠民和以文兴业，践行社会主义核心价值观。实施网络微群工作，发挥微信公众号作用，加大对外宣传力度。优化公共文化服务体系建设，强化文化中心、文化礼堂等各类文化阵地建设，发挥村（社区）文化阵地和村级文化专职管理员作用。加强特色文化品牌建设，开展“星光熠熠耀梧桐”身边的典型评选活动，举办第六届桃园槜李文化节、第二届家庭文化节、第十三届邻里节、第三届农民排舞大赛和纪念中国共产党建党95周年暨红军长征胜利80周年文艺晚会等大型活动。完善就业服务和社会保障。建立分类、分级救助大联合机制，加大精准扶贫力度，提高群众生活质量，全年发放各类低保金、救助金1216.83万元。协办第二届全国社区共建共享推进会，梧桐街道加入中国社会工作联合会社区工作委员会常委会，基层社会治理工作得到各界肯定，街道被评为“全国创新型社区建设示范街道”。深化社区组织培育发展服务，建立梧桐街道社会组织培育服务中心，入驻民办非企业单位（组织）5家、注册社区社团13个、备

7月29日，梧桐街道举行“星光熠熠耀梧桐”身边的典型评选活动　梧桐街道提供

案社团 262 个。开展“爱满梧桐”公益项目创投活动,创新发展梧桐“义工时间银行”,开展 2016 年“美丽义工”评选活动。完善居家养老服务,加强 16 家村(社区)居家养老服务照料中心监管,新增居家养老照料中心 2 家,依托第一敬老院以点带面逐步实现为老助餐服务全覆盖。加快社会福利事业发展,改造提升第一、第二敬老院养老服务基础设施。推进学前教育用房及配套设施建设,完成中心幼儿园新建工程,实施第二、第三幼儿园改造提升工程,建设三新幼儿园;第二幼儿园通过省一级复评,中心幼儿园、城南幼儿园通过省二级复评;完善街道所属公办幼儿园与街道辖区学前儿童看护点的日常工作联系指导帮扶制度。开展各类成人(社区)教育培训活动和扫盲工作,提高教育培训质量。完成大发文昌服务站搬迁工作,新建东兴永宁服务站,实现辖区社区卫生服务站全覆盖。做好食品、药品安全及公共卫生工作,加强重点传染病防控工作,做好突发公共卫生事件防范应对。实施全面两孩政策,提升计划生育服务能力,推进计生家庭关爱工作。

【“星光熠熠耀梧桐”身边的典型评选活动】 7 月 29 日,梧桐街道举行“星光熠熠耀梧桐”身边的典型颁奖典礼,20 名先进个人和 5 户家庭被表彰为 2016 年度“星光熠熠耀梧桐”身边的典型,分别授予企业技能之星、爱岗敬业之星、创业创新之星、乐于奉献之星、最美家庭之星称号。梧桐街道通过表彰先进,弘扬社会美德、倡导社会新风,激发社会的正能量。评选活动自 2015 年 11 月启动,经过宣传发动、组织申报、意见征求、事迹公示、网络投票和评审组综合评定等环节,在组织推荐和个人自荐的 100 多个个人和家庭中,最终评选出 25 个具有代表性的先进典型。

【梧桐街道获“全国创新型社区建设示范街道”称号】 6 月 21 日,由中国社会工作联合会社区工作委员会、桐乡市政府主办,梧桐街道办事处协办的社区工作委员会 2016 年常委单位会议暨第二届全国社区共建共享推进会在梧桐街道举行。社区工作委员会常委单位和委员单位 120 人参加会议,与会人员到杨家门社区、环南社区、庆丰社区,了解社区自治模式和共建共享创建工作,体会社区建设的“一居一品”。街道“党建共建”工作得到与会人员肯定。街道 13 个社区按照“条块结合、资源共享、优势互补、共驻共建”原则,坚持党建引领,以创新思维、居民自治、民主协商为载体,225 家共建单位、部门与辖区居民群众,在社区共建共享、协同共治工作中发挥多方协同作用。11 月,社区工作委员会第二十七届全国区街镇工作年会暨全国创新型社区建设推进会上,梧桐街道获“全国创新型社区建设示范街道”称号。

【民防应急指挥中心建成启用】 12 月,梧桐街道民防应急指挥中心投入使用。该项目建筑面积 155 平方米,投资 90 万元,是一个集村、街、市、地、省 5 级互通的综合指挥中心。该系统集指挥、控制、通信、情报、预警于一体,主要用于平安建设信息系统信息收集上报处置、视频监控系统指挥调度、视联网系统视频会议,同时可用于战时防空袭、突发事件应急处置、安保指挥,提升突发事故和灾害事态的控制、研判、协调指挥能力。

6 月 23 日,第二届全国共建共享推进会在梧桐街道召开

梧桐街道提供

【庆丰社区被评为全国科普示范社区】 2016 年，梧桐街道庆丰社区在中国科协、财政部联合实施的“基层科普行动计划”中，被评为全国科普示范社区。11 月 22 日，嘉兴市科协为庆丰社区授牌。近年来，庆丰社区实施科普益民工程。以社区科普领导小组为核心，定期召开科普工作会议，做到年初有计划，年终有总结，活动有记录，不断壮大科普工作者队伍，发挥宣传教育、引导服务作用；以社区“低碳环保科普馆”为中心，加大经费投入，对硬件、软件设施做到常维护、常更新，注重发挥宣传长廊、墙绘、宣传牌、橱窗、黑板报等阵地宣传作用；以“嘉兴市级科普教育基地”为平台，全年举办各类科普讲座、知识竞赛、实地参观、科学实验、咨询服务等活动 30 余次，发放宣传资料 1400 余份，受益人群 2800 余人。

【杨家门社区被评为全国计划生育协会工作先进单位】 5 月，梧桐街道杨家门社区被中国计划生育协会评为全国计划生育协会工作先进单位。杨家门社区围绕“需求化导向、项目化运作、多元化参与、精细化服务、系统化提升”工作思路，加强和完善社区计生协会组织建设，创新工作模式和管理办法，开展健康教育、优生优育、法律政策宣传等方面服务。注重发挥居民自治和党员先锋模范带头作用，通过“八必访”“八必报”“四知四清四掌握”等制度掌握社区计生动态；开展形式多样的计划生育宣传服务活动，提高居民群众的知晓率和参与率；定期入户走访，了解群众所思所想，关心关爱计划生育家庭。发挥计生协会的纽带和桥梁作用，提供优质计生服务，营造和谐计生社区。

· 相关链接 ·

“四知、四清、四掌握”

知楼幢情况、知住户情况、知单位情况、知设施情况；老年人情况清、监控帮教对象情况清、救助群体情况清、流动人口情况清；掌握居民服务需求、掌握非法聚集会、掌握热点难点、掌握骨干力量。

“八必访”

新迁入的居民、空巢独居老人、生育术后的育龄妇女、有重大意见的居民、发生矛盾纠纷的居民、发生重大意外变故的居民、重病住院的党员小组长注册义工、监控帮教帮护对象。

“八必报”

发现公共设施损坏、发现乱堆乱倒乱搭建、发现无计划怀孕、发现危害居民健康行为、发现居民房屋新出租、发现可疑人员、发现安全隐患、发现不稳定因素。

【九曲社区成为全国首个“漫画社区”】 10 月 26 日，梧桐街道九曲社区举行“漫画社区”揭牌仪式，这是经中国漫画家协会批准的全国首个“漫画社区”。九曲社区通过建立党建漫画馆、创新设计社区漫画吉祥物、开展主题漫画活动等方式展示漫画文化特色。党建漫画馆设置 10 大主题、42 个展板、84 幅漫画，以漫画形式宣传党的建设、廉政建设、和谐社区、安全生产等内容，至年底有 1000 多人参观学习；通过向居民征集吉祥物创意，“牛九九”成为社区的漫画吉祥物；社区还把漫画与文化创建相

10 月 26 日，中国漫画艺委会主任徐鹏飞与桐乡市纪委书记陈千颂为桐乡梧桐街道九曲社区“漫画社区”揭牌　　梧桐街道提供

结合，设置文化阶梯、漫画墙绘、漫画展板，举办第二届人防漫画比赛、“五水共治”漫画手抄报等主题文化活动。

【安乐村成为全市首个股份分红村】 1月7日，梧桐街道安乐村召开村民代表大会，决定将全村780.6万元股金的10% 78.63万元作为2015年股金分红，全村808户村民拿到股金分红款，成为全市首个股金分红村。近年来，安乐村始终把壮大村级集体经济作为工作重心，村级集体经济实力逐年壮大，2015年股金达到550万元。在村集体经济每年稳步增长情况下，实施一系列惠民举措，提升村民福利水平，全村实现合作医疗补助和老年人年终关爱补助常态化，累计发放补助450余万元。

（陈俊麟）

凤鸣街道

【概况】 凤鸣街道位于桐乡市中部，与梧桐街道、高桥镇、石门镇、崇福镇接壤。320国道斜贯境内，长山河横贯全境。总面积47.4平方千米，有1个社区，3个居民小组；11个村，279个村民小组。总户数1.26万户，总人口5.09万人。2016年实现地区生产总值25.96亿元，财政收入1.58亿元，农村居民人均可支配收入2.69万元。

2016年凤鸣街道主要经济社会指标完成情况

表33

指　　标	单　位	数　值	比上年(±%)
地区生产总值	亿元	25.96	1.15
财政收入	亿元	1.58	32.5
农业总产值	亿元	3.52	6.8
粮食总产量	吨	3566	17.9
工业销售收入(规模以上企业)	亿元	70.51	−3
固定资产投资	亿元	10.97	−2.4
其中工业生产性投入	亿元	8.12	0.3
实际利用外资	万美元	300	20
引进境内市外资金	亿元	2.65	3.3
外贸出口额	亿元	11.57	22.6
农民人均可支配收入	万元	2.69	10.5

产业发展 粮食播种面积622.86公顷，产量3566吨；杭白菊种植面积956.33公顷，产量3068.3吨；蔬菜面积1227公顷，产量47512吨；果树种植面积11.67公顷，水果产量1610吨；花卉苗木种植面积148.87公顷；饲养蚕种3.02万张，产量1514.46吨。生猪存栏4053头、出栏9019头，家禽存栏19.54万羽、出栏27.39万羽，湖羊存栏24031头、出栏10125头。加强水利基础设施建设，增强抗洪能力，投资735万元实施第七批水利建设项目，建造泵站8座，闸站7座，渠道2790米。完成生猪转型升级回头看检查工作，7户复养户全部劝退。实施灵安村4个村民组30公顷土地开发项目，按照标准水田要求进行建设，同时对该区块土地进行整体流转。庄园经济建设亮点突出，红冠飨庄达到庄园经济“八个有”标准，已建设完成。街道有工业区2个，规模以上企业68家。规模以上企业实现产值72.53亿元。完成固定资产投资10.97亿元，比上年下降2.4%，其中工业生产性投入8.12亿元，增长0.3%；服务业投资2.62亿元，下降11.7%。实际利用外资300万美元，增长20%；利用市外内资2.65亿元，增长3.3%。2016年申报各级各类科技项目32项，其中省级新产品立项20项、桐乡市级立项12项。申报国家专利261项，其中发明专利74项、实用新型专利126项。新增高新技术企业1家，总数8家。举办第三届福严寺景区素食文化旅游节。全年接待游客51.7万人次，增长12.4%。

城乡建设 推进临杭大道、扩大杭嘉湖南排等市级工程建设。抓好“三改一拆”工作，全年拆除违法建筑10.03万平方米；完成旧厂区改造4.88万平方米、旧住宅区改造2.18万平方米、“城中村”改造5.28万平方米。推进“两新”工程建设，集聚新村户数154户。完成新农村村生活污水治理入网建设，新增入网户1003户。配合做好民茅线提升工程建设，大中修道路5条，改造危桥3座。开展主要道

9 月 27 日,凤鸣街道举行项目集中开工投产仪式　　凤鸣街道提供

2016 年凤鸣街道各村(社区)基本情况

表 34

村(社区)	户数(户)	户籍人口(人)	中共支部(总支、党委)书记	村委(社区)主　任	集体经济总收入(万元)
史桥村	842	3394	王建华(—9 月) 陈春光(9 月—)	陈春光	379.86
环南村	844	3198	姚建忠	陆利强	252.71
灵安村	1183	4692	顾利敏	黄洪强	635.71
红旗村	974	4043	张锡良(—9 月) 蒋建良(9 月—)	蒋卫民	562.31
路家园村	699	2840	钟增烜	徐晓明	483.37
西牛桥村	505	2081	屠国强(—9 月) 闻元明(9 月—)	王国强	218.35
新农村村	964	3922	王兴标	倪利根	1404.72
联庄村	1039	4277	吴秋秋	吴秋秋	816.51
建胜村	944	3750	鲍东明	徐建强	1159.64
合星村	975	3981	黄爱忠	沈建强	355.67
中群村	1053	4371	王永兴(—9 月) 孙国强(9 月—)	孙国强	329.23
灵安社区	179	718	韩兴良	管民兴	

路沿线环境综合整治。对绕城公路、迎宾大道、320 国道、洲甸公路进行大整治,拆除沿线违章建筑,乌镇大道沿线两侧民居外立面改造。整治废品收购点 16 家。完成新农村村美丽乡村整治提升点、史桥村和西牛桥村提升扩面建设工作。

社会事业　街道有中小学校 4 所,义务教育普及率 100%。其中初中 2 所,在校学生 736 人,教师 99 人,入学率和在校生巩固率均为 100%;小学 2 所,在校学生 2584 人,教师 201 人,小学入学率和巩固率均为 100%,小学毕业升初中比例 100%。完善幼儿管理,提高幼儿入园率。有中心幼儿园 1 所,下设 4 个教学点,在园幼儿 1177 人、教职工 123 人。有医疗机构 15 个,其中中心卫生院 1 所、分院 1 所、社区卫生服务站 13 个,床位 28 张;医生 59 人,其中社区医生 15 人、执业医生 44 人。投资 3000 万元新建街道养老服务中心,完成村(社区)居家养老服务中心星级创建工作。完善街道和村(社区)两级公共文化服务体系建设,有村级文化活动中心 12 个,申报农村文化礼堂 2 个。成立凤鸣街道百姓艺术团,编排有各村特色文艺节目。举办第三届凤鸣街道群众运动会,设球类和竞技类参赛项目 15 项,500 多人次参与。举办大型文化活动 8 次,参与人数 2 万人次,放映电影 152 场。社会救助、慈善救助力度增强,基本形成多层次、广覆盖的社会保障体系。街道合作医疗参保率 99.3%。

【2016 福严庙会暨第三届福严寺景区素食文化旅游节】　5 月 1—3 日,举办 2016 福严庙会暨第三届福严寺景区素食文化旅游节。现场设置美食展销区、文

化活动表演区、佛教祈福活动区。设置参展摊位30个，现场制作和销售各地特色美食，供参观、欣赏和品尝，同时进行民俗文化表演以及各类祈福活动，首日游客超2万人。

【水生态修复工作现场会在凤鸣街道召开】 11月28日，桐乡市水生态修复工作现场推进会在凤鸣街道召开。会前，与会者现场参观凤鸣街道四条样板河道。会上，凤鸣街道领导介绍街道“五水共治”情况。凤鸣街道在五水共治工作中“小鱼治水”的创新做法得到与会人员肯定。“小鱼治水”新模式，即在河道中科学投放一定比例的贝类、草食性鱼类、杂食性鱼类和滤食性鱼类，以水体中的浮游生物、腐殖质等为食，从而改善水质，控制水体富营养化。辖区内蓝藻、浮萍现象得到有效遏制，水质监测从开始的以劣五类为主到现在三类水，治水效果显著。会上还听取乌镇镇、濮院镇治水经验交流。

【凤鸣街道“互联网+”创业创新中心项目开工建设】 3月17日，凤鸣街道“互联网+”创业创新中心项目开工建设。该中心位于凤鸣街道环城西路和振业路交叉口西北侧，总规划面积6.67公顷，分两期建设，项目设计以“景观工厂”为主线、优质项目出租为辅，实现功能合理、投资经济、节能省地、分期滚动等目标。总占地面积3.01公顷，总投资1.03亿元，建筑面积4.7万平方米，包括13幢标准厂房和1幢总部大楼。该项目主要定位为“互联网+”创业创新中心和中小企业孵化器，重点引进符合桐乡产业规划的互联网产业、高端装备制造业和现代服务业，打造未来桐乡市西南部中小企业创业创新孵化和加速基地。

（韩莎里）

龙翔街道

【概况】 龙翔街道位于市区北部，与濮院镇、石门镇、乌镇镇接壤，与梧桐街道隔京杭大运河相望，湖盐公路、嘉湖公路、四级航道东宗线穿境而过，街区北部有申嘉湖高速公路出口。总面积39.83平方千米，辖1个社区，8个居民小组；9个村，179个村民小组。总户数6768户，总人口2.73万人。2016年，实现地区生产总值17.2亿元，比上年增长12.8%；财政收入8588万元，增长23.4%；完成外贸出口额13.5亿元，增长10.6%；农村居民人均可支配收入2.61万元，增长7%。

产业发展 实现农、林、牧、渔业总产值2.57亿元，比上年增长17.2%。全年农作物播种面积3512.5公顷，其中粮食播种面积1327.87公顷，产量8986吨。饲养蚕种4138张，蚕茧产量211吨；湖羊饲养量1.4万头、家禽52.1万羽；肉类产量542吨。种植杭白菊194.47公顷，产量440.9吨；晒红烟46.6公顷，产量95.3吨；蔬菜播种面积1727.13公顷，产量3.86万吨。加大农业投资，全年完成农业投入2668万元，增长36.5%。董家茭白全年实现总产值1.55亿元，平均亩产值1.15万元。开发乡村生态旅游产业，红杉邨景区开展国家AAAA级旅游景区创建，荷博园和乌老庄项目列入全市庄园经济创建规划。全年新培育特色家庭农场8家，创建市级示范性家庭农场1家。加强农业基础设施建设，新建水闸

2016年龙翔街道主要经济社会指标完成情况

表35

指　　标	单　位	数　值	比上年(±%)
地区生产总值	亿元	17.2	12.8
财政收入	亿元	0.86	23.4
农业总产值	亿元	2.57	17.2
粮食总产量	万吨	0.9	11.8
工业销售收入(规模以上企业)	亿元	35.65	1.9
固定资产投资	亿元	14.87	23.5
其中工业生产性投入	亿元	6.8	38.7
实际利用外资	万美元	341	34.3
引进境内市外资金	亿元	1.85	0.4
外贸出口额	亿元	13.5	10.6
农村居民人均可支配收入	万元	2.61	7

6座，泵站1座，街道水文站和元丰节水灌区项目通过竣工验收。推进农村土地承包经营权确权登记颁证工作，完成测绘面积1679.73公顷，测绘率90.1%。村级经济不断壮大，实现村组集体经营收入1759万元。全年实现工业总产值50.7亿元，其中规模以上企业完成产值35.36亿元。缴纳税金2.01亿元，其中工业税金1.57亿元。完成固定资产投资14.87亿元，其中工业生产性投入6.8亿元，服务业投资7.8亿元。以"稳增长、促发展"为目标，推动企业开展"两化融合"工作，加快企业梯队培育，做好企业培育提升，全年申报完成规模以上工业企业3家，服务业限额以上企业6家，"个转企"11家。有市级重点项目9个，其中工业项目8个、服务业项目1个，开工率100%，投资完成率162.74%。盘活存量土地13.53公顷。加大招商引资力度，全年引进鸿铭玻纤织造、大年堂商贸等7个市外内资项目，利用市外内资1.85亿元，其中注册资金1亿元；合同利用外资2979万美元，实际利用外资341万美元；"浙商回归"到位资金8217万元。注重人才工作，推报"国千"人才2人、"省千"人才3人，嘉兴市、桐乡市精英计划人才项目各2人。

城乡建设　城乡建设稳步推进。围绕节地平衡，龙翔街道出台《2016年农房改造集聚实施办法（试行）》。全年投入7000多万元，加快双桥北苑公寓房建设进度；新增城乡一体新社区农户建房128户。完成桐乡和嘉兴市两级对7个农业综合项目进行单体、整体验收，验收面积25.28公顷。年内新增复耕单体验收面积16.25公顷。完成12.77公顷农村土地综合整治项目立项。完善污水管网建设，投资500万元，建设三级污水管网13.2千米。投资900万元，实施2016年度城镇生活污水入网改造项目，8月，A、B标段开始施工。启动实施湖盐线两侧二级管网改造工程，主要改造井位阀门，防止污水倒灌。投资156万元，基本完成龙翔街道雨污水管网梳理、探测、运维、零星修复及应急改造工程。投资1180万元，启动实施双桥北苑二期电力配套工程。基本完成皂林新区庆北区块征迁安置相关工作，全年完成签协户257户，管理在建农户257户，拆除旧房242户，道路浇筑基本完成，已投入征迁资金1.69亿元。基本完成红星别墅安置区、王家埭等拆迁安置和基础设施配套工作。新建道路2.29千米，完成道路大中修0.85千米，改造修缮桥梁14座。抓好"清三河"长效监管，防止治理成果反弹，进一步落实"河长制"，夯实河长制基础工作。完成区域内130条入河排污（水）口排查工作；推进河湖塘清淤，完成10条河道4519米的清淤工作，镇级交界断面水质考核合格。继续推进畜禽养殖业整治。巩固生猪退养工作，开展养鸭业污染专项整治，拆除116户约12万平方米鸭棚，养鸭业全面退养。抓好"三改一拆"工作，完成旧住宅区改造1.8万平方米，旧厂区改造5.38万平方米，城中村改造3.12万平方米，拆除违章建筑13.05万平方米。通过"无违建街道"复查工作。完善长效保洁巡查机制，加大考核重奖重罚力度，调动各主体单位积极性。

社会事业　开展中国共产党建党95周年暨红军长征胜利80周年系列主题宣传教育活动。实施文化惠民工程，提升公共文化服务水平，开展"最美龙翔人"评选第三季活动，传播杨园先生（即张履祥）《训子语》精髓，拍摄龙翔好家风好家训专题宣传片。社区医疗服务站实现全覆盖，新型城乡居民合作医疗参加率99.7%，城乡医保报销补偿金额1757.6万元。落实就业扶助政策，总体就业率稳定在97.1%。加大社会救助力度，全年发放各类补助147万元。重视老龄事业发展，新建AAAA级居家养老服务中心1家。推进"一张网"建设，打造"平安龙翔"。大力推进平安建设信息系统与"网格化管理、组团式服务"融合，完善社会治理信息采集上报"以奖代补"。创建龙翔大道东段"平安片区"，开展"红袖章"大巡防，打造龙翔"邻里守望"特色群防群治品牌。开展皂林望龙小区治安重点区域整治，推进社会治安防控体系信息化建设，新增社会面监控点84处。推进企业安全生产互助，开展企业安全管理社会化服务。杨园村创建为浙江省综合减灾示范村。开展法律援助35件次，法律咨询1512人次，调解各类矛盾纠纷579件，调解成功率98.9%。实施"阳光信访"，信访积案得到有效化解。刑事警情发生率下降18.5%，安全生产死亡事故下降20%，火灾发生率下降

2016 年“平安龙翔”实现桐乡市十三连冠　　龙翔街道提供

13.7%，“平安龙翔”实现桐乡市十三连冠。

【完成禽舍拆除工作】 2016 年，龙翔街道实施禽舍拆除工作。制定《龙翔街道禽舍拆除专项行动宣传方案》，进村入户发放宣传资料 5000 余份，发放承诺书、倡议书 1000 余份。同时，出台《龙翔街道禽舍拆除补助方案》，对禽畜养殖实行“违必拆，六先拆”，即未经国土部门办理用地手续的、依法划定的禁养区、距离村民居住房少于 100 米范围的、各类河道两侧 50 米范围内、养殖排泄物处理不符合环保及相关要求的、未签订病死动物无害化处理承诺书等六种情况一律先行拆除。在禽舍拆除时期，通过农民信箱向全市发布活鸭及禽蛋出售信息 10 余次，街、村干部主动帮助养殖户联系市内外禽蛋营销商上门收购 20 余次，帮助清除活鸭 6 万羽。至 9 月底，拆除鸭棚面积 7.73 万平方米，18 余万羽活鸭全部清栏。专项行动中实现零投诉、零强拆、零上访。

【桐乡市第一届荷花文化节开幕】 7 月 23 日，桐乡市第一届荷花文化节开幕。同时，举行荷博园开园仪式。荷博园位于龙翔街道正福村狮子浜。荷花文化节自 7 月 23 日—8 月 31 日，其间举办精品荷花展、精品睡莲展、少儿绘画大赛、荷花美食节等一系列特色活动。荷博园总规划面积 38 公顷，是浙北地区规模最大、品种最齐全的荷花、睡莲珍贵品种培育种植基地。荷博园分三期进行开发，首期开发 11.33 公顷，栽种精品莲花、睡莲 300 多个品种，二、三期开发重点是荷衍生产品、餐饮、住宿游乐等配套设施。

【创建皂林平安片区】 2016 年，龙翔街道通过加大硬件投入，开展专项整治，逐步完善皂林片区环境。片区内设置平安守望点 35 个，组建专职巡防队 2 支，平安志愿者队 1 支。投资 30 余万元，使片区内监控探头增至 75

2016 年龙翔街道各村(社区)基本情况

表 36

村(社区)	户数(户)	户籍人口(人)	中共支部(总支、党委)书记	村委(社区)主　任	集体经济总收入(万元)
皂林村	807	3190	沈林泉	沈林泉	71.58
南王村	475	1888	俞有章	俞有章	39.56
董家村	626	2465	吕立峰	朱文娟	4.96
金牛村	772	3090	王建强	姚培根	24.88
正福村	468	1940	陈福新	陈福新	22.78
元丰村	787	3178	姚兴佳	姚兴佳	40.51
杨园村	715	2824	沈晓华	姚坤潮	8.54
单桥村	774	3021	穆建华	穆建华	18.91
翔厚村	1172	4574	邹雪明	邹雪明	69.82
秀溪社区	388	1139	陈福祥	朱红燕	

个，实现开放小区视频全覆盖，打造皂林亲新家园自治服务站。片区内建有公共消防点1个，消防栓20个，消防安全宣传长廊1条，以及平安电子屏、平安综治宣传橱窗、平安街面墙绘3个平安宣传阵地。结合平安片区建设，开展无证经营、出租户消防安全、非法托幼园所、寄递行业的专项整治。

【杨园村成功创建浙江省森林村庄】 12月，龙翔街道杨园村通过森林村庄创建验收，被浙江省关注森林组织委员会命名为浙江省森林村庄。全村绿化面积194.2公顷，林木覆盖率38.84%；公共绿地面积20.3公顷，人均公共绿地面积49.5平方米，林木育苗面积31.3公顷。村域范围内建有绿化通道3500米，绿化面积16.6公顷，主要道路绿化普及率100%以上；水系长度12.5千米，绿化面积12.2公顷；全村有防护景观林面积4.6公顷，农田林网空置率12%。近两年村集体用于绿化投入400万元，民间林业资金投入超230万元。

（张国桢）

崇福镇

【概况】 崇福镇位于桐乡市西南，西与大麻镇相接，东与高桥镇相邻，北与洲泉镇、石门镇、凤鸣街道相连，南与海宁市接壤。全镇总面积100.14平方千米，建成区面积12.05平方千米。辖26个村，543个村民小组；3个社区，285个居民小组。总户数2.71万户，总人口10.19万人，新居民人口4.18万人。2016年实现地区生产总值79.73亿元，比上年增长5.2%；财政收入3.52亿元，增长12.5%；农村居民人均可支配收入2.96万元，增长10.9%。

产业发展 有耕地5842公顷，其中水田4863.67公顷、旱地978.4公顷、桑园1244.27公顷。强化粮食生产安全，新建粮食生产功能区6个，面积302公顷，粮食播种面积4353.8公顷，粮食产量3.32万吨。种植油菜290.73公顷，产量796吨；杭白菊217.4公顷，产量817吨。拥有蔬菜基地16个，年产蔬菜6.63万吨。饲养蚕种2.2万张，蚕茧产量1092吨，蚕茧总收入3847.72万元。新增流转土地116.47公顷。防止和遏制散养户复砌猪栏、复养生猪，生猪存栏4817头，出栏7543头；湖羊存栏2.3万头，出栏2.55万头。有大型家禽养殖场4个，家禽存栏数15.8万羽，出栏11.4万羽。发展农场、庄园经济，城郊新型现代农业园粗具规模，紫薇公园、食虫植物园、玫瑰园、农创园等区块日渐成熟，特色民宿区加快建设。新增家庭农场13家，累计42家，其中森利园农庄被评为国家AAA级旅游景区。全年完成农业投资6400万元，实现农业产值4.77亿元、林业产值148万元、牧业产值1.27亿元、渔业产值2593万元、农林牧渔服务业产值336万元。有各类工业企业4200余家。新增规模以上企业6家，累计158家。全年实现工业总产值409.58亿元，增长1.4%。规模以上企业实现总产值174.1亿元，增长0.2%。销售收入超亿元企业35家。完成“两退两进”项目7个，实施“机器换人”项目45个，加快发展新特材料、电子信息、装备制造等新兴产业，新兴产业中规模以上企业实现产值11.2亿元，占规模以上企业总产值6.5%，上升4.5个百分点。完

2016年崇福镇主要经济社会指标完成情况

表37

指　　标	单　位	数　值	比上年(±%)
地区生产总值	亿元	76.74	1.44
财政收入	亿元	4	9.6
农业总产值	亿元	4.67	−14.3
粮食总产量	万吨	3.01	−9.3
工业销售收入(规模以上企业)	亿元	164.38	0.2
固定资产投资	亿元	70.36	18.9
其中工业生产性投入	亿元	32.42	18.6
实际利用外资	万美元	762	−69.5
引进境内市外资金	亿元	12.71	−2.3
外贸出口额	亿元	18.71	3.8
农村居民人均可支配收入	万元	3.26	12.8

成固定资产投资68.85亿元，增长16.3%，其中工业生产性投入32.42亿元，增长18.6%。工业园区道路、水电等基础设施日臻完善，全年用于园区基础设施建设投入1.5亿元，工业功能区面积8.2平方千米，园区入驻规模以上企业超百家。合同利用外资3400万美元，实际利用外资762万美元。引进市外内资12.71亿元，注册资金6.41亿元。加快生产性服务业发展步伐，南阳国际现代物流园全面启动，现普洛斯物流项目开工建设，多个知名物流企业正在洽谈，长三角具有影响力的物流平台逐步形成。发展电子商务等互联网产业，新增网上销售企业和店家176家，实现电子商务营业额10.1亿元。全年实现服务业投资37.31亿元，完成服务业"个转企"70家，全年新增服务业限额以上企业21家。

镇村建设 实施扩大杭嘉湖南排工程、中小河流治理等项目，320国道(崇新线至洲甸公路)综合整治工程和中山路改造工程完工，人民桥新桥建成，世纪大道一期贯通，实现安全饮用水、垃圾集中处理、卫生改厕全覆盖；完成农村道路大中修和改造4.86千米，改造危桥4座，标准化公路通村率100%，公交通村率100%。建成区公共绿地面积107.09万平方米，人均公共绿地面积14.71平方米。推进"美丽乡村"建设，集聚农户395户。创建省级中心村1个，实施农村生活污水治理1906户。推进"三改一拆"工作，实施建成区"三旧"(旧城镇、旧厂房、旧村庄)改造132.2万平方米，拆除违章建筑26.5万平方米。"五水共治"常态化，镇域主要河道水质达到四类以上，污水集中处理率81.4%，农村生活污水治理受益率85%。

社会事业 协调发展各项社会公共服务，加快发展教育、文化、医疗、养老等社会事业。镇中心幼儿园新园建成，实施桐乡二院改建工程。通过国家公共卫生专项检查，各类传染病得到有效防治。新建村级居家养老服务中心3家，每千名老人有床位数23张。等级幼儿园入园幼儿覆盖率100%，推进文化惠民工程建设，新建农村文化礼堂2个。举办群众性文体活动62场，崇德孔庙被列为省级文物保护单位。开展"网格化管理、组团式服务"，建立镇、村(社区)、机关企事业单位三级平安巡防指挥体系。完成第三届世界互联网大会、G20杭州峰会等重大峰会维稳安保任务。加快新型城镇化进程。运用"数字城管"解决涉及市政公用设施、市容环境、道路交通等问题，全年采集案件6022件，比上年增长8.8%，解决率100%。行政审批服务分中心全年有行政许可和审批服务事项297项，办结各类行政审批服务项目11.24万件，办结率100%。

【崇福镇获2015年度全省小城市考核优秀单位】 5月，2015年浙江省小城市培育试点工作考核结果公布，崇福镇位列全省43个试点镇第五位，创历年来考核最好成绩。崇福镇根据全省小城市培育试点"以人为本、四化同步、城乡融合、体制创新、特色发展"总要求，全镇上下齐心协力、奋勇拼搏、克难攻坚，围绕建设中国皮草名城，加快推进新型农业化、新型工业化、新型城镇化以及服务业现代化，全镇经济社会实现较快发展。

【崇福镇创建省级森林城镇通过验收】 6月，崇福镇创建省级森林城镇工作通过省级验收。其

智慧养老平台——崇福居家养老服务照料中心　　崇福镇提供

2016年崇福镇各村(社区)基本情况

表38

村(社区)	户数(户)	户籍人口(人)	中共支部(总支、党委)书记	村委(社区)主　任	集体经济总收入(万元)
城郊村	1223	5483	朱冬毛	沈永根	458
上市村	1228	5376	徐雪强	沈伟国	517
东安村	1225	5518	钟红卫	金才学	434
民利村	1067	4579	方建国	陈娟宝	274
星火村	604	2544	沈迎新	沈迎新	258
新益村	433	1844	戴叙兴	戴叙兴	224
上莫村	589	2548	李法学	李法学	428
联丰村	1217	5207	闻雪强	屠肖燕	355
利顺村	929	3926	俞佐国	俞佐国	304
五丰村	939	4106	闻明汉	闻明汉	316
芝村村	1099	4573	盛金春	盛金春	328
湾里村	885	3357	陈淼鑫	陈淼鑫	485
留良村	1122	4500	陈长青	陈长青	315
御驾桥村	614	2444	周建学	周建学	321
新桥村	798	3224	陆嵩祥	陆嵩祥	287
南阳村	595	2502	张国伟	张国伟	332
华光村	521	2177	蔡荣华	蔡荣华	177
李家浜村	474	1861	范煜忠	范煜忠	327
陈家埭村	519	2029	王林江	王林江	358
店街塘村	825	3298	方建清	方建清	675
芦母村	530	2111	钱建国	钱建国	276
景卫村	640	2710	费松良	费松良	263
中夫村	643	2704	姜锦泉	姜锦泉	301
钱家埭村	380	1598	沈加飞	沈加飞	300
茅桥埭村	762	3157	褚伟元	褚伟元	214
李家坝村	599	2560	沈伟强	沈伟强	362
中山社区	2556	6183	徐富仁	邹　武	
崇德社区	2354	5456	吕松发	沈志娟	
语溪社区	1735	4349	陈益群	孙红莺	

间投入资金4000多万元。全镇绿化面积199.95公顷,其中草坪、绿化通道18.7公顷。建成区林木覆盖率25.6%,村庄林木覆盖率41.8%;有公园绿地面积19.91公顷,人均公共绿地面积14.714平方米。干线公路、河道、骨干道路等主要绿化通道绿化率达到97%;市级以上森林村庄(含绿化示范村)占村庄总数50%,农田林网控制率91.12%。森林间接减排和缓解城市热岛、浑浊效应等效果日益显现,水源涵养作用有效发挥,水质不断改善,空气负离子平均浓度达800个/立方米,空气污染指数良好以上天数296天,优良率达到82%。

【崇福镇通过国家卫生镇省级复审】 8月,崇福镇通过国家卫生镇复审省级考核组考核复审。崇福镇自2013年成功创建国家卫生镇以来,不断巩固"创卫"成果,三年来累计完成基础设施投入8亿元,重点做好"截污纳管、行业整治、生活垃圾无害化处理"等工作。先后完成320国道综合提升改造、崇德中路立面改造、语溪大道贯通等工程,中山路维修改造、世纪大道贯通等工程进展顺利。提升道路"绿化、亮化、硬化"改造,改造姚祥村,新建城郊紫薇公园,对镇区主要道路及绿化进行整修,镇建成区绿化面积391.266万平方米,绿化覆盖率34.5%,镇区路灯亮灯率98.55%,街巷路面硬化率100%。

【森利园景区被评为国家AAA级旅游景区】 参见《旅游·规划建设》中相关条目。

(陆明钢)

乌镇镇

【概况】 乌镇镇位于桐乡市北部,东临濮院镇,南连龙翔街道,西接湖州市南浔区，北界江苏省苏州市吴江区。距市区13千米，距杭州、苏州均为80千米，距上海140千米。申嘉湖高速设有乌镇互通区。总面积67.22平方千米，其中建成区面积6.85平方千米。辖3个社区、121个居民小组；16个村，352个村民小组。总户数1.64万，总人口5.73万人。暂住人口1.89万人，登记新居民人口2.04万人。2016年实现地区生产总值33.42亿元，比上年增长9.2%；完成农业总产值2.32亿元，下降22.2%；完成工业总产值89.77亿元，增长0.17%；财政总收入2.49亿元。按户籍人口计算，全镇人均生产总值5.78万元，增长9.5%。城镇居民人均可支配收入4.8万元，增长7.4%。农村居民人均可支配收入2.83万元，增长11.1%。

产业发展 全镇粮食功能区总面积1304.4公顷，年产粮食1.51万吨(其中晚稻1.03万吨)，油菜籽192吨，菊花193吨，蚕茧454吨，蔬菜2.61万吨。年产猪羊肉586吨，禽肉573吨，禽蛋3395吨，小湖羊皮1.08万张。生猪、羊、家禽、家兔年终存栏量分别为5647头、8187头、20.36万羽、1.06万只；出栏量分别为6034头、9232头，38.22万羽，6.18万只。蚕种饲养量9285张、产量454吨。水产养殖面积36公顷、产量307.9吨。有农业龙头企业4家，其中三珍斋食品有限公司升级为国家级农业龙头企业，实现销售收入4.53亿元，比上年下降11.54%。有农业专业合作经济组织4家，成员375人。新注册家庭农场9家，总数48家，新增示范性家庭农场1家。开展镇区环境综合整治和主要道路沿线房屋美化提升改造工作，全年累计治理河道21.48千米，清理淤泥土方30.73万立方米；拆除鸭棚310户，面积19.25万平方米，拆除率99.36%，并完成复垦。加快完成第二轮“两区两化”新三年行动计划，其中2016年重点项目155项，涉及基础设施类80个、服务业项目类17个、互联网产业类42个、智慧项目类16个。实现工业总产值89.77亿元，比上年增长0.2%。以“机器换人”“两改两创”促工业经济转型升级，以信息化带动工业化促“两化”融合，助力于创新发展。45家规模以上企业全年完成股份制企业改造4家，新增国家高新技术企业1家，累计3家；新增浙江省科技型中小企业8家，累计19家，省级新产品研发立项5项；全年申请国家专利328项，其中发明专利113项；授权专利186件，其中发明专利12件，实用新型专利118件；实现“个转企”18家。完成全社会固定资产投资40.82亿元，其中工业生产性投入5.93亿元；服务业投资34.21亿元，其中生产性服务业投资15.01亿元，占服务业投资43.9%。外贸出口额11.66亿元，增长46.1%。利用市外内资10.93亿元，其中服务业内资10.77亿元，市外内资注册资金3.15亿元；合同利用外资1506万美元，实际利用外资1100万美元。乌镇景区全年接待游客758.96万人次，乌镇旅游股份有限公司全年营业收入突破13亿元。

2016年乌镇镇主要经济社会指标完成情况

表39

指　　标	单　位	数　值	比上年(±%)
地区生产总值	亿元	33.42	9.2
财政收入	亿元	2.49	−0.7
农业总产值	亿元	2.32	−22.2
粮食总产量	万吨	1.51	5.5
工业销售收入(规模以上企业)	亿元	35.63	14.6
固定资产投资	亿元	40.82	10.0
其中工业生产性投入	亿元	5.93	10.1
实际利用外资	万美元	1100	10
引进境内市外资金	亿元	10.93	30.7
外贸出口额	亿元	11.66	46.1
农村居民人均可支配收入	万元	2.83	11.1

镇村建设 启动新一轮镇域总体规划修编和乌镇历史文化名镇保护规划编制，编制“互联网特色小镇十三五规划”。推进“三改一拆”工作，全年完成三改105.81万平方米，其中改造旧住宅61.02万平方米、旧厂区26.2万平方米、城中村18.59万

平方米；拆违29.11万平方米，其中违章2.4万平方米、禽舍25.43万平方米、猪舍1.29万平方米；乌镇人民公园改造完成，已对外开放。稳步推进“两新”工程，全年集聚农户206户。加快农村土地综合整治项目复垦，立项5个，涉及面积43.39公顷。盘活存量建设用地7.8公顷，二次开发4.67公顷。优化提升农田水利基础设施建设，新建防洪闸站14座，泵站36座，修筑水渠48千米。推进“美丽乡村”“五水共治”工作，整治河道33条，修筑生态河岸38.5千米，植物型护岸28.5千米，疏浚河道21.48千米。投资1680万元，完成五星村、颜家村、南庄桥村1635户农户生活污水纳管排放工程。完成省级森林城镇创建工作。

社会事业 加大教育、文化、卫生、计生等事业投入，乌镇镇中心幼儿园民兴分园改建工程竣工并投入使用，植材小学获全国青少年“依法治国”读书教育活动组织奖，是嘉兴市教育科研基地学校；乌镇中学被评为桐乡市二星级学校和嘉兴市卫生先进单位。全镇在校学生3908人，中小学教师226人，义务教育普及率100%。年末拥有医疗卫生机构10个，其中乌镇人民医院1个、卫生服务站9个，有床位120张。有养老服务中心1个，床位120张，安置54人；新建乌镇居家养老服务照料中心，建筑面积5028.4平方米。有图书馆（室）26个，藏书11.55万册，年内新增图书8500册。组织文艺演出5场，体育竞技比赛9次，文体活动20次，组织各类培训班97期，放映电影252场。16个村3个社区文化专职管理员实现全覆盖。新建文化礼堂2个，其中陈家村文化礼堂已投入使用。探索“智慧医疗”，加快乌镇互联网医院发展，召开首届国际互联网医疗大会暨中国互联网医疗健康产业联盟成立大会。开展2016年中法（乌镇·黎塞留）教育文化交流活动。举办乌镇榜样评选活动，深入推进精神文明建设。统筹推进重点人群就业，新增城镇就业人员796人，帮助城镇失业人员实现再就业359人。社会救助力度持续加大，新增低保户91户，新增低保对象144人，发放各类补助救助金565.2万元。完善乌镇立体化治安防控体系，壮大“乌镇管家”队伍。完善“乌镇民情”管理与服务系统，上报各类信息2.36万条，处置率99.9%。结合“世界互联网大会”环境整治提升工作，乌镇镇成功创建全国卫生镇。

【乌镇镇党委获“全国先进基层党组织”称号】 7月1日，庆祝中国共产党建党95周年大会在北京召开。会上，乌镇镇党委被授予“全国先进基层党组织”称号。近年来，乌镇镇党委贯彻总书记习近平重要指示精神，把握世界互联网大会永久落户的重大机遇，聚焦发展“一业一网”（旅游业、互联网），以党建统领全局，以“整乡推进、整县提升”三年行动计划为重点，以党的群众路线教育实践活动、“两学一做”为抓手，全面实施“强基、提效、活力、连心”四大工程，实现基层党组织责任过硬、组织过硬、队伍过硬、服务过硬、业绩过硬、保障过硬，努力争创基层党建先锋镇。

【乌镇镇入选浙江省特色小镇名单】 1月28日，浙江省级特色小镇第二批创建名单公布，乌镇镇作为“桐乡乌镇互联网小镇”入选。乌镇互联网小镇规划范围为东至乌镇市河，南至西栅景区，西至薛塘，北至京杭运河，规划面积3.13平方千米，建设用地108.43公顷，计划投资100亿元。互联网小镇以清明上河图为蓝本，结合古朴典雅的水乡古镇建筑风格，集大咖办公区、大咖生活区、大数据产业园、网络科技产业园、智慧健康产业园、知识产权产业园、水街客栈、数字文化体验区、互联网国际会展中心等特色街区为一体，规划基本完成，提交专家论证，年内动工建设。至年末，落户互联网企业64家，其中乌镇互联网特色小镇规划建设项目9个，包括互联网国际会展中心、江南乌村、智慧健康产业园、互联网主题公园、互联网大数据运营中心、互联网创业街区和创客村等。

【首届国际互联网医疗大会】 6月24—26日，首届国际互联网医疗大会暨中国互联网医疗健康产业联盟成立大会在乌镇举行。大会在国家互联网信息办公室、工业和信息化部、国家卫生和计划生育委员会、国家卫生计生委医疗管理服务指导中心及中国信息通信研究院的支持和指导下，由桐乡市政府、中国互联网医疗健康产业联盟主办，乌镇互联网医院承办，浙江大学医学院附属第一医院、吉林大学第一医院、郑州大学第一附属医院、微医、健康报社等协办。1000余名国内外嘉宾参会，110名国内外专家学者发表演讲。会上，国家卫生计生委发布全国家庭健康服务平台，由家庭健康医疗门户和家庭医生签约组成服务平台，连接相关机构，对接健康医疗大数据平台，为亿万个家庭提供安全、专业、可信赖的健康内容门户和就医服务入口。会上还举行乌镇智慧健康产业园发布仪式。

【开展"乌镇榜样"评选活动】 6月，乌镇镇启动"乌镇榜样"评选表彰活动。活动目的是推进社会主义核心价值体系建设，发挥先进典型示范带动作用和优秀党员先锋模范作用，评选十佳公仆、十佳道德模范、十佳青年、十佳最美家庭、十佳岗位能手、十佳乌镇管家、十佳教育工作者、十佳医务工作者、十佳美德少年、十佳志愿者、十佳卫士、十佳"三小组长"、十佳城乡美容师、十佳遵纪守法公民共14个类别140名"乌镇榜样"，同时对党组织关系在乌镇镇、乌镇国际旅游区的"乌镇榜样"，授予2016年度优秀共产党员称号。为"乌镇榜样"拍摄宣传片，制作宣传画册。12月2日，在乌镇大剧院召开乌镇峰会总结表彰大会暨乌镇榜样颁奖典礼，并举行文艺会演。

【乌镇镇通过国家卫生镇验收】 8月，乌镇镇通过国家卫生镇省级验收。自2014年以来，乌镇镇争创全国卫生镇。成立创卫工作专项整治组57个，结合世界互联网大会环境整治提升工作，将创卫工作列入《乌镇"两区两化"战略三年（2014—2016年）行动计划重点项目》，启动实施上百个创国卫环境整治提升项目，成立镇区卫生监督队、农村卫生巡检队、创卫环境整治宣讲队。启动农村环境整治提升行动和民合、民兴集镇基础设施建设工程，打造"黄金通道"景观带，对全镇主要道路沿线房屋进行立面改造。推进"三改一拆"工作，提升镇容环境品质。实施"垃圾袋装化"和"垃圾不落地"收集清运方式，启动压缩站房改

2016年乌镇镇各村(社区)基本情况

表40

村(社区)	户数(户)	户籍人口(人)	中共支部(总支、党委)书记	村委(社区)主任	集体经济总收入(万元)
分水墩村	1082	4025	丁　蓉	丁　蓉	417.93
浮澜桥村	922	3513	邵建祥(—6月) 胡明明(6月—)	胡明明	1058.93
横港村	716	2642	朱建新	朱建新	529.62
白马墩村	845	3404	胡金祥(—6月) 姚云峰(6月—)	姚云峰	560.30
虹桥村	1170	4211	杨丽芳	杨丽芳	837.83
陈庄村	662	2644	蒋小民	蒋小民	637.09
南庄桥村	784	3093	张国荣	张国荣	361.80
碓坊桥村	825	3259	彭子明(—6月) 沈祺浩(6月—)	沈祺浩	284.51
陈家村	441	1743	冯和明	冯和明	363.34
彭家村	493	1929	曹中明(—6月，副书记，主持工作) 曹中明(6月—)	曹中明	279.87
双塔村	618	2454	钱建锋	钱建锋	425.10
新翁村	641	2537	严雪春(—6月，副书记，主持工作) 严雪春(6月—)	严雪春	439.35
颜家村	711	2790	王　震	王　震	416.16
浙月村	780	3148	沈惠章	沈惠章	741.15
民合村	713	2895	钱建松	钱建松	895.71
五星村	703	2843	宋京汉	宋京汉	946.57
东苑社区	1104	2513	徐文珍(—6月) 钮月明(6月—)	钮月明	
南宫社区	1659	4207	丁华君	丁华君	
银杏社区	1477	3476	戴生江(—6月) 李立成(6月—)	李立成	

扩建工程，日处理垃圾能力从120吨提升至240吨。落实食品安全及公共场所安全监管工作，提升医疗卫生及健康管理水平。

【成功创建省级森林城镇】 12月，乌镇镇成功创建浙江省森林城镇。创建省级森林村庄2个、嘉兴市级绿化示范村3个、桐乡市级绿化示范村4个；苗木产业得到发展，民合村、新翁村、五星村重点培育香樟、榉树、青桐、朴树、栾树等乡土树种，建成浙北万亩经济林示范基地。有苗木产业基地866.67公顷，桑园560公顷，果园33.33公顷。全镇平原绿化面积1690.07公顷，林木覆盖率25.15%。建成区绿地面积488.39公顷，林木覆盖率25.27%，人均公园面积10.25平方米。

【2016年中法(乌镇·黎塞留)教育文化交流活动】 参见《旅游·乌镇国际旅游区》中相关条目。

（费夏黎）

6月1日，2016年中法(乌镇·黎塞留)教育文化交流活动欢迎仪式　乌镇镇提供

濮院镇

【概况】 濮院镇位于桐乡市东部，与嘉兴市秀洲区及桐乡市梧桐街道、龙翔街道、乌镇镇接壤。全镇总面积64平方千米，其中建成区面积12.5平方千米。辖5个社区，144个居民小组；14个村，341个村民小组。总户数1.34万户，总人口4.82万人，登记在册流动人口11.5万人。2016年实现地区生产总值88.66亿元，比上年增长10.9%；工农业总产值241.35亿元，增长2%；财政收入3.09亿元，增长22.7%；农村居民人均可支配收入2.88万元，增长10.1%。

产业发展　有耕地3542.4公顷，粮食播种面积3981.6公顷，年产粮食1.23万吨、油菜籽127吨、蚕茧380吨。出栏生猪2.32万头、湖羊3703头、家禽32.09万羽。加强农业"两区"(粮食生产功能区、现代农业综合示范区)建设，完成庄园布点规划7个，推进庄园、庭院和农场经济建设，新增土地流转面积79.07公顷，创建省级"美丽牧场"2个，完成第五批小农水项目建设，启动第七批小农水建设项目。全年完成固定资产投资59.6亿元，其中工业生产性投入26.16亿元，增长14%；实现工业总产值238.35亿元，增长3.4%，其中规模以上企业工业总产值51.7亿元，增长7.5%；缴纳税金2.65亿元，增长5.7%。有市级重点项目21个，开工率100%。新增亿元工业企业1家，新增规模以上工业企业12家，完成"个转企"80家。盘活存量土地37.78公顷，腾退低效土地10.5公顷，完成低效用地再开发12.23公顷。招商引资有序开展，合同利用外资3586万美元，实际利用外资2871万美元，实到内资58.3亿元，其中市外内资12.74亿元，注册资金3.98亿元。引进"浙商回归"资金8.12亿元。全年完成服务业投资32.92亿元，增长16.4%；实现服务业增加值53.2亿元，增长19.9%；缴纳税金3.3亿元，增长1%。濮院羊毛衫市场成交额345亿元，增长10.2%；货物周转量42万吨。新增限额以上服务业企业12家。320创意广场累计入驻企业63家，成立320众创空间，引进初创团队10个，毛衫创新园引入韩国设计师团队20家。电子商务发展迅速，实现电商成交额80亿元，电商行业协会会员66家，入驻电商大楼27家。加大品牌培育力度，新增中国服装成长型品牌3个、嘉兴名牌1个。经2016中国

2016 年濮院镇主要经济社会指标完成情况

表 41

指　　标	单　位	数　值	比上年(±%)
地区生产总值	亿元	88.66	10.9
财政收入	亿元	3.09	22.7
农业总产值	亿元	3.29	−53.3
粮食总产量	万吨	1.23	−17.5
工业销售收入(规模以上企业)	亿元	49.27	6.5
固定资产投资	亿元	59.6	15.2
其中工业生产性投入	亿元	26.16	14
实际利用外资	万美元	2871	−5.8
引进境内市外资金	亿元	12.74	−4.7
外贸出口额	亿元	1.35	13
农村居民人均可支配收入	万元	2.88	10.1

品牌价值评价信息发布，“濮院毛针织”区域品牌价值75.01亿元，比上年升值41%，入围最具潜力区域品牌30强。

镇村建设　濮院镇完善《桐乡市毛衫时尚小镇概念性城市设计》《桐乡毛衫时尚小镇发展规划》，完成《濮院镇有机更新项目控制性详细规划》编制，启动特色小镇AAA景区规划编制。古镇有机更新项目进入全面建设阶段，启动古镇观光区(主要为蚬子滩古民宿复建、茶楼复建、北更楼复建)、游客接待中心建设工作。启动主要道路沿线破旧房屋立面改造，推进炉新公路精品路线、桐星大道新妙智村段绿化提升。实施中兴路、滨河大道、紫金路(申康桥——桐星大道)、新生集镇、横新公路等道路改造工程。完成农村生活污水治理600户，微动力100户，纳管排放500户。推进新村集聚点建设，集聚农户500户。落实“三改一拆”，完成“三改”面积106.77万平方米，拆除违法违章建筑21.1万平方米。推进“五水共治”，拆除鸭棚9.74万平方米，完成14条河道清淤疏浚工作。省级森林城镇通过预检验收，创建省级森林村庄1个，完成村镇绿化20.93公顷。完成幽湖公园、农贸市场改造提升工程。

3月15日，2017中国·濮院国际毛针织服装博览会开幕

濮院镇提供

社会事业　有中小学校5所，在校学生7541人，其中新居民学生4956人；新居民子女学校1所，在校学生1472人。启动第四中心幼儿园筹建，完成濮院茅盾实验小学一期工程。中心卫生院1所，卫生分院1所，社区卫生服务站12家。有敬老院1所，床位84张。居家养老服务照料中心9家。全年发放困难群体救助金162.6万元，慈善救助金109.4万元。城乡居民合作医疗保险参保3.36万人，参保率99.5%；城乡居民养老保险参保1.3万人。启动镇文化艺术中心建设工程，有文化活动中心7个、文化活动室7个、农家书屋14个、农村文化礼堂7个，聘任村(社区)专职文化管理员17人。出刊《濮院时间》6期。深化“法治、德治、自治”建设，加强专职网格员队伍建设。重视国防工作，输送优质兵员21人。

【濮院镇入选首批中国特色小镇】　10月13日，中国特色小

2016 年濮院镇各村(社区)基本情况

表 42

村(社区)	户数(户)	户籍人口(人)	中共支部(总支、党委)书记	村委(社区)主任	集体经济总收入(万元)
新河村	908	3890	张兴强	祁桂仙	290.44
永联村	533	2324	姚锦民	苏忠明	499.52
永越村	906	4063	朱坤荣、庄明火	庄明火	578.9
永乐村	733	2976	胡建良	徐炳春	821.99
新濮村	800	3224	周哲斌	周哲斌	723.42
新星村	991	4158	朱建锋	朱建锋	506.13
新东村	542	2108	计利锋	计利锋	141.57
红旗漾村	562	2203	周建生	周建生	207.58
新妙智村	529	2125	杨森坚、沈利新	杨森坚	312.74
油车桥村	410	1621	钟　华	钟　华	94.14
新联村	653	2555	朱永良	沈海杰	831.5
新港村	686	2746	黄培江	朱建峰	315.14
星旗村	458	1776	金国良	朱新美	180.59
西浜村	571	2174	徐玉良	胡国明	340.11
锦苑社区	1472	3757	徐伟红	徐伟红	
梅园社区	1835	4569	倪丽秋	倪丽秋	
双龙社区	83	208	甘晓莉	甘晓莉	
永乐社区	537	1323	胡建良	徐炳春	
新生社区	159	380	朱永良	沈海杰	

(城)镇建设经验交流会在杭州召开，住房和城乡建设部公布第一批中国特色小镇名单，濮院镇入选首批中国特色小镇。濮院镇自 2015 年入选首批省级特色小镇创建名单以来，树立创新、协调、绿色、开放、共享五大发展理念，全年完成投资 14.1 亿元，在省级 37 个特色小镇考核中，名列全省第九，时尚类第二。年内，“桐乡毛衫时尚小镇”主动对标中国特色小镇，以时尚产业为主导，建设集创意设计、针织材料开发、毛衫文化展示、流行趋势发布和旅游驱动为一体的国际一流特色小镇，打造毛衫时尚小镇升级版。

【聚晟创业园落户濮院】 9 月，桐乡市第五轮“壮大工程”的 30 个经济薄弱村、2 个经济强村(濮院镇永越村、永联村)和濮院针织产业园区开发建设有限公司共同投资建设市级“壮大工程”抱团项目聚晟创业园。项目位于桐乡市濮院镇桐星大道东侧，永越大道南侧，聚成路西侧，金龙路北侧，总投资 2.2 亿元，是桐乡首个市级抱团项目，也是嘉兴地区投资最大的村级集体经济抱团项目。规划设计建造 22 幢厂房，委托濮院针织产业园区管委会对项目进行统一设计、统一建设、统一招商、统一管理。项目投产后，预计每年将为村级集体经济增加 1000 多万元，每个重点扶持村每年将增加村集体经济收入 30 万元。

【2016“濮院杯”PH VALUE 针织设计师大赛】 3 月 17 日，2016“濮院杯”PH VALUE 针织设计师大赛颁奖仪式在上海国家会展中心举行。此次大赛是濮院羊毛衫市场管委会与中国纺织工业联合会就 PH VALUE 开展的首次合作，旨在提升毛针织服装设计能力，推进毛针织服装产业自主创新、品牌建设和转型升级。大赛历经三个月，收到来自濮院、大朗、清河、海阳等毛衫集群设计师和东华大学、北京服装学院、黑龙江大学、湖南工程学院等国内高校服装设计专业学子作品 200 余件，经过大赛评委会初选，15 幅优秀作品进入复评，最终评出十佳作品。

(李夏洁)

石门镇

【概况】 石门镇位于桐乡市中部，距市区 10 千米，与梧桐街道、凤鸣街道、龙翔街道、乌镇镇、崇福镇、河山镇、湖州市接壤。全镇总面积 63.23 平方千米，其中建成区面积 4.9 平方千米。辖 1 个社区，34 个居民小组；18 个村，360 个村民小组。总户数 1.33 万户，总人口 5.24

万人，新居民人口 0.92 万人。2016 年实现地区生产总值 26.17 亿元，工农业总产值 116.86 亿元，财政收入 1.41 亿元，农村居民人均可支配收入 2.82 万元。

产业发展 有耕地面积 3996.73 公顷，其中水田 3079.8 公顷、旱地 916.93 公顷、桑园 828.87 公顷。全年粮食播种面积 2124.8 公顷，油菜 183.53 公顷，杭白菊 699.6 公顷，蔬菜 1772.4 公顷，水果 275.6 公顷。年产粮食 1.53 万吨，油菜籽 435 吨，杭白菊 2019 吨，蔬菜 6.52 万吨，水果 8799 吨。生猪存栏 2378 头，出栏 3791 头；湖羊存栏 3.29 万头，出栏 5.33 万头；兔存栏 2.39 万只，出栏 4.8 只；家禽存栏 13.5 万羽，出栏 26.53 万羽。全年饲养蚕种 1.19 万张，蚕茧产量 616 吨，水产养殖面积 36.67 公顷，水产品产量 721 吨。强化粮食生产安全，新增土地流转面积 104.4 公顷。推进粮食功能区建设，新建粮食生产功能区 80 公顷，成立全市首家粮食专业合作社联合社。完成首个庭院经济示范点建设，创建市三星级现代农业庄园 2 家。推进久和猕猴桃基地改造提升项目、新天泽农场果蔬栽培智能温室等 4 个现代农业发展项目建设，联翔双孢菇基地水稻秸秆收储仓库建设项目通过验收。启动桐乡市石门现代生态循环农业示范区项目。基本完成“北永兴港西圣埭港段治理工程”，全面完成“小型农田水利工程”。全年完成固定资产投资 19.82 亿元，比上年增长 13.6%，其中工业生产性投入 11.36 亿元，增长

2016 年石门镇主要经济社会指标完成情况

表 43

指　　标	单　位	数　值	比上年(±%)
地区生产总值	亿元	26.17	－0.9
财政收入	亿元	1.41	26.4
农业总产值	亿元	4.28	－13.6
粮食总产量	万吨	1.53	－0.4
工业销售收入(规模以上企业)	亿元	49.52	－2.3
固定资产投资	亿元	19.82	13.6
其中工业生产性投入	亿元	11.36	2.1
实际利用外资	万美元	—	—
引进境内市外资金	亿元	3.58	27.6
外贸出口额	亿元	3.21	18.3
农村居民人均可支配收入	万元	2.82	9

2.1%，实现工业总产值 112.31 亿元，完成工业增加值 10.9 亿元。年度 4 个市级重点项目(工业项目 3 个，服务业项目 1 个)累计完成投资 2.31 亿元，开工率 100%。新增规模以上企业 10 家，规模以上企业总数 72 家，实现规模以上工业企业产值 50.76 亿元，利润 2.55 亿元。完成“个转企”28 家。全年淘汰落后产能 3 家，实施“机器换人”项目 47 个，完成投资 9.41 亿元。“两退两进”成效明显，完成“退低进高”3 个，腾退土地 17.99 公顷，完成存量土地挖潜 7.07 公顷。招商引资有序开展，全年引

3 月 26 日，石门镇在殷家漾村举办石门湾 2016 梨花节

石门镇提供

进项目13个，利用市外内资3.58亿元，注册资金2亿元，引进“浙商回归”资金6000万元。鼓励和支持科技创新。申报专利337件，其中发明专利67件，申报各类科技计划项目32个。新认定省级科技型企业4家、省级重大专项1个、各级高新技术研发中心5家。建设管理创新达标企业1家，组织培育国家级高新技术企业2家。加快服务业发展。新增限额以上服务企业4家，累计29家，完成服务业投资8.23亿元。加快石门湾鞋业城等三产项目建设，推进“电商换市”工作，建立“阿里巴巴桐乡产业带”，创建电子商务集聚区，组织企业入驻“中国质造”平台，成立商盟联合会。发展旅游业，启动乌镇—石门省级旅游度假区规划编制，推进桂花村、罗家角遗址、桃梨满天下等景区建设，举办梨花节、桂花节、水果采摘节等活动。石门湾四季果园被评为浙江省果蔬采摘旅游基地，华圣石斛园被评为浙江省中医药文化养生旅游示范基地。

镇村建设 深入实施“五水共治”，疏浚河道11条8.3千米、池塘27处3.28万平方米。完成水生态修复工程，建设生态浮岛3474平方米。城镇生活污水入网改造二期工程完成，600户居民生活污水入网排放。推进“三改一拆”，完成“三改”面积13.5万平方米，拆除违章面积12万平方米。全面完成生猪退养工作，深化防反弹复养专项行动。加大羔羊工业园区改造提升项目建设力度，完成羔民线（羔羊集镇段）市政改造工程，改造银杉大道，改善鞋业城周边配套环境。启动临杭大道和南排工程建设。统筹推进“美丽乡村”及“森林石门”建设，加快市政工程建设。加大农村道路日常养护，改造危桥5座。拆迁农户22户，安置失地农民418人，集聚农户507户。全年投入4226万元，加大园区基础设施建设。完成G20杭州峰会和第三届世界互联网大会·乌镇峰会环保任务。深化“四位一体”长效保洁机制，完成全镇所有农村垃圾收集房改造提升工作，实行“以桶换桶、桶车对接”的垃圾清运新模式。加强环境卫生整治和考核督查工作，巩固国家卫生镇创建成果，顺利通过国家卫生镇第一轮复查。

社会事业 教育事业稳步发展，义务教育入学率100%，幼儿入园率100%。名人文化和文化品牌效应不断扩大，首届全球丰子恺散文奖评选大赛优秀作品集出版，启动第二届丰子恺中外散文奖筹备工作，推进丰子恺纪念馆改扩建工程建设。有村级文化礼堂9个，覆盖率50%。举办各类广场文化活动40场，文化下乡演出20场，电影下乡236场次。石门镇获“第五批浙

2016年石门镇各村（社区）基本情况

表44

村（社区）	户数（户）	户籍人口（人）	中共支部（总支、党委）书记	村委（社区）主任	集体经济总收入（万元）
安全村	723	3240	沈云丰	沈云丰	275.45
羔羊村	759	3171	顾铭强	顾铭强	189.19
二大埭村	383	1664	沈雪根	沈雪根	214.82
崇安村	762	3258	钟明鑫	钟明鑫	292.47
郜墩村	919	3904	张晓平	徐　强	623.27
东池村	687	2948	陆永高、陆进华	陆永高、陆进华	506.38
石门村	340	1066	褚云锋	褚云锋	109.09
颜井桥村	813	3361	郭振潮	张云国	613.98
桂花村	637	2717	钟明富	钟明富	676.71
叶新村	772	3208	钟子兴	诸建强	414.33
民联村	758	3086	朱钰祥	邱晓东	543.67
白马塘村	610	2449	朱一鸣	张爱英	264.20
民丰村	745	2974	高掌莲	高掌莲	428.06
周墅塘村	656	2595	汤雪坤	姚慧涛	350.46
墅丰村	872	3690	窦国勇	窦国勇	516.29
春丽桥村	564	2305	张卫兴	张卫兴	421.11
殷家漾村	475	1934	施玉祥	施玉祥	205.09
陆家庄村	526	2035	张惠强	张惠强	315.38
玉溪社区	1246	2843	颜伟强	张建丽	

江省历史文化名镇”称号。推进医联体建设，促进优质医疗资源下沉，提升医疗卫生服务水平。加强疾病预防、食品药品安全工作，保障全镇群众医疗健康。加快整合卫生、计生资源，稳妥有序实施全面二孩政策，开展生育登记服务，健全计划生育特殊家庭关爱帮扶制度。做好人口和计划生育工作，全年计划生育符合率99.03%。深化德治、法治、自治建设，规划建设8个法治文化阵地。开展民主法治村（社区）和诚信守法示范企业创建活动。发挥“石湾说法”公众号和“社区矫正公益劳动学习基地”作用。开展“大排查、大整治、大创建、大巡防、大宣传”活动，圆满完成G20杭州峰会和第三届世界互联网大会·乌镇峰会各项保障工作。新增城乡居民基本养老保险参保人员161人，城乡居民基本医疗保险参保率99.9%，全年为40.9万人次报销医药费3812万元。加大社会救助力度，全年发放低保金、救助金801万元，发放失业保险金169万元。完善养老服务体系建设，新增居家养老服务照料中心4个，累计17个。有敬老院1所，床位120张，安置48人。全年落实扶贫建房2户。

【石门湾粮食专业合作社联合社成立】 1月27日，桐乡市石门湾粮食专业合作社联合社在石门镇兴农合作社成立，这是桐乡市首家粮食专业合作社联合社。大会通过联合社章程以及联合社成员代表大会选举办法，选举产生首届理事会和监事会。市农经局、财政局有关领导出席会议。石门湾粮食专业合作社联合社注册资金33万元，由全镇9家粮食专业合作社通过出资比例方案及每股出资数额共同发起设立。石门湾粮食专业合作社联合社成立，既解决了单个合作社自身难以克服的困难，剖解当前粮食合作社发展的瓶颈，同时也为全市粮食合作社联合社的推广和运作探索了经验。

【石门镇通过国家卫生镇首轮复审】 8月2—3日，石门镇迎来国家卫生镇第一轮复查，通过查阅资料、实地检查、满意度调查、听取汇报等形式，6个专业组对综合管理、爱国卫生组织管理、健康教育、镇容环境、环境保护、食品安全、重点场所卫生、病媒生物防制等工作进行检查。省复审组认为，石门镇自2013年成功创建国家卫生镇以来，做到机构不散、力度不减，以城乡环境卫生整治为抓手，城乡爱国卫生工作成效显著，城镇基础设施建设不断完善，卫生综合管理水平有较大提升，环境卫生面貌有很大改观，居民卫生意识和健康水平大幅提升，国家卫生镇创建成果得到有效巩固，达到《国家卫生城镇标准》要求，通过国家卫生镇首轮复审。

【第二届“桐乡·石门杯”鞋靴创作设计大奖赛】 参见《工业·皮革》中相关条目。

【桐乡首个中学诗教基地在石门成立】 11月23日，石门中学诗教基地暨桂花村诗词创作基地授牌仪式在石门中学举行。市政协主席池晓明向石门中学授“桐乡市诗教基地”牌匾，市文联常务副主席钟云坤向桂花村授“桂花村创作基地”牌匾，石门中学校长吴建伟向8名桐乡市诗词楹联学会会员颁发驻校诗人聘书。石门中学缘缘文学社学生表演诗歌吟诵，吴门诗社社长、品宋斋创始人董学增为同学们作诗词讲座。成立诗教基地有助于促进诗词楹联学会服务社会，有利于学校开展特色教育。石门中学将发挥诗教基地作用，定期邀请驻校诗人到校指导，编写具有石门特色的诗词教材，开展诗词学习、创作等活动。

【石门林丰果业入选全省第二轮造血型扶贫基地项目】 3月11日，省慈善总会组织的全省第二轮造血型扶贫基地项目签约仪式在浙江省庆元县举行。桐乡市石门林丰果业造血型扶贫基地项目，成为全省第二轮“浙江农信慈善基金”10个造血型扶贫基地项目之一，是桐乡市唯一入选的基地。2012—2014年，石门镇林丰果业专业合作社扶持困难户102户，3年投入资金126万元；通过对困难户开展养羊、养鸡，种植果树、种植杭白菊及帮助劳动就业等活动，被扶持户3年获经济收入320多万元；基地扶贫设施得到改善，扶贫能力得到提高。该项目获评省“第二届慈善项目创新奖”。

（周　慧）

洲泉镇

【概况】 洲泉镇地处桐乡市最西端，东接崇福镇、石门镇，南邻大麻镇和杭州市余杭区，西连湖州市德清县，北靠河山镇，距桐乡市区22千米，离杭州、嘉兴、湖州均不足50千米。全镇总面积73.36平方千米，其中城镇建成区面积9.3平方千米。辖19个村、433个村民小组；1个社区、45个居民小组。总户数1.56万户，总人口6.4万人。新居民约3万人。2016年实现工农业总产值471.92亿元，比上年下降8.37%，其中农业总产值5.43亿元，增长4.9%；实现地区生产总值87.29亿元，增长9.2%；财政收入3.93亿元，增长27.5%。农村居民人均可支配收入2.73万元，增长9.6%。

产业发展 全镇耕地面积3969.67公顷，其中水田3517.4公顷、旱地452.33公顷、桑园417.33公顷。全年粮食播种面积2786.67公顷，产量2.14万吨，水稻机械化种植面积473.13公顷。各类经济作物种植面积2613.07公顷，油菜种植面积136.93公顷，油菜籽产量361吨；蔬菜种植面积1768.4公顷，产量5.12万吨；杭白菊种植面积11公顷，产量32.2吨。全年实现牧业产值1.38亿元，占农业总产值25.5%；生猪饲养量5.07万头，出栏3.9万头，均比上年下降15.6%；湖羊饲养量1.71万头，出栏9437头；家禽存栏36.37万羽，出栏130万羽；饲养蚕种5026张，蚕茧产量275吨；水产养殖面积839.93公顷，水产品产量7369吨，拥有千亩养殖场1个。完成农业投资5760万元，新增土地流转17.67公顷，有专业合作社4家、家庭农场6家、联合社1家，嘉华牧场被评为市级三星级庄园，马鸣村新型农业现代化示范区建设完成年度计划。加强农田水利基础设施建设，疏浚河道33.4千米，修筑护岸16千米，水系沟通2.9千米，新建、修建泵闸站11座，渠道1391米，滴管面积8公顷。镇工业园区面积209.47公顷，入园企业100家，产值254.7亿元，比上年增长37.6%；实现利税19.77亿元，增长84.8%。全镇有工业企业2960家，其中规模以上企业128家，增加12家；有亿元企业18家、十亿元企业4家、百亿元企业1家。规模以下企业2842家。职工人数4.81万人。全年完成工业总产值466.8亿元，比上年下降8.4%，其中规模以上企业工业销售总产值392.46亿元，下降2.2%，产销率100.9%。完成工业增加值60.94亿元，增长0.6%。实现销售产值470.2亿元，下降7.5%。全镇实现工业利税46亿元，增长76.2%，其中规模以上企业实现利税36.95亿元，增长112%。实现工业利润34.5亿元，增长143%，其中规模以上企业实现利润28.8亿元，增长234.9%。腾退低效用地13.87公顷，淘汰落后产能5项，节约煤炭9343吨，节约用水19.22万吨，通过市“退低进高”办验收。完成固定资产投资37亿元，下降11.5%，其中工业生产性投入31.18亿元，下降13.4%。合同利用外资3350万美元，实际利用外资37万美元。利用市外内资11.91亿元，下降2.4%，其中工业引进11.54亿元，下降2.2%；服务业引进0.37亿元，下降7.5%。引进“浙商回归”资金3.73亿元，下降52.8%。完成外贸出口额32.52亿元，增长9.8%，其中规模以上企业4.51亿美元，增长1.1%。12个市级重点工业项目全部开工。桐昆集团股份有限公司年产30万吨功能性纤维项目（恒通五期），浙江新凤鸣化纤有限公司年产9900万只高强度纸

2016年洲泉镇主要经济社会指标完成情况

表45

指　　标	单　位	数　值	比上年(±%)
地区生产总值	亿元	87.29	9.2
财政收入	亿元	3.93	27.5
农业总产值	亿元	5.43	4.9
粮食总产量	万吨	2.14	−3.6
工业销售收入(规模以上企业)	亿元	392.46	−2.2
固定资产投资	亿元	37	−11.5
其中工业生产性投入	亿元	31.18	−13.4
实际利用外资	万美元	37	362.5
利用市外内资	亿元	11.91	−2.4
外贸出口额	亿元	32.52	9.8
农村居民人均可支配收入	万元	2.73	9.6

管、2400吨薄膜袋、700万只纸箱项目，中电建（桐乡）光伏发电有限公司等9个项目投入生产或试生产；桐乡市青石中小企业创业创新中心有限公司中小企业创业创新基地建设项目、浙江双箭橡胶股份有限公司、浙江京马电机有限公司等3个项目进入基础工程收尾阶段。有“三产”户4300户，比上年增长7.2%，从业人数9840人。实现增加值15.77亿元，增长6.3%；完成投资8.42亿元，增长42.2%，服务业缴纳税金5064万元，增长2.5%。房地产投资9700万元，服务业引进市外内资3700万元。洲泉足佳鞋业市场2016年交易额22亿元，下降12%。有省级企业研究院4家，其中新增1家省级重点企业研究院（新凤鸣）、3家省级企业研究院（浙江京马电机、双箭集团、浙江恒通化纤）。省级院士工作站2家（新凤鸣集团、华腾牧业）。有省企业高新技术研究中心6家，省企业技术中心4家。市级企业高新技术研究中心38家。申报专利230个。申报省重大科技专项计划项目1项，省国际科技合作基地建设1项。省级新产品试制计划181项，桐乡市引导性科技计划项目8项。科技成果登记16项，推荐申报市级以上科学技术进步奖项目3项，新增省创新型试点示范企业4家、嘉兴市创新示范企业4家。全镇新产品产值率46.3%。有高新技术企业8家，出口商品免验企业1家；中国驰名商标3件，中国名牌产品3个，国家免检产品3个，省级著名商标7件，省级名牌产品6个，浙江省著名商号3件，嘉兴市级著名商标19件，嘉兴市级名牌产品8个。

镇村建设 推进“两新”工程建设，全年集聚农户229户。推进“三改一拆”工作，拆除违法建筑25.19万平方米；完成“三改”总面积72.8万平方米。加强市政基础设施建设，加大镇区道路建设及破损道路改建力度，开展路灯、路牌、标志标线维修和完善。扩大绿化种植面积，美化镇区环境。有长效管理站19个，配备保洁员198人。完成农村公路大中修10.2千米，改造农村危桥4座。坚持“五水共治”和“五气共治”协同推进，农村及城镇生活污水治理，连续两年在全市跨行政区域交接断面水质考核中获优秀。完成农村生活污水治理1504户、城镇生活污水治理3670户，新市镇生活污水治理1033户，9家工业企业污水纳管排放，累计完成195家。农业面源污染得到有效治理，畜禽排泄物资源化利用率100%，病死动物无害化处理率100%，水产养殖塘生态化改造13.33公顷。清淤河道46条，计23.45万立方米。继续深化“清三河”工作，每个村完成2条样板河道建设，投入资金约80万元，种植水生态面积7882平方米。推进大气污染防治整治，完善秸秆禁烧和综合利用长效机制，秸秆综合利用率95%以上。

社会事业 持续推进文化惠民工程，巩固非法托幼机构整治成果，加强新居民子女积分入学管理，基本公共服务均等化水平逐年提高。完成洲泉中心小学、永秀小学改建工程；建立城乡环境卫生“四位一体”保洁机制，完善四个小集镇管理体制。开展群众性文体活动，新建村级文化礼堂2个。开展全民参保和就业状态调查登记工作，推进小微企业、灵活就业人员和农村居民参保扩面。完成镇综合文体中心主体工程建设，村（社区）居家养老服务照料中心、慈善工作站实现全覆盖，启动朝晖社区文化活动中心项目。镇人力社保

浙江京马电机有限公司　　洲泉镇提供

2016年洲泉镇各村(社区)基本情况

表46

村(社区)	户数(户)	户籍人口(人)	中共支部(总支、党委)书记	村委(社区)主任	集体经济总收入(万元)
众安村	874	3676	金建华	吕祥兴	580
马鸣村	955	4001	屠香荣	谈文洪	584
义马村	1329	5300	钟雪华	沈银南	413
湘溪村	795	3379	朱雪根	杨继红	362
屈家浜村	722	3228	杨建忠	蔡钰湘	706
金家浜村	703	2988	钱建南	张金兴	562
石山头村	590	2513	徐根荣	朱子泉	434
南庄村	447	1930	王根明	吴焕杰	433
清河村	509	2262	吴立峰	翟荣坤	292
青石村	907	3780	唐惠兴	蔡跃章	1065
东田村	543	2345	费金伦	费荣平	1195
小元头村	656	2842	张松清	赵家驹	455
岑山村	1049	4670	叶辛根	庄建学	485
合兴村	869	3640	俞伟清	俞伟清	599
后塘村	324	1367	钱觉明	倪志良	314
晚村村	931	4012	沈如孝	朱权康	372
道村村	712	3224	李维江	虞松祥	166
夜明村	585	2464	李金权	朱明权	719
坝桥村	576	2434	唐建忠	唐建忠	273
朝晖社区	1384	4017	许炳忠	俞雪根	98

所实现扩权,城乡居民基本医疗保险参保率99.8%。加强法治建设,开展"七五"普法教育和"法治、德治、自治"建设,调处各类矛盾纠纷218起,做好74名社区矫正人员、145名归正人员教育,办理市长电话131件,受理群众来信来访38件。

【"钱皇蚕丝被"挂牌上市新三板】 参见《工业·纺织服装》中相关条目。

【"桐香"牌猪肉成为G20峰会指定用肉】 2016年,浙江华腾牧业有限公司生产的"桐香"牌猪肉因其不含任何激素、抗生素,生长周期长达8个月,从全省猪肉品牌中脱颖而出,成为G20杭州峰会、世界互联网大会唯一指定餐桌用肉。该公司是一家省级农业龙头企业,主打"生态循环农业",按照绿色生态养殖、废弃物加工循环利用理念,投资1500多万元,建设占地21.33公顷的欧洲标准现代化养殖基地,常年存栏母猪580头,年出栏生猪1万头。养殖基地设有实时监控预警的"智慧养猪"系统,实行全封闭、全自动、全智能养殖方式,建有现代化动物疫病防控体系。所用饲料原料全部产自自家公司在东北的33333.33公顷订单基地。引进欧洲先进饲料加工技术,通过纳米硅酸盐微粒(PBNK)的吸附、天然抗菌蛋白抑菌和促生长效果、酸化剂的添加使用等研究,有效吸附降低饲料中霉菌毒素的残留和铅在动物体内残留,解决了传统养殖模式中猪肉药物残留难题。2014年经第三方权威机构(谱尼测试)检测,在26项指标中有25项未检出,其余一项检出值也大大优于国家标准。

【新凤鸣集团被评为全国示范院士专家工作站】 参见《工业·化纤》中相关条目。

(范依婷)

屠甸镇

【概况】 屠甸镇位于桐乡市东南部,与海宁市、嘉兴市秀洲区交界,东距上海107千米,西离杭州54千米,距桐乡、海宁市区各9千米,沪昆高速公路设有屠甸互通区,湖盐公路和南排工程长山河穿镇而过。总面积41.11平方千米,辖8个村、208个村民小组;1个社区,29个居民小组,总户数7793户,总人口3.01万人。2016年实现地区生产总值25.73亿元,比上年增长13.2%;财政收入1.41亿元,增长58.8%;农村居民人均可支配收入2.74万元,增长12.7%。

产业发展 实现农、林、牧、渔业总产值3.66亿元,比上年增长25.8%,其中农业产值2.35亿元,增长29.4%;牧业产值

0.52亿元，下降2.4%。农作物播种面积5214.8公顷，其中粮食播种面积1723.5公顷，总产量1.29万吨。蔬菜种植面积2455.9公顷，产量9.51万吨；杭白菊种植面积119.73公顷，产量331吨；果树面积171.8公顷，产量4008吨；花卉苗木面积413.4公顷，增长18.3%。流转土地1062公顷，占耕地面积45.4%。实施科技兴农战略，推广水稻良种1.3万千克，创建省级粮食高产示范方2个，落实晚稻百户优质高产示范户16户。加大支农扶农力度，机械化插秧面积333.33公顷，晚稻机收面积1006.67公顷，机收率98%。饲养蚕种5861张，蚕茧产量302吨。年末拥有农业机械总动力8940千瓦。农村经济总收入103.41亿元，增长10%。全年完成固定资产投资13.69亿元，增长0.9%，其中工业生产性投入9.14亿元，增长11.6%；完成服务业投资4.27亿元（其中南排工程1.86亿元），增长14.7%。全年规模以上企业实现产值63.74亿元，增长10.5%。加快推进退低进高、淘汰落后产能工作，实现退低进高5.33公顷，淘汰落后产能项目4个，存量土地挖潜4.93公顷。推动科技创新，新增省级研发机构1家、嘉兴市级研发机构1家、桐乡市级研发机构5家；新增省级科技型企业6家，新增高新技术企业2家，申报桐乡市级以上专利284个，发明专利43个。新增亿元企业1家、规模以上企业6家、限额以上服务业企业3家、"个转企"6家。

镇村建设 加强城乡规划设计，调整并实现全镇1+X+Y（石泾新社区6个点+村中心点5个+村附属点9个）新村点布局，着手开展村庄规划编制工作，完成汇丰村村庄规划，海星村村庄规划进入报批阶段。加强千金圩区整治工程，建设完成大鱼池抗洪泵站、朱公桥港护岸工程块石护岸，改建闸站7座、配备排涝设备10台套（水泵208寸、电机314KW）。推进扩大杭嘉湖南排（杭平申线航道改造）工程建设，妥善安置被征收户。推进"三改一拆"工作，全年拆除违章建筑3.8万平方米，拆违86户。推进"两新"工程建设，新集聚农户260户，引导农民按照"自愿、有偿、规范"原则，进行土地使用权流转。抓好汇丰、恒丰、红星、荣星、和平5个村的"美丽乡村"示范县精品路线绿化、美化、洁化工作。万星村创建为嘉兴市"优美庭院"示范村。抓好红星村2016年农村生活污水治理工程试点、工程招投标和建设工作，完成700户生活污水治理任务。实施2016年度第一批河塘清淤（污）工作，清淤河道16条，计7715米，清除淤泥11.28万立方米。

社会事业 有中小学校2所，在校学生2005人，教师151人；义务教育普及率100%，小学和中学入学率、巩固率均为100%，初升高比例100%；有幼儿园2所，在园幼儿897人，教师56人。公共图书馆1个，藏书量4.79万册；农村文化礼堂5个，文化活动中心9个，文化示范户9户，文化示范户放映电影18场；5户家庭被评为2016年度桐乡市百户特色文明家庭。有线数字电视用户8103户，入户率98.8%，有广播喇叭5840只，入户率89.6%。中心卫生院1所，社区卫生服务站8个，卫生技术人员76人，床位20张。城乡居民基本养老保险实现全覆盖，新一轮农村合作医疗保险参保1.96万人，参保率99.7%；提高

2016年屠甸镇主要经济社会指标完成情况

表47

指　　标	单　位	数　值	比上年(±%)
地区生产总值	亿元	25.73	13.2
财政收入	亿元	1.41	58.8
农业总产值	亿元	2.35	29.4
粮食总产量	万吨	1.29	−2.2
工业销售收入(规模以上企业)	亿元	61.9	8.1
固定资产投资	亿元	13.69	0.9
其中工业生产性投入	亿元	9.14	11.6
实际利用外资	万美元	339	11.9
利用市外资金	亿元	2.1	1.2
外贸出口额	亿元	7.97	11.2
农村居民人均可支配收入	万元	2.74	12.7

2016 年屠甸镇各村(社区)基本情况

表 48

村(社区)	户数(户)	户籍人口(人)	中共支部(总支、党委)书记	村委(社区)主任	集体经济总收入(万元)
汇丰村	1136	4774	陆炳康	陆炳康(兼)	403
恒丰村	720	2982	钱国强	张旭霞	907
荣星村	640	2526	金福良	姚勤锋	480
和平村	738	3096	徐瑞兴	范元松	78
联星村	742	3050	陈银洲(2016.1—8 月,副书记,主持全面;8—12 月,书记)	陈银洲	286
万星村	754	3066	朱瑞强(2016.1—8 月,副书记,主持全面;8—12 月,书记)	朱瑞强	99
海星村	816	3430	王建锋	张珍松	128
红星村	999	4030	岳晓锋	张德松	142
屠甸社区	1292	3074	徐金明	陆千红	

低保保障水平,发放低保救助金及生活补贴 102.9 万元;居家养老服务中心实现全覆盖,有 5A 级 3 家、4A 级 5 家。巩固国家卫生镇创建成果,建立健全"四位一体"长效保洁考核奖励制度。开展法治德治自治工作,深化平安系列创建,完成第三届世界互联网大会维稳安保工作,获承办工作先进集体;治安良好,社会稳定,全年无重大涉稳事件。收集反映民生问题信息 187 条,办理市长电话 152 件,排查隐患 51 处。新建农村文化礼堂 1 个,完成农村文化礼堂重点村建设工作,实施全镇全民健身器材集中检查大修工程。举办屠甸镇首届"新春轧闹猛"民俗体验游活动,和"净化新家园 · 共建新屠甸"文艺演出,全年举办文化下乡巡演活动 9 场(次)。实施村(社区)文化专职管理员制度,村(社区)均有文化专职管理员。开设戏曲、排舞、剪纸培训班,培训 20 多场次。坚持依法廉洁征兵,征集新兵 11 人。

【环境综合大整治行动】 3—12 月,屠甸镇开展环境综合大整治行动,对马路市场、镇区交通秩序、"三改一拆"重点区域、废品收购站、严重影响消防安全的违法建筑、"四位一体"等开展专项整治,六个专项整治都建立执行小组,针对"脏、乱、差"问题,进行环境综合大整治。召开环境综合整治工作动员会,对照整治内容查找问题,制定实施办法;开展集中整治,各组按照实施办法,围绕重点、攻克难点;查漏补缺,检查验收,巩固整治成果。开展各类环境整治 21 场次,成立 7 支由镇、村党员干部组成的党员突击队,参与的党员志愿者 2000 多人次,镇区新增停车位 156 只,引导和规范自产自销农户 52 户,依法取缔违法废品收购站点 75 个,拆除违章建筑 4 万多平方米。通过大整治,镇容镇貌有了很大改观,生产和生活条件得到明显改善。

6 月 30 日,屠甸镇 7 支党员突击队投入环境综合大整治行动

屠甸镇提供

【招商引资百日大会战】 6—8月，屠甸镇举办招商引资百日大会战。围绕年度招商引资目标任务，成立由镇党委书记任组长的招商引资百日大会战工作小组，将“百日会战”作为这一时期中心工作。工作小组多次赴义乌、上海等地推介、协商、洽谈，招商办人员长期驻点上海，与市驻沪联络处一起排摸有意向的外迁企业，通过当地政府和工业园区寻找符合桐乡产业规划的企业。通过记录、筛选、跟踪、宣讲、邀约、答疑、服务等有序开展招商引资活动。与上海浦东新区周浦镇结为友好乡镇，完成签约项目9个，其中外资项目2个，总投资2500万美元；内资项目7个，总投资6亿元。其中精品男装生活馆、渔光互补项目、慧彤荣湖庄园等3个项目已经落地，田源町植物提取物项目办理手续。大数据云计算等5个项目签订投资意向书。

（姚秋英）

大麻镇

【概况】 大麻镇位于桐乡市西南部，与洲泉镇、崇福镇、海宁市许村镇、杭州市余杭区接壤，京杭大运河、科洲公路贯穿全境，320国道、沪昆高速公路紧依其旁。全镇总面积32.64平方千米。辖1个社区，3个居民小组；11个村，264个村民小组。总户数8365户，总人口3.63万人。全年实现地区生产总值23.44亿元，比上年增长10.4%；财政收入7904万元，增长30.5%；农村居民人均可支配收入2.79万元，增长9.2%。

产业发展 实现农、林、牧、渔业总产值2.07亿元，其中渔业产值7698万元，占37.1%。有耕地1634.07公顷，其中水田1225.53公顷、旱地340.4公顷。粮食播种面积1150.9公顷，总产量7615吨，严格耕地保护，强化粮食安全保障，鼓励土地流转，新增粮食生产功能区53.3公顷，新增土地流转面积26.6公顷。油菜籽种植面积95.6公顷，产量259吨；蔬菜种植面积455.7公顷，产量1.44万吨；水果种植面积181.1公顷，产量2760吨。湖羊出栏2.82万头，存栏1.71万头；家禽出栏6.23万羽，存栏1.15万羽。实施国家中小河流治理和小农水重点县等水利工程项目建设，提升农田水利基础设施建设和防汛抗旱能力，建成泵、闸站11座，渠系24千米，疏浚河道17.2千米，新建护岸32.9千米，11个水利长效管护村全部达标。加强水利基础设施建设。推进第五批重点县小农水项目，实施2016年农业综合开发土地治理项目，申报并完成第七批小农水重点水利项目规划。完成河道清淤2.08千米。加快特色水产业转型升级。全面推进水产养殖业配合饲料替代冰鲜杂鱼应用，增加两个试验点0.4公顷，努力实现乌鳢养殖转型升级。海北圩水产专业合作社通过农业部水产健康养殖示范场验收，“海北圩”牌甲鱼获浙江省名牌产品称号，“海北圩”牌水产品被评为浙江省著名商标。贯彻“工业强市”战略，积极发展实体经济，不断巩固产业优势，大麻镇被认定为嘉兴市家纺布艺专业商标品牌基地。推进“两改两创”工作，实施“机器换人”项目25项，设备投资2.29亿元，引进高档纺织机械等成套设备82台套，企业装备水平不断提升。加强杭州湾轻纺城市场培育，加快电子商务集聚区建设，全年引进各类电商企业11家，新增农村淘宝

2016年大麻镇主要经济社会指标完成情况

表49

指　　标	单　位	数　值	比上年(±%)
地区生产总值	亿元	23.44	10.4
财政收入	亿元	0.79	30.5
农业总产值	亿元	2.07	27.6
粮食总产量	万吨	0.76	8
工业销售收入(规模以上企业)	亿元	28.59	5.8
固定资产投资	亿元	9.56	22
其中工业生产性投入	亿元	5.08	19.8
实际利用外资	万美元	361	18.8
利用市外内资	亿元	1.54	7.3
外贸出口额	亿元	5.92	−8.4
农村居民人均可支配收入	万元	2.79	9.2

服务点3个。启动家纺物流园区建设,新增服务业规模以上企业2家。实施力兵化纤"退二进三"项目,完成青少年素质教育实践基地土地征迁工作并启动建设,做好原大麻丝厂、老卫生院地块出让工作,推动镇南5家企业"退二进三"工作。全年完成服务业投资4.2亿元,比上年增长18.6%,经济结构进一步优化。建立"个转企"、规模以上企业、亿元企业三个培育数据库,强化跟踪服务,解决发展难题。全镇有规模以上企业70家,新增7家;亿元企业9家,新增1家。规模以上企业实现工业产值29.54亿元,增长5.3%。抓好有效投入,完善项目服务机制,28个市、镇重点项目进展顺利,开工率100%,竣工率82%。全年完成全社会固定资产投资9.56亿,增长22%,其中工业生产性投入5.08亿元,增长19.8%。强化招商引资"一把手"工程,推进以商招商、以企引企,全年引进市外内资1.54亿元,增长7.3%;合同利用外资480万美元,实际利用外资361万美元。开展十佳工业企业和规模企业"创先争优"竞赛活动,营造比学赶超氛围,推动117余家次企业组团赴上海、广州等地参加展会,鼓励企业"走出去",参加俄罗斯、德国、印度等国家举办的家纺博览会。拓展国内外市场,实现外贸出口额5.92亿元。强化品牌创建和科技支撑,新增嘉兴市著名商标3件、桐乡市著名商标2件,获发明专利47项,新增市级企业研发中心3家,大麻镇获浙江省家纺布艺专业商标品牌基地称号。大力发展旅游业。加快海华历史文化旅游村建设,推进海华国家AAA级旅游景区创建,完成环河绿道建设6千米,完成青少年素质教育实践基地总设计和户外22.67公顷土地征用、养殖户平塘工作。新建游客接待中心、游客停车场、知青馆、王阳明馆、金之久纪念馆,启动苕溪丝厂遗址公园建设,完成永和庄园规划设计工作。

镇村建设　加快城镇有机更新。完成光明路、镇西路两侧人行道改造提升项目和新世纪桥桥面维修工程。实施城镇生活污水入网改造。推动老卫生院地块挂牌出让,推进新天地公寓竣工和光明东路开发扫尾工作。完成镇西路中段拓宽改造和中心学校停车场土地征用及方案设计。确定镇南新区征地范围线,拟定征迁方案。启动320国道和连接线征迁前期准备工作。统筹推进"三改一拆"工作。完成"三改"面积10.3万平方米,拆除各类违法建筑5.7万平方米。整改蓝色屋面16户,整改面积3.05万平方米。巩固提升"美丽乡村"建设,推进沿线垃圾清运、农房立面改造、绿化填土种植和景观墙砌筑提升等工程,新增造林面积14.67公顷。加强"四位一体"长效保洁。修改完善"四位一体"长效管理考核奖励办法,对各村垃圾清运工作进行改革完善,农户生活垃圾实施"一户一桶",并做到垃圾"日产日清"。推进"五水共治"工作,巩固"三河"治理,加强隐患排查,严防"三河"反弹。启动桐乡市第一批河湖塘库清淤计划,完成清淤河道10条、池塘5个,清除淤泥4.56万立方米。完成704户农村生活污

2016年大麻镇各村(社区)基本情况

表50

村(社区)	户数(户)	户籍人口(人)	中共支部(总支、党委)书记	村委(社区)主任	集体经济总收入(万元)
大庄村	913	4210	朱文根	吴日青	152
崇益村	722	3219	强忠良	强忠良	146
光明村	779	3567	费林甫	费林甫	148
麻溪村	591	2657	沈桂其	沈金狗	114
西南村	690	3162	潘其夫	钱国清	250
湘洋村	824	3770	李国富	李国富	175
百富村	735	3194	王荣毛	王荣毛	326
海华村	715	3102	罗洪炎(3月—)	杨惠娟	165
黎明村	646	2902	蔡惠昌	蔡惠昌	197
吉字浜村	546	2432	沈新权	舒智慧(—3月)	197
永丰村	780	3188	蔡武强	蔡武强	157
大麻社区	421	1019	张熊麟(1—2月) 范银虎(3月—)	张熊麟 范银虎(3月—)	

水治理招投标工作和471户城镇生活污水入网改造招投标工作，完成389户新市镇生活污水入网改造，新增污水入网企业21家。

社会事业 有中心幼儿园1所，学生849名。九年一贯制中心学校1所，学生2235名。小学升初中、初中升高中比例均为100%。中心幼儿园创建为省二级幼儿园。加快发展各项社会事业。深化农村居家养老服务，实现12个村(社区)全覆盖。做好低保救助、困境儿童扶助资金发放，加大临时救助力度。完善社会保障基层服务平台建设，推进充分就业村(社区)创建，做好城乡居民基本养老保险和征地人员分流安置工作。加强社会综合治理。深化"三治合一"基层社会实践，加强专兼职网格员队伍建设，以重大国际峰会召开为契机，开展十大专项行动，全面加强社会治理。深化法治宣传教育，完善多元化调解机制和预防机制，强化社会矛盾纠纷调解和网络舆情监管引导。加强安全生产，落实安全生产主体责任，开展安全隐患排查治理工作，强化重点隐患挂牌单位督办制度。完成G20杭州峰会和第三届世界互联网大会保障工作，"平安大麻"实现桐乡市十一连冠。推进"三优"(优生、优育、优教)指导中心标准化建设，深化居家养老服务，新增5个居家养老服务照料中心；完善低保救助、优抚安置和扶残助残工作，全年发放低保金113.11万元，慈善金20.1万元，临时救助金12.7万元，救助困境儿童755人次。

【家纺科技创业园二期建设完成】 12月，大麻镇家纺科技创业园二期建设完成。科创园二期位于运河以北工业区块，老科洲公路以西，中九里港以东，总面积8.57公顷。其中A区3.13公顷，建有21幢标准厂房；B区4.2公顷，24幢标准厂房及16层家纺大厦(带地下室)；C区为物流中心，占地1.33公顷。二期项目分为生产区、商务区和其他配套设施三部分，其中生产区建设2000平方米—5000平方米不等的标准厂房；商务区为16层家纺大厦，有科技交流中心、电子商务中心、布艺创意设计中心、产品展示中心；其他配套设施有物流中心、金融企业等。标准厂房全部售罄，业主办理产权证；家纺大厦进行内部装修，正在进行招商，引进公共食堂、创意设计等配套产业；物流中心完成主体建设，25间商铺已完成15间招商工作。

【大麻镇获2015年度纺织行业创新示范集群地区称号】 5月26—28日，全国纺织产业集群工作会议在山东省济宁市召开，大麻镇应邀参加会议。会上中国纺织工业联合会对全国37个纺织试点集群进行表彰，大麻镇被授予2015年度纺织行业创新示范集群地区称号。大麻镇是浙江省首批工业卫星镇之一，是远近闻名的被面之乡，以室内布艺行业为主导产业，室内布艺产品的设计、开发已成系列，生产、销售已成规模，形成纺纱、纤经、织布、炼整一条龙生产，大麻轻纺原料市场与工业区形成原料、纺机配件与生产配套格局，全镇93%以上的农户从事家纺产品的生产加工，生产的沙发布、窗帘布覆盖全国各地，远销美国、加拿大等国家，各类家纺产品年销售额120多亿元，被业内人士誉为中国室内布艺生产基地、出口基地和商品集散地，具有"中国家纺布艺名镇"和"中国沙发

12月，大麻镇家纺科技创业园二期建设完成　　大麻镇提供

布生产基地”等称号。

【“大麻好声音”歌手大赛】 6月2日，“大麻好声音”歌手大赛初赛在大麻镇文体中心广场举行，近60人参加初赛，初赛现场增设现场报名环节。7月5日晚，“大麻好声音”决赛在大麻中心学校举行。“大麻好声音”歌手大赛历时三个多月，经过初赛、复赛，15名选手晋级决赛，海华村姚若亨获本次大赛冠军。

【亿元工业区项目举行集中开工仪式】 9月26日，大麻镇举行亿元工业区项目集中开工仪式。桐乡潮流纺织有限公司年产700万米高档装饰布项目开工。项目用地2公顷，建筑面积3万平方米，计划总投资9100万元。主要采用整经、织造、复合等技术或工艺，引进电子提花剑杆机等先进国内外设备100余套。建成后将形成年产700万米高档装饰布的生产能力，预计实现销售收入1.05亿元，利税1990万元。亿元工业区规划总面积20公顷，定位于引进国内外知名家纺龙头企业或其他各类高新技术企业。年内已有力兵化纤、飞帆纺织等企业入驻，预计全部投产后，大麻镇还将新增5—6家亿元企业。

（陆　威）

高桥镇

【概况】 高桥镇位于桐乡市东南部，东与屠甸镇交界，南与海宁市接壤，西邻崇福镇，北靠凤鸣街道。全镇总面积55.04平方千米。辖15个村、443个村民小组；1个社区，1个居民小组。总户数1.23万户，总人口4.79万人，其中新居民人口7373人。区域内有高桥、骑塘、南日、亭桥等4个集镇。区域交通便利，沪杭铁路客运专线、沪昆高速公路横贯，并分别设有高铁站、互通区，是全国为数不多的同时拥有“高铁”“高速”便捷通道的“双门户”乡镇之一。2016年实现地区生产总值29.89亿元，财政收入8978万元。工农业总产值86.6亿元，其中农业总产值5.53亿元，比上年增长11.9%。外贸出口额4.34亿元，增长8.5%。农村居民人均可支配收入2.74万元，增长10.8%。

产业发展 有耕地3493.47公顷，其中水田2856.2公顷、旱地637.27公顷。农业以粮食生产为主，蚕桑、畜牧、蔬菜等多种经营全面发展。粮食种植面积1933.7公顷，年产粮食1.51万吨；桑地766.8公顷，饲养蚕种4.16万张，蚕茧产量2184吨；种植蔬菜3033.73公顷，产量12.34万吨。现代农业稳步发展，新增粮食功能区1个，新增特色农业基地3个，流转土地43公顷。合悦·百翠农庄、大家乐生态庄园等项目加快建设。工业以包装、皮革、轻纺、化工、食品加工等行业为主。2016年新增规模以上工业企业3家，累计50家，规模以上企业实现工业总产值72.7亿元，比上年增长1.3%。完成固定资产投资28.86亿元，增长20.9%，其中工业生产性投入8.75亿元，增长12.1%。腾退低效用地4.4公顷，淘汰落后产能项目13个，实施技术改造项目39项、“机器换人”项目28项。加快发展现代服务业，平安养生养老综合服务社区项目初现形象，桐乡旅游广场、东润国际总部大楼、金凯悦总部大楼等完成主体建设。全年完成服务业有效投入19.64亿元，增长4.7%。利用市外内资12.88亿元，实到注册资金

2016年高桥镇主要经济社会指标完成情况

表51

指　　标	单　位	数　值	比上年(±%)
地区生产总值	亿元	28.2	3.1
财政收入	亿元	0.9	3.1
农业总产值	亿元	4.8	−2.6
粮食总产量	万吨	1.36	−2.2
工业销售收入(规模以上企业)	亿元	69.8	1.4
固定资产投资	亿元	28.86	6.7
其中工业生产性投入	亿元	8.75	12.1
实际利用外资	万美元	2435	0.02
引进境内市外资金	亿元	12.88	26.6
外贸出口额	万美元	6579	2.3
农村居民人均可支配收入	万元	2.74	10.5

11.9亿元；合同利用外资3376万美元，实际利用外资2435万美元；完成“浙商回归”资金18亿元。被评为嘉兴市利用外资十强乡镇。做大做强建筑业，鼓励企业对接多层次资本市场，巨匠建设集团有限公司在香港联合交易所成功上市。全年实施省级以上科技项目73项，认定高新技术企业8家，新增省级高新技术研发中心2家，引进各类高层次人才36人，其中国家“千人计划”1人。健康智慧小镇列入嘉兴市级特色小镇创建名单。

镇村建设 完成高桥大道两侧（南日港西侧）控制性详细规划和高桥新区现代大道北侧控制性详细规划评审稿编制，编制面积3平方千米。完善社区基础设施建设，南日新社区规划安置房1276户，其中完成屋前屋后配套389户，浇筑小区道路4.5千米，完成小区配套绿化21200平方米。完善市政道路建设，迎新路一号桥及崇南路一号桥竣工交付使用，完成迎宾大道与府前路交叉口等两个路口的改造，和顺路及西新路中段通车，全长0.9千米。开展“两高”沿线及乌镇大道高桥段两侧农房整治，涉及9个村，完成427户农房整治和越丰小集镇改造。推进安置房建设，新城花园C组团一期4幢高层安置房竣工，242套安置房交付使用。高桥新区农贸市场3、4、5号楼结顶，建筑面积4700平方米。

优化城镇功能配套，实施高桥集镇市政设施改造工程。加大道路、桥梁等基础设施建设力度，骑荆线通车，曹蒋村北至杨柳浜公路列入市公路段大中修计划，年内修筑道路18千米、新建改建桥梁6座。深化“美丽乡村”建设，启动省级提升扩面村创建。开展农村土地承包经营权确权登记颁证。加强“四位一体”（一个部门统筹、一条线管理、以块为主、属地负责的涵盖镇区、公路、河道、村庄四大区域的城乡环境卫生保洁机制）长效保洁，开展工业垃圾统一收集清运。全面推进环境综合整治，重点抓好沪杭铁路客运专线、沪昆高速、迎宾大道、乌镇大道等重要道路沿线综合整治，改造农房427户，整治蓝色屋面10952平方米。持续推进“五水共治”，继续抓好“三改一拆”，全年完成城乡生活污水治理828户，“三改”11.6万平方米，拆违9.12万平方米。完成18家榨菜行业整治提升和65台小锅炉淘汰改造任务，巩固生猪养殖清零成果，强化养殖业畜禽污染治理长效管护，全镇环境面貌显著改善。

社会事业 有初级中学1所、中心小学1所，学生2264人；中心幼儿园1所，分园2所，新区幼儿园1所，幼儿732人；教职工466人。2016年中考全镇普通高中升学率52%，桐高录取16人，教学质量名列农村初中前列。强化公共文化服务，开展村级公共文化服务绩效评价和星级创建活动。开展群体性文体活动，全年开展各类文化活动100余场次。推进城乡居民基本养老保险工作，养老保险参保率99.9%，城乡居民基本医疗保险参保率99.6%，其中参加居民基本医疗保险3.41万人，参保率99.5%。全年累计发放各类救助金532万元。深入实施再就业工程，社会就业率91.7%，公益性岗位进村达标率100%。重视老龄工作，完成南日新社区居家养老服务照料中心建设。深化“三治”（法治、德治、自治）建设，全国基层社会治理高峰论坛肯定高桥“三治”经验。推进“平安高桥”创建工作，全国铁路护路办主任会议考察推广高桥“路地联动”机制。落实全员维稳责

4月21日，全国铁路护路办主任会议人员考察推广高桥“路地联动”机制　　高桥镇提供

2016 年高桥镇各村(社区)基本情况

表 52

村(社区)	户数(户)	户籍人口(人)	中共支部(总支、党委)书记	村委(社区)主任	集体经济总收入(万元)
迎丰村	1009	4125	李兴江	魏冰杰	265
越丰村	749	2983	沈春雷	沈春雷	365
新丰村	617	2518	沈炳洪		235
落晚村	1228	4656	王学根	王学根	363
楼下角村	756	2879	戚连兴	戚连兴	260
高桥村	1089	4372	沈如胜		254
范桥村	585	2356	朱炳华	朱炳华	240
永安村	691	2759	朱云芬		198
毛水浜村	524	2139	计炳洪	计炳洪	527
三村村	675	2657	朱晓良		282
亭桥村	803	3097	张顺昌		261
漕泾村	636	2310	沈德金	沈德金	259
骑力村	750	2722	许利仁	许利仁	223
湘庄村	1068	4142	徐明强	范柏英	271
龙南村	812	3044	张晓东	张晓东	373
高桥社区	302	1159	李瑞松		

任制,全力做好 G20 杭州峰会、世界互联网大会等重大活动维稳安保工作,做好调解、信访、市长电话等工作。

【“巨匠建设”股票上市】 参见《城乡建设管理·建筑业》中相关条目。

【锦绣天地成立商场消费维权联络站】 3 月 14 日,高桥镇市场监督管理所在锦绣天地蚕桑博览园成立消费维权联络站,这是首个设立在商场的消费维权联络站。当消费者合法权益受到侵害时,可直接通过消费维权联络站进行处理,一般性消费纠纷和消费投诉将被快速、简便、高效地咨询、解答、调解和处理,实现消费维权事项处理不出商场。消费维权联络站搭建了商场业主维权自律与协商解决消费纠纷消费投诉的新平台。

【大家乐生态庄园启动建设】 6 月,桐乡市大家乐生态庄园启动建设,该项目位于桐乡市高桥镇湘庄村,由宏旺(香港)公司投资,桐乡市大家乐生态农业有限公司建设。规划用地面积 33.33 公顷,先期开发面积 14.66 公顷,计划投资 2000 万元,开发建设周期为 3—5 年。项目定位为生态庄园,以花卉苗木、精品水果、藤本果蔬采摘为庄园经济支撑点,挖掘本地历史文化,整合建设一个集现代生态农业与文化观光游乐为一体的综合生态庄园。

(夏　燕)

河山镇

【概况】 河山镇位于桐乡市西北部,西临德清县,北接湖州市,南依洲泉镇,东靠石门镇,距上海市 198 千米,邻杭州市 85 千米,离苏州市 131 千米。申嘉湖、练杭高速公路贯穿河山。全镇总面积 39.3 平方千米。辖 9 个村,241 个村民小组;1 个社区,3 个居民小组。总户数 6679 户,总人口 2.77 万人,新居民 9350 人。2016 年实现地区生产总值 20.84 亿元,比上年增长 11.9%;工农业总产值 84.23 亿元,增长 4%,其中农业总产值 2.12 亿元,增长 18%;外贸出口额 6.5 亿元,增长 7.7%;财政收入 9015 万元,增长 51.5%;农村居民人均可支配收入 2.69 万元,增长 8.8%。

产业发展 全镇耕地面积 2358.87 公顷,其中水田 1838.13 公顷、旱地 520.67 公顷、桑园面积 440.87 公顷。农作物播种面积 2602.2 公顷,其中粮食播种面积 1167.53 公顷,年产粮食 7387 吨;油菜种植面积 203.4 公顷,产量 609 吨;蔬菜种植面积 632.53 公顷,产量 2.02 万吨;杭白菊种植面积 128.67 公顷,产量 392 吨,育苗面积 477.2 公顷。湖羊出栏 1.2 万头,存栏 6647 头。蚕种饲养量 6612 张,蚕茧产量 347.3 吨;水产养殖面积 144.5 公顷,产量 942 吨;实现农业总产值 2.12 亿

2016年河山镇主要经济社会指标完成情况

表53

指　　标	单　位	数　值	比上年(±%)
地区生产总值	亿元	19.71	5.8
财政收入	亿元	1.65	4.4
农业总产值	亿元	2	11.1
粮食总产量	万吨	0.67	-16.1
工业销售收入(规模以上企业)	亿元	48.3	5.6
固定资产投资	亿元	11.66	15.8
其中工业生产性投入	亿元	7.58	10.8
实际利用外资	万美元	343.6	14.2
利用市外内资	亿元	2.53	8.7
外贸出口额	万美元	9861	0.5
农村居民人均可支配收入	万元	2.69	8.8

元。加快粮食生产功能区建设，新建百亩高产示范方3个，高产攻关实验田3个，开展标准农田提升项目建设。成功申报八泉、堰头、庙头和王家弄村四个整村流转村。完成重点防护林27.6公顷。实施工业强镇战略，全镇有工业企业794家，其中规模以上企业61家，新增1家，完成“个转企”14家。规模以上企业完成工业总产值48.95亿元，比上年增长3.8%，实现利润2.82亿元，增长67.1%。完成全社会固定资产投资11.66亿元，增长15.8%，其中工业生产性投入7.58亿元，增长10.8%。4个市级重点项目，年内全部开工建设，累计完成投资额1.75亿元。推进“退低进高”工作，实施“两退两进”进高项目2项，盘活和腾退土地6.81公顷。开展招商引资，引进项目11个，利用市外内资2.53亿元，增长8.7%。合同利用外资450万美元，下降36%，实际利用外资343.6万美元，增长14.3%。引进“浙商回归”资金1.08亿元。加快科技成果转化，全年认定高新技术企业2家，重新认定1家，申报省级新产品26项，申报各类专利290项，其中发明专利71项。

镇村建设　突出规划引领，优化调整村庄规划。实施“三改一拆”，完成“三改”面积7.71万平方米，拆除违法建筑8.13万平方米。推进“两新”工程建设，全年完成新村规划点农房集聚122户。加大农村土地综合整治力度，完成农村土地综合整治8.13公顷。启动小城镇环境综合整治，河山大街改造完成，镇体艺综合楼结顶，八泉村“整改拆”项目完成。深入开展“五水共治”，完成西圣埭港综合整治工程，疏浚河道4555米，堤防工程6585米，护岸工程1280米，完成中小河流重点县综合整治及水系连通试点工程，整治河道3.2万米。19家工业企业污水处理纳管排放，657户居民生活污水得到治理。开展大气污染防治，拆除燃煤锅炉58台。

社会事业　有学校1所，在校学生1285人，教师119人，河山中心学校初升高比例99.4%。幼儿园2所，在校幼儿666名，教师46名，幼儿入园率98.7%。新建村级居家养老服务照料中心1家，新建农村文化礼堂1个。加强基层文化团队建设，聘任村(社区)专职文化管理员10人，

2月17日，河山镇举办第二十八届新春文化艺术节　河山镇提供

充实基层文化队伍。民政救济、社会救助、医疗补助等工作得到落实，全年发放各类救助款532.67万元。做好基层后备力量建设和人防工作，征集新兵14名，其中大学生比例85.7%。完善社会保险事业，城乡居民基本医疗保险参保人数1.89万人，参保率99.6%，全年有19.73万人次报销医药费2068.14万元。

【河山镇入选浙江省首批低碳试点建设名单】 6月，河山镇入选浙江省首批低碳试点建设名单，成为嘉兴市唯一入选乡镇。河山镇依托国家级光伏小镇、省级新能源示范镇和森林河山建设，把绿色低碳发展理念全面融入城镇规划、建设、运营和管理全过程。探索建立河山镇能源低碳信息化体系，建立智慧低碳能源供应体系，形成以智慧低碳能源、低碳建筑、低碳农业、低碳旅游为特色和亮点的低碳城镇模式。

【西圣埭港综合整治工程竣工】 12月，西圣埭港综合整治工程竣工。该工程河山段总投资792万元，涉及3个村，于2015年10月启动，疏浚河道4555米，加高加固堤防6585米，新建护岸1280米。西圣埭港综合整治工程建成，使防洪设计标准达到20年一遇，防洪减灾能力得到提升，西圣埭港干支流河道水质和生态环境得到改善，保障了区域防洪安全和粮食生产安全。

2016年河山镇各村(社区)基本情况

表54

村(社区)	户数(户)	户籍人口(人)	中共支部(总支、党委)书记	村委(社区)主任	集体经济总收入(万元)
八泉村	891	3582	陈越新	陆月平	922
东浜头村	482	1929	朱树荣	朱树荣	371
庙头村	711	2870	陆锦良	诸顺年	257
堰头村	676	2819	唐荣方	唐荣方	424
五泾村	963	4063	张国强	张国强	314
华台村	506	2137	陆云松	陆云松	266
王家弄村	632	2584	倪剑峰	潘炳金	490
河山村	776	3245	姚荣林	陈国民	476
石栏桥村	923	3941	蔡月飞	蔡月飞	521
河山社区	134	531	董钟良	董钟良	

【八泉村蚕桑风俗体验馆建成】 3月，八泉村蚕桑风俗体验馆建成。体验馆总投资643万元，建筑面积2000平方米。主要内容展示桐乡蚕桑丝织技艺、河山国家非物质文化遗产——轧蚕花，以及蚕乡婚嫁、蚕歌等风俗。蚕桑风俗体验馆开放以来接待近万人参观和交流，提升了河山镇文化品位和对外知名度。

【开展“网格夜巡”】 4月，为深化“平安河山”建设，构建和谐稳定的社会治安环境，河山镇组织开展“网格夜巡”活动。“网格夜巡”以网格为单位，以村干部或民兵连长为志愿服务小队长，五六个人为一小队，每半月轮流一次，对网格内每户家庭年内至少夜巡一次。“网格夜巡”具有小范围、常态化、众筹式、全义务四大特点。自4月开展活动以来，出动人员1.5万人次，在G20杭州峰会和世界互联网大会期间各村每天出动30余人次，使河山镇社会治安群防群治工作形成常态化。

【东浜头村渔光互补电站并网发电】 12月，河山镇低碳试点城镇建设重点项目东浜头村渔光互补光伏电站并网发电。该项目总投资6800万元，总装机容量11.5兆瓦，2015年6月开工建设，2016年12月并网发电。依据项目可行性研究报告，25年项目运营期内年均上网电量为952万千瓦小时。项目采用下层养鱼，上层光伏发电形式，形成水域资源立体式综合利用。

（范春晓）

桐乡市组织机构与领导人名录

（2016年1—12月）

中共桐乡市第十三届委员会

书　记　卢跃东（ —10月）
　　　　盛勇军（10—12月）
副书记　盛勇军（ —10月）
　　　　蒋惠玲（女， —12月）
　　　　王申峰（女，10—12月）
　　　　潘川弟（11—12月）
常　委　（按姓氏笔画排列）
　　　　王申峰（女，10—12月）
　　　　王永飞（ —12月）
　　　　卢跃东（ —10月）
　　　　朱明杰（ —4月）
　　　　严　培（ —12月）
　　　　陈千颂（ —11月）
　　　　陈林根（ —12月）
　　　　徐鸣阳（ —2月）
　　　　陶咏椿（2—11月）
　　　　戚鸿峰（6—12月）
　　　　盛勇军（ —12月）
　　　　蒋惠玲（女， —12月）
　　　　潘川弟（11—12月）
　　　　潘家春（ —12月）
　　　　戴金明（ —12月）

中共桐乡市纪律检查委员会

书　记　陈千颂（ —11月）
　　　　王永飞（11—12月）
副书记　徐玉良（ —11月）
　　　　张月萍（女， —12月）

中共桐乡市第十四届委员会

书　记　盛勇军（12月— ）
副书记　王申峰（女，12月— ）
　　　　潘川弟（12月— ）
常　委　（按姓氏笔画排列）
　　　　王申峰（女，12月— ）
　　　　王永飞（12月— ）
　　　　冯中海（12月— ）
　　　　陈林根（12月— ）
　　　　周国强（12月— ）
　　　　姜　玮（12月— ）
　　　　戚鸿峰（12月— ）
　　　　盛勇军（12月— ）
　　　　潘川弟（12月— ）
　　　　潘敏芳（女，12月— ）
　　　　戴金明（12月— ）

中共桐乡市纪律检查委员会

书　记　王永飞（12月— ）
副书记　张月萍（女，12月— ）
　　　　谢　峻（12月— ）

桐乡市人大常委会及其办事机构

12月，市人大常委会机构设置调整。

主　任　张林洪
副主任　闻金根（ —1月）
　　　　沈济贤
　　　　曹荣金
　　　　孙　琦（ —3月）
　　　　朱　红（女）
　　　　沈建坤
　　　　费玉林
　　　　张建林（3月— ）

人大办（研究室）

主　任　吴志强（12月— ）

内务司法工委

主　任　陆振宇（12月— ）

预算工委

主　任　夏觉民（12月— ）

教科文卫工委

主　任　施掌林（12月— ）

农业与农村工委

主　任　蒋南强（12月— ）

城乡建设与环资保护工委

主　任　张应中（12月— ）

代表与选举任免工委

主　任　吴丽娅（女，12月— ）

办公室

主　任　俞少杰（ —4月）

研究室

主　任　吴志强（ —12月）

法工委

主　任　陆振宇（ —12月）

财经工委

主　任　顾伟楚（ —12月）

教科文卫工委

主　任　黄建兴（ —12月）

代表工委
主　任　王伟根（　—12月）
城建农经工委
主　任　蒋南强（　—12月）
市人大党组
书　记　张林洪
市人大机关党组
书　记　孙　琦（　—3月）
沈建坤（5月—　）

桐乡市人民政府

市　长　盛勇军（　—11月）
代市长（副市长）
王申峰（女，11月—　）
常务副市长　朱明杰（　—5月）
副　市　长　钱松华（　—12月）
潘敏芳（女）
周国强
郑利民（　—7月）
柳国彪（　—12月）
冯中海
邹志岗
姜　玮（3月—　）
郭贵恩（5月—　）
戚鸿峰（7月—　）
杨加鸥（7月—　）
朱伟强（12月—　）
徐　刚（12月—　）
市政府党组
书　记　盛勇军（　—12月）
王申峰（女，12月—　）

中国人民政治协商会议桐乡市委员会及其办事机构

主　席　池晓明
副主席　周　民　陈　英（女）
孙晓东　顾根梁
李云飞　陈炳荣
秘书长　张关林
政协办
主　任　赵兴华
提案委
主　任　杨庆祥
经科委
主　任　周跃荣
文教卫体与文史委
主　任　周少勤（女）
社法与三胞委
主　任　章征宇
市政协党组
书　记　池晓明（　—12月）
蒋惠玲（女，12月—　）
市政协机关党组
书　记　张关林（　—12月）
赵裕华（12月—　）

中国人民解放军桐乡市人民武装部

党委第一书记　卢跃东
党委书记　严　培
部　　长　何建撑
政　　委　严　培

桐乡市人民法院

院　　长　许邦清
党组书记　许邦清

桐乡市人民检察院

检 察 长　沈小平（3月—　）
代理检察长　沈小平（　—3月）
党组书记　沈小平

市委工作部门

市委办
主　任　张建林（　—9月）
沈根潮（9—12月）
姚毅军（12月—　）
组织部
部　长　陈林根
宣传部
部　长　王永飞（　—12月）
潘敏芳（女，12月—　）
统战部
部　长　潘家春（　—12月）
周国强（12月—　）
政法委
书　记　蒋惠玲（女，　—12月）
潘川弟（12月—　）
政研室
主　任　陈伟宏
机关党工委
书　记　穆鸣龙（　—1月）
王　勇（3月—　）
编委办
主　任　戴建国（3月—　）

市政府工作部门

政府办公室（政府法制办公室）
主　　任　姚毅军（　—12月）
陈　东（12月—　）
党组书记　姚毅军（　—12月）
陈　东（12月—　）
发展和改革局
局　　长　卢达民
党组书记　卢达民
经济和信息化局（互联网经济发展办公室）
局　　长　姜伟国
党委书记　姜伟国
主　　任　姜伟国
教育局
局　　长　施勤高
党委书记　施勤高

科学技术局
局　　长　卢爱驰(　—12月)
　　　　　范忠伟(12月—　)
党组书记　卢爱驰(　—12月)
　　　　　范忠伟(12月—　)

民族宗教事务局
局　　长　金雪明

公安局
局　　长　戴金明
政　　委　金培荣(　—3月)
　　　　　鲁晓峰(3月—　)
党委书记　戴金明

监察局
局　　长　徐玉良(　—12月)

民政局

9月,撤销中共桐乡市民政局党组,建立中共桐乡市民政局委员会。

局　　长　陈建良(　—1月)
　　　　　俞少杰(4月—　)
党委书记　俞少杰(9月—　)
党组书记　陈建良(　—1月)
　　　　　俞少杰(3月—9月)

司法局
局　　长　王正华
党组书记　王正华

财政局
局　　长　姜　玮(　—4月)
　　　　　朱政华(4月—　)
党委书记　姜　玮(　—3月)
　　　　　杨顺坤(3月—　)

人力资源和社会保障局
局　　长　姚叙才(　—12月)
　　　　　沈富春(12月—　)
党委书记　姚叙才(　—12月)
　　　　　沈富春(12月—　)

国土资源局
局　　长　张明德
党委书记　张明德

环境保护局
局　　长　徐汉会(　—4月)
　　　　　董建根(4月—　)
党组书记　徐汉会(　—3月)
　　　　　董建根(3月—　)

住房和城乡规划建设局(人民防空办公室)
局　　长　王　勇(　—4月)
　　　　　张富强(4月—　)
党委书记　张应中(　—12月)
　　　　　张富强(12月—　)

交通运输局
局　　长　王利浩
党委书记　王利浩

水利局
局　　长　盛月良
党组书记　盛月良

农业经济局
局　　长　郭林江(　—4月)
　　　　　顾妙根(4月—　)
党委书记　郭林江(　—3月)
　　　　　顾妙根(3月—　)

商务局(粮食局)
局　　长　屠建忠(　—4月)
　　　　　费建良(4月—　)
党组书记　屠建忠(　—3月)
　　　　　费建良(3月—　)

文化广电新闻出版局(体育局)
局　　长　吴利民
党委书记　吴利民

卫生和计划生育局
局　　长　沈炳林(　—4月)
　　　　　徐汉会(4月—　)
党委书记　夏党民(　—12月)
　　　　　徐汉会(12月—　)

审计局
局　　长　茅永良
党组书记　茅永良(　—12月)
　　　　　许　雷(12月—　)

统计局
局　　长　徐剑东
党组书记　张茂华(　—12月)
　　　　　沈月飞(12月—　)

市场监督管理局
局　　长　杨顺坤(　—4月)
　　　　　陈　东(4月—12月)
　　　　　陆福根(12月—　)
党委书记　杨顺坤(　—3月)
　　　　　陈　东(3月—12月)
　　　　　陆福根(12月—　)

安全生产监督管理局
局　　长　张富强(　—4月)
　　　　　冯富强(4月—　)
党组书记　张富强(　—3月)
　　　　　冯富强(3月—　)

质量技术监督局
局　　长　朱建平
党委书记　朱建平

综合行政执法局
局　　长　胡国盛
党组书记　胡国盛

市直属、派出单位

旅游委员会
党工委书记　卢跃东(兼)
主　　　任　金水平

开发区管委会
党工委书记　周荣奎(　—3月)
　　　　　　屠建忠(3月—　)
主　　　任　冯富强(　—4月)
　　　　　　屠建忠(4月—　)

振东新区管委会
党委书记　赵月祥
主　　　任　赵月祥

濮院羊毛衫市场管委会(濮院针织产业园区管委会)
党工委书记　沈根潮(　—9月)
　　　　　　姚伟平(10月—　)
主　　　任　沈根潮(　—9月)
　　　　　　姚伟平(10月—　)

高桥新区管委会
党工委书记　张雪根

主　　任　（暂缺）

临杭经济区管委会

党工委书记　陈　政

主　　任　（暂缺）

乌镇国际旅游区建设管委会

党工委书记　（暂缺）

主　　任　陶咏椿（ —12月）

互联网大会承办工作委员会

2015年6月，设立桐乡市世界互联网大会承办工作委员会。2016年12月，建立中共桐乡市世界互联网大会承办工作委员会党组。

主　　任　沈月飞（4—12月）
　　　　　施如玉（女，12月— ）

党组书记　文建新（12月— ）

崇福经济区管委会（崇福皮毛市场管委会）

主　　任　徐鸣阳（ —3月）

石门湾现代农业示范区管委会

党工委书记　陈　东（ —3月）

主　　任　陈　东（ —4月）

档案局（馆）

局（馆）长　魏昱初

党组书记　魏昱初

老干部局

局　　长　张春标

信访局

局　　长　计亚平（女）

机关事务管理局（接待办）

局长（主任）　陈丽悦（女）

党组书记　陈丽悦（女）

新民局

局　　长　陈建华

党组书记　陈建华

审批中心

主　　任　张雪根（风鸣街道人）

党组书记　张雪根（风鸣街道人）

党校

党委书记　杨雪乾（ —12月）
　　　　　金剑辉（12月— ）

校　　长　陈林根

史志办

主　　任　姚建明（ —12月）
　　　　　吴云峰（12月— ）

广电台

台　　长　赵裕华（ —12月）
　　　　　杨雪乾（12月— ）

党委书记　赵裕华（ —12月）
　　　　　杨雪乾（12月— ）

国企办

主　　任　赵学明（ —12月）

党工委书记　赵学明（ —12月）

供销总社

主　　任　葛柏金

党委书记　葛柏金

农商银行（信用联社）

理 事 长　魏　良

主　　任　陈银华

党委书记　魏　良

水务集团

董事长（总经理）
　　　　　冯和坤（ —4月）
　　　　　沈其芳（4月— ）

党委书记　冯和坤（ —3月）
　　　　　沈其芳（3月— ）

公投集团

董事长（总经理）
　　　　　吴国良（ —4月）
　　　　　张　标（4月— ）

党委书记　吴国良（ —3月）
　　　　　张　标（3月— ）

金凤凰集团

董事长（总经理）
　　　　　朱政华（ —4月）
　　　　　高建学（4月— ）

垂直管理部门（单位）

国税局

局　　长　钟　华

党组书记　钟　华

地税局

局　　长　姜　玮（ —7月）
　　　　　朱政华（7月— ）

党委书记　姜　玮（ —3月）
　　　　　杨顺坤（3月— ）

邮政管理局

2015年9月，成立桐乡邮政管理局。

局　　长　姚峥嵘（兼）

国网桐乡市供电公司

总 经 理　张祖光

党委书记　项志荣

中国邮政集团公司浙江省桐乡市分公司

总 经 理　胡金泉（ —6月）
　　　　　吴洪义（6月— ）

党委书记　胡金泉（ —6月）
　　　　　吴洪义（6月— ）

烟草专卖局

局　　长　周雪峰

党组书记　周雪峰

气象局

局　　长　钱炳强

电信局（公司）

局长（总经理）　陈国庆

党委书记　陈国庆

人民银行

行　　长　胡菊新

党组书记　胡菊新

银监办

主　　任　陈为群（女）

工商银行

行　　长　冯小华（女，—5月）
　　　　　岳一民（5月— ）

党总支书记　冯小华（女，—4月）
　　　　　岳一民（4月— ）

农业银行

行　　长　胡正茂

党委书记　胡正茂

建设银行

行　　长　葛明洲
党委书记　葛明洲

中国银行

行　　长　周　亮（　—3月）
　　　　　沈信祥（5月—　）
党总支书记　周　亮（　—3月）
　　　　　沈信祥（3月—　）

农业发展银行

行　　长　吴荣兴
党支部书记　吴荣兴

人保财险

总 经 理　沈建洪（1月—　）
党支部书记　沈建洪

人寿保险

经　　理　王明臣
党支部书记　王明臣

太平洋财险

总 经 理　杨静艳（女）

太平洋人寿

经　　理　孙剑波
党组书记　孙剑波

嘉兴日报报业传媒集团桐乡分社

社　　长　应丽斋（　—1月）
常务副社长　陶克强（1月—　）

今日桐乡文化传媒有限公司

董 事 长　张　静（女）
总 经 理　朱越峰
党支部书记　张　静（女）

浙江传媒学院桐乡校区

党工委书记　戚鸿峰
主　　任　张　梁

人民群众团体

总工会

主　　席　祖建国
党组书记　祖建国

团市委

书　　记　陈晓雷
党组书记　陈晓雷（12月—　）

妇联

主　　席　赵银海（女）
党组书记　赵银海（女）

科协

主　　席　周建富
党组书记　周建富

残联

主　　席　周国强
理 事 长　吴丽娅（女）
党组书记　吴丽娅（女，—12月）
　　　　　沈春山（12月—　）

红十字会

会　　长　费玉林
党组书记　朱雪良

工商联

主　　席　陈炳荣
党委书记　金雪根

文联

主　　席　吴利民

侨联

主　　席　慎建法（　—10月）
　　　　　张锦英（女，10月—）

街道、镇

梧桐街道

党委书记　苏伟明
人大工委主任　沈瑞芬（女）
办事处主任　吴伟杰
政协联络处主任
　　　　　孙春祥（　　—10月）

凤鸣街道

党委书记　张建根（　—1月）
　　　　　蒋　凡（3月—　）
人大工委主任
　　　　　李建浩（　—9月）
　　　　　郁　欢（9月—　）
办事处主任　蒋　凡（　—9月）
　　　　　沈国峰（9月—　）

龙翔街道

党委书记　张凌云（女）
人大工委主任　李玉娟（女）
办事处主任　姚国中

濮院镇

党委书记　沈根潮（　—9月）
　　　　　姚伟平（10月—　）
人大主席　龚林海
镇　　长　姚伟平

乌镇镇

党委书记　陶咏椿（　—12月）
　　　　　姜　玮（12月—　）
人大主席　黄伟明
镇　　长　朱学龙（　—7月）
　　　　　姚富强（7月—　）

屠甸镇

党委书记　顾妙根（　—3月）
　　　　　蒋娟芬（女，3月—12月）
　　　　　吕忠飞（12月—　）
人大主席　陈洪富
镇　　长　蒋娟芬（女，　—5月）
　　　　　盛楚江（5月—　）

崇福镇

党委书记　徐鸣阳（　—3月）
　　　　　张建林（3月—　）
人大主席　范炳田
镇　　长　王　群
政协联络处主任
　　　　　范炳坤（　—10月）

高桥镇

党委书记　张雪根（石门镇人）
人大主席　（空缺）
镇　　长　沈建良
政协联络处主任
　　　　　曾正君（女，　—1月）

大麻镇

党委书记　张浩锋
人大主席　章雪芳
镇　　长　穆海英（女）

洲泉镇

党委书记　陈　政
人大主席　陆永良

镇　　长　许　雷
政协联络处主任
　　　　　许发根(　—10月)

石门镇

党委书记　陈　东(　—3月)
　　　　　朱学龙(3月—　)
人大主席　高宜海
镇　　长　吕忠飞

河山镇

党委书记　徐永强
人大主席　(空缺)
镇　　长　沈富春

(董雅芬　孙　宇　许晓芬)

新任县处级领导简介

【王申峰】　女,汉族,1968年7月出生,浙江省海盐县人,1990年8月参加工作,1993年7月加入中国共产党,在职研究生学历,硕士学位。曾任海盐县委宣传部科员、理论科副科长、文明办副主任、部务会议成员、理论科科长、副部长,于城镇党委副书记、镇长,通元镇党委书记,海盐县发展和改革局党委书记、局长、县经济技术协作办公室主任(兼),嘉兴经济开发区党工委委员、纪工委书记,嘉兴经济技术开发区、嘉兴国际商务区党工委委员、管委会副主任,嘉兴现代服务业集聚区党工委委员、管委会副主任,嘉兴市政府办公室党组成员、市政府金融工作办公室主任、党组书记,嘉兴市政府国有资产监督管理委员会主任、党委书记。2016年10月任中共桐乡市委副书记、11月任市政府代理市长、12月任市政府党组书记。

【蒋惠玲】　女,汉族,1962年1月出生,浙江省平湖市人,1979年10月参加工作,1988年6月加入中国共产党,中央党校大学学历。曾任平湖县曹桥乡计生专管员,平湖市(县)计生委办公室副主任、主任,平湖市纪委教育调研室主任,平湖市黄姑镇党委副书记、镇长,平湖市正乡镇级干部、上海市金山区经委主任助理(挂职),平湖市全塘镇党委副书记、镇长、党委书记,平湖杭州湾滨海开发区管委会副主任、党工委副书记,桐乡市委常委、组织部部长、纪委书记,市委副书记、政法委书记。2016年10月任嘉兴市委、市政府正处级督查专员(正县处长级),12月任桐乡市政协党组书记。

【潘川弟】　男,汉族,1966年6月出生,浙江省平湖市人,1987年8月参加工作,1989年7月加入中国共产党,大学学历,学士学位。曾任平湖县曹桥乡党委秘书,平湖市(县)委办公室政研室副主任、秘书科科长、秘书一科科长、督办室主任,平湖市委办公室副主任,钟埭镇党委书记,平湖市政府党组成员、市政府办公室主任、外事办公室主任(兼),平湖市政府副市长、党组成员,平湖市委副书记、政法委书记。2016年11月任中共桐乡市委副书记、12月任市委政法委书记。

【陶咏椿】　男,汉族,1973年7月出生,浙江省平湖市人,1995年8月参加工作,1995年3月加入中国共产党,大学学历,学士学位。曾任桐乡市建设局规划管理科副科长、市规划设计院主任、市村镇建设规划管理站站长,市建设局副局长、党委委员、市测绘管理办公室主任,市振东新区建设管理委员会副主任、党委委员,市政府办公室副主任、党组成员,乌镇镇党委副书记、镇长、乌镇国际旅游区党工委副书记、建设管理委员会主任,乌镇镇党委书记。2016年2月任中共桐乡市委常委。

【姜　玮】　男,汉族,1970年1月出生,浙江省桐乡市人,1991年8月参加工作,2005年6月加入中国共产党,在职大学学历。曾任桐乡市(县)财税局濮院所办事员、科员,市财政局综合计划科副科长、收费管理办公室副主任、国库科科长、采购办公室主任、控办副主任、预算科科长、行政事业科科长、局长助理,市财政局副局长、财政(地税)局党委委员,濮院镇党委副书记、镇长、濮院羊毛衫市场管委会副主任(兼)、濮院针织产业园区管委会副主任(兼),市财政局(地税局)局长、党委书记、市国有资产监督管理委员会办公室主任。2016年3月任桐乡市政府副市长、党组成员,12月任中共桐乡市委常委、乌镇镇党委书记。

【张建林】　男,汉族,1964年8月出生,浙江省桐乡市人,1983年8月参加工作,1990年8月加入中国共产党,中央党校大学学历。曾任桐乡县骑塘中学教师,县档案馆工作人员、副馆长,市档案局监督指导科科长,市档案馆馆长,市建设局副局长、党委委员,乌镇古镇保护与旅游开发管委会副主任、主任、市旅游局

(乌管委)党组成员，乌镇镇党委副书记、镇长、乌镇国际旅游区党工委副书记、建设管理委员会主任，濮院镇党委副书记、镇长、濮院羊毛衫市场管委会副主任(兼)、濮院针织产业园区管委会副主任(兼)，市委办公室主任。2016年3月任桐乡市人大常委会副主任、党组成员、崇福镇党委书记。

【朱伟强】 男，汉族，1969年5月出生，浙江省海宁市人，1988年8月参加工作，1988年1月加入中国共产党，在职大学学历。曾任海宁市图书馆管理员，湖塘镇民胜村党支部副书记(下派)，海宁市纪委办事员、科员、纪检监察室副主任、主任，海宁市纪委常委、监察局副局长，海宁市纪委副书记、监察局局长，丁桥镇党委书记，海宁市副县级干部、许村镇党委书记、连杭经济区党工委副书记，临杭新区建设管理委员会副主任、主任，许村行政执法局局长，嘉兴市环境保护局副局长、党组成员。2016年12月任桐乡市政府副市长、党组成员。

【徐　刚】 男，汉族，1971年5月出生，浙江省嘉善县人，1989年12月参加工作，1997年1月加入中国共产党，在职大学学历。曾任嘉善县汽车运输公司工作人员、办公室副主任，嘉善县交通局团委书记，共青团嘉善县委常委、副书记、党组成员，丁栅镇党委副书记、纪委书记、镇长，陶庄镇党委书记，嘉善县交通局局长、党委书记，嘉善县交通运输局局长、党委书记，嘉善县发展和改革局局长、党组书记、县服务业发展局局长、县政府合作交流办公室主任。2016年12月任桐乡市政府副市长、党组成员。

【沈小平】 男，汉族，1968年4月出生，浙江省嘉善县人，1986年8月参加工作，1995年8月加入中国共产党，在职大学学历。曾任嘉兴市人民检察院工作人员、助理检察员、副科级检察员、法纪处处长助理、审查起诉处副处长、侦查监督处处长、公诉处处长、检察委员会委员、副处级检察员，平湖市人民检察院检察长、党组书记，桐乡市人民检察院副检察长、代理检察长、党组书记、市委政法委委员(兼)。2016年3月任桐乡市人民检察院检察长。

(周伟红)

先进人物

【沈建良】 男，1956年10月出生，桐乡市洲泉镇人，大专学历，1974年12月参加工作，中共党员。1986年进桐乡县科学技术协会工作，历任科技协会学会部部长、科普咨询部部长、科普部部长、科技服务中心主任等职务，2016年10月退休。2016年8月，被中国科协等9部门授予全国《全民科学素质行动计划纲要》"十二五"实施工作先进个人。沈建良在桐乡(县)市科协工作30年，积极落实全民科学素质行动计划、推动桐乡科普事业创新发展。其间，参与组织开展农函大教育、农民技术职称评定、重点人群科普、科普阵地建设等大量工作，桐乡市农函大获"全国科普惠农兴村先进单位""全国先进分校"等；农民技术职称评定工作一度走在全省前列，其中"农村电工""妇幼保健"系列专业被作为全省示范典型；青少年科普活动实现常态化，每年开展科技创新评比、科技夏令营，并多次承办省、市青少年科技创新大赛；建设一批具有地方特色、不同主题的科普小场馆，成为全省科普小场馆建设的示范典型；推动完成全市镇(街道)、村(社区)基层科普单位创建及科普画廊全覆盖。此外，沈建良还多次获"浙江省农函大先进个人"等称号。

(陈晓翔　杨娟丽)

【唐国强】 男，1972年12月出生，桐乡市洲泉镇人，1996年1月参加工作，大专学历，灭火员职称，中共党员，现任桐乡市洲泉镇专职消防队队长。2016年11月被公安部授予第三届全国119消防先进个人。1992年入伍，1996年退伍后从事公安消防工作，2009年担任洲泉镇专职消防队队长。训练场上，唐国强严格要求自己，练就一身过硬的消防技能，也带动全体消防队员刻苦训练。每次灭火救援战斗，唐国强总是身先士卒，既当指挥员又当战斗员，曾冲入火海抢出燃烧的煤气罐，救落水的少年，在严重变形的卡车

里救出受伤司机。20年来，唐国强救援出警1600多次，抢救被困群众32名，挽回经济损失8300多万元。消防水栓是消防救援的重要组成部分，唐国强率先实行消火栓户籍化管理模式。杭州G20峰会和第三届世界互联网大会安保行动期间，唐国强连续工作加班27天，带领专职队员开展日常演练44次，应急实战演练25次。在安保实战阶段，实车实兵巡逻值守22多个昼夜。在唐国强的带领下，洲泉镇专职消防队多次获嘉兴市消防工作先进集体称号。2014年被桐乡市政府记集体三等功1次，同年在浙江省第二届专职消防队业务技能比赛中，获团体总分第一名。多次被桐乡市政府授予消防工作先进个人。

（范依婷）

新闻人物

【孟国芬】 女，1992年5月出生，桐乡市崇福镇人，肢体二级残疾运动员，现任桐乡市残疾人联合会第六届主席团委员。屡次在国际国内大赛获得奖牌。2008年开始从事游泳训练，在各级赛事中获奖牌30多枚。2015年9月，在第九届全国残疾人运动会上，孟国芬获S3级50米仰泳冠军、S3级200米自由泳亚军、4×50米自由泳亚军、S3级100米自由泳季军，其中S3级50米仰泳、S3级100米自由泳分别打破世界纪录。同年10月，在俄罗斯索契举办的世界轮椅与截肢人运动会上，获女子S3级50米仰泳冠军、4×50米自由泳冠军、女子S3级100米自由泳亚军。2016年9月，孟国芬在巴西里约热内卢残奥会女子组S3级50米仰泳决赛中以51.42秒的成绩获亚军，S3级100米自由泳比赛获第5名，实现嘉兴市残疾人在世界残奥会上奖牌零的突破。孟国芬先后被授予“嘉兴市自强模范”“嘉兴市三八红旗手”“第三届桐乡市自强模范”等称号。

（张　萍）

逝世人物

【陆　琪】（1928.10—2016.1）女，四川省威远县人。1949年4月参加革命。曾任“火星社”主办的《川中妇女》编辑，西南军区人民工兵政治部、管训处、师范学院文化教员、文书、文印员。转业到地方后，曾任四川省遂宁专员公署科员，遂宁市第一中学、第二中学、射洪中学教师，浙江省桐乡县第三中学、濮院镇完全小学教师。1979年12月退休，1987年6月改办离休。

【张万宏】（1931.10—2016.1）男，江苏省盐城市人。1946年2月参加革命，1950年10月加入中国共产党。曾任苏北军区5分区盐城县庆楼区通讯员、叶挺中队战士、海防团5连通讯员、警备团苏州采石指挥所工地组组长，南京军区工程兵第7工地指挥所施工参谋，27军81师乍浦工地指挥所施工参谋，20军司令部工兵处器材科施工参谋。转业到地方后，曾任桐乡县大麻粮管所、炉头粮管所、屠甸粮管所党支部书记。1991年11月离休。

【王积明】（1927.11—2016.2）男，山东省文登区人。1946年10月参加革命，1947年6月加入中国共产党。曾任山东省文登县独立营战士，警卫1团2连班长，东海警卫营4连副班长、3团2连班长，第101师301团2连副排长，航空第5预科总队2大队7中队区队长，桐乡县兵役局征集科助理员，黑龙江八五九农场工人，哈拉海军马场指导员，社教工作队队长，逊克县印刷厂主任。转业到地方后，曾任浙江省桐乡食品公司职员，桐乡县影剧院负责人。1983年9月离休。

【黄家贵】（1928.3—2016.3）男，山东省德平县人。1948年10月参加革命，1949年11月加入中国共产党。曾任桐乡县乌镇区民政助理员，公安局治安股股员，乌镇水上检查站站长，公安局治安股副股长兼看守所所长。1986年6月离休。

【徐　林】（1930.10—2016.3）男，山东省莱阳市人。1945年4月参加革命，1946年5月加入中国共产党。曾任莱东八区政府通讯员，胶东军区莱东八中队通讯员，莱东指挥部警卫员，胶东军区南湾2团通讯队班长、排长，22军191团通讯队副支书，64师特务营2连、8连、机炮2连副政治指导员，64师师部机关指导员。转业到地方后，曾任崇德县中百公司主任，崇德中学校长，粮食局政治教导员，文教局局长，浙江临安青山水库政委、团长，桐乡县文教局副局长、局长，革委会政工组副组长，体育委员会办公室主任，正局级巡视员。1990年10月离休。

【周启才】 (1928.8—2016.3) 男，安徽省广德县人。1947年6月参加革命，1947年10月加入中国共产党。曾任皖南游击队1支队7中队战士、班长、排长，嘉兴军分区守备团4排排长，教导大队4中队排长，独立4营3连副政治指导员。转业到地方后，曾任海盐县人武部副科长，桐乡县人武部副科长、科长，粮食局副局长，革委会生产指挥组副组长，夺煤指挥部革命领导小组组长，濮院油厂管理员。1984年4月离休。

【金嘉善】 (1930.10—2016.3) 男，浙江省东阳市人。1949年6月参加革命，1949年8月加入中国共产党。曾任温州市第二联营铁厂工人，市总工会干校、市委宣传部教育科、市公安局干部，市第一、二联营铁工厂工商业改造公方代表，昆明市云南仪表厂技术员、技术科科长、党支部书记，河南508厂技术科负责人，浙江先锋机械厂技术科技术员、工程师。1997年11月离休。

【董宝利】 (1932.5—2016.3) 男，山东省莱阳市人。1946年7月参加革命，并加入中国共产党。曾任莱阳县旌旗区区中队、胶东南海分区教导营3连、胶东军区警卫连2排5班、警卫团1营1连、5师15团1营1连战士，32军95师285团1营1连战士、侦通连通讯员，华北唐山空军基地场站战士、班长，空军17师安东石桥机场班长，海军航空2师6团3大队见习参谋、预备学校2大队区队长，宁波庄桥基地场站排长。转业到地方后，曾任浙江杭州钢铁厂炼铁车间人事干部、工会副主席、行政副组长，浙江新华机器厂行政组负责人，浙江省先锋机械厂后勤组、13车间负责人、党支部书记。1984年7月离休。

【徐安志】 (1929.3—2016.7) 男，江苏省泗阳县人。1945年7月参加革命，1946年12月加入中国共产党。曾任华中军区第6(淮阴)分区特务营通信员、测绘员，苏北军区淮阴军分区实习参谋、通信参谋、作战参谋，志愿军78师233团司令部作战参谋，解放军总参谋部军械部助理员。转业到地方后，曾任桐乡县供销社副主任，交通局公路段党支部书记。1981年1月离休。

【韩占清】 (1920.10—2016.8) 男，山东省乐陵市人。1945年10月加入中国共产党。曾任山东省乐陵县崔庙乡文书，桐乡县濮院区政府宣传干事，梧桐镇委组织干事，乌镇医院副院长，木材公司经理，留良供销社、屠甸供销社党支部书记，供销总社储运股副股长，农业生产资料公司仓库保管员。1982年6月退休，同年10月改办离休。

【徐金永】 (1929.12—2016.9) 男，浙江省湖州市人。1949年6月参加革命，1951年4月加入中国共产党。曾任浙江军区警备1团战士、副班长，华东军区嘉兴机场警卫连班长、副排长、排长，空军福建晋江机场警卫连排长、副连长、连长、场站司令部参谋。转业到地方后，曾任桐乡县人民银行营业部主任。1979年8月退休，1983年1月改办离休。

【周关兴】 (1930.2—2016.10) 男，浙江省桐乡市人。1949年3月参加革命。曾任第三野战军9兵团26军77师231团2营5连战士。转业到地方后，曾任桐乡县第一中学文书，屠甸中学誊写员。1986年11月离休。

【刘　辛】 (1925.8—2016.10) 男，浙江省桐乡市人。1944年7月参加革命。曾任新四军浙东纵队政治部政工队队员，金萧支队城工部工作人员。转业到地方后，曾任桐庐县文教科工作人员，建德县洋溪区文教助理兼杨村桥乡长、县委宣传部干事，金华报社编辑，金华地委宣传部干事，婺江商校主委，金华第一初中、鞋塘中学、汤溪中学教导主任。1980年11月退休，1983年8月改办离休。

【张雨声】 (1919.7—2016.11) 男，浙江省湖州市人。1940年3月加入中国共产党。曾任武德县洛舍区区委书记，吴兴县月河镇小学教师、景秀乡二十四保校校长，磐安县丽坑保校教师，德清县委秘书处工作人员，嘉兴地委办公室秘书，崇德县文教科科长、县委秘书处秘书，桐乡县第二轻工业局工作人员。1981年9月离休。

(潘连城)

总户数总人口

表 55

	计算单位	2016 年	2015 年	2016 年为 2015 年%
一、年末总户数(户籍数)	户	188535	187450	100.6
二、年末总人口(户籍人口)	人	692754	689006	100.5
＃城镇人口	人	398242	395463	100.7
乡村人口	人	294512	293543	100.3
总人口中:				
男	人	341730	340295	100.4
女	人	351024	348711	100.7
性别比(以女性为 100)	%	97.4	97.6	99.8
总人口中:				
18 岁以下	人	101195	99908	101.3
18－35 岁	人	143949	145285	99.1
35－60 岁	人	280538	282702	99.2
60 岁以上	人	167072	161111	103.7
总人口中:				
镇人口	人	465787	464853	100.2
街道人口	人	226967	224153	101.3
三、迁入人口	人	9729	10743	90.6
＃省外迁入	人	2588	2716	95.3
四、迁出人口	人	8326	9040	92.1
＃迁往省外	人	850	793	107.2
五、全年出生人口	人	6955	5802	119.9
出生率	‰	10.07	8.43	119.5
六、全年死亡人口	人	4607	5027	91.6
死亡率	‰	6.67	7.31	91.2
七、全年自然增长人口	人	2348	775	303.0
自然增长率	‰	3.40	1.12	303.6
八、暂住人口(12 月末)	万人	47.44	42.05	112.8

注:1.资料来源:市公安局、新居民局;

2.2015 年嘉兴全市完成户籍制度改革试点工作,取消农业户口和非农业户口,仅作城镇人口和乡村人口的区分,并对迁入迁出人口的统计口径作了调整

城乡个体户基本情况

表 56

	户数（户）	从业人数（人）	注册资金（万元）
城乡总计	71147	152831	619691
#城镇合计	36482	75679	316579
#农村合计	34665	77152	303112
1.农、林、牧、渔业	543	1800	28889
2.采矿业			
3.制造业	9622	42479	97389
4.电力、燃气及水的生产和供应业	3	13	53
5.建筑业	95	352	1441
6.交通运输仓储邮政业	2940	3901	20622
7.信息传输业	90	137	240
8.批发零售业	43683	72388	318992
9.住宿餐饮业	6978	15912	53127
10.金融业	5	6	14
11.房地产业	101	144	431
12.租赁和商务业	399	842	2895
13.科研技术服务和地质勘查业	119	239	632
14.水利、环境和公共设施管理业	53	102	192
15.居民服务和其他服务业	6088	13074	86447
16.教育	27	74	181
17.卫生社保和社会福利业	56	143	623
18.文化体育和娱乐业	339	1218	7504
19.其他	6	7	19

注:统计范围为在工商行政管理局注册登记的所有个体经营户

主要年份规模以上工业企业主要经济指标

表 57

	计量单位	2010	2011	2012	2013	2014	2015	2016
企业个数	个	1590	713	854	982	1057	1111	1128
#亏损企业个数	个	160	80	96	79	69	99	85
工业总产值	万元	9545111	11075680	11329638	12547273	13671035	13584093	13658965
#新产品产值	万元	1989792	2651876	3128872	5042254	5752071	5773093	5855833
工业销售产值	万元	9461246	10907559	11183469	12240122	13397703	13079379	13395178
#出口交货值	万元	1324877	1485345	1544982	1583300	1842032	1771596	1850358
全部职工年平均人数	人	153056	123998	129577	132415	136163	138913	133067
利税总额	万元	820163	912609	839613	1031896	1165722	1246257	1512288
#利润总额	万元	563799	582376	437198	558689	702513	754594	1040122
亏损企业亏损额	万元	19659	20218	22052	22746	18182	32268	33845
主营业务收入	万元	9485199	10909550	10998193	12173498	13208242	13050712	13325808
流动资产年平均余额	万元	4049112	4171039	4644555	5544812	5928926	6346411	6698012
固定资产净值年平均余额	万元	2860380	2927631	3571095	3716482	3976089	4669570	4587737
资产总计	万元	7816303	8164189	9284483	10881131	11936628	13063931	13860520
负债总计	万元	4568937	4476923	5127362	6326910	6854327	7461489	7150096
产品销售率	%	99.12	98.48	98.71	97.55	98.00	96.28	98.07
资产负债率	%	58.45	54.84	55.23	58.15	57.42	57.12	51.59
成本费用利润率	%	6.29	5.46	4.12	4.80	5.61	6.12	8.04
企业亏损面	%	10.06	11.22	11.24	8.04	6.53	8.91	7.54
亏损率	%	3.37	3.36	4.80	3.91	2.52	4.10	3.15
新产品产值率	%	20.85	23.94	27.62	40.19	42.07	42.50	42.87

注:“流动资产年平均余额”和“固定资产净值年平均余额”从 2009 年起调整为“流动资产”和“固定资产合计”

固定资产投资完成情况

表 58 单位:万元

	2010	2011	2012	2013	2014	2015	2016
全社会固定资产投资额	2112601	2157390	2552250	3096814	3723334	4281450	4806125
#限额以上投资	1773234	2157390	2552250	3096814	3723334	4281450	4806125
#工业生产性投入	1121599	1071434	1227732	1452807	1747931	1940148	2099677
一、按报表种类分组							
1.固定资产投资项目	1715629	1493717	1928259	2186947	2998349	3581836	4020540
2.房地产开发	396972	663673	623991	909867	724985	699614	785585
二、按经济组织类型分组							
1.国　有	214060	241793	245023	286215	446229	777382	516320
2.集　体	144605	117024	126172	69712	248074	242379	156601
3.其他有限责任公司	803700	601484	1056073	1002880	869304	922024	1205178
4.私　营	596734	918342	901943	1373998	1728581	1782368	2249619
5.港澳台商投资	62980	73580	101239	252920	210565	269614	325772
6.外商投资	158081	143369	97452	84118	117361	128417	142850
7.其　他	132441	61798	24348	26971	103220	159266	209785
三、按三次产业分组							
第一产业	51690	20111	20149	31101	36876	42300	49774
第二产业	1132691	1083326	1249596	1461778	1750366	1940698	2102327
#能源工业							
第三产业(含农户建房)	928220	1053953	1282505	1603935	1936092	2298452	2654024

注:2000—2010 年统计范围为计划总投资 50 万元及以上项目,2011 年开始为计划总投资 500 万元及以上项目

主要年份社会消费品零售总额

表 59　　单位:万元

	2010	2011	2012	2013	2014	2015	2016
合　　计	1571168	1867040	2160803	2386274	2686632	2988361	3278691
一、按销售地区分							
市	1290007	1561570	1828950	1998453	2258378	2523581	2568854
市以下	281160	305470	331853	387821	428254	464780	709836
二、按行业分							
批发零售业	1279264	1509802	1747206	1985505	2250778	2424520	2757497
＃限额以上企业	239651	335515	389692	435275	534293	575429	637119
限额以下企业及个体户	1039612	1174287	1357513	1550230	1716485	1849092	2120379
＃批发业	74126	99923	109343	106994	117757	117485	126976
零售业	1205137	1409879	1637863	1878511	2133021	2307036	2630521
住宿餐饮业	176713	207871	244537	280678	306354	341677	393240
＃限额以上企业	31044	41383	43751	43951	37753	45035	50476
限额以下企业及个体户	145669	166488	200786	236727	268601	296641	342764
异地零售额	115191	1493967	169060	120091	129500	123590	127954

注:1.限额以上指批发业年主营业务收入2000万元以上,零售业年主营业务收入500万元以上,住宿餐饮业年主营业务收入200万元以上;

2.2010年零售额的分组中不包括其他栏,并且单列了异地在桐产业活动单位的零售额;

3.2010年按销售地区分城镇和乡村,与以前年份的分组方式不同

外向型经济主要指标一览

表60

	计算单位	2010	2011	2012	2013	2014	2015	2016
一、当年新批三资企业	家	43	33	28	29	33	32	54
累计批准三资企业	家	950	983	1011	1040	1073	1105	1159
累计投产(开工)三资企业	家	563	464	492	521	529		
二、当年新批三资企业总投资	万美元	71248	61915	46500	75078	66240	67705	70987
累计总投资	万美元	553058	614973	661473	736551	802791	870496	941483
三、新批三资企业注册资本	万美元	38969	32725	25700	38241	46377	40496	58321
累计注册资本	万美元	322602	355327	381027	419268	465645	506141	564462
五、当年合同利用外资	万美元	38664	38118	32963	38494	46881	50670	60070
累计合同利用外资	万美元	280103	318221	351184	389678	436559	487229	547299
六、当年实际利用外资	万美元	24758	20229	22693	23928	33123	33597	34408
累计实际利用外资	万美元	138499	158728	181421	205349	238472	272069	306477
七、引进技术设备投产项目	项	97	26					
全年实际用外汇	万美元	24642	11635					
八、全市进出口总值	万美元	293070	388221	386160	413791	428657	425558	426894
#进口总值	万美元	108231	148834	130882	144416	122334	119378	105091
出口总值	万美元	184839	239387	255278	269375	306322	306180	321803
#进口总值	万元						2638575	2815345
出口总值	万元						1899379	2120432
#外贸自营出口	万美元	75119	98858	142474	162778	185014	187469	
外商投资企业出口	万美元	109720	140529	112804	106597	121309	118710	

注:1.资料来源:市商务局、市经信局;

2.自2016年起,进出口数据以人民币计

主要年份财政一般预算收入

表 61

	2010	2011	2012	2013	2014 （新口径）	2015 （新口径）	2016
总　　计	530024	674624	759870	814935	916030	1004140	1004535
一、中央级收入	246975	311754	342226	359634	398636	452701	424533
增值税	161181	179152	203553	232864	249360	273529	202151
消费税	484	587	931	1165	1020	947	745
企业所得税	64110	105126	111911	92887	112366	137762	135178
个人所得税	21200	26889	25831	32718	35890	40463	38802
二、地方级收入	283049	362870	417644	455301	517394	551439	580002
增值税	53727	59717	67958	82783	90524	100417	174767
营业税	88247	90739	106432	110798	117856	124916	59149
企业所得税	42740	70084	74607	61924	74910	91842	90119
个人所得税	14133	17926	17221	21812	23926	26975	25868
城市维护建设税	15239	25117	24336	26362	27986	29877	30969
房产税	11183	15049	17500	23990	26514	27759	26939
耕地占用税	5820	9065	26928	13921	7340	9577	11347
契税	27424	36101	32337	32185	30840	27267	36731
其他税收	30609	36376	39910	58967	61576	60155	64142
国有企业亏损补贴	−22000	−19100	−15900	−9000	−7000	−7000	−7000
行政性收费收入、罚没收入及其他	6823	7984	13615	18090	22542	11499	16084
专项收入	8723	13143	12322	13181	40223	46520	42424
国有资源(资产)有偿使用收入	381	669	378	288	157	253	8463

注:1.资料来源:市财政局(地税局);

2.2000 年的数据按照现行口径进行了调整。2015 年的数据有调整

主要年份财政一般预算支出

表 62　　单位:万元

	2010	2011	2012	2013	2014（新口径）	2015（新口径）	2016
总　　计	301962	380042	412294	471587	554989	632991	640061
＃民生支出	240213	302288	327345	374829	452681	526103	546294
1.一般公共服务	35118	42406	47557	50964	50126	54105	55505
2.外交							
3.国防	552	663	681	709	775	828	874
4.公共安全	24952	27509	30031	32740	36176	41354	44531
5.教育	85645	107240	126178	136680	161357	162666	163774
＃教育费附加支出	7167	10276	10182	14059	8167	15933	14201
6.科学技术	13517	16549	17817	19863	22442	25642	27732
7.文化体育与传媒	10010	9479	10188	11146	13211	14730	15779
8.社会保障和就业	15917	21656	24273	26315	34032	37353	40473
9.医疗卫生与计划生育支出	23445	28337	29646	34117	45873	50978	54754
10.节能环保支出	13897	17190	18688	20852	24012	29764	32190
＃排污费支出	1073	2335	1199	1833	2110	1669	2179
11.城乡社区事务	24679	38785	28432	44384	41263	73186	73307
12.农林水事务	25894	34646	38937	45297	71998	82513	83026
13.交通运输	13614	19496	20726	25338	31339	28616	13483
14.地震灾后恢复重建支出	2257						
15.住房保障支出		897	3155	3435	2317	7917	10728

注:1.民生支出是指地方财政支出中用于社会保障和就业、教育、文化体育传媒、医疗卫生、公共安全、环境保护、科学技术、城乡社区事务、农林水事务、地震灾后恢复重建、住房保障的支出;

2.2000年的数据按照现行口径进行了调整,2015年的数据有调整

重要文件选载

中共桐乡市委印发《关于进一步推进市委科学民主依法决策的实施办法》的通知

桐委发〔2016〕8 号
（2016 年 3 月 25 日）

第一条 为认真贯彻党的十八大和十八届三中、四中、五中全会精神，进一步提高市委科学决策、民主决策、依法决策水平，增强重大事项决策的针对性、科学性、实效性，根据《中共浙江省委关于建立健全科学民主依法决策机制的意见》（浙委发〔2014〕21 号）和《中共桐乡市委工作规则》（桐委发〔2013〕35 号），制定本实施办法。

第二条 本办法所称重大事项决策是指涉及全市经济社会发展、事关人民群众根本利益和加强党的建设方面的事项的决策，主要包括：

1.制定贯彻执行中央、省委、嘉兴市委和市党代会决议、决定的措施；

2.制定贯彻执行中央和省、嘉兴市重要文件、重要会议和重大工作部署的具体意见；

3.确定全市经济社会发展和改革开放的战略部署、指导方针和重大决策；

4.决定全市经济建设、政治建设、文化建设、社会建设、生态文明建设和党的建设等方面工作中的重要事项；

5.确定事关全市经济、社会发展全局和人民根本利益的重大项目、重点工程和重要民生问题；

6.制定全市各类干部的选拔、培养、考核、任免、教育和监督、奖惩等方面的政策和重要管理制度，制定全市引进和培养各类人才的规划、政策等；

7.决定重大突发性事件的处理。

第三条 市委重大事项决策原则：

1.坚持正确的政治方向。以邓小平理论、“三个代表”重要思想和科学发展观为指导，坚决贯彻落实党的基本路线、方针、政策，认真学习贯彻习近平总书记系列重要讲话精神，坚决维护中央权威。

2.坚持实事求是。一切从实际出发，按照“三严三实”要求，把中央精神与桐乡实际紧密结合起来，解放思想、实事求是、与时俱进、求真务实，创造性地开展决策，使各项政策和部署符合客观规律、符合时代要求、符合群众愿望。

3.坚持群众路线。牢固树立以人为本、执政为民的理念，始终把群众利益放在第一位，全心全意为人民服务，尊重人民主体地位，发挥群众首创精神，通过多种渠道和形式广泛集中民智，紧紧依靠人民群众作决策、抓改革、促发展。

4.坚持民主集中制。充分发扬民主，畅所欲言，每位委员、常委要充分发表意见、积极贡献智慧，在集思广益的基础上按少数服从多数的原则集体作出决策。

5.坚持依法依规。遵守宪法和法律，遵守党章和党内法规，运用法治理念和法治思维按照法定权限和程序作决策，确保决策于法有据、合法合规，不断提高依法治市、依法执政水平。

第四条 市委重大事项的公开决策按照“十步工作法”实施。应经过下列程序：

1.议题提出。市委重大事项的决策议题，由市委领导提出，也可以由市委职能部门或其他单位提出，经市委分管领导审核，并报市委书记同意。市委常委提出的决策事项，由相关市级机关部门（单位）承办。市级机关部门（单位）提出的决策事项，由提出单位负责做好承办工作。

2.调查研究。决策前，承办单位要围绕拟提交的决策议题，深入调查研究，充分了解真实情况和各方意见，形成调研报告或比选方案，就相关问题提出意见建议。有的决策议题应提出两个以上比较方案，没有深入调查研究的不决策。对事关经济社会发展全局的重大决策，市委主要负责同志应在决策前亲自调研，掌握第一手资料。

3.公众参与。决策前，要通过走访面谈、召开座谈会、发放征求意见表等形式，广泛听取“两代表一委员”、专家学者、群众代表等社会各界的意见。对涉及广大人民群众切身利益的重大事项，应听取市人大常委会意见；对涉及经济社会发展中的一些重要问题，应在政协进行协商。对涉及面广、与群众利益密切相关的重大事项，应通过新闻媒体和博客、微博客、微信、论坛、QQ群等网络平台或社会公示、民主听证等方式在全市范围公开，广泛征求群众的意见建议。

4.专家论证。对关系经济社会发展全局的重大战略、重要部署、重大项目，特别是专业性、技术性较强的重大事项，决策前应认真组织专家论证，进行技术咨询和决策评估。未通过评估论证或有关方面分歧较大、群众反对意见较多的事项，应暂缓决策或取消。

5.风险评估。有关职能部门提出的重大决策事项和工作方案，主办单位应当组织专家和有关人员围绕“合法性、合理性、可行性、可控性”四个方面，对可能存在的稳定风险进行全面科学评估。风险评估的实施要按照〔关于印发《桐乡市重大决策社会稳定风险评估实施办法》的通知〕（桐委办〔2013〕12号）执行。

6.合法性审查。提交市委审议的党内规范性文件，由市委办进行前置审核（涉及市委、市政府或市委办、市政府办联合发文的，须同时由市法制办进行前置审核）。必要时就重大事项决策咨询有关专家学者。审议通过的党内规范性文件，须报嘉兴市委备案审查。

7.集体讨论。市级分管领导及其分管部门在风险评估和辅助决策的基础上，对方案进行修改完善，形成市委常委会（市委全委会）建议方案。按照议事决策规则，市委常委会（市委全委会）成员对议题充分发表意见、研究讨论。对涉及重大民生事项的决策，邀请“两代表一委员”和有关专家学者列席参加，并发表意见建议；市委主要领导综合与会人员意见建议后，实行“末位表态发言”制度；需表决事项，实行票决制，并当场宣布正式决定或形成决议。

8.组织实施。会议审议通过的事项、作出的决策和决定，由市委领导按分工负责抓好落实。会后由市委办负责整理会议纪要，并由市委办主任审核，报市委主要领导签发。

9.绩效评估。对市委重大事项决策的质量及执行情况进行评估，引入公众参与评估机制，注意收集基层和党员、群众的反映和意见，一些重大决策落实情况视情在一定范围内组织党员干部、社会各界代表进行评议，全面了解决策执行效果。根据反馈的意见，及时修正、补充、完善决策方案，及时提醒执行时需要注意的事项，使决策内容更加切合实际、政策举措更加切实可行、决策实施取得更大实效。

10.监督检查。市委督查考评办组织有关部门或委托社会咨询、中介机构，定期或不定期对涉及重大民生事项决策的执行情况进行监督检查，并向市委报告决策贯彻落实情况，及时反映决策实施过程中遇到的新情况、新问题，便于适时调整和完善有关决策。

市委常委会议必须有半数以上常委到会方可举行。市委常委会议进行表决时，赞成票超过应到会议人数的半数为通过。未到会市委常委的书面意见不计入票数。

市委全体委员会议必须有三分之二以上委员到会方能举行。市委全体委员会议进行表决时，以赞成票超过应到会委员人数的半数为通过。未到会委员的书面意见不计入票数。

第五条 重大决策事项除涉及党和国家秘密等依照规定不能公开的外，一般应通过重点事项月度通报、新闻媒体刊播、公开发布文件、召开发布会、社会公示等形式，及时予以公开，自觉接受监督。对社会普遍关心或同群众利益密切相关的重大事项，应将决策内容、依据、过程、结果和群众反馈意见渠道等向社会公布。

第六条 严格执行市委常委会集体领导和市委常委分工负责相结合的制度。市委主要负责同志对市委重大决策部署的落实工作负总责，市委常委对各自分管工作负直接责任，其他常委积极配合，形成集思广益科学决策、齐心协力狠抓落实的局面。市委常委对分管的重点工作，要及时了解掌握推进情况，对存在的困难和问题加强协调解决，推动工作落实，并适时向市委常委会报告工作进展情况。

第七条 重大发展战略和决策部署确定后，要坚持不懈、一抓到底、久久为功，保持决策的稳定性和连续性。如需根据新的形势、任务或执行中反馈的意见对决策进行重大调整或变更，应由市委常委会或市委全委会决定。

第八条 进一步加强和改进市委督查工作，完善工作机制，规范工作程序，增强督查效果。对特别重大的工作，由市委常委带队进行督导，对工作不落实的，要一督到底、限期整改。进一步加强人大监督、政协监督，加大纪检监察监督力度，发挥舆论监督、群众监督作用，推动市委重大决策部署的贯彻落实。

第九条 进一步健全问责追究机制，按照《关于实行党政领导干部问责的暂行规定》（中办发〔2009〕25 号）等相关规定，坚持“谁决策、谁负责”，健全完善决策失误责任追究机制。对决策承办部门不按规定做好决策前期工作，导致市委决策造成重大失误的，要追究部门主要负责人和直接负责人的责任。

第十条 本实施办法自公布之日起施行。

中共桐乡市委关于补齐短板加快建设“诗画水乡典范、旅游人文名城、网络智慧强市”的实施意见

桐委发〔2016〕26 号

（2016 年 8 月 16 日）

为全面贯彻省委十三届九次全会、嘉兴市委七届十二次全会精神，深化落实我市“十三五”规划，确保高水平全面建成小康社会，中国共产党桐乡市第十三届委员会第九次全体会议讨论了补齐短板加快建设“诗画水乡典范、旅游人文名城、网络智慧强市”的问题，并提出如下意见。

一、总体要求

认真贯彻党的十八大和十八届三中、四中、五中全会精神，深入学习贯彻习近平总书记系列重要讲话精神，全面落实省委十三届九次全会、嘉兴市委七届十二次全会精神，以“四个全面”战略布局为统领，以五大发展理念为引领，以“八八战略”为总纲，聚焦“一业一网”，始终注重“工业强市、市场强市、旅游强市和网络强市”四轮驱动，强化理念创新、工作创新、载体创新和体制机制创新，补齐短板，再创优势，确保如期高水平全面建成小康社会，努力实现“诗画水乡典范、旅游人文名城、网络智慧强市”发展愿景。

二、主要任务

按照“十三五”规划目标任务要求，从全局高度、发展眼光，以更宽视野、更高标准，抓纲带目、精准施策、持续发力，围绕“诗画水乡典范、旅游人文名城、网络智慧强市”发展愿景，加快补齐短板，为高水平全面建成小康社会、建设美丽幸福新桐乡提供强大动力和支撑。

（一）补齐短板，打造“诗画水乡典范”

全面消除污泥浊水现象。落实“811”美丽浙江建设行动，深入推进“五水共治”，大力实施河湖塘清淤（污）工作和城乡生活污水治理工程。到 2020 年，在上游来水稳定改善的基础上，市级骨干河道 100%达到Ⅳ类以上水体，其中Ⅲ类水体比重力争达到 50%以上；完成河道清淤 1044 万立方米；城乡污水处理率达到 90%以上。推进城乡垃圾分类处理和资源化利用，加强城乡生活垃圾收集处置设施建设。到 2020 年，城区生活垃圾分类覆盖面达到 100%，农村生活垃圾分类覆盖面达到 80%以上。实施土壤污染防治行动计划，抓好农田土壤污染治理。到 2020 年，耕地土壤环境质量达标率达到 73%，基本消除重金属污染隐患。

全面消除违建现象。网格化推进确权确违，坚持有违必拆、露头就打，建立及时发现和处置的依法治违长效机制，全面消除违建现象。深化拆改结合、拆建结合、拆用结合，加强违法建筑拆除后土地利用和管理，做到即拆即清、应耕则耕、应绿则绿、宜建则建。到 2020 年，全面完成农村“一户多宅”专项清理整治，基本完成存量违法建筑处置，拆后土地利用率达到 90%，创建省“无违建市”。

全面消除脏乱差现象。深入开展"四边三化"专项行动,整体推进平原绿化和绿道网建设。到2020年,全市林木覆盖率稳定在25%以上,争创省级森林村庄10个;国省道公路单侧绿化宽度达到15米以上,主要河道两岸宜林地段绿化率达到100%。进一步增强城市防洪排涝能力,加快海绵城市建设。加快提升城市形象和品位,实施城市亮化工程,到2020年,城区庆丰路、振兴路等主干道和北港河、康泾塘等河道亮化率达到100%。重点整治城中村、城郊接合部环境,巩固卫生城市、园林城市、文明城市、森林城市创建成果,深入推进美丽城市、美丽城镇和美丽乡村建设,在建筑风格、色彩、造型等方面彰显江南水乡特色。到2020年,建成12条500米以上绿化美化示范路、100个300平方米以上优质小公园;创建嘉兴市级美丽乡村示范镇3个、市级美丽乡村精品村15个、优美庭院示范户1.5万户,打造完成6条美丽乡村风景线,争创省级美丽乡村示范县。

努力改善空气质量。深入实施大气污染防治计划,大力发展清洁能源,开展重点行业废气清洁排放改造,推广新能源汽车,加强机动车和船舶大气污染防治,开展城市扬尘和农村废气治理,落实区域联防联控机制。到2020年,城市环境空气质量优良天数达到292天(占全年的80%)以上;新增(更新)的公共汽车中新能源汽车比例达到100%。积极推行企业清洁生产、循环式改造,加快重点行业领域环保技术改造。到2017年,完成10蒸吨/小时以下高污染燃料锅炉改造淘汰任务,基本实现城镇高污染燃料禁燃区创建全覆盖。

(二)补齐短板,打造"旅游人文名城"

提升旅游经济发展质量。深入实施"一业驱动四化"发展战略,以旅游业驱动新型农业化、新型工业化、新型城镇化和服务业现代化,大力推进庄园经济和古镇保护开发,促进三次产业联动发展和城乡统筹协调发展。到2020年,全市年接待游客人次达到2800万人次,旅游产业增加值占GDP比重达到8.5%;建成功能各异、规模不等的现代农业庄园100家,且至少10家具有国内较高知名度。加快旅游景区景点建设,高水平推进乌镇一石门省级旅游度假区建设,争创国家级旅游度假区。完善旅游道路、景区停车场、旅游厕所、旅游标识、旅游安全等基础设施,加快游客集散体系和智慧旅游建设。到2020年,创建5A级景区1家,新评4A级景区2家、3A级景区3家、2A级景区10家,新评省级旅游示范基地8家;全市2A级及以上景区实现免费无线局域网(WIFI)、智能导游、电子讲解、在线预订、信息推送等功能全覆盖,4A级以上景区和省级以上旅游度假区均达到国家智慧旅游景区标准。

完善现代综合交通体系。以大交通理念做好交通规划,进一步创新综合交通统筹管理、科学管理、协调发展体制机制,加快整合交通运输领域职责。谋划布局一批关键重大交通设施,基本形成便捷高效的交通体系,落实治堵各项措施。加快交通基础设施投融资体制创新,健全社会化、市场化、多元化的交通基础设施投融资模式,积极争取发行债券,探索运用PPP等融资模式。到2020年,公共交通分担率达到20%以上。

推动文体事业快速发展。加强以农村文化礼堂为代表的基层综合性文化服务中心建设,发挥文化礼堂精神家园的作用,提高公共文化服务的覆盖面和针对性。加快国家级文化品牌创建,提升名人文化品牌价值,进一步增强桐乡文化的影响力和推广度。到2020年,新增国家级文化品牌至少一个,举办国际性或全国性品牌活动和赛事不少于20项。加快文化产业发展,到2020年,全市文化产业增加值占比达到7%。广泛开展群众性文化活动,进一步提高群众的参与度。全面实施体育公共服务"四提升、四覆盖"工程,倡导全民健身运动,提高市民健康水平。到2020年,全市人均体育场地面积达到1.8平方米以上,基本建成市体育中心。

促进教育、卫生、精神文明等协调发展。统筹协调教育资源布局,加快实现优质教育资源共建共享。积极推动学习型社会建设,加快城乡教育均衡发展,完善终身学习教育体系,创建全省教育现代化县(市、区)。到2020年,常住人口非盲率达到98.5%;各级各类成校和社区教育学校的培训人次占常住人口的比例达到10%。深化公立医院改革,优化医疗资源配置,强化卫生人才保障,提升医疗服务能力和水平,认真抓好分级诊疗和医疗资源"双下沉、两提升"工作,鼓励社会力量举办特色化、专业化高端医疗机构。深化法治、德治、自治"三治合一"基层社会治理模式，提升社会治理现代化水平。加快推进省级文明市建设，有效提升市民文明素质和城市文明程度，推动"四型社会"、"四好家庭"、"五有市民"建设，确保社会道德环境公众满意度评价稳定在80分以上。

（三）补齐短板，打造"网络智慧强市"

加快基础设施建设。率先建设宽带、融合、安全、泛在的下一代信息基础设施，为互联网大会及产业发展提供国际领先的信息通信保障。广泛部署WiFi热点，实现公共场所无线宽带网络全覆盖。申请建设乌镇互联网国际通信业务出入口专用通道和国家级互联网骨干直连点，努力成为国际级互联网基础设施的重要节点。优化网络基础业务，率先开展5G技术测试及网络试商用，加快部署基于IPv6的下一代互联网，大幅提高带宽和出口速率，提升网络基础水平。支持开展TD－LTE和FDD－LTE融合组网试验和量子通信试验网等前沿技术的先行先试，展示国家互联网新技术新产品。到2020年，城域网出口总带宽达到1500G，移动互联网普及率达到90%以上；每平方公里拥有4G以上移动通信基站数量达到5个，i－zhejiang无线WIFI网络AP点达到15000个。

加快信息产业发展。积极创建国家级乌镇互联网创新发展试验区，围绕"一核一带多点"的空间布局，加快乌镇核心区、开发区乌镇互联网产业园、高桥科创园三大主平台建设，提高互联网产业承载能力。加快推进乌镇大数据高新技术产业园区、量子信息科技产业园等平台建设，充分发挥乌镇品牌效应，加大互联网龙头企业和高端人才的引进以及本地化培养力度，大力推进"互联网＋"行动，到2020年，信息产业（互联网产业）增加值占GDP的比例达到10%以上。坚持创新驱动，加大科技投入，加快助推互联网新技术、新产品、新业态、新模式的融合创新，不断提高科技创新能力和创新水平，到2020年，R&D支出占GDP比例达到3%以上。

提高融合应用水平。加快两化深度融合国家示范区、省信息经济示范区"两区"建设，大力推进两化融合和机器换人，加快传统优势产业智能化改造，到2020年，两化融合指数达到90，信息化指数达到1。深化电商换市，促进电商产业发展，加快电子商务集聚区建设，不断完善电子商务配套服务，到2020年，网络零售额占社会消费品零售总额比例达到70%。加快智慧城市建设，围绕功能实现、用户体验和应用普及，重点建设智慧政务、智慧安防、智慧旅游、智慧医疗、智慧养老、智慧交通、智慧社区、智慧环保、智慧园区、智慧教育等重点领域内的智慧应用。到2020年，智慧城市建设水平达到国内领先，建设10大重点领域智慧应用。积极争取国家信息化新技术、新产品、新标准在桐乡率先应用示范。

三、强化保障，务求实效

加强组织领导。深入学习贯彻习近平总书记系列重要讲话精神，不断增强政治意识、大局意识、核心意识、看齐意识，切实把思想和行动统一到中央、省委和市委的重大决策部署上来。扎实开展"两学一做"学习教育，充分发挥基层党组织战斗堡垒作用和党员先锋模范作用，进一步激励督促干部干事创业担当。发挥人大、政协一线作用，激发各级各部门干事创业激情，发挥群团组织优势，汇聚起补短板的强大动能。

狠抓工作落实。牢固树立大局意识，将发展愿景有机融入到城市的各项规划中。各牵头单位要切实发挥作用，各责任单位要全力配合，制定具体方案或细则，列出工作清单，明确时间表路线图责任人，以强烈的责任感事业心，在补齐短板加快建设"诗画水乡典范、旅游人文名城、网络智慧强市"中勇于担当、尽责尽力，以钉钉子的精神抓好工作落实。加大财政资金保障力度，充分调动民营经济、社会力量的积极性主动性创造性，吸引社会资本的参与。

提升群众满意度。改革发展最终是为了让人民群众共享成果增进福祉，实现城市发展愿景最终是为全市人民营造和谐美好的生活环境和共同的精神家园。因此，将目标任务的落实作为工作推动的有力抓手，将群众真正获益作为工作的出发点和落脚点，将提升群众的满意度及认可度作为检验工作成效的重要标准。到2020年，努力使桐乡的天更蓝、水更绿、生态环境更优美，让"一业一网"成为推动桐乡转型发展的强大引擎，确保如期高水平全面建成小康社会，真正实现美丽幸福新桐乡。

附件：

桐乡市补齐短板加快建设“诗画水乡典范、旅游人文名城、网络智慧强市”目标任务体系“诗画水乡典范”目标任务

表 63

序号	指标名称	2020 年目标	指标说明	责任单位（加＊为牵头单位）
1	市级骨干河道水质	市级骨干河道 100％达到Ⅳ类以上水体，其中Ⅲ类水体比重力争达到 50％以上	根据《桐乡市五水共治“十三五”行动计划》的治水目标：到 2020 年底，在上游来水稳定改善的基础上，实现市级骨干河道 100％达到Ⅳ类以上水体，其中Ⅲ类水体比重力争达到 50％以上	“五水共治”办＊、环保局、建设局（人防办）、水利局、农经局（农办）、水务集团，各镇（街道）、经济开发区、振东新区
2	公路、河道两侧绿化带宽度	国省道公路单侧绿化宽度达到 15 米以上，主要河道两岸宜林地段绿化率达到 100％	根据《浙江省“四边三化”行动方案》，要求国省道公路单侧绿化宽度达到 15 米以上，主要河道两岸宜林地段绿化率达到 95％以上	绿委办＊、农经局（农办）、交通运输局、水利局、各镇（街道）、经济开发区、振东新区
3	河道清淤量	1044 万立方米	按照省委和嘉兴市加快推进“五水共治”清污（淤）整治工作的部署和要求，把河湖清淤整治列入我市重点工作。根据桐乡市“十三五”水利发展规划，到 2020 年有效清除 1044 万立方米存量淤泥	水利局＊、各镇（街道）、经济开发区、振东新区
4	城乡污水处理率	90％以上	按照《桐乡市城乡生活污水治理三年行动计划（2015～2017 年）》文件要求，至 2017 年底，城乡污水处理率需确保达到 85％以上	建设局（人防办）＊、“五水共治”办、农经局（农办）、水务集团、各镇（街道）、经济开发区、振东新区、公投公司
5	垃圾分类覆盖面	城区生活垃圾分类覆盖面达到 100％，农村生活垃圾分类覆盖面达到 80％以上	根据嘉兴市要求，到 2020 年城区垃圾分类总覆盖面达到 100％，规划保留建制村覆盖面达到 80％以上	创建办＊、综合行政执法局、农经局（农办）、各镇（街道）、经济开发区、振东新区
6	耕地土壤环境质量达标率	73％	根据省《“811”美丽浙江建设行动方案》，到 2020 年，耕地土壤环境质量达标率达到 73％，基本消除重金属污染隐患	环保局＊、农经局（农办）、各镇（街道）、经济开发区、振东新区
7	违建拆后土地利用率	90％	根据《中共浙江省委关于补短板的若干意见》，到 2020 年违建拆后土地利用超过 80％	“三改一拆”办＊、建设局（人防办）、国土资源局
8	全市林木覆盖率及森林系列创建	全市林木覆盖率稳定在 25％以上，争创省级森林村庄 10 个	根据桐乡市“十三五”规划纲要，要求林木覆盖率稳定在 25％以上；深化省级森林城镇、森林村庄创建，实施通道绿化整治和“三个一”绿化片林建设，实现绿化景观增量提质	绿委办＊、农经局（农办）、各镇（街道）、经济开发区、振东新区
9	美丽乡村建设	创建嘉兴市级美丽乡村示范镇 3 个、市级美丽乡村精品村 15 个、优美庭院示范户 1.5 万户，打造美丽乡村风景线 6 条，争创省级美丽乡村示范县	根据嘉兴市要求，力争到 2020 年，建设省级美丽乡村示范县 3 个、市级美丽乡村示范镇 20 个、县级美丽乡村精品村 100 个、优美庭院示范户 10 万户，每个县（市、区）每年打造 1－2 条高品质、有特色的美丽乡村风景线	农经局（农办）＊、妇联、各镇（街道）、经济开发区、振东新区

续表 63

序号	指标名称	2020 年目标	指 标 说 明	责任单位（加 * 为牵头单位）
10	主城区主干道（河道）亮化率	100%	为使城市美化，设置主城区庆丰路、振兴路等主干道和北港河、康泾塘等河道的亮化指标。按长度计算，亮化率=已亮化长度/总长度	建设局（人防办）*、创建办、国家电网桐乡公司、相关主体单位
11	城市环境空气质量优良天数	城市环境空气质量优良天数达到 292 天（占全年的 80%）以上	2016 年嘉兴市下达考核目标为 75%，2020 年规划目标为 80%，即 292 天	治气办 *、治气办成员单位、各镇（街道）、经济开发区、振东新区
12	新增（更新）公共汽车中新能源汽车比例	100%	根据嘉兴市要求，到 2018 年，全市新增（更新）的公共汽车中新能源汽车比例达到 75%以上	交通运输局 *、财政局（地税局）

“旅游人文名城”目标任务

表 64

序号	指标名称	2020 年目标	指 标 说 明	责任单位（加 * 为牵头单位）
1	全年接待旅游人次	2800 万人次	根据《关于开展“国家全域旅游示范区”创建工作的通知》，要求年游客接待人次达到本地常住人口 10 倍以上	旅委
2	旅游产业增加值占 GDP 比重	8.5%	按国际通行标准，增加值超 GDP 的 5% 为支柱产业	旅委 *、统计局
3	现代农业庄园数	建成功能各异、规模不等的现代农业庄园 100 家，且至少 10 家具有国内较高知名度	根据我市《关于大力发展现代庄园经济的实施意见》，力争到 2020 年全市建成功能各异、规模不等的现代农业庄园 100 家，且至少 10 家具有国内较高知名度	农经局（农办）*、旅委、各镇（街道）、经济开发区、振东新区
4	2A 级及以上景区和旅游示范基地创建数量	创建 5A 级景区 1 家，新评 4A 级景区 2 家、3A 级景区 3 家、2A 级景区 10 家，新评省级旅游示范基地 8 家	根据《旅游景区质量等级的划分与评定》，国家标准划分为五级，是一项衡量景区质量的重要标志。旅游示范基地是促进产业融合的有效抓手，是旅游发展的新业态	旅委 *、发改局、经信局、国土资源局、建设局（人防办）、农经局（农办）、各镇（街道）、经济开发区、振东新区
5	智慧旅游建设	2A 级及以上景区实现免费无线局域网、智能导游等功能全覆盖，部分 2A 级景区达到国家智慧旅游景区标准，完善智慧旅游服务平台	根据浙江省《关于进一步促进旅游投资和消费的若干意见》要求，到 2020 年，全省所有 3A 级以上景区和旅游度假区实现免费无线局域网（WIFI）、智能导游、电子讲解、在线预订、信息推送功能全覆盖，所有 4A 级以上景区和省级以上旅游度假区达到国家智慧旅游景区标准	经信局（网经办）*、旅委、各镇（街道）、经济开发区、振东新区

续表 64

序号	指标名称	2020 年目标	指 标 说 明	责任单位（加＊为牵头单位）
6	城市公共交通分担率	20％	城市公共交通分担率是指城市居民出行方式中选择公共交通（包括常规公交、公共自行车、轨道交通）的出行率占总出行量的比率。嘉兴市考核要求各地年均增长 1％	交通运输局＊、财政局（地税局）
7	打造特色文化品牌	新增国家级文化品牌至少 1 个，举办国际性或全国性品牌活动和赛事不少于 20 项	打造特色文化品牌，将有效提升名人文化品牌价值，有利于扩大城市影响力	文化局（体育局）
8	人均体育场地面积	1.8 平方米	《2016－2020 年全民健身计划》要求到 2020 年实现人均体育场地面积 1.8 平方米以上，基本建成市体育中心	文化局（体育局）＊、财政局（地税局）、建设局（人防办）
9	学习型社会建设	非盲率 98.5％，各级各类成校和社区教育学校的培训人次占常住人口的比例达到 10％	根据《关于公布全省教育现代化县（市、区）创建工作情况的通知》，常住人口文盲率控制在 2％以下为达标。根据《关于开展 2016 年度全省教育科学和谐发展业绩考核工作的通知》，当年各级各类成校和社区教育学校的培训人次占常住人口比例达到 10％及以上为优秀	教育局＊、各镇（街道）、经济开发区、振东新区
10	社会道德环境公众满意度	80 分以上	根据嘉兴市《关于印发〈2015 年度县（市、区）工作目标责任制考核实施办法〉等四个文件的通知》要求，满意度指标分为满意、比较满意、一般、不太满意、不满意五级，分别赋予“100、80、60、40、0”的分值，折算后列入嘉兴对县市区年度目标责任制考核	宣传部＊、文化局（体育局）、各镇（街道）、经济开发区、振东新区

“网络智慧强市”目标任务

表 65

序号	指标名称	2020 年目标	指 标 说 明	责任单位（加＊为牵头单位）
1	城域网出口带宽	总带宽 1500G	反映本地区在数据和互联网业务上与国内和国际其他地区数据传输服务能力。城域网出口带宽＝各运营商城域网出口带宽之和	经信局（网经办）
2	i－zhejiang 无线 WIFI 网络 AP 点	15000 个	反映无线网络在全市的覆盖情况和用户体验感，由各相关运行商建设数量汇总所得	经信局（网经办）
3	每平方公里拥有 4G 以上移动通信基站数量	5 个	作为衡量网络覆盖和保障能力的指标。每平方公里拥有 4G 以上移动通信基站数量＝4G 以上移动电话基站数/区域面积	经信局（网经办）

续表 65

序号	指标名称	2020 年目标	指 标 说 明	责任单位（加 * 为牵头单位）
4	移动互联网普及率	90%以上	归属桐乡的手机账户中，通过无线网络（3G/4G、wiFi）上网的账户占户籍人口的比例，反映本地区移动互联网普及应用水平。移动互联网普及率=各运营商移动互联网用户数之和/常住人口	经信局（网经办）
5	信息产业（互联网产业）增加值占 GDP 比重	10%以上	反映信息产业（互联网产业）发展对区域经济发展与产业结构优化的贡献度。互联网产业增加值占 GDP 的比重=互联网产业增加值/GDP×100%	经信局（网经办）*、统计局
6	网络零售额占社会消费品零售总额比例	70%	反映通过公共网络交易平台（包括自建网站和第三方平台）实现的商品和服务零售额占社会消费品零售总额的比例。网络零售额占社会消费品零售总额比例=网络零售额/社会消费品零售总额×100%	商务局（粮食局）*、统计局
7	R&D 支出占 GDP 比例	3%以上	即研发投入占 GDP 比重，反映区域科技创新能力和水平。R&D 支出占 GDP 比例=R&D 支出/GDP×100%	科技局*、统计局
8	两化融合指数	90	纳入全省工业创强考核指标体系，是考核和评价地区两化融合发展水平、衡量地区工业经济转型升级的重要指标。根据省经信委公布的年度两化融合指数作为评价依据	经信局（网经办）
9	信息化指数	1	按照《浙江省信息经济综合评价办法（试行）》，是衡量各地信息经济发展水平的指标。根据省经信委和省统计局联合发布的年度信息化指数，作为评价依据	经信局（网经办）
10	智慧城市建设水平	智慧城市建设水平达到国内领先，建设 10 大重点领域智慧应用	根据《桐乡市智慧城市发展规划》，重点建设智慧政务、智慧安防、智慧旅游、智慧医疗、智慧养老、智慧交通、智慧社区、智慧环保、智慧园区、智慧教育等 10 大领域内的智慧应用	经信局（网经办）*、市政府办（电子政务办）

桐乡市人民政府关于支持大众创业促进就业的实施意见

桐政发〔2016〕10 号

（2016 年 2 月 18 日）

为深入实施就业优先战略，激发创业创新活力，促进创业带动就业，确保就业局势稳定，根据《国务院关于进一步做好新形势下就业创业工作的意见》（国发〔2015〕23 号）、《浙江省人民政府关于支持大众创业促进就业的意见》（浙政发〔2015〕21 号）和《嘉兴市人民政府关于支持创业促进就业的实施意见》（嘉政发〔2015〕102 号）等精神，结合我市实际，提出如下实施意见，请认真贯彻执行。

一、深入实施就业优先战略

（一）坚持扩大就业发展战略。把稳定和扩大就业作为经济运行合理区间的下限，加强财税、金融、产业、贸易等经济政策与就业政策的配套衔接，促进经济发展与扩大就业相协调。充分发挥政府投资项目在扩大就业方面的示范带动作用，建立公共投资和重大项目建设带动就业评估机制，同等条件下对创造就业岗位多、岗位质量好的项目优先安排。

（二）拓展新的就业领域。大力发展信息经济、环保、健康、旅游、时尚、金融、高端装备制造等战略性新兴产业，提高劳动密集型产业附加值，积极发展电子商务、现代物流、金融租赁、健康养老等现代服务业，培育就业新的增长点，加快形成推进产业转型升级与促进就业的良性互动机制。

二、积极推动创业带动就业

（三）放宽市场准入条件。深化商事制度改革，推行注册资本认缴登记制。全面推行“一照一码”登记模式，通过“一窗受理、互联互通、信息共享”，向企业核发加载统一社会信用代码的营业执照。推行“先照后证”改革，严格落实法律规定的和国务院决定保留的工商登记前置审批事项，其他事项一律不再实行前置审批。继续放宽企业住所（经营场所）登记条件，推行“一照多址”“一址多照”等举措。积极探索全程电子化登记，推行企业名称远程自助查重申报，简化冠名程序。

（四）加大减税降费力度。本市户籍高校毕业生、登记失业人员等创办个体工商户、个人独资企业的，可依法享受税收减免政策。将企业吸纳就业税收优惠的人员范围由登记失业1年以上人员调整为登记失业半年以上人员。进一步清理和规范涉企行政事业性收费、政府性基金、具有强制垄断性的经营服务性收费、行业协会商会涉企收费，落实涉企收费清单管理制度和创业负担举报反馈机制。对企业按规定减免登记类、证照类、管理类等行政事业性收费。

（五）支持创业担保贷款发展。调整小额担保贷款为创业担保贷款。有创业要求、具备一定创业条件但缺乏创业资金的符合条件的我市城乡劳动者创办个体工商户（含经认定的网络创业，下同），可申请不超过30万元的贷款。

加大贷款贴息力度。对本市户籍毕业5年以内高校毕业生、符合失业登记条件且登记失业半年以上人员、就业困难人员、城镇复退军人、持证残疾人（以下简称重点人群）实行全额贴息，其他符合条件的人员实行50%贴息，予以贴息的利率可在基础利率的基础上上浮3个百分点，贴息期限不超过3年。

简化贷款发放手续，健全呆坏账核销办法。贷款10万元以下、由创业担保基金提供担保的，免除个人担保。由创业担保基金提供担保的贷款被认定为不良的，由创业担保基金代偿80%。

小额创业贷款具体操作办法按相关部门文件执行。

（六）加大创业资金扶持力度。将创业补助和一次性创业社保补贴合并为一次性创业社保补贴，重点人群创办个体工商户或企业，正常经营并依法缴纳社会保险费1年以上的，给予不超过5000元的一次性创业社保补贴。重点人群创办个体工商户或企业带动3人就业，并依法缴纳社会保险费1年以上的，给予每年2000元的带动就业补贴；带动超过3人就业的，每增加1人再给予1000元补贴，每年补贴总额不超过2万元，补贴期限不超过3年。

（七）加强创业教育培训。要大力开展创业培训，认定一批创业培训示范基地，优化培训师资结构，开发针对不同群体、不同创业阶段的培训项目，增加模拟实训、电子商务、网络创业等专项培训内容，着力提高培训质量。

（八）支持农村电子商务创业。重点人群从事农村电子商务创业的，一次性创业社保补贴和带动就业补贴标准上浮20%。对从事农产品网络销售、农民网络消费服务的电子商务企业招用本市户籍毕业年度（毕业当年1月1日至12月31日）离校未就业高校毕业生，与其签订1年以上劳动合同并依法缴纳社会保险费的，按企业为其实际缴纳部分给予社保补贴（包括基本养老保险、基本医疗保险、失业保险，下同），期限不超过3年。

本市户籍城乡劳动者在村级电子商务服务站服务1年以上并依法缴纳社会保险费的，经人力社保、财政部门认定，可享受一次性创业社保补贴，其中毕业年度离校未就业高校毕业生的补贴标准可提高到1万元。本市户籍就业困难人员到村级电子商务服务站就业并依法缴纳社会保险费的，经人力社保、财政部门认定，可参照公益性岗位政策给予岗位补贴和社保补贴，不再享受一次性创业社保补贴。

（九）加快创业平台建设。总结推广创客空间、创业咖啡、创新工场、网上创业平台等新型孵化模式，加快发展市场化、专业化、集成化、网络化的众创空间，实现创新与创业、线上与线下、孵化与投资相结合，为创业者提供低成本、便利化、全要素、开放式的综合服务平台。

发挥创业基地孵化功能，鼓励新建或利用闲置场地改造建设一批面向大学生、就业困难人员、残疾人等群体的创业园，经相关主管部门申报，市人力社保、财政部门认定后，给予主办方一次性建园补贴，最高不超过50万元。

支持创业小镇建设。对努力创建各级创业小镇的辖区，围绕创业带动就业工作，可连续3年给予每年最高不超过300万元的补贴额度，用于政府以投资建设、租赁等形式吸引互联网创业、块状经济等特色项目的场租补助。具体补贴金额在上述额度内，以申报项目的预算实际发生支出和绩效经人力社保和财政部门审核数为准。

创业小镇补贴项目、创业平台一次性建园补贴项目不重复享受。

（十）营造创业氛围。通过举办创业创新大赛、创新成果和创业项目展示推介宣传等活动，进一步培育创业文化，激发创业热情，形成支持大众创业、宽容创业失败的良好氛围。深化省级创业型城市创建，促进创业环境进一步优化。

上述创业扶持政策对象为2015年1月1日以后初次创业的本市户籍人员和登记注册的企业、个体工商户、民办非企业单位、政府机构等，申请享受扶持政策的期限为初次创业、创建或登记注册3年内，政策另有规定的按其规定执行。

三、积极鼓励企业吸纳就业

（十一）支持企业稳定就业岗位。强化失业保险促就业防失业功能，将失业保险支持企业稳定岗位政策实施范围扩大到符合条件的本市企业，并按规定给予不超过该企业及其职工实际缴纳失业保险费额50%的稳岗补贴。稳岗补贴主要用于职工生活补助、缴纳社会保险费、转岗培训、技能提升培训等相关支出。稳岗补贴政策执行到2020年底。

（十二）鼓励企业吸纳就业。企业新招用就业困难人员，签订1年以上劳动合同并依法缴纳社会保险费的，经人力社保、财政部门审定，按企业为其实际缴纳社会保险费额给予社保补贴，期限不超过3年，其中对初次核定享受补贴政策时距法定退休年龄不足5年的人员，延长至退休。小微企业新招用毕业2年以内高校毕业生，按企业为其实际缴纳社会保险费额给予社保补贴，期限为1年。

（十三）促进家庭服务业发展。重点发展满足家庭基本需求的家政服务、养老服务、社区照料服务、病患陪护服务、妇幼（婴）照料服务和代购代销等业态。积极发展居家养老、社区日间照料和专业化养老服务机构。积极引进与鼓励各种社会资本投资创办家庭服务企业。支持工会、共青团、妇联、残联等社会组织利用自身优势发展多种形式的家庭服务机构，支持社会力量参与公办养老服务设施的运营。鼓励家务劳动社会化，积极扩大家庭服务需求。对与家政服务员签订1年以上期限劳动合同和缴纳社会保险费的员工制家政服务企业，经人力社保部门认定，可按照“先缴后补、一年一补”的原则，享受养老保险、医疗保险、失业保险补贴，补贴标准为企业实际缴纳上述社会保险费的50%，补贴期限不超过3年。

四、统筹做好重点群体就业

（十四）促进高校毕业生就业。加强就业见习管理，由人力社保部门认定为高校毕业生见习基地的企业，见习基地企业给予每个见习人员每月不低于我市最低工资标准的生活补贴，其中市财政按最低工资标准的50%给予补助，见习培训期限最长不超过6个月；为见习人员购买综合商业保险的，市财政按照每人不超过200元给予保费补贴。根据见习人数、期满留用率评选出示范基地，并给予不超过2万元的一次性奖励。高校毕业生参加见习期间，可按照规定享受职业技能培训补贴。

支持高校毕业生灵活就业。本市户籍毕业年度离校未就业高校毕业生实现灵活就业，在公共就业人才服务机构办理实名登记并依法缴纳社会保险费的，给予不超过其实际缴纳社会保险费三分之二的社保补贴，期限不超过3年。

（十五）加强困难人员就业援助。进一步规范就业困难人员认定程序，实行实名制动态管理和分类帮扶。用人单位招用就业困难人员，签订劳动合同并依法缴纳社会保险费的，给予用人单位相应期限的社会保险补贴。本市户籍城镇原国有(集体)企业及城镇居民登记失业的"4050"人员、城镇居民低保户及城镇居民低保边缘户"4050"人员、距法定退休年龄不足5年的被征地农民以灵活方式实现较稳定就业,办理就业登记并参加社会保险的,给予不超过其实际缴纳社会保险费三分之二的社保补贴。

规范公益性岗位开发管理,科学设定岗位总量,制订岗位管理办法,探索委托社会力量参与岗位管理。就业困难人员在公益性岗位上岗的,给予社保补贴和岗位补贴,社保补贴和岗位补贴期限不超过3年,对初次核定享受补贴政策时距法定退休年龄不足5年的就业困难人员,可延长至退休。加强对就业困难人员在岗情况的管理和工作考核,建立定期核查机制,完善就业困难人员享受扶持政策期满退出办法,并做好政策衔接和后续的就业服务工作。确保零就业家庭、最低生活保障家庭等困难家庭至少有一人就业。在核定最低生活保障对象和最低生活保障边缘对象的家庭收入时,其首次就业或自主创业1年内所取得的收入可不计入,1年以后扣减必要的就业成本后再行计入。

政府公益性岗位新招用本市户籍城镇登记失业、有就业愿望且有劳动能力、距法定退休年龄不足5年的人员,给予用人单位每人每月本市最低工资标准的岗位补贴和单位实际缴纳部分的社会保险补贴。政府各职能部门开发的其他特定公共事务管理类公益性岗位,由市人力社保局、财政局根据就业形势、失业动态和资金保障情况启动,共同确定补贴范围和标准。

村(社区)公共事务管理类公益性岗位安置高校毕业生,对经认定符合条件的给予用人单位每人每月最低工资标准50%的岗位补贴和200元的社会保险补贴。对招聘到村(社区)从事就业和社会保障工作的高校毕业生,给予用人单位每人每年2.5万元的岗位补贴和单位实际缴纳的社会保险补贴。

村(社区)公共服务类公益性岗位优先安置本辖区内本市户籍就业困难人员,对经认定符合条件的给予用人单位每人每月最低工资标准30%的岗位补贴和200元的社会保险补贴。

将农村电商创业基地(园)、农村电子商务云农合作社、农村电商服务站以及创业小镇试点镇建设相关岗位纳入公益性岗位开发范围,大力开发创业指导服务、电子商务创业服务等公益性岗位,经认定符合条件的给予岗位补贴和社保补贴。补贴标准为每人每月最低工资标准的岗位补贴和单位实际缴纳部分的社会保险补贴。

(十六)推进农村劳动力转移就业。健全城乡劳动者平等就业制度和失业保险制度,完善职业培训、就业服务、劳动维权"三位一体"工作机制,逐步把农村劳动力纳入就业失业统计范围。鼓励职业院校、技工院校面向农村招收初高中毕业生,加快发展农村新成长劳动力职业教育。

(十七)加大退役军人就业扶持。落实军转干部及随军家属就业税收政策,以及自主择业军转干部、自主就业退役士兵、随军家属就业扶持政策。对符合政府安排工作条件的退役军人,要确保岗位落实。

(十八)促进残疾人就业。落实残疾人集中就业政策,依法推进残疾人按比例就业,建立用人单位按比例安排残疾人公示制度,党政机关、事业单位和国有企业应当带头安置残疾人。政府开发的公益性岗位,优先安排符合就业困难人员条件的残疾人。鼓励残疾人个体就业和自谋职业,大力扶持残疾人网上就业,推进残疾人辅助性(庇护性)就业。

五、全面强化就业创业服务

(十九)加强服务体系建设。健全覆盖城乡的公共就业创业服务体系,加强基层公共就业创业服务平台建设,健全服务网络,完善服务功能。强化公共就业创业服务经费保障,将市级公共就业创业服务机构和镇(街道)基层公共就业创业服务平台经费纳入同级财政预算。

在人力社保部门增挂创业就业指导服务中心牌子,与市就业管理服务处合署办公。创业就业指导服务中心负责实施创业载体和创业服务平台建设,组织实施创业培训、创业大赛等活动,为创业者提供政策咨询、项目推介、创业指导、创业培训、跟踪服务和表彰奖励。

鼓励各镇(街道)、开发区和振东新区增挂创业就业指导服务中心牌子,与人力社保所合署办公。

推进人力资源市场标准化建设,构建人力资源市场诚信体系，规范用人单位招工行为。严厉打击非法职业中介和虚假招聘。完善国有企业招聘应届高校毕业生信息公开制度，健全公开发布机制。规范发展人事代理、人才推荐、劳务派遣等人力资源服务业。

（二十）提升就业创业服务能力。完善公共就业服务体系的就业创业服务功能，充分发挥公共就业服务机构作用，为创业者提供政策咨询、信息服务、项目开发、风险评估、开业指导、融资服务、跟踪扶持等“一条龙”服务。加快健全创业项目库、创业导师库、创业培训师资库。建立由企业家、创业成功人士、专家学者及政府部门工作人员共同组织的创业指导专家队伍。大力开展创业明星、创业示范基地、创业孵化（实训）基地评选表彰活动，并对优秀创业服务机构及先进个人给予奖励。对指导帮带有实效的创业指导专家，经人力社保部门认定后，给予5000元的创业服务补贴。

将职业介绍补贴和扶持公共就业服务补助合并调整为就业创业服务补贴，健全政府向社会力量购买基本就业创业服务成果制度。

深化创业就业协作招聘推介活动。本市用人单位应邀参加市人力社保部门统一组织的外出人力资源协作、人才招聘等活动的，其外出经费，包括展位费、交通费、食宿费，给予每年不超过4000元的补贴，按实结报。

（二十一）加强职业培训。深入实施高技能人才素质提升工程，加强失业人员就业技能培训，大力开展农村劳动力转移就业技能培训。对城乡劳动者到定点机构参加职业培训，取得职业资格证书或专项职业能力证书的，按规定给予培训补贴。对企业开展职工岗位技能提升培训的，可根据培训人数和取得职业资格证书等情况给予一定补贴。对通过初次职业技能鉴定并取得职业资格证书或专项职业能力证书的，按规定给予鉴定补贴。具体按照桐乡市人民政府关于加强职业培训的规定执行。

（二十二）推进就业服务信息化建设。按照统一建设、业务协同、资源共享的原则，完善公共就业服务指标体系，实现就业创业数据全市实时联网，推进业务经办系统全市集中，逐步建立全市统一的公共就业信息服务平台。推动实现部门间系统数据互联共享，建立数据管理分析机制，加强对业务经办和资金使用的双重监管，为政策制定提供数据支持。加快大数据、云计算、移动互联网等现代信息技术在公共就业服务领域的应用推广。

（二十三）强化就业失业调控。逐步将城镇新增就业、调查失业率作为宏观调控的重要指标，纳入国民经济和社会发展规划及年度计划。总结推广失业预警试点经验，研究制订应对失业风险的就业应急预案，确保就业形势稳定。

完善就业失业登记办法，将《就业失业登记证》调整为《就业创业证》。在法定劳动年龄内、有劳动能力和就业要求、处于无业状态的城镇常住人员，可以到常住地的公共就业服务机构进行失业登记。各地要为登记失业的各类人员提供均等化的政策咨询、职业指导、职业介绍、职业培训等公共就业服务和普惠性就业政策。

六、完善就业创业工作机制

（二十四）加强组织领导。要将就业创业工作纳入政绩考核，细化目标任务、政策落实、就业创业服务、资金投入、群众满意度等指标，提高权重，并层层分解，督促落实。

（二十五）加强沟通协调。健全就业创业工作联席会议协调机制，督促落实政策，协调解决问题。人力社保部门要牵头做好就业创业工作；财政部门要强化资金保障，完善就业创业资金管理办法；发改、统计、人力社保等部门要加强就业失业动态监测研判；人民银行要会同有关部门进一步推进创业贷款工作。经信、市场监管、税务、教育、商务、民政、残联和人民银行等部门要将相关数据及时提供给人力社保部门，实现成员单位间的数据共享。其他部门要按职责做好就业创业相关工作。

（二十六）加强宣传引导。要深入宣传促进就业创业的政策措施和先进典型，引导劳动者树立正确的就业观和创业观，鼓励全社会积极参与就业创业，推动形成支持就业创业的良好氛围。

本意见的高校毕业生是指全日制普通高等学校专科以上毕业生。经学历认证的留学回国人员，技工院校的高级工班、预备技师班毕业生，特殊教育院校职业教育类毕业生以及取得高级工、技师、高级技师职业资格证书的技工院校毕业生同等享受高校毕业生就业创业扶持政策。

本意见的相关扶持政策，同一对象按照就高原则享受同类政策，不重复享受。

本意见自2016年2月1日起施行，已有规定与本意见不一致的，按本意见执行。《桐乡市人民政府关于进一步做好促进城乡就业工作的实施意见》(桐政发〔2009〕59号)和《桐乡市人民政府关于使用促进就业资金有关问题的通知》(桐政发〔2013〕65号)同时废止。

本意见由市人力社保局会同市财政局制订操作细则，并负责解释。

桐乡市人民政府关于印发降低企业成本推进实体经济稳增促调的若干意见的通知

桐政发〔2016〕23号

(2016年7月6日)

为认真贯彻落实中央和省、嘉兴市经济工作会议精神，按照《浙江省人民政府办公厅关于进一步降低企业成本优化发展环境的若干意见》(浙政办发〔2016〕39号)要求，现就切实降低企业成本，减轻企业负担，提振发展信心，推进全市经济稳增促调，提出如下意见：

一、切实降低制度性交易成本

(一)深化行政审批制度改革。深化“四张清单一张网”改革，建立健全“权力清单”和“责任清单”动态调整机制。编制并公布全市行政许可事项清单(2016年)。积极推广企业“零土地”技改项目审批方式改革，完善企业投资项目并联高效审批制度，探索开展“多评合一”、“组团式”审批服务等投资便利化措施。继续推进行政审批标准化建设，运用大数据、云计算、“互联网+”等技术手段，推动网上办事大厅和实体办事大厅审批服务一体化建设。(牵头单位：市审批中心、编委办、发改局、经信局)

(二)深入推进商事制度改革。全面落实注册资本登记改革，除国务院公布的银行、证券等27项暂不执行认缴登记制的行业外，其他全部实行实缴改认缴登记。进一步放宽我市市场主体住所(经营场所)登记条件，市场主体住所(经营场所)登记实行信息申报制，允许企业办理“一照多址”、“一址多照”、“商务秘书企业托管”，允许从事电子商务、网络技术、文化创意、工业设计等新兴优势产业，且不影响居民正常生活的市场主体以住宅作为住所(经营场所)。全面落实“五证合一、一照一码”登记改革，全面执行国务院取消的148项前置项目，保留34项前置事项的决定，建立全市前置改后置事项的共同监管机制。对符合条件的企业实施简易注销登记制度，通过省略拟注销企业清算组备案、改报纸公告为互联网公示、改原45日公告期为10日、减少注销登记提交材料等改革方式，切实解决企业“进门易出门难”问题。(牵头单位：市市场监管局)

(三)降低企业纳税成本。大力推广网上办税，优化办税流程。简并申报缴纳次数，对增值税小规模纳税人实行按季缴纳增值税，对小型微利企业实行按季预缴企业所得税。〔牵头单位：市国税局、财政局(地税局)〕

(四)规范涉审中介市场秩序。取消无法律依据的区域性、行业性或部门间中介服务机构执业限制。完善中介机构网上超市和实体平台，拓展中介机构信息网公共服务功能，探索中介服务网上竞价平台。完善中介机构信用等级评定和联合检查机制，加快中介机构监管信用体系建设，规范中介服务及收费行为。推进行政审批中介服务改革，行政机关委托开展的评估评审等中介服务，通过竞争方式选择中介机构，服务费用一律由行政机关支付并纳入部门预算。(牵头单位：市审批中心)

二、切实降低企业税费负担

(五)全面实施“营改增”。将“营改增”试点范围扩大到建筑业、房地产业、金融业、生活性服务业，并将所有企业新增不动产所含增值税纳入抵扣范围。〔牵头单位：市国税局、财政局(地税局)〕

(六)完善新型墙体材料管理。简化新型墙体材料专项基金缴款结算程序。停止向水泥生产企业征收散装水泥专项资金，对一般建设工程及桥梁、道路等项目按原标准(《浙江省财政厅 浙江省商务厅关于印发浙江省散装水泥专项资金征收和使用管理暂行办法的通知》浙财综〔2010〕59号)的80%征收，对墙体材料专项基金按规定标准80%征收，将预拌混凝土、预拌砂浆、水泥预制件列入新型墙体目录，纳入新型墙体材料专项基金支持范围。〔牵头单位：市经信局、发改局，配合单位：市财政局（地税局）〕

（七）落实税收优惠政策。按现有费率的70%征收地方水利建设基金。对处于培育阶段的科技型企业，符合高新技术企业条件的予以优先认定。严格落实高新技术企业减按15%税率征收企业所得税。落实企业研发费加计扣除政策，对企业开展研发活动中符合规定条件的研发费用，未形成无形资产计入当期损益的，在按规定据实扣除的基础上，按照本年度实际发生额的50%，从本年度应纳税所得额中扣除；形成无形资产的，按照无形资产成本的150%在税前摊销。对符合条件的纳税人提供技术转让、技术开发和与之相关的技术咨询、技术服务免征增值税。居民企业技术转让所得不超过500万元的部分，免征企业所得税；超过500万元的部分，减半征收企业所得税。〔牵头单位：市国税局、财政局（地税局）、科技局〕

（八）取消、免（停）征、降低部分行政事业性收费。取消或停征征地管理费、企业注册登记费、个体工商户注册登记费等26项行政事业性收费。水土保持补偿费、船舶及船用产品设施检验费等行政事业性收费按规定标准的80%征收，住宿餐饮业计量器具检定收费按规定标准的50%征收。残疾人就业保障金征收标准暂不作上调，维持2015年标准不变。自工商登记之日起3年内，对安排残疾人就业未达到规定比例、在职职工总数20人以下（含20人）的小微企业，免征残疾人就业保障金。〔牵头单位：市财政局（地税局）、残联〕

（九）降低小微企业税费负担。对六大行业企业及轻工、纺织、机械、汽车等四个领域重点行业的小型微利企业新购进的研发和生产经营共用的仪器、设备，单位价值不超过100万元的，允许一次性计入当期成本费用在计算应纳税所得额时扣除，不再分年度计算折旧；单位价值超过100万元的，可由企业选择缩短折旧年限或采取加速折旧的方法；购入单位价值不超过5000元的固定资产，按照税法规定一次性在当期税前扣除。对月营业额不超过3万元（按季纳税9万元）的小微企业，免征增值税。对年应纳税所得额低于30万元（含）的符合条件的小型微利企业，其所得减按50%计入应纳税所得额，按20%的税率缴纳企业所得税。对金融机构与小微企业签订的借款合同免征印花税。对按月纳税的月销售额或营业额不超过10万元（含）的缴纳义务人，免征教育费附加、地方教育附加、水利建设基金。税务机关应根据企业实际情况和相关政策规定确定小微企业税收征收方式，不得强制要求小微企业进行税务代理。〔牵头单位：市国税局、财政局（地税局）〕

（十）加大企业兼并重组支持力度。全面落实国家和省、市支持企业兼并重组的相关优惠政策，减轻企业兼并重组过程中的税费负担，对非房地产开发企业实施的整体改建、合并、分立和以国有土地、房屋进行投资，符合国家政策规定条件的，暂不征收土地增值税。企业在资产重组中，通过合并、分立、出售等方式，将实物资产以及相关的债权、债务和劳动力一并转让给其他单位或个人，不征收增值税；涉及的不动产、土地使用权转让不征收增值税，符合国家政策规定条件的（不含出售），对受让方免征契税，企业兼并重组中涉及的房产过户，免收房屋交易手续费。企业重组如同时符合税法规定条件的，可向税务机关申报，选择特殊性税务处理。〔牵头单位：市经信局、国税局、财政局（地税局）、建设局〕

（十一）清理规范涉企收费。全面实施涉企行政事业性收费、政府性基金、政府定价和指导价的涉企经营服务性收费目录清单管理并对外公开；凡目录清单之外的涉企收费，一律不得执行。建立行政审批中介服务等涉及经营服务型收费的项目清单。政府定价和指导价的涉企经营服务性收费，一律按下限执行。〔牵头单位：市审批中心、发改局（物价局）〕

（十二）清理规范社会团体收费。严格规范行业协会商会会费收取行为，严禁以各种方式强制企业赞助捐赠、订购报刊、参加培训、加入社团、指定服务。建立政府向行业协会商会转移委托职能的清单目录，切实推进行业协会商会与行政部门脱钩，严禁行业协会商会利用行政资源强制向企业收取费用行为。（牵头单位：市工商联）

三、切实降低企业用工成本

（十三）完善工资保证金制度。落实省、市最低工资标准调整政策，最低工资标准根据省、市公布后，由市政府转发执行。分步实施建设领域企业工资支付保证金返还，对符合条件的本地建筑企业先行实施，待情况稳定，秩序可控后放开到所有符合条件的建筑企业。（牵头单位：市人力社保局、建设局）

（十四）降低社会保险费。根据省部署，精简归并“五险一金”。对失业保险费单位缴费实行临时性下调，从2016年7月1日至2018年12月31日，费率由1.5%降为1%，2016年5月至6月多征收的失业保险费，在2016年7月予以退还。对符合产业转型升级发展方向的企业（由职能部门界定），2016年下浮职工基本医疗保险缴费比例，下浮幅度相当于企业单位缴费部分1个月的额度。省政府同期有下浮政策的，按省政府相关政策执行。〔牵头单位：市人力社保局、财政局（地税局）〕

四、切实降低企业财务成本

（十五）引导金融机构主动帮扶企业。规范存款及账户招投标定价行为。鼓励金融机构加强对困难企业的分类帮扶，对重点帮扶企业实行降低贷款利率等措施。鼓励金融机构减费让利，严禁违规收费，进一步加大违规收费清理规范和查处力度，清理不必要的资金“通道”和“过桥”环节，促进金融资源更顺畅地流向实体经济。组织开展银行业“优服务、促转升”专项行动，优先支持制造业企业和技改项目，继续开展金融服务指导员进企业活动，帮助企业节省财务成本。完善政府对银行机构考评机制，增加银行制造业贷款和还款方式创新考评指标。各银行机构依据工业企业绩效评价结果执行差别化信贷政策，对A类企业（含高新技术、成长型及省级以上试点示范企业），贷款利率原则上按基准利率执行。〔牵头单位：市金融办、财政局（地税局）、银监办、人民银行〕

（十六）创新企业融资方式和机制。鼓励银行等金融机构和担保公司对成长型企业、科技型企业、小升规、农业龙头企业、大学生创业等加大信贷和担保力度，对于符合条件的新进规上企业诚信担保给予限额300万元的担保支持。积极推广专利权质押、商标权质押、排污权抵押和应收账款质押等融资创新。探索发展设备融资租赁，支持符合条件的企业集团设立财务公司。落实定向货币政策，加大信贷资源向中小微企业倾斜。〔牵头单位：市金融办、财政局（地税局）、人民银行、银监办、经信局〕

（十七）防范化解企业资金链担保链风险。进一步扩大政府应急转贷基金覆盖面和资金规模，实施“中小微企业优助计划”，加强对困难企业的贷款周转支持。创造条件增加企业流动资金贷款，对企业正常周转的贷款做到不抽贷、不压贷、不延贷。继续推进小微企业贷款还款方式创新产品的增量扩面，推动无还本续贷、年审制等创新产品适当向中型企业延伸，降低企业续贷成本。建立我市与省级金融机构的对接协调机制，共同推进企业“两链”风险化解。推动银行用足用好现有核销政策，做到应核尽核。（牵头单位：市金融办、银监办、人民银行）

（十八）提高企业直接融资比重。推进上市和新三板扶持政策，鼓励和扶持企业利用多层次资本市场开展直接融资。发挥政府性产业基金引导作用，引进股权投资基金落户我市，鼓励和引导股权投资企业对本地企业进行股权投资。扩大企业债务融资工具发行规模，大力支持企业发行新公司债。鼓励和支持企业在银行间市场通过发行短融、中票等方式募集资金。〔牵头单位：市金融办、发改局、财政局（地税局）、人民银行〕

五、切实降低企业用能成本

（十九）降低企业用电成本。贯彻落实省级部门电价政策，一般工商业用电价格每千瓦时降低4.47分。对蓄热型电锅炉、冰蓄冷空调用电实行优惠电价。低谷用电参照相应电压等级的大工业分时低谷电价执行。〔牵头单位：市发改局（物价局），配合单位：供电公司〕

（二十）扩大用户直接交易范围和规模。支持发电企业自主协商确定电价。桐乡4个电压等级为35千伏企业首次参与直供电试点，全年直接交易电量力争扩大到10亿千瓦时。（牵头单位：市经信局，配合单位：供电公司）

（二十一）对燃煤（油）锅炉电能替代改造完成后用电实行优惠电价。2016－2017年，燃煤（油）锅炉电能替代改造完成后，按大工业用电相应电压等级的电度电价执行，免收基本电费。〔牵头单位：市发改局（物价局）、

经信局、供电公司〕

(二十二)降低企业用气价格。非居民用天然气省级门站价格每立方米下降0.1元落实到各用户。所有煤改气用户气价控制在省级门站价格加价每立方米0.6元以内。城市燃气管道输配价格下降20%以上,全市终端销售价格不得高于每立方米3.4元。企业生产经营场所内可以单独计量的职工集体宿舍、食堂生活用气,可选择执行居民气价,可按每立方米3.35元执行。〔牵头单位:市发改局(物价局)〕

(二十三)调整C、D类企业差别化政策。对C类企业不再实施加价0.1元的差别化电价政策;对D类企业实施在正常电价基础上加价0.2元的差别化电价,降低原政策加价0.3元的加价幅度。(牵头单位:市经信局、供电公司)

六、切实降低企业用地成本

(二十四)减免城镇土地使用税。对新建国家鼓励和扶持产业项目的企业、占地广的深加工农业龙头企业,可在一定期限内作为"确属发展前景较好,但目前亩产税收贡献不大"的纳税人,经工业企业绩效评价工作领导小组认定,享受城镇土地使用税差别化减免优惠政策。〔牵头单位:市经信局,配合单位:市财政局(地税局)〕

(二十五)创新土地出让方式。积极推行工业用地弹性年期出让,鼓励采用出让年限小于50年方式供地。(牵头单位:市国土资源局)

(二十六)支持标准厂房建设。将标准厂房建设用地纳入年度土地供应计划。鼓励利用"三改一拆"拆改土地、城镇低效用地建设标准厂房,2016年新建标准厂房10万平方米。鼓励标准厂房微利出租或按土地出让合同约定分割转让。(牵头单位:市经信局、国土资源局)

七、切实降低企业物流成本

(二十七)降低运输成本。规范港口船舶收费项目,继续对小微企业免征货物港务费,取消船舶港务费,对100总吨以下船舶停缴"四自"航道通行费。免收交通运输企业行政许可办证费用,简化客运企业牌证申领。(牵头单位:市交通运输局)

(二十八)优化通关环境。深入推进区域通关一体化工作,进一步提升通关便利化。完善关检合作协调机制,深化推行关检"一次申报、一次查验、一次放行"通关模式。(牵头单位:海关办事处)

八、切实降低企业外贸成本

(二十九)优化出口退税办理。对出口企业实行分类差异化管理,完善分类管理举措。落实审批权限下放,梳理简化工作流程,简化审核手续,建立方便、高效、快捷的退税工作机制。进一步完善出口退税无纸化管理,加快出口退税进度,对符合条件的出口业务在20个工作日内办结相关手续,确保及时足额退税。(牵头单位:市国税局)

(三十)提高检验检疫通关便利化水平。全面推行"三通"(通报、通检、通放)、两直"(出口直放、进口直通)一体化业务改革,加快推进检验检疫全流程无纸化工作方式。扩大采信第三方检验检测认证结果的范围。(牵头单位:检验检疫桐乡办事处)

(三十一)支持跨境电子商务发展。支持电商企业设立自用型和公用型"海外仓",整合产品供应链,向快速反应、较低库存的B2B2C等跨境电商模式发展。支持跨境电商园区发展,充分发挥集聚优势,提高通关效率、降低物流成本、缩短营销环节、改善配送效率。加快推进电商产业集群与知名第三方平台合作,把对外贸易的中间市场转换成终端市场、贴牌市场转换成自主品牌市场、中低端市场转换成中高端市场。支持嘉途通等本土外贸综合服务平台建设,为中小企业开展跨境电子商务提供一揽子综合配套服务。(牵头单位:市商务局)

九、积极引导企业提质增效

(三十二)推动企业减员增效。全面推进"机器换人"和"两化融合",支持企业通过互联网、物联网技术创建"机联网""智能车间""无人车间"等提升劳动生产率,实现减员增效。鼓励企业加大以智能制造为主攻方向的"机器换人"投资,每年相对减少生产一线简单用工1万人以上,规模以上企业提高劳动生产率6%以上。(牵头单位:市经信局)

(三十三)推动企业创新增效。鼓励企业加大研发投入,提高创新能力和水平,提升技术成果转化效率。引导企业协同创新与协同制造,支持企业通过组建技术创新战略联盟,实现上下游企业间的协作配套,实现技术和资源共享。大力推广使用科技创新券,鼓励企业在新产品、新技术研发中开展相关检测、查新的，直接抵用费用的50%。开展“政府送云”服务，对符合条件、有云服务需求的企业或平台，给予单个企业每年一定额度的“云电子券”。（牵头单位：市科技局，配合单位：市经信局）

（三十四）推动企业降本增效。引导企业建立现代企业制度，推广先进管理模式，促进降本增效。指导帮助企业规范用工，构建和谐劳动关系，降低用工风险。推行产品全生命周期管理，加强信息技术推广应用，提升企业管理信息化水平。继续推行“两农”计量器具免费检定工作，对生产企业强制检定计量器具检定费用按标准降低30%收取。质监系统技术机构对新开办的小微企业实行开办2年内委托检验费用减半优惠，大学生创业企业免当年委托检测费用。（牵头单位：市经信局、质监局）

十、保障措施

（三十五）加强组织领导。桐乡市减轻企业负担领导小组全面统筹协调全市帮助企业降低成本减轻负担工作。各领导小组成员单位及各镇（街道）、开发区也要成立相应的组织机构，具体落实对企业降成本减负担工作的组织和协调，各单位要切实落实责任，明确分工，落实专人，抓好实施。

（三十六）提高服务水平。深入开展“进企解困”专项活动，坚持问题导向，健全工作制度，建立长效机制，积极营造宽松的市场经营和投资环境，保护各种所有制企业产权和合法利益，提高企业创新创业发展信心。

（三十七）加强督促检查。以帮助企业降低成本减轻负担稳增促调为重点，定期开展督查检查，对政策执行不力、工作落实不到位的单位通报批评，并限期整改。加大对各种乱收费行为的查处曝光力度，坚决查处乱收费、乱摊派行为。

（三十八）加强宣传引导。宣传部门和新闻媒体要密切配合，广泛宣传各项惠企政策，营造全社会关心支持企业降本减负的舆论氛围。要加强对典型企业的正面宣传，鼓励引导企业敢于创新、做强主业，形成有利于推进实体经济稳增促调良好局面。

（三十九）实施范围和期限。自发文之日起执行（部分条款有明确执行时间的按规定时间执行）。国家、省、市有新政策出台按国家、省、市政策执行。在本文件发布前的政策与本文不一致的，以本文为准。

桐乡市人民政府办公室关于印发《桐乡市全面开展县域经济体制综合改革实施方案》的通知

桐政办发〔2016〕21号
（2016年4月12日）

根据《浙江省人民政府关于全面开展县域经济体制综合改革的指导意见》（浙政发〔2015〕31号）文件精神，为系统、整体、协同推进我市经济体制综合改革，特制定本实施方案。

一、总体要求

全面贯彻落实“四个全面”战略布局，以经济转型升级为主线，坚持问题导向和目标导向，进一步叠加全省各地县域经济体制改革成功经验，巩固深化资源要素配置改革、产业结构调整创新、统筹城乡配套改革、社会事业建设发展机制改革和行政审批制度改革，全面推进国家中小城市综合改革试点、国家旅游综合改革试点、国家互联网创新发展试验区建设三大国家级改革试点，努力实现资源要素配置集约高效，政府职能加快转变，其他改革领域体制机制进一步优化完善，切实发挥改革综合效应，确保完成国家试点任务，为全市经济发展提供体制保障。

二、主要任务

（一）巩固完善以“亩产效益”为导向的资源要素差别化配置机制

1.完善工业企业资源要素利用评价体系和差别化政策措施。在保持企业绩效评价体系和差别化政策总体稳定、确保政策连贯性的基础上，对有关评价指标和办法进行优化调整，严格把握企业分类分档标准，把直接提档因素纳入评价指标体系，适当增加环保、能耗、信用等二级指标，加强绩效评价的网络平台建设，提高评价数据采集准确性和时效性。加强差别化政策措施的执行力度，严格限定不执行差别化政策的企业范围和标准，确保政策公开透明，提高执行效率。〔牵头单位：市经信局，责任单位：市财政局（地税局）、环保局、发改局（物价局）、水务集团、供电公司〕

2.加快推进和完善资源要素交易综合平台建设。根据“市场化运作、规范化发展、多元化经营、制度化监管”的总体要求，采用1+2模式加快推进统一的资源要素交易市场建设，实行一个统一的资源要素交易平台和两个独立的资源要素交易主体，即由市公共资源交易中心和市资源要素交易中心有限公司分别承接我市各类资源要素的一级市场和二级市场交易。进一步拓展资源要素交易的种类和范围，按照“成熟一块、划转一块”的原则，积极稳妥推进国有产权、股权管理、用能、排污权、政府特许经营权、农村产权等资源要素划转整合至资源要素交易市场进行交易。市级相关职能部门积极配合，加快制定完善相关管理办法，明确具体市场交易规则和操作程序。（牵头单位：市审批中心，责任单位：市金融办、经信局、国土资源局、环保局、农经局、金凤凰集团）

3.建立健全生态环境财政奖惩机制。完善生态“三偿”机制建设，按照“谁保护谁受偿，谁受益谁补偿，谁污染谁赔偿”的原则，全面实施与区域河道水质、森林绿化水平挂钩的财政奖惩机制，明确考核办法和考核指标，实行奖惩结合，强化约束引导。〔牵头单位：市环保局，责任单位：市财政局（地税局）、农经局、“五水共治”办〕

（二）推进正向激励与反向倒逼相结合的产业结构调整新机制

4.推进增量选优，完善投资项目准入制度。规范产业投资项目准入标准，建立以空间准入、行业准入和项目准入为主要内容的“三位一体”投资项目准入制度，促进产业向主平台集中，项目向重点产业集中，资源要素向优质项目集中。完善工业投资项目准入标准和办法，对符合产业投资项目准入标准的新建项目，在供地、融资、排污权指标、能耗指标、审批服务、财政扶持等方面给予优先保障。〔牵头单位：市经信局、发改局（服务业发展局）〕

5.加快存量提质，推进建立企业分类指导制度。整合企业评价信息和信用信息，建立“企业体检档案”，实施产业政策分类引导、企业分类指导、资源要素差别化配置的联动机制。加快推进“四换三名”，突出抓好战略性新兴产业和传统优势特色产业的改造提升，培育壮大龙头企业。大力实施大中小企业培育计划，完善中小微企业服务体系，支持“个转企”、“小升规”，优化企业梯队结构。完善兼并重组扶持政策，激励和倒逼产业结构调整和落后产能退出。（牵头单位：市经信局）

6.强化科技创新，建立“五化联动”的企业自主创新服务机制。完善创新主体企业化、创新激励人本化、创新发展平台化、技术成果商品化、创新服务社会化“五化”联动机制。完善科技孵化体系，建设市科创园二期，提升国家级科技孵化器功能和服务水平，创建互联网应用高新技术园区，加快众创空间和泛孵化器建设。培育协同创新机制，建立以企业为主体、产学研一体的创新机制，改革科技经费管理机制，扩大科技项目经费竞争性分配范围，支持企业自主创新，深化与大院名校合作交流，开展技术引进、消化吸收和再创新。完善科技金融结合机制，扩大政府科技创业投资引导基金规模，探索建立科技创业种子基金，推进科技支行设立，积极引进风投公司落户，构建企业投入为主、多元化投入的科技投融资体制。完善科技创新服务体系，深化政府公共科技服务模式创新，扩大科技创新券使用范围，培育发展科技中介组织和网上技术市场，促进科技成果转化，积极营造大众创业、万众创新的生态系统。（牵头单位：市科技局）

（三）全面推进城乡一体化发展体制机制创新

7.全面推进“三权到人（户）、权随人（户）走”改革。深化农村产权制度改革，完善农村土地承包经营权、集体经济股权确权工作，加快推进农村宅基地使用权、农房所有权确权颁证。深化农村“三权”保证保险贷款试点，进一步扩大试点范围和贷款规模，积极探索适合不同需求的农村产权抵押金融产品设计，推进农村产权的确权、活权。按照上级部署要求，稳妥推进农村土地制度改革，积极探索农村经营性建设用地入市、农村宅基地有偿退出等创新机制。〔牵头单位：市农经局（农办）、国土资源局、建设局、发改局〕

8.完善城乡基本公共服务均等化机制。建立城乡基础设施一体化运行机制，促进城乡基础设施和公共设施共建共享。科学研判城乡人口流动趋势，加快制定“十三五”时期教育、卫生等专项规划，完善教育医疗等公共资源均衡配置机制。推动城乡义务教育资源统筹配置和合理流动，促进城乡教育机会均等。深化医疗资源“双下沉、两提升”长效机制，推行分级诊疗模式，完善医联体和医疗中心工作机制，提升基层医疗服务能力和区域内医疗资源的共享能力，加快形成合理有序就医格局。统筹推进城乡社会保障体系建设，完善社会保险关系转移接续政策，推进城乡社会救助等制度并轨。（牵头单位：市卫生和计划生育局、教育局、人力社保局）

（四）创新鼓励引导民间资本进入社会事业领域的体制机制

9.完善社会事业投资经营公平准入竞争机制。明确引入社会资本投资建设的范围和重点领域，公开引入社会投资项目信息，通过公开招标、竞争性谈判等多种方式，公平择优选择社会资本合作方。简化审批流程，完善民间资本进入社会领域在规划、用地、招生、医保定点等方面的政策。（牵头单位：市发改局、教育局、卫生和计划生育局、民政局、人力社保局）

10.建立健全国有和民办社会事业人才双向流动机制。深化事业单位人事制度改革，完善专业技术人才第三方水平考试、资格认证和人事代理机制，改革完善行业执业注册制度，进一步消除对民办机构专业技术人员的限制条件。深化财政专项资金管理清单制度和政府购买公共服务改革，保障民办机构参与公平竞争。〔牵头单位：市人力社保局、财政局(地税局)〕

（五）全面建立企业投资项目高效审批制度

11.完善企业投资项目并联高效审批机制。在完善“一路通”阳光审批实施办法基础上，重新梳理项目审批流程，优化办理程序，提高并行办理、联合办理时效，实现企业投资项目审批再提速。深入推进“零土地”技改项目审批方式改革，进一步完善经信、环保、建设、气象、消防等审批服务指南。探索实施“多评合一”改革，创新优化企业投资项目前期阶段评估审批流程，将各项涉批评估由串联方式调整为并联方式，推行统一受理、统一评估、统一评审、统一审批的“多评合一”服务新模式。（牵头单位：市审批中心，责任单位：市级相关部门）

12.打造“互联网＋”审批服务新模式。在项目建设、证照办理过程中，施行前置审批联用、资料入库共享机制，解决审批信息不共享、审批办理不同步等问题，实现审批部门内部审批系统数据的互联共享。加快推进企业设立登记“一照一码”、不动产统一登记系统等专业系统与政务服务平台的对接，大力推行行政许可项目的网上申报预审，建立健全市、镇、村三级便民服务系统的上联下通，加强行政审批制度改革的技术支撑。（牵头单位：市审批中心，责任单位：市级相关部门）

13.规范涉批中介市场秩序。取消无法律依据的区域性、行业性或部门间中介服务机构执业限制。完善中介机构网上超市和实体平台，拓展中介机构信息网公共服务功能，探索中介服务网上竞价平台。完善中介机构信用等级评定和联合检查机制，加快中介机构监管信用体系建设，规范中介服务行为。（牵头单位：市审批中心，责任单位：市级相关部门）

14.完善事中事后监管机制。深入推进“四张清单一张网”建设，加快简政放权、放管结合，推进政府事前审批和事中事后监管并重。加强“零土地”审批方式技改项目、先照后证商事登记、热点难点问题等领域的事中事后监管。统筹整合监管资源，厘清部门职责，推动综合执法力量下沉。优化监管方式，完善镇与部门的协作配合监管机制，建立随机抽查检查对象、随机选派执法检查人员的双随机抽查机制，规范部门自由裁量权。加强监管综合信息平台建设，鼓励行业自律和社会参与，全力构建事中事后监管体系。（牵头单位：市发改局、编委办、市场监管局）

（六）推进国家中小城市综合改革试点，加快新型城镇化进程

15.推进“多规合一”规划体制改革。建立人口、交通、资源、环境相协调的城市分层分类发展机制。实现经济社会发展规划、城乡总体规划、土地利用总体规划、产业发展规划、生态环境保护规划等“多规合一”，建立城市综合管理信息资源应用服务体系，增强城市管理与服务功能。（牵头单位：市建设局，责任单位：市发改局、国土资源局、环保局）

16.建立城市投融资长效机制。积极试行PPP模式，建立社会资本投资城市基础设施、社会事业项目适度回报和奖励制度，探索按照经营性项目、准经营性项目和非经营性项目分类确定的付费模式。认真落实国家支

持公共服务事业的税收优惠政策，推动政府与社会资本合作项目实施。深化国资改革，加快政府投融资平台向市场化、企业化运作的新型投融资公司转型，实现从资产管理向资本管理转变。(牵头单位：市发改局、财政局、金融办)

17.深化户籍制度改革。在建立城乡统一的户籍登记管理制度基础上，完善就业、住房、养老、医保等配套政策措施，采取“率先并轨、逐步并轨、维持现状”等不同方法，逐步取消依附于原有户籍基础上的各项差异政策。探索完善吸引农村人口落户城镇的政策机制。推进居住证制度改革，凭证享受基本公共服务，通过积分改善服务，健全积分管理的梯度服务机制。(牵头单位：市政研室、公安局、新民局)

(七)深化国家旅游综合改革试点

18.完善产业融合发展机制。按照“一业驱动四化”总体要求，大力发展庄园经济，推动传统农业向休闲观光农业转型；促进传统产业改造提升，大力发展高端旅游装备制造业，推进工业旅游示范基地建设；加强中心城市智慧旅游建设，抓好乌镇、濮院、石门、崇福四大古镇的保护开发；大力提升生产性和生活性服务业发展，加快传统专业市场提档升级，完善旅游配套服务功能，提高旅游相关产业在国民经济中的比重。(牵头单位：市旅委，责任单位：市级相关部门)

19.健全旅游业提升发展机制。探索建立旅游业投资项目准入制度，完善旅游项目数据库，健全鼓励旅游业发展的优惠政策，对重点旅游项目在土地、能源、资金等要素方面给予优先保障。深化旅游产业用地制度改革，加快建立符合旅游产业发展特点和要求的土地利用和管理制度。旅游业用地纳入土地利用总体规划、年度用地计划和年度供地计划。探索“旅游＋互联网”发展路径，搭建网络化、智能化、协同化的智慧旅游公共服务平台。强化金融服务支撑，引导、规范和鼓励银行、信贷、保险等机构对旅游产业的服务。(牵头单位：市旅委，责任单位：市级相关部门)

20.创新旅游市场监管机制。探索建立旅游联合执法制度，加大旅游市场监管力度，强化重点领域和环节的监管，加强对大型旅游节庆活动的严格审批和安全管理。建立旅游安全预警和应急指挥机制，建立并发布热点景区、景点最大承载量警示信息，积极参与文明旅游地方标准制定，发挥旅游行业组织自律作用。(牵头单位：市旅委，责任单位：市级相关部门)

(八)全面推进国家互联网创新发展试验区建设

21.加快互联网创新发展试验区平台建设。以“五区五中心”建设为载体，着力完善互联网会务会展、数字内容创意、互联网金融等互联网产业发展平台建设。完善互联网产业空间布局，高标准、高起点建设乌镇核心区，着力增强互联网领域示范应用、会展体验、交流合作、教育培训、网络众创等功能。利用乌镇核心区，发挥乌镇的核心效应，依托经济开发区等载体，加快形成“一核一带多点”发展格局，集聚高端企业、要素和人才，提升桐乡在互联网经济创新发展方面的综合实力。〔牵头单位：市经信局(互联网经济发展办公室)〕

22.创新互联网产业发展体制机制。加强新一代网络信息基础设施建设，完善云计算数据中心、互联网实验室等公共信息基础设施，提升互联网产业基地的承载能力。加快打造互联网会务会展中心、智慧旅游体验中心、数字内容创意中心、行业电子商务中心、智能制造创新中心等五大服务平台，加快培育互联网产业生态圈。推进“两化融合”，加快以研发设计、生产制造、营销管理等环节为重点的企业内部信息化建设，助推传统产业互联网化转型升级。加快推进互联网新技术、新产品、新业态、新商业融合创新，探索互联网产业创新创业新路径。到2020年底，建成创新能力强、集聚效应显著、产业链完善、海内外创客云集的互联网产业基地。〔牵头单位：市经信局(互联网经济发展办公室)〕

三、保障措施

(一)加强领导，明确责任。市级层面建立完善在市政府统一领导下、各部门积极参与的县域经体制改革联合工作机制。各牵头单位要积极发挥组织牵头作用，围绕目标任务，抓紧制定好年度工作计划和配套政策，相关责任单位要结合自身职能，积极配合相关方案制定，落实好各项改革举措。各单位要按照实施方案有关要求，明确责任领导和责任人员，确保完成改革目标任务。市经济体制改革专项小组负责加强对全市经济体制综合改革工作的指导协调，督促检查各项改革的推进和落实。

（二）营造氛围，合力推进。充分发挥新闻媒体的宣传引导作用，加强对综合改革工作中出台的重大改革方案和举措的宣传，积极发掘和宣传改革工作中的亮点，进一步凝聚共识，在全市上下形成关心改革、支持改革、参与改革的浓厚氛围。

（三）及时总结，优化提升。坚持勇于实践，敢于创新，针对改革过程中涌现出来的好经验、好做法进行总结和提炼，不断完善各项制度设计，争取形成可复制借鉴的改革经验。

重要文件存目

桐乡市委文件存目

桐委发文号	时间	标　　题
4 号	1 月 8 日	关于制定桐乡市国民经济和社会发展第十三个五年规划的建议
7 号	3 月 14 日	关于认真做好镇党委换届试点工作的意见
16 号	5 月 16 日	关于科技创新促转型的实施意见
17 号	6 月 6 日	印发《关于在全市公民中开展法治宣传教育的第七个五年规划(2016—2020 年)》的通知
18 号	6 月 8 日	关于加强和改进党的群团工作的实施意见
20 号	6 月 14 日	关于印发《桐乡市法治政府建设规划(2016－2020 年)》的通知
49 号	12 月 31 日	印发关于深化供销合作社和农业生产经营管理体制改革完善“三位一体”农民合作经济组织体系实施方案的通知

桐委办发文号	时间	标　　题
16 号	3 月 28 日	关于印发《桐乡市基层党建工作整体提升三年行动计划》的通知
20 号	4 月 12 日	关于建立国家卫生城市长效管理机制的实施意见
25 号	4 月 25 日	关于印发《2016 年建设“法治桐乡”工作要点》的通知
27 号	5 月 9 日	印发《关于在全市党员中开展“学党章党规、学系列讲话，做合格党员”学习教育的实施方案》的通知
36 号	5 月 19 日	印发《关于进一步加强律师参与信访工作的实施办法》的通知
37 号	5 月 23 日	关于印发《桐乡市三大城市发展愿景评价指标体系编制工作方案》的通知
45 号	6 月 13 日	关于印发《“招商引智百日大会战”活动实施方案》的通知
46 号	6 月 13 日	关于全面加强中小学德育工作的实施意见
50 号	6 月 30 日	关于运用“四种形态”进一步推进全面从严治党主体责任落实的通知
51 号	7 月 1 日	关于印发《桐乡市农村土地承包经营权确权登记颁证实施方案》的通知
54 号	7 月 19 日	关于印发 2016 年桐乡市深化接轨上海工作实施方案的通知
57 号	8 月 3 日	关于进一步推进“三社联动”完善基层社会治理的意见
63 号	9 月 9 日	关于印发促进全市商贸综合体和专业市场健康发展若干意见(试行)的通知

续表

桐委办发文号	时间	标　　题
71 号	10 月 21 日	印发《关于加快构建现代公共文化服务体系的实施意见》的通知
73 号	10 月 31 日	关于深化完善镇(街道)行政管理体制的实施意见
74 号	10 月 31 日	关于构建基层“四个平台”工作的实施意见
76 号	11 月 1 日	关于印发《全面落实“谁执法谁普法”责任制的实施意见》和《进一步加强以案释法工作的实施意见》的通知
77 号	11 月 8 日	印发《关于进一步加强社会组织党建工作的实施意见》的通知
80 号	12 月 12 日	关于进一步加强耕地保护规范用地管理的通知
84 号	12 月 19 日	关于进一步完善中共桐乡市委与民主党派、工商联、无党派人士协商通报制度的意见
85 号	12 月 21 日	关于印发桐乡市实施第五轮“壮大工程”加快推进村级集体经济发展意见的通知

桐乡市政府文件存目

政府令文号	时间	标　　题
108 号	7 月 18 日	桐乡市人民防空工程建设利用管理办法
109 号	9 月 12 日	桐乡市临时改变房屋用途管理规定
110 号	9 月 12 日	桐乡市城乡规划管理办法

桐政发文号	时间	标　　题
14 号	3 月 24 日	关于印发《2016 年〈政府工作报告〉主要工作责任分解方案》的通知
18 号	4 月 8 日	关于印发桐乡市城市规划建设管理技术规定(修订)的通知
19 号	4 月 18 日	关于印发《桐乡市国民经济和社会发展第十三个五年规划纲要》的通知
31 号	9 月 12 日	关于公布 2016 年度住房保障相关标准的通知
34 号	11 月 11 日	关于印发加快发展现代职业教育实施意见的通知
38 号	12 月 20 日	关于加快推进残疾人全面小康进程的实施意见
44 号	12 月 30 日	关于加快乌镇大数据高新技术产业园区建设的实施意见

桐政办发文号	时间	标　　题
45 号	6 月 30 日	关于印发桐乡市镇村环境整治提升三年行动计划的通知
62 号	7 月 28 日	关于印发桐乡市重大行政决策责任追究制度的通知
90 号	9 月 29 日	关于印发《桐乡市推进“低小散”企业“退散进集”三年行动方案》的通知

(市委办、市政府办提供)

1. 本索引为汉语拼音音序索引，以主题词列条，按主题词的首个中文字的字母顺序排列，首字相同，则按第二字的音序排列，以此类推。

2. 索引页码后的“a”表示左栏，“b”表示中间栏，“c”表示右栏。

3. 为便于检索，除栏目名、分目名及易产生歧义者外，一般将单位、组织和事件前的“桐乡”“桐乡市”“市”省略。

4. 阿拉伯数字、标点开头的主列条以第一个中文字排序。

5. 本索引中栏目、分目名用黑体字；《特载》《大事记》《国民经济统计资料》《文件选编》四栏目的内容未做索引。

A

爱国卫生 262b
爱国卫生月 263a
安乐村 292a
安全保卫工作 40c
安全检查 155b
安全生产监督管理 156a
安全生产培训 89c
安全生产责任制 120c
安全应急演练 109b

B

八泉村 321b
白蚁防治技术 124c
办公室工作 163c、186c
保健食品安全监管 151a
保险业 144c
报网融合 254a
报业 253b
兵役工作 216c
病虫害区域站 46a
病媒生物防治 262c
伯鸿书香奖 247c
不动产登记 124b

C

财政 134b
财政监管 135b
财政税务 134
财政预算执行审计 159b
蚕桑产业升级 46c
蚕桑产业转型 46c
蚕桑风俗体验馆 321b
蚕桑业 46b
蚕业技术合作 47a
差别化信贷政策 141a
常年气候 24b
成人教育 233b
诚信担保公司 54b
城市地下管线普查 117a
城市管理与执法 117b
城乡规划与管理 115c
城乡建设管理 114
城镇建设 118b
城镇居民生活质量 266a

城镇居民消费支出 265c
乘车服务 106b
崇福皮毛市场 99c
崇福镇 297a
出口杭白菊质量安全示范区 79c
出口信用保险 77a
出入境检验检疫 79a
畜牧业 48a
畜牧业升级 48b
传统工艺美术行业协会 249a
船舶检验 106c
船拳(南拳)邀请赛 251c
创客公社 245a
创新创业大赛 245b
创新型社区建设示范街道 290b
创新与发展 42a
创业人才项目对接会 280a
慈善工作 273a

D

大麻镇 314a
大事记 18
大中型商场 73a
档案工作 190c
档案文化建设 191c
党委换届 167a
党校工作 177c
党政 162
低碳试点 321a
低碳循环发展 147a
地方税务 136b
地理位置 24a
典型评选活动 290a
电力配送 126b
电商培育工程 202c
电子票据应用 141c
电子商务 73b
电子信息 65a
东方大酒店 75a
东兴商厦 73a
董宝利 330a
对外经济技术合作 77c
对外贸易 75a
对外商品贸易 76a

F

法治 221
反恐培训班 90a
防空演练 219a
防灾演练 219a
房地产业 123a
房屋建筑工程监理甲级企业 122a
房屋征收工作 119a
纺织产业集群 57a
纺织服装 56a
纺织行业创新示范集群地区 316c
放心农贸市场 102c
放心消费示范区 275c
非遗馆 248c
凤鸣街道 292a
凤鸣小学 109c
凤鸣装饰材料市场 101c
扶贫项目 274c
服务保障 39b
福严庙会 293c
福严寺景区 293c
妇女“两癌”筛查 260b
妇幼保健 260a
妇幼保健 260a
副食品批发市场 101b

G

改革创新 28b
高等教育 233c
高桥镇 317a
高速铁路 105c
高新技术 240b
个人住房公积金存款利率 115a
个性化定制示范试点企业 54c
耕地保护工程 151c
耕地保护责任机制 151c
工行 141c
工商登记制度改革 149c

工商强市大会 162a
工业 53
工业旅游示范基地 89a
工艺美术大师 280b
公安 224a
公共卫生服务项目 258c
公共文化 246c
公共文化服务体系示范区 247c
公路 103c
公路路政 105a
公路养护 104c
供给侧结构性改革 134c
供给水平 28a
供销 71a
购物节 99a
股份分红村 292a
光明大酒店 75a
广播电视 252c
规划建设 87c
《国朝石门竇案》192a
国防教育与军民共建 216a
国家税务 135c
国家卫生镇 299c、302a、308b
国民经济统计资料 331
国民经济与社会事业 28a
国内贸易 70a
国税地税合作县级示范区 136a
国土资源管理 151b
国土资源管理制度改革 153c
国土资源节约集约模范县(市) 153a
国资管理 135b
果蔬采摘旅游基地 88b

H

海德新能源 244a
海关 78b
韩占清 330b
行业标准 155c
行业管理 105b
行业管理 89c
杭白菊废弃物利用 241b
杭平申线航道改造工程(桐乡段) 49a
杭州银行 143b
合悦百翠山居农庄 88c
合众新能源概念车 64b
河道综合整治 49b
河山镇 319c
荷博园 296b
恒通公司 59c
红十字会 213b
互联网经济 135a
互联网领先科技成果发布 36a
互联网学校 237c
互联网医疗大会 301c
互联网之光博览会 36c
互联网智慧小镇 142a
花鼓戏 249b
华圣石斛园 89b
华腾牧业 241c
华友钴业 69c
化工医药 64c
化纤 58a
化妆品安全监管 151a
环境保护 129
环境管理 129c
环境监测 132a
换届选举 172b、184a、197c
黄家贵 329c
会务接待水平 40b
惠民服务 147c
婚调工作室 205b

J

机构编制工作 180a
机构编制管理 180c
机械制造 63c
基层党建 167b
基层基础工作 161b
基层基础建设 160c
基础教育 230b
计划生育 261b
计划生育协会工作先进单位 291a
计生服务 261c
纪检监察工作 164b

纪律教育 165b
技能比赛 90a
寄递渠道 109b
家纺科技创业园 316b
嘉澳环保科技 82c
嘉兴银行 142c
价格改革 148a
价格管理 149a
价格行为 148b
检察 225a
建材 60c
建行 142c
建议交办督办工作 184b
建筑业 120b
健康城市建设 263b
健康科普进农村(社区) 263c
江南乌村 92c
姜玮 327c
蒋惠玲 327a
交界断面水质考核 132c
交通运输 103
教师队伍 235a
教师乡镇工作补贴 236b
教师职称评价 236b
教育 229
教育行政 236c
教育科研 238b
教育文化交流 93a、303a
街道、镇发展概况 287
金嘉善 330a
金融 137
金融服务实体经济 139c
金税三期 136c
锦绣天地 319a
进口直通 79b
京马电机 64b
经济报道 254c
经济管理与服务 146
经济开发区 81a
经济领域改革 146c
经贸交流合作 190b
精神文明建设 29b
竞技体育 252a
境外投资保险平台 78a
九曲社区 291c
救护培训 213c
就业创业 281c
居住证 264c
菊乡文学新苗 210a
巨匠建设 121c、319a
巨石集团 61a、67b、243a
聚桂文会 209b
聚晟创业园 305b

K

开发区建设 81
科技创业 244b
科技大市场建设示范单位 243b
科技合作 242b
科技示范村 241c
科普示范社区 291a
科学技术 240
科研与交流 260b
课程改革 231c
空气质量 133a
跨国采购洽谈会 77b
快递网点 109a
困难残疾人生活补贴 212c
扩大杭嘉湖南排工程(桐乡段) 49a

L

垃圾分类工作 118a
蓝印花布 249a
劳动关系 283b
劳动竞赛 200b
劳动人事争议仲裁派出庭 284c
老干部工作 175c
老龄工作 271a
老年大学 177a
乐购桐乡店 74a
离岸服务外包特色园区 82c
历史沿革 25c
利用内资 80c

利用外资 80b
粮食 72a
粮食烘干中心 51a
两化深度融合国家示范区 65b
两学一做 162b、167a
量子商用干线 244c
林丰果业 308c
林业 47b
领导干部经济责任审计 159c
刘辛 330c
龙翔街道 294b
陆琪 329b
旅游 86
旅游度假区 87c
旅游商品创意大赛 91a

M

马鸣村 91c
麦秆画 249a
漫画大展 210a
漫画社区 291c
毛针织服装博览会 83c
茅盾 120 周年诞辰 93c、209b
贸易 70
美丽乡村 30a
孟国芬 329a
面源污染治理 48a
民兵、预备役 217b
民生保障 29a
民生报道 255a
民泰村镇银行 143c
民政和社会福利 267a
民主党派 196a
民主党派和人民团体 196
民主监督 196c
民族 277c
木心美术馆 93c

N

南方家园装潢五金材料市场 100c
农村居民消费 266a
农发行 141b
农行 141c
农贸市场 102b
农商银行 144a
农田水利建设 49c
农业 44
农业和社会科技 241a
农业机械化 50a
农业科技 51a
农业普查 161a
农业综合开发 52b

P

潘川弟 327b
皮革 61c
平安片区 296c
濮院旅游经济区 94c
濮院毛衫产业创新发布会 91b
濮院毛衫创新园 84b
濮院毛衫时尚小镇 98a
濮院羊毛衫市场 97a
濮院针织产业园区 83a
濮院镇 303b
普惠金融 140a

Q

其他金融业 145c
其他专业市场 100c
企业(单位)住房公积金缴存基数 115a
企业标准自我声明 155a
企业分类帮扶 140c
企业风险防范能力 76b
企业风险防范意识 76b
企业信用评价榜单 62c
企业选介 66c
企业研发中心 240c
企业职工文化 200b
气候事件 25c
气候特征 24b

汽车商贸城 101a
钱皇蚕丝被 57c、311a
钱君匋书画 249b
钱塘新世纪 74c
青桐印社 209c
庆丰社区 291a
区域合作 147b
权力清单 180b
全国科普日活动 207c
全国先进基层党组织 301b
全国助残日系列活动 212b
全民健身日 252a
全域旅游示范区 88a
群众体育 251b

R

人保财险 145a
人才服务联盟 168b
人才工作 278c
人才培训 90a
人才引育体系 168c
人防教育 219b
人行 140a
人力资源和社会保障 278
人民防空 218a
人民生活 265c
人事管理 280c
人物 322

S

“三改一拆”行动 126a
森利园景区 299c
森林城镇 298c、303a
商标品牌建设 150a
商贸 71a
少年军校 216b
少体校 252b
设计大奖赛 100b
设施建设 37c
社会保障 285a
社会工作者 270a
社会管理综合治理 222a
社会救助 269c
社会救助服务模式 269b
社会生活 264
社会组织 269c
社区侨务工作示范单位 189a
涉外经济发展 140b
沈建良 328b
沈小平 328b
审计 159b
审判 225c
审批办证服务 157c
审批服务方式 158c
生迪光电科技 69a
生命关爱工作 214b
生态环境 29a、38c
生态建设 133a
生态循环农业 51b、133c
生态养殖技术 241a
声环境质量 133a
诗教基地 308b
石门湾粮食专业合作社 308a
石门湾四季果园 88b
石门吴清源祖居地 249c
石门镇 305c
食品安全监管 150b
食品安全提升工程 150b
食品安全专项行动 150a
史志工作 192a
世界互联网大会 32
世界无烟日 263c
市场 96
市场监督管理 149a
市场经济秩序 151a
市场开发 90b
市场专项整治 123c
市容环境综合整治 117c
市委综合工作会议 162a
市长电话 174b
市政公用事业 124c
市直机关党建工作 178c
事业单位改革 180a

逝世人物 329b
收费标准 148c
双箭橡胶 66b、68b
水产业 47c
水环境质量 132c
水利建设 48c
水路 106b
司法行政 227b
司法体制改革 226b

T

台胞台属代表大会 190a
台务工作 189b
太极拳公开赛 251c
《太虚画传》277b
泰隆银行 144b
唐国强 328c
陶咏椿 327b
特色小镇 301c
特载 1
提案督办 195b
体育特色学校 230c
天女集团 65a
天气事件 25c
调研献策 197b
停车管理 118b
同辉纺织 69b
桐昆集团 59a、66c、243a
桐乡蚕丝被 155b
桐乡发布 255c
桐乡发布会 43a
桐乡红云 168a
“桐乡就业”微信公众号 283a
桐乡理论微课堂 170c
《桐乡历史文化丛书》209c
《桐乡年鉴(2016)》192c
桐乡女鞋 63b
《桐乡全域旅游地图》91a
桐乡市残疾人联合会 210c
桐乡市妇女联合会 203b
桐乡市工商业联合会 197c
桐乡市科学技术协会 205b
桐乡市人民代表大会 181a
桐乡市人民政府 185a
桐乡市文学艺术界联合会 207c
桐乡市总工会 199b
桐乡市组织机构与领导人名录 322a
《桐乡文艺》210b
“桐香”猪肉 311a
统计 160b
统计法制建设 160c
统计调查 161b
统计调查数据质量 161c
统战工作 171a
屠甸镇 311c
土地治理高标准农田建设项目 52c

W

外汇局 140b
外事侨务工作 188a
王积明 329c
王申峰 327a
网络媒体 255b
网上文化家园项目 255c
微型党课比赛 171a
卫生 256
卫生行政 256c
卫生监督与疾病控制 257c
文化礼堂 170b
文化旅游示范基地 248c
文化市场管理 250c
文化体育传媒 246
文化下乡 247b
文件选编 339
文物博物 248b
沃尔玛桐乡店 74a
乌镇榜样 302a
《乌镇报告》37b
乌镇大数据高新技术产业园区 43c、82a
乌镇梵璞酒店 90b
乌镇峰会分论坛 32c
乌镇国际当代艺术邀请展 92c
乌镇国际旅游区 91c
乌镇互联网国际会展中心 38b

乌镇景区 275c
乌镇咖荟 37b
乌镇空气质量数据 132b
乌镇戏剧节 94b
乌镇镇 299c
污染治理 133b
污水治理 133b
吴蓬 248a、250c
梧桐街道 287a
五水共治 30c
武装 215
武装警察部队 219c
物价管理 147c
物流仓储 107a

X

系列活动 167c、276b
先进人物 328b
现场会 216c
现代服务业发展 146b
现代小戏邀请赛 248b
香海禅寺 277b
橡胶塑料 66a
消防安全专项治理 220c
消费维权联络站点 276a
消费者权益保护 275b
小城市考核优秀单位 298c
《小湖羊》国家标准 62c
小麦赤霉病 46b
“小梧桐”志愿者 41b
校地合作 233c
校园文化 234b
鞋靴创作设计大奖赛 63c、308b
新澳纺织 68a
新都水泥 68c
新凤鸣集团 60a、67c、206b、311c
新吉奥新能源 64a
新居民事务 264a
新居民微信公众号 265a
新任县处级领导简介 327a
新闻人物 329a
信访工作 172b
信访机构改革 172b
信访维稳工作 172c
信息化基础建设 39a
信息化科普 e 站 207b
信息进村入户试点县 51c
行政区划 26c
行政体制改革 180a
徐安志 330b
徐刚 328a
徐金永 330b
徐林 329c
徐肖冰 100 周年诞辰 250b
宣传工作 169a
宣传教育 156c
学前教育 237b
汛情灾情 50a

Y

烟草 72a
研讨会 98c
杨家门社区 189a、291a
杨园村 297a
养老服务质量评估 272a
养老机构 272b
养老机构价格改革 272c
养生旅游示范基地 89b
药品安全监管 151a
野炊休闲基地 87c
医疗服务 259a
医疗联合体 259b
依奴珈 63b
议案交办督办工作 184b
易锋机械 68c
银行业 139a
银监办 140c
银园大酒店 74c
营改增 135c
永久性基本农田 151c
邮储行 143a
邮政 108b
邮政通信 108
渔光互补电站 321c

预拌砂浆发展创新项目 61b
园林绿化 128a
园艺技能比赛 128b
原产地证 79b
院士专家工作站 60b
阅读节 247b

Z

责任清单 180b
责任医生签约服务 259a
榨菜种植 46a
站台管理 106a
张建林 327c
张琴秋生平事迹展 192c、249c
张万宏 329b
张雨声 330c
招才引智工作 206b
招商团队 42c
招商引资 81c、314a
招商引资 80a
浙江大数据交易中心 43b、54c
浙商银行 143c
针织设计师大赛 305c
振东新区 85a
振石大酒店 74b
整治工作 156a
证券业 145b
政策贯彻执行审计 160a
政策宣讲主阵地 178c
政府常务会议 185a
政府法治建设 223a
政府全体会议 185a
政府投资项目审计 159c
政务服务平台 157c
政协桐乡市委员会 193a
政研工作 174c
知识产权 243c
执法检查 156b
职工医保历年个人账户 286b
职业教育 233a
制造业网络营销示范企业 54c
质量技术监督 154a
致远环保公司 244a
智慧法庭 226c
智慧民生服务 118b
智慧农业 52a
智慧医疗 259c
中共桐乡市委员会 162a
中国电信 110b
中国共产主义青年团桐乡市委员会 200c
中国联通 112c
中国特色小镇 304c
中国移动 111b
中行 142b
中辉皮草 63b
中小学田径运动会 252b
中医药特色服务 259b
种植业 45c
重大报道 254b
重点传染病监测 258a
重性精神疾病防治管理 258b
重要会议 181b、193c
重要会议与决策 162a、185a
重要活动 183c、194c
周关兴 330c
周启才 330a
周游桐乡 255c
洲泉镇 308c
洲泉足佳鞋业市场 102a
朱伟强 328a
竹编“竹芸工房” 249b
竹刻制作技艺 280b
主题教育 262a
主题调研 175b
主要污染物总量减排 131b
住宿、餐饮业 74b
专题宣传 141b
专项工作 205a
专项行动 153a
自然地理 24a
自然环境 24a
宗教 276c
综合管理 146a
综合整治 156c
综述 24
足球特色项目学校 230c
组织工作 166a

GDP及人均GDP

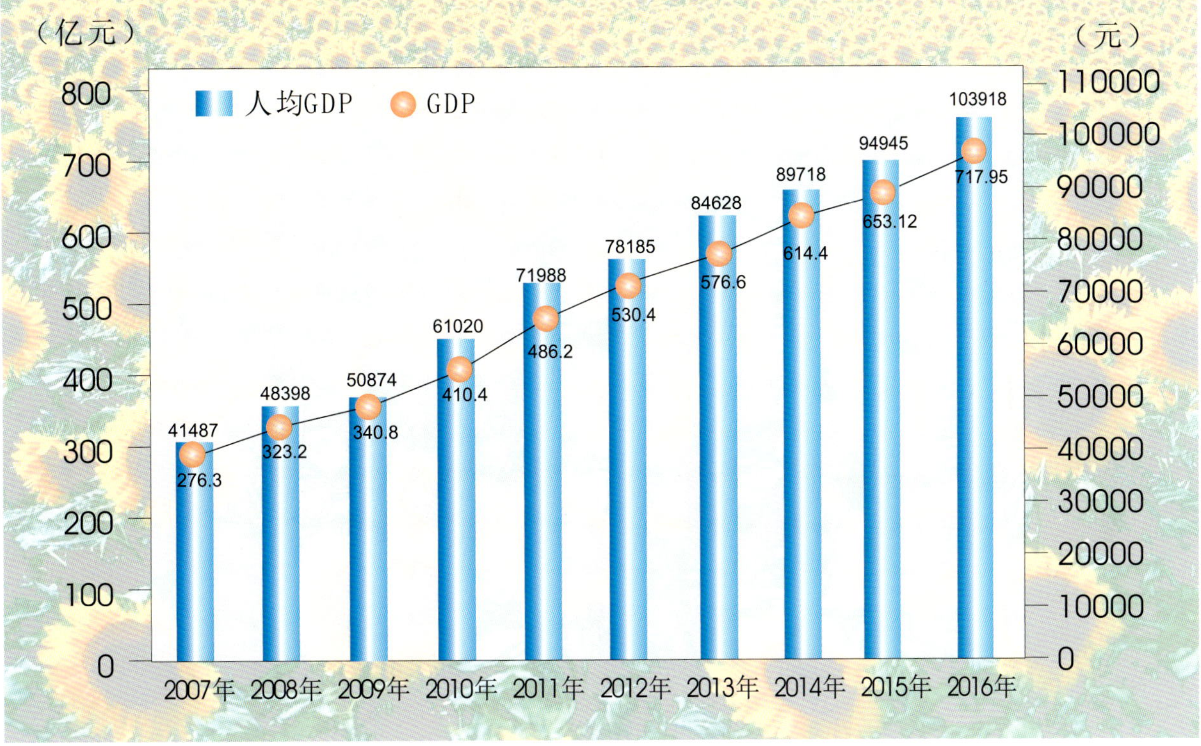

总人口及自然增长率

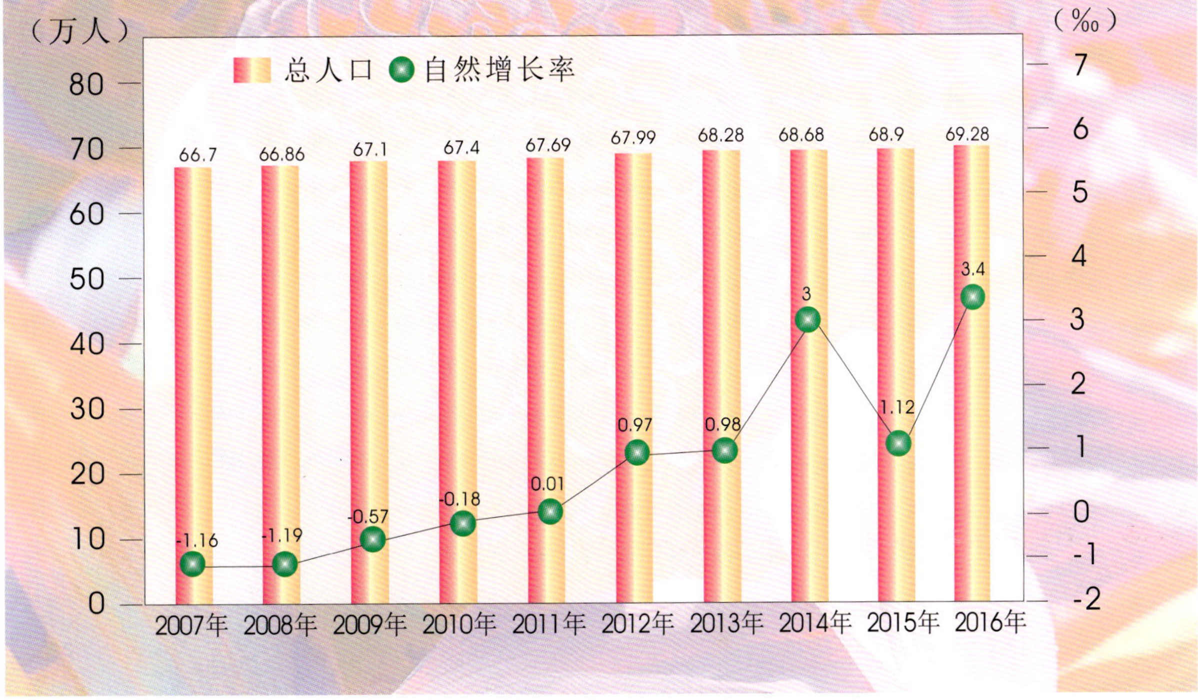

固定资产投资

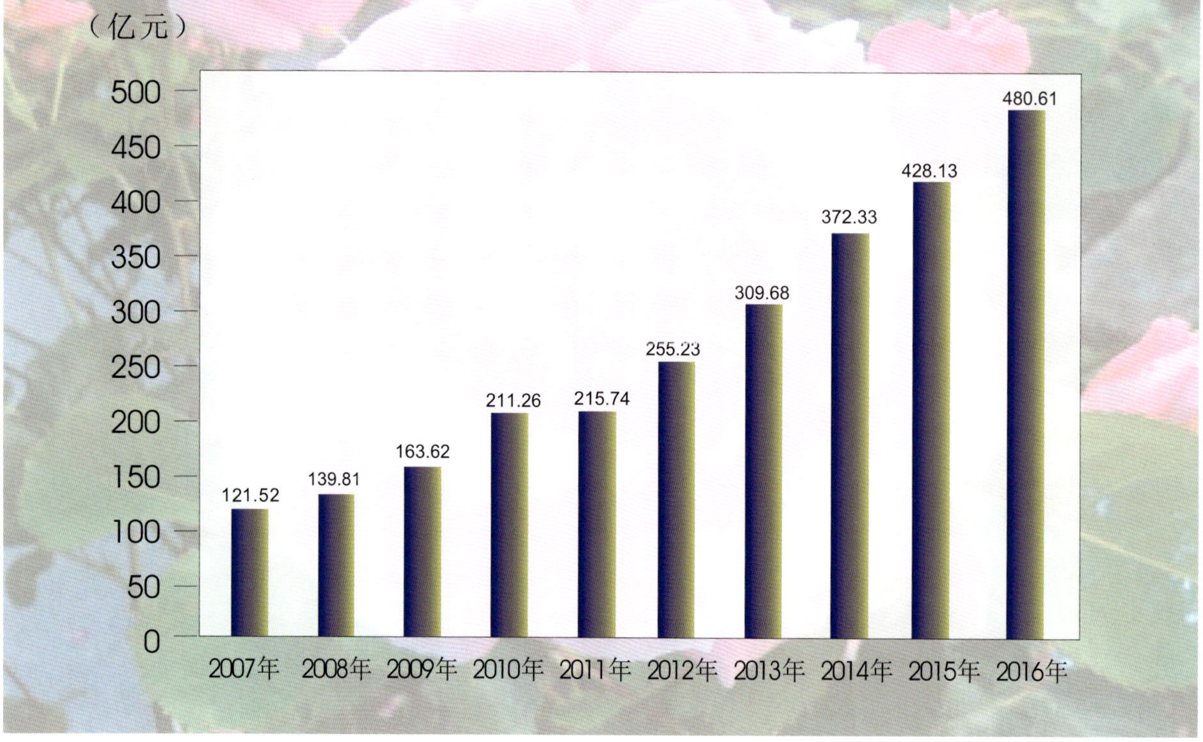

社会消费品零售总额

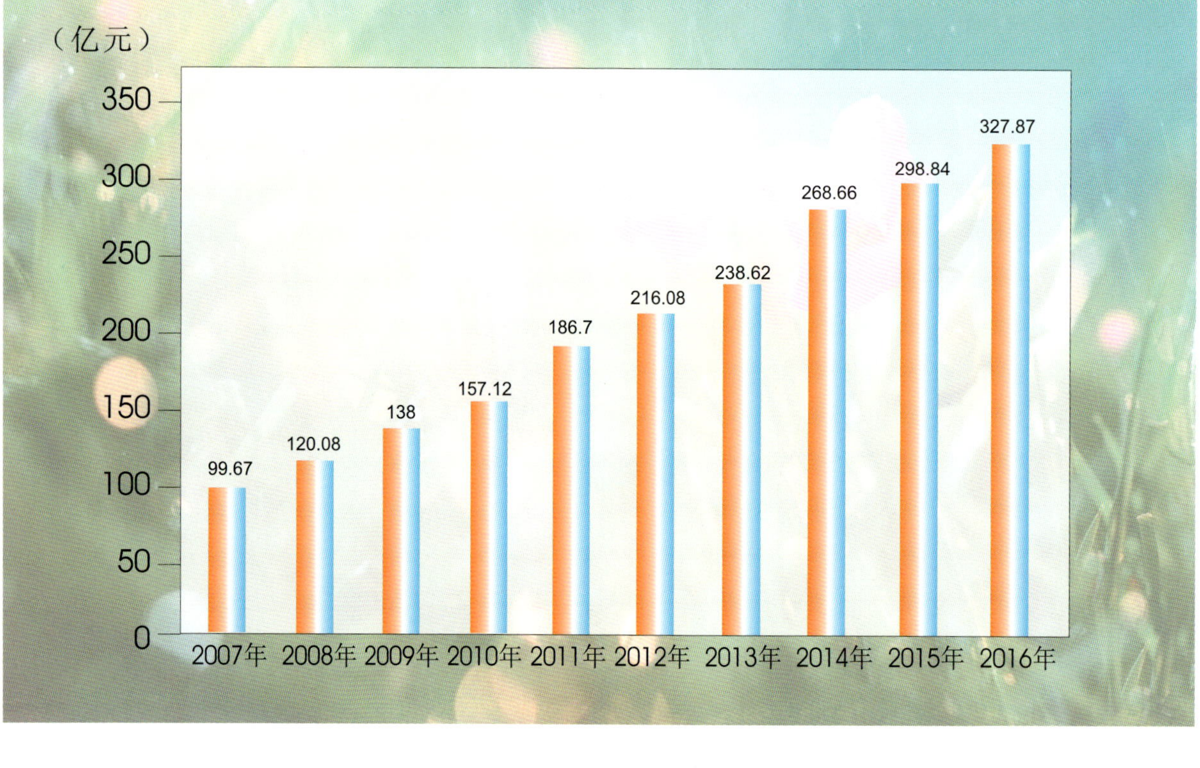

财政总收入与公共财政预算支出

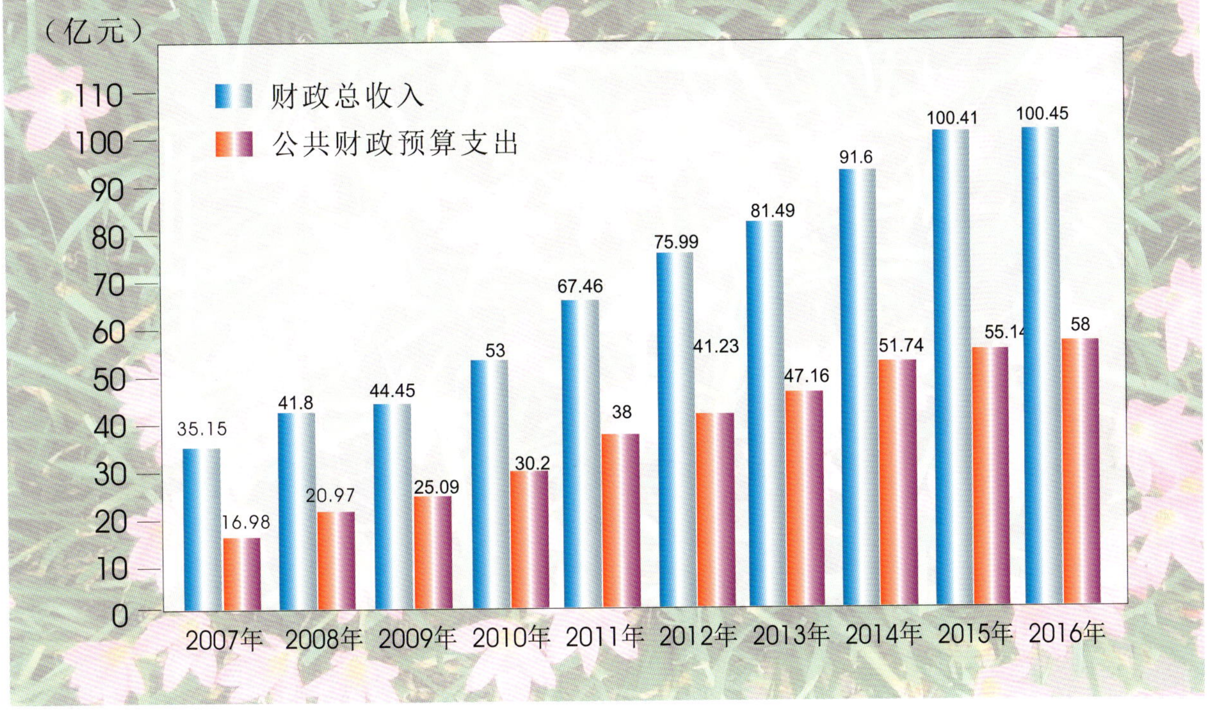

金融机构存贷款余额(人民币)

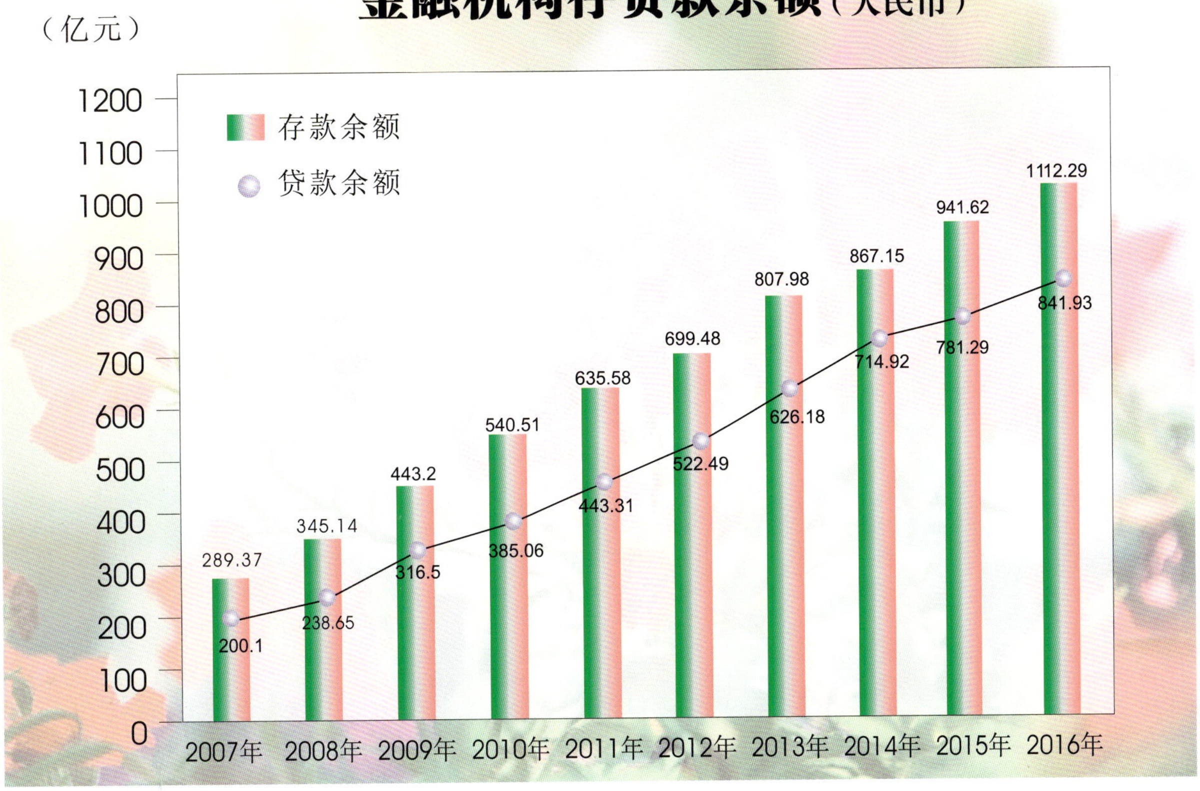

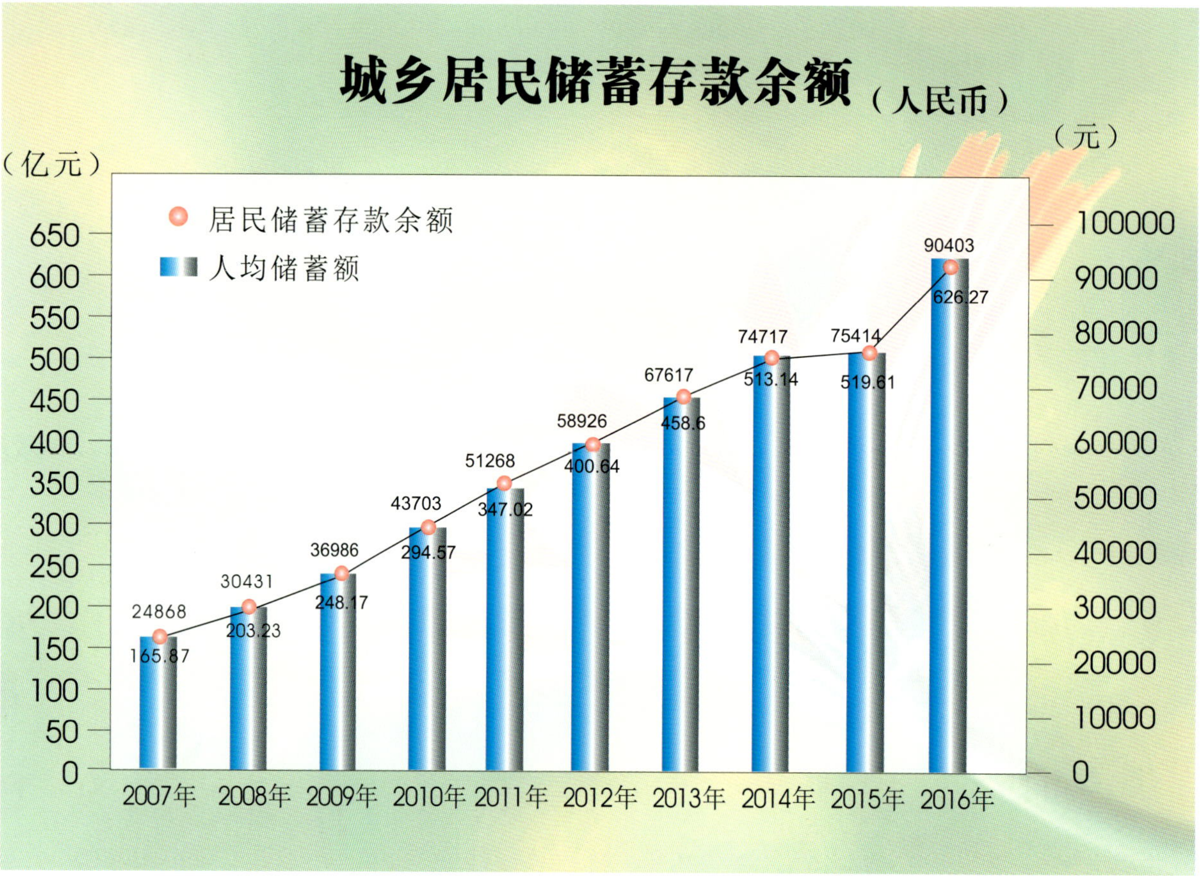
城乡居民储蓄存款余额（人民币）
（亿元）
（元）
居民储蓄存款余额
人均储蓄额
650
600
550
500
450
400
350
300
250
200
150
100
50
0
100000
90000
80000
70000
60000
50000
40000
30000
20000
10000
0
24868
165.87
30431
203.23
36986
248.17
43703
294.57
51268
347.02
58926
400.64
67617
458.6
74717
513.14
75414
519.61
90403
626.27
2007年
2008年
2009年
2010年
2011年
2012年
2013年
2014年
2015年
2016年

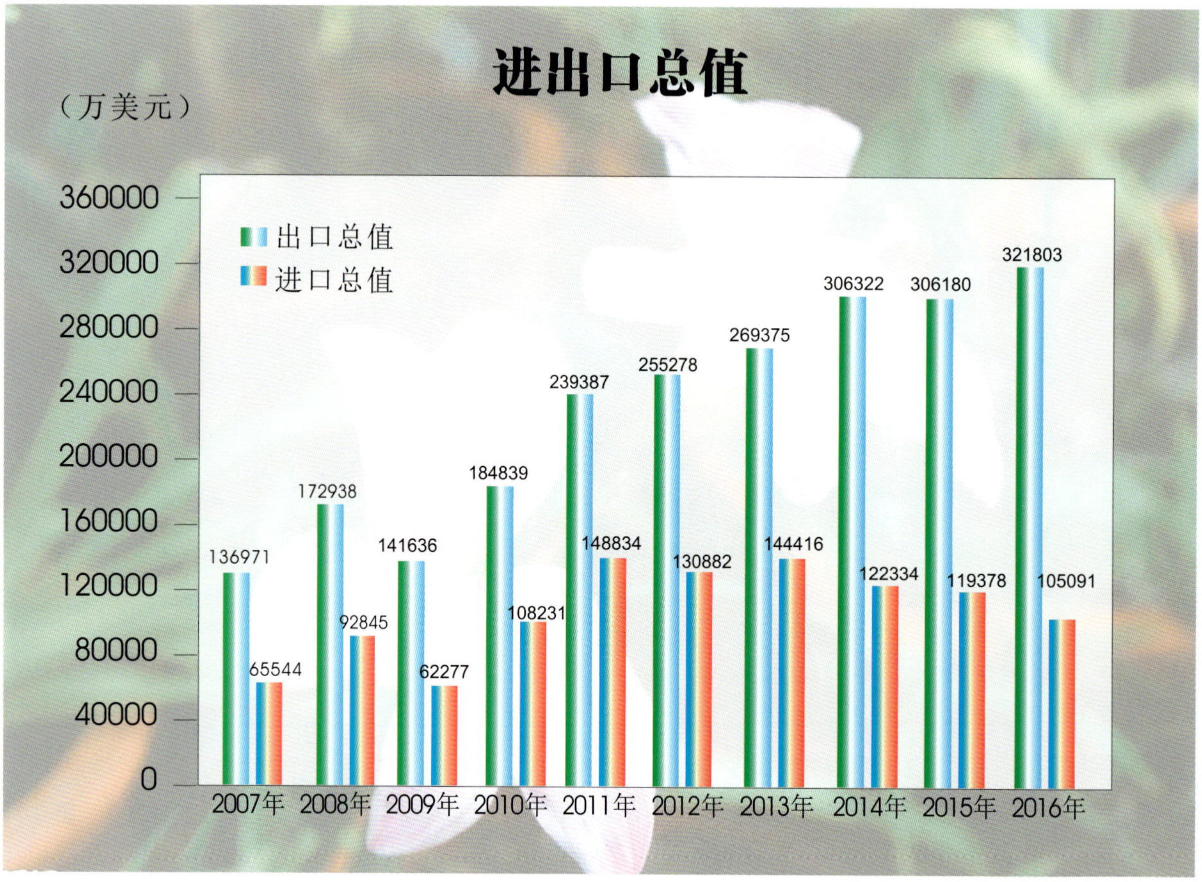
进出口总值
（万美元）
出口总值
进口总值
360000
320000
280000
240000
200000
160000
120000
80000
40000
0
136971
65544
172938
92845
141636
62277
184839
108231
239387
148834
255278
130882
269375
144416
306322
122334
306180
119378
321803
105091
2007年
2008年
2009年
2010年
2011年
2012年
2013年
2014年
2015年
2016年

利用外资情况

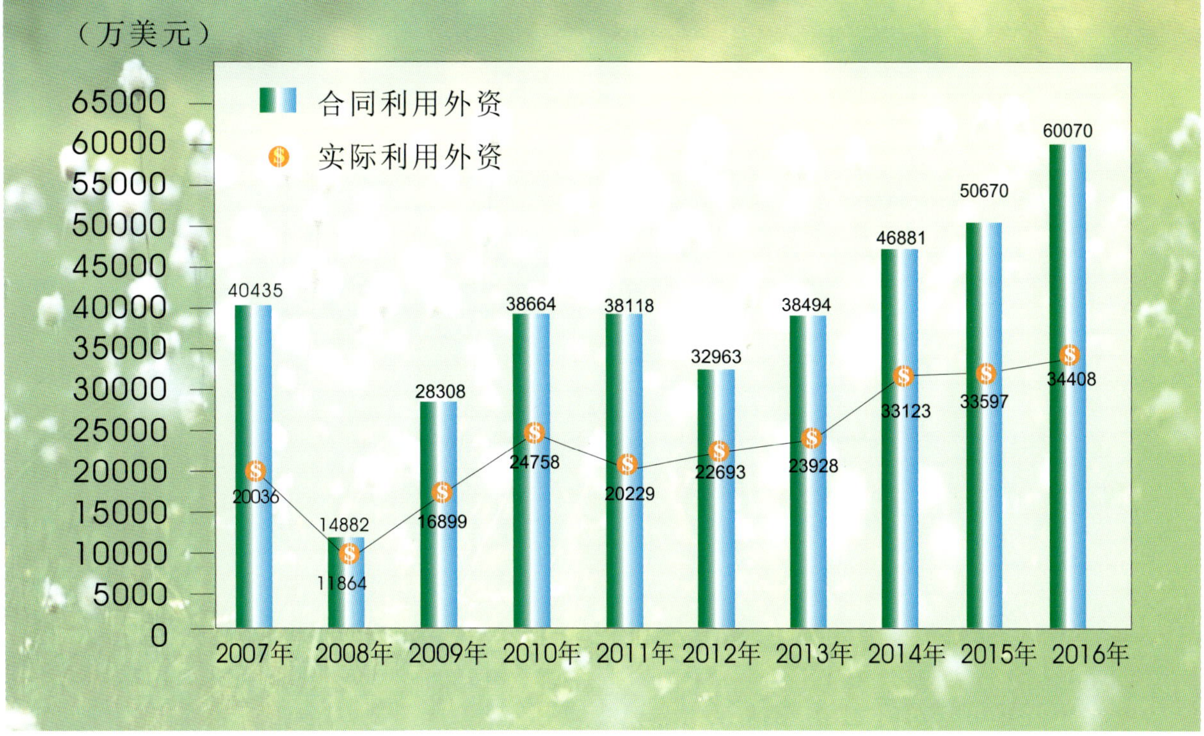

城乡居民收入

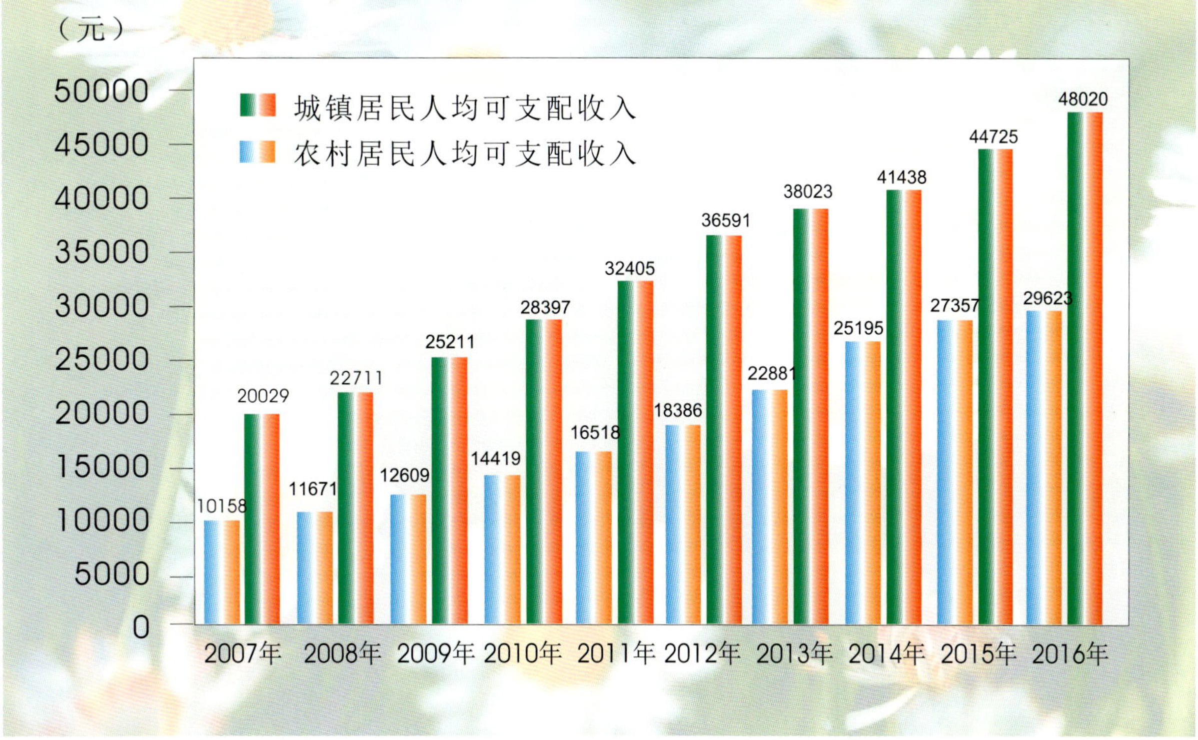

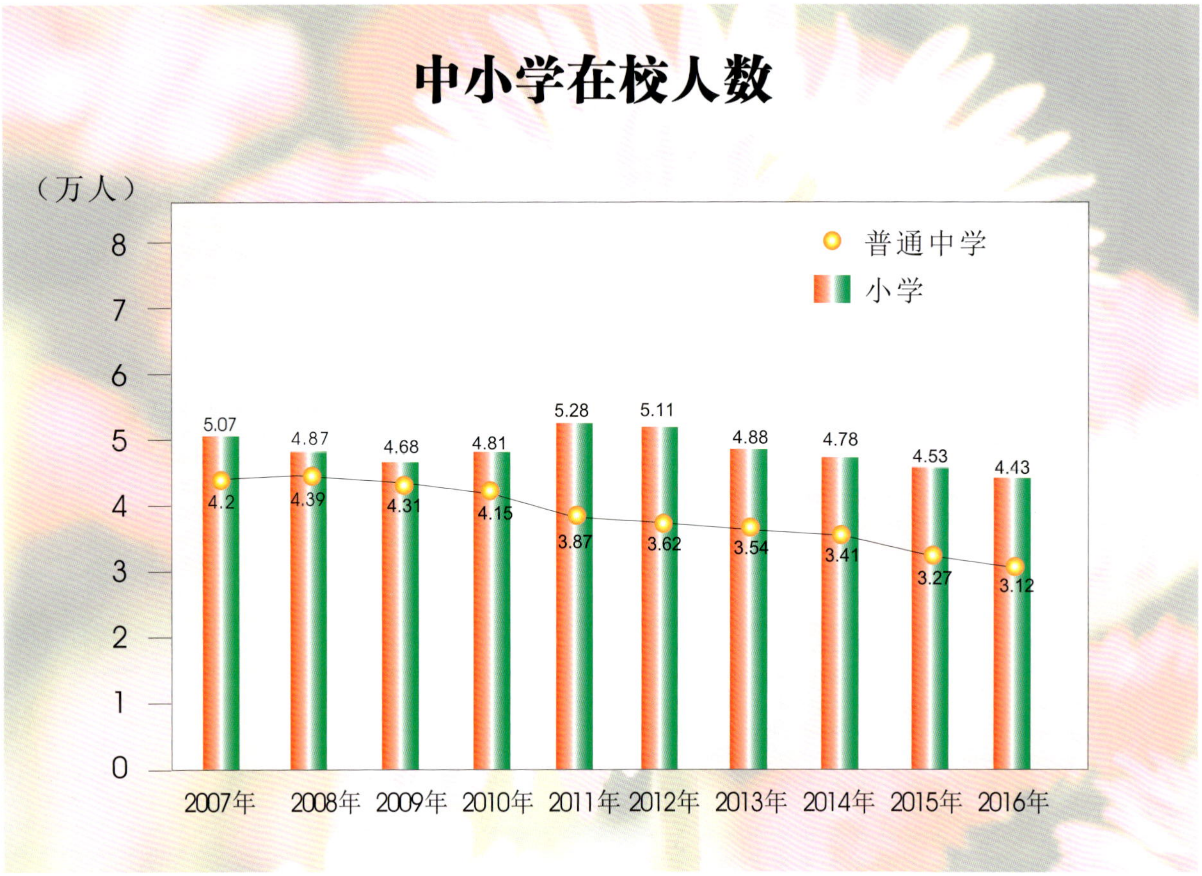
中小学在校人数
(万人)
8
7
6
5
4
3
2
1
0
普通中学
小学
5.07
4.87
4.68
4.81
5.28
5.11
4.88
4.78
4.53
4.43
4.2
4.39
4.31
4.15
3.87
3.62
3.54
3.41
3.27
3.12
2007年
2008年
2009年
2010年
2011年
2012年
2013年
2014年
2015年
2016年

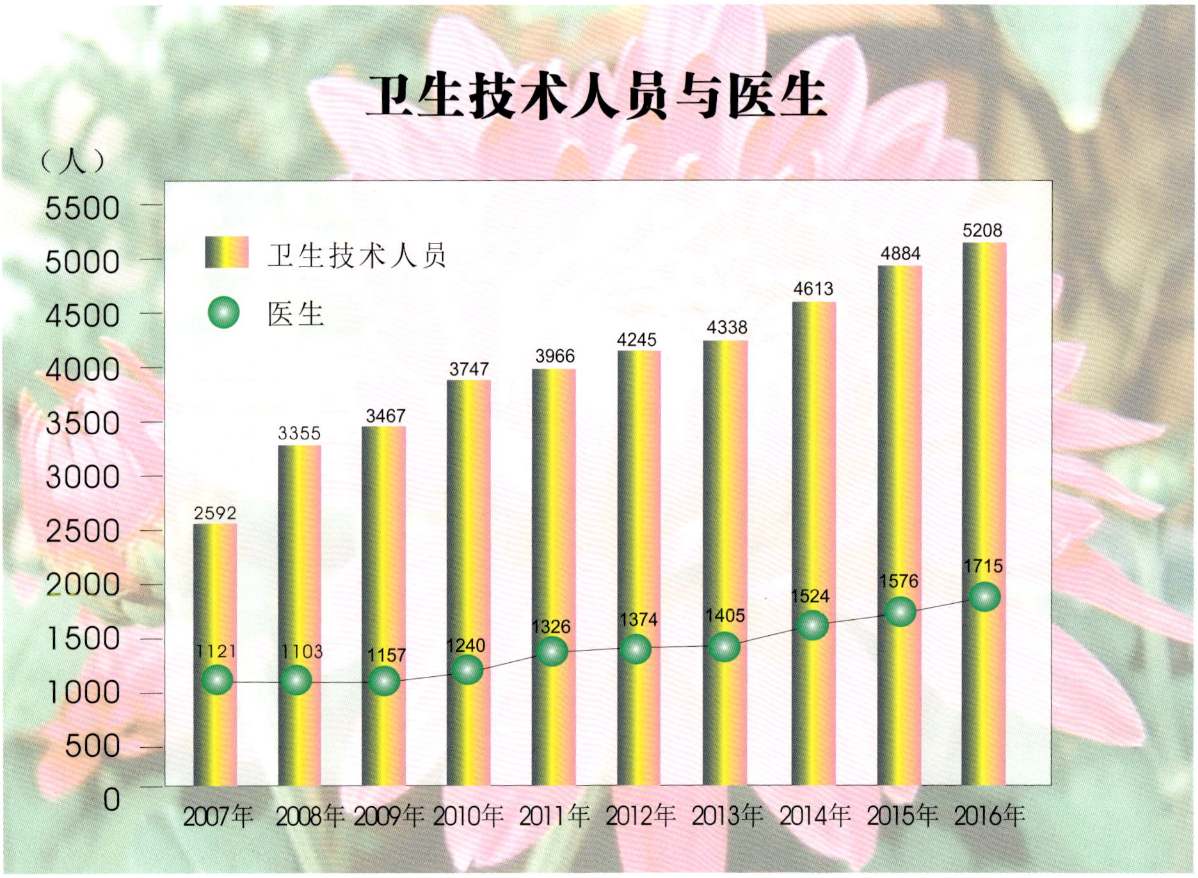
卫生技术人员与医生
(人)
5500
5000
4500
4000
3500
3000
2500
2000
1500
1000
500
0
卫生技术人员
医生
2592
3355
3467
3747
3966
4245
4338
4613
4884
5208
1121
1103
1157
1240
1326
1374
1405
1524
1576
1715
2007年
2008年
2009年
2010年
2011年
2012年
2013年
2014年
2015年
2016年

图书馆藏书量

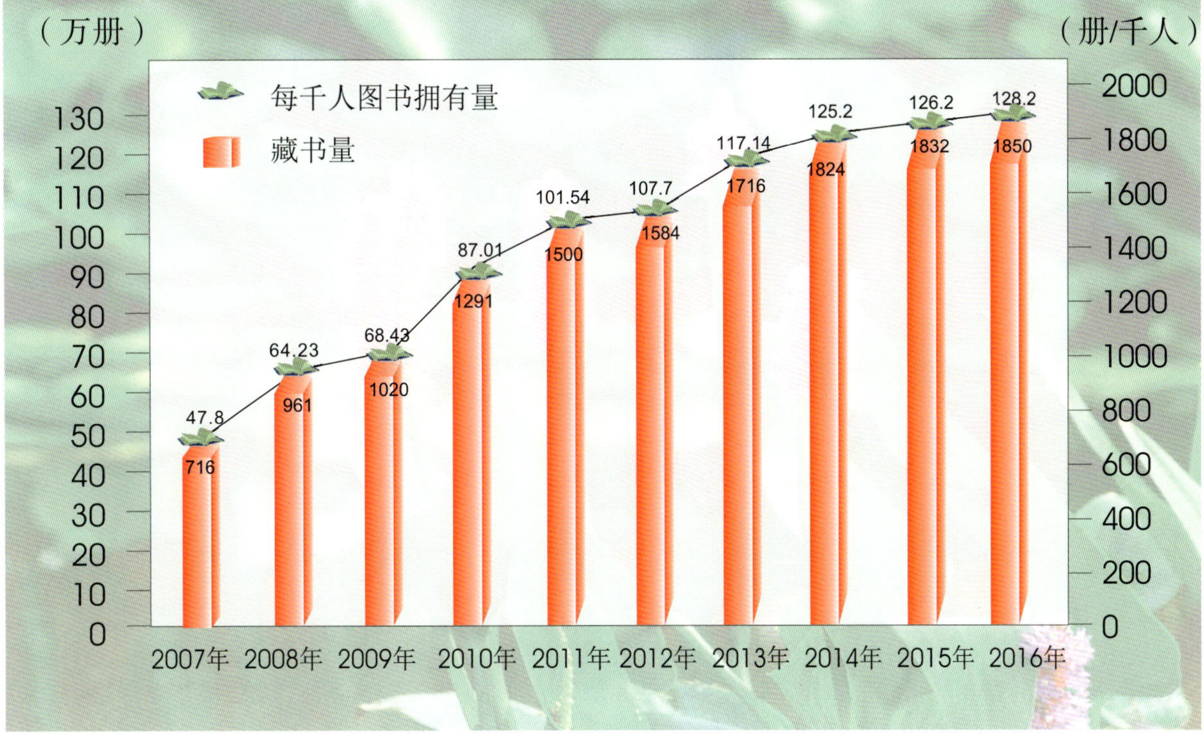

固定和移动电话普及率

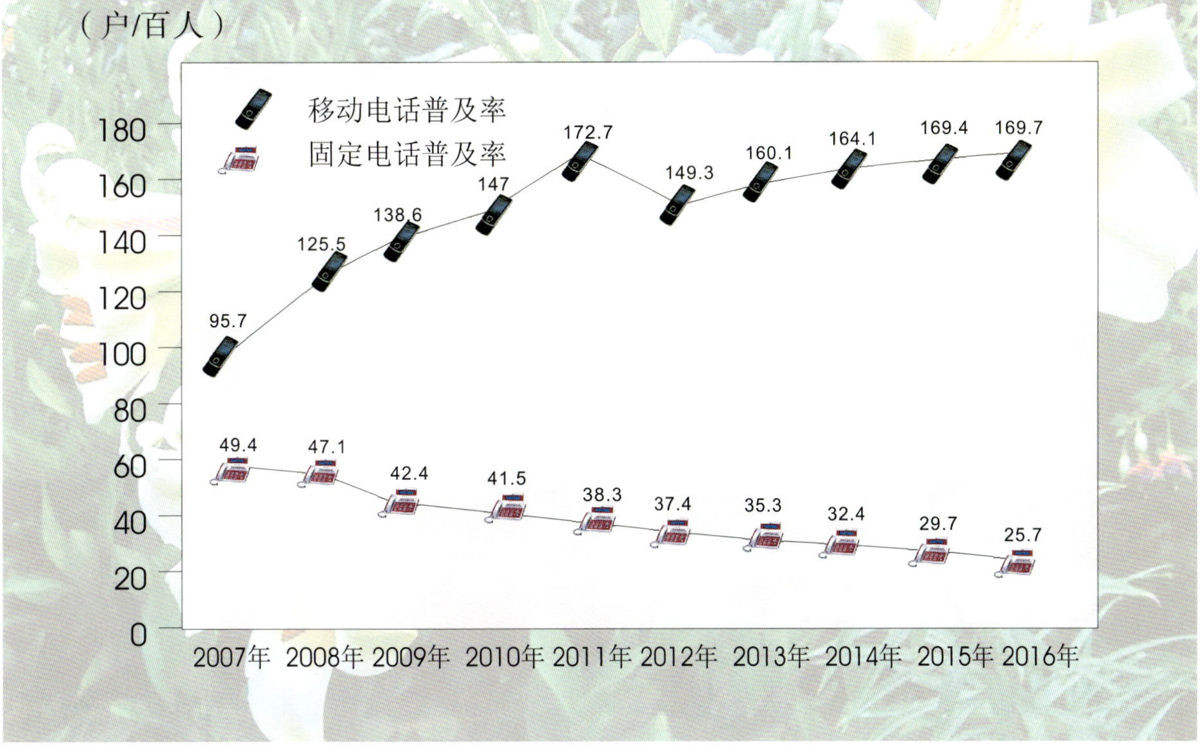

声　　明

《桐乡年鉴（2017）》委托香港经济导报社图书业务部办理香港、澳门、台湾地区及海外发行业务。

地址：香港轩尼诗道342号国华大厦10字楼

电话/Tel：(852) 25738217　　传真/Fax：(852)25738469，28336889

电邮/Email：eiasub@pacific.net.hk　网址/Website：http://www.eiahk.com

Hong Kong, Macao, Taiwan & Oversea Distributor：

Economic Information & Agency, Books Dept

10/F, Kuo Wah Building, 342Hennessy Road, Wanchai, Hong Kong